D1688341

CLINGENÖWE – KLINGNAU

© Herausgeber: Gemeinde Klingnau, 1989

Konzept: Louis Dreyer

Autoren: Louis Dreyer, Beat Erzer, Helene Kalt, Marlis Maggioni-Erzer, Willy Nöthiger, Franz Rüegg, Walter Schödler, Niklaus Stöckli, Peter Widmer. Co-Autoren: Margrit und Alex Höchli, Hermann Märki

Redaktionskommission: Dr. Hugo Schumacher, Walter Nef, Louis Dreyer, Niklaus Stöckli

Fotos: Peter Gantenbein und andere (siehe Fotonachweis)

Gestaltung: André Signer

Lithos: Nievergelt Repro AG, Zürich

Satz und Druck: Buchdruckerei AG, Baden

ISBN 3-85545-040-4

Baden-Verlag, Baden

CLINGENŎWE – KLINGNAU

Epochen, Ereignisse und Episoden – 1239 bis heute

Inhalt

Menschen und Ereignisse 1239–1989

Ein Freiherr tauscht Land –
die Gründung der Stadt ... 11

Walther von Klingen –
ein Leben zwischen Minnesang und Politik ... 15

Reichlich viele Herren ... 22

Man muss sich nach der Decke strecken ... 31

Oh weh, wir sind frei –
die Franzosen sind im Land ... 40

Das grosse Sterben ... 55

Johann Nepomuk Schleuniger –
ein Kämpfer für Recht und Glauben ... 61

Elephant oder Rebstock oder Vogel –
Menschen und Politik im 20. Jahrhundert ... 74

Im Banne des Aarelaufes

Eine grossartige Flusslandschaft –
Überschwemmungen trüben das Bild ... 98

Aarekorrektion –
ein Fluss wird gezähmt ... 108

Das Kraftwerk Klingnau ... 118

Der Stausee Klingnau – ein Gebiet von
nationaler und internationaler Bedeutung ... 126

Bauten und ihre Zeiten

«Das Schuollmeysters haus ist gahr
verbrunen» – der Brand von 1586 ... 131

Vom «wighus» zum «schloβ» – das
Klingnauer Wahrzeichen im Laufe der Zeit ... 148

«Ins Werk gesetzte Wahrzeichen
des Glaubens» – die Ordensstiftungen der
Herren von Klingen, das Kloster Sion ... 156

Das steinerne Amtshaus
des Klosters St. Blasien ... 167

Das Land um die Stadt ... 173

Kirche und Menschen

Die Pfarrei St. Katharina ... 185

Ein Blick in das kirchliche Leben
des Mittelalters ... 188

Die Neuzeit bricht an – Staat kontra Kirche ... 194

Schon fast vergessene Bräuche ... 195

Die Vereine in der Pfarrei ... 198

Verstärktes Engagement der Laien ... 202

Die Reliquie des heiligen Bruder Klaus
in der Pfarrkirche Klingnau ... 204

Von der Reformation in Klingnau ... 206

Zur Baugeschichte der Pfarrkirche
St. Katharina ... 210

Eine Wappenreihe
in der Pfarrkirche Klingnau ... 213

Glasmalereien in der Stadtkirche ... 223

Die Glocken der Klingnauer Kirchen
und Kapellen ... 224

Die Orgel in der Stadtkirche ... 225

Von der Loreto-Kapelle
auf dem Achenberg ... 226

Von «Schuollmeystern» und Schulhäusern

Die Geschichte der Klingnauer Schulen
bis zur Kantonsgründung ... 233

Das aargauische Schulwesen	235
Die Gemeindeschule	236
Die Sekundarschule	243
Die Bezirksschule	247
Von der Erziehungsanstalt St. Johann zum Schulheim St. Johann	251
Das Schwimmbad	254
Der Kindergarten	255
Von den Kadetten zum freiwilligen Sportunterricht	258
Die Musikschule	260
Der hauswirtschaftliche Jahreskurs	260
Das heutige Schulangebot in Klingnau	260
Wo gingen die Klingnauer zur Schule?	261
Langjährige Lehrkräfte in Klingnau	261

Es begann mit Seidenraupen – die wirtschaftliche Entwicklung

Hungersnot vor 170 Jahren: Der russische Zar schickt Hilfe	263
Von der Agrarwirtschaft zum Zentrum der Holzindustrie	263
Chronologie und Übersicht der Klingnauer Unternehmen in Industrie und Gewerbe	272
Klingnauer Unternehmen – Personen, Schicksale, Geschichten	274
Die Eisenbahn kommt, die Armut geht – Der Bau der Linie Turgi–Waldshut	284
Das Problem Strassenverkehr – die neue Hauptstrasse	290
Der «Klingnauer» – Wein und Gesang und die Geschichte	298
Vom Stadtbrunnen zum Wasserhahn – der Fortschritt kommt ins Haus	304

Bräuche, Sitten und Vereine

«Geneigt und gutwillig nach dem Ziel zu schiessen» – die Schützen	315
Unter dem Schellenbaum – die Musikanten	323
Wo man singt, da lass dich nieder – die Sänger des Männerchors	329
Mit Schiff, Ruder und Stachel – die Pontoniere	331
Frisch – fromm – fröhlich – frei, die Turner	336
Klingnauer Fasnachtsbräuche	340
Bretter, die die Welt bedeuten – die Theaterspieler	345
Vereint in Vereinen durch das 20. Jahrhundert – die Velofahrer, Fussballspieler und Reiter	352
Die Klingnauer Vereine im Jubiläumsjahr 1989	356

Wie der Palmesel nach Klingnau kam und andere Phantastereien

Sagen und Erzählungen rund um Klingnau – auch ein kleines Stück Geschichte	358

Zahlen und Namen – Klingnau im Spiegel der Statistik 368

Beinamen 376

Fotonachweis 378

Vorwort

Liebe Leserinnen und Leser

Der 750. Jahrestag der Gründung der Stadt Klingnau ist der Anlass zu diesem Buch. Es soll über das Festjahr hinaus an das Jubiläum erinnern. Jubiläen sind Momente, in die Vergangenheit zurückzublicken, die Vergangenheit kennenzulernen. Besser und nachhaltiger als in der Form eines Geschichtsbuches kann dies kaum geschehen. Und aus der Kenntnis der Vergangenheit lernen wir die Gegenwart zu verstehen.

Klingnau ist in der glücklichen Lage, dass seine Geschichte bereits 1947 – als verspätetes Jubiläumsgeschenk der 700-Jahr-Feier – umfassend dargestellt wurde. Diese «Geschichte der Stadt Klingnau», verfasst von Otto Mittler, unter massgebender Mitwirkung von Hermann Welti, erschien 1967 in einer erweiterten zweiten Auflage. Sie diente, dank ihrer Wissenschaftlichkeit, den Autoren dieses Buches als Hauptquelle.

Warum dann nach erst gut zwanzig Jahren ein neues Buch zur Geschichte Klingnaus? Ein wesentlicher Grund liegt sicher darin, dass «Die Geschichte der Stadt Klingnau» vergriffen ist. Eine andere Motivation liegt in der Schnellebigkeit unserer Zeit. In den letzten Jahrzehnten hat sich sehr viel, mehr als in Jahrhunderten vorher, verändert. Durch all diese Veränderungen ist unser heutiges Leben geprägt. Darum ist der neuen Geschichte des ausgehenden 19. und beginnenden 20. Jahrhunderts und ganz besonders den letzten Jahrzehnten breiter Raum gegeben. Dabei wird nicht nur über politische Ereignisse berichtet, sondern auch über Schule, Kirche, Vereine und alles, was zum Leben der Gemeinde gehört.

Wenn Geschichte Allgemeingut werden soll, muss sie publikumsnah dargeboten werden. Die Autoren dieses Buches verfolgen daher das Ziel, ihre Themen leicht verständlich, ja spannend und trotzdem historisch richtig darzustellen. Die zahlreichen Illustrationen unterstützen sie in diesen Bestrebungen.

Das vorliegende Werk ist eine ausgesprochene Teamleistung. Es sind nicht nur die aufgeführten Autoren, die unter der Gesamtredaktion von Louis Dreyer mit Begeisterung an der Arbeit waren. Sie wurden ihrerseits unterstützt durch zahlreiche weitere Personen, die bei der Beschaffung von Unterlagen und Bilddokumenten mitwirkten. Den Autoren und ihren Helfern im Hintergrund danken wir herzlich.

Ein besonderer Dank gebührt den Klingnauer Stimmbürgern für den grossen Beitrag aus der Gemeindekasse, aber auch den Unternehmen der Elektrizitätswirtschaft der Region, deren finanzielle Unterstützung, zusammen mit dem Beitrag aus dem Lotteriefonds, wesentlich zur Verwirklichung des Buches beitrug. Dankbar sind wir auch für alle Sympathiebeiträge verschiedener lokaler und regionaler Firmen. So ist es möglich, das Buch zu einem sehr günstigen Preis abzugeben.

Klingnau hat nicht gross Geschichte gemacht; die wechselvolle Geschichte, das lebhafte Geschehen der Jahrhunderte hat aber unsere Stadt geprägt. Darum spiegelt sich in ihr die Geschichte unseres Kantons und Landes, ja zeitweise Weltgeschichte. Das macht, so hoffen wir, die Lektüre interessant, und wir wünschen den Leserinnen und Lesern eine lehrreiche Reise von 1239 bis heute. Wir hoffen, dass Ihnen das Buch unsere Stadt näherbringt, dass Sie erfahren, warum Klingnau so und nicht anders geworden ist, und dass Sie auch die Klingnauer kennen und verstehen lernen.

August 1989

Für die Redaktionskommission

Dr. Hugo Schumacher

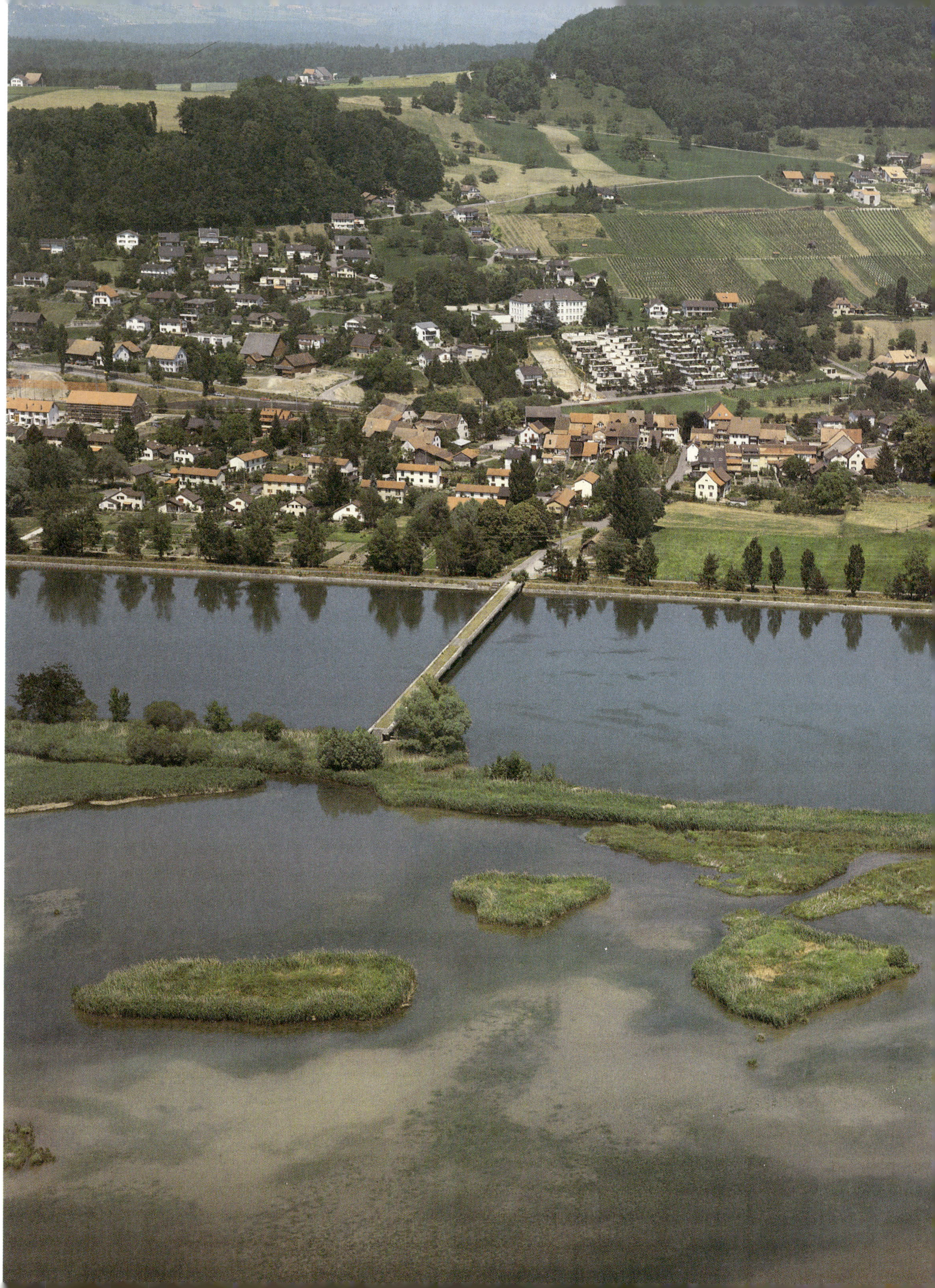

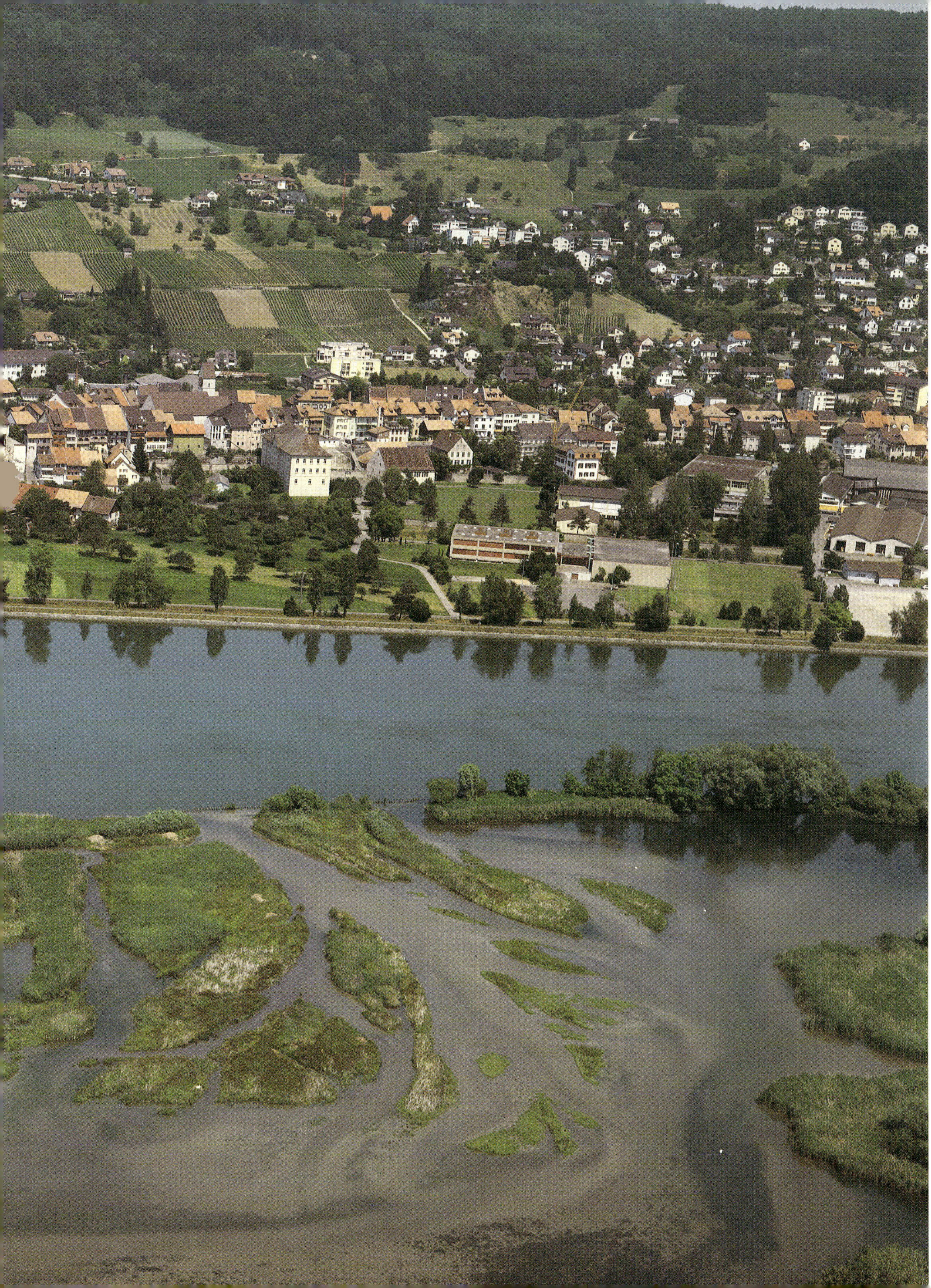

Menschen und Ereignisse 1239–1989

Niklaus Stöckli

1. Kapitel

Ein Freiherr tauscht Land

Ein kleines Stück Pergament – Sie haben es hier leicht verkleinert vor sich – erstaunlich gut erhalten, wenn man bedenkt, dass es rund 750 Jahre alt ist. Nur die Siegel sind ein bisschen abgebröckelt, aber trotzdem kann man die Zeichen des Abtes Arnold von St. Blasien links und des Freiherrn Ulrich von Klingen rechts noch einigermassen erkennen. Dieses Stück Pergament stellt einen Tauschvertrag zwischen dem Kloster St. Blasien und Ulrich von Klingen dar. Das Kloster bekommt die Beznau und gibt dafür einen trockenen, 12 Meter hohen Schotterhügel ein Stück weiter aareabwärts. Ein ungleicher Tausch, so will es scheinen. Aber der Edle Ulrich möchte im unteren Aaretal ein neues Städtchen gründen, und dafür ist dieser Hügel wie geschaffen. Am Stephanstag (26. Dezember) 1239 wird man sich einig, und damit nimmt Klingnaus Existenz ihren Anfang. Was Sie als originalgetreue Abbildung vor sich haben, ist – wenn nicht die Geburtsurkunde – so doch die Zeugungsurkunde des Städtchens Klingnau.

Der Tauschvertrag zwischen dem Kloster St. Blasien und dem Freiherrn Ulrich von Klingen, datiert vom 26. Dezember 1239. Das Kloster erhält die Beznau und gibt dem Freiherrn dafür einen Hügel an der unteren Aare, damit dieser dort sein Städtchen gründen kann. Diese Urkunde gilt als Gründung Klingnaus.

Schloss Altenklingen im thurgauischen Märstetten. Von hier stammen die Klingnauer Stadtgründer. Das Schloss zeigt sich allerdings nicht mehr in seiner ursprünglichen Form, sondern nach seinem Umbau von 1587.

Wer ist dieser Ulrich von Klingen, der Gründer von Klingnau? Ein Thurgauer.

Das Bild zeigt das Stammschloss der Familie von Klingen. Es liegt ausserhalb von Märstetten in der Nähe von Weinfelden. Allerdings sah es um 1200 noch ganz anders aus. Die Familie Zollikofer, die es später erwarb, liess es 1587 neu aufbauen. Es liegt in bester Verteidigungslage auf einer Anhöhe über zwei Waldschluchten, die zu seinen Füssen zusammenstossen. Ein Waldbach ist im schwäbischen Dialekt ein «Klinge». Offensichtlich kommt daher der Familienname derer von Klingen.

Anfang des 13. Jahrhunderts trennt sich die Familie in zwei Linien: die Altenklingen bleiben auf der Stammburg, die neuere Linie baut sich die Burg Hohenklingen ob Stein. Unser Ulrich gehört zu den Altenklingen. Allerdings hat er insofern Pech, als er einen älteren Bruder hat. Damit wäre sein Weg eigentlich vorgezeichnet gewesen: eine untergeordnete, bescheidene Rolle im Schosse der Familie. Offensichtlich ist Ulrich aber nicht der Typ, der sich damit zufrieden gibt. Um einen eigenen Hausstand zu gründen, braucht er einen grösseren, eigenen Besitz. Der beste Weg, der zu diesem Ziel führt, ist eine ideale Heirat. Er nutzt die weitverzweigten Beziehungen seiner Familie und heiratet Ita von Tegerfelden. Ein bedeutender Vorteil dieser adligen Dame liegt darin, dass sie die Alleinerbin des väterlichen Besitzes ist.

1228 begibt sich Ulrich unter Kaiser Friedrich II. auf einen Kreuzzug nach Palästina. Seine Familie vertraut er in dieser Zeit der Obhut des Konstanzer Bischofs an. Der Kreuzzug führt zu einem schnellen Erfolg – allerdings nicht durch Kämpfen, sondern durch Verhandeln. 1229 finden wir Ulrich schon wieder wohlbehalten zu Hause. Er hat nun Zeit, sich an die Abrundung und Sicherung seines Besitzes zu machen.

Ulrich besitzt einiges im Thurgau, seine wichtigen Ländereien liegen aber im Südschwarzwald im Wehratal, im Surb- und unteren Aaretal. Die aargauischen Besitzungen gehören zum Erbe seiner Frau Ita. Deren Vater, Walther von Tegerfelden, lebt zwar noch bis etwa 1240, Ulrich und Ita scheinen aber die Verfügungsgewalt über diese Besitzungen zu haben. Ulrich erscheint es nun wichtig, in seinen westlichen Besitzungen ein befestigtes Zentrum zu haben, um diese Gebiete verwalten und schützen zu können. Schauen wir uns jetzt einmal das untere Aaretal zu dieser Zeit an.

Für die Errichtung eines befestigten Zentrums, einer Stadt, eignet sich am besten der Schotterterrassenhügel an der Aare. Er ist ein Umlaufberg. Während der grossen Schmelze am Schluss der letzten Eiszeit führte die Aare enorm viel Wasser. Unser Hügel ragte als Insel heraus, links und rechts rauschte der Fluss vorbei. Für die geplante Stadtgründung bietet der Hügel viele Vorteile. Man wohnt darauf schön am Trockenen. Wir müssen uns vorstellen, dass die Aare oft ihr Flussbett veränderte, manchmal fast den ganzen Talboden überschwemmte.

Die Hügellage bietet auch gute Voraussetzungen für die Verteidigung. Man lebt um 1240 in einer sehr unruhigen Zeit. Der Kaiser Friedrich II. von Hohenstaufen und der Papst haben sich völlig ver-

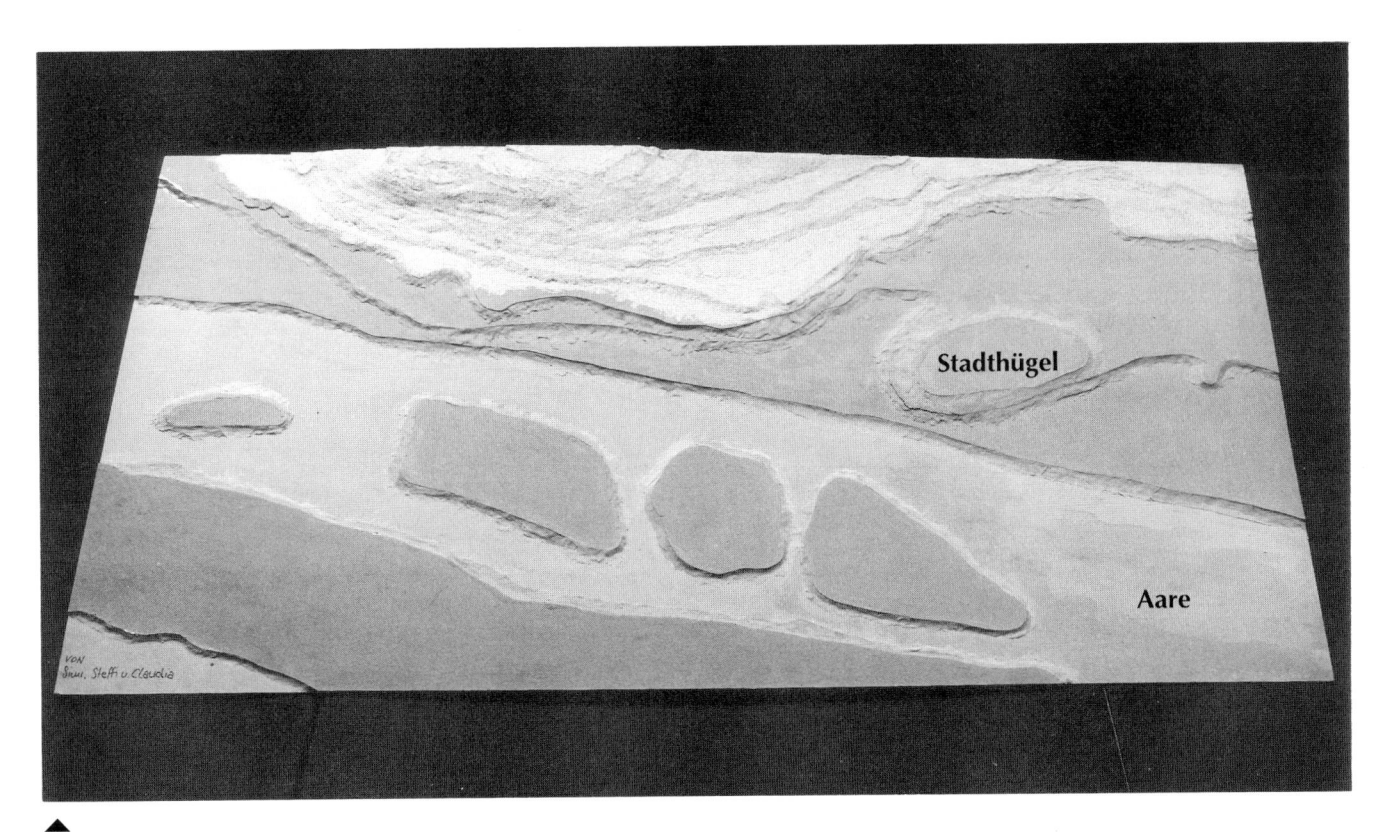

Das Modell zeigt die Region Klingnau vor der Besiedlung.
(Arbeit von Schülerinnen der Bezirksschule Klingnau)

kracht, der Papst exkommuniziert den Kaiser, die Gegner der Hohenstaufen rufen einen Gegenkönig aus. Das alles führt zu Kriegs- und Verwüstungszügen. Wir verstehen, dass das Bedürfnis nach Schutz mehr als berechtigt ist.

Der geplante Standort für die Stadt liegt auch verkehrstechnisch sehr günstig. In Zurzach werden regelmässig die berühmten Messen abgehalten. Der Hauptstrom der Warenzulieferung wickelt sich über die Flüsse Rhein und Aare ab. Um das Heraufstaken von Koblenz nach Zurzach und die Stromschnellen ob Koblenz zu vermeiden, lädt man die Waren in Klingnau von den Schiffen auf Karren und transportiert sie über den Berg nach Zurzach. Der Umschlagplatz befindet sich gleich unter dem noch zu bauenden Klingnauer Schloss. Wie sich aus Urkunden schliessen lässt, bauen die von Klingen eine Brücke über die Aare, um auf diese Weise auch vom Verkehr auf dem Landweg zu profitieren. Das alles bringt natürlich Verdienst für die künftigen Klingnauer und Abgaben für die Freiherren von Klingen.

Schalten wir uns ins Jahr 1239 ein. Wir finden den Freiherrn Ulrich von Klingen am Verhandlungstisch zusammen mit dem Abt Heinrich vom Kloster St. Blasien. Heinrich ist der Vorgänger von Arnold, der dann den Vertragstext ausstellen wird. Der Abt Heinrich weiss, dass er in einer starken Verhandlungsposition ist. Denn er, beziehungsweise das Kloster, besitzt genau den Hügel, den Ulrich für seine geplante Stadt braucht. Er verlangt und bekommt deshalb einiges als Gegenleistung. Zunächst die Beznau – gutes landwirtschaftliches Gebiet – samt den Gehöften darauf, dazu aber noch ein ganz interessantes rechtliches Zugeständnis. Es wird vertraglich festgelegt, «dass den Leuten des heiligen Blasius (d. h. den Untertanen des Klosters), sowohl den Verwaltern als auch den andern, die dort (d. h. in Klingnau) ihren Wohnsitz haben, nach dem Rechte und der Gewohnheit unseres Gotteshauses ... nichts abgesprochen wird, nämlich, dass wir Zinsen, Abgaben bei Erb- und Todesfällen ... und andere uns geschuldete Abgaben innerhalb der schon genannten Stadt ohne Widerspruch wie in unseren Dörfern und eigenen Höfen fordern.» Mit andern Worten: Ulrich verzichtet zum voraus auf die Untertanenschaft und damit auf beträchtliche Einnahmen einer grossen Gruppe seiner künftigen Stadtbevölkerung.

Diese Vertragsstelle ist zudem in einem anderen Zusammenhang bedeutsam, wie wir etwas später feststellen werden.

Am 26. Dezember 1239 ist man sich vertragseinig, und nun kann es also mit Klingnau losgehen. Das Schloss wird gebaut, das Städtchen errichtet und mit dem Stadtrecht versehen. Fortan nennt man Ulrichs Familienzweig, um ihn nicht mit anderen Zweigen des Klingenschen Baumes zu verwechseln, die Edlen von Klingen zu Klingnau. Schon am 8. Mai 1243 ist Klingnau in einer Urkunde als bestehendes Städtchen erwähnt.

Es ist darüber gerätselt worden, ob der Boden, auf dem das Städtchen steht, schon vor der Stadtgründung besiedelt war. Der Historiker Otto Mittler vermutete, ohne allerdings irgendwelche Quellen oder andere Beweise zu nennen, dass das Gebiet «Weier» zur Zeit der Vertragsunterzeichnung besiedelt gewesen war. Bodenfunde, die auf eine frühmittelalterliche, römische oder gar keltische Besiedlung schliessen liessen, existieren keine. Die Vermutung, dass der «Weier» im 13. Jahrhundert besiedelt war, erscheint allerdings eher unwahrscheinlich, wenn man bedenkt, dass dort 1262 ein Siechenhaus errichtet wurde. Ein Siechenhaus im Mittelalter hatte weniger den Auftrag, Kranke gesund zu pflegen, als vielmehr die Aufgabe, die Kranken von der übrigen Bevölkerung zu separieren, damit diese nicht angesteckt würde. Nun ergibt die Errichtung des Siechenhauses im «Weier» aber kaum einen Sinn, wenn dieses Gebiet schon besiedelt gewesen wäre. Eine zweite Überlegung spricht gegen Mittlers Vermutung. Alle Siedlungen in breiten Flusstälern wurden, wenn immer möglich, auf überschwemmungssicheren, erhöhten Zonen errichtet. Und nun sollen diese Vor-Klingnauer ihre Häuser auf einem gefährdeten Gebiet unmittelbar neben einer bestens geeigneten Zone gebaut haben? Gab es keine Vor-Klingnauer? Ziehen wir nochmals die oben zitierte Vertragsstelle zu Rate. Es wird hier von einer Gruppe klösterlicher Untertanen gesprochen, die in die neu zu errichtende Stadt zu wohnen kommen. Nimmt man hier den Eventualfall voraus, dass irgendwann einmal irgendein höriger Bauer des Klosters nach Klingnau ziehen könnte? Hätte man einen solchen Eventualfall überhaupt in diesem Tauschvertrag erwähnt? Das ist zumindest fraglich. Die genannte Vertragsstelle könnte andeuten, dass auf unserem Hügel schon Leute lebten und nach 1239 in die neue Stadt integriert wurden. Es waren Bauern, und Bauern waren auch die meisten Klingnauer während des ganzen Mittelalters, wie wir in einem späteren Kapitel noch sehen werden. Auch die ungewöhnlich schnelle Errichtung des Städtchens fände mit der Annahme, dass eben schon Leute hier wohnten, eine Erklärung.

Grabplatte Ulrichs von Klingen und seiner Gemahlin Ita von Tegerfelden in der Dreifaltigkeitskapelle des Klosters Wettingen.

Wenden wir uns nochmals dem Freiherrn Ulrich von Klingen zu. Er hat – gemessen an den damaligen Vorstellungen – etwas erreicht in seinem Leben. Anstatt unter seinem Bruder eine untergeordnete Rolle zu spielen, hat er sich eigenen Grundbesitz erworben, hat ein Städtchen und damit eine eigene Linie seiner Familie gegründet. Er hat an einem erfolgreichen Kreuzzug teilgenommen. Er hat etwas für sein Seelenheil getan, indem er an fromme Einrichtungen Land spendete. Er hat schliesslich eine ganze Anzahl von Kindern: Walther, Ulrich,

Ulrich-Walther, Ita und Williburga. Am 15. Juni 1249 stirbt seine Frau Ita und am 21. Oktober 1249 oder 1250 er selber.

Als 1265 an die Kirche des Klosters Wettingen eine neue Seitenkapelle, die Dreifaltigkeitskapelle, angebaut wurde, liessen Ulrichs Kinder die Gebeine ihrer Eltern und ihres Grossvaters Walther von Tegerfelden dort bestatten. Die von Klingen fühlten sich durch mehrere Schenkungen mit dem Kloster Wettingen verbunden. Hier kann man auch heute noch die Grabplatten mit den Wappen der beiden Familien – die von Klingen mit dem steigenden Löwen – besichtigen.

Quellen und Literatur:

- Tauschvertrag von 1239, Staatsarchiv Aarau
- Rüegg Peter, Übersetzung ders.
- Welti F. E., Rechtsquellen des Kantons Aargau. 1. Teil, Band 3, Klingnau. Aarau 1905
- Kulturführer Schweiz in Farbe, Zürich 1982
- Mittler Otto, Geschichte der Stadt Klingnau, Aarau 1967
- Pupikofer J. A., Geschichte der Freiherren zu Altenklingen, Klingnau und Hohenklingen, 1869
- Tschopp Ch., Der Aargau, Aarau 1961

Kurzübersicht Kapitel 1:

Dank einer reichen Heirat gelang es dem Thurgauer Freiherrn Ulrich von Klingen, zu einem Grossgrundbesitzer im unteren Aaretal zu werden. Um seine Besitzungen, die bis in den süddeutschen Raum hineinreichten, zu sichern, entschloss er sich zur Gründung eines Städtchens. Der gewählte Standort bot viele Vorteile: militärische Sicherheit, ideale Verkehrslage, zentrale Lage innerhalb seiner Besitzungen. Dank der Tatsache, dass der Boden der zukünftigen Stadt erst vom Kloster St. Blasien erworben werden musste und dazu ein Tauschvertrag ausgestellt wurde, können wir heute den Beginn der Existenz Klingnaus datieren: 26. Dezember 1239. Das neue Städtchen wurde nach dem Landerwerb zügig errichtet.

2. Kapitel

Walther von Klingen – ein Leben zwischen Minnesang und Politik

Bevor wir ihm selber ins Gesicht blicken, wollen wir zwei grundsätzliche Seiten seines Lebens mit einer kleinen Geschichte und einem Bild zu erfassen versuchen.

Das Geschichtchen ist eine mittelalterliche Legende und zeigt – wie alle Legenden – mit viel Phantasie und Ausschmückung etwas Wahres und Wichtiges:

1273 – in der königslosen Zeit – hatte Walther einen Traum. Alle deutschen Fürsten, die sich um die Königswürde bewarben, waren versammelt. In ihrer Mitte prangte die goldene Krone, von allen bewundert. Wer sollte zum König erwählt werden? Da sprach einer: «Wer von uns die Krone zu heben vermag, der soll von allen als König angenommen sein.» Der Vorschlag fand Gefallen, und einer nach dem andern bemühte sich, jedoch vergebens. Da trat der Graf Rudolf von Habsburg hervor, hob die Krone mit Kraft und setze sie sich aufs Haupt.

Das Geschichtchen zeigt uns einen Walther von Klingen, der mit visionärem Blick in die Zukunft schaut, der sich mit der hohen Politik auseinandersetzt und die nicht unbedingt zu erwartende Königswahl seines Freundes, des Grafen Rudolf von Habsburg, voraussieht.

Das ist Walthers Zuhause. Man sitzt mit ein paar guten Freunden zusammen, isst etwas Leckeres (heute eine am Spiess gebratene Gans), trinkt in genügenden Mengen Wein (wahrscheinlich nicht nur Klingnauer, sondern auch Elsässer, denn Walther hat auch in Strassburg Besitzungen) und plaudert über dies und jenes, vor allem über Musik, Dichtung und Turnierkämpfe. Wir kennen ein paar seiner Freunde: die Minnesänger Berchtold Steinmar und Heinrich von Tettingen und den Grafen Rudolf von Habsburg.

Der Minnesänger Berchtold Steinmar, ein Freund von Walther von Klingen.

Das Bildchen stammt aus der Manessischen Liederhandschrift, einer mittelalterlichen Sammlung von Minneliedern, verziert mit wunderschönen Miniaturen.

Werfen wir einen kurzen Blick auf die damalige Weltgeschichte:

1212–1250: Friedrich II. von Hohenstaufen herrscht als römischer Kaiser über das Deutsche Reich und als sizilianischer König über Italien südlich von Rom. Das Ende seiner Herrschaft ist geprägt vom Kampf zwischen ihm und dem Papst. Der normale Zeitgenosse bekam das zu spüren durch kriegerische Auseinandersetzungen und Kirchenbann. Ganzen Landstrichen wurde jegliche religiöse Betätigung verboten, um so auf die Gegenseite Druck ausüben zu können.

1218: Rudolf von Habsburg wird geboren. Sein Pate ist der Kaiser Friedrich II.

1226–1270: In Frankreich herrscht der hochangesehene Ludwig IX., genannt Der Heilige. Er unternimmt mehrere Kreuzzüge nach Palästina.

1250–1273: Auf den Tod Friedrichs II. folgt das Interregnum, eine Zeit keiner oder nur völlig machtloser Könige. Diese Zeitspanne wird auch Zeit des Faustrechts genannt.

Um 1260 schliessen Uri, Schwyz und Unterwalden ihren ersten Verteidigungsbund.

1273: Rudolf von Habsburg wird zum Deutschen König gewählt.

15. Juli 1291: Rudolf stirbt.

Anfang August 1291: Uri, Schwyz und Unterwalden schliessen den (zweiten) Verteidigungsbund.

Das Bild unten zeigt uns nun Walther selbst.

In der Kirche des kleinbaslerischen Klosters Klingenthal, das er selber gründete, liegen er und viele seiner Familienmitglieder begraben. Sein Antlitz ist im Deckengewölbe des Chors plastisch dargestellt. Allerdings lässt sich nicht mit hundertprozentiger Sicherheit sagen, dass er es ist, der da vom Chorgewölbe auf uns herabblickt. Aber wenn wir uns sein

Schlussstein im Chorgewölbe der ehemaligen Klosterkirche Klingenthal in Basel. Stellt (wahrscheinlich) Walther von Klingen dar.

Leben vor Augen halten, müssen wir sagen: So kann er ausgesehen haben. Schöne Gesichtszüge, ein offener und ehrlicher Blick, sein Haupt, eines römischen Imperators würdig, aber mit einem weicheren, leicht belustigten Ausdruck.

Walther ist etwa um 1220 geboren, wahrscheinlich auf der Stammburg seines Geschlechts, auf der Burg Altenklingen im Thurgau. Er ist der Erstgeborene, nach ihm kommen seine beiden Brüder Ulrich und Ulrich-Walther und zwei Schwestern zur Welt. 1240 oder ein bisschen später zügelt die freiherrliche Familie von Klingen ins neu gegründete Städtchen Klingnau. Walther ist zu diesem Zeitpunkt schon ein erwachsener Mann. In Klingnau gewinnt er nun nach und nach das Profil eines typischen mittelalterlichen Ritters.

Walther von Klingen als Turnierkämpfer.

Der «her walther von klingen» zeigt sich hier als grosser Turnierkämpfer: stark, dynamisch, überlegen, bewundernde Frauenblicke erntend. Kurz: ein Sieger.

Es ist dies die Zeit des fröhlichen Beisammenseins, der Förderung der Dichtung. Walther versucht sich selbst als Troubadour und findet als solcher Eingang in die berühmte Manessische Liederhandschrift. Er erreicht aber nie die dichterische Fülle seines Freundes Steinmar. Deshalb wollen wir uns hier eine Kostprobe von Berchtold Steinmar zu Gemüte führen.

Im folgenden längeren Lied besingt er den Herbst, weil er sich lieber diesem unverfänglicheren Thema zuwendet, nachdem ihm in der Liebe kein Glück beschieden war.

> Herbest, nu hoer an mîn leben.
> wirt, du solt uns vische geben
> mê dan zehen hande,
> gense hüener vogel swîn
> dermel pfâwen sunt da dîn,
> wîn von welschem lande.
> des gib uns vil und heiz uns schüzzel schochen:
> köpfe und schüzzel wirt von mir unz an den grund erlochen.
> wirt, du lâ dîn sorgen sîn:
> wâfen! joch muoz ein riuwic herze troesten wîn.

In ungefährer Übersetzung:
> Herbst, nun hör mein Leben an.
> Wirt, du sollst uns Fische geben
> mehr als zehnerlei,
> Gänse, Hühner, Vögel, Schweine,
> Würste, Pfauen seien da,
> Wein von welschem Lande.
> Davon gib uns viel und lass uns Schüsseln türmen:
> Becher und Schüsseln werden von mir bis zum Grund geleert.
> Wirt, lass deine Sorgen sein:
> Auf! kann doch Wein ein traurig Herze trösten.

Mitten in dieser Zeit des fröhlichen Treibens – etwa 1248 – heiratet Walther Sophie von Froburg. Sie entstammt einem angesehenen Adelsgeschlecht und ist die Cousine von ... Rudolf von Habsburg.

Bald darauf sterben seine Eltern, seine Mutter am 15. Juni 1249 und sein Vater am 21. Oktober 1249 oder 1250. Jetzt kommt eine neue Verantwortung auf ihn zu. Zusammen mit seinen Brüdern verwaltet er den Familienbesitz, insbesondere das Städtchen Klingnau. 1253 entschliessen sich die drei, ihren Besitz aufzuteilen. Walther erhält Klingnau und die Besitzungen in Tegerfelden und im süddeutschen Wehratal. Ulrich übernimmt die thurgauischen Besitzungen und zügelt auf die Stammburg Altenklingen. Ulrich-Walther widmet sich geistlichen Studien. Er tritt 1254 in den Orden der Deutschritter in Beuggen ein. 1270 wird er dort Komtur.

Walther ist nun mit rund 35 Jahren der adlige Herr über ein grösseres Gebiet. Was für eine Stellung hat er damit? Er ist mehr als ein heutiger Landbesitzer, aber auch nicht die Regierung über einen Staat. Am besten können wir seine Stellung mit einem südamerikanischen Grossgrundbesitzer vergleichen. Ein solcher Haciendero verfügt über seine Arbeiter, meist Indios, weit über den eigentlichen Arbeitsbereich hinaus, er bestimmt in Familienangelegenheiten mit und betätigt sich als Richter. Kurz: Seine Untergebenen sind völlig von ihm abhängig. Über ihm gibt es zwar noch die Regierung und die Gerichte – im Mittelalter wäre das der König –, aber die sind weit weg und für den Untertanen kaum zu erreichen. Näher beim Untertanen ist die Kirche, sie kann allenfalls als Beistand für ihn auftreten – in Südamerika wie im Mittelalter. Wir sehen, ist der Grossgrundbesitzer fähig und gut, so geht es dem Untertanen recht; wenn nicht, hat der Untertan eben Pech gehabt.

Walthers Leben entwickelt sich weiterhin glücklich. Seine Frau schenkt ihm eine ganze Reihe von Kindern: Ulrich, Walther, Hermann, Agnes, Verena, Herzelaude, Katharina und Klara.

Wenden wir uns jetzt einem weiteren bestimmenden Charakterzug Walthers zu: seiner Religiosität und seiner Freigebigkeit. Der Minnesänger von Wengen preist ihn in einem Lied:

Dank habe der werde Klinger, dar gehûset hât triuwe, milte und dâ bî zuht!

Von Wengen rühmt ihm Treue, Milde – und das bedeutet in unserem heutigen Sprachverständnis Freigebigkeit – und Zucht, das heisst persönliche Diszipliniertheit, nach.

1249 machen die drei Brüder eine gemeinsame Schenkung an das Kloster Wettingen.

Zwei Jahre später folgt eine bedeutende Vergabung an den Johanniterorden, daraus entwickelt sich die Niederlassung des Ritterordens in der Klingnauer Unterstadt. Der Ritterorden der Johanniter wurde gegründet, um die Pilger, die ins Heilige Land zogen, zu pflegen, vor allem aber, um das christliche Palästina gegen die Mohammedaner zu verteidigen. Fromme Adlige schenkten dem Orden Grundbesitz in Europa und versetzten ihn so in die Lage, seinen Verpflichtungen auch materiell nachkommen zu können.

▲
Krak des Chevaliers. Riesige Burg der Johanniter in Palästina.

Das ist der Krak des Chevaliers, eine riesige Kreuzritterburg auf den Höhen des Libanon. In der Zeit, in der Walther und seine Brüder den Johannitern ihre Schenkung übereignen, führen diese hier einen verzweifelten Abwehrkampf.

Am 2. September 1256 sind Walthers ganzes Gefolge, sein Bruder Ulrich, er selbst und Rudolf von Habsburg auf der Klingnauer Burg versammelt, um eine Schenkungsurkunde zu bezeugen. Walther hat sich entschlossen, einen Teil seines Besitzes im Wehratal dem Orden der Dominikanerinnen zu verschenken und darauf ein Kloster zu gründen. Er nennt es Klingenthal. Weitere Schenkungen folgen. So sorgt er dafür, dass im benachbarten Todtmoos eine Kirche gebaut wird. Das Kloster Klingenthal entwickelt sich anfangs erfreulich, gerät aber zu Beginn der 70er Jahre in den Strudel kriegerischer Auseinandersetzungen, so dass sich die Nonnen 1273 entschliessen, nach Kleinbasel umzuziehen. Walther unterstützt sie tatkräftig in diesem Vorhaben. Er lässt ihnen weitere Schenkungen zukommen, zum Beispiel ein Haus in Klingnau. So erstaunt es auch nicht, dass er – wie wir oben schon gesehen haben – in ihrer Klosterkirche in Kleinbasel begraben wurde.

1262 lässt er im Gebiet Weier vor dem Städtchen Klingnau ein Siechenhaus, eine Art Spital, erbauen. Er stattet es sogar mit einer Kapelle und einem Geistlichen aus. Der genaue Standort des Siechenhauses ist unklar. Ob es mit dem Haus «Spittel» an der oberen Weierstrasse, das bis in unser Jahrhundert hinein als Armenhaus der Stadt genutzt wurde, identisch ist, erscheint wegen der engen Nachbarschaft zum Städtchen eher fraglich. In der gleichen Zeit sorgt Walther dafür, dass das Klingnauer Kirchlein dem Rang nach von einer Kapelle zu einer Pfarrkirche erhöht wird.

Kloster Sion, zwischen dem Städtchen und dem Achenberg gelegen.
▼

Damit noch nicht genug! «Waltherus der Edle von Klingen und Sophia sein Ehegemahl stiftete in dem Jahr ... 1269 das Gotteshaus Syon», so steht es im Urbar (einem Besitzverzeichnis) des Klosters Sion. Zwischen der Stadt und dem Achenberg, unterhalb der Rebberge, entsteht das neue Klösterchen. Es wird von Mönchen des Wilhelmitenordens bewohnt.

Die Liste von Walthers religiösen Schenkungen ist damit aber noch nicht vollständig, hier sind lediglich die wichtigsten erwähnt worden.

Ist Walther ein Glückspilz? Reich an geistigen und körperlichen Gaben, an Besitz, an Freunden und Kindern? Ja und nein! Nein deshalb, weil seine Frau und er in ihrer Familie Leid erfahren müssen. Bis 1269 sterben alle Söhne und die älteste Tochter Agnes. Möglicherweise ist das der Grund dafür, dass er 1269 das Städtchen Klingnau verkauft. Es ist ja niemand mehr da, der es nach seinem Tode übernehmen würde. Sein Käufer ist Eberhard II., Bischof von Konstanz und Walthers Vetter. Der Bischof ist gerade daran, den Besitz des Bistums auszuweiten. Tiengen, Küssaberg, Hallau und das Stift Zurzach hat er soeben erworben, und da passt ihm der Kauf Klingnaus bestens ins Konzept. Für 1100 Mark Silber bekommt er es, samt der Burg Tegerfelden und der Aarebrücke bei Klingnau (die im 15. Jahrhundert vom Hochwasser zerstört und nicht mehr aufgebaut wird). Walther behält für sich, seine Frau und Töchter in Klingnau ein Wohnrecht in einem geräumigen Haus neben der Burg. Bis 1271 hält er sich noch hier auf, um seinen restlichen Besitz zu veräussern. Dann, am 12. Februar 1271, sagt er von sich in einer Urkunde: «do ich do vom lannde fuor». Das heisst, er geht weg von Klingnau, weg aber auch von seinem bisherigen Leben als Grundherr. Von jetzt an hält er sich vorwiegend in seinen Häusern in Basel und Strassburg auf.

Wir können für sein Wegziehen noch einen anderen Grund sehen. Walther ist in rund 100 Urkunden erwähnt. Er tritt als Zeuge für irgendwelche Verträge auf, aber zunehmend übernimmt er die Verantwortung als Vermittler und Schiedsrichter. Als Beispiel: Rudolf von Habsburg und der Abt vom Kloster St. Gallen stritten sich, wer welche Gebiete aus dem reichen Kiburger Erbe erhalten solle. Da beauftragten sie Walther, die Verteilung vorzunehmen. Walther scheint sich zu einem Spezialisten für Rechtshändel und Vermittlungen entwickelt zu haben. Für diese Rolle ist er natürlich in den damals sehr bedeutenden Städten Basel und Strassburg besser aufgehoben.

1273 erfolgt die Wahl seines Freundes Rudolf zum deutschen König. Damit eröffnet sich für den rund 55jährigen eine neue Karriere als Politiker. Er wird zum Berater des Königs. Oft kann man beide gemeinsam an wichtigen Tagungen antreffen. König Rudolf ist ein gern gesehener Gast in Walthers Haus in Strassburg oder bei Walthers Schwiegersohn, dem Grafen von Pfirt.

1276 hilft Walther bei der Vorbereitung einer der wichtigsten Unternehmungen Rudolfs mit. Es ist dem neuen König bisher gelungen, sich die meisten seiner Gegner gefügig zu machen. Nur der mächtige Ottokar, König von Böhmen, lächelt noch über den «kleinen Grafen» und will ihn nicht als Herrscher über das Deutsche Reich und als seinen Herrn anerkennen. Rudolf plant nun einen Kriegszug gegen ihn. Zu diesen Vorbereitungen ist uns eine Erzählung überliefert:

> Walther von Klingen fragte seinen König, wer denn der Schatzmeister sei. Rudolf antwortete: «Ich habe keinen Schatz und auch kein Geld, ausser ein paar wenigen Batzen.» Erstaunt fragte Walther, wie er denn den Kriegszug finanzieren wolle. Da erwiderte der König: «So wie mich Gott bisher immer beschützt hat, wird er mich auch auf diesem Kriegszug beschützen.»

Das Unternehmen, das taktisch äusserst geschickt eingefädelt worden ist, führt zu einem vollen Erfolg. Die Finanzierung erfolgt mittels Rückgewinnung von Kronbesitzungen, die Ottokar in früheren Jahren dem Reich entrissen hat. Walther nimmt am Kriegszug nicht teil. Er ist zwar ein Turnierkämpfer gewesen, aber wirkliche Kriege scheinen nicht nach seinem Geschmack zu sein. Er ist ein Mann des Ausgleichs, der Vermittlung. Damit hebt er sich deutlich von seinem königlichen Freund ab. Ein Blick in Rudolfs Gesicht zeigt uns das sofort:

Ein ganz anderes Gesicht als das Walthers. Wo Walther Humor zeigt, zeigt Rudolf Hochmut und

König Rudolf von Habsburg.

Am 1. März 1286 stirbt Walther von Klingen. Seine Frau überlebt ihn um ein paar Jahre, sie entschläft am 30. November 1292.

Quellen und Literatur:

- Urbar des Klosters Sion, Stadtarchiv Klingnau.
- Jehle Fridolin, Wehr, Wehr 1969
- Mittler Otto, Geschichte der Stadt Klingnau, Aarau 1967
- Pupikofer J. A., Geschichte der Freiherren von Klingen, 1869
- Redlich Oswald, Rudolf von Habsburg, Innsbruck 1903
- Treichler Willi, Mittelalterliche Erzählungen und Anekdoten um Rudolf von Habsburg, Bern und Frankfurt 1971
- Wackernagel W., Walther von Klingen, Basel 1845
- Wehrli Max, Deutsche Lyrik des Mittelalters, Zürich 1962

Herablassung. Wo Walther Sanftheit ausstrahlt, spüren wir bei Rudolf Härte, ja sogar Rücksichtslosigkeit. Es muss allerdings beigefügt werden, dass es alles andere als ein Honigschlecken war, sich nach der langen Zeit des Interregnums als König durchsetzen zu können.

Zwei gemeinsame Stationen von Rudolf und Walther sollen noch erwähnt werden. 1283 sind sie in Aarau und stellen der Stadt ihr Stadtrechtsdiplom aus. Bei dieser Gelegenheit weist Rudolf zugunsten Walthers 1100 Mark Silber aus dem Zürcher Steueraufkommen an. Das ist eine recht hohe Summe, sie entspricht dem Kaufpreis des Städtchens Klingnau samt der Tegerfelder Burg und der Aarebrücke. Offensichtlich hat Walther dem König manchmal mit ansehnlichen Summen ausgeholfen. Im Sommer 1284 halten sie sich in Zürich auf, sie verleihen von da aus Brugg das Stadtrecht.

Kurzübersicht Kapitel 2:

Walther von Klingen, Anfang des 13. Jahrhunderts geboren, Ende des 13. Jahrhunderts gestorben, war nicht nur von seinen Lebensdaten her ein typischer Vertreter seines Jahrhunderts. Er pflegte die damalige Dichtung und Musik durch eigenes Tun und durch Gönnertum, er übte sich im damaligen Sport, dem Turnierkampf. Er hatte weitgespannte Beziehungen bis in die höchsten gesellschaftlichen Kreise seiner Zeit. Herausragende Eigenschaften bei ihm waren diplomatisches Geschick und religiöse Verbundenheit. In Klingnau gründete er das Klösterchen Sion und stattete die Johanniter mit reichem Besitz aus. Von seinen vielen Kindern starben die meisten in jungen Jahren. Das mag der Grund dafür gewesen sein, dass er 1269 das Städtchen Klingnau an den Bischof von Konstanz verkaufte. Nach der Wahl Rudolfs von Habsburg zum deutschen König 1273 war er bis zu seinem Tod 1286 ein enger Berater des Habsburgers.

3. Kapitel

Reichlich viele Herren

Stellen Sie sich vor, dass es einerseits der Polizei in Klingnau gelingt, ein Mitglied einer Diebesbande, einen «Vaganten und Spitzbuben», zu fangen, dass es dem «Spitzbuben» andererseits gelingt zu flüchten, dass besagter «Spitzbube» ein raffinierter Kerl ist und in das Kirchlein des Klosters Sion flüchtet, um hier am Altar Asyl zu erflehen. Stellen Sie sich vor, die würdigen Patres des Klösterchens jagen diesen «Vaganten» nicht etwa zum Tempel hinaus und zum Teufel, beziehungsweise in die Arme der anrückenden Polizei, sondern sie nehmen ihn, den «Spitzbuben», auf in ihre gütigen Arme und verhelfen ihm danach zur Flucht. Der «Spitzbube und Vagant» sucht und findet darauf das Weite.

Sie können sich ohne weiteres vorstellen, dass damals, im November 1751, die Polizei und ihr Chef, der eidgenössische Landvogt in Baden, nicht gerade erfreut sind über das eigenwillige Verhalten der Sioner Männer Gottes. Es folgt ein Briefwechsel, der immer weitere Chefs erfasst, immer umfangreicher, gelehrter, wütender und drohender wird. Die Sioner Mönche berufen sich auf ein uraltes Asylrecht. Sie werden darin von ihrer Obrigkeit, dem Kloster St. Blasien, unterstützt. Der Herr Franz Ludwig von Graffenried, eidgenössischer Landvogt in Baden, stellt sich auf den Standpunkt, dass er als Landesherr für die Verfolgung von Strauchdieberei, Wegelagerei und derartiges zu sorgen habe und darin, von wem auch immer, nicht gehindert werden dürfe. Darin wird er von seinen Vorgesetzten – dem Schultheissen und Raht der Stadt Bern, dem Bürgermeister und Rath der Stadt Zürich und dem Landammann und Rath zu Glarus – vehement unterstützt. In diesem Moment gelangt der Bischof von Konstanz zur Ansicht, dass er als Herr der Stadt Klingnau auch etwas zu sagen habe, und versucht mit Hilfe seines Arms im Klingnauer Schloss, dem bischöflichen Obervogt Joseph Sebastian Zweyer von Evebach und Alpfen, zwischen den Streitenden zu vermitteln, allerdings ohne Erfolg. Inzwischen wendet sich der Fürstabt des Klosters St. Blasien an den päpstlichen Nuntius und den Kaiser des Heiligen Römischen Reiches Deutscher Nation um Hilfe, was er allerdings besser nicht getan hätte. Denn erstens ist der deutsche Kaiser seit dem 17. Jahrhundert auch formalrechtlich nicht mehr zuständig für die Eidgenossenschaft, und zweitens sind die lieben Herren Eidgenossen in Fragen ihrer nationalen Souveränität ganz besonders sensibel. Die letzteren reagieren in zweierlei Manier: Zum einen beschlagnahmen sie diverse dem Klösterchen Sion gehörende Naturalien wie etliche Fässer Wein usw., zum andern erlassen sie ein neues Mandat für ihre Grafschaften Baden und Untere Freie Ämter, worin sie rechtsetzen, dass inskünftig Flüchtlinge authoritative aus Kirchen und Klöstern herausgenommen werden können.

Für einen solch umfangreichen Streit braucht man natürlich auch genügend Zeit; er dauert bis in den Sommer 1753 hinein. Da gibt sich die klösterliche Partei geschlagen.

Nebst der eher etwas lächerlichen Seite dieses Krachs stellt sich die Frage: Wer regiert denn eigentlich in Klingnau?

Ursprünglich ist der oberste Herr der König. Aber zur Zeit, als Klingnau gegründet wird, sind schon eine Fülle königlicher Rechte an Adlige übergegangen. Die Folge davon ist eine enorm komplizierte Aufsplitterung der politischen Macht. Man kennt zu dieser Zeit keine klare Hierarchie der Instanzen mit genau festgelegter territorialer Abgrenzung wie unsere heutige Ordnung von Gemeinde, Bezirk, Kanton und Bund. Vielmehr ist es ein Nebeneinander, Durcheinander und Übereinander von einzelnen politischen und juristischen Rechten. Es gelten zwei – für unser heutiges Rechtsdenken fremde – Grundsätze:

Politische und richterliche Macht ist oft an den Besitz von Grund und Boden gebunden.
Wer das Recht zu richten hat, hat auch das Recht zu herrschen.

Der König

Um 1400 spürt man den König vor allem noch als Inhaber des obersten Appellationsgerichts. Wir werden die Klingnauer Räte 1414 am königlichen Gerichtshof in Rottweil antreffen.

Menschen und Ereignisse 1239 – 1989

Landvogteischloss Baden ▶

▲ **Schloss Klingnau**

Amtshaus in Klingnau ▼

Sie alle regierten über Klingnau:
Ab 1269 der Bischof von Konstanz mit seinem Vogt, ab 1415 die Eidgenossen mit ihrem Landvogt in Baden, das Zurzacher Stift mit seinem Amtmann im Amtshaus, das Kloster St. Blasien mit seinem Propst in der Propstei, die Johanniter in ihrer Komturei.

Ehemalige Johanniterkirche ▶

Dom St. Blasien ▼

23

Der König hat das Recht, über einen Friedensbrecher den Reichsbann zu verhängen. Das bringt den Klingnauern 1415 die Eidgenossen als zusätzliche Herren.

Dann gibt es noch ein paar Relikte. Dem König bleibt beispielsweise noch eine bestimmte Kompetenz über das Gewerbewesen. 1408 gibt er den Klingnauern das Recht, zwei Jahrmärkte abzuhalten, und im gleichen Jahr das Recht, eine Mühle zu betreiben. Die steuerlichen Einnahmen daraus fliessen (oder vielmehr tröpfeln) allerdings in die Tasche des Stadtherrn.

Der Bischof als Stadtherr

Der unmittelbarste Herr ist für Klingnau der Stadtherr. Wir haben schon gesehen, dass das ab 1269 der Bischof von Konstanz ist. Damals kauft der dynamische Bischof Eberhard II. (ein Cousin Walthers von Klingen) die Stadt samt einigem Umgelände.

Was bekommt man, wenn man im Mittelalter eine Stadt kauft? Im Falle von Klingnau erwirbt sich der Bischof den Grund und Boden. Die Klingnauer Bürger wohnen also zwar in ihren eigenen vier Wänden, aber auf gepachtetem Land. Dafür bezahlen sie dem Stadtherrn eine Grundsteuer, die «Bede».

Als Stadtherr präsidiert er den Klingnauer Rat.

Und schliesslich ist er Inhaber des niederen Gerichts über – fast – alle Klingnauer. (Die Leute St. Blasiens unterstehen der klösterlichen Gerichtsbarkeit. Seit 1325 betraut das Kloster die Habsburger mit dieser Aufgabe.) Das niedere Gericht befasst sich mit kleineren Delikten. Darüber steht das Hochgericht, das sich mit Vergehen abgibt, die mit dem Tod oder schwerer Körperstrafe abgegolten werden. Solche Vergehen sind grösserer Diebstahl, Ehebruch, Blutschande, Sodomiterei, Gotteslästerung, Hexerei, Mord, Betrügerei, Falschmünzerei, Brandstiftung und ähnliches. Bis 1415 gelingt es dem Bischof, mehr und mehr Kompetenzen vom Hochgericht an sein Niedergericht zu ziehen. Er übernimmt Fälle von Totschlagsühne, Meineid, Körperverletzung und nächtlichem Diebstahl; schliesslich führt er alle Hochgerichts- oder Malefiz-Fälle und überlässt dem Hochgericht nur noch die Aburteilung. Das alles bedeutet für ihn mehr Einnahmen und mehr politische Macht.

Dem Bischof steht das Mannschaftsrecht zu. Er darf also die wehrfähigen Klingnauer zum Kriegszug aufbieten. Damit verbunden ist das Recht, eine Kriegssteuer einzuziehen. Zudem hat er das Burgenrecht (er darf eigene Wehrbauten erstellen lassen), das Öffnungsrecht (die Klingnauer müssen auf sein Geheiss die Stadttore für ihn und für andere öffnen) und das Patronat (er setzt den Klingnauer Pfarrer ein, der Pfarrer ist für die öffentliche Meinungsbildung eine zentrale Person). Schliesslich darf er die Klingnauer für den Unterhalt seiner Brücken zu einem Tagwerk pro Jahr aufbieten.

Als Beamten setzt er einen Vogt ein, der zumindest im Mittelalter oft ein Klingnauer ist. Er wohnt im Schloss. Sein Titel wechselt ab und zu. Mal heisst er Amtmann, weil er das bischöfliche «äussere Amt Klingnau» betreut, zu dem nebst Klingnau auch Koblenz, Siglistorf, Mellstorf, Döttingen und Zurzach gehört; mal heisst er schlicht Vogt; mal heisst er Obervogt, vor allem nach der eidgenössischen Eroberung des Aargaus, um ihn gegenüber dem Landvogt in Baden etwas aufzuwerten.

Im Mittelalter gibt es den Spruch: Unter dem Krummstab ist gut leben. Offensichtlich ist es so, dass geistliche Herren etwas milder zu sein pflegen als weltliche. Auch wenn Klingnau nie zu einer städtischen Selbstverwaltung findet, schätzt man die Herrschaft des Bischofs dennoch, jedenfalls wesentlich mehr als die Regentschaft von Pfandherren. Weil das Bistum im 14. Jahrhundert jeden Schwung eingebüsst hat, gerät es immer mehr in Schulden und sieht sich gezwungen, Klingnau zu verpfänden.

1390 verpfändet der Bischof Klingnau zum zweitenmal für längere Zeit. 1406 löst er es wieder aus, wobei ihm die Klingnauer für das Aufbringen eines grossen Kredits behilflich sind. Dafür verspricht er ihnen 1408 in einem Privileg, dass die Stadt auf ewige Zeiten nicht mehr verpfändet würde. Die «ewigen Zeiten» dauern genau 13 Jahre. 1421 wird das Städtchen nochmals für sieben Jahre verpfändet, allerdings an einen bekanntermassen gerechten und milden Herrn, den Ritter Hammann von Rich. Klingnau selbst stimmt dieser Verpfändung zu.

Friedrich IV. von Österreich, der Herzog mit der leeren Tasche.

In dieser Zeit spielen sich im Deutschen Reich Ereignisse ab, die für den «Ergäu», die Grafschaft Baden und die Freien Ämter, von grösster Bedeutung werden.

Auf den Herbst 1414 lädt König Sigmund zu einem Konzil nach Konstanz ein. Drei Kirchenfürsten bezeichnen sich zu dieser Zeit als rechtmässigen Papst. Dieses kirchliche Ärgernis, ja diesen Skandal, will der König mit seiner Versammlung aus der Welt schaffen.
Schliesslich werden alle drei abgesetzt, und ein neuer Papst wird ernannt. Diesem Entscheid widersetzt sich der österreichische Herzog Friedrich IV.
Der König verhängt deshalb über ihn die Reichsacht; damit ist jedermann verpflichtet, dem Geächteten wegzunehmen, was man ihm nur wegnehmen kann. Die Eidgenossen werden aufgefordert, in den Aargau einzumarschieren, denn hier besitzt der österreichische Herzog Land, Burgen und Städte und die hohe Gerichtsbarkeit. Auch der Bischof von Konstanz stellt sich gegen den Österreicher, ist also – zumindest ideell – ein Mitstreiter der Eidgenossen.

Die Eidgenossen

Nun wird es aber dem Bischof Otto III. angst und bang, als er sieht, mit welcher Entschlossenheit die Eidgenossen im April 1415 vorpreschen. Sie getrauen sich zwar nicht, in die beiden bischöflichen Ämter Klingnau und Kaiserstuhl einzumarschieren (vielleicht erachten sie es gar nicht als nötig), betrachten sich aber als die Inhaber des Hochgerichts auch über das bischöfliche Gebiet und damit als die eigentlichen Herren im Land. Otto wendet sich rasch an den König und lässt sich von ihm seine Rechte und die Freiheiten Klingnaus und Kaiserstuhls bestätigen. Aber das ist leere Diplomatie, die harten Tatsachen sehen anders aus. Die Eidgenossen sind nicht gewillt, im Aargau nur ein Schattendasein zu spielen. Sie schicken ihren Landvogt nach Baden, der sich schliesslich für alle wichtigen Angelegenheiten die letzte Entscheidung vorbehält. Mehr und mehr Rechte, die vorher beim König oder Bischof lagen, reissen die Eidgenossen nun an sich, zum Beispiel das Mannschaftsrecht, die Verleihung des Marktrechts, den Bezug des Zolls und vor allem Gerichtskompetenzen. 1712 beanspruchen sie für sich die Überwachung der bischöflichen Verwaltung. Dem Ausbau der eidgenössischen Macht kommt entgegen, dass Otto III., der dem Bistum Konstanz von 1410–1434 vorsteht, politisch völlig unfähig ist. Nach seinem Tod charakterisiert ihn der Bistumschronist:

«Er was ein blöder, siecher fürst und bracht das bistumb gar in grosse schulden... Als Bischof Ott starb, hielt man im kain opfer und lütt im nit... dan er alles verthun hat... und wurde elendgklich begraben...»

Wenden wir uns nach den grossen Herren einigen Nebenherren zu.

Das Stift Zurzach

Wir haben weiter oben gesehen, dass das Patronat – das Recht, den Pfarrer einzusetzen – beim Bischof lag. Bischof Heinrich III. schafft 1360 beim Stift Zurzach eine zehnte Chorherrenstelle und übergibt ihm als Pfründe die Klingnauer Kirche. Für Klingnau bedeutet das, dass inskünftig das Zurzacher Stift den Pfarrer einsetzt (wobei der Obervogt und die Klingnauer Räte ein Mitspracherecht haben) und vor allem den Zehnten bekommt. Als Verwalter wird ein Amtmann eingesetzt, der seinen Sitz im Amtshaus hat. Den Zehnten bezahlt man vom Wein («nasser Zehnt») und von den Feldfrüchten («trockener Zehnt»). Mitte 19. Jahrhundert kauft sich Klingnau von der Bezahlung des Zehnten los. Das Stift entlässt deshalb seinen letzten Klingnauer Amtmann Josef Anton Schleuniger und verkauft das Amtshaus.

Die Abtei Sankt Blasien

Wir haben schon im ersten Kapitel gesehen, dass die Abtei St. Blasien im unteren Aaretal bereits präsent war, bevor es auch nur eine Idee einer Stadt Klingnau gab. Beim Güterabtausch mit Ulrich von Klingen hat sie sich ausdrücklich ihre Rechte über ihre Leute vorbehalten, auch wenn diese zu Einwohnern der Stadt würden. Die Abtei tritt also weiterhin als Inhaberin einer gewissen Gerichtsbarkeit auf (das Gericht Döttingen bleibt grundsätzlich in ihren Händen) und damit als Trägerin staatlicher Hoheit. Vor allem aber ist sie eine reiche Grundbesitzerin. Schon bald nach der Stadtgründung verlegt die Abtei ihren Verwaltungssitz von Döttingen nach Klingnau. Von hier aus verwaltet ihr Propst den umfangreichen Besitz des klösterlichen Amtes Klingnau. (Es gibt also zwei Ämter Klingnau: das bischöfliche und das klösterliche. Die sind in ihrer Bestimmung und ihrer räumlichen Ausdehnung nicht identisch.) Ende 14. Jahrhundert umfasst das klösterliche Amt Klingnau 106 Besitzungen, zum grössten Teil sind das Bauernhöfe. Diese Besitzungen liegen vor allem im Bezirk Zurzach und im Kreis Waldshut, aber auch um Baden herum und in den Kantonen Luzern, Ob- und Nidwalden.

Die Johanniter

Im Januar 1414 muss sich das königliche Hofgericht von Rottweil mit einem Streitfall zwischen den Johannitern in Klingnau und der Stadt Klingnau befassen. Vor Gericht sind erschienen «herr Hainrich Lütfrid, stathalter des obrosten maisters sant Johans ordens des huses zu Lüggern, und herr Hans von Ow, comentür des huses ze Rotwil...und clagtent hin...zuo Hansen Nägillin, vogt ze Clingnöw, zuo Hansen Zimberman, zuo Haini Kolern, zuo Wilhelm Häberling und zuo Conrat Vomern, alle vier des rautz ze Clingnöw». Die geistlichen Ritter beklagen sich, wie die Klingnauer sie in ihren Einkünften und Rechten schädigen, wo sie nur können. Was haben darauf die schwer belasteten Klingnauer Vertreter zu ihrer Verteidigung vorzubringen? Sie streiten gar nichts ab, sondern erklären blauäugig, sie hätten einen Herrn, nämlich den Bischof von Konstanz, und was der oder seine Amtsleute ihnen zu tun heissen, müssten sie gehorsam ausführen. Schliesslich legen die Klingnauer noch einen Eid ab, dass sie all das Vorgefallene nur auf Befehl ihres Stadtherrn getan haben, und werden in Unschuld entlassen. Ebenfalls entlassen werden die Ordensritter mit der Empfehlung, sie sollen sich mit ihrer Klage an die Kurie in Konstanz wenden.

Um den interessanten Gerichtsfall besser zu verstehen, müssen wir in der Geschichte etwas zurückblenden. Wir haben schon weiter oben gesehen, dass die Johanniter zu den Lieblingen Walthers von Klingen gehörten. Er beschenkte sie reich, so dass sie ihren Komtureisitz von Leuggern nach Klingnau verlegten. Die Johanniter erhielten aber nicht nur Grundbesitz, sondern auch Hoheitsrechte. So bekamen sie in Klingnau ein eigenes Stadttörchen, über das sie frei verfügen konnten. Damit sind sie – gleich wie der Bischof – Inhaber des Öffnungsrechts. Zudem sind sie von der bischöflichen Gerichtsbarkeit befreit, bezahlen keine Abgaben, verfügen über das Patronatsrecht in ein paar Pfarreien und über das Niedergericht im Kirchspiel. Kurz: sie stellen innerhalb und ausserhalb des bischöflichen Amtes Klingnau einen bedeutenden Machtfaktor dar, der des Bischofs Einfluss und Einkommen schmälert. Die Bedeutung der Klingnauer Komturei wird auch daran sichtbar, dass sich der Grossprior der deutschen Ordensprovinz entschliesst, sie nicht mehr an einen untergeordneten Komtur zu verleihen, sondern sie sich selber vorzubehalten.

Der Bischof ist aber nicht mehr gewillt, soviel Macht bei den Johannitern zu belassen, und so versucht er sie zu schmälern, wo das möglich erscheint. Demzufolge haben bei unserem Gerichtsfall sowohl die Johanniter als auch die Klingnauer durchaus recht. Nach dem Gerichtstag in Rottweil werden die Schikanen den Johannitern gegenüber fortgesetzt. Klingnau verkürzt den Anteil der Johanniter an den Gemeindenutzungen, mauert ihnen ihr Stadttörchen zu, nimmt ein Dutzend ihrer Eigenleute ins Stadtrecht auf.

Nach dem Einmarsch der Eidgenossen wird der Streit beigelegt, wobei der Ritterorden in den meisten Punkten nachgeben muss. Die Johanniter verlegen darauf den Sitz des Komturs aus diesem ungastlichen Klingnau nach Leuggern zurück, das im Bistum Basel liegt. Der Klingnauer Besitz wird von einem Schaffner verwaltet und hat nur noch eine wirtschaftliche Bedeutung.

Die Bürger

Bei so vielen Herren bleibt den Klingnauern begreiflicherweise nicht mehr viel Platz für Selbständigkeit. Allerdings gelingt es ihnen manchmal – wie das Beispiel der Johanniter gezeigt hat – aus dem Gegensatz ihrer Herren einen Vorteil herauszuschlagen. Der wichtigste Termin im politischen Leben der Bürger ist der Johannitag, der 24. Juni. Da findet unter dem Vorsitz des bischöflichen Vogts die Jahresgemeinde statt, an der die Klingnauer Behörden gewählt werden. Bei vielen Wahlen handelt es sich allerdings mehr um eine Bestätigung.

Als wichtigste Behörde amtiert die Stadtregierung. An deren Spitze steht der Vogt, der vom Bischof ernannt wird. Da haben die Klingnauer nichts dazu zu sagen.

Sie wählen aber den kleinen Rat («Rät») und den grossen Rat («Rat»). Der kleine Rat setzt sich anfangs aus vier, danach aus sechs Mitgliedern zusammen. Interessanterweise amtieren aber dennoch nur vier Rät, die übrigen zwei sind für ein Jahr im Stillstand. (Beachten Sie dazu die Liste der Klingnauer Delegation vor dem Gerichtshof in Rottweil.) Schon daraus erhellt, dass es sich bei der jährlichen Wahl um eine Bestätigung handelt, sonst käme dieses Rochade-System gar nicht zum Funktionieren. Einer der vier amtierenden Rät, in der Regel der Älteste, «wenn er dazue als tauglich erfunden wurde», vertritt als Statthalter den Vogt im Vorsitz, falls der einmal abwesend sein sollte. Der grosse Rat setzt sich ursprünglich aus sechs, danach aus zehn Mitgliedern zusammen. Seine Aufgabe ist sehr gering, sie besteht vor allem darin zu warten, bis im kleinen Rat ein Platz frei wird.

Danach wählen die Bürger das Stadtgericht. Für seine Zusammensetzung besteht eine feste Formel: zwei Räte, zwei aus dem Rat, acht aus der übrigen Bürgerschaft (je zwei aus der Sonnengasse, der Schattengasse, dem Dorf und dem Weier). Das Stadtgericht ist zuständig für Zivilsachen. Nebst dem Stadtgericht gibt es noch ein Frevelgericht, personell ist es identisch mit dem kleinen Rat; es ist zuständig für Strafen bis zu einem Pfund.

Nach diesen gewichtigeren Posten werden eine Reihe von Ämtern bestellt, die für den Ablauf des öffentlichen Lebens nötig sind.

Schild und Stab: die Amtsinsignien des Weibels in Klingnau.

Der Stadtknecht oder Weibel stellt eine eigenartige Mischung von dienender und vorgesetzter Funktion dar. Einerseits muss er alle Botengänge für die Stadtregierung ausführen, und wenn die Rät tagen, hat er draussen vor der Tür der Ratsstube zu warten, andererseits übernimmt er bei Abwesenheit des Vogts den Vorsitz im Gericht.

Drei Fleischschauer überprüfen die Einhaltung der städtischen Metzgereiordnung und garantieren für bankwürdiges Fleisch. Drei Brotschauer übernehmen eine gleiche Aufgabe fürs Brot. Vier Feuerschauer warnen die Bürgerschaft bei Brandausbruch. Vier Hagschauer funktionieren als Flurpolizei. Weil Beschädigungen an Fluren und Erntediebstahl in dieser Zeit oft vorkommen, erhalten diese vier ein wichtiges Amt.

Ein gefragtes Amt übernehmen die Ungelder. Wer Wein verkaufen will, muss ihn von den Ungeldern auf seine Verkaufswürdigkeit kosten lassen. Dazu bezahlt er eine Verkaufssteuer an die Stadt, das Ungeld.

Für die öffentliche Sicherheit und das ordnungsgemässe Schliessen der Stadttore sind die Wächter und Schlüssler zuständig.

Und schliesslich ist noch der städtische Kuh- und Schweinehirt zu bestellen.

Höchst selten ist das Amt des Stadtschreibers zu besetzen, weil dieses Amt auf Lebenszeit vergeben wird.

Wer ein Amt übernimmt, muss es selber ausüben. Es ist bei Busse verboten, seine Amtsaufgaben einen andern ausführen zu lassen. Eine Reihe von Ehrenämtern behalten die Rät für sich vor: Stadtfähndrich, Stadthauptmann, Stadtbaumeister und Seckelmeister. Es kann durchaus vorkommen, dass ein besonders rühriges Mitglied des kleinen Rats sich mehrere Ehrenämter unter den Nagel reisst.

Das Rechtsleben der Bürger ist im Stadtrecht festgelegt. Die Fassung von 1500, ergänzt durch wenige Zusätze im Laufe der Zeit, ist bis 1798 gültig. In seinen 52 Artikeln regelt es den Rechtsvollzug, das Güterrecht, Erbschaftsfragen, Gewerberecht und weitere Wirtschaftsfragen, das Sühnerecht bei Körper- und Sachschaden, die städtischen Ämter, das Bürgerrecht.

Der Stadtschreiber

Wenn es auch der Klingnauer Bürgerschaft als Ganzem nicht gelang, eine eigentliche städtische Selbständigkeit zu erringen – es gibt beispielsweise, abgesehen von einer kurzlebigen Ausnahme, nie einen Klingnauer Schultheissen, ganz im Gegensatz zu Kaiserstuhl –, so verstanden es aber die Stadtschreiber, zu einer eigentlichen Machtposition aufzusteigen.

Ziemlich genau 200 Jahre lang, von 1583 bis 1798, besetzt eine Familie mit Ausnahme von zwei kurzen Zwischenspielen dieses Amt. Es ist die Familie Schleuniger. Sie stammt von Koblenz und hat sich Ende 14. Jahrhundert in Klingnau eingebürgert. Ursprünglich nennt sie sich Schliniger, danach Schleiniger, schliesslich Schleuniger.

Die Schleuniger begnügen sich allerdings bei weitem nicht damit, nur die Stadtschreiberei zu führen. In erster Linie sind sie Amts- und Gerichtsschreiber des bischöflichen Vogts und bekommen als solche von der Stadt mehr oder weniger als Anhängsel die Stadtschreiberei verliehen. Zudem sind sie Schreiber des St. Blasischen Propsts und Verwalter der Johanniterbesitzung Klingnau. Mit dieser Ämterfülle ist es durchaus möglich, dass der Schreiber in der gleichen Sache Kläger und Urteilsprecher ist. Karl Joseph Schleiniger lässt sich als erster seiner Familie in den grossen und danach in den kleinen Rat wählen. Als er 1709 stirbt, ernennt der Obervogt für seine Schreiberei einen Dr. Conrad Heffelin. Der Name sagt es uns: es handelt sich dabei durchaus auch um einen Klingnauer. Die Stadt aber wählt nicht ihn zu ihrem Schreiber, sondern Roman Benedikt Laurenz Schleiniger, den Sohn des verstorbenen Karl Joseph. Sie teilt ihre Wahl dem Bischof mit in der Hoffnung, dass ihrem Gewählten auch die bischöfliche Schreiberei übergeben werde. Als weder der Bischof noch der Obervogt darauf eingehen, wendet sich die Stadt an den eidgenössischen Landvogt in Baden und teilt ihm mit, dass der Bischof wider ihr altes Recht ihren gewählten Stadtschreiber nicht zum Amts- und Gerichtsschreiber ernennen wolle. Der Landvogt, der sich offensichtlich weniger um historische Genauigkeit, sondern mehr um die Schmälerung der bischöflichen Macht kümmert,

Das Klingnauer Stadtrecht von 1500. ▶

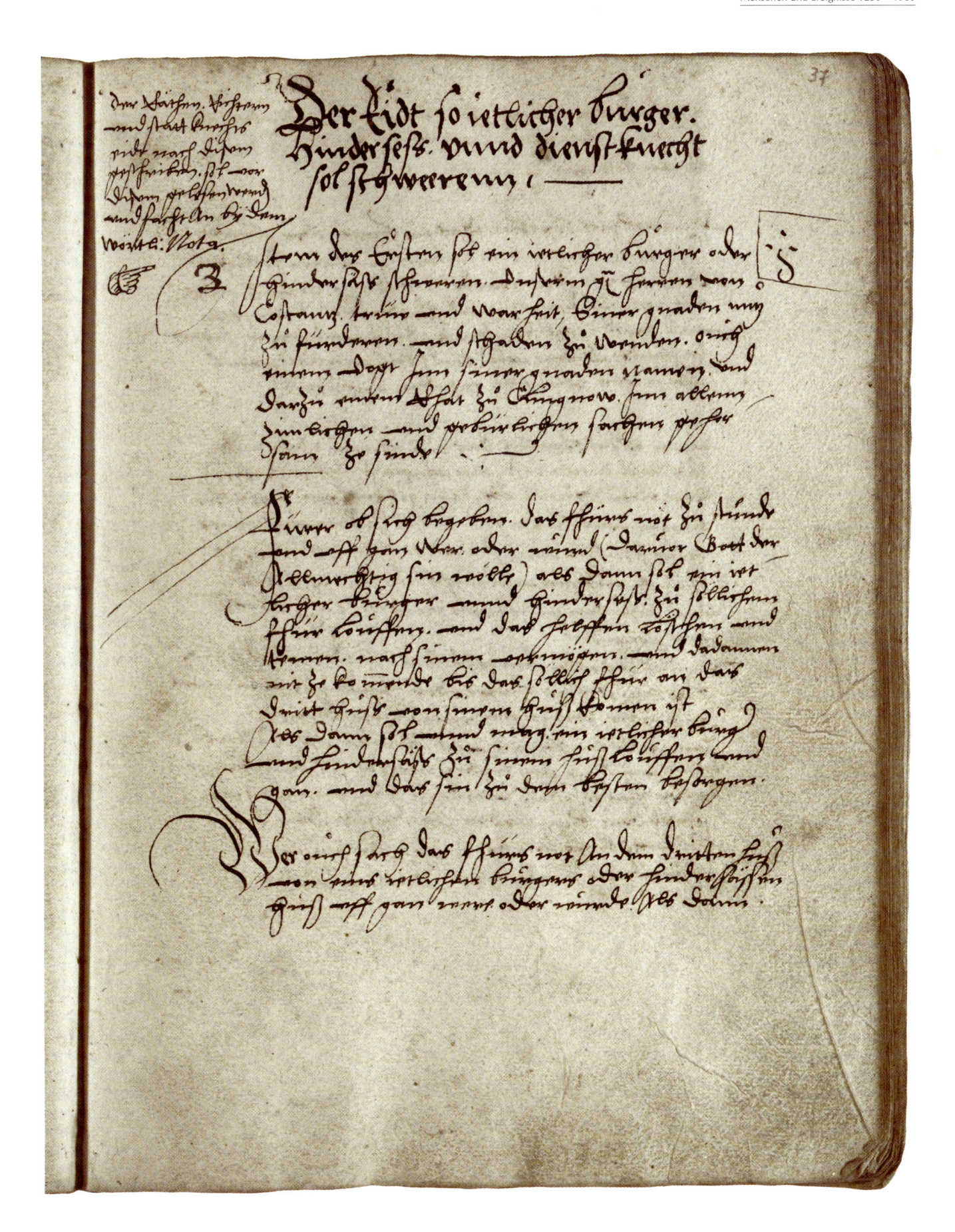

Der Säckler, Weibel und Statt knecht sol nach disem geschriben sol vor disem geleisten eyd und schrefft an by dem worte: Nota.

Der Eidt so iettlicher burger, hindersäss, vnnd dienstknecht sol schweeren.

☞ 3 Item des Ersten sol ein iettlicher burger oder hindersäss schwören, Einem Herren von Costantz, trüw vnd warheit, Einer gnaden nutz zu fürdern, vnd schaden zu wenden. Auch unserm dorff Ein hoher gnaden namen vnd darzu vnderthan zu Klingnow, Inn allem züchtigen vnd gebürlichen sachen gehorsam zu sind.

Hinwer ob sich begäben, das feürs not zu stund sin (es sy tag oder nacht, darvor Gott der Allmechtig sin wolt) als dann sol ein iettlicher burger vnd hindersäss zu söllichem feür louffen, vnd das helffen löschen vnd wenden, nach sinem vermögen, vnd darumen nit zu komende bis das söllich feür an das drittt hus von sinem huss komen ist, des dann sol vnd mag ein iettlicher burger vnd hindersäss zu sinem huss louffen vnd gan, vnd das sin zu dem besten besorgen.

Wer ouch soch das feürs not an dem dritten huss von eins iettlichen burgers oder hindersössen huss ist gan wert oder wurde des darn...

:5

Inschrift:

Hier ruht der edle und wohlweise Herr Karl Joseph Schleiniger, Mitglied des Innern Rates und würdiger Stadtschreiber und auch verdienter Verwalter der Kommende Klingnau. Er starb fromm im Herrn im Alter von 43 Jahren anno 1709 am 9. Sept.

Die Seele lebe in Gott

Wer geboren wird, muß sterben, aber der Tod wird den Frommen das Leben zurückgeben.

▲
Epitaph des Karl Joseph Schleiniger.
Ursprünglich befand sich die Gedenktafel in der Mauer der Stadtkirche, heute – in ziemlich schlechtem Zustand – im Turm.

verbietet dem Dr. Heffelin unter Androhung einer grausamen Geldstrafe, sich weiterhin Amts- und Gerichtsschreiber zu nennen. Der Bischof unternimmt noch einige juristische Schritte gegen die Amtseinsetzung Schleinigers, muss sich aber schliesslich geschlagen geben.

Nicht alle Klingnauer sind mit diesem Handel einverstanden, aber gegen den Einfluss des Schleuniger-Clans kommen sie nicht an. Die Schleuniger haben auch einflussreiche Leute im Kloster St. Blasien. Gerade in dieser für die Familie kritischen Zeit schickt es einen Onkel des Roman Benedikt Laurenz als Propst nach Klingnau. Um zu begreifen, wie gross der Einfluss der Schleuniger zu dieser Zeit ist, muss man beachten, dass der Roman Benedikt Laurenz für sein grosses Amt ganz offensichtlich unfähig ist. Er ist erst 21 Jahre alt, für sein Amt kaum ausgebildet und von schwächlicher Gesundheit. Seine Mutter soll schon bei seiner Bewerbung gesagt haben, dass er zu kränklich sei, um sein Amt alleine zu erledigen. Tatsächlich vermag er in seiner Amtsführung so wenig zu überzeugen, dass er 1725 «durch hohe und niedere Obrigkeit» abgesetzt wird. Sein Sohn ist zu dieser Zeit noch ein Kind, so dass er das Amt seines Vaters nicht übernehmen kann. Aber schon neun Jahre später tritt er als 21jähriger in die Fussstapfen seiner Vorfahren.

Quellen und Literatur:

- Staatsarchiv Aarau, Akten 2812: Asylrecht im Kloster Sion.
- Welti F. E., Die Rechtsquellen des Kantons Aargau. 1. Teil, Band 3, Klingnau. Aarau 1905.
- Huber Joh., Die Urkunden des Stiftes Zurzach, Aarau 1873.
- Mittler Otto, Geschichte der Stadt Klingnau, Aarau 1967.
- Ott Hugo, Die Klostergrundherrschaft St. Blasien im Mittelalter, Stuttgart 1969.
- Welti Hermann Josef, Die Stadtschreiber von Klingnau, Klingnau 1937.
- Welti Hermann Josef, Erb und Eigen, Blätter für Lokalgeschichte und Volkskunde im Bez. Zurzach.
- Schib Karl, Hochgericht und Niedergericht in den bischöflich-konstanzischen Gerichtsherrschaften Kaiserstuhl und Klingnau. Argovia Band 43, Aarau 1931.

Kurzübersicht Kapitel 3:

Wir haben uns in diesem Kapitel mit der Frage nach der staatlichen Macht befasst und dabei gesehen, dass der lange Zeitraum vom 13. bis zum Ende des 18. Jahrhunderts, als der Einmarsch der Franzosen die alte Ordnung umstiess, in zwei Hälften aufgeteilt werden kann. Der erste Teil dauerte bis 1415. Eine Fülle von einzelnen Instanzen beanspruchten und übten Teile von staatlicher Macht aus. Es waren dies der König, der Bischof als Stadtherr und Niederrichter, die Habsburger als Malefizrichter, das Kloster St. Blasien als Grundherrin und Niederrichterin, die Johanniter als Grund-, Patronats- und Gerichtsherren und das Stift Zurzach als Besitzerin der Klingnauer Kirche. Aus diesem Geflecht von Mächtigen stieg der Bischof langsam als Vorherrscher heraus. Noch kurz vor und während der Eroberung des Aargaus durch die Eidgenossen gelang es ihm, den Einfluss der Johanniter zurückzubinden.

Der zweite Teil dauerte von 1415 bis 1798. Er war gekennzeichnet durch die Herrschaft der Eidgenossen. Ursprünglich auf einer recht schmalen Machtbasis, gelang es ihnen mit der Zeit, zu eigentlichen Landesherren zu werden. Ihr Ziel war mit dem Jahr 1712 erreicht, als sie sich das Recht herausnahmen, die gesamte bischöfliche Verwaltungstätigkeit zu überwachen.

Dem Städtchen Klingnau selbst blieb nicht viel Raum, um ein eigenständiges Gemeinwesen zu werden. Es gelang ihm nicht, sich von seinem Stadtherrn zu lösen. Immerhin verstanden es die Bürger manchmal, aus dem Gegensatz der Herrschaften ihren Vorteil herauszuschlagen. Zu einem grossen Einfluss gelangte die Schreiberfamilie Schleuniger, die mittels ihrer breiten Amts-, Gerichts- und Verwaltungstätigkeit eine Machtposition aufbauen konnte, die über das eigentliche Städtchen hinausreichte.

4. Kapitel

Man muss sich nach der Decke strecken

1644 muss die Klingnauer Obrigkeit üble Klagen entgegennehmen. Die Jugend entwende bei Tag und Nacht Obst und andere Dinge. Die Räte beschliessen, dass solche Kinder in Zukunft in die Trülli und deren Eltern in den Turm gesteckt werden.

Wenn Kinder – und offensichtlich in einem grösseren Ausmass – Nahrungsmittel stehlen, ist das ein Hinweis für verbreitete Armut. Dieser Tatsache sind sich die Klingnauer Räte durchaus bewusst. Sie versuchen deshalb, den Handel in Klingnau anzukurbeln (wie wir weiter unten sehen werden) und die Leute zur Sparsamkeit zu erziehen. So gibt es einschränkende Massnahmen bei Familien- und anderen Festen. Bei einer Hochzeit sind höchstens vier Tische voll Gäste erlaubt; wer mehr einlädt, zahlt Strafe. Klingnau führt schon seit jeher ein Armenhaus. Ein Ehepaar ist als Heimleitung eingesetzt. Seit 1582 tragen die Insassen ein aufgenähtes Abzeichen, damit man sofort erkennen kann, wer auf Kosten der Armenpflege lebt. Wird ein Armenhausinsasse in einem Wirtshaus angetroffen, wird er sofort bestraft mit einer Nacht im Turm.

Selbstverständlich will man Bettler von der Stadt fernhalten. Sie dürfen höchstens eine Nacht im Städtchen bleiben. Wer sie länger bei sich aufnimmt, bezahlt eine Busse. Im 17. Jahrhundert wird sogar mit Kerkerstrafe gedroht.

Die weitaus meisten Klingnauer betreiben Landwirtschaft, oft in Kombination mit Rebbau und Handwerk. Es gibt deshalb auch viele rechtliche Bestimmungen in Klingnau, die sich auf Landwirtschaftliches beziehen:

Beim Todesfall eines Klingnauers erbt sein Herr das «Besthaupt» (das beste Stück Vieh). Man nimmt demnach als Normalfall an, dass ein Einwohner der Stadt Klingnau Vieh hat.

Für Flurschaden ist die Strafe Trülli (ein öffentlicher, drehbarer Käfig) oder Turm. Als Flurschaden zählt auch das Gehen von «ungewohnte weg». Das ist so zu verstehen: Die einzelnen Felder sind in der Regel nicht mit öffentlichen Wegen erschlossen. Deshalb muss jemand, der zu seinem Feld gelangen will, fremdes Land queren. Dieses Recht ist ihm garantiert, nur darf er nicht neben dem Wegrecht gehen.

Die örtlichen Gerichte müssen sich oft mit Weiderechtsstreitigkeiten befassen. Die Abgrenzungen der Rechte im Gebiet des Achenbergs (im Mittelalter Machenberg) zwischen Zurzach, Koblenz, Rietheim und Klingnau führen immer wieder zu Konflikten.

Städtlihaus mit Giebelaufzug. Der Aufzug – für Heu, Stroh und ähnliches – zeigt sehr schön die Kombination von Bürger und Bauer.
▼

Was heisst «Klingnau» zu dieser Zeit?

In einem Verzeichnis von 1480 sind 94 Hofstätten aufgelistet. (Hofstätten sind überbaute Parzellen, die dem Stadtherrn gehören und für die der Besitzer des Hauses einen jährlichen Baurechtszins bezahlt.) Das ergibt etwa 500 bis 600 Einwohner.

1586 sind es 143 Haushaltungen. (Die Zahl der Hofstätten ist ungefähr gleich geblieben.) Die Einwohnerzahl beträgt etwa 700. 1780 hat das Städtchen mit Propstei und Sion 949 Einwohner. Die Stadthäuser sind schmal und tief; so kann wenig Licht in die kleinen Wohnungen eindringen. Noch 1814 schreibt das Bezirksamt über Klingnau: «In kleinen niedrigen Stuben sind öfters mehrere Familien mit vielen Kindern zusammengepresst.»

Der Wald spielt eine wichtige Rolle; er liefert Holz fürs Heizen, Kochen, Beleuchten, Bauen und Werken, er wird aber auch als Weide genutzt. Er ist entweder in städtischem oder privatem Besitz. Der Wald ist übernutzt und zeigt sich in einem entsprechend schlechten Zustand. So soll sich der Name Studenland aus der Tatsache erklären lassen, dass der Wald nur noch aus Stauden bestand. Gegen Ende des Mittelalters wird immer mehr Wald abgeholzt, um Ackerland zu gewinnen. 1540 erlässt deshalb der eidgenössische Landvogt ein Rodungsverbot für die Grafschaft Baden (Bezirke Zurzach und Baden), das allerdings durch eine entsprechende Abgabe umgangen werden kann. Erst im 18. Jahrhundert sind Ansätze für eine Waldordnung in der Grafschaft Baden vorhanden. Holzfrevel, also Holzdiebstahl im Wald, kommt oft vor. Das Thema Holzfrevel wird in Klingnauer Sagen ab und zu erwähnt. (Vergleichen Sie dazu das entsprechende Kapitel in diesem Buch.) Die Bussen für Holzfrevel sind ziemlich hoch: fünf Gulden an den Bischof, den Stadtherrn, und fünf Gulden in die Stadtkasse.

Die Klingnauer betreiben die Landwirtschaft für den Eigengebrauch. Ihre wichtigste Einkommensquelle hingegen ist der Weinbau.

Der Rebbau ist schon für die Zeit der Stadtgründung belegt. Er entwickelt sich rasch, denn er kann von der Modeströmung des 13. Jahrhunderts profitieren, die das Biertrinken zugunsten des Weins verdrängt. Bald verkaufen die Klingnauer ihren Wein bis in den Berner Aargau und nach Zürich. Hier stossen sie allerdings schnell auf ein Hindernis; die

Der Klingnauer Büttenträger, ein Trinkgefäss aus der ersten Hälfte des 17. Jahrhunderts. Er war Eigentum der «Gesellschaft aus dem Rathaus», das waren die besseren Herren Klingnaus.

Zürcher Regierung verbietet den Verkauf des Klingnauers, sei es, um die eigenen Produzenten zu schützen, sei es, weil man über die Qualität des Klingnauers nicht ganz ungeteilter Ansicht ist. Auch Klingnau schützt sich vor fremdem Import; 1452 erlässt der Bischof eine Verordnung, dass bei hoher Busse kein fremder Wein ins Städtchen gebracht werden darf, ausser für den bischöflichen Vogt oder für den Fall, dass die eigene Produktion wegen schlechter Witterung nicht ausreicht, was «gott der almechtig alweg wende».

Der grösste Klingnauer Weinproduzent ist das Kloster St. Blasien, 1347 besitzt es 114 «Weingärten», wobei die einzelnen Parzellen zum Teil recht klein sind. Einer Wirtschaftstatistik von 1780 entnehmen wir folgende Angaben:

Klingnau:
    385 Jucharten Ackerland (140 ha)
    321 Jucharten Reben (92 ha)
    949 Einwohner

Als Vergleich: Döttingen:
    490 Jucharten Ackerland (178 ha)
    154 Jucharten Reben (44 ha)
    754 Einwohner

Wir sehen daraus die starke Bedeutung des Klingnauer Rebbaus. Der schlimmste Feind der Rebe ist zu dieser Zeit der Frost (Mehltau und Reblaus tauchen erst ab 1884, beziehungsweise 1860 auf). Der durchschnittliche Ertrag liegt bei 8 Saum pro Juchart, das sind 45 Liter pro Are. Davon muss der zehnte Teil abgeliefert werden. Die Weinbauern haben eine ganze Reihe von Tricks auf Lager, um den Anteil der Obrigkeit zu schmälern:

Nur den elften Teil abliefern.
Die schlechteste Qualität abgeben.
Mit dem abgemessenen Zehnten zuerst ein Gelage abhalten und ihn erst danach übergeben.
Beim Abschöpfen des Zehnten dem Kübel einen Stoss geben, damit wieder etwas ins eigene Fass zurückschwappt. Dieser «Kübelstoss» wird 1669 sogar rechtlich geschützt, weil man das immer so gemacht habe.

Wie ist denn der «Klingnauer» zu dieser Zeit? Wahrscheinlich ist die Hauptproduktion anfänglich weiss. Denn allgemein verbreitet sind weisse Sorten, der Elbling und der weisse Veltliner. Man muss annehmen, dass er eher sauer ist; zumindest wenn man der Begründung des oben erwähnten zürcherischen Verbots Glauben schenken will. So oder so ist es im Mittelalter üblich, den Wein zu süssen und zu würzen. Im 17. Jahrhundert verdrängt die Blauburgunder Traube in der Schweiz die bisherigen Sorten.

Natürlich ist der Wimmet bei einer guten Ernte eine fröhliche Zeit. Der Brauch des Trottegyret zeugt noch heute davon. Im Mittelalter schenken in erster Linie der «Rebstock» und der «Elefant» Wein aus; neben diesen «Schildwirten» dürfen auch noch «Zapfenwirte» Wein anbieten. Das sind irgendwelche Bürger, die Wein haben. Als Zeichen für den Ausschank hängen sie einen Fassreifen über die Türe. Allerdings dürfen sie den Gästen keine Speisen abgeben; dafür zahlen sie ein kleineres Ungeld als die regulären Wirte. Das Ungeld ist die Steuer auf dem Weinausschank.

▲
«Der wunderbare Fischzug» von Konrad Witz. 1444.

Die Aare bietet vielen Klingnauern Arbeit und Verdienst. Die Nähe des Flusses ist ja ein wichtiger Grund für die Standortwahl des Städtchens gewesen.

Anfänglich arbeiten etwa 10 bis 18 Fischermeister im Klingnauer Fischereigebiet. Mit der Zeit reisst sich eine Familie Häfeli die ganze Fischerei unter den Nagel. Immer 12 Männer von ihnen gehen diesem Erwerb nach. Sie lassen sich sogar von der eidgenössischen Tagsatzung garantieren, dass die Fischerei immer beim «Häfelischen Stamm und Namen bleibe» und nie ausserhalb des Geschlechts gehe. Mit der Aarekorrektion verliert die Berufsfischerei ihre Bedeutung, und es ist immer noch die gleiche Familie Häfeli, die 1891 die Fischenz dem Staat verkauft.

Die Fischereigesellschaft entwickelt ein breites Brauchtum. Im Frühjahr lädt sie zum «Groppenmahl» ein. Daran nehmen nebst den Fischern auch die Räte und der Vogt teil, der es ursprünglich sogar spendieren musste. Weitere festliche Anlässe finden am Berchtoldstag und an der Fasnacht in der Fischerstube statt. Wie uns das Bild von Konrad Witz zeigt, ist man sich auch eines religiösen Aspekts der Fischerei bewusst. Die Fischer schliessen 1684 eine Bruderschaft, die jeweils am 24. Februar, dem Tag des Apostels Matthias, mit einer Messe ihrer Verstorbenen gedenkt. Die Klingnauer Fischenz reicht von der Aaremündung bis zum Schmidberg bei der Beznau. Ursprünglich sind die Freiherren von Klingen Besitzer dieser Fischereirechte gewesen. Nach ihnen übernehmen der Bischof die Fischenz von der Aare- bis zur Surbmündung und die Eidgenossenschaft von da bis zum Schmidberg. Beide verpachten ihre Rechte an die Klingnauer Fischereigesellschaft und an einen Fischer des Böttsteiner Schlossherrn. Die Stadt Klingnau verordnet, dass die Klingnauer ihren Fang in der Stadt anbieten und verkaufen müssen. Da der Lachs zu dieser Zeit ein ziemlich verbreiteter Fisch ist, darf man annehmen, dass die bescheidenen Tafeln der Klingnauer Stadtbürger oft mit diesem Fisch bestückt sind. Die Fischer weiträumiger Gebiete treffen sich ab und zu an «Meyen», um an solchen Versammlungen Berufsprobleme zu erörtern. So werden 1397 in Baden gewisse Fangeinschränkungen zur Schonung des Fischbestandes beschlossen. Klingnau ist bei dieser Abmachung dabei.

Bis ins 15. Jahrhundert führt bei Klingnau eine Brücke über die Aare. Danach wird sie von einem Hochwasser weggerissen und nicht wieder aufgebaut. Dafür wird die Fähre von Döttingen nach Klingnau verlegt und ihre Bedeutung gesteigert. Es ist eine grosse Fähre, also für Wagen mit Gespann dimensioniert. Inhaber der Fahr – des Rechts, eine Fähre zu betreiben – ist das Kloster St. Blasien. Dem müssen die Klingnauer Fehren – die Betreiber der Fähre – einen Pachtzins bezahlen. Die Fehren sind verpflichtet, sich bereit zu halten, «solange als Leute von einem Gestade zum andern noch zu erkennen sind», also während des Tages. Der Fahrpreis ist fixiert; Fahrten bei Hochwasser und in der Nacht kosten mehr; acht Tage vor und nach den Zurzacher Messen dürfen die Fehren ebenfalls einen höheren Preis verlangen. Im 18. Jahrhundert geben sich die

Klingnauer Fehren eine Berufsordnung und legen ihren Bruderschaftstag auf den St.-Nikolaus-Tag fest.

Mit dem Verwildern des Aarelaufs bei Klingnau wird die Fähre wieder nach Döttingen verlegt.

«In Zuerich der berümbte Statt
Ein Schiff man zuegerüstet hat
Viel frommer leuth ich sage
Hattens bestalt / jungen und alt
Des morgens ohne klage

Sint si ab gfaren gewiss
Und wollten gen Basel in die mess
Wie man wol hatt vernommen
Furen mit freiwt / zur selbigen zeit
Bis sie bey Klingnaw sind kummen

Ein finster nebel auff thet gehn
Die Schiffleuth konnten nicht vor sich sehn
Das Schiff war schwer geladen
Furen an grund / wol zu der stund
Geschah gar grossen schaden

Viel fromme leuth in disem Bad
Sind jaemerlich erdruncken gerad
Die zu Zuerich sind gesessen
Sind zwantzig vier / glaubet mir
Die ander kann man nicht wissen»

Das ist ein Ausschnitt aus dem Lied über den «jemerlichen Schiffbruch / so bey Klingnow geschehen / den andern November in diesem 1598. Jahr.» Nicht die dichterische Qualität ist der Grund dafür, dass Sie diesen Ausschnitt vorgelegt bekommen, sondern der Inhalt dieses Lieds.

Die Flussschiffahrt hat für Klingnau eine wesentliche Bedeutung. Über Pfingsten und Anfang September werden die Zurzacher Messen abgehalten. Die gesamte Ware, die die Schiffsleute von Zürich und Bern herantransportieren, wird in Klingnau ausgeladen und mit Karren über den Achenberg oder über Koblenz nach Zurzach gefahren. Wegen der Stromschnellen bei Koblenz ist es nicht möglich, die Waren direkt im Schiff bis nach Zurzach zu transportieren. Noch im 18. Jahrhundert wird der Umschlageplatz bei Klingnau benützt und bietet sechs «Ausladern» Arbeit. Die ankommenden Schiffe wer-

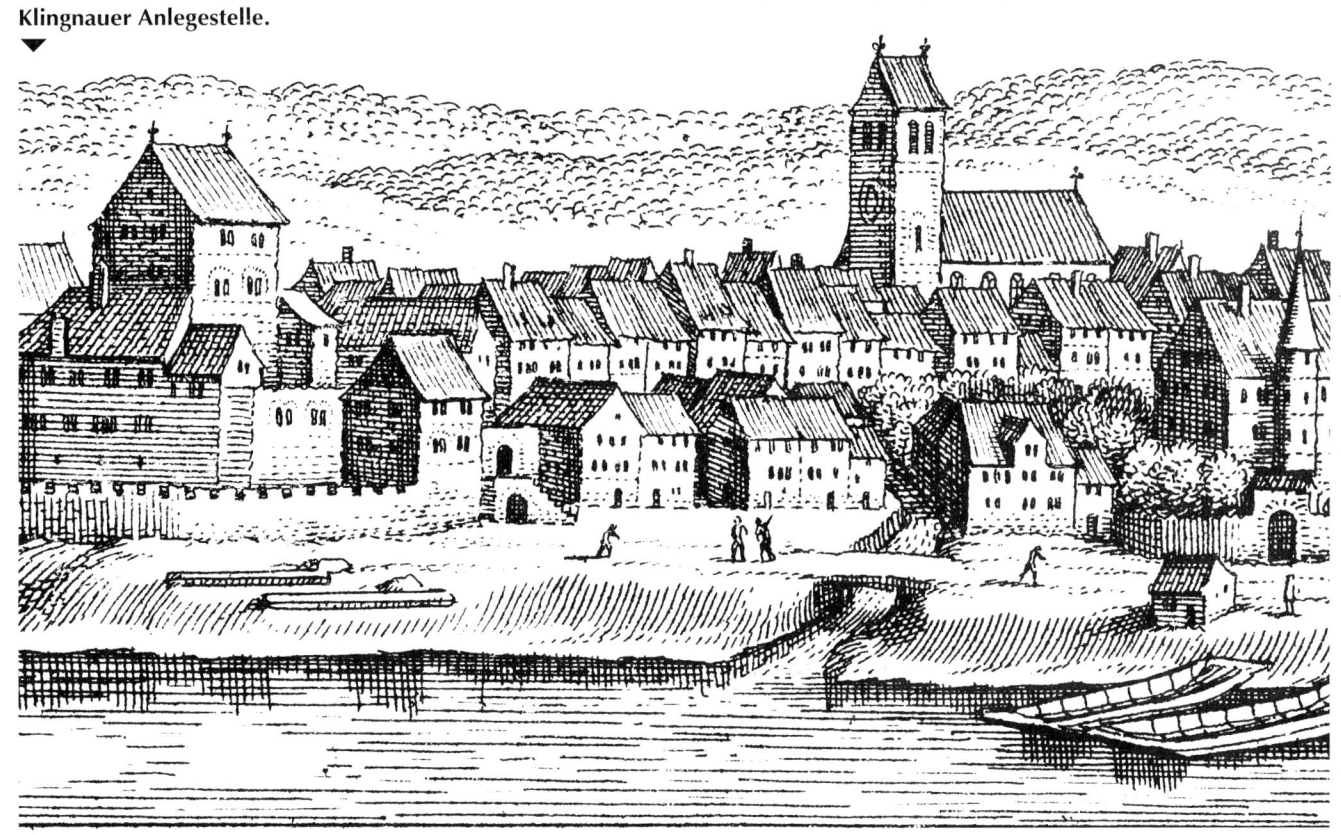

Klingnauer Anlegestelle.

den meistens nicht an ihren Herkunfsort zurückgebracht, sondern am Zielort verkauft. So haben beispielsweise die Zürcher im 15. Jahrhundert einen Vertrag mit einem Wilhelm Specker aus Schaffhausen geschlossen, dass er ihnen alle in Klingnau gelöschten Schiffe abkauft. Erst ab dem 16. Jahrhundert kommen Bergfahrten auf. Die Boote werden gestakt oder an Seilen gezogen. Zu diesem Zweck sind teilweise neben den Flüssen Reckpfade angelegt worden. Alle entsprechenden Texte erwähnen die enorme Plackerei einer Bergfahrt. Bei durchschnittlichen Verhältnissen braucht ein Boot von Zürich nach Baden drei Stunden, für die umgekehrte Strecke das Sechsfache.

Auf dem Fluss transportiert wird alles Mögliche: Getreide, Stoffe, Metallwaren, Öl, Salz, Spezereien usw. Vor allem Massengüter und Minderwertiges. Die Waren sind verpackt in Fässern, Kisten, Ballen und Säcken. Für hochwertigere Güter benutzt man vom 16. Jahrhundert an mehr und mehr den Landweg.

Die Klingnauer Schiffer treten neben ihren berühmteren Kollegen und Konkurrenten aus Stilli und Koblenz etwas in den Hintergrund. 1669 können sich die Koblenzer und Stillemer in einem Vertrag den gesamten Berner Salztransport sichern. Begreiflicherweise sind die Klingnauer darob nicht erbaut; sie stören den Salztransport der Stillemer. Diese führen 1710 Klage beim Landvogt in Baden. 1718 können die Klingnauer ihre Benachteiligung vor Gericht nachweisen, und Koblenz muss ihnen Schadenersatz leisten.

Schliesslich bietet die Aare noch eine letzte Verdienstmöglichkeit, auch wenn es sich dabei um ein sehr hart verdientes Brot handelt. Im Napf gibt es Goldeinschlüsse. In Form ganz kleiner Plättchen schwemmt das Wasser das Gold über die beiden Emmen in die Reuss und die Aare. Hier lagert es sich in Sandbänken ab und wird von Goldwäschern in mühsamer Arbeit gewonnen. Der Wettinger Abt Christoph Silberysen soll eine ganze Schachtel voll Gold besessen haben, das der Klingnauer Lorenz Hägele gewaschen habe. 1672 lässt der Leuggemer Komtur bei Klingnau Gold waschen, wogegen die Klingnauer mit Erfolg beim Landvogt in Baden protestieren. Bis Mitte 19. Jahrhundert hat die Klingnauer Goldwäscherei eine – bescheidene – Bedeutung.

Aderlass und Beinamputation.
Zwei Details aus der Wappenscheibe des Klingnauer Wundarztes Jakob Brand, 1588.

Wenn man an das Erwerbsleben einer mittelalterlichen Stadt denkt, denkt man zunächst an das Handwerk. Sicher spielt das Handwerk auch in Klingnau eine wichtige Rolle, aber – wie wir schon oben gesehen haben — keine überragende. Im Gegensatz zum mittelalterlichen Normfall ist es in der «Gemeinen Herrschaft» kein Vorrecht der Städter, ein Handwerk betreiben zu dürfen. Die meisten Handwerke, die in Klingnau vertreten sind, kann man auch in den umliegenden Dörfern antreffen. Zudem ist das wirtschaftliche Umfeld Klingnaus zu klein, als dass sich ein grosser Markt für spezielle oder luxuriöse Handwerksprodukte eröffnet hätte. Eine gewisse Ausnahme hievon bieten die Zurzacher Messen.

So bieten die meisten Klingnauer Gewerbebetriebe Produkte für den alltäglichen Gebrauch an. Es sind Metzger, Bäcker, Sattler, Seiler, Wagner, Schreiner, Schuhmacher, Schmiede, Müller, Küfer, Schneider.

Die Metzgerei gehört der Stadt. Sie verpachtet sie jeweils an Ostern für ein Jahr an einen oder zwei Metzger. Die Fleischschauer haben darüber zu wachen, dass die Qualität und die Preise den Vorschriften entsprechen. Der Metzger «soll die Würste auch so machen, dass die Leute Lust dazu haben». Wenn ein Metzger zu Klagen Anlass gibt, wird ihm die Metzgerei weggenommen.

Backen und Brot verkaufen kann, wer will. Aber auch hier übt die Stadt durch Brotschauer eine Kontrolle aus.

Dann gibt es die Gruppe der Bauhandwerker: Zimmerleute, Maurer, Steinmetze, Hafner, Maler, Schlosser.

Die ganze Gruppe der Bekleidungshersteller profitiert von den Absatzmöglichkeiten der Zurzacher Messen. Dazu gehören die Färber, Bleicher, Gerber, Kürschner, Schneider, Hutmacher, Barettel- und Hosenstricker. Die Gewandschneider Klingnaus und anderer Städte der Umgebung erhalten 1502 einen Freibrief, der ihnen erlaubt, vor Eröffnung der Messen sich im Zurzacher Tuchhaus die Stände auszuwählen, die ihnen behagen.

Zeitweise sind in Klingnau ein Kupferschmied, ein Goldschmied und ein Zinngiesser erwähnt.

Nicht als Handwerker, aber als handwerklich Tätige sind die Schnitter zu bezeichnen. Es handelt sich um junge Burschen, die sich zur Zeit der Schwarzwälder Getreideernte, die etwas später als im tiefer gelegenen Aaretal ist, gruppenweise dorthin verdingen.

Schliesslich gibt es noch die Berufe, die sich der menschlichen Gesundheit annehmen: Arzt und Bader.

Beide zählt man im Mittelalter zum Handwerk. Wie uns das Bild drastisch zeigt, befasst sich der mittelalterliche Arzt mit grober Chirurgie. Als medizinisch gebildet gilt zu dieser Zeit der Apotheker.

Der Bader ist für vieles zuständig. Er führt eine Badestube, wo man sich gründlich waschen, aber auch die Geselligkeit pflegen kann. Die Stadt führt ihm extra vom Brunnen her Wasser in sein Haus und das Abwasser wieder weg, selbstverständlich gegen eine Gebühr. Der Bader schneidet einem aber auch die Haare, setzt Schröpfköpfe und Blutegel an und reisst schmerzende Zähne aus.

1780 zählt man in Klingnau 60 Berufsgattungen. Zünfte existieren im mittelalterlichen Klingnau keine, dazu ist das Städtchen zu klein. Im 17. und 18. Jahrhundert aber organisieren sich viele Berufsgattungen im heutigen Bezirk Zurzach zu regionalen Zünften oder Innungen.

Zum Beispiel tun sich 1687 alle Schuhmacher von Klingnau, Döttingen, dem Kirchspiel, Endingen, Würenlingen und Koblenz zu einer Zunft zusammen. Sie bestimmen Klingnau als ihren Zunftort. In ihrer Satzung sind sämtliche Fragen über Ausbil-

Die Heiligen Crispinus und Crispianus. Zwei römische Christen, die nach Soissons geflohen sind und hier das Schusterhandwerk betreiben. Die meisten Schuhe verschenken sie an Bedürftige. Sie sind die Schutzpatrone der Schuhmacher geworden.

▲

Haus des Baders an der Schattengasse gegenüber dem unteren Brunnen.

dung, Berufszulassung, Preisgestaltung und Qualität verbindlich geregelt. Immer am 25. Oktober, dem Tage von Crispinus und Crispianus, werden drei Messen zum Seelenheil der Zunftmitglieder gelesen.

Typisches Kennzeichen einer mittelalterlichen Stadt ist das Marktrecht. Klingnau hat schon lange einen Wochenmarkt, der aber irgendeinmal eingegangen ist. Um dem Städtchen wieder etwas wirtschaftlichen Schwung zu verleihen, beantragen die Räte 1622 bei der Tagsatzung die Wiedereröffnung des Wochenmarkts. Sie begründen ihren Antrag damit, dass die Dörfler der Umgebung ihre Waren im österreichischen Waldshut verkaufen und sich auch dort eindecken würden, anstatt im eidgenössischen Klingnau. Die Tagsatzung stimmt dem Klingnauer Begehren zu. Bevor das Marktgeschehen wieder losgeht, wollen die Stadtväter ihr Städtchen in etwas schmuckerem Zustand präsentieren. Sie lassen den Bauschutt, der seit dem grossen Brand von 1586 noch überall herumliegt, beim Abhang zur Johanniterkirche deponieren. Dann nehmen sie gemeinsam einen Kredit von 1000 Gulden auf und kaufen damit Korn, so dass der Markt auch richtig beginnen kann. Der Markt spielt sich im Kaufhaus ab. Das ist der heutige «Rosengarten». Die Bauern aus der nächsten Umgebung werden verpflichtet, ihr Korn ins Kaufhaus zu tragen und das «Mässgeld» zu bezahlen. Alle Artikel müssen zuerst einen halben Tag präsentiert werden, bevor sie verkauft werden dürfen. Angeboten werden nebst Korn vor allem Hafer, Butter, Zieger, Käse und Salz. Der Salzverkauf ist seit 1629 ein Recht der Stadt, die es einem Händler verpachtet.

Trotz allen Bemühungen wird der Wochenmarkt keine grosse Sache. Klingnau liegt eben abseits der grossen Strasse; der Warentransport zu Land, der vom 16. Jahrhundert an immer wichtiger wird, verläuft auf der rechten Seite des Rheins. Das war auch schon so zur Zeit, als die Klingnauer Brücke noch stand. Viele Leute, zum Beispiel aus dem Kirchspiel, benutzen weiterhin den Markt in Waldshut.

Neben dem Wochenmarkt gibt es seit 1408 zwei Jahrmärkte: Der eine beginnt am 28. August und der andere am Donnerstag nach Pfingsten. Die Daten sind insofern interessant, als dass sie unmittelbar vor dem Beginn der Zurzacher Messen liegen. Die Jahrmärkte dauern jeweils zwei Tage.

In Klingnau leben auch Händler. Sie betreiben ihre Geschäfte bis nach Frankfurt und Nürnberg. Eine reiche Händlerfamilie sind die Nägeli. Ihnen gehört von 1350 bis 1480 das «Wathus» in Zurzach. Das ist ein Kaufhaus, in dem Tuche gehandelt werden.

Wo sich Märkte abspielen und Kaufleute tätig sind, gibt es auch Schulden. Klingnau hat das Schuldenwesen genau reglementiert. Wenn einer nicht bezahlen kann, darf man ihm ein Pfand wegnehmen, das einen Drittel mehr wert ist als die Schuld. Nach einer Sperrfrist von rund zwei Wochen darf es verkauft werden.

Bei der Berücksichtigung der Gläubiger gilt folgende Prioritätenliste:
- der Bischof von Konstanz
- die Stadt
- die Kirche und die Armenanstalten
- verbriefte Schuld
- geliehenes Geld und Lohn (!)
- Hauszins.

Die paar wenigen Juden, die zeitweise in Klingnau leben, betreiben den Viehhandel. Das Aufenthaltsrecht wird ihnen jeweils nur kurzfristig und gegen saftige Bezahlung gewährt. Die Toleranz der Christen den Juden gegenüber ist schwankend. Einerseits wird den Juden in der Metzgereiverordnung von 1440 die Möglichkeit eingeräumt, am Freitag gegen Erlaubnis die Metzgerei fürs Schächten benützen zu können, andererseits ist es den Juden bei Busse verboten, die Trotte zu betreten. Beim Schiffsunglück von 1598 rettet ein Klingnauer Fischer viele Passagiere; als er einen Geretteten als Juden erkennt, fragt er ihn, ob er Christ werden wolle; als er verneint, stösst er ihn ins Wasser zurück und lässt ihn ertrinken. 1639 wird einem Juden das Aufenthaltsrecht in Klingnau nur unter der ausdrücklichen Bedingung gewährt, dass er keine jüdischen Festtage feiere. Ein anderer Jude wird nicht nach Klingnau gelassen, weil es schon genug Juden im Städtchen habe.

Nebst all den erwähnten Klingnauer Berufsleuten gibt es noch eine kleine Schicht von geistig Arbeitenden: den Schulmeister, den bischöflichen Vogt, den St. Blasischen Propst, bis 1444 den Komtur der Johanniterkommende Klingnau, den Stadtpfarrer und seine Kaplane, die Mönche und den Stadtschreiber. Der Stadtschreiber ist eine höchst zentrale Figur; neben den städtischen Verwaltungsarbeiten nimmt er zugleich Gerichts- und Verwaltungsarbeiten des Klosters St. Blasien, des Johanniterbesitzes in Klingnau und des bischöflichen Amtes Klingnau wahr.

Das städtische Wirtschaftswachstum wird immer wieder durch Katastrophen unterbrochen: Erwähnt seien die vielen Stadtbrände bis ins 19. Jahrhundert und die Pestzüge.

Sehr schlimm sind die Pestepidemien von 1611 und 1635. Vom 9. August bis zum 28. Dezember 1611 sterben 226 Leute an dieser Seuche. Das ist etwa ein Drittel der Bevölkerung. Selbstverständlich werden jeweils Massnahmen angeordnet. Bei einem drohenden Pestzug Ende des 17. Jahrhunderts müssen sämtliche Nebenfähren – das sind private Fähren, die nur Personen befördern – ihren Betrieb schliessen. Leute aus der Umgebung, die den Klingnauer Wochenmarkt besuchen, müssen ein von der Obrigkeit abgegebenes Zeichen auf sich tragen, dass sie aus einer pestfreien Gegend kommen. Reisende, die keine Pässe auf sich tragen, dass sie aus einem seuchenfreien Gebiet stammen, dürfen auf den Fähren nicht befördert und in den Wirtshäusern nicht beherbergt werden.

Nach solchen Zeiten ist die Stadt eher bereit, neue Leute ins Bürgerrecht aufzunehmen. Anwärter müssen einen guten Leumund vorweisen und sich verpflichten, ein abgebranntes Haus wieder aufzubauen, oder ein Handwerk zu betreiben, an dem in Klingnau Mangel herrscht. Die Anwärter leben zuerst ein Jahr lang in der Stadt, und wenn danach nichts gegen sie vorliegt, dürfen sie sich ins Stadtrecht einkaufen. Nach 1700 wird im Städtchen der Platz langsam eng, so dass die Klingnauer nur noch wenige Einbürgerungen vornehmen.

Als Parallelerscheinung zu den Einbürgerungen, beziehungsweise zum Rückgang der Einbürgerungen, müssen wir die Auswanderung sehen. Schon immer sind Klingnauer Handwerksgesellen in die Welt hinausgezogen und nicht mehr heimgekehrt. Nach 1500 nimmt in der ganzen Schweiz die militärische Auswanderung zu. Auch Klingnauer ziehen in französischen, spanischen, italienischen, holländischen Kriegsdienst. Auf der Mannschaftsliste eines holländischen Regimentes sehen wir für den Anfang des 18. Jahrhunderts folgende Klingnauer:

Höchli Joseph, *1671, 4 Jahre Dienst, desertiert
Schlachter Sebastian, *1667, 7 Jahre 4 Monate Dienst, gefallen
Zimmermann Kaspar, *1675, 4 Jahre 9 Monate Dienst
Höchli Joseph, *1669, 2 Jahre 10 Monate Dienst, desertiert
Wyss Joseph, 2 Jahre 10 Monate Dienst, verabschiedet
Wyss Joseph, 14 Jahre 3 Monate Dienst, verabschiedet.

Quellen und Literatur:

- Welti F. E., Die Rechtsquellen des Kantons Aargau. 1. Teil, Band 3, Klingnau. Aarau 1905
- Dubler Anne-Marie, Masse und Gewichte, Luzern 1975
- Baumann Max, Stilli, Windisch 1977
- Mittler Otto, Geschichte der Stadt Klingnau, Aarau 1967
- Pfister Willy, Aargauer in fremden Kriegsdiensten, Band 2, Aarau 1984
- Schlegel Walter, Der Weinbau in der Schweiz, Wiesbaden 1973
- Welti Hermann Josef, Erb und Eigen, Blätter für Lokalgeschichte und Volkskunde des Bez. Zurzach
- Wullschleger Erwin, Forstliche Erlasse der Obrigkeit in den «Gemeinen Herrschaften im Aargau», Bericht Nr. 150 der Eidg. Anstalt für das forstliche Versuchswesen 1976

Kurzübersicht Kapitel 4:

Im ganzen behandelten Zeitabschnitt von der Stadtgründung bis 1800 war Klingnau ein kleines, wirtschaftlich schwaches Städtchen. Die Bevölkerung lebte von einer Kombination aus Landwirtschaft, Rebbau und Handwerk. Das Gewerbe richtete sich in erster Linie nach den Bedürfnissen der lokalen Wirtschaft aus. Der Handel spielte eine untergeordnete Rolle. In einem bescheidenen Mass trug auch die Nähe der Aare zum Erwerb bei. Die Bevölkerung hatte sich in einem langsamen, durch Katastrophen unterbrochenen Wachstum bis 1800 ungefähr verdoppelt und betrug zu diesem Zeitpunkt etwa 1000 Einwohner.

5. Kapitel

O weh, wir sind frei

Vielleicht kennen Sie das Märchen vom kleinen Muck? Er besass einen Stab, der auf verborgene Goldschätze reagierte. An der Stelle, wo der Stab dreimal auf den Boden klopfte, befand sich ein vergrabener Schatz.

So ähnlich müssen sich die elf Klingnauer Holzhauer vorgekommen sein. Sie waren am 3. Februar 1905 auf dem Äpelöö am Bäumefällen. Da entdeckte Edmund Höchli, wahrscheinlich im Wurzelwerk eines gefällten Baumes, eine Kiste, gefüllt mit Goldmünzen. Seine Augen wurden vermutlich so rund wie die vielen Louis d'ors, die er da vor sich sah. Schnell steckte jeder der Holzhauer ein paar Goldstücke in seinen Sack, und darauf brachten sie ihren Fund auf die Gemeindekanzlei. Hier wurde, wie es sich gehört, ein genaues Protokoll erstellt, und Meldung sowohl ans Bezirksamt als auch an die kantonale Direktion des Innern erstattet. Ob soviel hoher Verwaltung wurde es den biedern Holzhauern etwas mulmig zu Mute; sie rückten mit ihren Goldmünzen, «welche sie im ersten Freudenstrudel mit nach Hause nahmen», wieder heraus.

Es waren 829 Goldstücke, fast ausschliesslich Louis d'ors XIV. und Louis d'ors XIII., im Gesamtgewicht von etwa sechs Kilo. Die ersten hundert Münzen verkaufte man einzeln, dann erschien das der Gemeinde zu mühsam, und man erwog, den grossen Rest einzuschmelzen und einfach als Gold zu verkaufen. Im letzten Moment konnte ein Käufer gefunden werden, der die verbliebenen Goldstücke für einen Kilopreis von 3100 Franken übernahm. Die Holzhauer erhielten einen Finderlohn von zehn Prozent. So waren am Schluss alle zufrieden.

Die Frage nach dem ursprünglichen Eigentümer des Goldschatzes führt uns mitten ins Thema unseres 5. Kapitels. Es ist die unruhige Zeit der Französischen Revolution und der anschliessenden Kriege. Auch die Eidgenossenschaft wird in Krieg und revolutionäre Umwälzung hineingezogen. Der Bezirk Zurzach und damit auch Klingnau leiden zeitweise enorm unter dem Krieg. Den Leuten wird genommen, was die Soldateska irgendwie mitlaufen lassen kann. Da liegt es auf der Hand, dass man so

Münzen aus dem Klingnauer Goldschatz.

wertvolle Dingerchen wie 829 Goldstücke rechtzeitig versteckt. Ein Versteck ist nur dann etwas wert, wenn niemand davon weiss. Die schlimmen Zeiten dauern ziemlich lange, vermutlich stirbt der Eigentümer des Goldschatzes inzwischen und nimmt das Wissen um seinen Schatz mit in sein Grab.

Werfen wir nun einen kurzen Blick auf die damaligen europäischen Ereignisse:

Am 14. Juli 1789 bricht in Paris die Revolution aus. Der König verliert immer mehr an Macht, wird schliesslich gestürzt und hingerichtet. Frankreich ist eine Republik. Unter dem Motto «Freiheit, Gleichheit, Brüderlichkeit» wird alles blutig bekämpft, was sich den neuen Ideen entgegenstellt.

1792 erklärt das revolutionäre Frankreich dem preussischen König und dem Kaiser von Österreich den Krieg. Es will seine neuen Ideen über ganz Europa ausbreiten und seine Macht vergrössern.

Mit kleinen Unterbrüchen herrscht bis 1815 Krieg. Nach und nach werden sämtliche europäischen Länder in den Krieg hineingezogen.

März 1798: Frankreich greift die Schweiz an und erobert sie in kürzester Zeit.

Juni 1799: Österreich, unterstützt von Russland, bricht in die Schweiz ein, um sie den Franzosen zu entreissen. In der ersten Schlacht bei Zürich verlieren die Franzosen und ziehen sich hinter Limmat und Aare zurück.

September 1799: Die Franzosen gewinnen in der zweiten Schlacht bei Zürich und nehmen die ganze Schweiz wieder fest in eigene Hand.

Dezember 1799: Napoleon wird Diktator über Frankreich.

1812: Napoleons Russlandfeldzug endet in einer Katastrophe. Frankreich wird langsam aus Europa zurückgedrängt. Anfang 1814 schreiten österreichische Truppen über den Rhein und ziehen durch die Schweiz nach Frankreich. – Napoleon wird abgesetzt.

Schon bevor die Franzosen in die Schweiz eindringen, bekommt man in Klingnau einen Vorgeschmack von den drohenden Ereignissen. Man kann miterleben, wie Frankreich auf der andern Seite des Rheins vordringt. Man sieht die Rauchschwaden des brennenden Dogern. Waldshut wird geplündert, sein Bürgermeister flieht in die Schweiz. Schon vorher haben die Klöster Säckingen und St. Blasien ihre Archive und Wertgegenstände nach Klingnau überführen lassen. Der Landvogt über die Grafschaft Baden, Hans von Reinhard aus Zürich, bietet die Miliz auf, um die Rheinlinie zu beschützen. Aber offensichtlich ist die kriegerische Qualität der Zurzi- und Badenerbieter nicht über jeden Zweifel erhaben, denn Bern entschliesst sich, mit 5000 Soldaten selber einzugreifen. Am 10. Oktober 1796 ziehen starke Verbände im Kirchspiel, in Zurzach und in Klingnau ein. So erleben die Klingnauer zum ersten Mal eine Einquartierung, allerdings von eigenen Leuten und zu ihrem Schutz.

In Klingnau ist nichts bekannt von der Existenz einer «Patriotenpartei», so heissen damals die Anhänger der Franzosen und ihrer Ideen. Sogar Joseph Häfelin, der später eine schnelle Karriere unter den neuen Verhältnissen in der Schweiz machen wird, ist zu dieser Zeit noch eifriger Untervogt in Klingnau. Der Untervogt ist der Vertreter des Landvogtes in Baden.

Eigentlich würde man doch vermuten, dass in Klingnau, das ja als Teil der Gemeinen Herrschaften ein Untertanengebiet der Eidgenossen ist, die Ideen von Freiheit und Gleichheit auf einen fruchtbaren Boden fallen würden. Warum offensichtlich nicht? Nach der Niederlage der katholischen Orte im Zweiten Villmergerkrieg 1712 wurden diese aus der Verwaltung der Gemeinen Herrschaften herausgedrängt. Das verspürte man in den Gemeinen Herrschaften durchaus als Wohltat, denn die Vögte aus den katholischen Bergkantonen sanierten ihre persönliche Kasse oft allzu skrupellos auf Kosten ihrer Untertanen, für die sie eigentlich väterlich zu sorgen gehabt hätten. Jetzt regierten nur noch Glarus, Zürich und Bern über die Grafschaft Baden. Gerade in Bern und auch in Zürich herrschten im 18. Jahrhundert recht moderne Vorstellungen über eine gute Verwaltung.

Zum zweiten können die Klingnauer miterleben, wenn sie über den Rhein schauen, dass die Franzosen nicht nur Freiheit, sondern in erster Linie Krieg bringen.

Aber der Krieg macht vor der Schweiz nicht halt. Anfang März 1798 marschieren die Franzosen in Bern ein. Die alte eidgenössische Ordnung bricht nun rasch zusammen. Am 16. März 1798 entlässt der letzte Landvogt die Grafschaft Baden in die Unabhängigkeit und dankt ab. Joseph Häfelin verliert damit seine Stellung als Untervogt. Inzwischen bildet sich in Baden eine achtköpfige provisorische Regierungskommission, in die Joseph Häfelin – nun ein eifriger Verfechter der neuen Ideen – als Mitglied einzieht.

Am 2. April wird er in Klingnau zum Präsidenten der Munizipalität (das war damals der Gemeinderat) gewählt, aber gibt dieses Amt am 12. April schon wieder auf, weil er inzwischen Senator wurde. Der Senat entspricht ungefähr unserem Ständerat.

Am gleichen 12. April wird in Aarau die Helvetik gegründet. In dieser neuen Eidgenossenschaft ist alles streng zentralistisch, alles streng von oben organisiert. Klingnau gehört nun einem Kanton an, dem Kanton Baden. Es bildet aber kein eigenes Amt mehr, sondern ist ein kleines Städtchen im Distrikt Zurzach. An der Spitze des Kantons steht der Regierungsstatthalter, ein Heinrich Weber aus Bremgarten. Er setzt für jeden Distrikt einen Unterstatthalter ein, für den Distrikt Zurzach ist das Abraham Welti. Ihm unterstehen die Agenten. Sie überwachen das öffentliche Leben in ihrer oder ihren Gemeinden. Sie müssen in regelmässigen Abständen Bericht an ihren Vorgesetzten erstatten. Das Volk betrachtet sie schlichtweg als Spione der Obrigkeit. Der Agent für Klingnau, Döttingen und Koblenz heisst Heer. Er

Joseph Häfelin. Zuerst Untervogt, nach dem Einmarsch der Franzosen helvetischer Senator.

versieht sein Amt bis 1802, als die Helvetik ziemlich ruhmlos untergeht und die Schweiz eine neue Ordnung erhält. Er scheint sein Amt eher in zurückhaltender Weise ausgeübt zu haben.

Ein paar Tage nach der Gründung der Helvetik – Ende April 1798 – ziehen französische Truppen in Mellingen und Baden ein; Klingnau wird noch bis zum 22. Oktober verschont. Man stellt sich hier auf die neue Ordnung um, und – wie es scheint – in fröhlicher, beinahe operettenhafter Weise. Jedenfalls entsteht dieser Eindruck, wenn man dieses halbe Jahr vor dem Hintergrund der kommenden schlimmen Zeiten betrachtet.

Um die neue Ordnung gebührend zu feiern, wird schon am 20. März in Klingnau ein Volksfest verordnet und vorsorglich ein Freiheitsbaum aufgerichtet.

Ein Freiheitsbaum war das Zeichen für Französenfreundlichkeit. Später werden die Klingnauer noch ihre liebe Mühe mit diesem Möbel haben.

Am 2. April wählen die Klingnauer provisorisch die neunköpfige Munizipalität. Etwa die Hälfte der Mitglieder sind schon in den alten Räten der Stadt gesessen; es hat also keinen revolutionären Bruch mit der Vergangenheit gegeben. Eine wichtige Rolle in den sich zum Teil schnell ablösenden Stadtbehörden spielen die drei Klingnauer Wirte vom «Engel», vom «Elefanten» und vom «Rebstock». Am 6. August wird die Munizipalität definitiv bestellt, sie umfasst jetzt allerdings nur noch fünf Mitglieder.

Gleich wie hier in Basel wird auch in Klingnau ein Freiheitsbaum errichtet.
▼

Ende August gibt es schon wieder eine Feier. Die helvetische Regierung hat angeordnet, dass – wie in alteidgenössischen Zeiten – die Bevölkerung einen Eid auf die Verfassung leisten soll. Die Zeremonie wird volksfestlich umrahmt.

Am 9. September 1798 schreibt der Badener Regierungsstatthalter Weber über die Distrikte seines Kantons, die von französischen Truppen besetzt sind:

> «Die unglücklichen Lasten des Krieges, die fürchterlichen Requisitionen und Verheerungen des Militärs, die Erpressungen der Offiziere haben im ganzen Kanton Baden alle ohnehin nicht grossen Vorräte erschöpft und die Gemeinden völlig ausgesogen, so dass die Einwohner für sich und ihr Vieh nichts mehr finden, als was noch hier und da aus der verwüsteten Erde hervorwächst. Durch den Mangel werden die guten Leute zur Verzweiflung gebracht, die Beamten, von Plagen und Klagen verfolgt, kommen ausser sich. Es ist nötig, diese Gemeinden bei einbrechendem Winter mit Lebensmitteln und Futter zu unterstützen, damit die Einwohner nicht Hungers sterben.»

Als am 22. Oktober 246 Franzosen in Klingnau einziehen, kann man hier erahnen, was einen erwartet. Die Bürgerschaft äussert den Wunsch, die Soldaten in einem öffentlichen Gebäude, zum Beispiel im Schloss, zu kasernieren. Der Platzkommandant lehnt diesen Vorschlag strikte ab: Die Franzosen wünschen privat untergebracht zu werden. In Klingnau gibt es zu dieser Zeit rund 120 Privathäuser und etwa 1000 Einwohner. Der Präsident der Munizipalität, Coelestin Steigmeyer, bekommt den Auftrag, die Soldaten auf die Häuser zu verteilen. Er wird deshalb schnell zum meistgehassten Mann in Klingnau.

In den folgenden Jahren befinden sich fast ununterbrochen fremde Truppen in Klingnau, die jeweils einquartiert werden müssen. Im Durchschnitt sind es 250 Mann, wobei die Nationalitäten – je nach Kriegslage – wechseln: Franzosen, Österreicher (das heisst Polen, Ungarn, Tiroler usw.), Russen, wieder Franzosen, wieder Österreicher. Manchmal sind es aber viel mehr: zum Beispiel sind vom September 1799 bis zum März 1800 über 10 000 Franzosen in Klingnau untergebracht.

Das Verhalten der Truppen gibt bald zu Ärger Anlass. Die Franzosen waschen ihre Nastücher und das Fleisch in den beiden Stadtbrunnen, woraus die Klingnauer ihr Trinkwasser schöpfen müssen. Leute werden belästigt, auf den Fluren wird gestohlen. Regierungsstatthalter Weber äussert sich: «Die einquartierten Franzosen stehlen, was sie können.» Aus Angst verzichten die Leute oft auf eine öffentliche Anklage. Dennoch kennen wir aus den Akten von Unterstatthalter Welti, der sich sehr um die Bevölkerung im Distrikt Zurzach bemüht, einige Vorfälle.

In Oberehrendingen wird der 77jährige Werder samt seiner Frau aus dem Bett geworfen und derart misshandelt, dass er kurz darauf stirbt. In Fisibach wird Franz Joseph Weiacher von einem französischen Soldaten getötet. Es gäbe weitere Beispiele. Welti bemüht sich um eine Strafverfolgung der Schuldigen, allerdings ohne Erfolg. Wir hören von Racheakten der Zivilbevölkerung. So soll bei Endingen ein Soldat gelyncht und die Leiche in einem Güllenfass versteckt worden sein. Sehr schlimm zu

Französischer Soldat, der eine Türe einschlägt.
▼

leiden hat die Bevölkerung bei schlechter Organisation der Verpflegung – was oft der Fall war – und bei Rückzügen der Truppen. Die Folgen sind kaputte Wälder, umgehauene Obstbäume und abgemähte Felder.

Die Munizipalität verlangt deshalb am 2. November 1798 vom Platzkommandanten, er solle zum Schutz der Bevölkerung seinen Soldaten ein nächtliches Ausgehverbot mit Wirkung ab neun Uhr abends befehlen. Der Kommandant geht offensichtlich nicht darauf ein, denn die Gemeindeversammlung muss sich am 27. Dezember 1798 mit diesem Thema befassen. Man beschliesst – wie in anderen Gemeinden –, Wachen zum Schutze der Bevölkerung und der Fluren aufzuziehen. Ein zweites Thema beschäftigt die Gemeindeversammlung: die prekäre Finanzlage des Städtchens. Die Militärauslagen sind enorm: Verpflegung der Truppen, Fütterung der Pferde, Entschädigungen für Schäden des Militärs, Zwangsrequirierungen für Transporte und Schanzarbeiten. Für vieles wäre die Gemeinde an sich nicht zuständig. Die Nahrungs- und Futtermittelversorgung müssten die kantonale Verwaltung und französische Lieferanten («Entrepreneurs») besorgen. Aber der neugegründete Kanton Baden besitzt schlichtweg nichts, und die «Entrepreneurs» sind zum grössten Teil unfähig, unwillig und korrupt. So halten sich die Soldaten halt an die Leute und an die Gemeinden. Im Zurzibiet wird der Viehbestand bis Ende 1799 um zwei Drittel reduziert. Für viele Zwangsleistungen, die man für das Militär erbringt, erhält man Bons; aber mit diesen Bons kann man sich nicht einmal das Füdli putzen.

Über all das sprechen die Leute an ihrer Gemeindeversammlung kurz nach Weihnachten 1798 in grosser Verbitterung. Die Bürger bringen zu keinem Punkt eine Lösung oder einen Entscheid zustande, «sondern sie seind ganz schreyend auseinander gegangen», wie es im Protokoll heisst.

Was sind denn das für Zwangsleistungen, die die Bürger erbringen müssen?

Für das Militär müssen riesige Mengen Material verschoben werden. Dafür werden Fuhrleute zwangsrequiriert. An sich müssten sie nur bis zur nächsten Etappe fahren, zum Beispiel Baden oder Brugg. Sehr oft ist dort aber keine Ablösung vorhanden, und man zwingt die Fuhrleute weiterzufahren, nach Pontarlier, Belfort oder Basel. So kommen die Leute manchmal tagelang nicht mehr heim, manchmal gehen sie in den Kriegsereignissen gar «verloren». Die Kosten, die daraus erwachsen, gehen zu Lasten der Gemeinde.

▲
Zweispännige Gabelfuhre. 1804.

Bald nimmt der Pferde- und Wagenbestand im Zurzibiet spürbar ab. Als Ersatz steigt man vermehrt auf Lastenkähne um. Das trifft die Schiffer an der Aare und am Rhein.

Anfang 1799 bildet der Rhein die Grenze gegen das österreichisch besetzte Gebiet. Die französische Armeeleitung befiehlt, als Schutzmassnahme eine Kette von Schanzen zwischen Kaiserstuhl und Koblenz zu bauen. Dafür werden 1700 Mann und 270 Fuhrleute zwangsaufgeboten. Täglich müssen 30 bis 40 Klingnauer dort Gratisarbeit leisten.

Im Mai 1799 machen die Österreicher einen kurzen Vorstoss über den Rhein, und die Schanzen müssen abgetragen werden. Nach kurzer Zeit drängen die Franzosen zurück: Die Schanzen werden wieder aufgebaut.

Im Juni werfen die Österreicher die Franzosen hinter die Aare zurück: Schanzen weg!

Im September erobern die Franzosen wieder die ganze Schweiz: Schanzen hin! Diesmal besorgen zum Glück für die Einwohner vor allem französische Sappeure die Arbeit.

In Klingnau versucht man dennoch die Finanzfrage in den Griff zu bekommen. Man ernennt einen zwölfköpfigen Finanzausschuss und einen Quartiermeister. (Gemeindepräsident Steigmeyer wird aufgeatmet haben.) Im März 1799 stellt der Ausschuss fest, dass die Ausgaben um mehr als die Hälfte gestiegen seien, die Einnahmen aber zurückgegangen seien, trotz der Steuer, die jene Einwohner bezahlen, die von Einquartierungen verschont werden. Der Grund sei das Ausbleiben gewisser Abgaben und Zehnten, die mit der neuen Ordnung in der

Ufer beim Barz-Hof zwischen Zurzach und Rietheim. Hier müssen die Klingnauer während der Franzosenzeit Schanzarbeit leisten.

Schweiz abgeschafft worden seien. Ein Darlehen von 1000 Franken, das man im letzten Herbst bei Michel Dreyfuss in Endingen aufgenommen habe, sei bald aufgebraucht.

Ob all dieser Schwierigkeiten tritt Munizipalpräsident Steigmeyer mit seinen Mannen zurück. Am 16. April 1799 wird eine neue Behörde vereidigt. Selbstverständlich können auch die neuen Leute nichts an der misslichen Lage ändern. Klingnau macht es wie alle Gemeinden: Man nimmt Darlehen auf und verkauft Gemeindeeigentum.

Warum weigern sich denn die Gemeinden nicht zu bezahlen? Wer nicht bezahlt, bekommt Soldaten einquartiert, soviele und solange, bis er zu allem ja sagt.

Ende 1800 ist die Not der Bevölkerung am grössten. Der Unterstatthalter Welti in Zurzach schreibt anlässlich einer Steuer, die der Kanton verlangt:

«Und unter diesen Umständen fordert nun unsere Regierung die volle Bezahlung aller Abgaben von uns? Von was sollen wir bezahlen? Von den Feldern, welche die Russen verheerten? Von dem Brod, das unsere Verbündeten assen? Von den Wiesen, die ihre Pferde zertraten? Von dem Wein, der nicht gewachsen, oder nicht uns geblieben ist? Von dem Heu, das uns mit Bons bezahlt ward? Von unsern Häusern, die leer; von unsern Waldungen, die umgehauen sind?»

Im Frühling 1799 kommt es zu einer Verschwörung junger Männer in unserer Gegend. Es ist bekannt geworden, dass Frankreich von der Schweiz 18 000 Soldaten verlangt. Andererseits vernimmt man auch, dass Österreich unter Erzherzog Karl erfolgreich gegen Frankreich vorgeht. Unter dem doppelten Ziel, sich dem drohenden Kriegsdienst zu entziehen und dem herannahenden österreichischen Befreier irgendwie zu helfen, versammeln sich Anfang April junge Döttinger und Klingnauer am Abend im Wald auf der Risi. Ihr Anführer ist der Döttinger Leonz Schifferli. In der nächsten Nacht findet in einem erweiterten Kreis eine nächtliche Versammlung im Eichwald bei Würenlingen statt. Diese Versammlung wird an die helvetischen Behörden verraten, die dann eine Reihe von Verhaftungen vornehmen. Regierungsstatthalter Weber spricht in seinem Bericht vom 16. April 1799 von «einem

Erzherzog Karl, der österreichische Oberbefehlshaber.

fürchterlichen Komplott», muss aber selber zugeben, dass es sich dabei im ganzen nur um etwa hundert Leute handelt.

Vom 1. bis 18. Mai finden in Baden vor dem Kriegsgericht täglich Verhöre statt. Den Hauptangeklagten droht die Todesstrafe. Schliesslich erfolgt die Urteilsverkündung: Der Hauptangeklagte wird zu einer Strafe von zwei Dublonen und sechs Jahren Wirtshaus- und Gemeindeversammlungsverbot verurteilt, andere erhalten ähnliche Strafen oder werden in die Armee eingezogen. Alles in allem, die helvetischen Behörden zeigen eine geradezu ungeheure Menschlichkeit und Milde.

Dieses eher kleine Schauspiel vermag den Lauf der europäischen Ereignisse kaum zu beeinflussen.

Vom 2. bis 4. Juni 1799 tobt bei Zürich der Kampf zwischen den Österreichern und den Franzosen. Schliesslich gelingt es dem Erzherzog Karl und seinem Stellvertreter, dem Feldmarschalleutnant Friedrich Freiherr von Hotze (der eigentlich ein Schweizer ist und Hotz heisst), den Général André Masséna zurückzudrängen.

Die Franzosen und ihre helvetischen Hilfstruppen ziehen sich zum Teil tumultartig hinter die Aare und die Limmat zurück. Am 6. Juni überschreiten die französischen Truppen, die in Klingnau stationiert sind, über eine Schiffsbrücke die Aare. Die Überquerung dauert von zwei bis sechs Uhr nachmittags; danach wird die Brücke abgebrochen, und die Pontons werden bei Kleindöttingen ans Ufer gezogen.

In Klingnau denkt man nicht daran, ob dem Abzug der fremden Truppen aufzuatmen. Man macht sich keine falschen Hoffnungen, dass der Krieg und die Sorgen vorbei wären. Entweder würden die Franzosen zurückkehren oder die Österreicher einmarschieren. Beides ist schlecht, beides sind fremde Truppen, bringen Einquartierungen, Zwangsarbeit,…

Es zeigt sich nun aber ein zusätzliches Problem mit aller Deutlichkeit.

Was tun mit dem Freiheitsbaum?

Lässt man ihn stehen oder fällt ihn zu spät und die Österreicher erscheinen, gibt man sich als Freund der Franzosen zu erkennen. Dann müsste man mit vermehrten Drangsalen rechnen.

Feldmarschall-Leutnant von Hotze.
▼

André Masséna, der französische Kommandant.
▼

Fällt man ihn und die Österreicher rücken nicht ein, sondern die Franzosen kehren über die Aare zurück, würde man als Freund der Österreicher gelten und mit Vergeltung der Franzosen rechnen müssen.

Die Munizipalität ordnet deshalb schon am 22. Mai, also 15 Tage vor dem Verschwinden der Franzosen an: Der Zimmermann Vogel Jakob habe ab sofort auf dem Rathause zu verbleiben, damit er den leidigen Freiheitsbaum im richtigen Augenblick zu Falle bringen könne. Am 8. Juni wird der Baum umgelegt, es ist damit gelungen, einem entsprechenden österreichischen Befehl zuvorzukommen.

Der Freiheitsbaum in Klingnau.

In Klingnau stehen nun also österreichische Truppen, und damit können die alten Regenten, der bischöfliche Vogt und die früheren Stadträte, wieder das Zepter übernehmen. Eigenartigerweise bleibt die Munizipalität, das heisst die Behörde, die die französische Ordnung repräsentiert, weiterhin im Amt. Offenbar hat niemand recht Lust, sich in so schwierigen Zeiten mit Politik zu befassen, auf welcher Seite auch immer. Erst am 30. Juli wird auf ausdrücklichen Befehl des Bischofs unter dem Vorsitz des neualten bischöflichen Vogts Johann Martin Schmid der «Magistrat, wie er ehemalen gewesen», wieder in Amt und Würde gesetzt.

Nur einen holt man nicht aus der geschichtlichen Rumpelkammer, den alten Stadtschreiber Johann Paul Anton Schleiniger. Seine Familie ist recht begütert und bildete im alten Klingnau eine Art Stadtpatriziat. Er hat es nicht verwunden, dass er 1798 bei der Neuordnung abgesetzt wurde und sein Amt samt verschiedenen Privilegien verloren hat. Er schmollt seither und – was die Angelegenheit für die Behörden enorm mühsam macht – gibt die Akten der Stadt Klingnau nicht heraus. Weil Klingnau ein armes, kleines Städtchen war, vermochte es keine eigene Stadtschreiberstube; der Stadtschreiber arbeitete in seinem eigenen Haus und verwahrte auch die Akten bei sich zu Hause. Dem Weibel der Munizipalität, der die Akten bei ihm einholen wollte, erklärte er, etliche 50 Lumpen und etliche 50 Buben hätten die Munizipalität gewählt und der Gemeinde schon 1900 Gulden verlumpt, er gebe die Akten nicht heraus.

Jetzt, im Sommer 1799, wo unter den Österreichern die alte Ordnung neu errichtet wird, nimmt er natürlich an, dass er wieder in seine frühere Stellung zurückkehren kann. Offenbar verzeihen ihm die Klingnauer sein störrisches Verhalten, das der ganzen Gemeinde Schaden zufügte, nicht und lassen ihn in seinem Hause schmollen. Den Stadträten, die am 8. August 1799 bei ihm vorsprechen, um wieder einmal die Herausgabe der Akten zu erwirken, erklärt er voller Zorn, 1774 sei er zum Stadtschreiber ernannt worden, und das auf Lebenszeit. Deshalb sei seine Absetzung widerrechtlich, und er denke nicht daran, die Akten auszuhändigen, solange er nicht wieder in sein Amt eingesetzt sei.

Dieser Aktenstreit zieht sich noch Jahre dahin. 1804 wendet sich die Stadt an die Kantonsregierung in Aarau, die dann für die Überbringung der Akten ins Stadtarchiv sorgt.

Während man sich in Klingnau mit solchen Kleinlichkeiten abgeben muss, spielen sich ausserhalb der Stadtmauern militärische Ereignisse von grösster Tragweite ab.

Anfang August 1799 sollte Erzherzog Karl auf höheren Befehl mit seinen österreichischen Truppen aus der Schweiz abziehen, um den verbündeten Russen Platz zu machen. Er traut allerdings den Fähigkeiten seines russischen Kollegen nicht ganz. Zudem hat er entdeckt, dass westlich der Aare nur sehr wenig französische Truppen liegen, er also mit einem Vorstoss über die Aare seinen Gegner einkes-

Das Gefecht bei Döttingen am 17. August 1799.

seln und in der Schweiz völlig besiegen könnte. Er plant deshalb für den 17. August eine Überquerung der Aare bei Döttingen. Im Surbtal und in der Umgebung von Döttingen zieht er rund 20 000 Russen und 30 000 Österreicher zusammen. Auf der Risi ob Döttingen werden Kanonen postiert, um von da aus das Kleindöttinger Feld beschiessen zu können. Kleindöttingen ist nur von wenig französischen und helvetischen Truppen besetzt, die allerdings unheimlich genau treffen. Das erfährt man schon vor dem Angriff: Der 70jährige Johann Häfeli aus Klingnau meint einmal, er würde einen Scharfschützen auf der andern Seite der Aare treffen. Ein österreichischer Soldat gibt ihm sein Gewehr. Doch bevor Johann Häfeli richtig zielen kann, hat ihn der helvetische Scharfschütze auf der andern Flussseite entdeckt und hat geschossen. Er traf ihn mitten durch den Kopf.

Am 17. August um zwei Uhr morgens gibt der Erzherzog das Zeichen zum Angriff. Die Kanonen auf der Risi donnern los, die österreichischen Pontoniere beginnen mit dem Bau der beiden Schiffsbrücken. Kleindöttingen steht bald in Flammen. Aber mit den Schiffsbrücken will es nicht recht vorwärtsgehen. Die Anker der Pontons greifen zum Teil im felsigen Flussbett nicht, einzelne Schiffe reissen sich los und beschädigen die untere Brücke, soweit sie schon fertiggestellt ist. Mit dem Tagesanbruch reichen die Brücken kaum bis zur Flussmitte. Zum Glück für die Pontoniere kommt Nebel auf, so dass sie einigermassen geschützt vor feindlichem Gewehrfeuer weiterarbeiten können. Um sieben Uhr verlässt der Erzherzog den Platz und begibt sich nach Tegerfelden. Er übergibt das Kommando an Fürst Schwarzenberg, der es allerdings vorzieht, in der

Propstei Klingnau zusammen mit dem Propst zu Morgen zu speisen, bis um neun Uhr. Inzwischen bricht die Sonne durch, der Nebel verzieht sich, und die helvetischen Scharfschützen, die sich in den Trümmern Kleindöttingens verschanzt haben, schiessen nun einen österreichischen Pontonier nach dem andern ab. Um elf Uhr muss die österreichische Armeeleitung erkennen, dass ihr genialer Plan an der Tücke des Flussbettes und der Treffsicherheit von 40 helvetischen Scharfschützen gescheitert ist.

Gegen Abend werden im Brühl zehn Österreicher begraben, viele Verwundete werden ins Feldlazarett nach Klingnau gebracht. Wie hoch die Zahl der getöteten Pontoniere ist, die in die Aare stürzten, ist nicht bekannt.

Die Truppen des Erzherzogs Karl ziehen sich am 31. August und 1. September an den Mittelrhein zurück. Ihre Stellungen nehmen russische Verbände ein. Ausserhalb Klingnaus beziehen sie ein Lager. Obwohl sich die Bevölkerung inzwischen an fremdartige Soldaten gewöhnen musste, ist man doch überrascht von der Andersartigkeit der Russen. Selbstverständlich spricht niemand ihre Sprache. Am auffallendsten sind ihre Ess- und Trinkgebräuche. Vom Soldaten bis zum Offizier wird Branntwein in riesigen Mengen getrunken. Sie verzehren unreife Äpfel und Birnen und die Nüsse samt der äusseren bitteren Hülle. Sie brauen sich eine Suppe aus unreifen Trauben, Kohl und Talg. Die Offiziere scheinen über keine geografischen oder anderweitigen Kennt-

In der Zweiten Schlacht bei Zürich, am 25. und 26. September 1799, gewinnen die Franzosen und besetzen wiederum die ganze Schweiz.
▼

nisse des Landes zu verfügen, auch Landeskarten besitzen sie offenbar keine.

Die Befürchtungen des Erzherzogs bestätigen sich.

In der Zweiten Schlacht bei Zürich, am 25. und 26. September 1799, besiegt Masséna die Russen unter Korsakow. In Klingnau spürt man insofern etwas von diesem grossen Ereignis, als am Morgen des 26. Septembers kein Russe mehr da ist. Alle sind sie in der Nacht verschwunden. Angesichts dieser Tatsache fällt die Klingnauer Stadtbehörde zwei Beschlüsse:

Erstens soll man ins verlassene Lager gehen und dort holen, was die Russen zurückgelassen haben.

Zweitens wird ein allgemeiner Buss- und Bettag angeordnet. Man will Gott danken, dass die Russenzeit vorüber ist. Man will Gott aber vor allem bitten, Klingnau in der zu erwartenden zweiten Franzosenzeit zu beschützen.

Grund genug für schlimme Befürchtungen hat man. Die gesamte Schweiz ist jetzt wieder in französischer Hand, in Süddeutschland stehen die Österreicher. Damit bildet der Rhein die Grenze; die Franzosen legen deshalb starke Verbände ins Zurzibiet. Klingnau ist zu dieser Zeit von fremden Truppen überschwemmt, wie wir das schon weiter oben bei der Frage der Einquartierungen gesehen haben.

Selbstverständlich führt der Wechsel der Besatzungsmacht zu einem Wechsel der Stadtbehörde. Am 10. Oktober überbringt Agent Heer die Verordnung des Unterstatthalters, die frühere Munizipalität habe wieder «in die vorigen functiones» zu treten. Die Begeisterung der mit Amt und Würde Geehrten scheint allerdings immer rasanter abzunehmen; es wird nämlich von oben ausdrücklich noch beigefügt, dass Demissionen nicht akzeptiert würden. Ironischerweise figurieren auf der Liste der Munizipalität, die bekanntlich der neuen freiheitlichen Ordnung huldigen soll, zum Teil die gleichen Namen wie auf der der alteidgenössischen Stadträte, die ja Anhänger des alten Unterdrückerregimes sein sollen. Andererseits müssen wir auch sehen, dass ein kleines Gemeinwesen, wie es Klingnau damals war, nicht über Personen in Hülle und Fülle verfügte, die ein verantwortungsreiches Amt mit dem nötigen Sachverstand ausüben konnten.

Im folgenden Jahr gelingt es den Franzosen unter Napoleon, der sich inzwischen zum Diktator über Frankreich aufgeschwungen hat, ihre Gegner in Italien und Deutschland zu besiegen. Der Rhein bildet damit nicht mehr den Frontverlauf; Frankreich zieht den grössten Teil seiner Truppen aus dem Zurzibiet ab.

Im Mai 1802 gibt sich die Schweiz in einer Volksabstimmung eine neue Verfassung. Mit grossem Mehr wird sie gutgeheissen (wobei damals die Nichtstimmenden zu den Zustimmenden gerechnet werden!). «Baden» und «Aarau» werden zu einem Kanton vereint. Der Bezirk Zurzach stimmt als einziger im Kanton Baden mit gewaltiger Mehrheit echt zu: 2383 Ja, 196 Stimmenthaltungen, 64 Nein. Ist man im Zurzibiet im Gegensatz zum übrigen Kanton Baden so erfreut über die Verschmelzung mit dem reformierten «Aarau»? Kaum. Wir werden nämlich drei Monate später unter den Zurzibietern die ersten finden, die sich gegen diese Neuordnung gewaltsam wehren. Heben wir uns die Erklärung noch etwas auf.

Einer ist höchst unerfreut über die Entwicklung, dass die Schweiz nun plötzlich beginnt, sich selbständig eine Ordnung zu geben.

Napoleon.
▼

Napoleon Bonaparte beschliesst in Paris, die Schweiz sich mit ihren eigenen Waffen schlagen zu lassen. Er zieht zwischen dem 20. Juli und 8. August 1802 alle seine Truppen aus der Schweiz zurück, und sofort geht der Hexentanz los. Die alten schweizerischen Aristokraten wittern Morgenluft; sie versammeln sich in Baden und Schinznach (um nebst der Politik auch noch die gichtigen Glieder im warmen Thermalwasser zu pflegen). Von da aus betreiben sie ihre Agitation. Die helvetischen Behörden verhaften zwar den einen und anderen Agitator; der Erfolg ist allerdings höchst bescheiden. So entzieht sich zum Beispiel ein gewisser Franz Strauss der Verhaftung, indem er sich nach Waldshut absetzt und nun von da aus das Zurzibiet mit seiner Agitation bedient. Das allgemeine Ziel der Agitation ist die Wiederherstellung der alten Ordnung. Aber welcher? Man hat inzwischen eine ganze Reihe von alten Ordnungen über sich ergehen lassen müssen. In den Bezirken Zurzach und Baden wird die Wiederherstellung des Kantons Baden propagiert, für dessen Angliederung an Aarau man sich doch soeben mit aller Deutlichkeit ausgesprochen hat.

In der Nacht vom 12. auf den 13. September beginnen die Altgesinnten mit ihrem Aufstand. Bernische Offiziere sammeln im Zurzibiet die paar begeisterten Aufständischen um sich, die dann mit terroristischen Methoden weitere Leute in ihre Ko-

Plünderung der Judengasse. Was uns das Bild für Frankfurt im Jahr 1614 zeigt, hat sich am 21. September 1802 in Endingen und Lengnau ereignet.
▼

lonnen zwingen. Die Klingnauer werden mitten in der Nacht von jungen Döttingern geweckt, die mit Pistolen im Städtchen herumschiessen, und werden dann von einer Abteilung Siggenthaler Bauern unter wilden Drohungen zum Mitmarschieren gebracht.

So kommt ein Zug von 150 bis 200 Mann zustande. Sie sind höchst ungenügend bewaffnet: etwa 30 Gewehre, ein paar Säbel, die meisten sind mit «5 bis 6 Fuss langen und 3 bis 4 Zoll dicken Zaunstecken» bewaffnet. Wir begreifen, das ist der «Stecklikrieg». In anderen Gegenden bilden sich ähnliche Aufstandsgruppen, die dann gesamthaft erfolgreich sind. Sie vertreiben die helvetischen Behörden, weil deren Truppen noch weniger Kampfbegeisterung zeigen als die Aufständischen. Heinrich Zschokke sieht eine Gruppe Aufständischer unter seinem Schloss in Biberstein vorbeiziehen.

Er beschreibt sie als eine Horde «aus den untersten Volksklassen zusammengeschart, berauscht, jauchzend und johlend, Weiber und Kinder dazwischen mit Säcken und Körben, die durch Plünderung der Reichen gefüllt werden sollten. Lust an Neuerungen und straflosen Ausgelassenheiten, Aussicht auf gute Beute, Wein und Geld: das waren die wirklichen Hebel, welche diese Massen bewegten».

Die Altgesinnten merken langsam, dass sie der Geister, die sie gerufen haben, nicht mehr Herr werden. Anarchie breitet sich aus, vor allem im Zurzibiet. Das «Sicherheits- und Kriegskomitee», das ist die provisorische Regierung der Aufständischen in Baden, befürchtet, dass heimgekehrte Stecklikrieger ihre Steckli nicht aus der Hand legen, sondern sich zu Banden zusammenrotten und plündern würden. Es schickt deshalb unter dem Kommando von Josef Maria Schmid eine bewaffnete Mannschaft in den Bezirk Zurzach, die für Ruhe und Ordnung sorgen soll.

Am 21. September kommt die Spannung zum Ausbruch. Von Koblenz bis Wettingen werden die Gemeinden aufgefordert, Bewaffnete zum Sammlungsplatz bei der Linde auf dem Ruckfeld zu schicken. Man wolle sich an den Juden rächen, die man des «ausgemachten Patriotismus» beschuldigt; das heisst, sie seien Anhänger der helvetischen Ordnung. (In der Tat hat ihnen die helvetische Verfassung das schweizerische Bürgerrecht und damit Rechtsgleichheit mit den übrigen Bürgern gewährt.) Dazu werden die bekannten Anschuldigungen an die Adresse der Juden laut: unrechtmässiger Wohlstand, Wucher usw. 800 Bewaffnete finden sich auf dem Ruckfeld ein und ziehen nach Lengnau und Endingen, um es den Juden zu zeigen. Diese werden misshandelt und ausgeplündert. Jede Türe, jeder Kasten wird aufgebrochen; Spezereien, Tücher und Bänder, Kaffee und Zucker werden geklaut; der Wein wird getrunken oder ausgegossen, dass er «wie Blut durch die Gassen floss»; jedes Papier wird zerrissen, weil man in allem Geschriebenen Schuldbriefe vermutet; was man nicht forttragen kann, wird zerschlagen. Die Juden retten kaum ihr nacktes Leben und müssen es durch hohe Lösegelder freikaufen. Kommandant Schmid muss dem üblen Treiben machtlos zusehen; er hat Mühe, seine eigenen Leute vom Mitmachen abzuhalten. Nach drei Stunden ist der «Bändel-» oder «Zwetschgenkrieg» vorüber. Bändelkrieg, weil sich die tapferen Sieger mit erbeuteten Bändern geschmückt haben. Zwetschgenkrieg, weil die Zwetschgenbäume voller Früchte hingen.

Nach diesem Terrorakt wird eine Untersuchung angestrengt, die allerdings im Sande verläuft. Niemand ist schuld, weil jeder auf Befehl irgendeines andern gehandelt haben will.

Was läuft denn zu dieser Zeit innerhalb der Klingnauer Mauern? Man sehnt sich nach dem starken Mann. Dem alt bischöflichen Vogt Johann Martin Schmid werden umfangreiche Vollmachten überantwortet, um für Ruhe und Ordnung sorgen zu können. Ihm zur Seite stehen zwei Ortsvorsteher. Schmid wird ebenfalls nach Baden delegiert, auch dazu erhält er Vollmacht, alles vorkehren zu können, was dem Wohle der Bürger dient.

Am 10. Oktober werden alle Klingnauer «ledigen Knaben» im Alter von 18 bis 45 Jahren ins Rathaus bestellt: Die provisorische Regierung in Baden braucht Soldaten. Da sich – selbstverständlich – keine Freiwilligen finden lassen, werden 12 ausgelost. Die Hälfte davon hätte zwei Wochen später nach Baden einrücken sollen. Dazu kommt es allerdings nicht, denn inzwischen lässt Napoleon seine Truppen wieder in die Schweiz einmarschieren und bereitet dem Aufstandsspuk ein Ende.

Ende Oktober amtet in Klingnau wieder die Munizipalität. Johann Martin Schmid sitzt zunächst noch in Ausschüssen und Kommissionen und verlässt dann die Klingnauer politische Bühne definitiv, sicher nicht ohne gute Erinnerung bei der Bevölkerung; denn er hat sich – egal ob nun alt- oder neuordnerisch gesinnt – für das Wohl der Bevölkerung eingesetzt. Er wird danach noch Mitglied des aargauischen Appellationsrates und des Grossen Rates. Am 17. März 1829 stirbt er und wird in Leuggern begraben.

▲
**Grabmal von Johann Martin Schmid.
Ursprünglich stand es auf dem Friedhof in Leuggern, danach wurde es neben die Böttsteiner Schlosskapelle verlegt.**

Am 8. November – während die Munizipalität der versammelten Bürgerschaft eine Erklärung Napoleons verliest – marschieren in Klingnau französische Truppen ein. Die wieder eingesetzten helvetischen Kantonsbehörden beschliessen, etwas Rache an den Aufständischen vom vergangenen September zu nehmen. Jeder Bürger muss seine Waffen abgeben, in Klingnau werden ein paar lumpige Gewehre, Pistolen und Säbel konfisziert. Danach wird eine Liste der Aufständischen verlangt. Die Munizipalität zeigt wenig Lust, diesem Befehl nachzukommen. Sie berät sich mit Ausschüssen, «wie man antworten und doch nicht verantwortlich gemacht werden könne». Nach einer zweiten obrigkeitlichen Mahnung schickt man eine Liste mit ein paar Namen nach Zurzach, zusammen mit zwei Abgeordneten, die für die nötigen Erklärungen sorgen müssen. Bestrafungen werden dann allerdings keine angeordnet.

Napoleon verordnet der Schweiz eine neue Verfassung, die Mediation. Sie nimmt viele Wünsche der Konservativen auf und schafft es deshalb, der Schweiz zehn ruhige Jahre zu bescheren. Der Kanton Aargau wird neu geschaffen; er setzt sich nun aus den früheren Kantonen Baden, Aarau und Fricktal zusammen.

Im März 1803 dankt die Munizipalität in Klingnau ab. Nach der neuen Kantonsverfassung wählt die Gemeindeversammlung einen Stadtrat mit einem Ammann an der Spitze.

Es bleibt die schon angeschnittene Frage, was denn die Bevölkerung des Bezirks Zurzach für eine politische Vorstellung verfolgt hat. Wollte sie den Kanton Baden, für den sie den Stecklikrieg führte? Wollte sie den Kanton Aargau, für den sie sich mit überwältigender Mehrheit aussprach? Wollte sie die neue Ordnung, für die sie Feste feierte? Wollte sie die alte Ordnung, deren Vertreter sie immer wieder wählte? Wahrscheinlich waren den Menschen alle diese Fragen egal. Sie wollten nur eines: endlich in Ruhe gelassen werden, nicht mehr von irgendwelchen Truppen geplagt und drangsaliert werden, keine Angst mehr haben müssen. Um dieses Ziel zu erreichen, taten die Menschen immer genau das, was irgendein Machthaber von ihnen verlangte. Sie stimmten Ja, wenn man das von ihnen verlangte; sie marschierten mit, wenn man sie dazu nötigte; sie errichteten einen Freiheitsbaum; sie rissen ihn wieder um... Alles in der Hoffnung, ein bisschen weniger schikaniert zu werden.

Und dann gibt es schliesslich immer noch welche, die stehen in der Hackordnung eine Stufe tiefer. Wenn es einem ganz dreckig geht, kann man wenigstens etwas auf denen herumtreten. Das waren damals die Juden.

Quellen und Literatur:

- Halder Nold, Geschichte des Kantons Aargau Band 1, Baden 1978
- Huwyler Josef, Was der Kanton Baden unter der Besetzung durch fremde Truppen zu leiden hatte, Badener Neujahrsblätter 1974
- Leuthold Rolf, Der Kanton Baden 1798–1803, Argovia Band 46, Aarau 1934
- Mittler Otto, Geschichte der Stadt Klingnau, Aarau 1967
- Pfyffer Ivo, Aus dem Kriegsjahr 1799, 3. Auflage, Döttingen 1983

Kurzübersicht Kapitel 5:

Der Einmarsch der Franzosen im März 1798 beendigte die alte eidgenössische Ordnung. Für Klingnau bedeutete das das Ende der bischöflichen und der eidgenössischen Herrschaft. Die fünf Jahre von 1798 bis 1803 waren geprägt von grosser Not, die durch Zwangsmassnahmen, Einquartierungen, Plünderungen und Verwüstungen bedingt war.
Am 22. Oktober 1798 marschierten zum ersten Mal französische Truppen im Städtchen ein.
Am 6. Juni 1799 zogen sie sich als Folge der verlorenen Schlacht bei Zürich hinter die Aare zurück. Klingnau wurde von Österreichern besetzt.
Nach der misslungenen Aareüberquerung zogen sich die Österreicher über den Rhein zurück. Sie wurden von den Russen abgelöst, die Ende September von den Franzosen aus der Schweiz gedrängt wurden.
Jeder Wechsel der Besatzungsmacht brachte in Klingnau einen Wechsel der kommunalen Behörden.
Nachdem Napoleon im Spätsommer 1802 alle seine Truppen aus der Schweiz zurückgezogen hatte, brach auch im unteren Aaretal der Aufstand gegen die neue Ordnung los. Im Laufe dieser chaotischen Zustände wurden die Juden im Surbtal misshandelt und ausgeplündert.
Ende Oktober standen wieder französische Truppen in der Schweiz, in Klingnau ab dem 8. November. Napoleon verordnete der Schweiz eine neue Verfassung, Klingnau gehörte nun definitiv zum Kanton Aargau.

---

6. Kapitel

Das grosse Sterben

«Klingnau ist eine kleine Landstadt in sehr angenehmer Lage auf einem fruchtbaren Hochgelände an der Aare. ...Aber im Jahre 1814 brachte ein grosses Spital der Alliierten dem gemeinen Wesen viele Ausgaben für Lieferung und allerlei Kriegsbeschwerden. In der Bürgerschaft ist seitdem der Geist commerzieller Betriebsamkeit noch nicht erwacht.» Das schreibt 1844 – also 30 Jahre nach den erwähnten Kriegsbeschwerden – der aargauische Kantonsbibliothekar, F. X. Bronner, in seinem Werk «Der Kanton Aargau».

Klingnau erlebt, wie die ganze Schweiz, nach 1803 zehn friedliche Jahre. Wohl muss die Schweiz den Franzosen für ihre Kriege etliche Soldaten stellen, der Krieg selbst ist aber weit weg. Das ändert sich schnell, nachdem Napoleon in der Schlacht bei Leipzig (16. bis 19. Oktober 1813) gegen die alliierten Russen, Preussen und Österreicher verloren hat. Die Alliierten haben darauf beschlossen, Napoleon endgültig zu besiegen und dazu Frankreich zu besetzen. Die Eidgenossenschaft nimmt sofort Verhandlungen mit den einzelnen Mächten auf, um zu erreichen, dass ihre Neutralität respektiert würde. Frankreich erklärt, sich an die schweizerische Neutralität halten zu wollen; die Russen als alliierte Macht ebenfalls. Aber Preussen und Österreich kommen dem schweizerischen Wunsch nicht entgegen. Damit ist es für die Schweiz klar, dass ihr ein Durchmarsch fremder Truppen droht. Einige ewiggestrige Aristokraten in Bern erhoffen sich sogar den Einmarsch der Österreicher in die Schweiz, damit ihre verlorenen Untertanengebiete Waadt und Aargau an Bern zurückgegeben würden.

Am 20. Dezember 1813 beobachtet man vom Zurzibiet aus, dass auf der anderen Seite des Rheins von Kadelburg bis Thiengen ein riesiger Aufmarsch von österreichischen Truppen erfolgt. Man befürchtet, dass sie am nächsten Tag in den Bezirk Zurzach eindringen werden. Mitten in der Nacht lässt die aargauische Kantonsregierung eine Proklamation verteilen. Darin steht:

«Von seiner Exzellenz dem Herrn General von Wattenwyl (das ist der Kommandant der eidge-

Der Kaiserliche Gottesacker ausserhalb Klingnaus.

halten und diese Truppen freundlich und gefällig aufzunehmen; auch für ihren Unterhalt nach besten Kräften zu sorgen,...»

Am nächsten Tag ziehen die österreichischen Truppen auf der deutschen Seite den Rhein abwärts und überschreiten bei Laufenburg und weiter flussabwärts bis Basel den Rhein. Die Zurzibieter atmen zunächst einmal auf.

In Klingnau findet eine Gemeindeversammlung statt. Die Einwohner bekommen die regierungsrätliche Proklamation zu hören und werden über den Stand der Dinge informiert. Gleichzeitig errichtet man vorsorglich ein Quartieramt, um beim Eintreffen fremder Truppen gewappnet zu sein. Allgemein erwartet man eine Wiederholung der Ereignisse vor zehn Jahren, allerdings in gemilderter Form. Es sind keine Kampfhandlungen auf schweizerischem Boden zu erwarten; zudem hat der österreichische Truppenführer Fürst von Schwarzenberg (das ist derjenige, der am 17. August 1799 in der Propstei zu Morgen ass, während seine Leute beim Versuch, die Aare zu überqueren, abgeschossen wurden) seine Soldaten angewiesen, die Schweizer Bevölkerung möglichst zu schonen.

Die Weihnacht kann man noch ohne fremde Truppen feiern. Aber in der Nacht vom 26. auf den 27. Dezember tauchen im östlichen Bezirksteil Österreicher auf; Klingnau allerdings ist immer noch verschont.

Am 28. Dezember versammeln sich alle Ammänner des Bezirks in Zurzach. Was ihnen der Bezirksamtmann mitzuteilen hat, ist alles andere denn erfreulich:

Die ungarischen Schlachtochsen, die hinter den Armeen zu Hunderten durch die Schweiz getrieben werden, haben die Viehseuche. Und unter den österreichischen Truppen grassiert das Nervenfieber, auch Typhus genannt. Als Schutzmassnahmen werden empfohlen, «diese Ochsen ... abgesöndert zu halten» und für Typhuskranke «ein Absonderungshaus einzurichten, wo möglich an einem Fluss».

Der Typhus wird für Klingnau eine ungeahnte und grässliche Bedeutung bekommen. Deshalb ist es sinnvoll, wenn wir uns an dieser Stelle etwas näher über diese Krankheit informieren. Der Typhus ist eine von Salmonellen verursachte Infektionskrank-

nössischen Truppen, der sich entschlossen hat, seine Truppen zurückzuziehen, um einen aussichtslosen Kampf zu vermeiden. Der Verfasser.) sind Wir benachrichtigt, dass jeden Augenblick der Einzug der hohen Alliierten Mächte in Unserm Vaterlande zu erwarten sei. Wir fordern Euch wohlmeinenst und dringendst auf, Ruhe und Ordnung heiligst zu erheit. Das Ansteckungsrisiko ist enorm hoch. Die Übertragung erfolgt durch den Kontakt mit dem Urin oder dem Kot des Kranken; sie ist also besonders hoch, wo die allgemeinen und persönlichen hygienischen Verhältnisse nicht absolut lupenrein sind. Die Inkubationszeit, das heisst die Zeit zwischen Ansteckung und Ausbruch der Krankheit, beträgt sieben bis elf Tage. Zuerst fühlt man sich unwohl, hat Kopf- und Bauchweh. Nach einer Woche steigt das Fieber stark an, und man bekommt einen gelblichen Durchfall. Dabei können sich Löcher in der Darmwand bilden. Es zeigt sich ein rotfleckiger Ausschlag. Nach der vierten Krankheitswoche setzt allmählich die Besserung ein. Anfang des 19. Jahrhunderts sterben ein Viertel bis ein Drittel der Typhuskranken!

Zusätzlich gefährlich ist, dass zwei bis fünf Prozent der Genesenen Streuer von Krankheitserregern bleiben.

Am Silvester 1813 bekommt Klingnau den Besuch des kaiserlich-königlichen (das heisst österreichischen) Oberarztes Sluka. Er inspiziert die Gebäulichkeiten Sion und Propstei nach ihrer möglichen Verwendbarkeit. Klingnau zeigt sich von der generösen Seite; es stellt ihm einen Zweispänner zur Verfügung und spendiert ihm am Abend im «Rebstock» ein Glas Wein.

Zehn Tage später macht der Klingnauer Gemeindeammann grosse Augen. Er hält ein obrigkeitliches Schreiben in Händen, worin man dem löblichen Klingnauer Stadtrat mitteilt, wie sehr sich der Kanton glücklich schätze, ein in Königsfelden geplantes österreichisches Militärspital verhindert und dafür Klingnau angeboten zu haben. Gleichzeitig erteilt man dem löblichen Klingnauer Stadtrat den Befehl, Propstei und Sion zu putzen und mit Lichtern zu versehen. Der verdutzte Gemeindeammann hat kaum fertig gelesen, da fährt das Personal des «Kaiser-Königlichen Feldspitals Nr. 1» schon vor. Es sind 80 Mann, vom Spitalcommandanten Kutsersik über den Oberchefarzt, Oberarzt usw. bis zum Gemeinen, zum Teil in Begleitung von Frau und Tochter. Selbstverständlich wünscht das Personal privat einquartiert zu werden. Gleichentags übergibt Spitalcommandant Kutsersik dem Gemeindeammann eine Liste des sofort Benötigten: Brennholz, Strohsäcke, Leintücher, Decken, Kopfpolster, Fleisch, Brot, Wein, Butter, Früchte usw. Und das alles nicht zu knapp, sondern zunächst einmal berechnet für 800 (!) Patienten. Zudem fordert Kutsersik 20 Zivilpersonen zum Putzen und Kochen.

Die Klingnauer finden mit Recht, die Propstei entspreche überhaupt nicht den bezirksämtlichen Bedingungen für die Unterbringung von Typhuskranken, sie sei viel zu nahe bei der Einwohnerschaft; mit der Belegung des ehemaligen Klosters Sion könne man sich zur Not abfinden. Der Gemeinderat lässt nun ein bestens formuliertes entsprechendes Gesuch an die Kantonsregierung gelangen. Darin verlangt er, dass nur Verwundete und unverdächtig Kranke und nur im ehemaligen Kloster Sion untergebracht würden. Für die Typhuskranken empfiehlt er das Schloss Bernau bei Leibstadt, da dieses alleine und an einem Fluss liege. Er schliesst:

«Unser aller Dank für eine so grosse wichtige Wohltat würde keine Worte finden, aber mit unnennbarem Gefühl in unsern Herzen fortleben, die wir mit tiefstem Respekt zu geharren die Ehre haben,
Hochdero
Klingnau, 14. Jänner 1814.
Gehorsamste Diener: Stadtammann und Rath.»

Der Kanton will oder kann nicht auf die Klingnauer Forderungen eintreten, ist aber dankbar für den Hinweis aufs Schloss Bernau. Denn später wird auch dieses Gebäude mit Kranken belegt.

Am nächsten Tag treffen schon die ersten Kranken ein. Kutsersik fordert die Stadt auf, den Kranken Essen und «Wein von genussbarer Gattung» zu liefern. Unaufhörlich rollen nun die Pferdegespanne, dicht belegt mit Typhuskranken, heran. Sion und Propstei reichen nicht aus, sie alle aufzunehmen; das Schloss wird auch belegt. Am 19. Januar schildert das Bezirksamt in einem Bericht an den Kanton die Lage:

«In Klingnau sieht es abscheulich aus; die Probstei, das Schloss und Sion sind mit Kranken angefüllt und nun soll auch das dortige Rathaus angefüllt werden.»

Am 24. Januar wird auch die Commende in Leuggern belegt. Am 29. Januar befinden sich 1500 Patienten in Klingnau, Mitte Februar 2500.

Die Bevölkerung lebt in beständiger Angst. Zuvorderst steht natürlich die Angst vor Ansteckung. Man unternimmt alles Mögliche, um sich zu schützen. Die Bewohner der Schattengasse und der Unterstadt nageln die Türen und Fenster, die in Richtung Propstei schauen, mit Brettern zu. So hofft man zu vermeiden, «dass sich die Ausdünstung ... an die hiesigen Bewohner mitteilt», wie sich der Gemeinderat vornehm ausdrückt. Dennoch kommt es immer wieder vor, dass verarmte Bürger – trotz Strafen und wiederholten Haussuchungen – Kleider und Gegenstände von verstorbenen Typhuskranken entwenden und für sich behalten oder weiterverkaufen. Es gibt auch Kranke, die aus ihrem Spital fliehen und sich in den Häusern der Stadt vor den Wärtern verstecken. Offensichtlich ist die Krankenpflege nicht allzu liebevoll. Die Obrigkeit bietet eidgenössisches Militär auf, um Kontakte zwischen den kranken Soldaten und der Bevölkerung zu unterbinden. Am 2. Februar rücken 39 Mann in Klingnau ein und werden wie das österreichische Sanitätspersonal privat einquartiert. Am 18. Februar werden sie schon wieder heimgeschickt, weil die meisten inzwischen an Typhus erkrankt sind! Ein neuer Bewachungstrupp erscheint, der es bis zum 7. März schafft. Dann hat man auf eidgenössischer Seite genug von der leidigen Sache und überlässt österreichischen Soldaten die Überwachung.

Als wichtigstes Präventivmittel verwenden die Leute den Wacholder. Er ist ein uraltes Zauber- und Heilmittel für und gegen fast alles: er vertreibt Hexen, Warzen und Krankheiten ebenso, wie er für Glück im Stall sorgt. Sein Rauch enthält tatsächlich antiseptische oder sonst physiologisch wirksame Stoffe. Die Klingnauer entfachen nun im Städtchen Feuer aus Wacholderzweigen, damit die Luft gereinigt würde. Sie verteilen Wacholderzweige überall in ihren Häusern, vor allem unter den Betten. Sie trinken Tee aus Wacholderbeeren.

Das Bezirksamt verfügt zusätzliche sanitarische Massnahmen. Wenn jemand gestorben sei, dürfe man die Leiche nicht zu Hause aufbahren und bei ihr beten, sondern der Tote müsse sofort bestattet werden. Das Totenglöcklein dürfe nur kurz oder überhaupt nicht läuten, sonst würde die Bevölkerung nur unnötigerweise beunruhigt.

28 Klingnauer sterben am Typhus. Zuerst die beiden Totengräber, danach am 8. Februar Pfarrer Schaufelbühl. Er hat sich sehr um die sterbenden Soldaten bemüht, hat sie täglich besucht. Für Klingnau ist sein Tod ein Schock. Der Gemeinderat ordnet eine feierliche Beerdigung an und verbietet die kommende Fasnacht.

Fast so gross wie die Angst vor der Krankheit ist die Angst vor einer Feuersbrunst. Immer wieder beklagen sich die Bevölkerung und der Gemeinderat, dass das Militär im Schloss und in der Propstei viel zu fest und leichtsinnig feuere. Man riskiere so einen Brandausbruch, der sich sofort auf das Städtchen übertragen würde. Diese Angst ist nicht unbegründet: das Städtchen ist im Laufe der Geschichte mehrmals ganz oder teilweise abgebrannt.

Wacholder, ein uraltes Zauber- und Heilmittel.

Am 17. Januar, also eine Woche nach Beginn der Klingnauer Spitäler, stellt die Gemeindekanzlei zusammen, was die Stadt bisher für Unkosten gehabt hat. Für Holz, Stroh, Heu, Baumaterial, Geschirr, Lichter, Möbel, Taglöhner, Fuhren, Einquartierungen läuft ein Betrag von 1118 Franken 5 Batzen zusammen. Mitte Februar schildert die Stadt in einem Schreiben an den Kanton ihre schlimme Lage. Die Stadtkasse sei leer, zudem müsse die Stadt für Familien sorgen, deren Väter am Typhus gestorben seien. Der Kanton verspricht darauf eine Austrocknung der Klingnauer Spitäler, indem er bei der Laufenburger Brücke keine Kranken mehr in die Schweiz hineinlassen wolle. Das bleibt allerdings Theorie, die Wirklichkeit zeigt das Gegenteil. Das Spital im Schloss wird aufgewertet und zum Spital Nr. 3 erklärt – nebst der Propstei als Nr. 1 und Sion als Nr. 2 –, und am 12. März rückt zusätzliches Sanitätspersonal ein unter dem Spitalcommandanten Nikodem. Die Einquartierung erfolgt bei der Bürgerschaft des Städtchens.

Es ist schwirig abzuschätzen, wieviele Kosten die Spitäler der Stadt verursacht haben. An sich hätte Klingnau viele Auslagen an den Bezirk oder den Kanton abwälzen können. Aber wie das in Tat und Wahrheit ausgesehen hat, können wir an einem Beispiel erkennen. Die Propstei ist damals in Privatbesitz. Nachdem die Österreicher das Gebäude geräumt haben, stellt eine gemeinsame Kommission die Schäden und Zinsverluste zusammen. Der Betrag, den die Eigentümer zugute haben, beläuft sich auf 6362 Franken. Ausbezahlt bekommen sie schliesslich nach langem Hin und Her vom Kanton 960 Franken.

Versuchen wir einmal, uns die Lage Klingnaus zu dieser Zeit bildlich vorzustellen. Wir sehen im Städtchen rund 1000 verängstigte Klingnauer, bei ihnen wohnen etwa 200 österreichisches Sanitäts- und Bewachungspersonal. Auf dem Stadtplatz schwelen Wacholderfeuer. In den Häusern Sion,

Totentanz: Der Tod in Gestalt eines Skeletts hält reiche Beute.
▼

Schloss, Propstei und zeitweise auch im Rathaus (das ist zu dieser Zeit der Johanniter, also die ehemalige Johanniterkirche) vegetieren 2500 schwerkranke königlich-kaiserliche Soldaten vor sich hin. Es herrscht dort ein unbeschreiblicher Gestank, die sanitarischen Einrichtungen dieser Gebäude können den Bedürfnissen all dieser Typhuskranken, die ja an extremem Durchfall leiden, in keiner Weise genügen. Täglich sterben 30 bis 90 Patienten.

Man lässt sie den Tag über liegen. Erst bei einbrechender Nacht werden sie auf den Totenwagen verladen und zum Massengrab gefahren. Man will der Bevölkerung den ständigen Anblick des Totenwagens ersparen. Die Begräbnisstätte befindet sich ausserhalb Klingnaus gegen Koblenz, heute bekannt unter dem Namen Kaiserlicher Gottesacker. Dort werden auch die Kleider und Gegenstände der verstorbenen Soldaten verbrannt. Anfänglich hat man die Leichen in Stroh eingebunden, danach wird das zu aufwendig. Die Toten werden mit einer Erdschicht von anderthalb bis zwei Metern überdeckt. Soviele sterben, soviele Kranke werden Tag für Tag herangebracht. Vom 9. Februar an verwendet man dazu nicht nur Wagen, sondern auch Weidlinge. Klingnau, Döttingen und Koblenz müssen täglich sechs Weidlinge stellen, um Kranke von Brugg nach Klingnau zu transportieren. Viele erfrieren bei dieser winterlichen Fahrt auf dem offenen Schiff.

Im April zeichnet sich langsam ein Ende der Klingnauer Spitäler ab. Ende Mai besteht nur noch das Spital im Schloss. Am 26. Juni gibt es keine kranken Soldaten mehr in Klingnau, und die österreichischen Mannschaften reisen ab.

Der Gemeinderat lässt das Massengrab mit Kalk und einer zusätzlichen Humusschicht überdecken. Dann pflanzt man Föhren darauf, damit hier kein Vieh mehr weiden kann.

Zur Erinnerung an die 3000 Soldaten, die in Klingnau gestorben und begraben sind, errichtet die Stadt 1815 auf dem Kaiserlichen Gottesacker ein Kreuz mit der Inschrift:

Seht die Ruhestätte von 3000 k. k. österreichischen Soldaten, die in dem Spital zu Klingnau vom 10. Jan. bis 26. Juni 1814 verblichen sind.
R. I. P.

Noch einmal lebt in Klingnau der ganze Schrecken ob dem grässlichen Sterben auf. Napoleon ist im März 1815 aus seinem Exil nach Paris zurückgekehrt und wird noch einmal Kaiser über Frankreich. Die Alliierten beschliessen unverzüglich, den Krieg gegen ihn zu eröffnen. Österreich beabsichtigt, wieder durch die Schweiz zu ziehen; in Klingnau soll wieder ein Militärspital eingerichtet werden. Ein k. k. Oberarzt ist schon im Städtchen, um das Nötige vorzukehren. Klingnau, unterstützt vom Bezirksamt, richtet ein verzweifeltes Gesuch an den Kanton.

Da kommt gleichsam in letzter Minute den Klingnauern das Schicksal zu Hilfe. Die Engländer unter Wellington besiegen zusammen mit den Preussen bei Waterloo in Belgien Napoleon endgültig. Damit erübrigt sich ein österreichischer Vormarsch durch die Schweiz.

Quellen und Literatur:

- Bilger B., Das Alliierten-Spital und der Kaiserliche Gottesacker in Klingnau. Klingnau 1901
- Mittler Otto, Geschichte der Stadt Klingnau

Kurzübersicht Kapitel 6:

Ende 1813 marschierten die Gegner Napoleons durch die Schweiz, um Frankreich zu besetzen. In den Armeen wütete der Typhus. In Klingnau wurde vom österreichischen Truppenkommando ein grosses Spital eingerichtet. Vom 10. Januar bis 26. Juni 1814 waren bis zu 2500 kranke Soldaten pro Tag im Sion, in der Propstei, im Schloss und zeitweise auch im Rathaus untergebracht. 30 bis 90 Soldaten starben Tag für Tag an der Seuche und wurden in einem riesigen Massengrab ausserhalb Klingnaus, auf dem «Kaiserlichen Gottesacker», bestattet. Schliesslich waren etwa 3000 Kranke am Typhus gestorben. Die Klingnauer lebten in Angst und Schrecken, 28 starben.

7. Kapitel

Johann Nepomuk Schleuniger – ein Kämpfer für Recht und Glauben

Die beiden Bilder zeigen uns zweimal den gleichen Herrn, Johann Nepomuk Schleuniger. Er ist ein Klingnauer und vor allem ein ganz typischer Vertreter seiner Zeit. Wenn man sein Leben kennt, kennt man seine Zeit; und wenn Sie die beiden Bilder genau betrachten, kennen Sie sein halbes Leben.

Das erste Bild zeigt uns den 30jährigen Schleuniger, es ist 1840 entstanden. Wir schauen in ein bleiches Gesicht. Charakteristisch ist seine hohe, breite Stirn. Die Augenbrauen sind leicht zusammengezogen, was ihm einen ernsten, sogar etwas unwilligen Ausdruck verleiht. Sein Blick ist gemütvoll, träumerisch, wenn man will, sogar visionär. Die Nase ist lang und schmal und wölbt sich am Ende zu einem neckischen Spitz auf. Die Züge seiner unteren Gesichtshälfte orientieren sich nach dem eher kleinen Mund zu, dessen nicht unsinnliche Lippen streng geordnet übereinanderliegen. Frisur und Kleidung sind tadellos gepflegt. Johann Nepomuk Schleuniger präsentiert sich als ein intelligenter, entspannter, gemütvoller, vielleicht sogar humorvoller Mensch, der sich aber der Ernsthaftigkeit seiner Stellung sehr wohl bewusst ist. Er ist Professor (zunächst noch an der Badener Bezirksschule) und

Johann Nepomuk Schleuniger, etwa 30jährig.

Johann Nepomuk Schleuniger, etwa 40jährig.

verheiratet mit einer Demoiselle aus reichem Luzerner Söldnerpatriziat. Er sieht gelassen der weiteren Entwicklung seiner Karriere entgegen.

Betrachten Sie nun das zweite Bild. Es zeigt uns Schleuniger rund zehn Jahre später. Seine äusseren Züge sind völlig die gleichen geblieben, sogar die Kleidung ist weitgehend dieselbe. Aber alles Weiche und Gemütvolle ist aus seinem Gesicht gewichen. Er muss sich nicht mehr um Ernsthaftigkeit bemühen, er ist ernst. Sein Blick ist forschend, beinahe anklagend geworden. Seine Lippen sind jetzt schmal und hart.

Hören wir uns zunächst zwei Aussagen über Johann Nepomuk Schleuniger an.

Seine Frau sagt an seinem Begräbnistag über ihn:

«38 Jahre war ich mit ihm verehelicht, und während dieser Zeit war mein Mann niemals betrunken und hat niemals ein Fluchwort ausgesprochen.»

Schleuniger schreibt in einem Gedicht:
«Glücklich ist, wer viel gelitten
Mit des Leibes herbem Schmerz,
Mit dem eignen Geist und Herz,
Mit dem Schicksal hart gestritten,
Feurig wollend – gerne litt,
Gern entsagend – feurig stritt.»

Am 29. Juni 1810 wird Johann Nepomuk Schleuniger in Klingnau geboren. Seine Eltern – Stephan und Elisabetha, geborene Häfeli – sind eher arm. Der Vater ist Zimmermann. In Klingnau besucht er die Primarschule, und weil er ein aufgewecktes und strebsames Bürschchen ist, wird er nach Zurzach in die Bezirksschule geschickt. So läuft er nun bei jedem Wetter über den Achenberg nach Zurzach. Einmal soll er völlig durchnässt in der Schule angekommen sein; der Lehrer bietet ihm deshalb an, sich zunächst aufzuwärmen und trockne Kleider anzuziehen. Allein der junge Schleuniger will nicht, weil er sonst die Unterrichtsstunde verpassen würde. Seine Leistungen an der Bez sind ausgezeichnet, so dass seine Eltern trotz ihrer bescheidenen Verhältnisse für ihn ein Studium vorsehen. 1827 zieht er nach Luzern und besucht hier das Gymnasium. Diese Stadt wird für ihn sein ganzes Leben hindurch als Zufluchtsort und als ideale Orientierung von grösster Wichtigkeit bleiben. Nach dem Abschluss des Gymnasiums bekommt er vom Kanton Aargau ein Stipendium für drei Jahre zugesprochen. Das sind 1200 Franken. Dieses Stipendium ist in doppelter Hinsicht bemerkenswert. Der Kanton Aargau bezahlte damals noch spärlicher als heute Ausbildungshilfen (er war damals auch mausarm), Schleunigers Leistungen müssen also weit über dem Durchschnitt liegen. Zum andern müssen wir sehen, dass Schleuniger ohne dieses Stipendium nicht studieren könnte. Dass der liberale Kanton Aargau ihm das ermöglicht, erfüllt ihn mit tiefer Dankbarkeit seiner Regierung gegenüber. Übrigens erhält sein jüngerer Bruder Raimund etwas später ebenfalls ein Staatsstipendium.

1832 schreibt er sich an der Universität München ein, zusammen mit einem anderen Klingnauer, Karl Ludwig Häfelin. In München herrscht eine grosse Begeisterung für den liberalen Kampf der Griechen gegen die türkischen Besatzer. Häfelin zieht 1833 mit dem neuen griechischen König Otto I., einem Verwandten des bayrischen Königs, nach Griechenland. Schleuniger teilt in dieser Zeit durchaus die liberalen Ansichten. Er zieht aber nicht nach Griechenland wie Häfelin (wir werden die beiden nochmals zusammen antreffen, allerdings mit völlig unterschiedlichen Rollen), sondern an die Universität Berlin. Hier studiert er bis Anfang 1835, danach reist er nach Paris, um sein Studium mit einem französischen Semester zu vervollkommnen. Im Juli 1835 kehrt er heim nach Klingnau, und zwar zu Fuss. Dafür braucht er neun Tage. Im November legt er in Aarau die Prüfung als Bezirkslehrer ab für eine stattliche Anzahl von Fächern: Deutsch, Geschichte, Geografie, Latein, Griechisch, Französisch, Mathematik und Naturlehre. Anschliessend wird er an die Bezirksschule Baden gewählt. Im Frühling 1836 kauft er in Baden ein Haus und heiratet die reiche Theresia Götti. Sie ist die Tochter eines Luzerner Söldnerhauptmanns, der in Frankreich unter Louis XVI. und Louis XVIII. gedient hat. Sie wurde in einem Institut für adlige Töchter in St-Denis bei Paris erzogen. Die junge Dame verfügt also nebst Geld über den nötigen Comment und vornehme Beziehungen.

Soweit hat sich die Karriere des armen Johann Nepomuk Schleuniger höchst erfreulich entwickelt. Unverkennbar ist allerdings der weltanschauliche Zwiespalt in seinem Leben: einerseits fühlt er sich als Liberaler, das heisst den modernen Ideen der Französischen Revolution verpflichtet, wie sie beispielsweise in der jungen Demokratie USA oder seit 1830 im Kanton Aargau verwirklicht sind; andererseits hat

Pater Theodosius im unteren Aaretal. Eine polemisierende Karikatur gegen die Katholiken.

er soeben in eine stockkonservative Familie eingeheiratet, die all dieses moderne Zeug völlig ablehnt.

1841 laufen im Kanton Aargau Ereignisse ab, die Schleuniger völlig dem Liberalismus entfremden und ihn zu einem konservativ-katholischen Kämpfer werden lassen. Schalten wir uns also in die aargauische Szene ein:

1830: Ein Volksaufstand fegt die konservative Regierung weg. Der Aargau wird zu einem modernen liberalen Kanton.

1834: Verabschiedung der «Badener Artikel». Die katholische Kirche wird damit – ähnlich wie die reformierte Kirche seit der Reformation – unter die Aufsicht des Staats gestellt. Zum Beispiel müssen die Priester einen Treueid dem Staat gegenüber leisten, kirchenrechtliche Erlasse müssen vor der Verkündigung dem Staat zur Genehmigung unterbreitet werden, die Regierung entscheidet über die Zugehörigkeit zu einem Bistum usw. Der «Katholische Verein» opponiert gegen diese Bestimmungen. Das Verhältnis zwischen der Minderheit der konservativen Katholiken (vor allem im Freiamt und im unteren Aaretal) und der Mehrheit der Liberalen (vor allem die Reformierten, aber auch sehr viele Katholiken) verkrampft sich mehr und mehr.

1841: Dem Aargauervolk wird eine neue Verfassung unterbreitet. Sie ist nach heutigen Vorstellungen als fortschrittlich zu bezeichnen; als eine wichtige Neuerung fehlt eine hälftige Zuordnung der Grossratssitze an die beiden Konfessionen, man kann wählen, wen man will. Die konservativen Katholiken empfinden das Fehlen einer Bestimmung, die ihnen die Hälfte der Parlamentssitze garantiert, als eine Bedrohung. Das Abstimmungsresultat lautet: klare Ablehnung im Freiamt, knappe Ablehnung im Bezirk Baden, knappe Annahme im Bezirk Zurzach (wobei Klingnau ablehnt), wuchtige Annahme im reformierten Kantonsteil; der gesamte Kanton nimmt die neue Verfassung an. Die führenden konservativen Katholiken sind im «Bünzener Komitee» vereinigt; sie planen Massnahmen, um gegen die neue Verfassung anzukämpfen.

10. Januar 1841: Die Regierung will das «Bünzener Komitee» vorsorglich verhaften. Das führt zu einem bewaffneten Aufstand des Freiamts.

11. Januar 1841: In allen grösseren Freiämter Orten sammeln sich die Aufständischen. Die Regie-

rungstruppen werden bei Lenzburg zusammengezogen und rücken gegen Villmergen vor; Villmergen wird besetzt.

Gleichentags versammeln sich Aufständische in Döttingen und Klingnau unter Josef von Schmid, dem Grossrat und Schlossherrn von Böttstein. Die Aufständischen marschieren bis nach Würenlingen, da bekommt Josef von Schmid die Nachricht, dass sich in Aarau das Parlament versammle. Schmid eilt nach Aarau, wo er verhaftet wird, und der Zug der Aufständischen löst sich auf.

12. Januar 1841: Die Regierungstruppen besetzen Bremgarten.

Pater Theodosius vom Kapuzinerkloster in Baden hält sich im unteren Aaretal auf. Laut Regierung soll er die Bevölkerung zum Aufstand aufgehetzt haben, was allerdings nicht bewiesen werden kann. Unsere Abbildung, die 1842 entstanden ist, zeigt diese Interpretation der Ereignisse sehr schön. Ob wahr oder nicht, die Regierung braucht diese Anschuldigung gegen die Klöster. Tatsächlich macht sich ein unbedeutender Zug Aufständischer nach Würenlingen auf, wo man aber auch schon wieder umkehrt.

13. Januar 1841: Als letzten Ort im Freiamt besetzen die Regierungstruppen Muri.

Gleichentags erklärt der Grosse Rat die Klöster im Aargau als für den Aufstand schuldig und beschliesst deren Aufhebung. In den Wochen darauf werden die Männerklöster Muri, Wettingen und Baden und die Frauenklöster Fahr, Gnadenthal, Hermetschwil und Baden aufgelöst.

All das hat Schleuniger mit grosser Aufmerksamkeit mitverfolgt und fühlt sich von seiner liberalen Regierung tief enttäuscht. Er äussert sich zu diesen Ereignissen:

«Es kam der Augenblick, wo das Bünzerkomitee verhaftet wurde... Mein ganzes Gemüt empörte sich gegen ein solches Verfahren, welches ich ab Seite meiner Regierung für unmöglich gehalten hatte. Die auf den Freiämteraufstand bezüglichen Akten in der Hand ward ich mit einem Schlage zum entschiedenen Gegner der Regierungspolitik gestempelt. War ich ein besonderer Freund der Klöster? Mit Nichten. Aber wer ist nicht unwiderstehlich auf die Seite hingezogen, wo man Unrecht leidet?»

Damit tritt Schleuniger in die Politik ein, nicht weil er Politik machen, sondern weil er Gerechtigkeit schaffen will. Wir werden sehen, dass ihn nicht das Mögliche und das Machbare interessiert, was ja an sich die Kunst der Politik wäre, sondern einzig und allein die Gerechtigkeit, und die ist nicht teilbar. Sein ganzes Denken ist juristisch, er wird später eine kurze Zeit Rechtslehre studieren. Sein Bruder Raimund ist interessanterweise Jurist geworden und hat schliesslich das Amt eines Oberrichters bekleidet.

Johann Nepomuk Schleuniger beginnt nun eine fieberhafte Tätigkeit. Er wird Redaktor der «Stimme von der Limmat», das ist das Blatt der konservativen Katholiken im Aargau. Er schafft Kontakte zu führenden eidgenössischen Konservativen, unter anderen zum Luzerner Siegwart-Müller und zum Redaktor der konservativen Luzerner «Staatszeitung», Niklaus Rüttimann.

Am 2. Juli 1842 lässt er sich vom Kreis Klingnau in den Grossen Rat wählen. Nach einigem juristischen Geplänkel wird er am 12. Dezember vereidigt.

Zugleich nimmt er einen intensiven Kontakt zu den Äbten der ehemaligen Klöster Muri und Wettingen auf, um mit ihnen die Wiedererrichtung ihrer Klöster voranzutreiben. Der Murener Abt Adalbert Regli hält sich zu dieser Zeit in Sarnen auf, der Wettinger Abt in Buonas am Zugersee. Er heisst Leopold Höchle und ist – wie sein Name schon verrät – ein Klingnauer.

Leopold Höchle (1791–1864), Abt in Wettingen und Mehrerau.
▼

Dass sich Schleuniger und Höchle schon von Klingnau her persönlich gekannt haben, ist unwahrscheinlich. Denn als Schleuniger geboren wurde, legte Höchle im Kloster Wettingen das Gelübde ab. Der zähe Kampf für die Aargauer Klöster hat die beiden zusammengeführt. Im Ziel sind sich die drei einig, im Vorgehen unterscheiden sie sich. Schleuniger will immer alles an die grosse Glocke hängen, Petitionen starten, andere Kantone in öffentlichen Aufrufen zum Kampf gegen die aargauische Regierung mobilisieren. Die beiden Äbte versuchen ihn immer etwas zu bremsen und verweisen auf die Möglichkeiten der stillen Diplomatie. Sie sind politischer als ihr Politiker-Freund, der eigentlich eher die Rolle eines Richters spielt, eine Art aargauischer Hamlet.

Schleuniger glaubt noch lange an den Sieg der Gerechtigkeit im Aargau, als die Äbte schon lange eingesehen haben, dass die Politik nun eben anders gelaufen ist; sie sehen sich deshalb nach einer Neuansiedlung ihrer Klöster um. Die Wettinger finden in Mehrerau, die Murener in Gries bei Bozen eine neue Heimat. Beide Orte liegen im österreichischen Kaiserreich.

Am 14. Dezember 1842 nimmt Schleuniger zum ersten Mal an einer Grossratssitzung teil. Sofort ergreift er das Wort und wettert gegen die Klosteraufhebung. Er stellt den Antrag zu deren Wiederherstellung. Sein Antrag wird mit überwältigendem Mehr abgeschmettert. Aber Schleuniger hat damit ein klares Signal gegeben: er ist nun der Sprecher und Anführer der katholischen Opposition.

Inzwischen beginnt man sich im Regierungslager Gedanken über den katholischen Senkrechtstarter zu machen. Er wird dem Aargauer Regierungssystem langsam gefährlich. Also versucht man zuerst, ihn ins System einzubinden. Es bietet sich gerade eine günstige Gelegenheit; der katholische Badener Regierungsrat Dorer tritt von seinem Amt zurück, Schleuniger wird seine Nachfolge angeboten, selbstverständlich müsste er dann seine grundsätzliche Opposition gegen die Regierungspolitik aufgeben. Nun ist aber Schleuniger nicht ausgezogen, um Politiker zu werden, sondern um Gerechtigkeit zu schaffen. Er lehnt das Angebot ab.

Er hat es so haben wollen, werden sich die Politiker des Regierungslagers gesagt haben, und beginnen nun massiv, auf Schleuniger zu schiessen.

Zunächst macht man ihm Probleme wegen seiner Doppelfunktion als Bezirkslehrer und Mitglied des Grossen Rats. Es sei unverantwortlich, dass er wegen der Ratssitzungen so oft die Schule ausfallen lasse. Entweder er trete aus dem Parlament aus, oder er verliere seine Anstellung als Lehrer. Schleuniger versucht im Grossen Rat eine grundsätzliche Regelung dieses Problems zu erwirken; selbstverständlich geht der Rat darauf nicht ein. Schleuniger entschliesst sich, Parlamentsmitglied zu bleiben, und wird im Januar 1844 vom Kantonsschulrat als Lehrer abgesetzt. Finanziell bereitet ihm das keinen grossen Kummer, seine Frau hat ja ein beachtliches Vermögen mit in die Ehe gebracht.

Am 29. August 1843 hält er im Grossen Rat eine flammende Rede gegen den Unrechtsakt der Klosteraufhebung und verlangt erneut die Wiederherstellung aller Klöster.

An der eidgenössischen Tagsatzung ist nämlich die Aufhebung der Aargauer Klöster verurteilt worden, weil die Klöster im Bundesvertrag garantiert wurden. Um der Eidgenossenschaft etwas entgegenzukommen, bot die Aargauer Regierung die Wiederherstellung der Frauenklöster ohne Hermetschwil an. (Knechte des Hermetschwiler Klosters haben sich seinerzeit am Freiämter Aufstand beteiligt.) Die Tagsatzung war mit diesem Angebot nicht zufrieden, liess aber durchblicken, dass man mit der Wiederherstellung Hermetschwils die Angelegenheit als erledigt betrachten würde. In der Redeschlacht im Grossen Rat stehen sich Johann Nepomuk Schleuniger und Augustin Keller gegenüber, der fanatische Gegner der Klöster, der 1841 in vorderster Front deren Aufhebung gefordert hat mit den Worten: «Stellen Sie einen Mönch in die grünsten Auen des Paradieses, und soweit sein Schatten fällt, versengt er jedes Leben, wächst kein Gras mehr.» Beide sind gegen die angebotene Teillösung; der eine, weil er alle Klöster will, der andere, weil er überhaupt keines will. Schleuniger ruft in den Saal:

«Hermetschwil – oder nicht Hermetschwil – um dadurch die Schicksalsfrage der Eidgenossenschaft zu lösen – beides ist gleich eitel, beides ist eine gleiche Selbsttäuschung in Beziehung auf das Ziel, das man anstrebt, beides ist ein gleich unmännliches Markten gegenüber der Gerechtigkeit, welche vor uns steht und ihre Tempel zurückfordert. Die Tempel sind zerstört, sie müssen wieder hergestellt werden.»

Der Grosse Rat beschliesst die Wiederherstellung Hermetschwils, und in der Eidgenossenschaft ist damit – scheinbar – der Friede gewahrt.

Ab September 1843 beginnen Schleunigers Feinde mit einer ganzen Reihe von Prozessen gegen ihn.

Zunächst reicht die Regierung eine Ehrverletzungsklage gegen Schleuniger ein. Er hat in seiner Zeitung einen Artikel aus dem «Waldstätterboten» zitiert. Der Artikel befasst sich mit der aargauischen Klosteraufhebung. Darin stehen die Worte «Der treulose, eid- und bundesbrüchige Aargau». Vor Gericht führt Schleuniger aus, dass der fragliche Artikel gar nicht von ihm stamme, die Regierung habe sich folglich nicht an ihn zu wenden; zudem entspreche der Inhalt des Artikels der Wahrheit, was er mit Hilfe der Tagsatzungsprotokolle beweise. Dennoch verurteilt ihn das Gericht zu Busse, Übernahme der Gerichtskosten und vier Wochen Gefängnis. Das war der erste eines ganzen Bündels von Presseprozessen gegen Schleuniger.

Als nächsten Schlag gegen Schleuniger landet der Regierungsrat eine Klage wegen Wahlbestechung. Im Kreise Niederwil ist im Herbst 1843 ein konservativer Kandidat gewählt worden. Die Regierung kassierte darauf die Wahl wegen einer formalen Bagatelle. Im zweiten – völlig skandalös verlaufenen – Wahlgang wurde der Kandidat der Regierung gewählt. Schleuniger wird nun vorgeworfen, er habe im ersten Wahlgang Wähler bestochen. Tatsächlich hat er dem Felix Saxer aus Hägglingen ein kleineres Darlehen geliehen; aber das könne doch nicht als Bestechung gewertet werden, urteilt das Bezirksgericht. Einige Monate später schliesst sich das Obergericht dieser Ansicht an. Schleuniger leistet vor Gericht einen Reinigungseid, dass er nie eine Wahlbestechung beabsichtigt habe. Soweit endet am 15. Juni 1844 der erste Akt dieser trüben Affäre, doch der zweite Akt folgt sogleich. Am 9. Juni 1845 ordnet der Regierungsrat eine Wiederaufnahme des Verfahrens an, weil neues belastendes Material aufgetaucht sei. Schleuniger wird nun angeklagt, seinerzeit vor den Schranken des Gerichts einen Meineid geleistet zu haben. Aber sparen wir uns vorerst diesen zweiten Akt noch etwas auf.

Als Vergleich zu dieser gegen Schleuniger inszenierten Schlammschlacht lassen wir kurz alt Regierungsrat Dorer zu Wort kommen; er berichtet Ende 1846 über die Wahlen im Bezirk Baden:

«Man hat dabei gesoffen, als wären die Besten und Wägsten im Wein zu finden. Die Wahlen haben uns im Bezirk Baden wenigstens 6000 Fr. gekostet. So musste hier Seminardirektor Keller in den Grossen Rat hineingeschwemmt werden.»

Diese zermürbenden Prozesse halten Schleuniger nicht davon ab, weiterhin für seine Sache zu streiten.

Am 13. und 14. September versammeln sich die Vertreter der katholisch-konservativen Kantone im Rother-Bad. Sie schliessen untereinander die «Schutzvereinigung»; daraus wird später der Sonderbund erwachsen. Schleuniger ist als Wortführer der Aargauer Opposition an dieser Konferenz anwesend.

Ende 1843 stellt Schleuniger im Grossen Rat den Antrag, die Aufständischen von 1841 zu begnadigen. Sein Antrag wird abgelehnt.

Im Januar 1844 tritt er als Redaktor der «Stimme an der Limmat» zurück; er macht sich bereit für sein Nachstudium der Rechtslehre. Da wird er im März 1844 verhaftet und eingesperrt. Die Anklage lautet auf Hochverrat. Was ist geschehen? Schleuniger hat eine Petition an den Grossen Rat verfasst; darin fordert er, dass das Vermögen der Klöster den katholischen Kirchgemeinden übergeben werden soll. Die Petitionsbögen zirkulieren in den katholischen Regionen. In Klingnau unterschreiben 180, im ganzen Kanton 11 000. Die Regierung wirft Schleuniger nun vor, er arbeite auf eine Teilung des Kantons hin. Schleuniger wird vor Gericht freigesprochen, er muss aber die Gerichtskosten von 400 Franken übernehmen wegen seiner «bösen Tendenzen». Der Grosse Rat geht – selbstverständlich – auf Schleunigers Petition nicht ein.

Nachdem Schleuniger aus der Untersuchungshaft entlassen wurde, veröffentlicht er ein Bändchen Gedichte. (Sein erbittertster Gegner, Augustin Keller, dichtete übrigens auch. Die beiden haben überhaupt bemerkenswerte Parallelen: beide stammen aus armen Verhältnissen, beide sind Lehrer, beide sind wortgewaltige Journalisten, beide sind absolut unerbittlich im Verfolgen ihrer Ziele.) Über seine Gefangenschaft schreibt er:

«Wohl nun habt ihr meinen Leib gefangen
Hinter Mauern, Eisenstangen,
Habt gehemmt die Füss', dass sie nicht wandeln,
Und die Händ', dass sie nicht handeln.

Doch was schadet's, dass ihr tobet
und mich quälet und erprobet?
Meine Seele hab ich frei gefunden,
Eure aber angebunden.

Wahrlich! euch ist Herz und Geist gefangen
In des Irrtums harten Spangen;
An der Wahrheit stösst sich euer Wandeln,
An der Freiheit euer Handeln!»

Erst im Juni 1844 nimmt er wieder an einer Grossratssitzung teil. Unter anderem geht es um die Frage, ob der Aargau etwas gegen die Berufung der Jesuiten nach Luzern unternehmen solle. Schleuniger rät, diese Sache auf sich beruhen zu lassen: «Wer die Jesuiten fürchtet und hasst, der möge sie mit geistigen Waffen bekämpfen.» Er selbst ist ein klarer Befürworter der Jesuitenberufung.

Jetzt widmet er sich ein Jahr lang seinem Weiterstudium. Er hält sich dazu in Luzern und vor allem in München auf.

Benutzen wir die Zeit seiner Abwesenheit, um uns auf dem aargauischen und eidgenössischen Parkett umzusehen:

1844: Augustin Keller stellt an der Tagsatzung den Antrag, die Jesuiten in der Schweiz zu verbieten, ohne Erfolg.

8. Dezember 1844: Erster Freischarenzug gegen Luzern, um die Jesuiten zu vertreiben und die konservative Regierung zu stürzen. Ein Freischarenzug ist eine Art Bandenkrieg gegen eine missliebige Regierung. Der Aargau nimmt daran starken Anteil. Luzern besiegt die Freischärler.

31. März 1845: Zweiter Freischarenzug gegen Luzern. 4000 Mann nehmen daran teil, davon 1300 Aargauer samt einem Regierungsrat. Die Bewaffnung stammt zu einem grossen Teil aus aargauischen Zeughäusern. Die Aktion endet für die Freischärler mit einem kläglichen Fiasko; viele sind in Luzerner Gefangenschaft, viele aargauische Waffen fallen den Luzernern zur Beute. Die aargauische Regierung steht in einem äusserst schiefen Licht da, ihr Vertrauen bei der Bevölkerung schwindet. Luzern fordert 200 000 Franken für den Loskauf der gefangenen Aargauer.

Schleuniger verfolgt von München aus die eidgenössischen Ereignisse. Er ist nun vollends von der Bosheit des liberalen Systems überzeugt, glaubt aber zuversichtlich, dass sich der Liberalismus durch seine Niederlagen totlaufen werde.

Am 6. Mai 1845 ist er wieder im Aargau und nimmt an der Grossratssitzung teil. Der Rat bewilligt die Loskaufsumme für die Freischärler; gleichzeitig setzt er ein Versöhnungszeichen an die Adresse der Katholiken, indem er endlich die Aufständischen von 1841 begnadigt. Johann Nepomuk Schleuniger benutzt die Gelegenheit und hält eine gewaltige Anklagerede gegen die Politik der Regierung. Er schleudert ihr entgegen, was sie seit 1834 alles für Unrecht begangen habe. Er verlangt den Rücktritt von Regierung und Parlament.

Eigentlich muss die Regierung in diesem Augenblick Schleuniger sehr dankbar sein. Denn durch sein wortgewaltiges Auftreten in der Rolle des katholischen Buhmanns hat er das Regierungslager, das nach dem Freischarendebakel bedenkliche Risse zeigte, wieder zusammengeschweisst. Das zeigt sich deutlich anlässlich der Sondersession des Grossen Rats am 29. Mai 1845, wo über Schleunigers Anträge debattiert wird. Die Mehrheit des liberal-radikalen Regierungslagers steht wieder geschlossen da. Das ist Schleunigers letzte Grossratssitzung gewesen.

Am 29. Juni 1845 eröffnet – wie oben schon dargelegt – der Regierungsrat den zweiten Akt der Meineidsaffäre gegen Schleuniger. Das neue Belastungsmaterial ist höchst dubios; das Bezirksgericht Bremgarten spricht deshalb am 13. Dezember einen Freispruch aus. Die Affäre wird aber weitergezogen, und das Obergericht verurteilt am 20. Februar 1846 Johann Nepomuk Schleuniger von Klingnau wegen Meineids zu einem Jahr Gefängnis – in Abwesenheit. Das ganze Verfahren hat mit Rechtsstaatlichkeit nicht das Geringste zu tun, sondern ist ein politischer Prozess. Ein unliebsamer Oppositioneller soll endlich mundtot gemacht werden. Als «Krimineller» würde Schleuniger seinen Sitz im Grossen Rat verlieren. Seine Chancenlosigkeit ist sogar dem notorischen Gerechtigkeitsgläubiger Schleuniger klar geworden, und er hat sich rechtzeitig nach Luzern abgesetzt, wo er mit offenen Armen empfangen worden ist. Er ist zu einem politischen Flüchtling geworden. Am 7. Mai 1845 erhält er das Bürgerrecht von Gisikon, am 3. Dezember das Luzerner Kantonsbürgerrecht. Am 17. Januar nimmt er seine Lehrtätigkeit an der Kantonsschule in Luzern auf für die Fächer Mathematik, Naturlehre, Physik, Chemie. Gleichzeitig arbeitet er eng mit den führenden Luzerner Politikern zusammen, vor allem mit Constantin Siegwart-Müller.

Die Aargauer Justizbehörde verlangt nun von der Luzerner Regierung, die man soeben noch mit einem Freischarenzug stürzen wollte, die Auslieferung Schleunigers. Luzern lehnt nicht einfach rundweg ab, sondern lässt von seinem Obergerichtspräsidenten Georg Joseph Bossard ein umfangreiches Gutachten erstellen, das dann allerdings nicht zum Schluss gelangt, der Herr Prof. Joh. Nep. Schleuniger sei an den Stand Aargau auszuweisen. Der Aargau gibt sich noch nicht geschlagen, sondern rekurriert an die eidgenössische Tagsatzung, allerdings auch hier ohne Erfolg. Damit schliesst der zweite Akt der Meineidsaffäre. Doch die Tragikomödie ist noch nicht zu Ende, es wird noch ein dritter Akt folgen.

Die eidgenössischen Verhältnisse entwickeln sich nun nicht so, wie das Schleuniger sich erhofft und erwartet hat.

Nach den Freischarenzügen schliessen die katholisch-konservativen Kantone einen militärischen Verteidigungspakt, den Sonderbund.

1847: Die Tagsatzung befiehlt die Auflösung des Sonderbunds mit militärischen Mitteln. Dufour wird zum General, der Aargauer Frey-Hérosé zum Generalstabschef ernannt. Bei den Aargauer Truppen dient als Divisionsadjutant der von Griechenland zurückgekehrte Karl Ludwig Häfelin.

Schleuniger und ähnlich Gesinnte betreiben von Luzern aus im Freiamt Reklame für den Sonderbund.

14. November 1847: Dufour erobert Freiburg.

23. November 1847: Der Sonderbund verliert das Gefecht bei Gisikon, der Bürgerrechtsgemeinde Schleunigers.

24. November 1847: Luzern kapituliert. Die katholisch-konservative Führungsschicht flieht.

Die Urkantone und das Wallis geben sich ebenfalls geschlagen.

20. August 1848: Das Schweizervolk heisst die neue Verfassung, die den modernen schweizerischen Bundesstaat begründet, gut. Der Bezirk Zurzach stimmt mit 55% zu.

Schleuniger ist nach der Luzerner Kapitulation nach Mailand geflohen. Da sucht er irgendeine Arbeit. Seine Familie hat er in der Schweiz zurückgelassen. Am 8. Januar 1848 schreibt er an Abt Adalbert nach Gries:

«Meine Frau würde glücklich sein, wenn ich ihr sagen könnte, ich hätte wieder Brot... Die arme Frau leidet viel mit ihrem Mann! Sie schreibt mir, dass wiederholt bei zwölf Soldaten ins Haus gedrungen, mich gesucht, fürchterlich geflucht, man werde den Kaib schon finden etc. Sie stahlen das Silberzeug. Als meine Frau auf Meienbergs (Das ist ein befreundeter Politiker. Der Verf.) Einladung nach Bremgarten zurückziehen wollte, ward Auflauf u. Toben um ihre Kutsche;... In Bremgarten angekommen, lässt die aarg. Regierung Beschlag auf ihre Habe legen; u. ich, ..., bin neuerdings durch die Polizei proskribiert. Also von Rückkehr – keine Rede!»

Es ist hier der Moment, sich einmal mit Schleunigers Familie zu befassen. Das Ehepaar Schleuniger hat keine eigenen Kinder. Als Pflegkind nehmen sie Luise Steigmeier bei sich auf. Sie studiert in Frankreich, stirbt aber schon in jungen Jahren. 1860 stirbt Schleunigers Bruder Johann, neun Jahre später sein Bruder Raimund, beide im Alter von 44 Jahren. Schleuniger nimmt sich der Kinder seiner Brüder an. 1873 bringt er die beiden Töchter Raimunds ins Institut Fernex bei Genf, um sie einer standesgemässen Erziehung teilhaftig werden zu lassen. Die eine der beiden, Thekla Lang-Schleuniger, richtet später im Haus ihres Onkels in Klingnau eine Erziehungsanstalt für arme Kinder ein.

Schleuniger zieht nun, zum Teil mit seiner Familie, in Italien und Frankreich herum. Er lernt die exilierte polnische Grafenfamilie Grocholski kennen, deren Hauslehrer und Vertrauter er wird. Die gräfliche Familie verschafft ihm den Kontakt zu verschiedenen, vor allem französischen Adligen. Nachdem Graf Grocholski von den Russen, die einen Teil Polens besetzt halten, amnestiert wird, kehrt er mit seiner Familie nach Polen zurück. Er lädt Schleuniger ein, mit ihm zu ziehen. Doch der lehnt ab. Ebenso lehnt er das Angebot einer Professur in Paris ab. Offensichtlich hat er Heimweh. Zu den Grocholskis hat er zeitlebens eine persönliche Beziehung gepflegt, die beiden Söhne besuchen ihn in den 60er Jahren einmal in Klingnau.

1853 entschliesst sich Schleuniger, in den Aargau zurückzukehren. Zunächst öffnet sich der Vorhang zum dritten Akt der Meineidsaffäre.

Im Dezember 1853 stellt er sich freiwillig dem Bezirksgericht Bremgarten, das ihn am 12. Januar 1854 freispricht. Das ist der fünfte Freispruch in dieser Angelegenheit. Aber das Obergericht verurteilt ihn am 24. März zu einem Jahr Haft auf der Festung Aarburg. Schleuniger tritt die Strafe an. Nach acht Wochen wird er von der Regierung begnadigt, aber nicht rehabilitiert. Damit gilt er als Verurteilter und darf nicht in ein aargauisches Amt gewählt werden.

Nach seiner Haftentlassung kauft er in Klingnau das Johanniterhaus. Klingnau bereitet ihm bei seinem Einzug einen warmen Empfang. Sein ehemaliger Lehrer Johann Leonz Höchle überreicht ihm vier Flaschen Klingnauer mit den Worten:

«Das Sinnbild meiner Liebe hier
Enthalten diese Flaschen vier;
Das Rot, das Feuer der reinen Liebe,
Des' Geist die edlen Herzenstriebe.»

Schleuniger arbeitet zuerst als Redaktor bei der «Badener Zeitung»; das ist das Nachfolgeblatt der «Stimme an der Limmat». Danach gründet er sein eigenes Blatt, die «Botschaft».

Am 5. April 1856 erscheint die erste Ausgabe mit dem Untertitel «Aargauische Wochenzeitung», gedruckt in Baden. Die Zeitung ist als ein katholisches Kampfblatt für den ganzen Kanton gedacht. Etwa 50 Jahre lang erscheint sie als Wochenblatt und in dreimaliger wöchentlicher Ausgabe. Vom August 1856 an druckt sie Schleuniger selber in seinem eigenen Haus. Später wird die Druckerfamilie Bürli die «Botschaft» übernehmen, in deren Besitz sie heute noch ist. Ein wichtiger Mitarbeiter Schleunigers ist Karl Josef Franz Mathäus von Schmid, Schlossherr zu Böttstein und katholisch-konservativer Nationalrat; er ist der Sohn des Grossrats Josef von Schmid, der 1841 die Aufständischen im unteren Aaretal angeführt hat. Eine Goldgrube ist die «Botschaft» nicht. Lange Jahre erwirtschaftet sie ein Defizit. Zu ihrer besten Zeit unter Schleuniger zählt sie 2000 Abonnenten. Die Gegner der Katholisch-Konservativen nehmen die «Botschaft» nicht sonderlich ernst. Ihr Widerhall sei klein, da das katholische Volk «solcher Hetzereien müde ist», lässt der Regierungsrat verlauten.

1862 gelingt es Johann Nepomuk Schleuniger beim «Mannlisturm» einen gewissen Erfolg gegen das liberal-radikale Regierungslager zu erzielen. Der Grosse Rat hat den Juden im Aargau aufgrund eidgenössischer Gesetzgebung die Rechtsgleichheit zuerkannt. Gegen dieses neue Gesetz wettert Schleuniger nun an:

«Aus dem Herzen der Bevölkerung ringt sich überall der Notschrei los: Die Juden passen nicht zu uns als Bürger und Mit-Eidgenossen!»
«Der unversöhnliche Gegensatz zwischen Christentum und Judentum ist Tatsache.»
«Die Schweiz ist geschichtlich ein Vaterland der Christen. Wo waren die Juden, als Gott sprach: „Es werde die Schweiz!"?»
«Der Handel ist das einzige Verhältnis, ein rein materielles, auf welches sie sich mit uns einlassen. Wir sind der Gegenstand ihrer Spekulation; wir sind für sie die Erzgrube, welche sie ausbeuten. Das ist alles. Eigentlich gesellschaftliche, sittliche, gemütliche Beziehungen – keine!»

Das sind hässliche Töne, reine Demagogie. Man fragt sich, ob Schleuniger ein Antisemit ist oder ob er einfach den latenten Antisemitismus im Volk ausnützen will, um gegen die verhasste Regierung anzukämpfen.

Schleunigers Komitee, von seinen Gegnern verächtlich «19 Mannli» genannt, sammelt in kürzester Zeit 10 000 Unterschriften für zwei Volksbegehren: Das Judengesetz sei abzuändern, und der Grosse Rat sei abzuberufen. Beide Volksbegehren werden in den Volksabstimmungen wuchtig gutgeheissen.

Für Schleuniger ist der «Mannlisturm» aber ein Pyrrhus-Sieg. Auf Intervention der Eidgenossenschaft muss der Aargau den Juden die Rechtsgleichheit dennoch gewähren. Bei der Neuwahl des Grossen Rats behalten die Liberalen die Mehrheit; ein

Probeblatt.

Nr. 1.

Abonnementspreis:
Jährlich: 3 Fr. 60 Rp.
Halbjährlich: 2 Fr.
Vierteljährl.: 1 Fr.

Inserationsgebühr:
Die gewöhnliche Zeile oder deren Raum 15 Rappen.
Im Wiederholungsfalle 8 Rappen.

Die Botschaft,

Aargauische Wochenzeitung.

Baden,   Samstag den 5. April,   1856.

„Die Botschaft." — Nicht zufällig nennen wir diese Zeitung „die Botschaft"; eine ganz bestimmte Erwägung hat uns zu dieser Benennung veranlaßt.

Es gibt Manchen, welcher im täglichen Leben, in Politik, Wissenschaft und Religion die Sachen nie nehmen und gelten lassen will, wie sie natürlicher Weise sind. Mancher meint, die Dinge wären erst wahrheitsgemäß, recht und gut, wenn Alles nach der Ordnung gemacht sein würde, die er sich in seinem Kopfe ausgedacht hat.

Die Sache ist aber einfach: was wahr, recht und gut ist, hängt nicht von des Menschen willkührlichem Wohlgefallen ab, sondern von den Dingen selbst, wie sie Gott gemacht hat. Der Mensch hat nichts anders zu thun, als, in allen Gebieten, um sich zu schauen, die Dinge redlich anzublicken, zu befragen, zu ergründen. Was er so von ihnen vernimmt, das ist es, wornach er zunächst für sich zu denken und zu handeln, dann, was er Andern gegenüber zu reden hat.

Der Mensch redet also nicht aus seinem eigenen Belieben; er ist nur ein Bote; der Bote berichtet was er vernommen; er erfüllt einen Auftrag, den er von weiter her, von höher her erhalten hat.

Der Auftrag kommt aus den Thatsachen selbst. Im Erziehungs-Geschäfte der Menschheit will die gute Thatsache als gut, die böse als bös verkündet werden.

Der Auftrag kommt aus den Gesetzen, an welche der höchste Gesetzgeber die Dinge geknüpft hat. Das Gesetz will als Gesetz, der höchste Wille als höchster Wille verkündet werden.

Was wir an höherer Wahrheit, an guten Sitten und an Kenntnissen jeder Art besitzen, haben wir durch jene Botschaft, welche da von Mensch zu Mensch geht, von Vater an Sohn, von Geschlecht auf Geschlecht.

In diesem Sinne haben wir „die Botschaft" in der „Badener Zeitung" vom 15. März in die Oeffentlichkeit gestellt, und einige praktische Grund-Sätze angedeutet, zu welchen sie sich bekennt. Die Wiederholung nicht fürchtend, fassen wir hier die letztern noch einmal in ein Paar Worten zusammen, und geben sie ihr als Zeugniß in die Welt mit. Denn es ist billig, daß man bei ihrem ersten Erscheinen wenigstens wisse, welches ihre Grundgedanken bezüglich der großen, unsterblichen Fragen seien, die die menschliche Gesellschaft fort und fort bewegen.

Die Wahrheit steht über den Parteien; die Wahrheit allein macht frei. Der Parteigeist ist beschränkt und ungroßmüthig; er verwirrt die Fragen, er spielt mit dem Recht, er höhnt die Gesittung oder heuchelt sie bloß; und sucht nur seinen Namen und nur seinen Nutzen, mag er gottlos oder fromm, zügellos oder anständig einhergehen.

Und das ist auch, was will „die Botschaft" mit ihrem Namen sagen: Wer zum Volke reden will, darf nicht in seinem eigenen Namen auftreten; nicht Sonder-Nutzen und Sonder-Ehre suchen, nicht an Partei-Bestrebungen sich gebunden geben; er soll, wenn wir das herrliche Wort gebrauchen dürfen, mit apostolischem Geiste, mit priesterlicher Hingebung für die Wahrheit als Wahrheit, für den Mitbürger als Mitbürger, für den Menschen als Menschen einstehen.

Es gibt Zeiten, wo jeder und alle nur Politik treiben, und ohne Ende Verfassung und Gesetze machen wollen. Man vergißt dann aber, daß der Buchstabe todt ist, und nur der Geist lebt. Man vergißt, daß jedes Volk sich wohl befindet, welches gut regiert wird. „Dieser Satz hat einen schönen und wahren Sinn; Verfassungen allein machen das Glück der Völker nicht aus", — ist neulich im St. Gallischen Großen Rathe mit würdigem Ernste gesagt worden.

Müdigkeit und Enttäuschung treten ein; es wird handgreiflich: das politische Formen-Werk ist durch sich selbst nur unfruchtbar; der Glücklichen, denen es gelingt, in dem politischen Boden eine ergiebige Ader zu finden, und über denselben eine zweifelhafte Herrschaft ihrer Ideen zu gründen, — sind nur wenige.

Nun kommt der Erwerbgeist und füllt Sinn und Gedanken; man sucht Kalifornien und Australien in allen Geschäften; mit Geld und Gut will jeder einen ewigen Bund flechten. Mancher edlere Wille verfängt sich in einem Eisenbahn-Netz, hinter welchem der politische Gedanke der wenigen Glücklichen allein fortarbeitet.

Alles ist umsonst. Politik und Erwerb, bürgerliche Ordnung und tägliche Arbeit, die müssen sein, und der gute Bürger wird sich in diesen Punkten nie gleichgültig verhalten. Aber nur aus der sittlichen Kraft und der religiösen Würde kömmt der Ordnung ihr Recht und der Arbeit ihr Werth. Das Gesetz soll gut, und das Nützliche eine Segnung sein.

Die Form ist nicht gleichgültig, aber der Geist ist Alles und er ist frei. Stammt der Geist „der Botschaft" auch aus den Jahren vor 1848, so erblickt er doch auch nach dieser Jahrzahl in der Schweiz ein schönes Vaterland; eine Alpenhütte ist ihm heimelig, und ein Bundespalast schüchtert ihn nicht ein.

„Die Botschaft" strebt gegen keine angemessene Ordnung der Dinge und gegen keine Obrigkeit als solche. Es sollte sich nie darum handeln, eine Regierung anzufechten, sondern aufzuklären. Wer regiert, möge regieren.

„Die Botschaft" arbeitet lediglich für den Geist, den sie kennt. Man verwerfe ihn nicht kurzweg. Ist er gut, so gestatte man ihm einen angemessenen Einfluß auf Gewissen und Handeln. Das ist Alles was wir verlangen.

Auch wir wollen prüfen, was Andere vorbringen; Gutes ist überall. Unser aller Ziel sei das Bessere und Beste.

Die Eiche ist als Eiche geboren; die Tanne als Tanne; man kann die eine nicht in die andere verwandeln, ohne sie zu zerstören.

Die Schweiz muß wesentlich sein und bleiben, was sie von Geburt aus ist: eine aus selbstständigen Kantonen geborne Eidgenossenschaft. Wollte man die Einheitlichkeit auf Kosten der selbstständigen Kantone, oder die selbstständigen Kantone auf Kosten der Einheitlichkeit im Uebermaß entwickeln, so wäre das Zerstörung.

Frankreich ist als Monarchie geboren, und ist als Republik nie gediehen. „Die Botschaft" haltet sich an Thatsachen.

Die christliche Wahrheit erweiset sich thatsächlich als höchstes und letztes Gesetz, das in der menschlichen Gesellschaft herrschen soll. Jede christliche Konfession hat durch die Wahrheit, welche in ihr wohnt, das Recht auf kirchlich-religiöse Freiheit im Staate. Der Redaktor „der Botschaft" ist Katholik; er findet die christliche Wahrheit im Katholizismus der Lehre nach am vollendetsten ausgesprochen, und kirchlich am vollendetsten organisirt.

Gegenseitige Achtung und Liebe zwischen den Angehörigen der verschiedenen Konfessionen ist eine Forderung des christlichen Geistes. Achtung und Liebe schließen jedoch in anlässlichen Fällen die Erörterung nicht aus. Warum sollte die menschliche Vernunft in allen Dingen forschen und fortschreiten, und dieses ihr Recht nur in Religionssachen aufgeben?

Die Freiheit ist nichts Willkührliches; sie fließt aus der Heilighaltung des politischen und religiösen Gesetzes.

Soll hier auch von dem Kommunismus die Rede sein? Warum nicht? Die Verirrung stecket noch tief in vielen Gemüthern, und zernagt sie mit der tagtäglichen trostlosen Frage: Warum hat der so viel und ich so wenig?

Das Eigenthum ist heilig: Du sollst nicht begehren deines Nächsten Gut.

Dein ist, und nicht mehr, was du durch Arbeit und Tugend erwirbst, und was Erworbenes an dich vererbt wird.

Die Gemeinschaftlichkeit und die Gleichheit des Besitzes ist unmöglich und gegen die Natur. Die Gütergemeinschaft kann nicht auf Gesetz und Gewalt, sondern nur auf der freien, christlichen Liebe beruhen. Nur sie, die christusgläubige Liebe, gibt Allen Alles.

Der wahre, berechtigte, pflichtige und allein mögliche Kommunismus fließt also aus der Religion und ist somit eine rein religiöse Thatsache.

Was recht und wahr ist, muß nicht nur in Gedanke und Rede existiren; es muß, von dem Taglöhner an, der mit der Hacke arbeitet, bis zum Fürsten, der die Völker regiert, und von dem Priester an, der in einem einsamen Dörflein ein Paar Schäflein hütet, bis zum Papste hinauf, der die Hand segnend über den Erdkreis ausstreckt, in Handlung und That ausgeführt werden.

Das sind einige unserer Grundansichten, mit deren vorläufiger Bekennung „die Botschaft" in die Oeffentlichkeit tritt.

grosser Teil der Katholiken wählt auch jetzt noch liberal. Sogar Augustin Keller wird wieder gewählt.

In den 60er Jahren treten in vielen Kantonen demokratische Gruppen auf, die für das Volk nicht nur das Wahlrecht fordern, sondern auch die direkte Mitbestimmung bei der Ausgestaltung der Gesetze. Dazu verlangen sie das Recht des Referendums und der Initiative. Schleuniger gehört zu den entschiedensten Verfechtern dieser Volksrechte. Es zeichnet sich in dieser Frage ein interessantes Zusammengehen zwischen den Katholisch-Konservativen und den jungen demokratischen Liberalen ab. 1868 ist es soweit, der Aargau ist eine direkte Demokratie geworden. Schleunigers Anteil daran ist unverkennbar. Es ist dies eigentlich das erste und einzige Mal, dass Schleuniger nicht etwas Neues abgelehnt, sondern etwas Neues mit geschaffen hat.

Schade, dass diese produktive Zeit 1870 durch den Ausbruch des Kulturkampfs, einer neuen Auflage des Streits zwischen Katholisch-Konservativ und Reformiert-Liberal, abgebrochen wird.

Der Papst veröffentlicht 1864 den «Syllabus errorum». Der liberale Staat sieht sich in diesem Erlass verurteilt und fühlt sich bedroht.

Juli 1870: Das Konzil definiert den Papst als oberste Leitungsgewalt (Gerichts-, Lehr- und Repräsentationsgewalt) über alle Christen und als unfehlbar in Glaubenssachen, wenn er als oberster Glaubenslehrer auftritt («ex cathedra»).

Durch die liberalen Kreise geht ein Schrei der Entrüstung, auch bei Katholiken stossen die neuen Glaubenssätze auf Unverständnis.

November 1871: Im Aargau werden Kirche und Staat getrennt. Das bringt unter anderem die Einführung der Zivilehe und den staatlichen Religionsunterricht an der Volksschule.

1872 trennt sich die christkatholische Kirche von der römisch-katholischen.

Mai 1873: Die Regierungen von Solothurn, Bern, Thurgau, Baselland und Aargau erklären den konservativen Bischof Lachat für abgesetzt. Die Aargauer Katholiken betrachten ihn weiterhin als im Amt; er betreut sie von Luzern aus.

◀ **Die erste Ausgabe der «Botschaft», 5. April 1856.**

Ab 1879: Ausgleich zwischen Staat und katholischer Kirche.

1884: Konvention von Bern: Lachat wird wegbefördert und ein neuer Bischof eingesetzt, dafür wird das Bistum Basel wiederhergestellt.

Es versteht sich von selbst, dass Schleuniger an vorderster Front gegen die neue Kirchenpolitik des Aargaus ankämpft. Auf den Vorwurf Augustin Kellers, die katholische Kirche sei nach den Konzilsbeschlüssen eine andere geworden, sie sei nicht mehr die von der Verfassung gewährleistete Kirche, antwortet Schleuniger:

«Wenn die Existenz eines Baumes gewährleistet ist, so ist es auch die seiner Natur innewohnende Entwicklung seines Lebens und Wachstums. Wenn er sich durch sein Wachstum ausweitet, so bleibt er dennoch immer der gleiche gewährleistete Baum.»

Er verfasst 1871 eine Volkseingabe gegen die Einmischung der Regierung in die kirchlichen Angelegenheiten. Der Justizdirektor antwortet auf die Eingabe:

«Der Staat ist als oberste Macht in seinem Gebiete berechtigt, so viel in den Bereich seiner Herrschaft zu ziehen, als er will.»

Schleuniger ist an sich von seinem ganzen Wesen her ein Verfechter der kantonalen Autonomie. Jetzt wünscht er sich aber mehr Macht für die eidgenössischen Behörden, damit sie in den anstehenden kirchenpolitischen Fragen Ordnung schaffen.

Die Einführung des staatlichen Religionsunterrichts ist für ihn ein Schock. Er fordert ganz im Gegenteil eine grundsätzliche Auftrennung der Volksschule nach Konfessionszugehörigkeit.

Der Kulturkampf hat Schleunigers Lebensabend vergiftet. Als die Kantone Bischof Lachat für abgesetzt erklären, ist er schon ein kranker Mann. Ab und zu rafft er sich noch auf, um irgendwelche Neuerungen zu bekämpfen. Als wichtige Neuerung steht Anfang 70er Jahre die Revision der Bundesverfassung an. In der Vorlage ist eine massvolle Kompetenzerweiterung des Bundes vorgesehen, zum Beispiel soll das Militär nicht mehr ausschliesslich Kantonssache sein, sondern soll gesamteidgenössisch befohlen und verwaltet werden. Vor allem aber bringt die Revision den Übergang zur direkten Demokratie, also genau das, was Schleuniger für seinen Kanton lange gefordert und auch erreicht hat. Dennoch schleudert er der Vorlage ein Nein ohne Wenn und Aber entgegen. Schon todkrank, verfasst er im Frühling 1874 das Flugblatt «Worte ans Schweizervolk» und lässt davon 15 000 Exemplare drucken und verteilen. Darin kann man lesen:

«Die Revisionsmänner wollen alles Recht und alle Macht in wenige Hände legen. Ein paar Herrschlinge, die kommen und gehen, die schwerlich immer die Wohlfahrt des Schweizervolkes ihrem eigenen Nutzen voranstellen, diese, und nicht mehr der lebendige Schweizerbund mit seinen freien Kantonen, sollen künftig das Fundament des Schweizertums sein. Also Umsturz des Bisherigen, Erprobten, nicht Verbesserung: das ist der Sinn der Bundesrevision.»

Das schreibt ein Mann, der ein Bewunderer der österreichischen Monarchie ist und sich für Frankreich die Rückkehr der Bourbonen-Könige wünschte. Mit dem «Bisherigen, Erprobten» ist der liberale Bundesstaat von 1848 gemeint, den Schleuniger bekanntlich nicht gerade herbeigesehnt hat.

Am 19. April 1874 nimmt das Schweizervolk die neue Verfassung an. Am 9. Oktober 1874 stirbt Johann Nepomuk Schleuniger.

Am 6. August 1899 wird in Klingnau der erste aargauische Katholiken-Tag veranstaltet. Er soll dem Andenken Schleunigers, der vor 25 Jahren gestorben ist, gewidmet werden, aber in erster Linie politischen Charakter haben. Gedacht ist eine grosse Propagandaveranstaltung für die Sache der Katholisch-Konservativen. Die «Botschaft» räumt dem Katholiken-Tag viel Platz ein.

Die Festrede hält der katholische Regierungsrat und Landammann Conrad. Er würdigt das Wirken Schleunigers und legt an seinem Grab einen Kranz nieder. Unter den 4000 Gästen befindet sich viel Prominenz: Gerichtspräsident und späterer Nationalrat Eggspühler, Nationalrat Wyrsch, ein persönlicher Vertreter des Bischofs, Schleunigers Verwandte

Programm des Katholikentages, 6. August 1899 in Klingnau. ▶

usw. Um 12 Uhr begibt man sich zum Essen ins Festzelt, es ist sehr heiss, man muss lange aufs Essen warten. Das tut der Stimmung allerdings keinen Abbruch, mit Begeisterung hört man sich die weiteren Reden an. Speziell wird auf die Enzyklika rerum novarum des Papstes Leo XIII. hingewiesen. Er lehnt darin zwar den Sozialismus ab, erklärt aber die Forderungen der Arbeiter nach besseren wirtschaftlichen Bedingungen als gerechtfertigt. Aus dieser Haltung heraus entwickeln sich die katholischen Gewerkschaften. Damit können die Katholisch-Konservativen der Sozialdemokratie viele Arbeiter entziehen. Gerade in Klingnau erleben die katholischen Gewerkschaften in den nächsten Jahren eine eigentliche Blüte. Nach den politischen Reden sitzt man noch zusammen und gibt Durchhalteparolen und Spassiges von sich. Die «Botschaft» vom 12. August 1899 berichtet: «Hr. Pfr. Heer redete in launiger Weise der Grundsätzlichkeit das Wort und führte als Beispiel dafür die Israeliten an, die unentwegt an ihren religiösen Prinzipien, Sitten und Gebräuchen festhalten und gerade in Folge dessen die Welt, d. h. den Geldmarkt, beherrschen.»

Quellen und Literatur:

- Bossard Georg Joseph, Der Meineidshandel der Regierung des Standes Aargau gegen Herrn Prof. Joh. Nep. Schleuniger, Luzern 1846.
- «Die Botschaft», diverse Ausgaben.
- Kriminalurtheil des hohen Obergerichts des Kantons Aargau über Joh. Nepomuk Schleuniger von Klingnau Meineid betreffend vom 24. März 1854.
- Amschwand P. Rupert, Briefe von Johann Nepomuk Schleuniger an Abt Adalbert Regli 1842–1849, Beilage zum Jahresbericht des Kollegiums Sarnen, 1960/61.
- Biographisches Lexikon des Kantons Aargau, Aarau 1958.
- Gautschi Willi, Geschichte des Kantons Aargau, Band 3, Baden 1978.
- Heer Eugen, Pfarrer, Johann Nepomuk Schleuniger, der katholische aargauische Vorkämpfer für Wahrheit, Recht und Freiheit, Denkschrift anlässlich seines 25jährigen Todestages, Klingnau 1899.
- Mittler Otto, Geschichte der Stadt Klingnau, Aarau 1967.
- Staehelin Heinrich, Geschichte des Kantons Aargau, Band 2, Baden 1978.
- Welti Hermann Josef, Johann Nepomuk Schleuniger 1810–1874, Aarau 1953.

Kurzübersicht Kapitel 7:

Johann Nepomuk Schleuniger von Klingnau (1810–1874) war intellektuell überdurchschnittlich begabt und führte eine äusserst gewandte Feder; seine Sprache war bildhaft und kräftig. In seiner Jugend eher liberal denkend, trieb ihn die Zerschlagung der Aargauer Klöster ins Lager der Konservativen. Er wurde Politiker, ohne Politiker zu sein: es fehlte ihm die Vision einer Lösung der anstehenden Probleme, er hatte kein Gespür für das Machbare und Mögliche, sein hartes Vorprellen war seinem Ziel oft hinderlich. Sein ganzes Handeln stand unter dem Druck, ja geradezu Zwang, nach Gerechtigkeit. Hingegen war er als Publizist unerreicht, seine Stellungnahmen waren eindeutig, überzeugend, sogar aufwühlend.

Er setzte sich in einem unermüdlichen Kampf für die katholisch-konservative Sache ein gegen zwei Seiten: gegen das liberal-radikale Lager und gegen die Katholiken, die an seinem Kampf nicht teilnahmen oder nicht teilnehmen wollten.

Er war kein Antidemokrat; für ihn hatten aber historisch gewachsene Strukturen ein stärkeres Gewicht als neue Ideen einer systematischen Demokratie. Sein Denken kann man mit den Begriffen konservativ, patriarchalisch, korporativ umreissen.

Sein grosses Verdienst war die deutliche Herausarbeitung der damaligen Probleme und Gegensätze. Insofern hat er einen wesentlichen geschichtlichen Beitrag zur Entwicklung der Eidgenossenschaft geleistet. Und was für das untere Aaretal nicht zu unterschätzen ist: Er hat die Regionalzeitung «Die Botschaft» gegründet, die heute noch für das öffentliche Leben eine wichtige Rolle spielt.

8. Kapitel

Elephant oder Rebstock oder Vogel

In Klingnau werden die Gemeinderäte bis 1950 an einer Gemeindeversammlung und nicht an der Urne gewählt. Während des Krieges ist die Propstei mit Militär belegt, so dass die Versammlungen nicht wie üblich im Gemeindesaal (die heutige neue Kochschule), sondern in der Kirche stattfinden. Solange nach einem Wahlgang die Stimmzettel ausgezählt werden, ziehen sich die einzelnen Parteien in ein Wirtshaus zurück, um Lagebesprechung zu halten: die Roten – die Sozialdemokraten – in den «Rebstock», die Blauen – die Freisinnigen – in den «Vogel», die Schwarzen – die Katholisch-Konservativen – in den «Elephanten».

Das 8. Kapitel will zeigen, was für politische Gegensätze in unserem Jahrhundert in Klingnau aufeinanderstossen. Es will aber vor allem die Menschen zeigen, die Bedingungen, mit denen sie fertig werden müssen. Bis nach dem Zweiten Weltkrieg sind die meisten Leute mausarm, das kleinste Unglück bringt sie an den Bettelstab. Wir werden sehen, was für ein enormer Wandel sich auf vielen Gebieten nach 1945 abgespielt hat.

Für uns sind heute eine ganze Reihe öffentlich-technischer Einrichtungen eine Selbstverständlichkeit. Viele davon werden in Klingnau Anfang des 20. Jahrhunderts verwirklicht:

Wasserzuleitung in die Wohnhäuser: 1908
Hydranten zur Feuerbekämpfung: 1908
Elektrische Strassenbeleuchtung: etwa 1903
Elektrisches Licht in Wohnungen: etwa 1903 (als letzte werden 1932 die abgelegenen Höfe mit elektrischem Strom versorgt)
Telegraf: 1871
Erster privater Telefonanschluss: 1895
Öffentliche Sprechstation: etwa 1913
Asphaltierte Hauptstrasse: 1935 (wobei die Stadt 1797 gepflästert wurde)
Kanalisation: 1930
Anschluss an Kläranlage: 1960.

Man könnte die Geschichte der Menschheit nach den vorherrschenden Krankheiten einteilen. So wäre beispielsweise das 14. Jahrhundert das grosse Pestjahrhundert. Unsere Zeit ist geprägt von Herzinfarkt, Krebs und AIDS.

Anfang des 20. Jahrhunderts sieht das noch ganz anders aus. Eine gefürchtete Krankheit ist die Cholera, eine schwere Infektionskrankheit mit Erbrechen, heftigen Durchfällen und raschem Kräfteverfall; ohne Behandlung fallen etwa 70 Prozent der Erkrankten dem ersten Choleraanfall zum Opfer. Die Kantonsregierung gibt in regelmässigen Bulletins bekannt, welche Gebiete in Europa choleraverseucht sind: Ungarn, Serbien, Neapel, Bergamo usw. Gefürchtet ist auch die Ruhr, eine ähnliche, aber etwas weniger gefährliche Krankheit. Im August 1918 werden vor allem aus Süddeutschland, aber auch aus den angrenzenden aargauischen Bezirken Fälle von Ruhr gemeldet.

Eine ganz schlimme Krankheit sind die Pocken oder Blattern. Vom 31. Januar bis 20. März 1911 wütet diese Krankheit in Klingnau. Die Pocken sind eine hochansteckende Infektionskrankheit, die für Nichtgeimpfte in der Regel tödlich endet. Wer die Krankheit überlebt, ist für sein Leben gezeichnet durch die Pockennarben, die von den Bläschen zurückbleiben. 1911 kennt man zum Glück schon

Sag mir, in welche Beiz du gehst, und ich sage dir, wer du bist: Im «Elephanten» waren die Katholisch-Konservativen, im «Rebstock» die Sozialdemokraten und im «Vogel» die Freisinnigen.
▼

die Pockenimpfung, so dass die Krankheit einigermassen eingedämmt werden kann. Beim ersten Pockenfall in Klingnau werden sofort Massnahmen ergriffen. Das Pockenhaus wird völlig abgeriegelt, eine Wachmannschaft sorgt dafür, dass niemand heraus und niemand hinein kann. Das Essen wird mit einem Korb an einer Schnur hineingebracht. Dennoch breitet sich die Krankheit aus. Die Massnahmen werden verschärft. Wenn etwas oder jemand aus einem Pockenhaus – ob selber krank oder nicht – mit jemand anderem in Berührung kommt, wird der sofort auch unter absolute Quarantäne gestellt. Das führt manchmal zu Härtefällen, die nicht immer auf Verständnis stossen. Von Franz Heer, Inhaber einer Handlung, ist ein Brief an den Gemeinderat erhalten. Er schreibt:

«Ein im obern Stockwerk des hierseitigen Hauses wohnendes Kind soll etwas in den Aufziehkorb des auf anderer Seite stehenden Pockenhauses geworfen haben. Dieser Umstand, von dem Unterzeichneter an und für sich nichts gewusst hat und für den er auch nicht die geringste Verantwortlichkeit trägt, würde nicht einmal rechtfertigen, die obere Wohnung, in der das Kind wohnt, abzusperren; nie und nimmer aber das ganze Haus.»

Heers Laden wird während neun Tagen gesperrt. Wenn er auch für diese Zeit den Verdienstausfall vergütet bekommt, sind die Folgen für ihn doch sehr schlimm. Denn die Leute meiden es noch lange, bei ihm Lebensmittel einzukaufen.

Die persönlichen Gegenstände von Pockenpatienten (Bett, Kleider usw.) werden nach der Krankheit verbrannt.

So laufen sich mit der Zeit recht hohe Kosten zusammen für ärztliche Betreuung, Medikamente, Impfungen, Desinfektionsmittel, Sanitätswachtdienst (es stehen 163 Leute abwechselnd in einem Rund-um-die-Uhr-Einsatz), Erwerbsersatz, «Entschädigung für amtlich zerstörte Objekte», Beerdigungsmehrkosten. Die Pockenepidemie in Klingnau kostet die öffentliche Hand etwa 10 000 Franken (ein Arbeiter verdient zu dieser Zeit etwa fünf Franken pro Tag). 36 Leute sind erkrankt, fünf gestorben.

Auch später treten die Pocken noch ab und zu auf: im Mai 1914 in Aarau, im November 1922 in Kaiserstuhl und anderen Orten. Für Klingnau selbst ist allerdings nichts mehr bekannt.

1914 bis 1918 tobt der Erste Weltkrieg. Die Bevölkerung in der Schweiz bekommt das – nebst dem militärischen Aktivdienst – durch eine empfindliche Verknappung und Verteuerung der Lebensmittel und Gebrauchsgüter zu spüren. Verschärfend wirkt sich aus, dass eine Lebensmittelrationierung erst spät und schlecht eingeführt wird. So leidet der kleine Lohnempfänger – und das ist ein grosser Teil der Bevölkerung, auch in Klingnau – unter knapper bis ungenügender Ernährung. Gegen Ende des

Krieges breitet sich deshalb die «Spanische Krankheit», eine Grippe, rasend schnell über ganz Europa aus. Zuerst will man die Gefährlichkeit der Grippe nicht recht wahrhaben. Die «Botschaft» schreibt am 6. Juli 1918: «Trotz der grossen Ansteckungsgefahr hat die Krankheit nur einen ganz leichten Charakter.» Allerdings muss die gleiche Zeitung vier Tage später schon die ersten Grippetoten melden. Die Zahl steigt schnell an, so dass die Regierung in allen Zeitungen eine Erklärung veröffentlicht, die die Leute beruhigen soll. Die Sanitätsdirektion ordnet ein allgemeines Versammlungsverbot an: Schulen und Kirchen sind geschlossen. Am 24. Juli stirbt als erstes Opfer im Bezirk Zurzach eine 31jährige Mutter. Im ganzen Bezirk werden für diese Woche 290 Kranke gemeldet.

▲

Das erste Klingnauer Opfer der Grippeepidemie. Todesanzeige in der «Botschaft» vom 3. August 1918.

Am 3. August 1918 wird in Klingnau das erste Grippeopfer beerdigt. Es ist Adolf Schleuniger, 22 Jahre alt.

Man liest während der ganzen Zeit der Grippeepidemie vom Juli 1918 bis Mai 1919 fast in jeder «Botschaft» neueste Meldungen über Erkrankungs- und Todeszahlen, über Vermutungen der Krankheitsursache und «absolut sichere» Heilungsmittel.

Einige sehen die Krankheitsursachen im Krieg: Das Kampfgas, der Pulverrauch und die Kanonenschüsse hätten diese Krankheit wachgerufen. Andere sehen in der Weinteuerung den Grund: Weil der Wein so teuer sei, trinken die Leute weniger; so könne der Alkohol die Grippeerreger nicht abtöten. Schliesslich gibt es welche, die sehen in der schlechten Ernährungslage die Ursache; die Menschen hätten zu wenig Abwehrkraft. Als Heilmittel werden angepriesen: Lindenblütentee mit Honig (ein Kind sei davon nach fünf Stunden wieder gesund geworden), Wacholdersaft (wie damals vor 100 Jahren beim Typhus), an Zwiebeln riechen, ein homöopathisches Präparat aus Aconitum Napellus, Tartarus emeticus, Phosphorus (das Präparat habe sich in Ostindien bestens bewährt). Ab und zu werden auch Meldungen über medizinische Forschungen gebracht, man habe jetzt den Grippeerreger lokalisiert. Aber das alles ändert am Verlauf der Epidemie nichts.

Im Bezirk Zurzach erreicht die Krankheit im August eine Spitze von nahezu 300 Kranken und fünf Toten pro Woche, geht dann langsam zurück, so dass die Schulen wieder geöffnet werden. Man glaubt schon, das Ende der Krankheit absehen zu können; da steigt die Zahl der Erkrankten im Oktober wieder massiv an auf wöchentlich 250. Vom Dezember an (90 Kranke wöchentlich) sinkt dann die Zahl kontinuierlich ab.

Es ist schwierig abzuschätzen, wieviele Menschen in Klingnau an der Grippe gestorben sind. In der ganzen Schweiz sind etwa 21500 Todesopfer zu beklagen, für den Aargau wird eine Zahl von etwa 750 geschätzt. In Klingnau sterben im Jahre 1918 gesamthaft 24 Menschen, im Jahre 1938 zum Vergleich elf. Daraus lässt sich doch ein vorsichtiger Rückschluss ziehen.

Das zweite grosse Ereignis des Jahres 1918, das auch in Klingnau seine Spuren hinterlassen hat, ist der Landesgeneralstreik im November.

Wir haben schon am Ende des 7. Kapitels gesehen, dass sich in Klingnau zu Beginn des Jahrhunderts die katholischen Gewerkschaften, vor allem die «christliche Holzarbeiter-Gewerkschaft», stark ausbreiten können. Im Sommer 1918 kommt es zu einem Lohnstreit zwischen den Arbeitern und den Leitungen der Firmen Albert Stoll, Keller & Co. und Oberle & Hauss. Die Verhandlungen bringen keinen Erfolg, so dass die «christliche Holzarbeiter-Gewerkschaft» das kantonale Einigungsamt anruft. Dieses Amt ist allerdings personalmässig noch nicht konstituiert. Deshalb bemüht sich an seiner Stelle die Direktion des Innern um eine Vermittlung. Nachdem auch hier kein Erfolg herausschaut, ruft die Gewerkschaft am 2. September den Streik aus. In der «Botschaft» weisen sich Arbeitgeber und Streikleitung gegenseitig die Schuld am Konflikt zu. Am 7. September tritt die Belegschaft der Firma Minet & Co. ebenfalls in den Streik, von den anderen Streikenden jubelnd begrüsst; aber schon zwei Tage später kommt dort eine Einigung zustande, und es wird wieder gearbeitet. Am 14. September ist der Streik in allen Betrieben beendigt, nachdem die Firmeninhaber die gewerkschaftlichen Forderungen weitgehend erfüllt haben. Ein Arbeiter kommt damit auf einen Tageslohn von etwa Franken 9.50.

Am Montag, 11. November 1918, beginnt in der ganzen Schweiz der Landesgeneralstreik. Zunächst ist er eigentlich nur ein Proteststreik gegen die Besetzung Zürichs durch eidgenössisches Militär. Die Streikleitung (sie nennt sich «Oltener Aktionskomitee», das sind die Vertreter des Gewerkschaftsbundes und der sozialistischen Partei, aber nicht der christlichen Gewerkschaften) macht dann nachher das Streikende von der Erfüllung diverser Forderungen abhängig: Einführung der 48-Stunden-Woche, des Frauenstimmrechts, der AHV usw.

Alle diese Forderungen sind heute erfüllt, oder sie haben sich überlebt. Der Generalstreik stellt den Versuch dar, mit einem revolutionären Mittel Ziele eines demokratischen Wohlfahrtsstaates zu erreichen. Das Bürgertum reagiert allerdings äusserst erschrocken, es befürchtet eine bolschewistische Revolution wie in Russland. Auch die christlichen Gewerkschaften scheinen dieser Ansicht zu sein. Am Montagmorgen um 8.40 Uhr kabelt ihr Sekretär Hilfiker aus Baden nach Aarau an die Regierung: «3000 Arbeitswillige erbitten militärischen Schutz.» Der wird gewährt; überall werden Truppen eingesetzt.

Soweit die allgemeine Lage. Schauen wir nun, was sich in Klingnau abspielt.

Am Montag wird völlig normal gearbeitet. Die christlichen Gewerkschaften hängen Plakate auf mit der Anschrift: «Nieder mit der Revolution!»

Am Dienstag früh fragt die Kantonsregierung in Zurzach an, wie die Lage im Bezirk sei und ob Truppen nötig seien. Das Bezirksamt kabelt um 13.40 Uhr zurück:

«In Zurzach ruhig durchgeführter Generalstreik. Die Wirtschaften sind durch die Streikführer selbst gesperrt für die Streikenden. In Klingnau Döttingen ... alles arbeitet bis jetzt, 20 Streiker von Baden angekommen, verlangen Schluss der Geschäfte und drohen mit Gewaltanwendung, die Arbeiterschaft ist arbeitswillig und verlangt mit den Arbeitgebern Schutz. Die Dislozierung eines Zuges Infanterie nach Klingnau wäre erwünscht. Ich werde in aller Stille in den Gemeinden unter besonderer Führung Bürgerwehren organisieren lassen. Bezirksamt.»

Gemäss «Botschaft» vom Mittwoch sind sogar 50 Streikende gekommen. Mit dem Velo fahren sie von Turgi nach Klingnau und fordern die Niederlegung der Arbeit. Am Nachmittag hört die Arbeit in den Betrieben auch tatsächlich auf, mit Ausnahme der beiden Corsetterien, wo die Frauen weiterarbeiten. Am Dienstag verkehren auch keine Züge mehr. Die Post wird nach Siggenthal gebracht und muss dort – wahrscheinlich mit dem Velo – abgeholt werden.

Die christliche Gewerkschaft Klingnau fordert von der Regierung Schutz gegen die Sozialisten, man wolle arbeiten. Die Regierung verweist die Gewerkschaft ans Bezirksamt.

Am gleichen Abend gehen noch zwei regierungsrätliche Telegramme ans Bezirksamt ab:

«Landsturmkompagnie IV/46 wird aufgeboten und Ihnen in Koblenz zur Verfügung gestellt. Regierungsrat.»

Im zweiten Telegramm erklärt die Regierung das Bezirksamt und die Gemeinderäte dafür verantwortlich, dass Streikende die Arbeitswilligen nicht von der Arbeit abhalten können. Wenn die Polizeikräfte dafür nicht genügen, müsse Militär eingesetzt werden. Am Mittwoch wird in Klingnau wieder gearbeitet. 200 Streikende machen sich von Baden nach Klingnau auf, sie werden aber schon in Siggenthal abgefangen, was die christlichen Holzarbeiter in Klingnau bedauern. «Schade», ist in der «Botschaft» zu lesen, «dass sie nicht weiter kamen, denn in Klingnau und Döttingen hätte ihrer ein feiner Empfang gewartet.»

Auf ein Ultimatum des Bundesrates erklärt das Oltener Komitee, ohne greifbare Resultate erzielt zu

Der Generalstreik: Telegramm der Christl. Gewerkschaft Klingnau an die Kantonsregierung.

haben, in der Nacht vom 13./14. November 1918 den Abbruch der Aktion und fordert die Streikenden zur Wiederaufnahme der Arbeit auf.

Am Freitag, 15. November, fragt die Regierung das Bezirksamt an:
«Halten Sie dafür, dass die in Ihrem Bezirk befindlichen Ordnungstruppen entlassen. Sofort Drahtantwort. Regierungsrat.»

Das Bezirksamt antwortet zunächst, dass der Streik noch nicht beendigt sei. Es beantrage, die vier ältesten Jahrgänge (1866-69) zu entlassen. Am nächsten Morgen hingegen glaubt es die Sache im Griff zu haben, es kabelt nach Aarau:

«Nachdem die Polizeiverstärkung hie eingerückt, kann ganze Kompagnie 4/46 entlassen werden.»

Als Antwort auf den sozialistischen Streik bilden sich überall im Kanton «Vaterländische Vereinigungen». So entsteht unter Lehrer Laube auch eine «Vaterländische Vereinigung Klingnau». Die Vereinigung organisiert Vorträge, die ziemlich gut besucht werden. Mehrmals wird über die russische Revolution referiert, um – so Lehrer Laube – zu zeigen, wie es in der Schweiz geworden wäre, wenn der Landesstreik geglückt wäre. «Behüt uns Gott vor den Bolschewiki!» heisst das Motto, womit nicht nur die russischen Kommunisten, sondern vor allem die streikenden Schweizer Arbeiter gemeint sind.

Die einzelnen christlichen Gewerkschaften des Bezirks schliessen sich am 15. Dezember 1918 in Klingnau zum «Christlich-sozialen Kartell des Bezirks Zurzach» zusammen. In der Folge wird es dann allerdings ziemlich still um sie, in der Zeit der grossen Wirtschaftskrise werden sie kaum mehr Einfluss haben.

Es stellt sich die Frage, wieso sich das Verhalten der Klingnauer Arbeiterschaft so stark von dem anderer Regionen unterscheidet. In Zurzach beispielsweise hat man noch nach dem offiziellen Streikabbruch weiter gestreikt. Es sind zwei Gründe zu sehen: Die Klingnauer Arbeiterschaft hat unmittelbar vor dem Generalstreik einen Erfolg verbucht; die Unternehmer sind ihr entgegengekommen. So hat im November kein direkter wirtschaftlicher Grund für eine Arbeitsniederlegung vorgelegen.

Klingnau ist zu dieser Zeit enorm geprägt von den Katholisch-Konservativen. Das zeigt sich auch sehr deutlich an der Frage des Völkerbund-Beitritts. Die aargauischen Katholisch-Konservativen stellen sich dagegen, ihre beiden bekannten Nationalräte Alfred Wyrsch und F. X. Eggspühler sind sogar im Komitee gegen den Beitritt der Schweiz zum Völkerbund. Die Eidgenossenschaft stimmt in ihrer Gesamtheit am 16. Mai 1920 dem Beitritt zu, die Klingnauer stimen mit 76 Ja zu 170 Nein dagegen (als Ergänzung sei noch angefügt, dass Klingnau auch den UNO-Beitritt 1986 mit 159 ja zu 592 nein ebenso deutlich ablehnt, diesmal im Einklang mit der gesamten Schweiz).

Wenn sich auch die Katholisch-Konservativen traditionsgemäss auf Kriegspfad mit den Freisinnigen befinden, der «Herrenpartei» (wie sich Johann Nepomuk Schleuniger seinerzeit ausdrückte), sind ihnen die Sozis doch noch ein grösserer Greuel.

Wir nähern uns in unserer Geschichtsbetrachtung langsam dem 700. Geburtstag Klingnaus. Wenn man aber annimmt, dass ein so altes Gemeinwesen auch uralte fixierte Grenzen hat, so täuscht man sich. Die Grenzen gegenüber Zurzach und Koblenz werden erst in der Zwischenkriegszeit so festgelegt, wie sie heute sind.

1924 kommen Zurzach und Klingnau überein, auf dem Achenberg zwei Flächen auszutauschen. «Die neue Gemeindegrenze verläuft nun etwas mehr der Gemeindewaldgrenze entlang», schreiben die beiden Gemeinden in ihrem Antrag an die Regierung, welche dem Begehren zustimmen kann.

1926 kommt es zu kleinen Grenzkorrekturen zwischen Klingnau und Koblenz in Beetzenfeld, Geisswies und Bergwald. Die Korrekturen stehen im Zusammenhang mit der Güterregulierung und der Grundbuchvermessung in Klingnau.

1938 stehen Koblenz und Klingnau in einem kleinen Streit miteinander. Durch den Bau des Kraftwerks und des Binnenkanals (1935) ist eine neue Grenzregelung nötig geworden. Die Gemeindegrenze soll nun sinnvollerweise dem Kanal und dem Bahndamm entlangführen. Das würde für Koblenz bedeuten, dass es 95 Aren abtreten müsste: 50 Aren unproduktives Land (Aare, Kanal, Wege) und 43 Aren Kulturland. Der Kanton errechnet für Koblenz auf diesem Gebiet einen Steuer- und Jagdpachtertrag von Franken 14.30. Zu 4% kapitalisiert, ergäbe das eine Ablösungssumme von 360 Franken, die Klingnau bezahlen müsste. Klingnau ist bereit, 500 Franken zu bezahlen. Koblenz ist damit nicht zufrieden und verlangt 1000, denn das abzutretende Kulturland würde noch an Wert gewinnen. Dahinter steckt aber eine gewisse Eifersucht der Koblenzer auf die Klingnauer, weil die vom neuen Kraftwerk 70 000 Franken Steuern erhalten, Koblenz hingegen nichts. Der Kanton hat das gut begriffen und beschliesst am 22. Juli 1938: Klingnau muss 1000 Franken bezahlen, fällig am 31. Dezember des gleichen Jahres.

Ende Oktober 1929. An der New Yorker Börse stürzen die Kurse ins Bodenlose.

Der Zusammenbruch der Börsenkurse löst eine weltweite Wirtschaftskrise aus. Millionen von Arbeitslosen sind die Folge. Im Aargau gibt es 1931 765 Arbeitslose, ein Jahr später 2239. 1935 sind es 5048, 1938 noch 3374. Mit dem Beginn des Zweiten Weltkriegs 1939 verschwindet die Massenarbeitslosigkeit.

Die meisten Leute in Klingnau leben in den 30er Jahren noch recht knapp, so dass die heranrückende Wirtschaftskrise viele in ihrer Existenz bedroht.

Es gibt in Klingnau von 1903 an den Brauch, armen Schulkindern eine Weihnachtsbescherung zu schenken. Die Mädchen bekommen Wolle und ein Stück Stoff, so dass sie sich etwas stricken und nähen können, die Knaben erhalten ein Fertigprodukt. Ihnen ist Stricken und Nähen bekanntlich nicht zuzumuten. Dazu gibt es einen Weggen. Kinder aus 23 Familien erhalten 1936 solche Geschenke, gelten also – für damalige Verhältnisse! – als arm und unterstützungsbedürftig. Damals gibt es in Klingnau etwa 330 Haushaltungen, wobei selbstverständlich längst nicht alle Schulkinder haben. In den 50er Jahren verliert sich der Brauch der Weihnachtsbescherung.

Günstig wirkt sich damals aus, dass viele Leute einen Gemüsegarten und teilweise eigene Reben haben. So kann man Kartoffeln, Bohnen, Kohl, Blättersalat, Gurken selber anpflanzen. Äpfel und anderes Obst müssen die Kinder unter den Bäumen zusammenlesen. Pfirsiche, Aprikosen und Zitrusfrüchte sind mehr oder weniger unbekannt. Viele halten sich Kaninchen. Die Normalfamilie kauft deshalb wenig ein: Stoff und Wolle, höchst selten Schuhe (man trägt von Geschwistern und Verwandten aus), selten Fleisch, Eier, ab und zu Teigwaren und Reis, vor allem Brot und Milch. Brot ist für die tägliche Ernährung enorm wichtig. Es gibt deshalb zu dieser Zeit in Klingnau fünf Bäckereien.

Ein Speisezettel eines Alltages sieht etwa so aus:
Morgenessen: Milch, Kaffe und Brot.
Mittagessen: Kartoffeln, Gemüse oder Salat, ab und zu eine Eierspeise, Fleisch gibt es etwa ein- bis zweimal in der Woche, das heisst vor allem am Sonntag.
Nachtessen: Milch, Kaffee und Brot, manchmal Rösti.
Znüni und Zvieri: Ein Stück Brot und manchmal – was die Kinder besonders schätzen – Butter und Zucker darauf.
Getränke: Nebst Milch und Kaffee für die Erwachsenen Wein und Most und für die Kinder Tee, Zuckerwasser oder ein Gemisch aus Wasser, Most und Zucker. Üblich ist auch einfach ein Apfel gegen den Durst.

Vieles macht man selber: Kleider, Konfitüre, Butter, Wein, Most. Um die Kleider zu schonen, tragen auch die Knaben zu Hause eine Schürze. Freizeitbeschäftigungen gibt es wenig, weil die Arbeitszeiten länger und Ferien nicht üblich sind. Zudem geben Haushalt und Garten viel zu tun. Die Erwachsenen sitzen am Abend in der Stube, schwatzen, lesen die Zeitung und schlafen bald ein. Ins Wirtshaus geht man üblicherweise nach der Vereinsprobe. Das Radio kommt in dieser Zeit auf, oft hört man sich am Abend ein Hörspiel an, zum Beispiel über einen Jeremias-Gotthelf-Stoff. Die Erwachsenen gehen spätestens um 22 Uhr ins Bett.

Die Kinder vergnügen sich mit Spielen (z. B. Büchsenversteckis, Seiligumpen, Velos haben nur wenige) und Schwatzen. Am Sonntag macht die Familie einen Spaziergang, der bei idealen Verhältnissen in einer Wirtschaft endet, wo die Kinder als Leckerbissen ein Stück Fleischkäse erhalten. Für die Kinder ist spätestens um 21 Uhr Nachtruhe.

Nach diesem eher beschaulichen Exkurs über das damalige Alltags-Klingnau kehren wir zu den harten Tatsachen der Krise zurück.

Schauen wir uns zunächst die Darstellung der Arbeitslosigkeit (ganz und teilweise) von 1933 bis 1940 in Klingnau an:
Januar 1933: 0
Juli 1933: 4 (+ 5 Notstandsarbeiter)
Januar 1934: 18
Juli 1934: 10 (+13 Notstandsarbeiter)
April 1935: 23 (+ 8 Notstandsarbeiter)
Juli 1935: 11 (+ 3 Notstandsarbeiter)
Januar 1936: 59
Dez. 1936: 67 (Das ist der Höhepunkt der Krise. Zur Erinnerung sei nochmals erwähnt, dass es zu dieser Zeit in Klingnau etwa 330 Haushaltungen gibt.)
Januar 1937: 58 (+ 1 Notstandsarbeiter)
Juli 1937: 18 (+ 6 Notstandsarbeiter)
Januar 1938: 37
Juli 1938: 1 (+ 23 Notstandsarbeiter)
Dez. 1938: 27
(Die Akten von 1939 fehlen)
Januar 1940: 6
Juli 1940: 0

Die Klingnauer Arbeitslosen sind praktisch ausschliesslich Arbeiter aus dem gewerblich-industriellen Sektor. Höchst selten erscheint als Berufsbezeichnung Techniker oder kaufmännischer Angestellter. Die grösste Gruppe stellen die Bauarbeiter, die zweitgrösste die Arbeiter des Maschinenbaus. Danach erscheinen noch vereinzelte.

Es sind aber nicht nur unselbständig Erwerbende betroffen. Die Handwerksbetriebe erhalten kaum mehr Aufträge, so dass sie den Konkurs anmelden müssen.

Es gibt zu dieser Zeit noch keine allgemeine öffentliche Arbeitslosenkasse. Bis 1935 sind die meisten Arbeitslosen nicht versichert. So stehen sie in der Regel völlig mittellos da und fallen der Armenfürsorge zur Last. Ab 1936 ist die Mehrheit versichert, ab 1938 sind es nahezu alle. Dennoch muss sich das

Klingnauer Armenwesen zwischen 1937 und 1941 mit 136 Fällen befassen.

Der Kanton bezahlt eine Unterstützung für ausgesteuerte oder in Karenz stehende versicherte Arbeitslose. Im Winter bezahlt er eine zusätzliche Hilfe.

Für alle andern Armenfälle, vor allem für die grosse Zahl der nichtversicherten Arbeitslosen, muss die Heimatgemeinde aufkommen. Das bedeutet, dass ein verarmter Mensch völlig ohne Rücksicht auf seine persönlichen Beziehungen aus seinem Lebensraum herausgerissen und in seine Heimatgemeinde geschafft wird, die ihm sehr oft eben nicht «Heimat» bedeutet. Auch aus Klingnau werden auf diese Weise eine ganze Anzahl Menschen wegspediert.

Als ein Beispiel für viele andere betrachten wir den Fall der Theophilia V. Sie wird am 25. November 1932 geboren, heimatberechtigt ist sie in Unterbäch im Wallis. Am 6. November 1934 stirbt ihr Vater an einer Gasvergiftung in Lausanne. Im September 1935 heiratet die Mutter wieder, einen Klingnauer. Die Mutter wird damit Klingnauerin, nicht aber Theophilia. Bald darauf verliert ihr Stiefvater seine Stelle, und die Mutter wird krank. Die beiden können Theophilia nicht mehr unterhalten und suchen um Unterstützung nach. Im Auftrag der Mutter stellt der Kanton Aargau an die Walliser Regierung das Begehren, ab 1. Januar 1937 ihr monatlich 25 Franken zu bezahlen. Die Walliser Behörden reagieren nicht, auch nicht auf ein zweites Gesuch. Schliesslich beschliesst der aargauische Regierungsrat am 6. März 1937: «Dem Kinde Theophilia V.,..., wird die Niederlassung im Kanton Aargau entzogen, und es ist dasselbe armenpolizeilich in seine Heimatgemeinde heimzuschaffen.» Theophilia ist zu diesem Zeitpunkt viereinhalb Jahre alt.

Selbstverständlich geschieht auch das Gegenteil, plötzlich stehen irgendwelche verarmte Menschen, die in Klingnau heimatberechtigt sind, vor der Türe der Gemeindeverwaltung. Die offiziellen Gründe für deren Heimschaffung heissen «Mittellosigkeit» oder «Vagantität», gemeint ist damit, dass die betreffende Person keinen festen Wohnsitz hat. Für diese Leute muss die Armenkasse der Ortsbürger aufkommen.

Es gibt auch eine Anzahl von Klingnauer Familien, die zwar über ein gewisses Einkommen verfügen, das aber für die Bestreitung der Lebensführung nicht ausreicht. Sei es, dass in der Familie Probleme vorliegen wie Unfähigkeit zur Haushaltführung oder Trunksucht, sei es, dass das Einkommen schlichtweg zu klein ist (in der Krisenzeit werden vielen Arbeitnehmern die Gehälter gekürzt). Letzteres mag folgendes Beispiel erhellen.

Frau MH gelangt Ende Oktober 1936 mit der Bitte um Unterstützung an den Gemeinderat. Sie legt die Bedürfnisse der Familie und die Einkommensverhältnisse ihres Mannes dar. Daraus wird ersichtlich, dass die Familie auf Unterstützung angewiesen ist. Der Gemeinderat schreibt ihr am 8. November 1936:

«Frau MH
....
Klingnau
Gestützt auf Ihr s. Zt. gestelltes Unterstützungsgesuch hat der Gemeinderat heute wie folgt Gutsprachen abgegeben:
Hrn. Eggspühler, Bäckerei:
für tägl. Lieferung von 2 Pf. Brot und
Hr. Ernst-Aeberhard Wilhelm, Molkerei:
für tägl. Lieferung von 2 Liter Milch.
Ausserdem ist Gutsprache für den Wohnungsmietzins per Fr. 47.- monatlich geleistet worden.
Hochachtend»

Klingnau führt ein Armenhaus. Das ist das alte Spittel an der Weierstrasse. Hier kann die Gemeinde verarmte Menschen gratis einlogieren. Das Gebäude zeigt sich allerdings in einem schäbigen Zustand, so dass Anfang 1940 Renovationsarbeiten durchgeführt werden am Dach, an den Kamin- und Feuerungsanlagen, an den Wasserleitungen und den Schüttsteinen, dem Gang und den Haustreppen. Nach Baubeginn gelangt die Gemeinde mit einem Subventionsgesuch an den Kanton. Die Regierung ist zuerst etwas verschnupft, dass man mit den Arbeiten begonnen habe, bevor sie ihr Ja sprechen könne. Sie übernimmt dann aber die gesamten Kosten von Franken 4674.95.

Um wenigstens einen Teil der Arbeitslosen zu beschäftigen, führt Klingnau eine ganze Reihe von öffentlichen Arbeiten durch. Sie werden als Notstandsarbeiten erklärt und erhalten dadurch Kantons- und Bundessubventionen. Waldwege und Quartiersträsschen werden angelegt, Wasserarbeiten durchgeführt (z. B. der Binnenkanal), die Kanalisation ausgebaut. Ein Beispiel:

Am 30. Mai 1936 bewilligt der Regierungsrat das Subventionsgesuch für
<u>Gemeindekanalisation, Teilstück östlich Ringmauer und Teilstück Rank alter St. Johann als Notstandsarbeit</u>
Gesamtkosten: 25 000.-
Lohnsumme: 10 000.-
Zahl der zu beschäftigenden Arbeitslosen: 20–25
Dauer der Arbeit: 2–3 Monate
Beginn der Arbeit: nach Subventionszusicherung
Zusicherung des Bundes: 45% der Lohnsumme (= 4500.–)
Zusicherung des Kantons: 30% der Lohnsumme (=3000.–)

Der Stundenlohn bei öffentlichen Notstandsarbeiten beträgt normalerweise einen Franken.

Günstig für Klingnau wirkt sich der Bau des Kraftwerks aus. Zunächst bietet diese Baustelle eine ganze Anzahl Arbeitsplätze an, und mit der Fertigstellung des Kraftwerks 1935 erhält Klingnau bedeutende Steuereinnahmen. Die Gemeinde ist dringend darauf angewiesen. An sich sind die Steuereinkünfte ohnehin recht gering; sie werden aber durch die gegenwärtige Krise noch zusätzlich geschmälert. Einige Leute sind gar nicht mehr in der Lage, ihre Steuern zu bezahlen. 1930 bringt die Polizeisteuer – das entspricht der heutigen Gemeindesteuer – etwa 35 000 Franken. Mit dem muss die Gemeinde ihre Auslagen bestreiten. Das gesamte Armenwesen ist Sache der Ortsbürger und muss mit einer speziellen Steuer abgegolten werden. Nach 1936 ergibt sich hier eine gewisse Änderung. Gemäss dem neuen kantonalen Armengesetz ist nicht mehr die Heimatgemeinde, sondern die Wohnortsgemeinde für unterstützungsbedürftige Aargauer zuständig.

Es gibt Leute, die nicht mehr an eine Besserung der wirtschaftlichen Verhältnisse glauben. Die Gebrüder Johann, Gottlieb und Ernst Häfeli aus Full wollen 1935 nach Argentinien auswandern. Selbstverständlich fehlen ihnen dazu die Mittel. Sie wenden sich deshalb an den Kanton. Die Regierung tritt nicht darauf ein und verweist sie an ihre Heimatgemeinde Klingnau. Danach zerschlagen sich ihre Auswanderungspläne.

Bekanntermassen haben die Wirtschaftsschwierigkeiten der 30er Jahre in Deutschland Hitler mit seinen Nazis die Macht gewinnen lassen. Die Parallelerscheinung in der Schweiz sind die verschiedenen Fronten-Parteien. Sie stellen einen Abklatsch des Nazi-Parteiprogramms dar. In Klingnau stossen die neuen zackigen Töne Anfang der 30er Jahre zum Teil auf offene Ohren. An einer strammen Veranstaltung im Hotel Vogel erntet «Kamerad Rüegsegger» aus Brugg mit seiner «ausmistenden» Kritik an der schweizerischen Demokratie Begeisterung. Das Parlament sei eine Schwatzbude, die Freisinnigen Schwachsinnige und in der Art weiter. 1934 kann man am Schweizer Radio hören, in Klingnau sei der erste Nazi-Gemeinderat der Schweiz gewählt worden. Auch kann man im Telefonverzeichnis unter Klingnau einen «Chef NSDAP Ortsgruppe» finden. So kommt es, dass Klingnau unter den Parlamentariern in Aarau ironischerweise als «Adlerhorst» bezeichnet wird.

Übers Wochenende vom 29./30. Juli 1932 findet auf dem Achenberg ein Fröntlertreffen statt. Es wird viel Markiges gesprochen, die Teilnehmer brüllen «Heil!», und beim Restaurant Achenberg wird eine Marmortafel mit der Inschrift «1. Bundesfeiertreffen der Nationalen Front 1932» enthüllt. (Ein paar Jahre später verschwindet die Tafel wieder, etwas leiser.) Am Samstagabend um 21 Uhr marschieren die einzelnen «Keile» zum Signal, stellen sich dort ums «Höhenfeuer» herum und blicken nach dem Absingen des Liedes «Heisst ein Haus zum Schweizerdegen» entschlossen mal nach Klingnau herab, mal ins Feuer, mal auf den «Herrn Landesführer» aus Zürich, der gegen die Sozialdemokraten und gegen die Juden wettert. Der Sonntag ist dann mehr der Geselligkeit und dem Trunk gewidmet.

Es ist nicht anzunehmen, dass die Fröntler, die Schweizer Nazi-Anhänger, in der Klingnauer Bevölkerung eine breite Basis gefunden haben; jedenfalls lassen die Abstimmungsresultate der National- und Grossratswahlen eine solche Schlussfolgerung nicht zu. Es scheint sich bei der Fröntler-Clique eher um einzelne Personen gehandelt zu haben, die dann ein paar Jahre später vom Fröntlertum abgerückt sind, sei es aus Opportunismus, sei es aus besserer Einsicht.

Werfen wir doch einmal einen Blick auf die politische Landschaft Klingnaus zur Zeit vor dem Zweiten Weltkrieg.

Wir schauen uns zuerst die Ergebnisse der Parlamentswahlen an:

Die Angaben sind in Prozenten.

KK: Katholisch-Konservative (ab 1957 Konservativ-Christlichsoziale Volkspartei, ab 1971 Christlichdemokratische Volkspartei CVP)

SP: Sozialdemokratische Partei

FdP: Freisinnig-demokratische Volkspartei

BGB: Bauern-, Gewerbe- und Bürgerpartei (ab 1975 Schweizerische Volkspartei SVP)

EVP: Evangelische Volkspartei

LdU: Landesring der Unabhängigen.

So wählen die Klingnauer 1919–1941:

Nationalratswahlen (Angaben in Prozenten)

Jahr	KK	SP	FdP	BGB	EVP	LdU
1919	55	21	21	–	–	–
1925	48	30	21	–	–	–
1928	40	33	18	5	–	–
1931	42	31	18	7	–	–
1935	46	34	12	4	2	–
1939	41	34	14	7	–	3

Grossratswahlen
(in Klammern die kantonalen Ergebnisse für 1921 und 1937. Angaben in Prozenten.)

Jahr	KK	SP	FdP	BGB	EVP	LdU
1921	46	23	26	4	–	–
	(23)	(26)	(21)	(23)	(1)	(–)
1925	36	27	33	3	–	–
1929	40	25	28	8	–	–
1933	41	37	18	5	–	–
1937	43	29	22	4	–	–
	(21)	(32)	(18)	(15)	(3)	(?)
1941	38	31	17	14	–	–

Auffällig ist in erster Linie die Dominanz der KK, die allerdings laufend abnimmt zugunsten der SP. Die SP zeigt einen unregelmässigen, aber anhaltenden Aufwärtstrend. Verglichen mit dem gesamten Kanton ist die Stärke der Klingnauer SP phasenverschoben. Wir erinnern uns, zur Zeit des Generalstreiks hat die SP – im Gegensatz zum übrigen Kanton – in Klingnau keinen Einfluss gehabt. Die FdP verliert an Stimmen; sie ist im katholischen Klingnau nie dominant gewesen, und offenbar hat man ihr, die bis Ende des Ersten Weltkriegs federführend im Kanton und im Bund gewesen ist, die Schuld an den Unbillen der Zeit zugeschoben. Auffällig ist aber, dass sie bei den Grossratswahlen besser abschneidet. Der Grund liegt wohl darin, dass man im Gegensatz zu den Nationalräten die Grossräte eher persönlich kennt und deshalb weniger parteigebunden wählt.

Wie sieht es bei den Gemeinderäten aus? Traditionellerweise stellt die KK den Ammann. Das bleibt so bis 1986, wo der freisinnige Walter Nef das Ammann-Amt übernimmt. Von 1919 bis 1941 ist Hermann Häfeli Gemeindeammann.

1930 bis 1933 setzt sich der Gemeinderat aus drei KK-, einem FdP- und einem SP-Vertreter zusammen. 1934 bis 1941 legt die SP auf Kosten der KK einen Sitz zu.

Mit dem deutschen Angriff auf Polen bricht der Zweite Weltkrieg aus. Am 29. August 1939 werden die Grenztruppen, am 1. September wird die ganze Armee aufgeboten.

Der Gemeinderat versucht die Bevölkerung zu beruhigen. (Beachten Sie dazu den entsprechenden Zeitungsartikel auf der übernächsten Seite.)

Truppen der Grenzbrigade 5 besetzen Klingnau, es sind zum grossen Teil Soldaten aus Klingnau und den Nachbargemeinden. Sie quartieren sich in der Propstei und in den Wirtshäusern «Vogel», «Rebstock», «Elephanten», «Engel» und «Warteck» ein. Zum Teil werden Offiziere auch privat untergebracht.

Die wohlvorbereitete Feier zum 700-Jahr-Jubiläum Klingnaus muss abgeblasen werden. Statt dessen findet am 26. Dezember 1939 eine schlichte Feier im Vogel-Saal statt. Die Schulkinder singen, der Historiker Otto Mittler hält einen Vortrag und Pfarrer Häfeli eine Festansprache, die Vereine zeigen ihre Darbietungen. Die Kantonsregierung entbietet in einem Schreiben vom 5. Januar 1940 der Stadt Klingnau ihre besten Wünsche zum Jubiläum. (Dieses Schreiben ist insofern bemerkenswert, als es eine sehr gute Kürzestfassung der Geschichte Klingnaus beinhaltet. Verfasser ist der damalige Staatsarchivar.) Der Gemeinderat dankt der Regierung in würdigen Worten.

Das Wirtschaftsleben in Klingnau wird durch die Mobilmachung stark beeinträchtigt. Die Bauern müssen ihre Pferde dem Militär zur Verfügung stellen, wobei die in Klingnau einquartierten Truppen mit ihren Pferden den Bauern die Äcker pflügen. Das Militär braucht riesige Mengen von Stroh und Heu. Klingnau muss monatlich 63 q Heu und 50 q Stroh liefern. Verantwortlich dafür ist der Gemeinderat Otto Höchli, der sich damit einen mühsamen Posten eingehandelt hat. Entweder gibt es zu wenig Stroh und Heu, oder der einzige, der die entsprechenden landwirtschaftlichen Maschinen bedienen kann, ist im Militär, oder Höchli selber ist im Militär, und dann ist niemand mehr für die Ablieferung zuständig, oder die Leute wollen im Herbst ihr Heu nicht hergeben, weil es während des Winters im Estrich lagert und so das Haus gegen Kälte schützt.

Am einschneidendsten wird das Wirtschaftsleben natürlich durch das Einrücken vieler Klingnauer betroffen. Der Gemeinderat bemüht sich nach Kräften, Dispensationsgesuche für Leute, die man in Klingnau dringend braucht, zu unterstützen. Beispielsweise ist unsere Region eine Zeitlang ohne ärztliche Versorgung, weil sowohl Dr. Schöneberger als auch sein Assistent eingezogen wurden. Die Militärverwaltung hat auf ein Gesuch der Gemeinde ein Einsehen und gibt den Klingnauern ihren Arzt zurück.

Das Militär entfaltet in Klingnau eine vielseitige Tätigkeit. Es bewacht das Kraftwerk, errichtet auf dem Asperain einen Fliegerbeobachtungsposten, errichtet Tanksperren und Bunker. Damit die Abwehrstellungen besser gebaut und bedient werden können, erstellt das Militär eine ganze Anzahl von Wegen im Gebiet des Achenbergs. Durch die militärischen Bauten ergibt sich eine Einschränkung der Bewegungsfreiheit der Zivilpersonen, weil die ent-

Klingnau betreffende Mobilmachungstelegramme.

Aufruf des Gemeinderats an die Bevölkerung in der «Botschaft» vom 4. September 1939.
▼

Klingnau. Die Verschlimmerung der politischen Lage wird überall die Bevölkerung tief erfassen und beeindrucken. Es muß daran erinnert werden was immer von den obersten Behörden und führenden Instanzen des Landes verordnet worden ist, zu befolgen und Ruhe zu bewahren. Nichts soll unternommen werden, was Verwirrung und Angstzustände heraufbeschwört Für die Versorgung des Landes ist das Möglichste getan worden, von unsern Nachbarstaaten wurde die Unverletzbarkeit unserer Neutralität erklärt. Unsere Truppen werden ihre Pflichten aufs Gewissenhafteste erfüllen und im Hinterland wird der Arbeitsdienst organisiert werden, daß die landwirtschaftlichen Arbeiten ihre Fortsetzung finden.

Leidtragend wird vorübergehend das geschäftliche Leben sein. Es wird sich jedoch nach und nach erholen, wie dies 1914 auf 1915 der Fall war.

sprechenden Gebiete als militärische Sperrzonen erklärt werden. Holz und Kies wird in Klingnau bezogen, wobei es beim Wegbau einen kleinen Ärger zwischen Gemeinde und Militär gibt, weil dieses anstatt vom billigen Material aus der gemeindeeigenen Grube teuren Kies von Häfeli-Brügger bezogen hat. Sonst sind die Beziehungen zwischen dem Militär und Klingnau gut. Der Frauenverein richtet eine Soldatenstube ein, der Gemeinderat spendiert jeweils einen kleinen Zustupf an den Kompagnieabend. Allerdings wünscht sich das Militär immer eine bessere Küche. Der Zimmermeister Goetz legt dem Gemeinderat am 15. Februar 1943 im Auftrag des Militärs einen Plan für eine Küchenbaracke neben dem St.-Blasier-Haus vor. Die Gemeinderäte haben dafür aber kein Musikgehör, so dass dann schliesslich das Militär am 7. September 1944 beschliesst, selber eine Küchenbaracke zu bauen.

Die Tätigkeiten der Truppen bringen manchmal auch Schäden an Häusern und Fluren mit sich. In der Regel bezahlt die Militärverwaltung auf eine entsprechende Schadensanzeige anstandslos.

Mitglieder des Gemeinderats, 1937.

In den einzelnen Gemeinden bilden sich aus älteren Männern, die nicht mehr dienstpflichtig sind, Ortswehren. Die Klingnauer Ortswehr steht unter der Leitung von Lehrer Laube, der in dieser Zeit überhaupt alle möglichen Posten zugeschoben bekommt: Nebst Feuerwehrkommandant ist er auch noch Präsident der Luftschutzkommission. Mit der Zeit erhält die Ortswehr auch einiges an Material: Gewehre (aber anfänglich nicht für alle), Gasmasken, «Uniformröckli», Mützen usw. Das Material wird in der Propstei eingelagert.

Nachdem die Deutschen den Luftkampf gegen die Engländer eröffnet haben, besteht für die grenznahen Gebiete der Schweiz die Gefahr, irrtümlicherweise angegriffen zu werden. Am 4. September erhält Klingnau die Weisung, die nötigen Vorkehrungen zu treffen, um auf Befehl sofort alles verdunkeln zu können.

Am 7. November 1940 verkündet der Gemeindeweibel, dass jeweils ab 22 Uhr bis zur Morgendämmerung zu verdunkeln sei.

Am 12. November 1942 wird die Verdunkelungsmassnahme verschärft, sie gilt jetzt schon ab abends acht Uhr. Die Luftschutzkommission gibt den Leuten Verhaltensregeln über den Schutz gegen

Brandbomben bekannt; zum Beispiel sollen sie ihre Estriche entrümpeln, damit sich das Feuer bei einem Brandbombentreffer weniger gut ausbreiten könne. Ein paar Tage später wird von offizieller Seite festgestellt, dass die Verdunkelung in Klingnau mit «ziemlich grosser Laxheit» durchgeführt oder eben nicht durchgeführt wird. Am 16. Januar 1944 wird immer noch über mangelnde Verdunkelung in Klingnau geklagt. Hauptmann Schibli lässt deshalb Abend für Abend feststellen, bei welchen Häusern Licht durchschimmert. Am 3. Februar 1944 werden die Fehlbaren verwarnt, das scheint geholfen zu haben.

Klingnau hat Glück gehabt. Es hat nie einen militärischen Angriff erleben müssen – im Gegensatz zu vielen Nachbargemeinden: Am 9. September 1944 greifen vier amerikanische Flieger einen Zug ausserhalb Kaiserstuhls an; am 7. Dezember wird die Fabrik Bucher-Guyer beschossen; am Weihnachtstag stürzt ein amerikanischer «Liberator» bei Würenlingen ab; am 16. Februar 1945 werden durch Bomben in Koblenz 112 und in Leuggern 20 Häuser beschädigt; gleichen Tags erleidet die Brücke bei Felsenau einigen Schaden; drei Tage später wird Full-Reuenthal bombardiert (14 Häuser sind beschädigt); am 20. Februar muss ein Zug ausserhalb von Koblenz auf offener Strecke angehalten werden, damit die Passagiere in den Wald rennen und dort Schutz suchen können. Die gehäuften Vorkommnisse im Februar 1945 stehen im Zusammenhang mit der Eroberung Süddeutschlands durch die Alliierten; am Mittag des 25. April marschieren die französischen Truppen in Waldshut ein.

Einen besonderen Fall stellt das neue Klingnauer Kraftwerk dar. Als die Briten im August 1940 die Kraftwerke Rheinfelden und Ryburg-Schwörstadt bombardieren (allerdings ohne Treffer), fürchtet man, dass sie auch Klingnau bombardieren würden. Denn Deutschland bezieht fast die gesamte Strom-

Anzeige eines vom Militär verursachten Schadens.
▼

GEMEINDERAT KLINGNAU

KLINGNAU, den 7. Nov. 1940
Telephon 5.10.38

Herrn A d o l f   H ä f e l i, Gdeweibel
Klingnau
============

Wollen Sie Nachstehndes heute noch publizieren.
Hochachtungsvoll,
Namens des Gemeinderates:
Der Gemeindeammann:
Der Gemeindeschreiber:

Bekanntmachung.
==================

Gemäss Verfügung des Generals wird für das ganze Gebiet der Schweiz mit Wirkung am 7. November 1940 bis auf weiteres jeweils ab 22.oo Uhr bis zur Morgendämmerung die Verdunkelung angeordnet. Es wird diesfalls auf die frühern Bekanntmachungen und Strafbestimmungen verwiesen.
Klingnau, den 7. November 1940
Der Gemeinderat.

Ausgeführt d. 7 XI. 40.
Adolf Häfeli.

produktion dieses Werks. (Der deutsche Reichswirtschaftsminister meldet am 21. Oktober 1939 an seine Gesandtschaft in Bern: «Aus zwingenden Gründen kann auf Strombezug aus Klingnau nicht verzichtet werden. Bitte dies bei Verhandlungen berücksichtigen.») Die Eidgenossenschaft nimmt mit Grossbritannien Verhandlungen auf und erreicht die Zusage, dass die Briten die Kraftwerke, die ganz oder teilweise der Eidgenossenschaft gehören, nicht mehr angreifen werden.

Ein heikles Problem stellt der Schutz der Zivilbevölkerung bei einem allfälligen militärischen Angriff dar. Zunächst hat das Territorial-Kommando 5 für Klingnau keine Evakuation in einem solchen Fall vorgesehen. Am 26. März 1940 erteilt es den Klingnauer Behörden aber den Befehl, einen Evakuationsplan auszuarbeiten. Der Gemeinderat ernennt Emil Siegenthaler als zuständigen Chef und Karl August Kalt als seinen Stellvertreter. Weil Döttingen mit seiner Planung schon weit fortgeschritten sei, möge sich Siegenthaler mit dem dortigen Zuständigen, mit dem Fabrikanten Hauss, in Verbindung setzen. Das alles müsse natürlich unter Geheimhaltung geschehen, damit die Bevölkerung nicht beunruhigt werde. Die Planung schreitet nur langsam voran, weil Siegenthaler oft im Militär weilt. Am 28. August 1941 trifft in Klingnau die Anordnung ein, die Evakuationsplanung sei nicht weiter zu verfolgen, weil die Klingnauer Bevölkerung im Kriegsfalle an Ort und Stelle bleiben müsse.

Eine andere Bedrohung der Bevölkerung wird erst 1943 erkennbar. Am 27. Juli teilt das Territorial-Kommando 5 dem Klingnauer Gemeinderat mit, es bestehe die Gefahr, dass die Staumauern des Schluchsees und der Schwarza gesprengt würden, was im schlimmsten Fall die Überflutung der tiefer gelegenen Häuser Klingnaus zur Folge hätte. Der Gemeinderat erteilt der Ortswehr sofort den Befehl, entsprechende Vorsorgemassnahmen zu treffen. Kommandant Laube bietet die Bewohner der bedrohten Häuser zu einer Besprechung auf. Zu seinem Ärger erscheinen drei aber nicht. Es wird angeordnet, dass die Sirene des Kraftwerks bei Wassergefahr dreimal lang ertönt. Alle Bewohner des Dorfs und gleich tief gelegener Gebiete müssen auf dieses Zeichen hin sofort ins Städtchen fliehen. Vorsorglich sollen alle selber abmachen, bei welchen Verwandten oder Bekannten sie Unterschlupf finden können. Ortswehrleute müssen den Bauern bei der Bergung des Viehs helfen. Laube fügt in seinem Schreiben an den Gemeinderat noch hinzu:

«Wie es bei Nacht, Verdunkelung, Fliegerlärm, Ausziehen & Viehtransport zugehen würde, kann man sich wohl denken, ohne Unfälle gewiss nicht.»

Zum Glück ist es nie soweit gekommen.

Anfang Mai 1945 ist der Krieg in Europa zu Ende; Deutschland hat kapituliert. Mitte Mai verlassen die letzten Truppen Klingnau. Bis ein Jahr später sind der Fliegerbeobachtungsposten, die Tanksperren und Gräben beseitigt.

Ein Jahr nach dem Krieg erhält der Gemeinderat die Einladung zur – sehr schlichten – Jahrtausendfeier St. Blasiens. Gleichzeitig spricht der sanktblasische Bürgermeister die Bitte aus, ob nicht Klingnau seiner Gemeinde eine Hilfe zukommen lassen könne, ähnlich wie das im umgekehrten Fall im 18. Jahrhundert schon geschehen sei. Der Gemeinderat folgt der Einladung und weilt am 20./21. Juli 1946 in Deutschland. Er ist erschüttert ob der riesigen Not, die hier herrscht, und beschliesst, die St.-Blasien-Hilfe voranzutreiben. Zunächst klärt er die Verfahrensfragen ab. Ein Export nach Deutschland – auch wenn es sich um eine Hilfe handelt – ist zu dieser Zeit fast nicht möglich. Das eidgenössische Volkswirtschaftsdepartement muss angefragt werden, damit Lebensmittel und Gebrauchsgüter ausgeführt werden dürfen. Viele Güter sind zu dieser Zeit ja noch rationiert. Das Departement antwortet, dass erstens Klingnau sich am besten mit dem Roten Kreuz in Genf in Verbindung setze und zweitens die Ausfuhr von Getreide, Getreideprodukten und Schokolade überhaupt nicht in Frage komme. Klingnau nimmt also mit dem Roten Kreuz Kontakt auf und erfährt so die – reichlich komplizierten – Ausfuhrmodalitäten. Schliesslich muss auch noch der französische Militärattaché angefragt werden, denn Süddeutschland steht unter französischer Militärhoheit. Nachdem all diese Hindernisse einigermassen ausgeräumt sind, kann man an die eigentliche Hilfe denken.

◀ **Verdunkelungsbefehl vom 7. November 1940.**

Die Bevölkerung wird mit einem ergreifenden Aufruf aufgefordert, Kartoffeln, Obst, Kleider, Schuhe und Geld zu spenden. Die Spende soll in erster Linie Kindern zugute kommen. Mit dem Geld werden die gesammelten Kleider und Schuhe repariert und weitere Nahrungsmittel gekauft. Das Echo der Bevölkerung ist enorm; Döttingen, Koblenz, Böttstein und Leuggern schliessen sich ebenfalls der Aktion an. Es werden tonnenweise Naturalien gesammelt, so dass neben den Direktspenden in St. Blasien eine fünfmonatige Kinderspeisung ermöglicht werden kann. Die meisten Waren führt Hans Roth vom «Rebstock» in seinem Lieferungswagen gratis nach Deutschland hinaus.

Im nächsten Jahr wendet sich die Lage in Deutschland noch nicht zum Besseren, so dass sich der Gemeinderat entschliesst, die St.-Blasien-Hilfe fortzusetzen. Allerdings zeigt sich ein Problem; der Sommer 1947 ist extrem trocken, die Ernteergebnisse sind schlecht, Vieh muss geschlachtet werden, weil es nicht durchgefüttert werden kann. Klingnaus Nachbargemeinden sehen sich ausserstande, bei der Hilfe wieder mitzumachen. Es werden deshalb als zusätzliche Aktion drei Wohltätigkeitskonzerte veranstaltet.

Hauptattraktion ist der berühmte Kammersänger Heinrich Schlusnus; die Männerchöre von Klingnau und Zurzach wirken mit. Obwohl die Mitwirkenden gratis aufgetreten sind, ist der finanzielle Erfolg eher bescheiden, weil die Unkosten für Werbung, Saalmiete und Spesen doch recht hoch zu stehen kamen.

Die Hilfe wird auch 1948 fortgesetzt. Gemeinderat Walter Häfeli bringt einmal sogar 50 Schiefertafeln und 150 Griffel nach St. Blasien, weil die neuen Erstklässler sonst nichts zum Draufschreiben hätten. Die letzte Hilfslieferung erfolgt Ende 1948. Danach ist eine Hilfe nicht mehr nötig, weil sich Deutschland nach der Währungsreform und dem Einsetzen des Marshallplans wirtschaftlich zu erholen beginnt.

Die St.-Blasien-Hilfe ist eine bemerkenswerte Aktion. Zwei Aspekte sollen besonders gewürdigt werden:

Es ist erstaunlich, wieviel gespendet wurde an Deutsche, die nach dem Zweiten Weltkrieg mit all seinen furchtbaren Erscheinungen, die zum Teil erst unmittelbar nach dem Krieg richtig bekannt wurden, überhaupt keine Sympathie mehr genossen.

Es ist als zweites erstaunlich, mit was für einer Beharrlichkeit, aber auch Würde der sanktblasische Bürgermeister Dr. Schuhwerk für seine Gemeinde Hilfe erbat.

Als 1956 der ungarische Aufstand von den Sowjets niedergewalzt wurde, fliehen viele Ungarn in die Schweiz. Die «Glückskette» organisiert eine Hilfe, und auf einen entsprechenden Aufruf erklärt sich die Gemeinde Klingnau zur Aufnahme einer Ungarnfamilie bereit. Es soll also eine Art Wiederholung der St. Blasien-Hilfe angestrebt werden. Allerdings nimmt die Aktion einen etwas weniger glücklichen Verlauf. Die Hilfsgüter (Möbel, Geschirr usw.) kommen nur harzig und in ungenügender Menge zusammen. (Die Firma Weibel-Möbel schickt dafür an die Gemeinde einen freundlichen Brief, worin sie sich für die Lieferung von Möbeln an Flüchtlinge empfiehlt; sie sei sogar bereit, einen gewissen Rabatt zu gewähren.) Am 3. Januar 1957 hält die ungarische Familie in Klingnau Einzug. Sie wird in einem Haus im «Sommer» untergebracht, das dem Kanton gehört und leer steht, weil es demnächst beim Bau der Umfahrungsstrasse abgerissen werden soll. Der Kanton verlangt dennoch eine Miete dafür, wogegen Klingnau mit nur geringem Erfolg protestiert. Die örtlichen Arbeitgeber werden aufgefordert, den Ungarn zu helfen, was sie auch in vielfältiger Weise tun. Im Herbst zeigt sich, dass die Ungarnfamilie in den ersten Monaten ihren Wohnungszins nicht bezahlt hat, beziehungsweise nicht bezahlen konnte. Die Gemeinde richtet nun an den Arbeitgeber die Bitte, den ausstehenden Zins zu bezahlen. Der antwortet – mit einigem Erstaunen und einem gewissen Ärger –, er habe in dieser Sache schon sehr viel geleistet, was er auch belegt, es sei nun an der Gemeinde, Grosszügigkeit zu zeigen. Die Gemeinde entschliesst sich darauf, dem Staat den ausstehenden Zins zu bezahlen und ihn dann von der ungarischen Familie abstottern zu lassen.

Bei der ganzen Hilfsaktion scheint nie richtig klar geworden zu sein, wer denn eigentlich der Träger der Hilfe ist, die Gemeinde, die Bevölkerung oder die Unternehmer.

Wir haben weiter oben die Klingnauer Ergebnisse der Parlamentswahlen bis Anfang des Kriegs

St.-Blasien-Hilfe: Plakat für die Wohltätigkeitskonzerte. ▶

Hilfsaktion für St. Blasien

Wohltätigkeitskonzerte

mit Kammersänger

HEINRICH SCHLUSNUS, Bariton

Klingnau
Sonntag, den 14. Dezember 1947, 20.00 Uhr im **Hotel Vogel**

Mitwirkend: Männerchor „Harmonie", Klingnau

Baden
Samstag, den 20. Dezember 1947, 20.00 Uhr im Saale zur **Linde**

Mitwirkend: Männerchor „Harmonie" Klingnau

(Billet-Vorverkauf ab 12. Dezember 1947 bei Musikhaus P. BÜRLI)

Zurzach
Sonntag, den 21. Dezember, 20.00 Uhr in der reform. Kirche

Mitwirkend: Männerchor „Eintracht", Zurzach.

Solovorträge Fr. Schubert, Joh. Brahms und Hugo Wolf.

EINTRITTSPREIS Fr. 3.—

Kassaeröffnung jeweils 19.30 Uhr

Freundliche Einladung!

Im Auftrage des Gemeinderates Klingnau:

Das Aktionskomitee.

betrachtet. Schauen wir uns nun die Fortsetzung an. Es handelt sich wieder um Prozentangaben.

Nationalratswahlen (Angaben in Prozenten.)						
Jahr	KK	SP	FdP	BGB	EVP	LdU	TEAM
1943	32	45	20	8	–	4	–
1947	36	40	14	7	3	–	–
1951	29	37	16	10	1	4	–
1955	31	44	16	6	1	2	–
1959	29	43	19	5	1	3	–
1963	30	33	23	6	1	2	–
1967	27	34	17	8	1	6	6

Grossratswahlen (In Klammern die Kantonswerte 1953. Angaben in Prozenten.)						
Jahr	KK	SP	FdP	BGB	EVP	LdU	TEAM
1945	29	44	16	12	–	–	–
1949	30	43	19	8	–	–	–
1953	30	41	20	8	–	–	–
	(23)	(33)	(20)	(15)	–	–	–
1957	28	44	23	5	–	–	–
1961	30	40	25	6	–	–	–
1965	31	34	29	7	–	–	–
1969	28	33	23	8	–	–	7

Gemeinderat:
1942 verdrängt Otto Höchli den langjährigen Ammann Hermann Häfeli von seinem Amt. Otto Höchli – ebenfalls KK – bleibt bis 1957 Gemeindeammann. Nachher folgt ihm sein Parteikollege Nikolaus Schleuniger. Die Gemeinderatssitze verteilen sich wie folgt:

    1942–1945: 1 KK, 2 SP, 2 FdP
    1946–1949: 1 KK, 3 SP, 1 FdP
    1950–1953: 1 KK, 3 SP, 1 FdP
    1954–1957: 2 KK, 2 SP, 1 FdP

Zuerst hat die SP nur noch einen Sitz. Nach der Ersatzwahl 1954 nimmt sie der FdP wieder einen Sitz ab.

Die Formel 2 KK, 2 SP, 1 FdP bleibt bis 1973 bestehen.

Auffällig an diesem Zeitabschnitt ist vor allem die Dominanz der Sozialdemokraten. Das ist ein kantonales Phänomen, aber nicht in dieser Deutlichkeit. Vieles hat zu dieser Entwicklung beigetragen. Vor dem Zweiten Weltkrieg beginnen Klingnauer vermehrt nach Baden arbeiten zu gehen, vor allem in die BBC. Dort werden sie mit der Gewerkschaftsbewegung vertraut und treten der Metallarbeitergewerkschaft SMUV bei. Ein ganz wesentlicher Grund ist in den Arbeitslosenkassen zu sehen. Als sich in der Krisenzeit die Arbeiter zu versichern beginnen, machen sie das beim SMUV und der Gewerkschaft Bau und Holz. Parallel damit wächst der Stimmenanteil der SP. Schliesslich darf die aussergewöhnliche Agilität der Klingnauer SP zu dieser Zeit nicht zu gering eingeschätzt werden. Die Arbeiter werden politisiert, und sie beginnen daran zu glauben, dass sie mit den Mitteln der Demokratie ihr Schicksal verbessern können.

Greifen wir als Beispiel die Auseinandersetzung um die AHV heraus. Nach langjährigen Bemühungen wird 1947 das Ausführungsgesetz der Volksabstimmung unterbreitet. Nach einer für damalige Verhältnisse äusserst teuren Gegenkampagne wird die Vorlage deutlich gutgeheissen, im Aargau mit fast vierfacher zustimmender Mehrheit, in Klingnau mit 41 nein zu 363 ja!

Beim Gemeinderatswahlkampf Ende 1953 blasen die Bürgerlichen zum gemeinsamen Angriff gegen die SP-Vorherrschaft in Klingnau. Es gelingt ihnen, trotz einem kurzen, aber heftigen Hickhack zwischen KK und FdP, zwei SP-Kandidaten zu schlagen.

In den folgenden Wahlen geht es etwas ruhiger zu. Zum Teil einigen sich die drei Parteien vor der Wahl auf die Sitzverteilung.

Klingnau ist zu dieser Zeit auch von einem andern Gesichtspunkt her eine stark politisierte Gemeinde. Es stellt vier Grossräte: für die BGB den Förster Franz Bürli, für die SP den Gemeinderat Walter Häfeli, für die KK Armin Bürli von der «Botschaft» und für die FdP Jean Frick von der Keller & Co. Es versteht sich von selbst, dass sich diese starke Präsenz von politischen Köpfen auf das Gemeindeleben auswirkt. Die Gemeindeversammlungen sind zu dieser Zeit noch Arenen der Auseinandersetzung und weniger eine Absegnung bestens vorbereiteter Geschäfte.

Klingnau verändert sein Gesicht in dieser Zeit grundlegend. Durch den Aufschwung des «Chistli-Keller» und die Eröffnung der ersten Spanplattenfabrik der Welt (1947) wird es zu einem wichtigen Werkplatz. Die Folgen sind vielfältig. Viele Klingnauer finden in der eigenen Gemeinde einen Arbeitsplatz. Das Bedürfnis nach Wohnraum wächst rapid. Genossenschaftliches Bauen im Grie, im Chis und in der Flüe ermöglicht es vielen bescheiden Verdienenden, ein einfaches, aber eigenes Haus zu erstehen. Auch die Industrie stellt Wohnraum zur Verfügung. Die Klingnauer Bevölkerungszahl, die im letzten Jahrhundert stagnierte oder sogar zurückging, steigt Anfang des 20. Jahrhunderts langsam und nach dem Krieg sehr schnell an (1900: 1134, 1941: 1573, 1960: 2192, 1970: 2545).

Der Bedarf der örtlichen Industrie an Arbeitern kann aus Klingnau allein nicht abgedeckt werden. Deshalb dehnt sich das Einzugsgebiet schon bald nach dem Krieg ins Badische und in die Nachbargemeinden aus. Die Zwillinge Keller & Co. und Novopan beispielsweise beschäftigen 1970 rund 720 Personen, gut die Hälfte davon sind Klingnauer Einwohner.

Ungefähr ab 1955 finden auch Italiener und andere Ausländer in Klingnau einen Arbeitsplatz. Ihre Zahl steigt laufend an und erreicht 1972 den Höchststand von 514 Arbeitern und Familienangehörigen. Die Schweizer staunen, mit was für einfachen Wohn- und Lebensbedingungen die Ausländer zum Teil zufrieden sind. Einigen Einheimischen ist diese Entwicklung ein Dorn im Auge; sie sehen ihr altes Klingnau dahinschwinden und geben den Ausländern die Schuld daran.

Die wichtigste Klingnauer Partei verliert ihre Mehrheit: die Klingnauer Ortsbürger. In der ersten Hälfte des Jahrhunderts hat Klingnau jeweils Neuzüger, die sich hier endgültig niedergelassen haben, ins Ortsbürgerrecht aufgenommen; mit der Änderung des Armengesetzes verliert das Ortsbürgerrecht viel von seiner Bedeutung. Jetzt, mit dem grossen Wirtschaftsaufschwung, ziehen sehr viele neue Leute nach Klingnau, und sehr viele Klingnauer wagen sich andererseits in die Welt hinaus.

Nationalratswahlen
(NA: Nationale Aktion [Valentin Oehen], Rep.: Republikaner [James Schwarzenbach]. Zeitweise sind das zwei Parteien. Hier sind sie immer zusammengenommen, weil ihr Ziel, «der Kampf gegen die Überfremdung», das gleiche ist. Angaben in Prozenten.)

Jahr	CVP	SP	FdP	SVP	EVP	LdU	TEAM	NA/Rep.	Grüne	Auto
1971	34	24	16	7	1	7	2	6	–	–
1975	32	24	22	5	2	5	1	7	–	–
1979	34	26	23	7	2	3	–	2	–	–
1983	28	26	21	11	2	4	–	3	–	–
1987	30	20	25	9	1	4	–	3	3	3

Grossratswahlen (Angaben in Prozenten.)

Jahr	CVP	SP	FdP	SVP	EVP	LdU	TEAM	NA/Rep.	Grüne	Auto
1973	36	23	23	5	–	5	1	6	–	–
1977	39	27	22	7	–	6	–	–	–	–
1981	41	20	25	11	–	2	–	–	–	–
1985	32	25	25	14	–	2	–	–	1	–

Mit dem Beginn der 70er Jahre zeigt sich nochmals ein neuer Abschnitt in der Klingnauer Entwicklung. Wir wollen auch für diesen Abschnitt zuerst die Klingnauer Wahlergebnisse studieren.

Gemeinderat:
1974–1977: 2 CVP, 1 SP, 2 FdP
1978–1984: 1 CVP, 0 SP, 2 FdP, 1 SVP, 1 Parteiloser
1984 (Ersatzwahl): 1 CVP, 2 FdP, 2 SVP
1986: 1 CVP, 2 FdP, 2 SVP

Das Hauptmerkmal dieses Abschnitts ist einerseits das Abspecken der SP, anderseits das Erstarken der FdP und SVP und Wiedererstarken der CVP.

Im Gemeinderat schlägt dieser Trend noch deutlicher durch als bei den Parlamentswahlen. 1978 werden die beiden SP-Kandidaten im ersten Wahlgang nicht gewählt, worauf die Partei beschliesst, inskünftig die Rolle der Opposition zu spielen. Auch spätere Versuche, in den Rat zurückzukehren, sind zum Scheitern verurteilt. Die Vertretung der SVP ist überproportional, Gemeinderatswahlen sind eben nur zum Teil Parteiwahlen. Wichtiger scheinen persönliche Merkmale und Beziehungen zu sein. Die Ortsbürger müssen einen weiteren Verlust einstecken: 1970 wird mit Hugo Schumacher zum ersten Mal ein Auswärtiger Gemeindeammann, und unter seinem Nachfolger Walter Schödler sind die Ortsbürger nur noch mit einem Gemeinderat vertreten. (Sogar der Wald wird nach dem Tode von Wilfried Höchli von einem Auswärtigen betreut.)

Zwei wichtige Ereignisse stehen am Anfang dieses Zeitabschnitts: die Schwarzenbach-Initiative und die Rezession.

Schwarzenbach will mit seiner Initiative die ausländische Wohnbevölkerung auf 10% der schweizerischen begrenzen. Auch aus Klingnau müssten Ausländer weggewiesen werden. Die Klingnauer Industrie stellt sich verständlicherweise dagegen; die Schweiz verwirft die Vorlage am 7. Juni 1970 relativ knapp mit 54% Nein, im Bezirk Zurzach nehmen elf Gemeinden an, und zwölf verwerfen; in Klingnau stimmen 210 ja (40%) und 313 nein (60%). Die SP stellt sich klar gegen die Initiative und gegen die Überfremdungspartei; auch wenn die Arbeiter nicht fremdenfeindlicher als andere empfinden, haben doch einige das Gefühl, die SP nehme ihre Anliegen nicht mehr richtig ernst, und wählen NA oder Republikaner. Diese Wählerverluste kann die SP nie mehr ausgleichen. Ein Grund mag auch darin liegen, dass es den Schweizer Arbeiter gar nicht mehr so oft gibt; er ist sozial aufgestiegen und zum Angestellten geworden. Die Arbeiter sind jetzt die Ausländer, und die haben kein Stimmrecht.

1974 folgt die NA mit einer weiteren Überfremdungsinitiative, 500 000 Ausländer müssten ausgewiesen werden. Noch 34% der Schweizer und Schweizerinnen stimmen ja, in Klingnau sind es 293 ja bei 620 nein. Inzwischen hat der Bundesrat Massnahmen eingeleitet, was man auch in Klingnau spürt: Die Zahl der Ausländer geht zurück.

Diese Tendenz wird wesentlich verstärkt durch das Einsetzen der Wirtschaftsrezession ab 1975. Die holzverarbeitende Industrie bekommt diesen Wirtschaftseinbruch massiv zu spüren. In der gesamten Schweiz werden Zehntausende von Arbeitsplätzen abgebaut. Anders als in den 30er Jahren bekommen das die Schweizer weniger zu spüren; in erster Linie werden Ausländer entlassen. So sinkt die Zahl der ausländischen Wohnbevölkerung in Klingnau weiterhin:

1972: 514
1975: 384
1980: 357

Bei diesem Wert etwa pendelt sich die Zahl der Ausländer ein.

Die Zeit des rasanten Wachstums ist in Klingnau nach dem Beginn der 70er Jahre vorbei. Auch wenn weiterhin ziemlich viel gebaut wird, bedeutet das keinen grossen Bevölkerungsanstieg mehr. Die Kinderzahl geht sogar deutlich zurück. 1972 weist Klingnau eine Einwohnerzahl von 2483 auf, in den nächsten 15 Jahren ergibt sich ein Anstieg von lediglich 121 Personen.

Klingnau ist in vielen Beziehungen ein fortschrittlich handelndes Gemeinwesen. Das zeigt sich am grossen Interesse dem Schulwesen gegenüber, im Abstimmungsverhalten bei Sozialvorlagen usw. Aber in ihrer Beziehung zu den politischen Rechten ihrer Partnerinnen tun sich die Klingnauer enorm schwer. Nach dem Schulgesetz von 1940 ist es möglich geworden, Frauen in die Schulpflege zu wählen. Überall im Kanton wird von dieser Chance Gebrauch gemacht. In Klingnau hingegen bleiben die Kandidatinnen regelmässig ohne jede Aussicht auf Erfolg. Erst 1970 hält die erste Frau in der Schulpflege Einzug.

Am 1. Februar 1959 steht die Einführung des Frauenstimmrechts zur Abstimmung. Die Schweiz lehnt ab. Klingnau schmettert ab mit 89 Ja zu 388 Nein!

Im zweiten Anlauf vom Frühling 1971, wo die Vorlage gesamtschweizerisch bequem gutgeheissen wird, lehnt Klingnau mit 206 Ja zu 236 Nein immer noch ab.

Da ist es eigentlich nicht erstaunlich, dass die erste Kandidatin in den Gemeinderat 1984 nicht gewählt wird.

Quellen und Literatur:

- Gautschi Willi, Geschichte des Kantons Aargau, Band 3, Baden 1978 (Ein sehr informatives und gut geschriebenes Werk)
- Statistisches Amt Aarau
- Stadtarchiv Klingnau, Sammelbände:
  Protokolle des Gemeinderates
  Rechnungen über Weihnachtsbescherungen armer Schulkinder
  Akten Armenfälle
  Arbeitslosenkontrolle und Unterstützung
  Ungarnhilfe
  Hilfsaktion St. Blasien
  Kriegswirtschaftliche Massnahmen, Sammelmappen
  Wahl- und Abstimmungsprotokolle
  Abrechnung über Pockenepidemie
- Staatsarchiv Aarau, Regierungsratsprotokolle und dazugehörende Akten 1911 bis 1940, Stichworte:
  Armenwesen
  Militärwesen
  Streik
  Klingnau
  Gesundheitswesen
- Die «Botschaft», aus den Bänden 1918, 1919, 1939, 1974
- «Freier Aargauer», 4. August 1932

Sehr viel Detail- und Hintergrundwissen verdanke ich Gesprächen, die ich mit verschiedenen Mitbürgern aus Klingnau führen durfte. An dieser Stelle möchte ich mich herzlich dafür bedanken. Im speziellen seien erwähnt:
Die Parteipräsidenten
Herr Karl Schifferle
Herr Walter Häfeli-Gambon
Herr Jean Frick
Herr Josef Pfister

Kurzübersicht Kapitel 8:

Klingnau hat sich im 20. Jahrhundert von einem armen Bauernstädtchen zu einer modernen Industrie- und Dienstleistungsgemeinde entwickelt. Die Bevölkerung hat sich mehr als verdoppelt. Zu Anfang des Jahrhunderts stand das politische Leben noch ganz unter dem katholisch-konservativen Geist Johann Nepomuk Schleunigers. Krankheitsepidemien und Wirtschaftskrise versetzten viele Klingnauer in Angst und Not. In den Krisenjahren der 30er Jahre entwickelte sich die SP und wurde ab 1940 zur vorherrschenden Kraft.

Zwischen 1947 und 1974 beschleunigte sich das Wachstum sowohl der Klingnauer Industrie als auch der Bevölkerung. Ausländer zogen nach Klingnau und bildeten schliesslich einen Anteil von gut 20% an der Gesamtbevölkerung. Klingnau veränderte sein Gesicht in diesen Jahren grundlegend.

Das Einsetzen der Wirtschaftsrezession ab 1975 stoppte das Wachstum ab. Die bürgerlichen Parteien drängten die SP zurück. Vor allem der FdP gelang es, neben der führenden CVP eine starke Position einzunehmen. Allerdings vermag die Politik, anders als in den 30er bis 50er Jahren, die Klingnauer Gemüter nicht mehr gross in Wallung zu versetzen.

Im Banne
des Aarelaufes

Helene Kalt

Im Banne des Aarelaufes

Die Federzeichnung auf der linken Seite gibt einen kleinen Einblick in die grossartige Flusslandschaft der Aare in vergangenen Zeiten. Welches sind die Gründe, dass sie weitgehend verschwand? Dieses Kapitel möchte zeigen, wie es dazu kam.

Die Aare sammelt die Wasser fast sämtlicher Bäche und Flüsse der Alpennordseite unseres Landes und führt sie in den Rhein. Gewaltige Hochwasser bedrohten die Bewohner des unteren Aaretals.

Überschwemmungen verursachten grosse Schäden. Die vielen Klagen bewirkten, dass die Korrektion der Aare zustande kam. Der Fluss wurde in jahrelanger Arbeit in einen schnurgeraden Kanal gezwängt. Der Bau des Kraftwerks Klingnau bescherte uns zum Glück den Stausee, der sich bis heute zu einem Naturschutzgebiet von internationaler Bedeutung entwickelt hat. So bildet er einen kleinen Ersatz für die verlorengegangene einzigartige Fluss- und Auenlandschaft.

◀ **Die Aare bei Klingnau. Aquarellierte Federzeichnung von Johann Heinrich Meyer, 1794, Original 57 x 44 cm.**

Die Aare bei Klingnau, fast zweihundert Jahre später, aus ähnlichem Blickwinkel (1989).
▼

1. Kapitel

Eine grossartige Flusslandschaft – Überschwemmungen trüben das Bild

Diese Karte des Kantons Zürich von 1667, gezeichnet von Hans Konrad Gyger im Massstab 1:25 000, ist die älteste zuverlässige karthographische Darstellung des Unterlaufs der Aare. Es scheint, dass die vielfache Verzweigung des Flusses erst unterhalb von Klingnau erfolgte. Die Inseln entstanden vor vielen Jahrhunderten als Schotterablagerungen bedeutender Hochwasser. «Grien» bedeutet soviel wie Kies, Schotter.

Ständige Klagen, Schadenersatzforderungen und Beschlüsse gaben vor allem zwischen 1741 und 1759 Anlass zu sogenannten «Prospecten». Darin waren aber die Flussverhältnisse mangelhaft dargestellt, da keine richtigen Vermessungen vorgenommen wurden.

Ausschnitt aus der Karte des Kantons Zürich von 1667, gezeichnet von Hans Konrad Gyger, Massstab 1:25 000.
▼

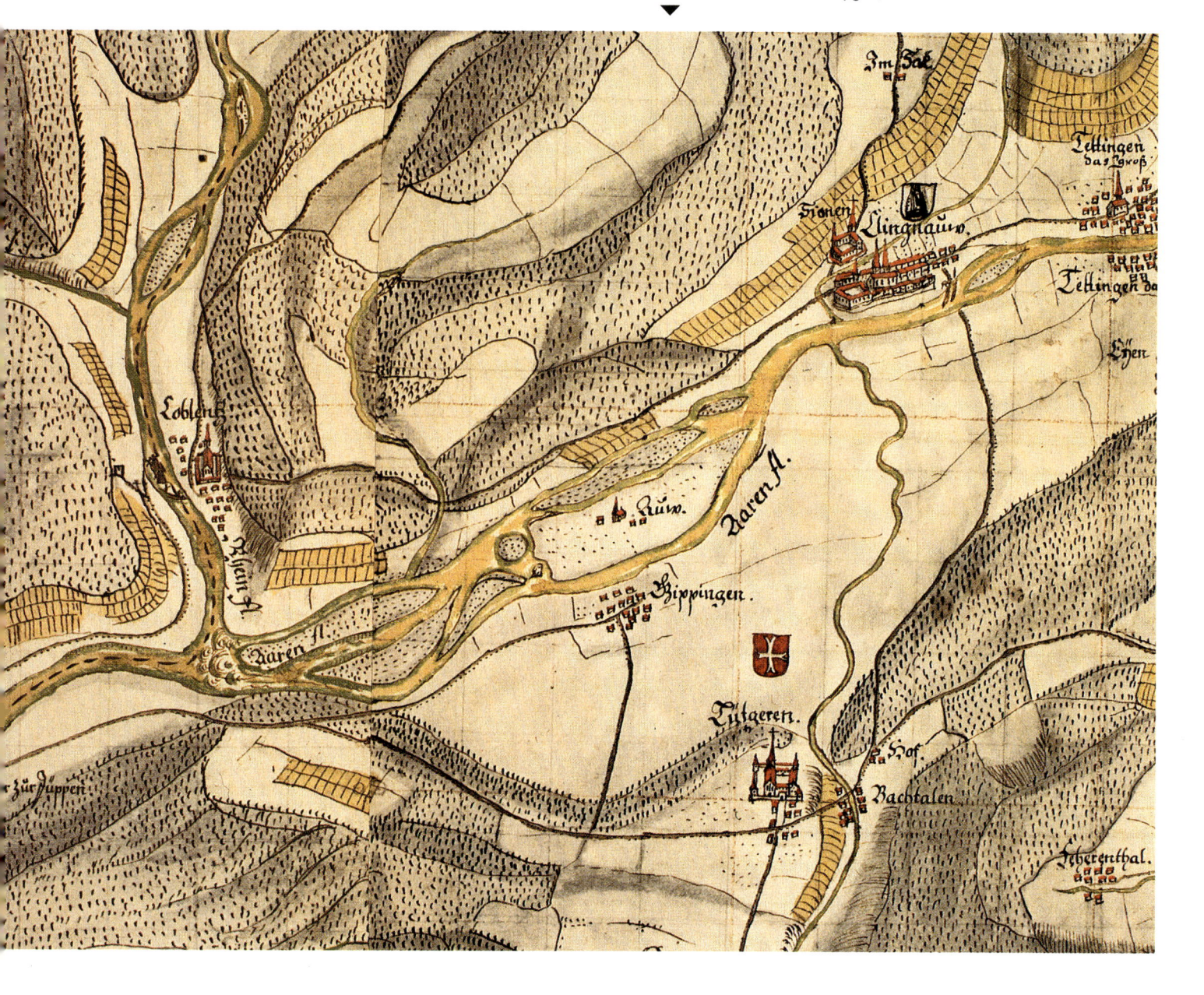

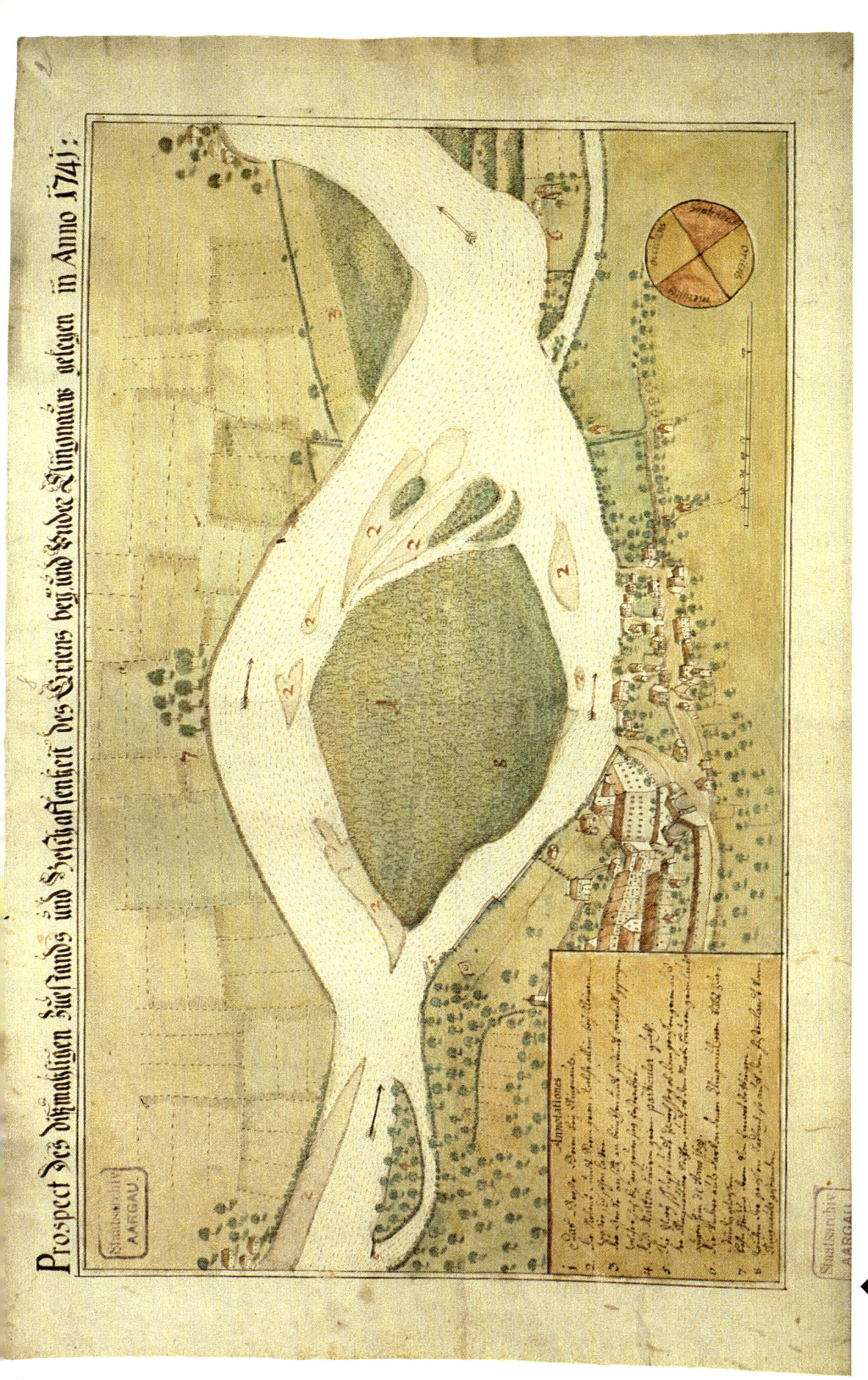

Prospect des dismahligen Zuestands und Beschaffenheit des Griens bey und under Clingenauw gelegen in Anno 1741, Original 55 x 36 cm.

Wortlaut der Legende:

1. Das Grosse Grien bey Clingenauw
2. Die Nebent- undt Steingrien, welche allein bey kleinem Wasser sehen lassen
3. Der Grosse ansatz an büenthen undt gesteüdt oberhalb gipingen, welcher sich bis an grüenhag erstreckhet
4. Das Martin Bauren grien, particular gueth
5. Die Zwey Schupf- undt Zwerchheg ob dem grossen grien auff der Clingnauwer Seithen, undt ob dem Marti Bauren grien lauth augenschein de Anno 1695
6. Die Undere auw darvon denen Clingnauweren Villes zueständig gewessen.
7. Bahn (= Bann) Scheidung deren von Ennerdöttingen
8. Zeichen der grossen Sarbach, so auff dem festenlandt von Clingnauw gestanden

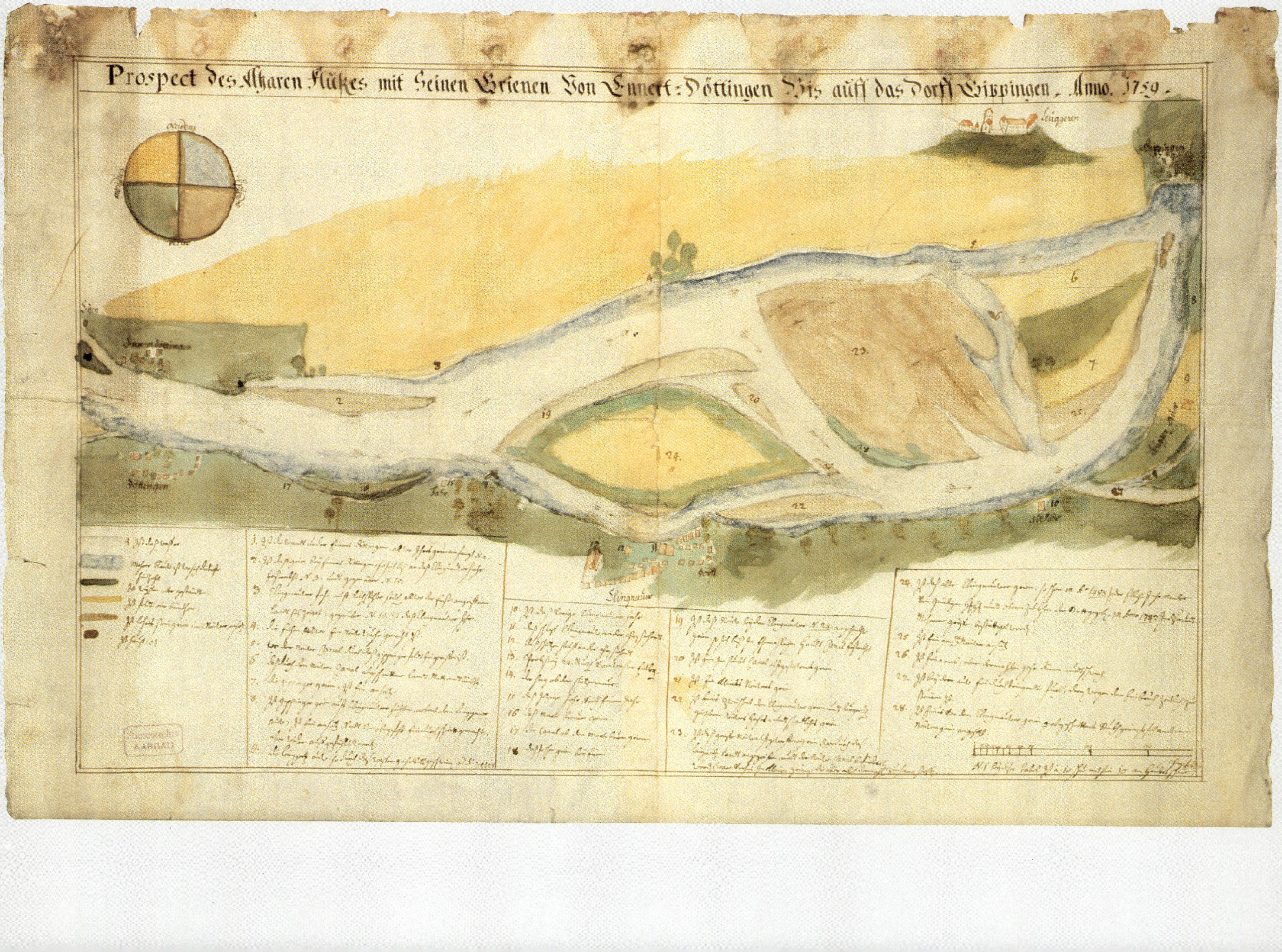
Prospect des Aharen Flußes mit Seinen Brienen Von Ennert-Döttingen Bis auff das Dorff Gippingen, Anno. 1759.
Döttingen
Klingnau
Gippingen
Leuggeren

Legende zu Plan Nr. 12 der Grafschaft Baden I Aare bei Klingnau, 1759

- Ist das Wasser
- Mehrer Blauw ist, wo sich die tieffe hinziehet
- Ist Wysen oder gestäudt
- Ist feldt oder bünthen
- Ist lehres steingrien undt Neüwer ansaz
- Ist hauss: etc.

1. Ist die wandt under Ennert Döttingen, allwo Ihres grien anfangt N. 2
2. Ist das grien bey Ennert Döttingen, so sich biss an dass Clingnauwer fahr Erstreckht N. 3 undt gegenüber N. 15
3. Clingnauwer fahr auff Kilchspihler seithen, allwo der fahr angriff am landt sich zeiget: gegenüber N. 15. Ist das Clingnauwer fahr
4. Die Eichen, allwo Ein Neuw Wuehr gemacht ist
5. Wo der Neuwe Canal durch das gippinger feldt Eingerissen ist
6. Das durch den Neuwen Canal abgeschnittene landt, Matt undt bünthen
7. Die gippinger grien: Ist ein ansaz
8. Ist gippinger grien, auff Clingnauwer seithen, nebent der Leüggener auw: Ist ein ansatz, Undt vor ohngefehr Ein durchschnitt gemacht, aber wider aussgefühlt worden
9. Die Leüggener auw, so durch das wasser gahr Vill geschwinen ad N. 7 et 25
10. Ist das Vorige Clingnauwer fahr
11. Das Schloss Clingnauw an der ahren stehendt
12. Das Schützenhaus an der ahren stehendt
13. Probstey 24 Ruethen vom Wasser Entlegen
14. Der hag ob der schützenmaur
15. Das Jetzige fahr, Seith Einem Jahr
16. Das Marti bauren grien
17. Der Canal ob dem Marti buren grien
18. Das fischer grien bey Eyen
19. Ist das Neuw bey dem Clingnauwer N. 24 angehenkhte grien, so sich bis In Ehemahligen Haubt Canal Erstreckhet
20. Ist Ein Im haubt Canal auffgestossenes grien
21. Ist Ein kleines Neuwers grien
22. Ist Eines zwüschent den Clingnauwer grien undt burgerlichen güthteren Neuwes Hoches- undt schadliches grien
23. Ist das grosse Neuw auffgeworffene grien, wodurch das Leuggener landt angegriffen, undt der Neuwe Canal befürderet worden. Ware Vorhin In kleinen grienen, die aber alle dermahl zuesamen stossen
24. Ist das alte Clingnauwer grien, so schon in A° 1483 oder Etliche Jahr Minder Von gnädigen HH undt Oberen zu lehen der Statt gegeben = in Anno 1742 In diser undt Mehrerer grösse bestättiget worden
25. Ist Ein gantz Neuwer ansatz
26. Ist Ein armb, aber dermahlen gahr dünn undt schwach
27. Ist bey der auw Ein durchtringendte furth, deren wegen dem Einbruch zeitlich zu steuern Ist
28. Ist Eines Von dem Clingnauwer grien abgeschnittenes Stuck grien, so sich an dem Neuwen grien angesetzt

Massstab
N. 1 bey diser Tabel Ist à 10. schue, mithin 10 an hundert schue ohngefehrlich

Im Banne des Aarelaufes

Der «Prospect» aus dem Jahre 1759, der die Aarelandschaft zwischen Klingnau und Gippingen wiedergibt, zeigt, dass sich der Flusslauf und die Inselgruppe seit 1667 stark veränderten. Die Aare verlegte ihren Hauptlauf nach links. Das Inselreich wurde flussaufwärts durch grosse Kiesaufschüttungen bis vor die Tore Klingnaus erweitert. Aus diesen durch wiederholte, katastrophale Überschwemmungen bedingten Veränderungen ist zu ersehen, wie hoffnungslos zu jener Zeit ein Brückenbau gewesen wäre.

Durch ein Hochwasser konnten Inseln und untergetauchte Schotter- und Sandbänke vollständig weggespült und an andern Stellen wieder abgesetzt werden, wo die Strömung schwächer war. Die Bänke konnten aber auch durch neue Aufschüttungen erhöht und über den normalen Wasserstand emporgehoben werden.

Die Hochwasserablagerungen bestanden vorwiegend aus Kies, der mit wenig Sand vermischt war. Kam die Oberfläche der Kiesbänke über den mittleren Wasserstand zu liegen, blieben die Inseln und Uferpartien im Gebiet ihrer trockenen, unfruchtbaren Kiesoberfläche nahezu vegetationslos. Jahrhundertealte Kiesbänke, die über die üblichen Hochwasser hinausragten, boten der pflanzlichen Besiedelung grösste Schwierigkeiten. Anders war es, wenn die Schotterbänke niedriger lagen, so dass die Hochwasser sie überfluten konnten. Sie wurden von Sand und Schlamm überlagert. So entstanden nährstoffreiche, von Zeit zu Zeit überschwemmte Böden, typische Standorte für den Auenwald.

Rudolf Siegrist schreibt in seinem Bericht «Die Aare bei Klingnau»: «Die nebenstehende Michaeliskarte von 1837/43, im Massstab 1:25 000, zeigt, wie sich die Aare bei Klingnau in zwei Arme teilt. Dazwischen liegt eine nahezu zwei Kilometer lange Insel. Ausgedehnte, nackte Kiesrücken gehen seitwärts und flussabwärts in Sand- und Schlammpartien über, die eine mannigfaltige Auenvegetation aufweisen. Auch unterhalb von Gippingen weist die Aare verschiedene Arme und zahlreiche Inseln und Halbinseln auf, die bei Hochwasser regelmässig überschwemmt werden, wodurch ihre dichten Weiden- und Erlenbestände als charakteristische Auenwälder gekennzeichnet sind. Verschiedene im «Prospect» von 1759 noch vorhandene Flussarme sind teilweise verlandet und zu «Giessen» geworden.»

Section III. 11a.   KOBLENZ.   Blatt 21.

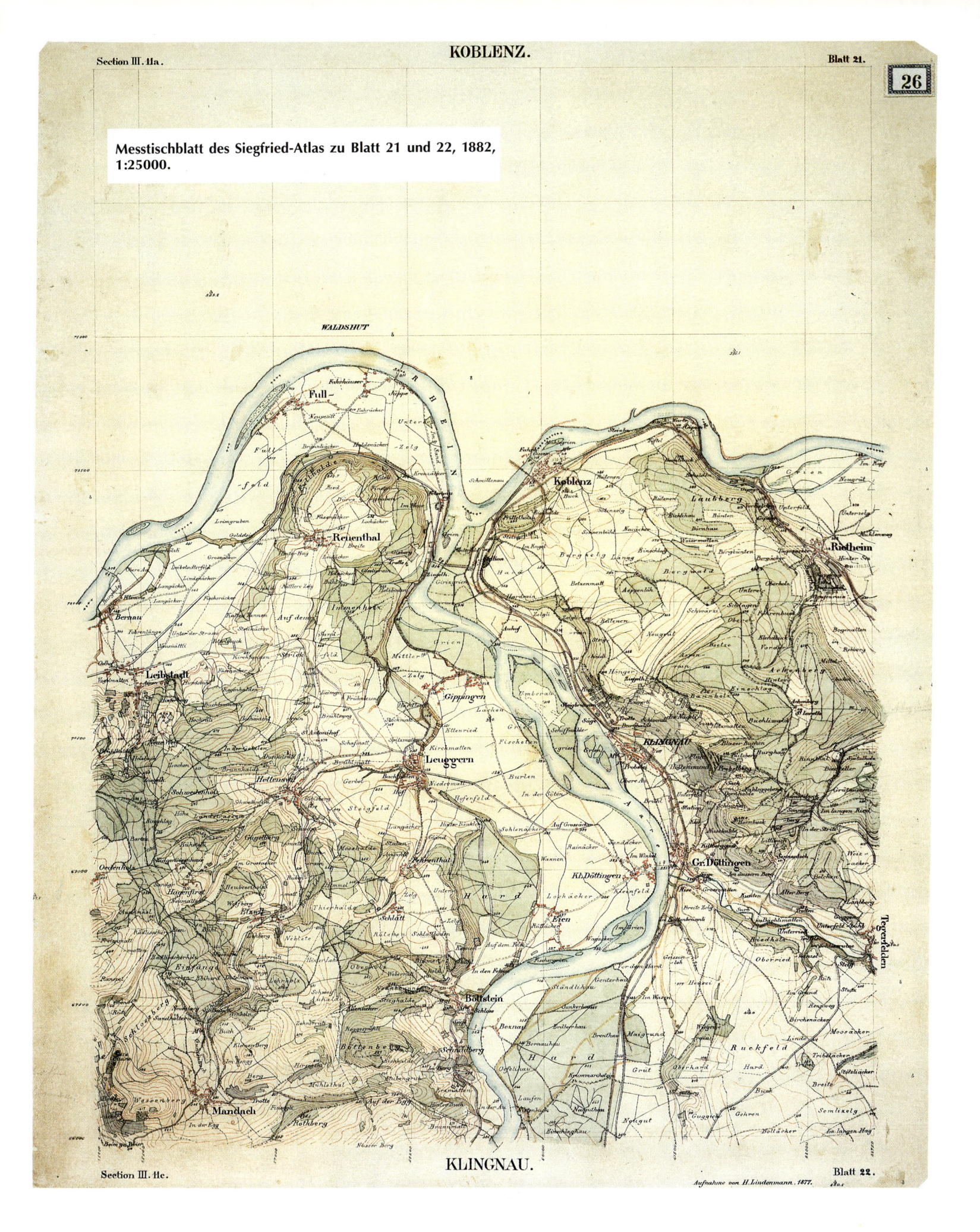

26

Messtischblatt des Siegfried-Atlas zu Blatt 21 und 22, 1882, 1:25000.

Section III. 11c.   KLINGNAU.   Blatt 22.

Aufnahme von H. Lindenmann. 1877.

Klagen, nichts als Klagen!

1847 meldete der Gemeinderat von Klingnau für 153 Besitzer über 15 000 Franken Überschwemmungsschäden an, unter anderem 12 099 Körbe Erdäpfel, 3612 Körbe Rüben usw. Diese Meldungen wurden aber von zuständiger Stelle als übertrieben taxiert. In der Tat war es für die damalige Zeit ein hoher Betrag.

1852 beklagte sich die Armenkommission des Kantons Aargau beim Regierungsrat:

«...Der ganze Auhof war unter Wasser, und die Überflutung trat so plötzlich ein, dass sich die Hausbewohner mit dem Vieh in die Stube und zuletzt in den oberen Boden haben flüchten müssen, von wo man sie dann per Schiff geflüchtet habe.»

1876, in der Ausgabe vom 12. Juni, steht in der «Botschaft»:

«Unter- und oberhalb Klingnau, zwischen Koblenz und Waldshut, Rietheim und Kadelburg ist alles ein See.»

Und am 17. Juni:

«...Die Strömung treibt aufs rechte Ufer zu, ein mächtiger Arm derselben braust in einem neuen Bette und schon sind viele Jucharten mit den schönsten Obstbäumen besetzt, weggefressen worden. Soll der Schaden ein nicht noch grösserer und für die Zukunft vielleicht verhängnisvoller werden, so sind rechtzeitig die geeigneten Vorkehrungen zu treffen und möchten die Behörden darauf aufmerksam gemacht haben.»

Am 20. Juni:

«Der Mühlenbesitzer ist von allem Verkehr abgeschlossen, indem das Wasser, welches oberhalb Klingnau durch die prachtvollen Felder ein neues Bett gesucht, zwischen der Mühle und dem Städtchen noch immer einen reissenden Strom bildet. Viele Bürger, welche Anfangs voriger Woche ihre Bündten noch in schönstem Flor besichtigen konnten, finden dieselben theilweise mit Grund und Boden verschwunden...»

Am 16. Juni 1876 tagt der Gemeinderat. Im Protokoll steht zu lesen:

«An Baudirekton des Kantons Aargau sei darüber Aufschluss zu geben, dass die Aare oberhalb Klingnau der Art ausgetreten, dass sie drohe ein neues Beete sich zu bahnen, was in Folge sehr unheilvoll für die Gemeinde werden könnte.»

Tatsächlich schreibt der Gemeinderat am 19. Juni der Baudirektion des Kantons Aargau einen ausführlichen, vier Seiten langen Brief. Er schildert den angerichteten Schaden und erinnert, «... dass der Staat, der vermöge bestehender Gesetze den Nutzen und die Erträgnisse der Gewässer bezieht auch verhalten werden könne, oder gehalten sei, dafür zu sorgen, dass nicht der angrenzende Nachbar durch Übertretung ihrer Ufer stetsfort beschädigt oder sogar mit gänzlichem Untergang bedroht werde...» Der Gemeinderat erwähnt, dass nach den Überschwemmungen von 1852 nichts getan worden sei, so dass ohne den Bau von Wuhren und Dämmen das sogenannte Dorf der Gemeinde, ja die Gemeinde überhaupt durch die Änderung der Aareströmung in Gefahr sei. Er verlangt unverzüglich einen Augenschein an Ort und Stelle.

Am 4. September 1881 meldet «Die Botschaft» unter anderem:

«...Die ununterbrochenen Regengüsse der letzten Tage brachten die Aare gestern auf eine Höhe, wie wir sie seit 1876 glücklicherweise nicht mehr erlebten. Die Beznau, dann die Au von Döttingen bis zur Station Koblenz stehen vollständig unter Wasser und sind die noch stehenden Feldfrüchte als verloren zu betrachten. In der Beznau, im äussern Dorf zu Döttingen, wo die Surb in nie gesehener

Der Mühlehof aus ungewohnter Perspektive: hier befand sich der Kanal und beim Schopfanbau stand das Mühlerad. Der in der Hauswand sichtbare Riss wurde vermutlich durch die Trockenlegung des Kanals verursacht.
▼

Stärke tobte, und im «Dorf» zu Klingnau waren die Leute nicht einmal in den Häusern sicher, Keller und öfter sogar das Parterre füllten sich mit Wasser. Am linken Ufer muss es nicht besser ausgesehen haben, was man so von Weitem wahrnahm; hinübergelangen konnte man nicht, da der Verkehr zwischen beiden Ufern aufgehört hat. Heute ist das Wasser wieder etwas gefallen. Für die ärmere Hälfte unserer Bevölkerung wieder viel des Unglücks! Mancher Familie ist durch die Fluth ihre ganze Kartoffelernte zu Grunde gerichtet und selbst mancher Wohlhabende wird hart mitgenommen...»

Der Mühlehofbesitzer Sebastian Kappeler schreibt am 8. September 1881 an den Kreisingenieur Bruggisser in Laufenburg:

«...Es hat wieder zirka 40 m² Land weggeschwemmt. Der Schwellstock, der letzte Halt meines Kanals, ist fort. Sogar hinter demselben ist das Land noch weggerissen. ...Mit einer ungeheuren Wuth drängt das Wasser immer mehr in den Kanal... Ich glaube, wenn das Wasser noch einmal so haust, dass ich ohne Zweifel verloren bin...»

Die Zeit der Fähren

Im 15. Jahrhundert zerstörte ein Hochwasser die Aarebrücke bei Klingnau endgültig. Die einzige Brücke über die Aare weit und breit befand sich in Brugg. Es begann die Zeit der Fähren. Inhaber des Fahrs Klingnau war das Kloster St. Blasien. Dieses Fahr reichte vom Schmidberg bei Böttstein bis zur Aaremündung. Je nachdem wie sich der Flusslauf änderte, wurde die Fähre abwärts gegen Klingnau oder aufwärts gegen Döttingen verlegt.

Das Fahr bedeutete einerseits das Recht, gegen Entgelt Leute und Waren über Wasser zu setzen, andererseits die Pflicht, die Fähre ununterbrochen zu bedienen und für ihren Unterhalt zu sorgen. Die beiden Anlegestellen nannte man ebenfalls Fahr. Als Hauptfahr hatten die Fehren grössere und kleinere Boote, je nach Bedarf, aber auch Wagenschiffe für vierrädrige Wagen, Vieh und Menschen. Nebenfähren konkurrenzierten die Hauptfähre, so dass das Kloster St. Blasien zum Beispiel 1666 Mühe hatte, einen Fährmann zu finden.

Unglücksfälle ereigneten sich. Nicht alle gingen so glimpflich aus, wie im folgenden berichtet wird:

Inserate und Einsendung in der «Botschaft» vom Februar 1891 zeigen, welche Schwierigkeiten bei Niederwasser für die Bevölkerung entstanden. Ebensowenig konnten die Fähren bei Hochwasser verkehren.

Ich Johann Heinrich Escher / Constaffel-Herr und deß Innern Raths Hochlobl. Stands Zürich / der Zeit Nahmens der drey Hochlobl. der Graffschafft Baden und Unter Freyen Aembter Beherrschenden Ständen Zürich / Bern / und Glarus Regierender Landvogt der Graffschafft Baden im Ergeüw;

Uhrkunde hiermit offentlich / nachdeme durch verschiedene Jahren und Zeiten haro von Frömbden und Heimischen besondere Beschwehren und Klägten eingekommen / wie daß bey denen drey in der Graffschafft Baden sich befindlichen Wasser-Fahren über den Rhein und die Maren, zu Burgach, Coblentz und Clingnau, es gantz ungleich mit Beziehung des Fahr-Gelts von Persohnen, Pferden, L.v. Vieh, Wägen, Baaren, Früchten, und all anderem gehalten, und offt über die Maaß getrieben werden, und sich dieser Ansteigungen, nach aufgenohmnen Berichten, und eingezogenen Berichten gegründet zu seyn befunden: So habe so wohl zu Einführung eines gleichen Paßes, als zu Beobachtung der Billigkeit, und daß theils Frömbd- und Heimischer außer aller Klag gestellt, theils der Fahr auch seinen verdienenden Lohn bekommen, und sonderheitlich alles Streiten und Zancken abgestellet, mithin jeder wüßen möge, was er zuthun schuldig seye, nothwendig und nutzlich zu seyn befunden, nachfolgende Fahr-Ordnung zu errichten.

Erstens; Sollen die zeweiligen Beisitzere und Empfängere des Fahrs zu Burgach, Coblentz und Clingnau verpflichtet seyn, sich mit guten und wohlbeschaffnen Schiffen und Weydlingen, Galeeren, Schaltern, Rudern, und aller Zugehörd zu versehen, und das Fahr also zu bestellen, daß dieienige, so das Fahr gebrauchen, es seyen Leuth, Pferdt, L.v. Vieh, Kauf- oder andere Wägen keinen Schaden, oder Nachtheil zu befahren habind, dann sonsten die Fehren allen Kosten und Schaden abzutragen verbunden seyn sollen.

Zweytens; und damit das Fahr-Zeug desto gewisser jeweilen wohl unterhalten werde, sollen zu Burgach der Hochobrigkeitliche Untervogt, zu Clingnau und Coblentz aber der Oberkeitliche Gleitsmann, jeder mit einem Vorgesetzen des Orths wo das Fahr ist, alle Frühling und Herbst solches in Augenschein nehmen, und wo etwas mangelbahr wäre, das nothwendige vorkehren, und verordnen.

Drittens; Sollen sie, oder ihre bestellte, dem Fahr täglich und getreulich, von Anfang des Tages biß zu Nacht warten, als lang man von einem Gestad biß zu dem anderen erkennen kan, Botten, Posten und andere, so von Noth wegen berufen werden, sollen sie auch des Nachts, so geschwind als möglich, iedoch umb zweyfachen Lohn, abgeholet und hinüber geführt, sonderlich an denen Burgacher Märckten warten lassen, sondern iederzeit mit guten Willen und wohl spedieren.

Viertens; Sollen sie auch, oder ihre bestellte, weder die Fuß-gehenden, noch reitenden und fahrende Arme oder Reiche, sie werdind in Schiff- oder Weydlingen abgeholet, und hinüber geführt, fonderlich an denen Burgacher Märckten warten laßen, sondern iederzeit mit gutem Willen und wohl spedieren.

Fünftens; Auch die Schiff und Weydling, bey Verlurst ihres Fahrs, und Ersetzung alles Schadens nicht überladen.

Sechstens; Wann aber der Fluß zu groß anlauffen solte, daß Gefahr zu fahren wäre, sollen sie nicht schuldig seyn anzufahren, es seye dann auf des Begebenden selbst eigene Gefahr, und auf einen zu verakkordierenden Lohn, so in der Tax-Ordnung nicht begriffen, allein aber mit aller Bescheydenheit tractirt werden solle. Und

Siebentens; Sollen die Fehren sich vor der höchst gefährlichen Truncknheit hüten, und gegen den Überführenden geschwinder Lifferung, und guten Beschyds befleissen, maßen auf allfällig einlauffende Klägten, in einer als anderen Fählen, die Fehren zu ernstlicher Straf werden gezogen, hingegen aber allezeit bey diser errichteten Fahr- und Tax-Ordnung geschützt und geschirmet werden.

Tax-Ordnung

Deß Fahrs zu Clingnau / vor iede überfahrt / es seye hin oder har / iedermahls.

1. Von einer ieden Persohn, reich oder arm, frömbd oder heimisch	Rappen 2
In Burgach-Märckten aber soll iede Persohn so passieren thut bezahlen	ß. 1
2. Von einem Pferdt und Mann	ß. 4
3. Von einem Pferdt auch	ß. 4
4. Von einem L.v. Stuck Horn-Vieh	ß. 2
5. Von einem Kalb, Schaaf, Geiß, Jasel-Schwein	ß. 1
6. Von einem L.v. Fetten- oder Maaßt-Schwein	Rappen 2
7. Von einem Mütt Korn und Roggen, Bohnen, Erbsen	Rappen 2
8. Von einem Mütt Haber	Rappen 1 ½
9. Von einem Saum Wein	ß. 3
10. Von einem Krämer, Keßler, oder andere, so ihre Waar auf der Recken tragen	Rappen 1
Und wann es ein gantzes Juder zwey Maaß Wein, so aber nicht aus den Faßen zunehmen, sondern mit Gelt zu bezahlen	ß. 1

Und verstehet sich bey der Wagen und Kreutzer auf Reichs-Währung, und daß diser Lohn ieweilen in unverrupfftem Gelt bezahlet werde. In anderen hier nicht ausgeworffenen Articklen aber sollen sich die Fehren eines bescheidenlichen Lohns vernügen; Und dannethin, wann bey einander- als dritten Jahr, zweifelnd den Leben-Herren, der Burgschafft zu Burgach und der Enden, auch benachbahrten Orthen, auch mit denen Fahr-Bedienteren, besondere Tractaten, Verkomnüßen, und auch alte Übungen wären, solle es bey benenntlelben sein Verbleiben haben, und fernerhin nach solchen gehalten werden.

Welche Ordnung dann (nachdeme dieselbe von Meinen Gnädigen Herren und Oberen, deren drey Hochlobl. die Graffschafft Baden Beherrschender Stünden Zürich, Bern, und Glarus Hochanschnlichen Herren Ehren Gesandten ratificiere und bestätet worden) zu Männiglichs Nachricht und Verhalt, durch disen offentlichen Anschlag kund gemacht, und mit Meinen anerbohrnen Ablichen Secret-Insigill corroboriert wird. So beschehen Dinstags den 19. Tag Augstmonat, Anno 1760.

Cantzley der Graffschafft Baden
im Ergeüw.

«Am 6. Juni 1814 überluden die Gebrüder Johann und Adam Häfeli ihr Schiff mit Marktleuten und Vieh, die nach Zurzach wollten. Ein Stück Vieh wurde unruhig, und das Schiff sank. Glücklicherweise konnten sich die Leute an den Schwänzen der Tiere festhalten und erreichten sicheren Grund.» Man erzählte sich auch, die Leute am Ufer hätten «chomm sä sä» gerufen, um die Rinder mit ihren Besitzern im Schlepptau an Land zu locken!

Am 14. Mai des gleichen Jahres schlug ein Schiff, das eine Gruppe von Wallfahrern übersetzen wollte, leck und sank. 29 Menschen ertranken.

1885 war in der «Botschaft» zu lesen, dass die Leute statt die Personen- und Wagenfähre zwischen Koblenz und Felsenau zu benützen, den Umweg über die Fähre bei Döttingen wählten. Sie waren so immer noch schneller, als wenn sie warteten, bis es dem Felsenauer Fährmann passte, sie überzusetzen.

Grosse Erleichterung brachten die Brücken. Die Eisenbahnbrücke Koblenz–Felsenau entstand mit dem Bau der Bahnlinie Koblenz–Stein. Sie erhielt einen Fussgängersteg und wurde am 31. Juli 1892 eröffnet. Erstmals konnte man zu Fuss vom einen Ufer der Aare zum andern gelangen. Für Tiere und Wagen benötigte man immer noch die Fähre, wurde doch die Strassenbrücke Koblenz–Felsenau erst 1936 gebaut.

Die Strassenbrücke Döttingen–Kleindöttingen, eine Stahlbrücke, die für die damalige Zeit hochmodern war, wurde Ende 1892 fertig. Endlich war man nicht mehr auf die Fähren angewiesen! Die Brücke kostete damals ungefähr 145 000 Franken (heute wären das 2–3 Millionen). Interessant ist, dass die schweizerische Nordost- und Zentralbahngesellschaft 100 000 Franken daran bezahlte. Mit diesem hohen Beitrag erhoffte man sich wohl, dass die Bahnstation Döttingen-Klingnau rentiere. Im Sommer des gleichen Jahres war die Bahnlinie Koblenz–Stein eröffnet worden und somit die Zugsverbindung nach Basel hergestellt. (Erst 1898 wurden die verschiedenen Bahngesellschaften der Schweiz – unter dem Slogan «Die Schweizerbahnen dem Schweizervolk!» – verstaatlicht und erhielten den Namen Schweizerische Bundesbahnen.) Auch Gemeinden des Bezirks Zurzach leisteten Beiträge: Döttingen z.B. 5500 Franken, sogar Böbikon bezahlte 100 Franken. Erst 1973 wurde die Stahlbrücke durch eine neue, doppelspurige Brücke ersetzt, die am 18. August eingeweiht wurde. Im Dezember 1903 wurde auch die Strassenbrücke bei Stilli fertiggestellt. Die Zeit der Fähren war zu Ende.

◀ Johann Heinrich Escher, regierender Landvogt der Grafschaft Baden, erliess 1760 die nebenstehende Fahr- und Taxordnung für die Fähren von Zurzach, Koblenz und Klingnau.

«Die Botschaft», Inserat vom 12. Dezember 1891.
▼

Bauausschreibung.

Die **Pfahlfundation**, die **Betonirungs-, Maurer- & Steinmetzarbeiten** an den Widerlagern der eisernen **Brücke** über die Aare bei der Station Döttingen-Klingnau, sowie die **Bauten der Zufahrtsstrassen** daselbst werden hiermit zur Konkurrenz ausgeschrieben.

Pläne, Ausmaß & Vertragsbedingungen sind auf dem **Bureau des Kantonsingenieurs** zur Einsicht aufgelegt.

Bewerber für diese Arbeiten werden eingeladen ihre Eingaben bis spätestens **17. Dezember l. J.** an die unterzeichnete Behörde einzureichen.   2

Aarau, den 7. Dezember 1891.

Die Baudirektion.

2. Kapitel

Aarekorrektion – ein Fluss wird gezähmt

Ein politischer Vorstoss und ein Dekret

Die Bewohner des unteren Aaretals lebten im ständigen Kampf gegen die gewaltigen Hochwasser der Aare, die mehr als 2200 Kubikmeter pro Sekunde führen konnten, gegenüber einem Jahresmittel von rund 550 Kubikmeter pro Sekunde. Verbauungen und Ableitung der Strömung auf dem einen Ufer wirkten sich auf das gegenüberliegende aus. So war der Auhofbesitzer genötigt, ständig gegen die Gippinger Klage zu erheben, da diese mit ihren Flussbauten die Aare zwangen, ihre Erosionsenergie gegen das rechte Ufer zu werfen.

Im Jahre 1878 lud Nationalrat E. A. Baldinger in einer Motion den Bundesrat ein, zu untersuchen, ob nicht angesichts der verheerenden Uferangriffe die Aare in ihrem untersten Lauf der Oberaufsicht des Bundes zu unterstellen sei. Der aargauische Regierungsrat beauftragte am 8. November 1878 die Baudirektion, ein Aarekorrektionsprojekt von oberhalb Döttingen bis zur Mündung in den Rhein anfertigen zu lassen. Doch erst am 25. November 1885 erliess der Grosse Rat des Kantons Aargau ein Dekret betreffend die «Korrektion der Aare zwischen Böttstein und Rhein».

Allein in den Jahren 1876–1886 waren 7,5 Hektaren Wies- und Ackerland und 31 Hektaren Wald weggeschwemmt worden. Hochwasser bedeckte oft eine Fläche von bis zu 650 Hektaren. Humus wurde abgeschwemmt und dafür Sand und Geröll auf den Wiesen abgelagert.

Aus den Berichten in der «Botschaft» spürt man, wie die Bevölkerung des unteren Aaretals auf eine Besserung der Verhältnisse wartete.

«Die Botschaft», 29. November 1885.
«Die Botschaft», 3. Dezember 1885.

Die Aarkorrektion vor dem Großen Rath, 25. November 1885.

Ein neuer Gedenkstein ist in der Geschichte unseres Kantons aufgestellt; ein neuer Beweis erstellt von dem immer mehr um sich greifenden Bewußtsein der Zusammengehörigkeit unserer verschiedenen Landestheile zu einem Ganzen, zum Kanton. **Einstimmig** hat der Große Rath die **Correktion der Aare** beschlossen. In eindringlichen, beredten Worten befürwortete der Referent Hr. Oberst Künzli Eintreten in den Dekretsentwurf, beleuchtete die Aufgabe und Pflicht des Staates zur Vornahme des Werkes, nicht des Gewinnes wegen soll das Werk beschlossen werden, sondern deßhalb, weil dasselbe ein Erforderniß der Kulturaufgabe des Staates ist und einem Theile seiner Bevölkerung zum Segen gereicht.

Die Bausumme ist auf Fr. 950,000 festgesetzt. Hieran betheiligt sich der Bund mit 40%, der Staat mit 45%, die betheiligten Gemeinden und Grundeigenthümer zusammen mit 15% (Fr. 142,500); die Correktion soll während den Jahren 1886, 87, 88, 89, 90 und 91 zur Ausführung gelangen.

Möge das Werk gelingen und den Ausdruck der Zusammengehörigkeit und Opferfähigkeit der Kantonsangehörigen kräftigen und befestigen.

Zur Aarekorrektion. (Corresp.) Mit aufrichtiger Freude begrüßt die Bevölkerung des untern Aarethales die vom h. Großen Rathe nunmehr einstimmig bewilligte Correktion der Aare zwischen Böttstein und Koblenz. Mag auch die den betheiligten Gemeinden und Privaten obliegende Beitragspflicht von 15% der gesammten Korrektionskosten noch viel zu reden und zu schreiben geben, mit gutem Willen und allseitigem Entgegenkommen wird sich auch dieser Punkt im Frieden regeln lassen. **Fortsetzung ▶**

Für heute sei uns nur gestattet, vor Beginn der Arbeiten, eine bescheidene Bitte an die löbl. Baubehörden zu richten. Bekanntlich ist der Verdienst in den meisten der am Korrektionsgebiete gelegenen Gemeinden ein sehr spärlicher. Die allgemeine landwirthschaftliche und geschäftliche Krisis, das Mißrathen des Weines 2c. lastet seit Jahren schwer auf der ohnehin nicht mit großen Glücksgütern gesegneten Gegend. Zu diesen harten Schicksalsschlägen kam dann in den letzten 15 Jahren in rascher Reihenfolge der Verlust von ganzen Strecken des fruchtbarsten Acker-, Gemüse- und Holzlandes, alle infolge des bekannten Hochwassers und als Folge dieser letztern tausende von Franken für die nothwendigsten Korrektionskosten. So soll z. Bsp. die kleine Gemeinde Gippingen die verhältnißmäßig am meisten durch das Wasser gelitten hat, schon über 12,000 Fr. für Korrektionskosten ausgegeben haben.

Daß man daher dem Beginn der Arbeiten mit Spannung entgegensieht, dürfte unter obwaltenden Umständen wohl Jedermann einleuchten.

Wünscht man also einerseits den baldigen Beginn des Werkes, so ist anderseits der Wunsch nach vorzugsweiser Beschäftigung der einheimischen Arbeitskräfte nicht geringer.

Wir wissen nicht genau, ob die gesammte Arbeit in Akkord gegeben oder nur theilweise akkordirt und theilweise in Regie ausgeführt wird. Es ist dieses Sache der Baubehörde. Dagegen möchten wir der h. Behörde den vorgenannten Wunsch um möglichste Berücksichtigung der einheimischen Arbeiter bringend an's Herz legen und hegen die bestimmte Hoffnung, daß solches nicht nur bei den Regie-, sondern auch bei den Akkordarbeiten geschehe. Möge unser Wunsch in Erfüllung gehen und den betheiligten Gemeinden durch die Correktion nicht nur eine neue Last, sondern auch Verdienst erwachsen!

Für technisch Interessierte:

Das Projekt der Aarekorrektion

Das Projekt sah einen zügigen Durchstich durch alle Inseln und Auflandungen vor, um dem Fluss durch Vorgabe eines Gefälles von 1,34 ‰ und einer Sohlenbreite von 150 Meter das Bett vorzuzeichnen, das er sich selber schaffen sollte. Dies geschah auf klassische Weise in drei Ausbauetappen für Nieder-, Mittel- und später auch für Hochwasser.

Zunächst wurde der Böschungsfuss des späteren Profils beidseits mit Leitkanälen in den Durchstich bzw. mit Parallel- oder Leitwerken (Sinkwerke) im Bereich der Wasserflächen fixiert und durch Steinvorlagen geschützt. Zwischen den Niederwasser-Leitwerken und dem höhergelegenen Land baute man quer zur Flussrichtung leicht ansteigende Verlandungstraversen. Da, wo das neue Flussprofil die oft sehr tiefen Flussarme kreuzte, wurden grosse Durchströmungslücken belassen. Der Ausbau bis auf Mittelwasser erfolgte, wenn die jährlichen Hochwasserdurchgänge in den seitlichen Traversen-Feldern zu einer Verlandung und im neuen Profil zu einem Massenabtrag geführt hatten.

Eine heikle Aufgabe war die Schliessung der Altarme. Anfänglich versuchte man es mit schwimmend aufgehängten Faschinenmatten, in der Hoffnung, damit die Fliessgeschwindigkeit zu bremsen und die Verlandung der Altarme zu beschleunigen. Dieses Verfahren bewährte sich nicht und wurde durch den «Abbau» der Arme ersetzt. Man erstellte überströmbare Abschlussdämme mit Hilfe von Steinwurf, Senkfaschinen usw., wobei Durchströmungsöffnungen frei blieben. Der auf den Niederwasser-Unterbau aufgesetzte Mittelwasserdamm wurde später zur Grundlage für den beidseits durchgehenden Hochwasserdamm.

Tempo und Arbeitsweise der ganzen Korrektion bestimmte weitgehend das jährliche Abflussregime der Aare. Aus den anfänglich geschätzten sechs Baujahren (1886–1892) wurden beinahe deren zwanzig, allerdings unter Einbezug aller Erweiterungs- und Ergänzungsbauten. Zu berücksichtigen ist, dass zunächst ohne Baggereinsatz gearbeitet wurde. Erst nach 1900 wurden diese Maschinen eingesetzt.

Es konnte fast nur im Winter bei Niederwasser gebaut werden, wobei Schnee und Dauerfrost die Arbeitszeit nochmals verkürzten.

So erhöhten sich die Gesamtbaukosten – gegenüber dem Voranschlag von 950 000 Franken – auf 1,5 Mio Franken für die rund 7,5 Kilometer lange Ausbaustrecke.

Experten streiten sich

Der Bund, der erstmals an Korrektionen im Unterland Subventionen leistete, hatte das Projekt des Kantons Aargau durch den eidgenössischen Oberbauinspektor A. von Salis gutgeheissen. An einer Sitzung des Zürcher Ingenieur- und Architektenvereins vom 13. April 1887 verteidigte der leitende Ingenieur Allemann das Projekt. Warum musste er sich dafür wehren?

Unabhängig vom offiziellen Projekt hatte sich ein Aarauer Kantonsschullehrer, Professor Mühlberg, Gedanken zur Aarekorrektion gemacht. Er teilte den Flusslauf in drei Abschnitte ein: das Steilufer oberhalb von Döttingen, den mittleren Teil bei Klingnau und die Vereinigung mit dem Rhein. Er sah die grösste Dringlichkeit darin, das steile rechte Ufer oberhalb von Döttingen zu verbauen, damit bei Hochwasser nicht mehr soviel Geschiebe von dort weggeschwemmt würde. Mühlberg fand es sinnlos, mit der Verbauung im unteren Teil anzufangen. Im mittleren Teil sah er vor, dem linken Gippinger Flussarm der Aare zu folgen und den rechten Arm verlanden zu lassen, sich also den bestehenden Verhältnissen anzuschmiegen. Im untersten Teil plante er eine geradlinige Einmündung in den Rhein. Der berühmte Geologie-Professor Heim aus Zürich unterstützte seinen Plan.

Mühlberg glaubte, dass bei seinem Projekt nur die konkaven Ufer ausgebaut werden müssten, so dass im gesamten Kosten von 477 000 Franken entstehen würden. Dazu kämen noch etwa 160 000 Franken für die Verbauung des Steilufers oberhalb

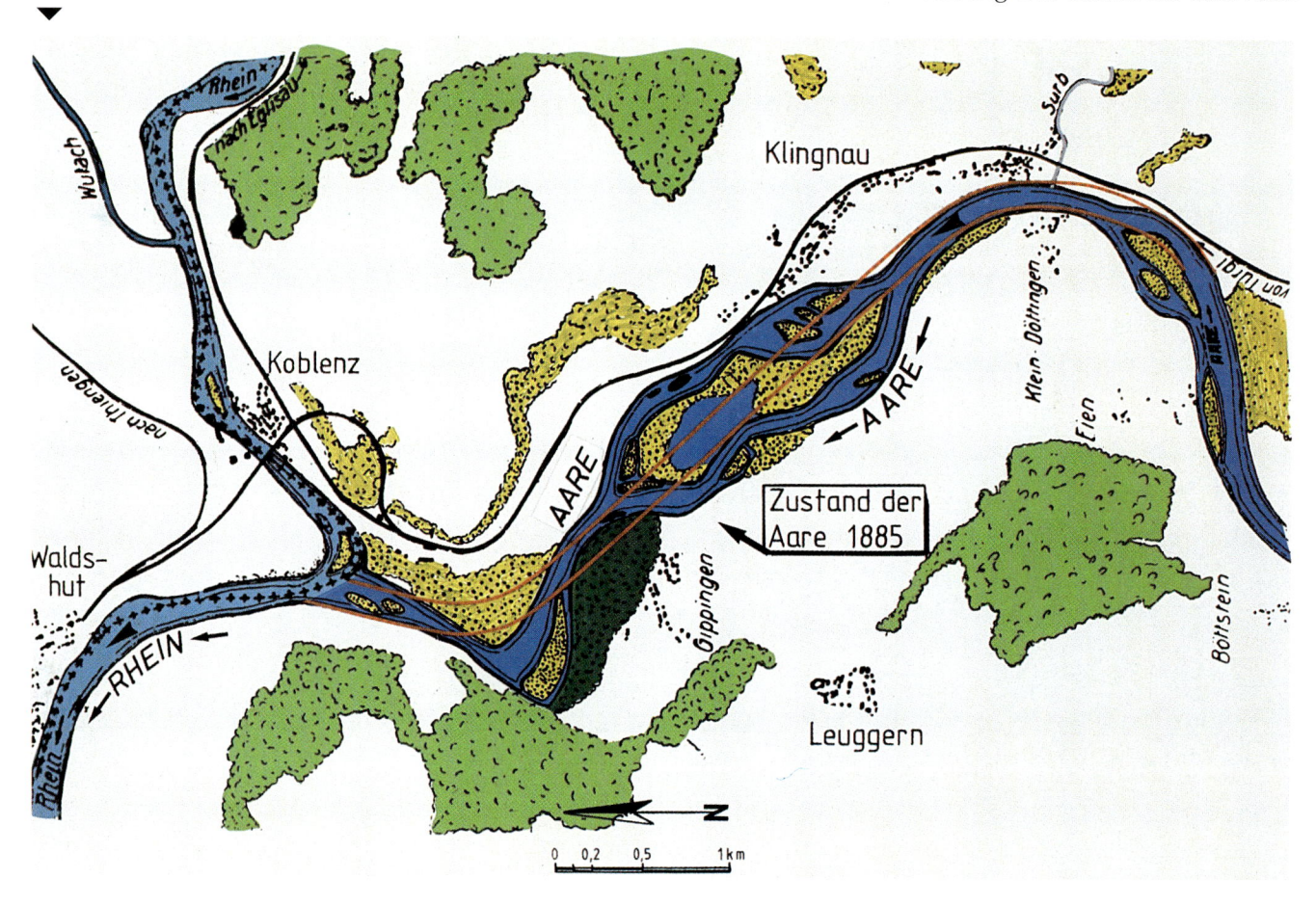

Zustand der Aare im Jahre 1885. Eingezeichnet: Linienführung der Korrektion.

von Döttingen. Er sagte voraus, dass das offizielle Projekt niemals für 950 000 Franken verwirklicht werden könne, sondern auf mindestens 1,5 Mio Franken zu stehen komme. Wie sich später herausstellen sollte, hatte er recht!

Die Meinungen wogten hin und her. Die Teilnehmer der Zusammenkunft konnten kein Urteil abgeben. Der Kanton liess das Projekt nochmals vom Bund überprüfen. Doch der Oberbauinspektor beharrte auf dem von ihm gefällten Entscheid. Heute neigt man eher zur Ansicht, dass das Projekt Mühlberg einfacher auszuführen und entsprechend billiger gewesen wäre.

Wie reagierten die Leute im unteren Aaretal auf diesen Expertenstreit? Sicher waren sie ungeduldig, weil mit der Korrektion noch immer nicht begonnen wurde. Der Redaktor der «Botschaft», einer damals sehr konservativen Zeitung, ärgerte sich über den Vorschlag Mühlberg. Ihm ging es weniger um die Sache als darum, dass der Professor sein Projekt in der freisinnigen Presse veröffentlichte. Wer weiss, ob sich die Bevölkerung für das Projekt Mühlberg erwärmt hätte, wenn sie sachlicher orientiert worden wäre?

Die Ausführung

Endlich, am 21. Juni 1887, erfolgte die Bauausschreibung in der «Botschaft». Am 7. Oktober 1887 wurden die Materiallieferungen vergeben, z.B. Bruchsteine, Faschinenholz, Draht usw. Die Arbeiten an und für sich wurden im Regiebetrieb ausgeführt. Man kaufte 1700 Meter Bahngeleise, sechs Rollwagen und zwei Weidlinge sowie dazu nötige Ausrüstungen. Arbeiter wurden eingestellt, wobei man vorwiegend Männer der Gegend berücksichtigte.

Da meistens nur im Winter gebaut werden konnte, brachte die Aarekorrektion vielen Landwirten und Rebbauern zusätzlichen Verdienst. Die Arbeiter waren obligatorisch gegen Krankheit und Unfall versichert. Sie hatten selber einen Beitrag an die Versicherungen zu leisten, erhielten aber Krankengeld, freie ärztliche Behandlung und Arznei sowie bescheidene Invalidenrenten. Im Todesfalle erhielten die Angehörigen eine Abfindungssumme.

Im Herbst 1887 wurde oberhalb der Fähre Felsenau mit dem Aushub eines Leitgrabens begonnen, und auch weitere Arbeiten entlang der zu korrigierenden Strecke wurden in Angriff genom-

«Die Botschaft», 26. Juni 1887.
▼

Bauausschreibung.

Ueber die Ausführung folgender Arbeiten und Lieferungen für die
Aare-Correktion zwischen Böttstein und dem Rhein
wird öffentlich freie Concurrenz eröffnet:

Erdarbeiten	circa m³ 65 800
Steinvorlage aus Bruchsteinen	„ m³ 11,700
Ufer- und Kronabpflästerungen	„ m² 10 600

Die Arbeit ist in drei Loose eingetheilt. Es können Angebote sowohl für das Ganze wie für einzelne Loose, Arbeitsgattungen oder Lieferungen gemacht werden.

Vertragsbedingungen, Bauvorschriften, Pläne und Normalien liegen beim Ingenieur für die Aar-Correktion, Herrn **Allemann in Klingnau** zur Einsicht auf. Daselbst sind auch die Angebotsformulare zu beziehen.

Die Angebote sind verschlossen mit der Aufschrift: „Angebot für Aar-Correktionsarbeiten" der Unterzeichneten bis **21. Juli 1887** Abends 6 Uhr einzureichen.   3

Aarau, den 21. Juni 1887.

(O. F. 5071)   **Die Baudirektion des Kantons Aargau.**

Aarekorrektion Dez. 1916

Arbeiter befestigen in der Nähe der Aaremündung die Ufer. Eigentlich war die Korrektion nie zu Ende. Mit dem Bau des Kraftwerks wurde sie eingestellt.

men. Eine langwierige, komplizierte Arbeit hatte angefangen. Immer wieder machten Hochwasser geleistete Arbeit zunichte. Laufend sammelte man neue Erfahrungen.

In unvorstellbarer «Kleinarbeit», verglichen mit der Grösse des Projektes, zog sich der Bau über viele Winter dahin. So gut wie möglich wurde nach den Plänen vorgegangen. Josef Villiger erzählt:

«Im Winter 1890 kamen jeden Tag 22 Schiffsladungen mit Kalksteinen aus Stilli, Lauffohr und der Beznau. Die Steinblöcke schloss man mit Drahtnetzen zusammen, sonst hätte sie die Flut ständig verschluckt. Im übrigen musste die Aare das Material zu ihrer Bändigung selber hergeben. Jeden Winter vertieften die Arbeitskräfte der Gegend das Aarebett und führten das Grien mit der Karrette auf die Dämme. Wenn es am Morgen in Klingnau sechs Uhr schlug, gingen die Döttinger Arbeiter schon vorbei.

Gearbeitet wurde bis die Nacht hereinbrach. Der Taglohn betrug Fr. 2.40.»

Die Bruchsteine, von denen hier die Rede ist, wurden oft wieder weggespült. Die Dämme rutschten nach, und die Arbeit begann wieder von vorne.

Im Zeitraum vom 1. November 1887 bis zum 31. Dezember 1889 gab es 62 Unfälle und einen Todesfall durch Ertrinken. Die Unfälle hatten meist leichtere Verletzungen an Händen und Füssen, Armen und Beinen zur Folge. Ein zweiter tödlicher Unfall ereignete sich im Januar 1894.

1896 waren die 950 000 Franken verbaut. Der Grosse Rat musste im Einverständnis mit dem Bund eine weitere Summe von 546 000 Franken bewilligen. Einen Teil dieses Betrages brauchte man zur Befestigung des Steilufers oberhalb von Döttingen, was im Projekt nicht vorgesehen war.

So sah nun die neue Aarelandschaft auf der Karte aus im Massstab 1:25 000 von 1882 mit Nachträgen von 1902 und 1913. Rot eingezeichnet ist das Kraftwerkprojekt Böttstein-Gippingen mit dem Anschlussgeleise, dem wir die «halbe Brücke» zu verdanken haben.

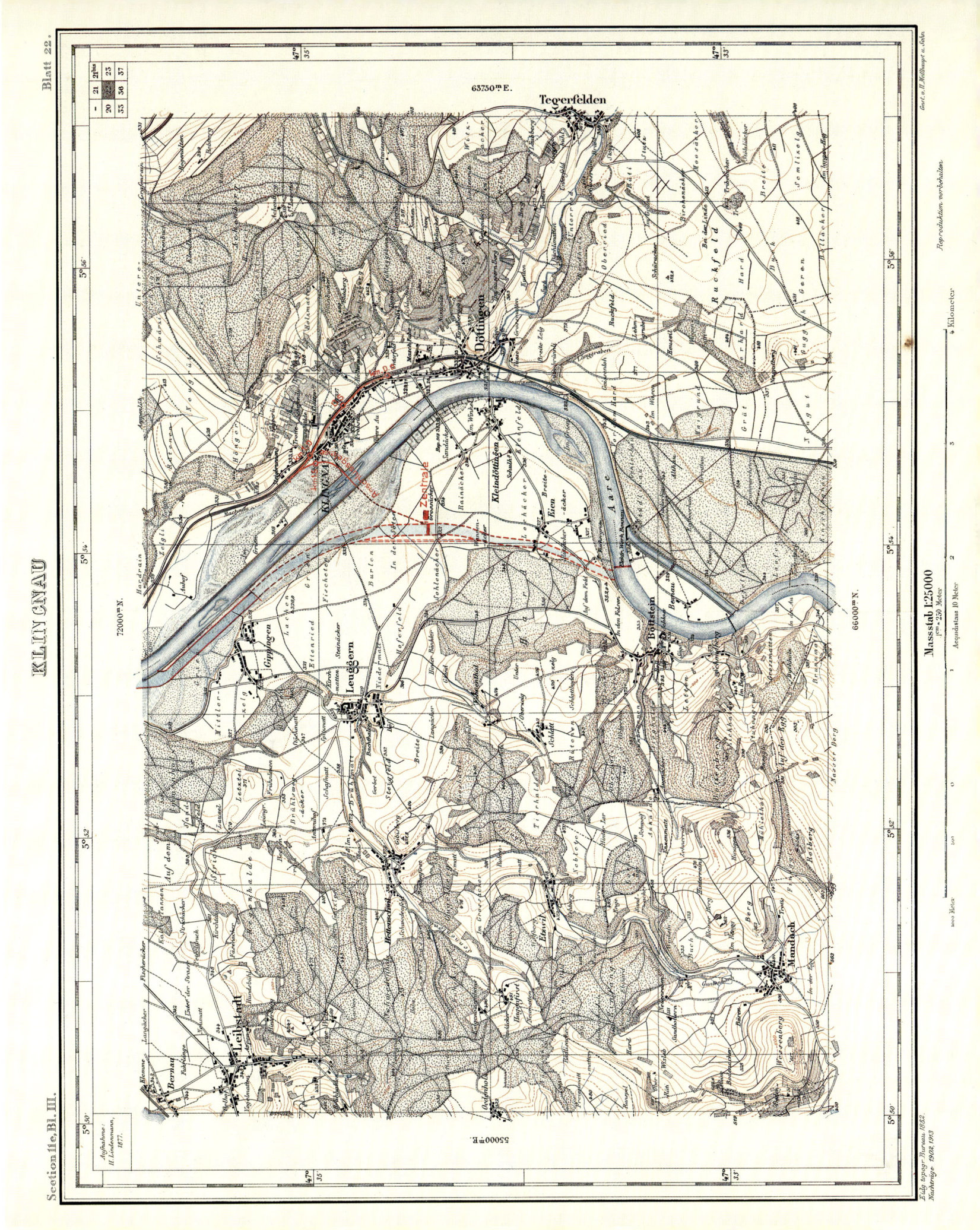

KLINGNAU

Section 11e, Bl. III. Blatt 22.

Aufnahme: H. Lindenmann, 1877.

Massstab 1:25000
Aequidistanz 10 Meter

Eidg. topogr. Bureau 1882.
Nachtrag 1902, 1913.

Gest. v. R. Kellhaupt u. Sohn.
Reproduktion vorbehalten.

Von 1898 bis 1902 wurde das Kraftwerk Beznau gebaut und das Aushubmaterial des Kanals zur Errichtung der Dämme im Eiener Grien verwendet.

Als man 1904 sämtliches Geld aufgebraucht hatte, galt die Aarekorrektion als abgeschlossen. Die weiteren Arbeiten wurden als «Unterhaltsarbeiten» bezeichnet. 1906 wurden dafür rund 6500 Franken und 1909 zum Beispiel über 8000 Franken ausgegeben. So gesehen war die Korrektion eigentlich nie zu Ende. Zudem kam es trotz der Verbauungen an exponierten Stellen (z. B. beim heutigen Kraftwerk Klingnau) bei Hochwasser immer noch zu Überschwemmungen. Erst mit dem Bau des Kraftwerks Klingnau samt Stausee wurden die Probleme endgültig gelöst.

Durch die Korrektion hatte die Landschaft des unteren Aaretals zweifellos an Schönheit verloren.

Blick von Norden (Gischberg, Felsenau) auf das untere Aaretal, vor dem Kraftwerkbau
▼

Eine «halbe» Brücke über die Aare

Jedem Fremden, der das erste Mal in die Gegend des Stausees Klingnau kommt, fällt die Brücke auf, die nur bis in die Mitte des Sees reicht. Er fragt sich, was es mit dieser «halben» Brücke für eine Bewandtnis habe. Nur wenige Bewohner des untersten Aaretals wissen darüber genau Bescheid.

Nachdem das von der «Aktiengesellschaft Motor» gebaute Kraftwerk Beznau von der Nordostschweizerischen Kraftwerke AG (NOK) übernommen worden war, hatte diese schon Pläne für den Bau eines Kraftwerks Böttstein-Gippingen. Im Jahre 1919 hatte die NOK von der aargauischen Regierung die Konzession erhalten. Geplant war die Nutzbarmachung der gesamten Wasserkraft der Aare vom

Die «halbe» Brücke endet in der Seemitte. ▶

Im Banne des Aarelaufes

Zusammenfluss von Aare, Reuss und Limmat bis zur Eisenbahnbrücke Koblenz–Felsenau in einer einzigen Stufe.

Auf der Höhe der Beznau, oberhalb der Zentrale, war ein zweites Wehr vorgesehen. So hätte man die Aare 2,2 Meter höher stauen können. Über das Kleindöttinger Feld sollte ein 2,3 Kilometer langer Oberwasserkanal gebaut werden und gegenüber Klingnau, in der Nähe von Leuggern, die Zentrale. Der Unterwasserkanal sollte bei der Eisenbahnbrücke Koblenz–Felsenau wieder in die Aare münden.

Als Vorarbeit zu diesem grossen Projekt wurde 1920 als erstes eine Eisenbahnbrücke über die Aare bei Klingnau erstellt. Sie sollte den Geleiseanschluss an die Station Döttingen-Klingnau ermöglichen, der für den Kraftwerkbau notwendig war. Inzwischen

Das Naturschutzgebiet im «Grien»

hatten sich die NOK beim Bau des Wäggital-Werkes und bei Ryburg-Schwörstadt engagiert. Das Projekt Böttstein-Gippingen wurde hinausgeschoben und zuletzt aufgegeben. 1927 wurde das Kraftwerk Beznau noch so ausgebaut, dass man 75 Zentimeter höher stauen konnte.

Geblieben ist die Brücke, die heute zu den Inseln hinausführt. Vor dem Bau des Kraftwerks Klingnau diente sie den Bezirksschülern von Klingnau zur Abkürzung ihres Schulweges nach Leuggern. Immerhin liess sich der Fussmarsch um eine Viertelstunde abkürzen.

«Grien», 18. April 1927.

«Giessen», 25. Juni 1922.

Im Banne des Aarelaufes

3. Kapitel

Das Kraftwerk Klingnau

Gründung der Aarewerke AG

Ende 1925 reichten die Herren Moor und Affeltranger aus Zürich ein Konzessionsgesuch für ein Werk ein, das die untere Hälfte der Gippinger Stufe ausnützen wollte. So wurde das ursprüngliche Projekt Böttstein-Gippingen aufgeteilt in das bestehende Kraftwerk Beznau und in ein neues Kraftwerk Klingnau.

Geplant war ein Kanalkraftwerk mit einem rechtsseitigen Oberwasserkanal bis zur Zentrale, etwa 200 Meter oberhalb der Eisenbahnbrücke Koblenz–Felsenau, und einem Unterwasserkanal von da bis zur Mündung der Aare in den Rhein. Einsprachen gegen das Projekt betrafen vor allem die Fischerei und die Kleinschiffahrt sowie Grundeigentümer, die wegen des Aufstaus um ihre Liegenschaften fürchteten. Die Konzessionsbewerber sicherten zu, die Befürchtungen zu beachten und für eventuelle Schäden aufzukommen.

Am 17. September 1929 wurde die Aarewerke AG mit Sitz in Brugg gegründet. Brugg deshalb, weil die Aarewerke AG die Konzessionen für den Bau der Kraftwerke Wildegg-Brugg und Klingnau erhielten. Die Konzession für das geplante Kanalkraftwerk wurde am 2. November 1929 erteilt. Nachdem man 1930 das Kanalprojekt fallengelassen und aus wirtschaftlichen Gründen dem Stauseeprojekt den Vorzug gegeben hatte, erteilte der Grosse Rat am 6. November 1931 die dafür erforderliche Konzessionsergänzung zum Bau des Werks. Aus vorwiegend politischen Gründen wurde 1948 die Konzession für die Staustufe Wildegg-Brugg an die NOK abgetreten. Im Jahre 1980 erfolgte die Sitzverlegung von Brugg nach Klingnau.

Zur Zeit der Gründung der Aarewerke AG im Jahre 1929 waren an der Aktiengesellschaft beteiligt:

1. Kanton Aargau	35 %
2. Schweizer Gruppe	
a) Nordostschweizerische Kraftwerke AG, Baden	10 %
b) Motor Columbus AG, Baden	10 %
c) Bernische Kraftwerke AG, Bern	10 %
3. Rheinisch-Westfälisches Elektrizitätswerk AG (RWE), Essen	30 %
4. Schweizerische Kreditanstalt, Zürich	5 %

Von der 35prozentigen Beteiligung des Kantons Aargau wurden später 15 Prozent an das Aargauische Elektrizitätswerk, Aarau, abgetreten. Das Ziel der Gesellschaft war, den für eine rationale Elektrizitätswirtschaft notwendigen Zusammenschluss der verschiedenen Energiequellen auch auf internationalem Gebiet zu fördern. Und darüber gingen die Meinungen der Politiker stark auseinander.

Opposition

Im Sommer 1929 hatte der Bundesrat dem zukünftigen Kraftwerk die Energie-Ausfuhrbewilligung erteilt. Diese Bewilligung war damals das heissumstrittenste Kernstück des ganzen Kraftwerkprojektes.

Diesem bundesrätlichen Entscheid war ein monatelanges Kesseltreiben gegen die aargauischen Kraftwerkpläne vorausgegangen. Die Bedenken des Naturschutzes, der Fischer, der Pontoniere und der anstossenden Grundeigentümer fielen kaum ins Gewicht neben jenen Gegnern, die ganz einfach kein neues Kraftwerk im Aargau wünschten. Es war aber die Zeit der Krisenjahre. Jedermann war froh, wenn er Arbeit fand. Und ein Kraftwerkbau konnte doch vielen Menschen Arbeit verschaffen.

Guido Aeschbach schreibt unter anderem im Jubiläumsbericht der Aarewerke AG von 1979: Die Initiative für «Klingnau» war von der Aargauer Regierung und einheimischen Handels- und Industriekreisen ausgegangen, die sich nach dem Ersten Weltkrieg um eine Ankurbelung des darniederliegenden Wirtschaftslebens bemühten. Den Aargauer Politikern jener Krisenjahre muss rückblickend Weitblick und Tatkraft in überdurchschnittlichem Masse nachgerühmt werden. Am «Klingnauer» Projekt konnte die Rheinisch-Westfälische Elektrizitätswerk AG in Essen (RWE) interessiert werden. Die Schweiz war in den Jahren nach dem Ersten Weltkrieg mit elektrischer Energie eingedeckt, teilweise bedingt durch

▲
Kanalprojekt von 1929.

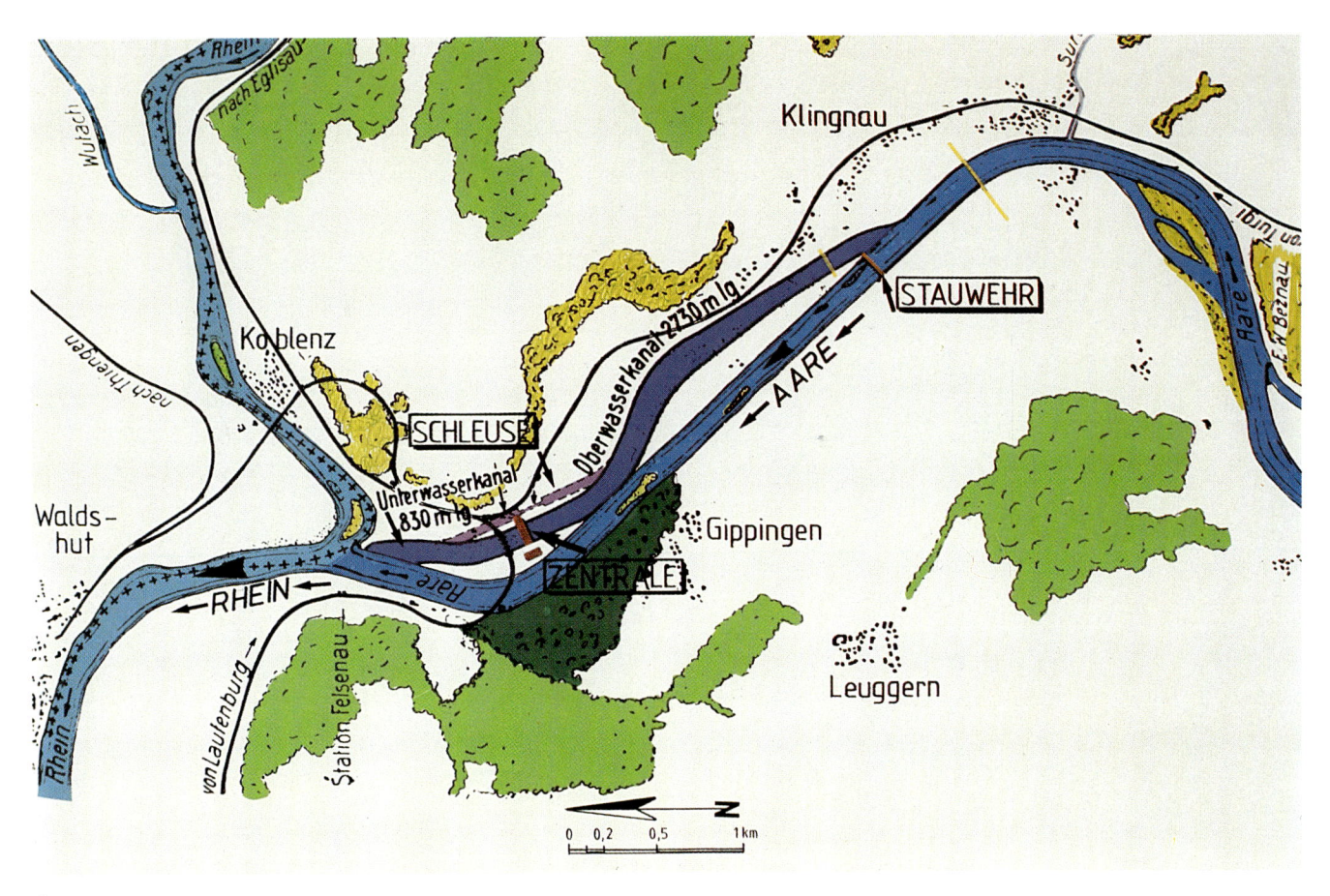

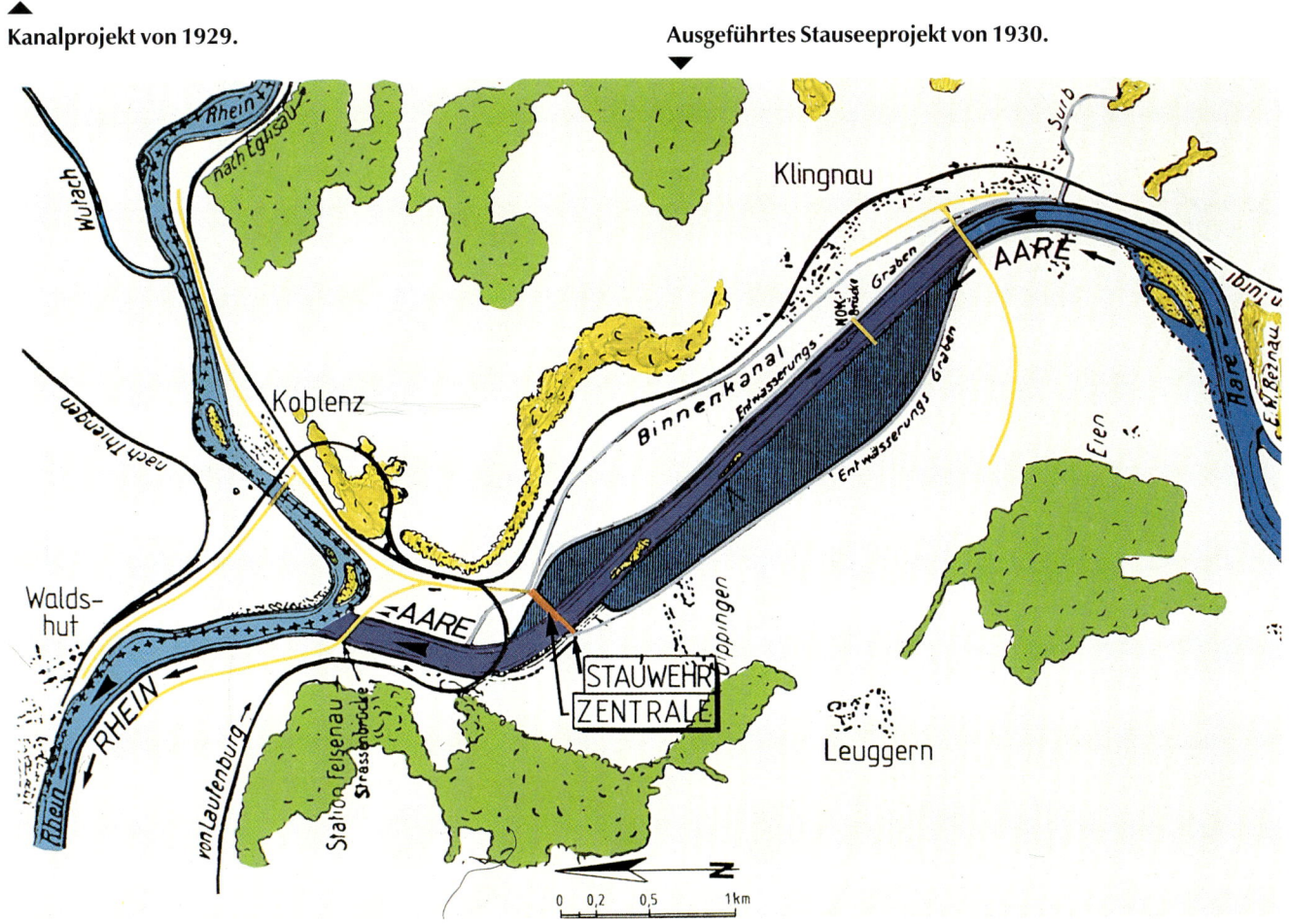

Ausgeführtes Stauseeprojekt von 1930.
▼

▲
Blick vom Unterwasser auf die Baustelle (Stand März 1933). Im Vordergrund die Eisenbahnbrücke über die Aare von Koblenz nach Felsenau. Hinter der Eisenbahnbrücke befindet sich die Krafthausbaugrube; links davon liegen die Installationsplätze für Maschinenhaus und Wehr. Oberhalb der Krafthausbaugrube liegt das Einlauf-Vorbecken, unterhalb der kurze Unterwasserkanal, der bereits fertig ausgebaggert ist mit Ausnahme des alten Aaredammes, der erst nach Fertigstellung der Bauten entfernt wird. In der Aare liegt der fertiggestellte Teil des Wehres (Öffnungen 1 und 2) und die Baugrube für die in Arbeit befindliche zweite Wehrhälfte (Öffnungen 3 und 4). Flussaufwärts schliessen die Seitendämme des Staugebietes an. Das linksseitige Aareufer (auf dem Bild rechts) wird bis zum Hochbord eingestaut, so dass ein kleiner See entsteht. Ganz rechts im Bilde liegt das für die Anlage zweier Grossschiffahrtsschleusen mit Vorhäfen reservierte Gelände.

---

die Weltwirtschaftskrise. Deshalb warf man den Aargauer Politikern vor, sie planten Unsinniges. Doch sie hatten den Weg gefunden: Export elektrischer Energie!

Die Beteiligung der deutschen RWE am Klingnauer Projekt wurde von den Kreisen ausserhalb des Kantons als «Landesverrat» angeprangert. Der aargauische Grosse Rat wehrte sich gegen die Vorwürfe energisch. Die politische Opposition verstummte erst, als die vorgesehene Beteiligung der Rheinisch-Westfälischen Elektrizitätswerke AG, Essen, von 50 auf 30 Prozent reduziert wurde. Im Vertrag mit den RWE war jedoch von Anfang an festgelegt, dass die schweizerische Energieversorgung immer Vorrang hatte.

Das vollendete und in Betrieb genommene Kraftwerk von Norden nach Süden gesehen.

Der Bau des Kraftwerks

Mit den Bauarbeiten wurde im Herbst 1931 begonnen. Durch die nebeneinander erstellten Wehr- und Maschinenhausbauten wurde die Aare rund 1,4 Kilometer vor ihrer Mündung in den Rhein auf einer Strecke von etwa 5 Kilometern eingestaut. Die Staukote beträgt ständig 318,4 Meter über Meer. Das Stauseeprojekt hatte den Vorteil, dass der im Zusammenhang mit der Aarekorrektion erstellte rechtsseitige Hochwasserschutzdamm zwischen Döttingen und Klingnau beibehalten werden konnte und nur verstärkt und erhöht werden musste. Das linksseitige, aus Schachenland, Sumpf und Wasserflächen bestehende Ufergelände wurde ausgebaggert und mit Schutzdämmen abgeschlossen. Vor dem Maschinenhaus entstand am rechten Ufer eine Einlaufbucht. Unterhalb des Kraftwerks wurde das Flussbett verbreitert und ausgebaggert, so dass ein mittleres Nutzgefälle von 6,6 Metern entstand. So bildete sich ein kleiner, bis 450 Meter breiter See mit einer Fläche von 1,5 Quadratkilometern, der Stausee Klingnau.

Während des Baus gab es Überraschungen. Als das Fundament zur Aufnahme des Maschinenhauses ausgetieft wurde, stieg vom Grundwasserstrom her eine Quelle durch die zerklüfteten Felsen auf, die mit einem Zufluss von 3000 Litern pro Sekunde den Ingenieuren monatelang zu schaffen machte. Verschiedene Male wurden die Baugruben durch Hochwasser überschwemmt. Im Juli 1935 konnte der

Betrieb aufgenommen werden. Drei Turbinen schlucken zusammen pro Sekunde 810 Kubikmeter Wasser, so dass im Mittel pro Jahr 230 Mio Kilowattstunden Energie erzeugt werden können.

Beidseitig der Aare wurden Seitenkanäle erstellt. Diese nehmen Sickerwasserverluste durch die Seedämme, Grundwasserdruck vom Land und Oberflächenwasser der umliegenden Gebiete auf. Unterhalb des Kraftwerks münden diese Kanäle in die Aare.

Rechts vom Wehr kam die Fischtreppe zu liegen. Links befindet sich eine Kahntransportanlage mit Schmalspurgeleise und Rollwagen. Für die Grossschiffahrt wurden vorsorglich westlich vom Wehr die nötigen Anordnungen getroffen.

1981 wurde der ganze Stausee vorübergehend um 1,6 Meter abgesenkt, da die Dammanlagen an verschiedenen Stellen ausgebessert werden mussten. Oberhalb der Döttinger Aarebrücke wurde der linksufrige Kiesschüttungsdamm auf einer Länge von etwa 650 Metern zusätzlich mit einer Lehmschicht versehen, um auch bei Hochwasser die Dammdurchsickerung zu verhindern.

Der Bau des Binnenkanals

Vor Überschwemmungen durch die Aare war man nach der Aarekorrektion einigermassen sicher. Doch die Schachengebiete links und rechts des nun begradigten Flusses blieben sich selbst überlassen. Auf der rechten Seite verschlimmerten sich die Zustände im Laufe der Jahre. Die Hochwasserschutzdämme verriegelten die Einmündungen der verschiedenen rechtsseitigen Hanggewässer, z. B. des Achenbergbachs, in die Aare. Wohl wurden diese Gewässer notdürftig in Gräben gesammelt, in die alten Aarearme und unterhalb der Eisenbahnbrücke Koblenz–Felsenau in die korrigierte Aare geleitet. Doch verschlammten und verkrauteten diese Altläufe mit den Jahren, so dass der Wasserabfluss für die rechtsseitigen Binnengewässer immer mehr erschwert wurde. Dies führte zu einer zunehmenden Versumpfung des Bodens und zu hygienisch unhaltbaren Zuständen, vor allem im Sommer (Geruchsbelästigung, Fliegen- und Mückenplage). Bei Unwettern, wie z. B. Ende Mai 1931, und bei Schneeschmelze litten die tiefer gelegenen Gebiete unter Hochwasser. Mancher Keller im tiefer gelegenen Stadtteil «Dorf» füllte sich dann jeweils mit Wasser.

Durch den Bau des Kraftwerks Albbruck-Dogern wären die Verhältnisse noch schlimmer geworden, hätte man nicht Gegenmassnahmen getroffen. Es war höchste Zeit, den notwendigen Binnenkanal von Döttingen bis Koblenz zu bauen. Mit Bundes- und Staatssubventionen, den Beiträgen der beteiligten Gemeinden und der beiden Kraftwerke Albbruck-Dogern und Klingnau konnte die Finanzierung der Baukosten von 890 000 Franken gesichert werden. In den Jahren 1934 und 1935 wurde der Kanal gebaut. Von den 4,25 Kilometern wurden 570 Meter als gedeckte Rohrleitung verlegt. Über den offenen Graben mussten zehn kleine Brücken gebaut werden. Im Sommer 1981 wurde die elfte und schönste eingeweiht: die Schlangenbrücke beim Bezirksschulhaus!

Baubeginn Binnenkanal, Herbst 1934 (Mühlehof).

Stausee mit altem Aaredamm, Januar 1935.

▲
Herstellung der Beton-Böschungsplatten am rechten Staudamm unterhalb der Döttinger Brücke. Wehrbaugrube. Bauzustand 15. Juli 1932.

Bau der Stützmauer beim Hause Häfeli-Hug, im Grie, vom Unterstrom aus gesehen (Juni 1932).
▼

▲
Blick von Nordwesten auf Maschinenhaus und Stauwehr des Kraftwerks Klingnau. (1988)

So präsentiert sich das Gebiet des Stausees auf der Landeskarte.
▼

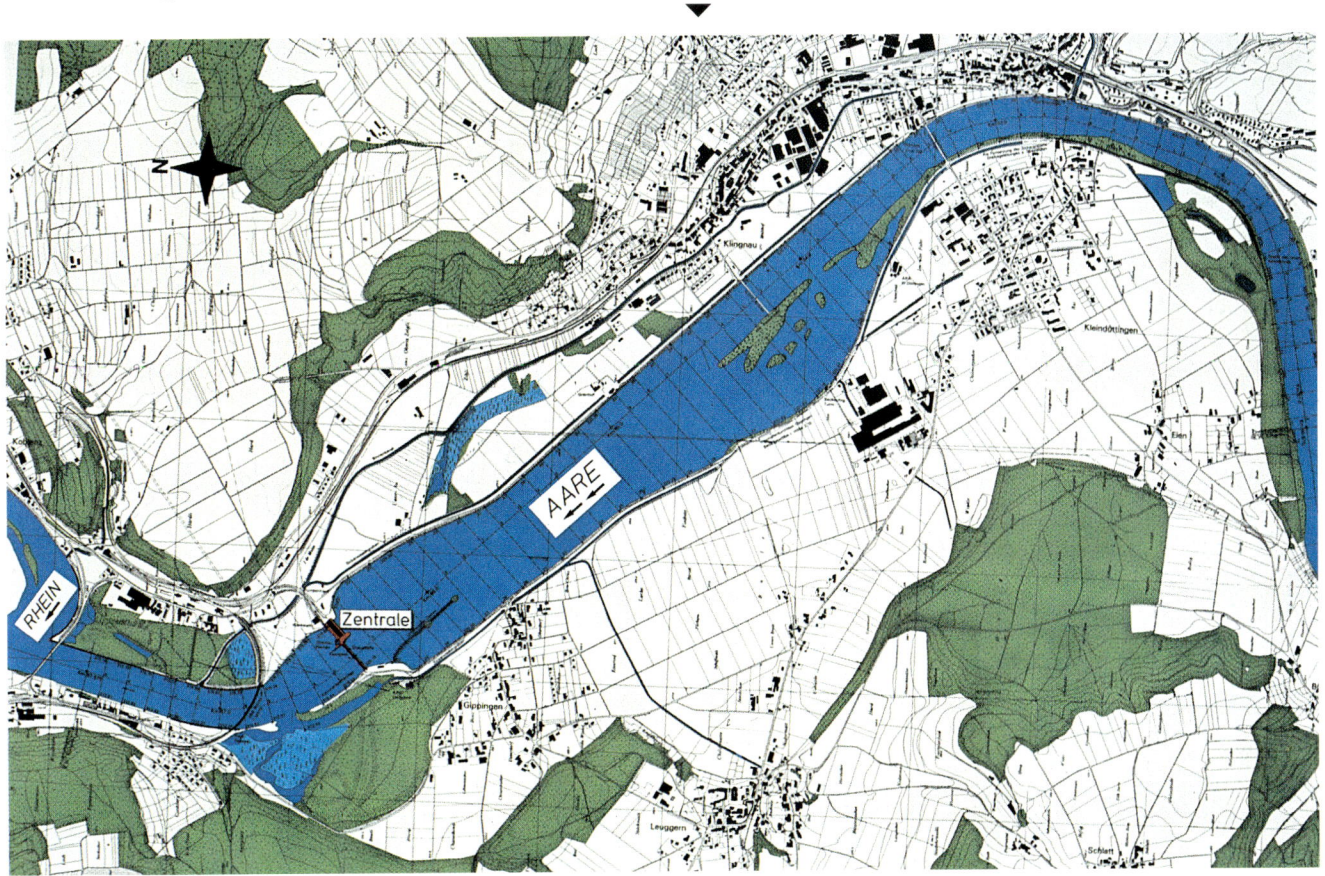

4. Kapitel

Der Stausee Klingnau – ein Gebiet von nationaler und internationaler Bedeutung

Das «Wunder» Stausee

Sämtliche Prophezeiungen der Pessimisten erfüllten sich nicht. Das gilt sowohl für die Unkenrufe der Gegner des «Export-Kraftwerks» – der Hauptanteil der Produktion wird heute von schweizerischen Partnergesellschaften bezogen – als auch für die Bedenken der Naturschützer. Die durch den Kanalbau weitgehend zerstörte Auenlandschaft erlebte durch den Aufstau der Aare eine Art Wiedergeburt. Bereits im Winter 1938/39 überwinterten 6000 Enten am Klingnauer Stausee. Doch nicht nur ein bedeutendes Vogelbiotop entwickelte sich, auch ein vielfältiger Lebensraum für Pflanzen- und Tiergemeinschaften entstand.

Mit dem Aufstau wurde die Fliessgeschwindigkeit des Wassers stark verringert. Deshalb lagerten sich im Laufe der Jahre Millionen von Kubikmetern Feinsand und Schlick im Stauraum ab. Ein grosser Teil der linken Seeseite wurde fast vollständig ausgefüllt. Wo ursprünglich Wassertiefen von vier bis sechs Metern gemessen wurden, sind es heute bei Soll-Stau (318,40 Meter über Meer) nur noch 30 bis 80 Zentimeter. So entwickelte sich der Stausee durch die allmähliche Verlandung von einem Tauchenten- zu einem Schwimmenten- und Watvogelbiotop. Seine grosse ornithologische Bedeutung hat er als Rast- und Überwinterungsgebiet für über 230 Vogelarten. Nur an wenigen Stellen im zentralen Mitteleuropa sind ähnlich günstige Bedingungen anzutreffen. Als Brutgebiet hat er bis vor wenigen Jahren eher eine geringe Rolle gespielt. In jüngster Zeit brüten neben Schwänen und Blässrallen auch Lachmöwen, Flussseeschwalben, Stockenten und andere Entenarten sowie seltene Singvögel. In den Altwassern und Auenwäldern der Gebiete Grien und Giriz brüten etwa 48 Vogelarten, z. B. Zwergtaucher, Haubentaucher, Wasserrallen und Eisvögel. So kann man in den Monaten Mai und Juni auch in der Klingnauer Machnau den Schlag der Nachtigallen hören.

Die Verlandung des Stausees, die sich die Naturschützer insgeheim erhofft hatten, wurde für sie später fast zum Alptraum.

Auf den höher gelegenen Sand- und Schlickinseln begannen Pflanzen schnell Fuss zu fassen. Sumpfpflanzen, Riedgräser und Rohrkolben siedelten sich an, «Neuland» entstand. Dadurch gingen den Wasservögeln nach und nach lebenswichtige Schlickflächen verloren. Verschiedene Pflegemassnahmen wurden studiert und ein Konzept entworfen, dessen Ziel es ist, eine möglichst grosse Artenvielfalt zu erhalten. 1979 wurden unter anderem neue Wasserflächen im oberen verlandeten Lagunenbereich geschaffen und durch Pfählungen und Aufschüttungen die Strömungsverhältnisse beeinflusst. Die mit Pflanzen bewachsenen Schlickinseln werden jedes Jahr durch das Mähen der Streu und Entfernen der aufkommenden Weiden unterhalten.

Zurzeit laufen verschiedene wissenschaftliche Projekte im Gebiet des Klingnauer Stausees. Seit Jahren wird dieses Stück Landschaft intensiv unter die Lupe genommen. Es wird gezählt, untersucht und experimentiert, um die Entwicklung eines international bedeutenden Feuchtgebietes besser kennenzulernen.

Hochrheinschiffahrt – eine neue Gefahr?

Seit Jahrzehnten gibt es Ideen und sogar Pläne zur Schiffbarmachung der Aare und vor allem des Hochrheins. Nach Ansicht der Befürworter sollte Klingnau wieder eine Hafenstadt wie in vergangenen Zeiten werden. Sollte dieser Fall tatsächlich eintreten, müsste die heutige Aarelandschaft durch die im Hafengebiet notwendigen Schiffsanlagen schwerwiegend verändert werden. Zur Überwindung der Staustufe wäre eine Schleuse nötig, die die Zerstörung der Landschaft im Giriz oder im Gippinger Grien mit sich bringen würde. Die Hafenanlage am linken Seeufer müsste den Abschluss der ersten Etappe der Schiffbarmachung des Rheins von Basel bis Koblenz bilden.

Oben: Kormorane, im Vordergrund Möwen.

Mitte links: Jungente beim Schlüpfen.

Mitte rechts: Schwanenfamilie.

Links: Libelle.

Rechts: Blauer, gewöhnlicher Natternkopf.

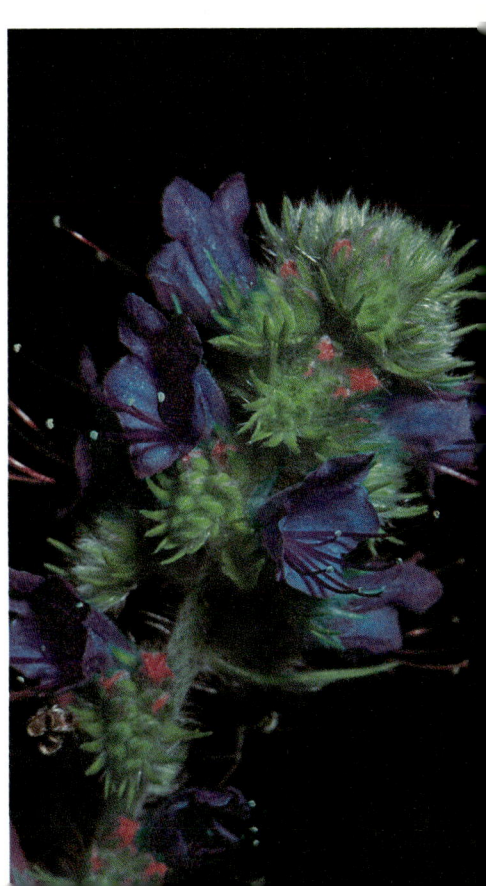

Hafenbecken, Umschlagplätze, Geleiseanlagen und Strassen hätten eine gewaltige Veränderung der Landschaft zur Folge. Es ist unvorstellbar, dass vor allem die selten gewordenen Tier- und Pflanzenarten überleben würden. Die auf dem See verkehrenden Schiffe würden das Wasser verschmutzen, Abgase die Luft. Der Lärm würde die Tiere stören. Ob die Vogelwelt unter solchen Umständen den See noch als Rastplatz benützen würde, ist zweifelhaft.

Gegenwärtig scheint die Gefahr eines Hafens gebannt. Die Aargauer Regierung schrieb dem Bundesrat bei der Vernehmlassung zur Hochrheinschiffahrt:

«Ein Hafenstandort Klingnau würde praktisch zur Vernichtung eines Gebietes führen, dessen nationale und internationale Bedeutung mehrfach nachgewiesen ist.»

Eine Initiative und ein Dekret

Im April 1986 wurde eine Volksinitiative eingereicht für ein «Gesetz über die Erhaltung und Pflege des Klingnauer Stausees und seiner Umgebung». Der Regierungsrat unterbreitete Ende November 1987 dem Grossen Rat ein Dekret über den Schutz des Klingnauer Stausees und seiner Umgebung. Der Entwurf des Dekrets, vom Grossen Rat noch verschärft und am 17. Mai 1988 genehmigt, kommt der Initiative sehr weit entgegen. Trotzdem wurde die Initiative nicht zurückgezogen. Am 4. Juni 1989 wurde sie vom Volk bachab geschickt.

Der Schutzgedanke ist naheliegend und nötig, denn der Druck durch Besiedlung und Erholung verstärkt sich. Konflikte tauchen auf. Deshalb braucht es klare Grenzen für Fischerei, Jagd und Wasserfahren.

Die Einschränkungen des Dekrets lassen der Bevölkerung des unteren Aaretals die nötige Bewegungsfreiheit. Ohne menschliche Eingriffe würde der Stausee ohnehin stark verlanden und als Rast- und Überwinterungsplatz für viele Vogelarten verlorengehen.

Quellen und Literatur:

- Aarewerke AG, 50. Geschäftsbericht, 1979.
- Aarg. Regierungsrat, Auszug aus dem Rechenschaftsbericht über die Aarekorrektion aus den Jahren 1886–1909.
- Aarg. Regierungsrat, Dekret über den Schutz des Klingnauer Stausees und seiner Umgebung, 1987.
- Bächli L., Die Verlandung des Stauraumes Klingnau von 1935 bis heute, 1981.
- Baudepartement des Kantons Aargau, Aarau
  – Dr. R. Maurer, Abt. Raumplanung, Sektion Natur und Landschaft
  – A. Windel, Abt. Wasserbau und Wasserwirtschaft.
- «Die Botschaft», Buchdruckerei A. Bürli AG, Klingnau, verschiedene Ausgaben aus den Jahren 1876 bis 1892
- Baumann Max, Stilli, 1977.
- Gemeindearchiv Klingnau: Gemeinderatsprotokolle, Unterlagen zur Aarekorrektion und zum Kraftwerkbau.
- Osterwalder J., Das Aarekraftwerk Klingnau, Aarau, 1937.
- Pontonierfahrverein Klingnau, Festschrift, 1980.
- Staatsarchiv des Kantons Aargau, Briefe von 1876 bis 1881.
- Siegrist R., Die Aare bei Klingnau, Zürich, 1962.
- Villiger J., Zu unterst im Aaretal, Aarg. Lehrerverein, 1959.

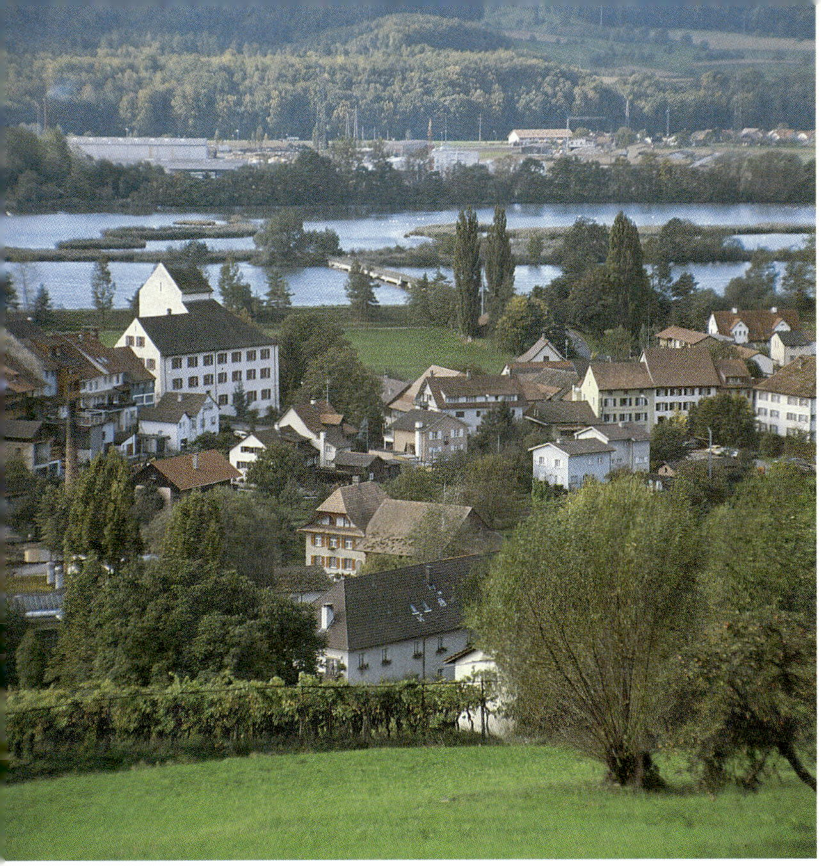
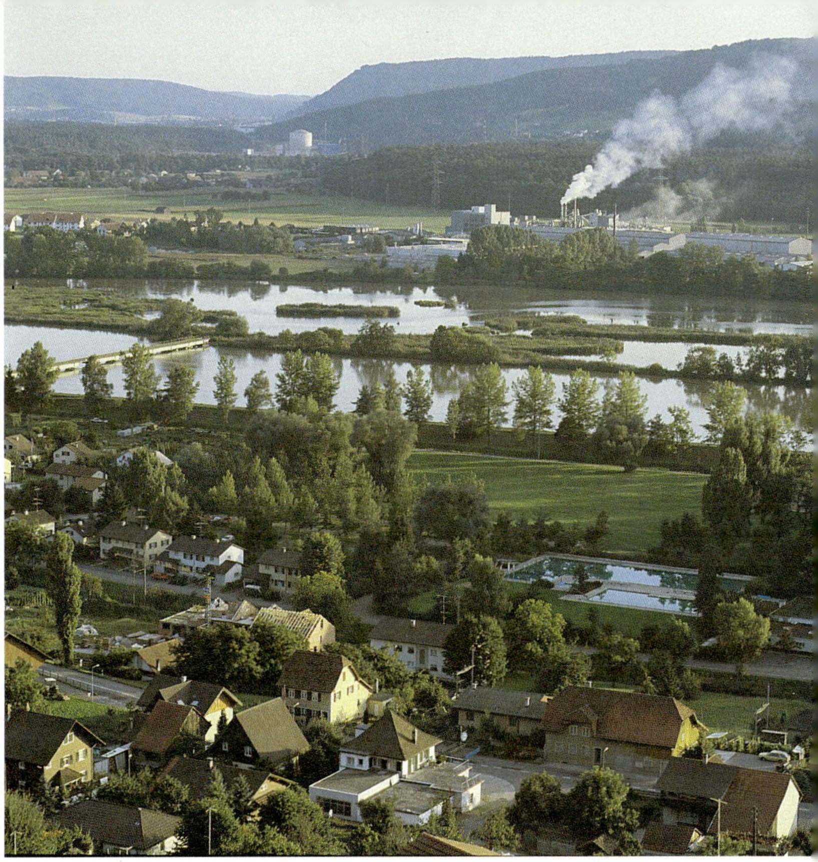
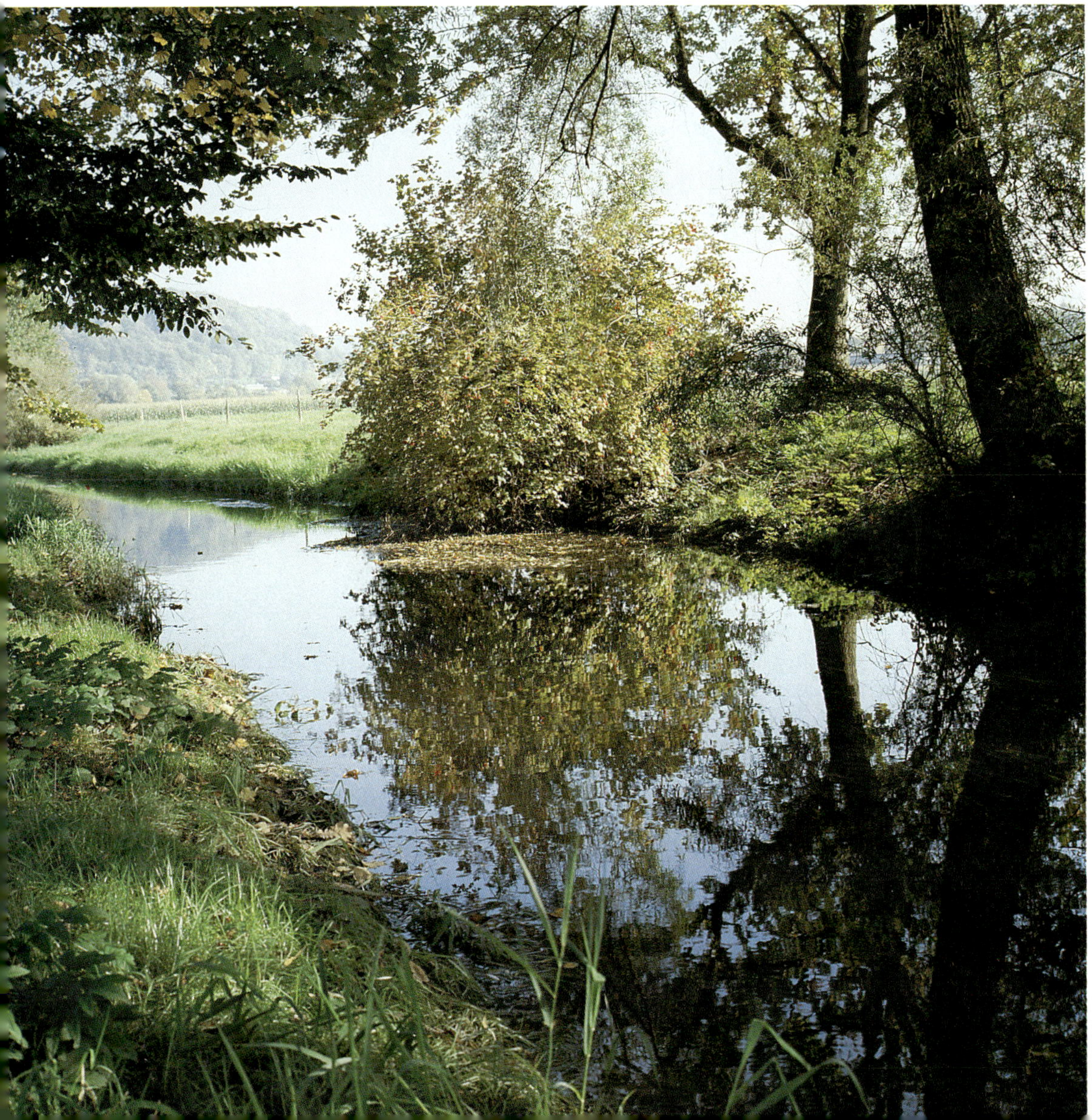
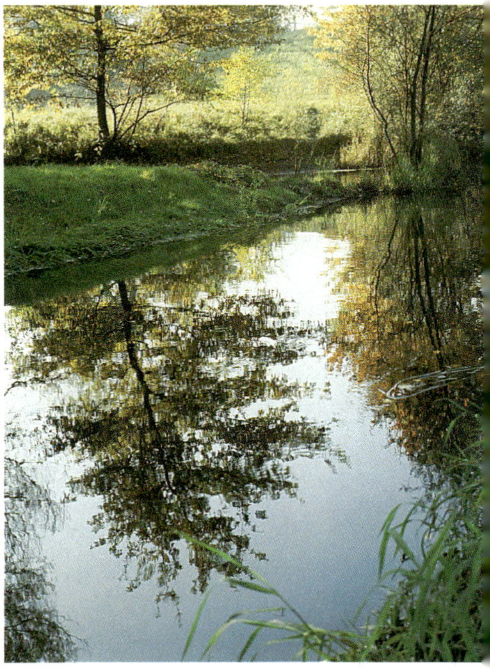
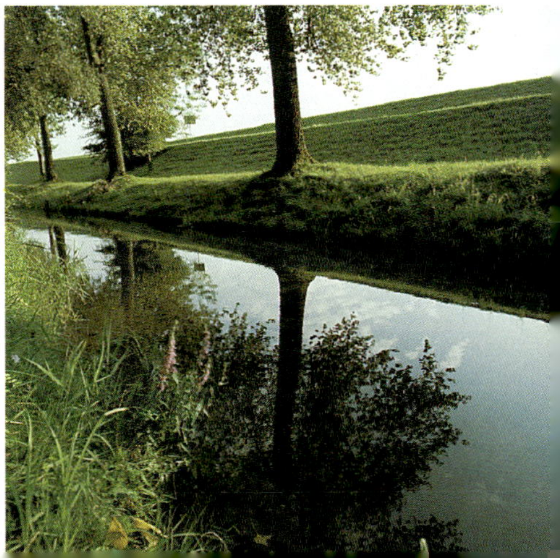

Bauten und ihre Zeiten

Peter Widmer

1. Kapitel

«Das Schuollmeysters haus ist gahr verbrunen»

«Anno 1586 jar den 7. tag haümonats, zwüschend den einliffen und 12 verbran die statt Clingnaw überall und waß im Schloss angangen» notierte Stadtschreiber Mathäus Schliniger am Schluss des Stadtbuches einige Jahre nach dem Brand. An jenem Unglückstag (7. Juli 1586) läuteten die Glocken der Stadtkirche Sturm, denn im Schloss war ein Feuer ausgebrochen. Die grösste Brandkatastrophe, die Klingnau je heimgesucht hat, nahm ihren Lauf. Ein jeglicher Bürger und Hintersäss eilte, wie im Eid der Stadt festgehalten, «zue solchem feür» und musste «das helfen löschen und tämmen nach seinem vermögen». Die Bürger vermochten das sich mit rasender Schnelligkeit ausbreitende Feuer jedoch nicht zu löschen. Es sprang auf das erste Haus an der Schattengasse über und frass sich von Dachstuhl zu Dachstuhl hinauf zum Obertor, von dort wieder auf der Seite der Sonnengasse hinunter bis zum Schulhaus neben dem Schloss. Es griff auf den Kirchturm über, der vollständig ausbrannte. Die Glocken stürzten herunter und schmolzen in der Glut. Das Rathaus (zwischen Kirche und oberem Brunnen) wurde ein Raub der Flammen. Man rettete gerade noch das

Brand der Stadt Klingnau 1586. Darstellung aus «Lügentliche und warhafte beschrybung der kläglichen Brunst zu Klingnouw» in der «Wickiana», einer Sammlung von Unglücksfällen und Verbrechen des Zürcher Chorherren Johann Jakob Wick (1522–1588). Zentralbibliothek Zürich.

Silbergeschirr. Die Oberstadt war ein einziges Flammenmeer. Die Bürger konnten nichts mehr retten, sie mussten froh sein, wenn sie mit dem Leben davonkamen. Ein Tegerfelder, Uli Riss, kam in den Flammen um, und Hans Wiss im Hof wurde schwer verletzt. Am anderen Tag bot die Stadt einen jämmerlichen Anblick. Der sanktblasische Amtmann Peter Wüst legte ein genaues Verzeichnis über das Ausmass des Schadens an. Danach sind 83 Gebäude betroffen. 43 Wohnhäuser waren vollständig nieder- oder ausgebrannt, ebenso das obere Tor und die Trotte von Uli Wiss. 37 Wohnhäuser erlitten grosse Schäden, weil der Dachstuhl oder die oberen Stockwerke verbrannt waren.

Verzeichnuß, waß anno 1586, den 7ten julii hier in Clingnauw verbrunen ist. Verzeichnis so zue Clingnauw den 7ten julij anno 1586 das (ungemachsame) feür, jn dem bischöflichen Schloß von des Ritter Rollen gesint verbrant worden.

1. Erstlich das schloß bis an etliche gemach vnd den turn, so noch vffrecht.
2. Hans Lölins haus verbrun der dachstuol vnd etliche gemach.
3. Hans Ibins alein der dachstuol.
4. Stoffel Krentzen der Dachstuoll.
5. Cuonrad Scherers der Dachstuoll vnd das obergemacht.
6. Toma Zimberman bis vff den keller.
7. Klein Ulli Hegelis der dachstuoll.
8. Helffen (Haus zum Elephanten) verbrun alein der dachstuoll.
9. Adelheit Kalten der dachstuoll.
10. Die Metzge jst gar verbrunen.
11. Jost Pfisters haus bis vff den keller.
12. Klein Hans Schlinigers der dachstuoll.
13. Bürgi Schonholzers bis vff den keller.
14. Heren Priors zue Sion bis vff den keller vnd der ander keller gar eingefahlen.
15. Fridli Wengis haus bis vff den boden.
16. Der rebstockh alein der dachstuohl.
17. Meines gnedigen Heren behausung der dachstuoll.
18. Weltin Sumers haus bis vff den boden.
19. Buchart Gipsers bis vff den boden.
20. Baldasers Schlinigers der dachstuoll vnd zwey gemacht.
21. Vli Binden haus bis vff den keller.
22. Geöry Webers haus bis vff den boden.
23. Bruoder Heinrichs haus bis vff den keller.
24. Geöry Giffis haus alein der dachstuol.
25. Des heren von Leügeren haus der dachstuoll.
26. Bath oder Hans Schleinigers der dachstuoll.
27. Cuonrad Steygmeyers der dachstuoll.
28. Hans Hessen der dachstuoll.
29. Baschlis Wissen der dachstuoll.
30. Caspar Küöntzis der dachstuoll.
31. Caspar Burckharten der dachstuoll.
32. Heren Gabriel von Wylen haus alein der dachstuoll.
33. Thomas Egspüollers bis vff die stuben.
34. Vlli Giffis bis vff den keller.
35–37. Item im hoff seind 3 hüsser vff die keller verbrunen.
38. Das Oberthor ist gar bis vff den boden verbrunen.
39. Jost Wigerlis hus der dachstuoll.
40. Jacob Schonholtzers hus ist gar verbrunen.
41. Vli Hesen bis vff die stuben.
42. Jacob Bachmans bis vff den boden.
43. Lienhard Landis bis vff den boden.
44. Vli Reindlis bis vff den boden.
45. Cuonrad Zimbermans bis vff den boden.
46. Der Kohrheren behausung (Zurzacher Amtshaus) bis vff den boden.
47. Jacob Kellers haus bis vff den boden.
48. Des alten Lauffenbergers bis vff den boden.
49. Hans Fricken bis vff den boden.
50. Pauli Wissen bis vff den boden.
51. Heinrich Negelis bis vff den keller.
52. Abraham Negelis bis vff den keller.
53. Vli Giffis der dachstuoll.
54. Jacob Waffenschmits bis vff die hinderen gemach.
55. Heinrich Egspüollers bis vff den keller.
56. Heini Pfisters bis vff den boden.
57. Bürgi Pfisters bis vff den boden.
58. Hans Wissen der dachstuoll vnd etliche gemach.
59. Der Höfflinen haus bis auff den boden.
60. Des tischmachers haus der dachstuol vnd etlich gemach.
61. Bernhard Küöntzes bis auff den boden.
62. Valentinus Schleinigers bis vff den boden.
63. Vlli Frickhen oder Megser bis vff den boden.
64. Der pfarhoff bis vff den keller.
65. Mittleste pfruond bis vff den keller.
66. Hans Bruners bis vff den keller.
67. Schwartz Hanselis der dachstuoll.
68. Vliman Wissen ist gar verbrunen.
69. der früo Meß haus bis vff den keller.
70. Heini Frechen der dachstuoll.
71. Cuonrad Schlinigers ist gar verbrunen.
72. Jost Krantzen der dachstuoll.
73. Des Stattschreibers oberhaus der dachstuoll.
74. Des Balthaser Krantzen des sigristen der dachstuoll.
75. Vli Hiffelis der dachstuoll.
76. Des Stattschriebers ander haus bis auff den keller.
77. Matheus Steygmeyers bis auff den keller.
78. Geörgen Buchis der dachstuoll vnd etlich gemach.
79. Elisabeth Schonholzeri der dachstuoll vnd etlich gemach.

80. Das Schuollmeysters haus ist gahr verbrunen.
81. Der Schuoll der dachstuoll.
82. Das rathaus bis auff den boden, daraus nichts erreht als silbergeschir.
83. Der Kirchen thurn bis auff den boden vnd die glogen seind alle verschmoltzen. Der kirch ist nichts geschehen.
84. Lang Vli Wissen Trotten.
Heyrich Baüren haus allernechst am schloß gegen der aren wie auch den anderen heüsseren underhalb sambt der blasmischen probstey mit aller ihrer zuegehör vnd S. Joansen, item auch beyden vorstetten ist ihm wenigsten (Gott sey gedankht) nichts geschehen. In diser leydigen brünst ist gestorben, desen seel gnade Gott! Vlli Riß von Dagerfelden vnd ligt sehr vbel verletzt Hans Wiß im hoff.

Signatum Clingauw, Zinstags, den 8ten Julij anno 1586.
Petrum Wüesten, blashmischer ambtman zue Bethmatingen.

Die Unterstadt auf der Seite der Aare mit Propstei und Johanniterhaus sowie die beiden Vorstädte blieben verschont. Die Feuersbrunst stürzte die Bevölkerung, die schon vor dem Brand unter der Teuerung gelitten hatte, in eine ungeheure wirtschaftliche Not. Etwa ein Drittel der betroffenen Haushaltungen musste die kirchliche Armenunterstützung in Anspruch nehmen. In ihrem Elend und ihrer Erbitterung beschuldigte die Bürgerschaft den Vogt Ritter von Roll und sein Gesinde, den Brand verursacht zu haben. Ein von den Eidgenossen eingesetzter Untersuchungsausschuss klärte die Brandursache und die Schuldfrage ab und fällte darauf das Urteil, weder Walther von Roll noch seine Hausgenossen seien an dem Brande schuld.

Noch während des Streits begann man mit dem Wiederaufbau der Stadt. Von überall her wurden die Klingnauer grosszügig unterstützt. Die Städte Zürich, Bern, Basel, Schaffhausen und Baden schenkten Geld, Ziegel und Korn. Auch das reformierte Brugg schickte 130 Gulden und zwei Weidlinge mit Brot. Da durften auch die katholischen Orte nicht zurückstehen. Der Bischof von Konstanz hatte ein Erbarmen und spendete reichlich Geld. Der Stadtherr schenkte allerdings nur zwischen 500 und 600 Gulden, weil er für den Wiederaufbau des Schlosses grosse Auslagen habe.

Strassenfronten und Häuser dürften sich in den Jahren nach dem Brand verändert haben. Einige Brandruinen blieben lange Zeit stehen. Dreissig Jahre nach dem Brand säuberte man das Städtchen vom letzten Brandschutt, der auf dem Boden der Johanniterkommende (zwischen Schollenhof und Johanniterkirche) abgelagert werden durfte. Bis 1630 wurde nur eingebürgert, wer sich verpflichtete, eine ausgebrannte Hofstatt wieder aufzubauen.

Der baulichen Entwicklung nach dem Brand wollen wir uns später zuwenden. Wie hat das Städtchen wohl einige Jahre nach der Gründung bis zum Brand ausgesehen? Dieser Frage gehen wir im nächsten Abschnitt nach.

Die vesti ze Clinginowe

Klingnau gehört zu den zahlreichen Kleinstädten, die gegen Ende des Hochmittelalters gebaut wurden. Sie erhielten einen durch das Gelände vorgegebenen Umriss, der sich viele Jahrhunderte nur unmerklich veränderte. Wenn man wissen möchte, wie die Stadt Klingnau im 13. Jahrhundert ausgesehen hat, muss man sich mit etwas Phantasie aus den spärlich fliessenden Quellen eine Vorstellung machen. Walther von Klingen bezeichnet die Stadt Klingnau in einer Urkunde von 1269 als «vesti», was so viel bedeutet wie Burg oder ummauertes Gebiet. Daher ist gewiss, dass die Wehranlagen der Stadt schon früh bestanden haben. Dazu gehörten die Mauern und der Stadtgraben sowie das obere und untere Haupttor. Bald nach dem Bau der Stadt unterschied man die Oberstadt auf dem zwölf Meter hohen Schotterhügel, die beiden Vorstädte an den Ausfallstrassen nach Koblenz (Dorf) und Döttingen (Weier) und die zwischen Aare und Oberstadt gelegene Unterstadt, wo die Gebäude der Johanniterkommende und der Propstei St. Blasien standen. Der steil abfallende Hang zur Aare hin war durch eine Mauer gestützt. Durch zwei Törchen gelangte man von der Unter- in die Oberstadt. Das eine befand sich beim Schloss, das andere bei den Johannitern, ungefähr dort, wo heute die Treppe (Johannitersteig) hinaufführt. Die Unterstadt ihrerseits wurde durch eine Ringmauer gegen die Aareseite geschützt, unterbrochen durch ein südöstliches Tor (Brüeltor) und ein südwestliches (Katzentürli) zur Aare hin.

Die Stadt dürfte bereits die Umrisse gehabt haben, wie sie die beiden bekannten Darstellungen von Johannes Stumpf (1548) und Matthaeus Merian (1642) zeigen. Betrachten wir vorerst das von der Achenbergseite aufgenommene Bild. Man erkennt die Ringmauer und den Stadtgraben, die vom unte-

Bauten und ihre Zeiten

▲
Städtchen vom Achenberg her. Älteste bekannte druckgraphische Darstellung der Stadt Klingnau. Der Holzschnitt ist der 1548 erschienenen «Eidgenössischen Chronik» des Johannes Stumpf (1500–1578) entnommen. Damals war das Städtchen 300 Jahre alt.

Das Städtchen Klingnau von der Achenbergseite. Vor 400 Jahren stand der Zeichner für die Aufnahme des Holzschnittes etwa an der gleichen Stelle wie der Fotograf. Im Vordergrund: Überreste des Klosters Sion.
▼

Bauten und ihre Zeiten

▲
Blick ins Städtchen durch das obere Tor, eine Doppeltoranlage. Im Vordergrund die ehemalige Brücke und der erste Engpass; im Hintergrund der zweite Engpass des zweiten Tors. Über den Engpässen standen Tortürme wie auf dem Stich von Merian sichtbar.

Die Doppeltoranlage am unteren Tor. Ein Ausschnitt aus einem «Prospect» über den Aareunterlauf bei Klingnau von 1741. Die Toranlagen haben bis ins 19. Jahrhundert bestanden. Ausserhalb der Tore ein paar Häuser des Dorfes.
▼

ren Tor beim Schloss zum oberen Tor führen. Zwischen der Ringmauer und der geschlossenen Häuserzeile der Sonnengasse liegt der Zwinger, als Baumgarten genutzt. Beim oberen Tor führt eine Brücke über den besonders tiefen Graben zum ersten Torturm. Die Sonnengasse wird durch einen zweiten Torturm abgeschlossen (beim Restaurant Warteck). Auch die Toranlage beim Schloss, das untere Tor, war eine Doppeltoranlage. Sie bestand im 18. Jahrhundert noch, wie eine Darstellung aus der Mitte des 18. Jahrhunderts zeigt. Besonders reizvoll ist der Vergleich der Stumpfschen Darstellung mit dem aktuellen Baubestand. Grundlegende Konturen sind bis heute erhalten geblieben, was fehlt, sind die Tortürme am oberen Tor, die im 18. Jahrhundert abgebrochen worden sind, und der Wohnturm an der Sonnengasse.

▲
Die Sonnengasse von Nordwesten. Die Häuser haben noch die Breite der alten Hofstätten und sind bis zu 22 Meter tief. Im Vordergrund der untere Stadtbrunnen. Er wurde 1582 durch Meister Ulrich Huber von Baden errichtet und 1736 von Baumeister Kappeler erneuert.

Angaben oder Bilder, die Aufschluss geben könnten, wie es im Innern der Stadt ausgesehen hat, fehlen. Man weiss anhand der Quellen, dass es schon sehr früh eine Sonnen- und eine Schattengasse gab. Die linsenförmig angelegten Häuserzeilen an der Sonnengasse und an der Schattengasse bieten Platz für die Kirche, den Friedhof und das Rathaus. Bei der Gründung steckte man in den Gassen die Hofstätten ab. Es waren schmale Grundstücke mit grosser Tiefe. Der Stadtherr verlieh die Hofstätten als Erblehen zu einem festgelegten Zins an die Bürger. Die von den Bürgern auf der Hofstatt erstellten Häuser waren ihr Eigentum. Wer ein Haus in der Stadt besass, war nach damaliger Rechtsauffassung auch Bürger der Stadt. Erlauben Sie mir an dieser Stelle einen kleinen Exkurs. Im Hochmittelalter wurde der begrenzte Boden in den Städten im Baurecht «verpachtet». Er blieb Eigentum des Stadtherrn oder der Bürgerschaft. Diese Rechtsform möchte man heute wieder einführen, um der Bodenspekulation Herr zu werden. Man nennt es das Bauen im Baurecht. Der Boden würde der Spekulation entzogen und die ständig steigenden Preise des immer knapper werdenden Bodens gebremst.

Doch wieder zurück zu dem Haus auf der Hofstatt. Die Häuser vor dem Brand dürften – nun muss man Bilder und Quellen anderer Städte zu Hilfe nehmen – mehrheitlich aus Holz gebaut worden sein. Ein paar wenige Freie, die sich aus dem Gefolge der von Klingen in der Stadt niedergelassen hatten, bauten ein Steinhaus oder einen Turm, wie auf dem Bild der Stumpf-Chronik zu sehen ist. Der Turm befand sich dort, wo heute das Hotel Vogel steht. Die Häuser waren schmal und meist drei- oder vierstökkig. Die Häuserzeile an der Sonnengasse entspricht den ursprünglichen Hofstätten- und Hausmassen. Die Häuser sind an der Front nur etwa 5 Meter breit, haben aber eine Tiefe von 15 bis 22 Metern, in der Mitte der Sonnengasse sogar bis 30 Meter. Zahlreiche Häuser müssen schon früh unterkellert gewesen sein. Im Brandverzeichnis von 1586 werden 17 Häuser aufgeführt als «bis vff den keller» verbrannt. Das ist erstaunlich, da Keller in Bürgerhäusern erst in der Neuzeit gebaut wurden. Die vollständig abgebrannten Häuser waren noch reine Holzbauten. Daneben existierten vermutlich Häuser, die bis zum ersten oder zweiten Stock gemauert waren. So lässt sich erklären, weshalb von einem zwischen zwei vollständig abgebrannten Häusern nur der Dachstuhl verbrannte. Die Dächer waren grösstenteils noch aus Stroh oder Schindeln.

Wie sah es in einem damaligen Bürgerhaus wohl aus? Ebenerdig befand sich der dunkle Hausgang, daneben in den Räumen zur Strasse hin Werkstätten oder Läden. Die hinteren Räume dienten als Lager- oder Geräteraum, in den Häusern, wo das Hinterhaus fehlte, wurde in den hinteren Räumen auch das Vieh untergebracht. Ein Zustand, wie er noch im 19. Jahrhundert bestanden hat, denn die Nachbarn spotteten, die Klingnauer würden ihr Vieh unter der Treppe halten. Wenn zwischen Vorderhaus und Hinterhaus ein Innenhof frei war, führte die Treppe über Lauben zu den oberen Stockwerken. Auf den Lauben und auf der Stadtmauerseite waren die Häuschen (WC) angebracht, auf der Stumpfschen Darstellung gut zu erkennen. Durch den «Tüchel», ein Rohr aus Holz, leitete man die Fäkalien vom Häuschen, dem «heimlichen Gemacht», in die Tüchelstande. Die Häuschen auf der Achenbergseite des Städtchens blieben noch bis in unser Jahrhundert bestehen, allerdings durch Rohre aus Steingut mit den Jauchegruben verbunden. Der Anblick dieser Rohre muss so eindrücklich gewesen sein, dass man in Döttingen den Namen «Klingnauer Orgelpfeifen» prägte.

Im ersten Stock befanden sich die Stube und die Küche, diese meist in der Mitte, nur schwach erleuchtet durch das Hinterzimmer und durch ein Fensterchen zur Stube hin. Die oberen Stockwerke waren in zwei oder mehr «Obergemacht» unterteilt. Unter dem Dachstuhl lagerte man das Heu, das mit einem Aufzug in den Estrich befördert wurde. Die meisten Häuser besassen denn auch einen Quergiebel auf die Strasse hinaus, mit Brettertor und Rolle. Das Seil zum Aufzug war ein Bestandteil des Hauses, der beim Verkauf vorhanden sein musste (zu dem

Sonnengasse gegen das obere Tor. Das Amtshaus mit Quergiebel für den Heu- und Holzaufzug. Die Stufengiebel dienen als Brandmauern. Im Hintergrund ein weiteres Spitzgiebelhaus (Warteck). Im Vordergrund der obere Brunnen. Der Säulenschaft ist der älteste Teil und stammt aus dem Jahre 1573. Die Brunnenschalen sind 1963 erneuert worden.

huß soll gehören... was nuot und nagel trifft, hel, tüchel, tüchelstanden, estrichseil, harnisch und weer). Im Verlaufe der Jahrhunderte verbesserte man die Technik des Aufzuges. Von der einfachen Umlenkrolle, über eine Winde (Trülle) bis zum Haspelsystem konnte man alles antreffen. «Hel» ist die Kesselhängekette, ein fester Bestandteil in der Küche.

Die schmalen Häuser wurden manchmal zusammen überdacht und nach und nach als ein Haus gehandelt. Das Ausmass des Brandes von 1586 beweist, dass im Städtchen fast keine Brandmauern vorhanden waren. Spitzgiebelhäuser, wie sie dann später genannt werden, sind auch nach dem Brand wenige errichtet worden, weil eine Brandmauer teuer war.

Der Wiederaufbau des Städtchens nach dem Brand erfolgte schnell. Man darf annehmen, dass die Häuser eher in Stein gebaut und mit Ziegeln gedeckt wurden, nur noch da und dort entstand ein Fachwerkhaus (Riegelhaus) wie es im Weier eines zu bewundern gibt. Etwas mehr über die Baugeschichte des Städtchens erfährt man in den Jahrhunderten nach dem Brand.

▲
Eine der ältesten Aufzugsvorrichtungen, die noch im Gebrauch stehen. Das Seil wird um den Stamm gewickelt. Mit solchen Aufzügen wurde früher Heu und Stroh in den Estrich gezogen. Heute dienen sie noch als Holzaufzüge.

Eine «modernere» Aufzugsvorrichtung. Das Seil wird mit einer Untersetzung auf eine Winde gedreht.
▼

Riegelhaus im Weier. Eine Bauart, wie sie vor dem Brand im 16. Jahrhundert im ganzen Städtchen üblich gewesen ist. In der Häuserzeile rechts befand sich einst der «Spittel» und das «Siechenhaus».
▼

«Die meisten Häuser sind anspruchslos und ohne Zierde»

So urteilt 1844 Franz Xaver Bronner in «Der Kanton Aargau II» über das Städtchen Klingnau. Die Stadt hat sich vom 16. Jahrhundert bis in unser Jahrhundert in den groben Umrissen nur unwesentlich gewandelt. Kleinere und grössere Brände haben vor allem die Häuserfronten verändert. Der Brand von 1883 an der Schattengasse, der letzte grosse Brand, dem 18 Wohnhäuser zum Opfer fielen (vom «Rebstock» bis zum Höfli), hat das Aussehen der Stadt stark geprägt. Die Häuser wurden mehrheitlich im «schmucklosen und strengen Stil» des aufkommenden Industriezeitalters wiederaufgebaut. Man liess aus praktischen Gründen auch zwei Quersträsschen frei. Nach einem solchen Brand verschoben sich die Besitzverhältnisse an den Hofstätten. Auf 12 Hofstätten stehen heute nur gerade neun Häuser. Weil die Klingnauer immer wieder von Feuersbrünsten heimgesucht wurden, kam die Stadt nie zu Wohlstand.

Wenden wir uns noch einmal dem Städtchen im 17. Jahrhundert zu. Da haben wir eine schöne Ansicht von der Aareseite her aus der Topographia Helvetiae von Matthaeus Merian (1642). Eine Aufnahme aus unserer Zeit gibt interessante Vergleichsmöglichkeiten.

Der Stich von Merian stimmt nicht ganz. Der Kirchturm steht auf der Westseite der Kirche, anstatt auf der Ostseite. Der innere Torturm des Obertors steht etwas zu weit westlich. Das Kloster Sion wäre vom Ort des Betrachters nicht so zu sehen. Das Chor der Johanniterkirche schaut irrtümlich gegen Westen. Der Stich zeigt eine geschlossene Häuserzeile an der Schattengasse. Noch eine einzige Baulücke mit einem einstöckigen Haus erkennt man zwischen den drei Häusern, die vor der Kirche stehen. Von den Vorstädten Dorf und Weier sehen wir nur das Dorf. Daraus ragt das Gasthaus Engel hervor. Über die Vorstadt gegen Döttingen hin kennt man die Zahl der Kirchgenossen. Im Pfarrodel von 1538 werden 55 steuerpflichtige Kirchgenossen aufgeführt. Beinahe gleich viele wie im Dorf (58 Kirchgenossen), das heisst, dass im Weier fast ebenso viele Häuser vorhanden waren wie im Dorf. Man darf annehmen, dass die Vorstädte im Westen und Osten schon sehr früh gewachsen sind, weil in der Oberstadt kein Platz mehr vorhanden gewesen ist. Dank der Darstellung Merians bekommen wir ein genaues Bild vom Schloss und der Unterstadt. Die Unterstadt zählte im oben genannten Pfarrodel 10 Kirchgenossen, im Vergleich mit den abgebildeten Gebäuden sehr wenig. Nun, der Grund liegt darin, dass in der Unterstadt die steuerfreien Hofstätten des Klosters St. Blasien und der Johanniterkommende standen. (Die Bauten der geistlichen Pfründe werden in einem eigenen Kapitel behandelt).

Leider sehen wir das Städtchen nur von aussen. Hermann Welti beschrieb in der «Botschafts»-Beilage «Erb und Eigen» 1939 einen Gang durch das Städtchen, wie es der Kupferstecher Merian damals erlebt haben könnte. Hier ein paar Ausschnitte: «Vor dem Tore beim Rosengarten... begrenzte der Stadtgraben die Südseite. Wenn auch kein Wasser darin floss, bot er doch im Verein mit den dicken Stadtmauern, wie sie noch dort in der Nähe gegen St. Johann ein Stück weit erhalten sind, einen wehrhaften Anblick. Eine Brücke... geleitete den Wanderer zum ersten und äusseren Tor... Auf der Innenseite des Tors lag rechts das Kaufhaus zum Rosengarten,

Die Schattengasse gegen das Obertor. Die Häuserzeile stammt aus dem Ende des 19. Jahrhunderts. Sie wurde nach dem letzten grossen Brand (1883) im strengen Stile des Industriezeitalters gebaut. Aus praktischen Gründen liess man Durchgänge frei, wie im Vordergrund zu erkennen ist.

Bauten und ihre Zeiten

A. Vorstatt
B. Closter Sion
C. das Schloß
D. Pfarrkirch
E. Propstey
F. S. Iohann
G. Alt thurn

Klingnaw. KLINGENAW.

Aar fluß

▲
Bekannteste Darstellung der Stadt Klingnau ist die Radierung von Matthäus Merian (1642). Es zeigt die Stadt zum erstenmal von der Aareseite.

Städtchen vom Stausee her. Die groben Umrisse der Oberstadt sind noch wie zu Zeiten Merians erhalten. Am meisten hat sich die Unterstadt verändert. Es dominiert die Propstei aus dem 18. Jahrhundert.
▼

und links zweigte der Weg, wie noch heute, zur damaligen Unterstadt ab. Wohl am gleichen Platz wie heute, nur in anderer Bauform, stand auch damals die Schmiede vor dem obern Tor. Trat man durch das zweite Tor, so befand man sich im eigentlichen Städtchen mit den beiden Häuserreihen längs eines Plateaus, die sich unten wieder schlossen zum untern Tor; es waren die Schattengasse zur linken und die Sonnengasse zur rechten Seite... In der Mitte des grossen Platzes... steht die Pfarrkirche mit einigen alten Epitaphien im Schiff und Glasgemälden in den Chorfenstern aus der Zeit der bischöflichen Obervögte. Darum herum zog sich... der alte Kirchhof mit einer kleinen Totenkapelle gegen Südosten und dem angebauten Rathaus. Die beiden Stadtbrunnen werden schon 1582 erwähnt.»

Nicht unbedingt mit der Baugeschichte zu tun hat der Umstand, dass vor den meisten Häusern ein Miststock aufgeschichtet war. Der Rat hielt deshalb die Bürger an, die Miststöcke wenigstens rund um die Kirche wegzuräumen.

«Das Haus mit den hahnen...»

Wie schon oben erwähnt, wurde jede Hofstatt mit einer Steuer belegt. Das Steuerverzeichnis im Schlossurbar, das alle Hofstätten in immer gleicher Reihenfolge aufführt, ermöglicht Besitzer und Standort der Häuser festzustellen. Hermann Welti hat die Geschichte und die Besitzverhältnisse zahlreicher Häuser zusammengestellt. Auf dem Grundrissplan der Stadt Klingnau sind die nennenswerten Häuser eingetragen. Ein paar Objekte (schraffiert) seien hier herausgegriffen. Zuerst die Sonnengasse: Das Haus Nr. 1, ein Pfrundhaus, diente vom Jahre 1569 bis zum Jahre 1810 als Schulhaus. Der Pfarrhof (Nr. 18) stand schon vor 1394 auf dieser Hofstatt, wurde damals allerdings Leutpriesterei genannt. Im Haus Nr. 29 befand sich vor 1522 die Stadtmetzg, die dann an die Schattengasse, später ins Parterre des Rathauses verlegt wurde. Auf der Hofstatt Nr. 30 vermutet H. Welti das Haus mit dem alten Wehrturm. Es handelt sich um den massiven Turm, der auf der Stadtansicht von Stumpf an der Sonnengasse hervorragt. Anhand von mündlichen Angaben alter Klingnauer befand sich in jenem Haus (1875 niedergebrannt) eine eiserne Türe, die in ein Turmzimmer führte. Die

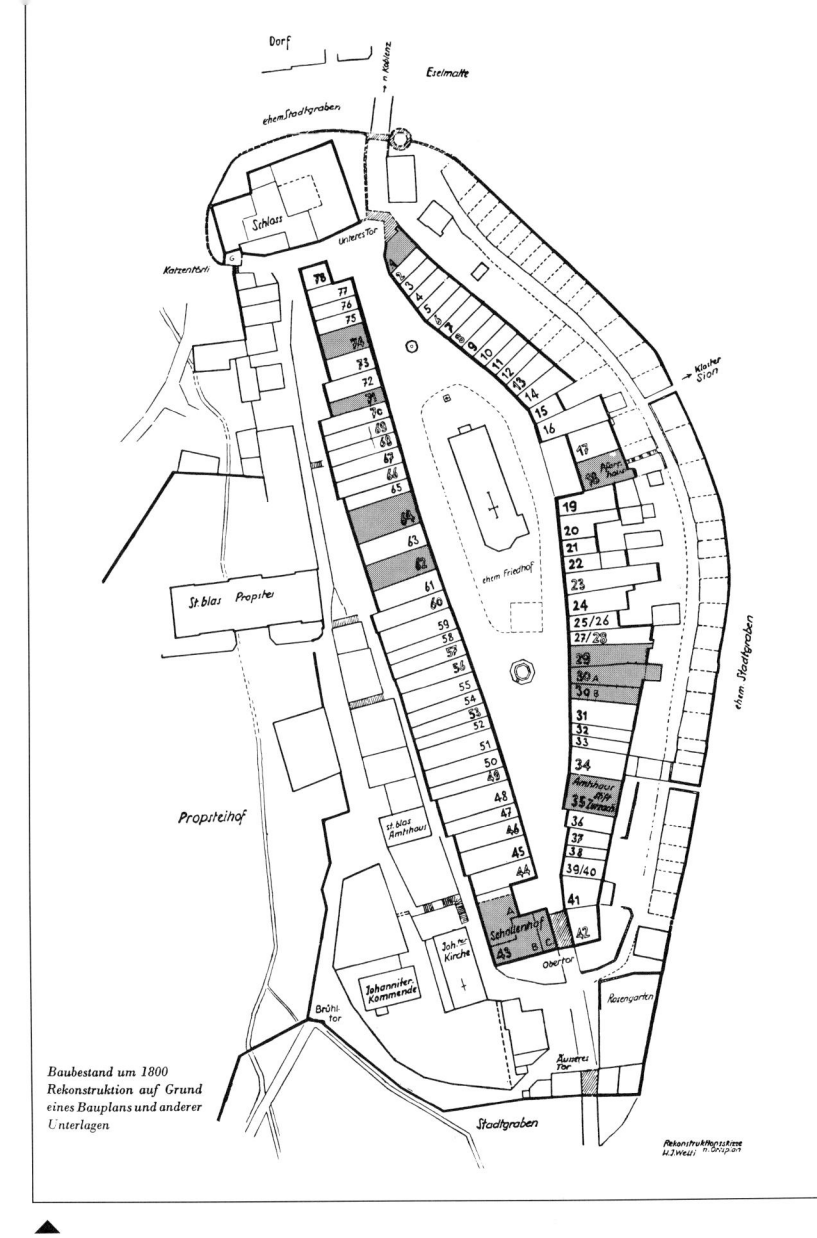

▲

Grundriss der Oberstadt. Rekonstruktion des Baubestandes durch H. J. Welti. Über die schraffierten Hofstätten wird im Text berichtet.

Hofstatt gehörte einem Ministerialen aus dem angesehenen Geschlechte der Nägeli. Es war eines der grössten Wohnhäuser im Städtchen. Den Turm hatte man nach dem Brand von 1586 offensichtlich nicht mehr aufgebaut, denn er fehlt auf dem Stich von Merian.

Das Amtshaus des Sankt-Verena-Stiftes, kurz Amtshaus genannt (Nr. 35), gehört zu den eindrücklichsten Bauten in der Stadt. Der herrschaftliche Bau mit den Stufengiebeln und dem Eingangstor enthält grosse Keller- und Schüttenräume zur Aufnahme der Naturalzinsen. Nach der Ablösung des Stiftszehnten «wurde... am 20. März 1840... das grosse Amtshaus samt Garten in Folge öffentlicher Steigerung an Fischhändler Josef Frey um die Summe von

Fr. 3465.60 verkauft.», wie Propst Huber in den «Urkunden des Stifts Zurzach» schreibt. Zuletzt bewohnte das Haus die Familie Fehr, die in ihrem Testament der Gemeinde das Vorkaufsrecht eingeräumt hat. Am 29. März 1989 bewilligte die Einwohnergemeinde einen Kredit von 300 000 Franken zum Kauf des Amtshauses. Das Schicksal dieses einmaligen Hauses liegt nun in den Händen der Gemeinde.

Die interessanten Häuser an der Schattengasse: Der Schollenhof (Nr. 43) ist eine Hofanlage aus der Frühzeit der Stadt. 1302 schenkte Jost Scholle, ein habsburgischer Ministeriale, dem Johanniterorden den Hof unter der Bedingung, darin Frauen des Ordens unterzubringen. In der Mitte des 14. Jahrhunderts brachte der Johanniterorden die Ordensfrauen anderswo unter. Die Johanniter verkauften die Hofstatt an den Bürger Zimberle. Da der Hof als geistliche Stiftung frei von Abgaben war, bezahlte der neue Besitzer auch kein Hofstattgeld. Das führte zum Streit mit der Stadt. Der Bischof verlangte schliesslich in einer Urkunde, dass für alle Häuser, die nicht einer geistlichen Stiftung gehörten, Hofstattgeld zu entrichten sei. Heute gehört das aus drei Teilen bestehende Gebäude zu einem Besitztum (Familie Bürli, ehemals Buchdruckerei und Redaktion der «Botschaft»).

Schon im 15. Jahrhundert wird die «Wirtschaft Zum Rebstock» genannt (Nr. 62). Nach dem Brand von 1883 wurde auf der Hofstatt des alten «Rebstocks» ein Privathaus errichtet. Der heutige «Rebstock» befindet sich weiter westlich auf der Hofstatt des ehemaligen Sionerhauses (Nr. 64), das einen grossen Keller besass, welcher dem Kloster St. Blasien bis zur Aufhebung des Klosters Sion gehörte. In diesem Keller befindet sich heute das «Rebstock»-Dancing. Das Haus Nr. 71 wurde bei einem Kaufhandel 1576 als «die wirtschaft zum Helfen» bezeichnet. Der Name Elefant ist erst seit dem 17. Jahrhundert gebräuchlich und leitet sich vom Wort «Helfen» ab.

Zum Schluss die Badstube, «zum Himmel» genannt (Nr. 74). Das Haus «mit dem hahnen, dadurch das Wasser in die badstuben geleitet wird» bezog das Wasser vom unteren Stadtbrunnen. Eine Familie Metzger wirkte darin von 1566 bis ins 18. Jahrhundert als Scherer und Bader.

Im Städtchen besassen nicht nur die Wirtschaften einen Namen. Von vielen Häusern sind die Namen bezeugt. Es gibt das «Haus mit der Sonnenzeit» (6), das Haus «Zum Ochsen» (23), das Haus «Zum wilden Mann» (34), das Haus «Zum Hirzen» (37), die «Obere Farb» (42) an der Sonnengasse; der «Schollenhof» oder das «Höfli» (43), das Haus «Zum Leuen» (44), das Haus «Zum gelben Leuen» (46), das Haus «Zum Engel» (49), das Haus «Zur Krone» (53), bis 1517 noch «zuo der Moerinen» geheissen, das Haus «Zuom Ysenhuet» (56), das Haus «Zum roten Kopf» (57), das Haus «Zum Einhorn» (60), das Haus «Zum Storchen» oder Sionerhaus (64), das Haus «Zum Steinbock» (66), die alte Metzg (68/69), das Haus «Zum Bären» (70), das Haus «Zum Adler» (73) und das Haus «Am Rank» (78) an der Schattengasse.

Was man in der Stadt vermisst, ist das Rathaus. Vor dem grossen Brand stand ein Rathaus neben der Friedhofkapelle westlich vom oberen Stadtbrunnen. Es musste sich um ein zweistöckiges Gebäude gehandelt haben. Im ersten Stock befand sich der Ratssaal und im Parterre das Schlachthaus. Das Gebäude wurde beim Brand 1586 eingeäschert. Über den Wiederaufbau liegen widersprüchliche Ansichten vor. H. Welti vermutet, dass ein Ratssaal im 17. Jahrhundert vorübergehend beim oder im Kaufhof zwischen den beiden Toren am Obertor vorhanden gewesen sei. Für Bilger hingegen stand das wieder aufgebaute Rathaus bis zu Beginn des 19. Jahrhunderts an der gleichen Stelle wie vor dem Brand. Eine Treppe führte in die Ratsstube hinauf, und unter der Treppe war die «Trülle». Bestimmt handelte es sich um einen einfachen Bau aus Holz. Einziger Schmuck waren die farbigen Fensterscheiben. Die Klingnauer Bürgerschaft hatte nie die Eigenständigkeit und das Selbstbewusstsein erreicht wie die Bürger in anderen Städten, die das mit einem prächtigen Rathaus demonstrierten. Der Stadtherr war der Bischof, auch noch unter den Eidgenossen. Die grösste Macht nach dem Bischof besass der Stadtschreiber, erst dann folgten der kleine und der grosse Rat. (Vergl. Teil I) Das ist der Grund, weshalb das Rathaus keine sehr grosse Bedeutung hatte.

Von den einstigen Wehranlagen ist fast nichts mehr zu sehen. Mauern, Stadttore und Türme fielen im 19. Jahrhundert. Damals besass man weder das Geld noch den Sinn für die alten Gemäuer. Der

Überreste der äusseren Ringmauer im Weier. Die Stadt war von einer hohen Ringmauer umgeben, die von den Hofstättenbesitzern unterhalten werden musste. Bis auf diesen eindrücklichen Rest sind die Wehranlagen im Verlaufe des 19. Jahrhunderts verschwunden.

äussere Stadtmauerring wurde schon im 18. Jahrhundert nur noch halbherzig unterhalten. Den Graben vor der Mauer schüttete man auf und teilte ihn als Garten den Häusern zu. Im Jahre 1770 nahm die Stadt zum letzten Mal einen Anlauf, um die Stadtmauer zu reparieren. Da die Anstösser für den Unterhalt des Ringmauerdachs verantwortlich waren, verrechnete ihnen die Stadt die Kosten für Ziegel, Latten und Nägel, während sie die übrigen Auslagen übernahm. Im 19. Jahrhundert verlor die Ringmauer ihre Bedeutung. Sie zerfiel oder wurde wegen Einsturzgefahr abgetragen. Bis auf einen kleinen eindrücklichen Rest an der Johannitergasse ist die äussere Stadtmauer verschwunden.

Vor der einstigen Brücke über den Stadtgraben beim Obertor steht im Baumschatten der heilige

Der heilige Nepomuk. Bei der einstigen Stadtbrücke steht die Kopie einer barocken Statue aus dem 18. Jahrhundert.

Nepomuk. Die von einem unbekannten Bildhauer geschaffene Statue stiftete Johannes Konrad Häfeli im 18. Jahrhundert. Der steinerne Brückenheilige, übrigens eine Kopie, hat im modernen Verkehr einen schweren Stand, wurde er doch innerhalb von sechs Jahren gleich zweimal vom Postament gestürzt und zerstört. Das Original steht im Treppenhaus der Propstei.

Die Siedlungen «vor den Toren»

Der schmale Hügelrücken vor dem oberen Tor fällt gegen Döttingen ab. Die Häuser auf dem Hügel bis zum Fusse stehen im «Hällimund». Die ganze Siedlung mit den Häusergruppen am Fusse des Hügels wird heute «im Weier» genannt. Auch in dieser Vorstadt haben Brände gewütet. Es scheint, dass die östliche Häuserzeile auf dem Abhang dem letzten Brand von 1888 entgangen und deshalb ziemlich alt ist. In der Mitte der Häuserreihe am Abhang dürfte sich das von Walther von Klingen gestiftete Armenspital, «Spittel» genannt, befunden haben. Das Spital diente noch bis ins 18. Jahrhundert als Herberge für bedürftige Wanderer und für kranke oder verunfallte Personen aus der Nachbarschaft. Gegen die Mitte des 18. Jahrhunderts errichtete die Stadt einen Neubau, der jedoch so schlecht gebaut worden war, dass er nach der Fertigstellung «aus unvorhergesehenen Ursachen» einstürzte. Die regierenden Orte Zürich, Bern und Glarus leisteten einen Beitrag von 200 Gulden an den Wiederaufbau. In dieser südlichen Vorstadt muss auch noch ein Siechenhaus gestanden haben. Der Standort kann nicht mehr lokalisiert werden. Im Jahrzeitrodel von 1493 wird «ein bomgarten by dem siechenhuß» erwähnt.

Die nördliche Vorstadt, auf der Darstellung von Merian gut erkennbar, bestand aus mehrheitlich einstöckigen Häusern. Der östliche Aarearm streifte das Gelände, die «Schifflände», unterhalb des Schlosses. Die am Flusse gelegene Siedlung der Fischer und Fehren existierte schon vor der Stadtgründung, vermutet H. Welti. Von daher dürfte auch der gebräuchliche Name «Dorf» stammen. Drei Quergässchen führten von der Hauptstrasse Richtung Aare: unter dem Schloss das «Mühlegässchen» gegen die ehemalige Mühle, dann das «alte Fahrgässchen» zur Aarefähre und schliesslich das «Aaregässchen» in die Machnau. Mühlegässchen und altes Fahrgässchen sind durch die Goldschmiedegasse, heute «Goldgasse» genannt, miteinander verbunden. Zu den nennenswerten Bauten gehört das «Gasthaus Zum Engel», das herausragende Haus auf dem Stich von Merian ist vermutlich der Vorgängerbau des von Hans Jakob Landös im Jahre 1683 erbauten Gasthauses. Wenn man heute vom Schloss ins Dorf hinunterblickt, sticht rechts das sogenannte

«Grosse Haus» ins Auge. Das barocke Herrschaftshaus wurde um 1700 herum vom Stadtfähndrich Jörg Schleiniger erbaut. In dem Haus befindet sich schon seit Jahrzehnten eine Arztpraxis. Der «vorstädtische Charakter» mit den noch weitgehend geschlossenen Häuserreihen links und rechts von der Strasse sowie das romantische Goldgässchen stehen dem Dorf gut an. Es gehört zu den schönen und erhaltenswerten Flecken unseres Städtchens.

Die Unterstadt bildete eine kleine Stadt für sich. Seit der Stadtgründung dominierten die Anlagen der geistlichen Stifte. Daneben befanden sich auch Wohnhäuser namhafter Bürgergeschlechter. Das Bild der heutigen Unterstadt prägen noch immer die ehemaligen Gebäude der Abtei St. Blasien und des Johanniterordens. Von den Bürgerhäusern mussten leider viele Parkplätzen weichen, so dass die paar wenig erhaltenen Häuser im Westen nur noch eine schwache Vorstellung der ehemaligen Bausubstanz in der Unterstadt vermitteln. Ein schönes, erhaltenes Gebäude ist das sogenannte «Bohler-Haus» im östli-

Es führten zwei Gassen in die Unterstadt. Eine bei der Johanniterkommende und eine beim Schloss. Das Bild zeigt die alte Gasse beim Schloss. Das Haus links gehört zu den ältesten Häusern unserer Stadt. Es hat beim grossen Brand 1586 nur geringen Schaden erlitten.
▼

Bauten und ihre Zeiten

Quellen und Literatur:

- O. Mittler: Geschichte der Stadt Klingnau, Aarau 1967
- H. Welti: Zur Topographie des Städtchens in: O. Mittler, Geschichte der Stadt Klingnau, Aarau 1967
- H. Welti: Aus dem Leben der Klingnauer Bürgerschaft im 16. und 17. Jahrhundert in: Erb und Eigen Nr. 11 und Nr. 12, Klingnau 1939
- H. Welti: Klingnauer Stadtansicht von Mathaeus Merian in: Erb und Eigen, Nr. 12, Klingnau 1939
- W. Merz: Die mittelalterlichen Burganlagen und Wehrbauten des Kantons Aargau, Band 1, Aarau 1905
- Joh. Huber: Die Urkunden des Stifts Zurzach, Aarau 1873

▲

Das sogenannte «Bohler-Haus» in der Unterstadt. Es ist das letzte noch erhaltene Bürgerhaus an der südwestlichen Stadtmauer. Das Haus gehört der Gemeinde.

chen Teil der Unterstadt. Es ist das letzte einer Reihe von Bürgerhäusern, die zur Stützung der hohen Stadtmauer dienten.

Damit sind wir mitten in der baulichen Entwicklung der Neuzeit. Bevor wir das Wachstum der Gemeinde Klingnau im 19. und 20. Jahrhundert verfolgen, wenden wir uns den grossen Bauten unserer Stadt zu, dem Schloss, der Johanniterkommende, dem Kloster Sion und der Propstei.

Kurzübersicht Kapitel 1:

Die Stadt Klingnau wurde gleich nach der Gründung 1239 zügig erbaut. Sie wird drei Jahre später bereits in einer Urkunde erwähnt. Das obere und untere Tor sowie die Stadtmauer waren vermutlich zuerst entstanden. Der Platz zwischen den Wehranlagen wurde in sogenannte Hofstätten unterteilt. Auf diesen errichteten die Bürger ihre drei- bis vierstöckigen Häuser, die sehr schmal und tief waren. Noch im 13. Jahrhundert wuchsen die kleinen Vorstädte im Weier und im Dorf. Die Hofstätten in der Unterstadt gehörten zum grössten Teil der Abtei St. Blasien und der Johanniterkommende. Es gab etwas über 90 Hofstätten insgesamt. Der Brand von 1586 zerstörte die ganze Oberstadt. Die Stadt wurde bis auf wenige Baulücken wieder aufgebaut. Die letzten Brandspuren verschwanden erst im 17. Jahrhundert. Die Einteilung der Hofstätten veränderte sich nach Bränden ständig. Der letzte grosse Brand war im Jahre 1883 an der Schattengasse. Er zerstörte die Häuserzeile vom «Rebstock» bis zum «Höfli».

Das bemerkenswerteste Haus ist das «Amtshaus», ein Bau aus dem 17. Jahrhundert, der bis 1800 Verwaltungssitz des Stifts Zurzach war. Die Wehranlagen verschwanden im 19. Jahrhundert.

Bauten und ihre Zeiten

▲
Dorf um 1920. Blick vom Schlossrain Richtung Nordwesten.

Dorf in den 50er Jahren. Blick vom «Scharfen Eck» Richtung Städtchen.
▼

2. Kapitel

Vom «wighus» zum «schloß»

Wenn im Mittelalter eine Urkunde besiegelt wurde, geschah das meist an einem Ort, der allen beteiligten Zeugen zugänglich war, zum Beispiel vor einem Tor, auf einer Brücke, in der Kirche, auf dem Friedhof u.a.m. Der Ort wird am Schluss der Urkunde manchmal erwähnt. Dank diesen Ortsangaben kann man mit etwas Glück baugeschichtliche Rückschlüsse ziehen. Für die früheste Baugeschichte des Schlosses Klingnau gibt es nur diese spärlichen schriftlichen Hinweise.

In der Urkunde von 1269, in der Walther von Klingen die Stadt dem Bischof von Konstanz verkauft, heisst es zum Beispiel «ante portam prope turrim» (vor dem Tor beim Turm). Eine andere Urkunde wurde im Jahr 1247 «sub lobio ante turrim» (unter der Laube vor dem Turm) abgeschlossen. Eines ist gewiss, der Burgfried, etwa 8 x 9 m im Grundriss, wurde noch unter dem Stadtgründer errichtet. Es ist ein trutziges Bauwerk, wie es sich für einen freien Herrn gehörte; dort hingestellt, wo Verkehr und Markt beherrscht werden konnten. Der Turm steht denn auch zwischen der Stadt und dem Umschlagplatz am Ufer der Aare (Schifflände) sowie an der Strasse nach Süden. Die früheste Burg muss man sich etwa so vorstellen: ein Bergfried, wahrscheinlich noch nicht so hoch wie heute, vielleicht bis zum obersten Turmzimmer, Wall und Graben vom unteren Tor gegen Südwesten und gegen das Städtchen eine gedeckte Holztreppe, die zu einer Laube auf die Höhe des ersten Turmzimmers hinaufführte.

Die archäologischen Untersuchungen aus dem Jahre 1988 bestätigen diese Annahmen. Danach ist der Turm zwischen 1240 und 1247 erbaut worden. In den Jahren zwischen 1240 und 1269 entstand ein Wohnhaus nach dem Städtchen hin (vor dem Turm), daran angebaut wurde nach Nordwesten (hinter dem Turm) ein zweites Wohnhaus. Die Grundmauern des Nordtrakts (heute Rittersaal und Polizeiposten) zusammen mit dem Keller gehören zu den ältesten Bauteilen nebst dem Turm. Die Anbauten

Schloss Klingnau im 14. Jahrhundert von Süden. Gebaut sind das Haus vor dem Turm und das Haus hinter dem Turm sowie die Ringmauer. Der Turm und die Wohnbauten sind mit einem Obergaden versehen. Modell: Defatsch, Zürich; im Museum «Höfli» in Zurzach.
▼

waren ein Stockwerk hoch gemauert mit einem Obergaden aus Holz darüber, in dem sich die Wohnräume befanden, wie auf dem Modell ersichtlich ist. Walther von Klingen behielt sich beim Verkauf der Stadt ein Haus für seine Frau und seine Töchter vor. In der Urkunde von Pfingsten im Jahre 1269 heisst es: «...daz hvs hindir dem turne, obe dem tor unz an die kuchin mit dem erger (Erker) vn mit dem stalle vor dem tor...» Mittler vermutet richtig, dass es sich um ein Doppelwohnhaus gehandelt haben muss, dessen nordwestlicher Teil sich Walther vorbehielt. Der östliche Teil diente dem Bischof von Konstanz bis 1415 als Residenz. Um 1300 brach ein Brand aus, der vermutlich den Obergaden zerstörte. Der Schaden ward jedoch in kurzer Zeit wieder behoben. Bis ins 16. Jahrhundert hinein ist die Baugeschichte ebenfalls nur lückenhaft dokumentiert. Nach 1331 wurde die äussere Ringmauer gebaut. Ein Huk von Tosters, Vogt, kauft nämlich Steine «ze der mure, diu ze Clingnowe vsserhalp der stat vf dem graben umbe die burk gat». In der zweiten Hälfte des 14. Jahrhunderts residierte der Bischof von Konstanz längere Zeit im Schloss Klingnau. Es ist anzunehmen, dass in diesen Jahren die Anbauten um den Turm herum ausgebaut worden sind. Als die Eidgenossen den Aargau eroberten, dürfte sich das Schloss so präsentiert haben wie auf der Darstellung in der Stumpf-Chronik.

Weil die Eidgenossen die Rechte des Bistums Konstanz ständig schmälerten, war der Bischof in erster Linie damit beschäftigt, die Hoheitsrechte in der Grafschaft Baden zu retten, so dass der Unterhalt des Schlosses offensichtlich zweitrangig geworden war. Das Schloss Klingnau muss deshalb im ausgehenden 16. Jahrhundert in einem derart unverantwortlich schlechten Zustand gewesen sein, dass die Alten Orte bei der Einsetzung des Ritters Walther von Roll zum Vogt über das Amt, Schloss, Stadt und

Das Schloss Klingnau auf den beiden frühesten Darstellungen von Stumpf und Merian aus dem 16. bzw. 17. Jahrhundert.

Schloss Klingnau von Norden. Das Modell zeigt das Schloss im Endausbau. In diesem Zustand kam das Schloss um 1800 unter den Hammer. An der Nordseite der Ringmauer führt der Weg durch die Doppeltoranlage ins Städtchen.

Vogtei Klingnau im Jahre 1580 vom Bischof von Konstanz verlangten, das Schloss zu schleissen und wiederaufzubauen. Unter dem genannten Vogt wurde denn auch das Schloss erneuert und vergrössert. Der Nordtrakt wurde ein Stockwerk höher gemauert und an der Westseite des Turms gegen Süden erweitert. Das Schloss erhielt die Ausmasse, wie sie bis ins 19. Jahrhundert erhalten blieben. Das vermutlich während des Umbaus ausgebrochene Feuer, welches die ganze Oberstadt zerstörte, richtete im Schloss nur geringen Schaden an.

Die baulichen Veränderungen des Schlosses im 19. und 20. Jahrhundert haben viele Spuren der Vergangenheit verwischt. Doch spüren wir heute noch, wenn wir in den Schlosshof treten, dass hier einst adelige Herren Präsenz markierten. Eindrücklich sind der massige Turm mit den schönen gotischen Fenstergewänden, der weite Schlosshof und die grosse Säule mit den Wappen des Bischofs Marcus Sittich, Graf von Hohenems, unter dessen Herrschaft das Schloss im 16. Jahrhundert renoviert wurde. Aus jenem Jahrhundert sind noch einige baulich interessante Spuren erhalten geblieben: die imposante Säule, die den südlichen Anbau aus Fachwerkwänden stützt, das Kreuzgrat-Tonnengewölbe im Gang im ersten Stock und die Fenstergewände. In den Räumen, die der Obervogt bewohnte, wurden im 17. und 18. Jahrhundert Erneuerungen und kleinere Umbauten vorgenommen. Gegen Ende des 17. Jahrhunderts erfolgte unter dem Obervogt von Zweyer der Umbau des Turms. Sein Wappen im Gewölbe des obersten Turmzimmers trägt die Jahrzahl 1692. Die Stuckdecken im ersten Geschoss des Nordtrakts sowie die Türgewände stammen aus dem frühen 18. Jahrhundert. In einem der Räume im ersten Stock kamen 1988 Wappen zum Vorschein. Bei den notwendig gewordenen Umbauarbeiten im Jahre 1988/89 wurden die erhaltenswerten Bauelemente gerettet.

Eine wenig würdige Geschichte erlebte das Schloss im 19. und 20. Jahrhundert.

«Die Versilberung dieses Staatsguts»

Das Schloss ging 1804 an den Kanton Aargau über, zusammen mit dem gesamten Besitz des Bistums Konstanz in aargauischen Landen. Der Kanton bezahlte für das Schloss rund 18 000 Franken.

Exkurs: Säkularisation (Verstaatlichung der kirchlichen Güter und Rechte). Um diesen ziemlich komplizierten Vorgang um die Jahrhundertwende zu erklären, muss etwas weiter ausgeholt werden. Die Ideen der Französischen Revolution erfassten auch die Schweiz. Eine Minderheit von Intellektuellen, Kaufleuten und Beamten in den Städten sowie Angehörige der ländlichen Oberschicht forderten Gleichberechtigung und den Sturz des uneinheitlichen und veralteten Staatssystems. In Basel begann 1798 mit einer friedlichen Staatsumwälzung die Helvetische Revolution. Lawinenartig erhob sich die Bevölkerung in den Untertanenländern der 13 Alten Orte. Frankreich unterstützte die Unzufriedenen und rückte mit Truppen in die Schweiz ein. Napoleon wollte die Schweiz zu einem Vasallenstaat machen. Die Besatzungsmacht gab der Schweiz die Helvetische Verfassung: einen Einheitsstaat nach französischem Vorbild. Die Feudallasten (Leibeigenschaft, Fronen und Personalabgaben) wurden aufgehoben und durch Steuern ersetzt; Münzen, Mass und Gewicht vereinheitlicht, komplizierte alte Kirchenhoheitsrechte aufgelöst, was zu einem heillosen Durcheinander führte. Bis weit ins 19. Jahrhundert hinein gab es hitzige Auseinandersetzungen deswegen. Die einschneidendste Massnahme wurde gegen die Klöster und Stifte ergriffen. Man belegte sie mit Novizenverbot und Sequester, das heisst, den Klöstern und Stiften wurde ein Amtmann vorgesetzt, der Güter und Grundrechte festhielt und sicherstellte. Nach neuer Staatsauffassung hatten die Klöster keine Existenzberechtigung mehr, da nun der moderne Staat Schulen, Spitäler und kulturelle Aufgaben übernahm. Die Finanzen für diese neue Aufgabe holte er bei den reichen Klöstern. Die Erlasse der Regierungen blieben allerdings vorerst nur auf dem Papier, weil die Stimmung im Volk gegen eine Aufhebung der Klöster war, besonders dort, wo Klöster und Stifte standen. Während der französischen Besetzung wagten die Regierungen schliesslich doch, die Klöster zu beschlagnahmen. Der Sequester betraf anfänglich nur die Schweizer Klöster. St. Blasien und das Bistum Konstanz waren nicht betroffen. Später ordnete der helvetische Finanzminister doch den Sequester an. Der Vollzug liess allerdings auf sich warten. In der Zwischenzeit sorgte die Einquartierung der Franzosen für den Zerfall der Güter. In kurzer Zeit waren die Vorräte aufgezehrt und die Grundzinsen versiegt. Die Güter wurden den Eigentümern wieder zurückgegeben mit der Auflage, nichts zu veräussern und dem Staat jährlich Rechenschaft abzulegen. Die geistlichen Stifte um Klingnau zog der Staat erst nach der Helvetik ein. Der Grund dafür war ein europäisches Ereignis. Im Frieden von Lunéville (1801) zwang Napoleon die deutschen Fürsten, alle linksrheinischen Gebiete abzutreten. Die Fürsten entschädigten sich dadurch, dass sie weltliche und geistliche Fürstentümer liquidierten. Der Grossherzog von Baden in Karlsruhe hielt sich am Bistum Konstanz, an der reichen Fürstabtei St. Blasien, der Abtei Säckingen und am Johanniterorden schadlos. Die aargauische Regierung folgte sofort dem Beispiel der Fürsten und beschlagnahmte 1806 die Komtureien Rheinfelden und Leuggern. Der Grossherzog von Baden verkaufte den Besitz des Bistums Konstanz in der Schweiz an die Kantone Aargau, Zürich, Schaffhausen und Thurgau. Darunter befand sich auch das Schloss Klingnau. Die Regierung von Karlsruhe liess den schweizerischen Besitz des Klosters St. Blasien schätzen und kam auf 637 777 Gulden. Die hohe Summe lockte die Kantone nicht zum Kauf, da die Gebäude für den Staat nicht die gleichen Werte besassen wie für das Kloster. Zudem hatten sie unter den Einquartierungen gelitten, und man wusste nicht recht, was anfangen damit. Der gesamte schweizerische Besitz des Klosters St. Blasien im Wert von 370 000 Gulden kauften schliesslich die Lengnauer Juden Moses und Josef Guggenheim, die als Zwischenhändler fungierten. Im Jahre 1812 traten sie die ehemaligen Güter St. Blasiens im Aargau dem Kanton ab. Dieser versuchte die Güter zu verkaufen, um die leere Staatskasse wieder zu füllen. Die Propstei ging in private Hände über. Wegen des Verkaufs des Klosters Sion entbrannte ein Streit zwischen dem Grossherzog von Baden und der Aargauer Regierung. Das Kloster Sion gehöre, so die Meinung des Kantons, zur Schirmvogtei Baden, da die Eidgenossen im Jahre 1589 die

Bauten und ihre Zeiten

Die älteste bekannte Fotografie des Schlosses. Josef Schleuniger, Posthalter, hat den Zustand um 1890 festgehalten.

Schirmherrschaft des Klosters übernommen hätten, und deshalb dürfe der Grossherzog das Kloster nicht verkaufen. Dieser hingegen stellte sich auf den Standpunkt, «Sion» gehöre zu St. Blasien, da es 1724 incorporiert worden sei. Nach langem Hin und Her verzichtete der Grossherzog auf seine Hoheitsrechte, liess sie sich jedoch durch den Kanton «fürstlich» bezahlen.

1817 schrieb die aargauische Regierung das Schloss Klingnau zur öffentlichen Versteigerung aus. Da sich kein Interessent meldete, wurde die Finanzkommission angewiesen, «die Versilberung dieses Staatsguts» zusammen mit einem Rebgelände zu bewerkstelligen. Da kaufte der damalige Pächter, Josef von Schmid, ehemaliger Obervogt und nun Friedensrichter in Böttstein, das Schloss zum Preis von 10 500 Franken.

Das Schloss verkam in den folgenden Jahren zu einem Kaufobjekt für rührige Unternehmer des aufkommenden Industriezeitalters. In den Jahren 1882 bis 1889 wurde die «Liegenschaft Nr. 56, 57 und 58 des Brandkatasters», wie das Schloss in den Fertigungsprotokollen bezeichnet wird, viermal verkauft. Der Klingnauer J. B. Bürli erwarb das Schloss um die Mitte des 19. Jahrhunderts und richtete in den Räumen eine Kinderwagenfabrik ein. Im April 1882 veräusserte er die «Liegenschaft» mit Inventar, also Werkzeugen, Transmission und einer «Dampfmaschine von viereinhalb Pferdekraft», an einen Herrn Wilhelm Hautz in Olten zum Preis von 35 000 Franken, dieser wiederum verkaufte die Fabrik 1885 an die Herren Louis Schmetzer & Cie, Fabrikation aller Arten unter anderem Kinder- und Puppenwagen sowie «Bicycles, Tricycles und Kinder-Velocipèdes (Fahrräder)». Die Firma mit Sitz in Bayern sah in Klingnau keine grosse Zukunft und bot das Schloss schon nach zwei Jahren der Schaffhauser Kinderwa-

Blick in den Schlosshof Richtung Süden. Das Bild zeigt einen Ausschnitt von den Industriebauten, die im Verlaufe des 19. Jahrhunderts entstanden.

Schlosshof. Links der Turm, im Hintergrund Tor zum heutigen Rittersaal. Im Vordergrund links erkennt man den Sodbrunnen.

genfabrik Sander & Cie für 35 000 Franken feil, mit Inventar, Dampfmaschine ausgenommen.

Schliesslich erwarb im April 1889 «Herr Viktor Minet, Korbmacher, wohnhaft in Klingnau» das Schloss samt Fabrikationseinrichtungen für 16 500 Franken «im jetzigen Zustand mit sämmtlichen Nutzen und Beschwerden». Über den Zustand des Gebäudes um 1890 können wir uns anhand der Postkarte ein Bild machen. Die alte Ringmauer aus dem 14. Jahrhundert ist im unteren Teil noch erhalten.

Von 1889 bis 1954 blieb das Schloss im Besitze der 1892 gegründeten Firma Minet & Cie, die Rohrmöbel produzierte. Das war ein glücklicher Umstand für das Schloss. Obwohl in diesen Jahren die Fabrikanlagen im Schloss erweitert wurden, blieb die Substanz des historischen Gebäudes erhalten. Es entstand ein Industriegebäude im Schlosshof (Werkzeugschleiferei) an der Umfassungsmauer zum Städtchen hin und ein weiteres Industriegebäude unter dem Schloss gegen das Dorf (heute Feuerwehrmagazin). Das errichtete Hochkamin im Südwesten der Anlage war während Jahrzehnten ein Wahrzeichen des Klingnauer Schlosses. Die Firma unterzog die Schlossliegenschaft nach der Jahrhundertwende einer gründlichen Aussenrenovation.

Nach dem Ableben der Eigentümer setzte sich der «Verein Schloss Klingnau» für die Erhaltung des Schlosses ein. Die aus dem Verein herausgewachsene Stiftung «Haus der Fischer» kaufte die Liegenschaft im Jahre 1964.

Exkurs: Der Verein Schloss Klingnau. Der Nachlass der Firma Minet ging im Jahre 1954 an die Gläubiger über. Sie drängten darauf, das Schloss zu verkaufen. Um das Schloss vor einer ungewissen Zukunft zu bewahren, wurde von den Herren Walter Häfeli, Robert Zimmermann, Bruno Müller, alle von Klingnau, und Ernst Schelling von Rheinfelden ein Komitee zur Erhaltung des Schlosses gegründet, aus dem dann im Jahre 1957 «Der Verein Schloss Klingnau» wuchs. Erster Präsident war Bruno Müller, Bezirkslehrer in Klingnau. Der Verein setzte sich das Ziel, das Schloss zu kaufen, zu restaurieren und dem Gebäude eine sinnvolle Bestimmung zu geben. Der Verein wuchs in kurzer Zeit auf 175 Mitglieder an. In den folgenden Jahren prüfte man verschiedene mögliche Einrichtungen: Jugendherberge, Altersheim, ornithologische Ausstellung usw. Ende der 50er Jahre entstand die Idee, im Schloss Klingnau ein schweizerisches Fischereimuseum einzurichten. Man bildete ein Patronatskomitee mit Persönlichkeiten aus der ganzen Deutschschweiz. Im Jahre 1961 errichtete der Verein eine Stiftung «Haus der Fischer» zwecks Gründung eines schweizerischen Fischereimuseums im Schloss. Die Vorarbeiten liefen gut an, und Pläne wurden ausgearbeitet. Der damalige Chef des Departements des Innern, Bundesrat Tschudi, kam persönlich nach Klingnau und versprach Subventionen. Als die neue Bestimmung für das Schloss klare Formen annahm, war die Einwohnergemeinde an einem Kauf des Schlosses interessiert. Der Kauf kam jedoch nicht zustande, weil die Gemeinde die Liegenschaft für einen Preis kaufen wollte, der für die Gläubiger nicht annehmbar gewesen wäre. Sozusagen in einer Nacht-und-Nebel-Aktion kaufte die Stiftung im Jahre 1964 das Schloss, damit es nicht unter den Hammer kam. Mit grossem Einsatz und viel Fantasie brachte der Verein das Geld für den

Bau des Hochkamins um 1900 durch die Firma Minet & Cie. Der Kamin wurde im Jahre 1971 abgebrochen.

Ein Blick in den Schlosshof zur Zeit, als der Verein Schloss Klingnau zur Geldbeschaffung Wohnungen an Gastarbeiter vermietete.

Kauf des Schlosses und für die laufenden Zinsen auf. Die Suche nach einer neuen Bestimmung des Schlosses war für den Verein seit der Gründung ein steiniger Weg. Es mussten beträchtliche Geldmittel beschafft werden. Zudem gab es in Klingnau eine Gegnerschaft, die jedoch keine klaren Ziele oder Vorschläge formulierte. Die einen wollten das Gebäude abbrechen und Parkplätze bauen, die anderen fanden, angesichts des fortschreitenden Zerfalls des Gebäudes, die langwierigen Verhandlungen mit dem schweizerischen Fischereiverband eine Trölerei. Zum Leidwesen des Vereins zerschlugen sich die Pläne für ein Fischereimuseum, weil sich der schweizerische Fischereiverband nicht mehr hinter das Projekt stellte. Ein neu zusammengesetzter Vorstand aus den Herren N. Schleuniger, R. Zimmermann, O. Häfeli, K. Schifferle, G. Höchli und H. J. Welti unter dem Präsidenten Anton Lee suchte in den ausgehenden 60er Jahren neue Zweckbestimmungen. Immer deutlicher zeichnete sich ab, dass es das Beste wäre, wenn die Gemeinde das Schloss für ihre Zwecke kaufen würde, was dann auch geschah. Nach dem Abschluss der Aussenrenovation 1977 würdigte der Gemeinderat die Verdienste des Vereins Schloss Klingnau mit einer Urkunde, die rechts neben dem Tor eingemauert wurde.

Der Verein war in den Jahren 1957 bis 1971 besorgt, dass die baufällig gewordenen Industriebauten abgebrochen wurden. Das Hochkamin fiel im Jahre 1971. Damit Geld hereinkam, vermietete der Verein Räume im Schloss als Wohnungen an Gastarbeiter.

Im Jahre 1975 bewilligte die Einwohnergemeinde schliesslich den Kauf des Schlosses. Den südlichen Hofteil mit dem Keller darunter kaufte die katholische Kirchgemeinde für ein Pfarreizentrum, trat jedoch die Liegenschaft nach dem Kauf der Stumpenfabrik an die Gemeinde ab. Nach 1975 unterzog die Besitzerin das Schloss einer Aussenrenovation, schuf Räume für den Posten der Kantonspolizei, die Regionalbibliothek und baute im Nordwesten eine Zivilschutzanlage mit Feuerwehrmagazin. Der grosse Raum im Parterre des Nordtrakts wurde in einen «Rittersaal» mit kleiner Küche umgebaut. Weil im Nordtrakt über dem Rittersaal statische Probleme auftraten, musste das Schloss 1988/89 einer umfassenden Innenrenovation unterzogen werden.

Quellen und Literatur:

- O. Mittler: Geschichte der Stadt Klingnau, Aarau 1967
- W. Merz: Die mittelalterlichen Burganlagen und Wehrbauten des Kantons Aargau, Band 1, Aarau 1905
- P. Frey: Vorbericht über die Untersuchungen von 1988, Kantonsarchäologie, Manuskript 1989
- Handbuch der Schweizer Geschichte, Band 2, Zürich 1977
- P. Ziegler: Zeiten, Menschen, Kulturen, Band 5, Zürich 1979
- R. Zimmermann: Schloss Klingnau und das «Haus der Fischer», ein Bericht, Manuskript 1964
- F. E. Welti: Die Rechtsquellen des Kantons Aargau, Stadtrechte, Band 3, Aarau 1905
- Fertigungsprotokolle 1816 bis 1890, Stadtarchiv
- K. Schifferle, Klingnau
- R. Zimmermann, Klingnau

Kurzübersicht Kapitel 2:

Das Schloss Klingnau wurde noch unter dem Stadtgründer Ulrich von Klingen gebaut (1240 bis 1247). Turm und Nordtrakt gehören zu den ältesten Teilen des Schlosses. Die Ringmauer entstand zu Beginn des 14. Jahrhunderts. Im 16. Jahrhundert wurde das Schloss erweitert und erhielt die noch erhaltenen Ausmasse. Nach der Säkularisierung diente es 150 Jahre lang als Industriegebäude. Seit 1975 gehört das Schloss der Einwohnergemeinde Klingnau. In den Räumen sind die Kantonspolizei und die Regionalbibliothek untergebracht. Der Rittersaal im Parterre dient kulturellen und gesellschaftlichen Anlässen.

Bauten und ihre Zeiten

3. Kapitel

«Ins Werk gesetzte Wahrzeichen des Glaubens»

Die Ordensstiftungen der Herren von Klingen

«Es lag im Wesen des Christenthums und der Christenheit des Mittelalters, den Glauben irgendwie recht nachdrücklich ins Werk zu setzen, für ihn und mit ihm etwas Tüchtiges zu tun oder zu leiden, auf Kreuzfahrten für ihn zu kämpfen,... Kirchen und Klöster zu bauen und auszustatten, damit der Glaube verherrlicht... werde.» Mit diesen Worten erklärt B. Bilger in der Geschichte der Johanniterkommende Klingnau die kirchlichen Stiftungen des Hochmittelalters. Die Herren von Klingen haben sich denn auch in diesem Sinn als freigebige Wohltäter gegenüber Kirchen und Klöster erwiesen. Die drei Söhne des Ulrich von Klingen schenkten dem Ritterorden der Johanniter im Jahre 1251 in der Unterstadt eine Hofstatt zum Bau einer Kirche. Walther von Klingen gründete ein Armenspital mit einer Marienkapelle ausserhalb des Obertors (Spittel) und stiftete 1269 mit seiner Gemahlin das Wilhelmitenklösterchen Sion.

Verfolgen wir die Geschichte der «nachdrücklich ins Werk gesetzten Wahrzeichen des Glaubens», von denen bauliche Überreste noch Zeugnis geben.

Das Johanniter-Ritter-Haus

Der Freiherr Ulrich von Klingen nahm unter Kaiser Friedrich II. an einem Kreuzzug teil und kehrte nach zwei Jahren (1229) wohlbehalten wieder in die Heimat zurück. Aus Dankbarkeit für die Hilfe und Pflege der Kreuzritter schenkten die drei Söhne Ulrichs den Spitalbrüdern St. Johannes von Leuggern im Jahre 1251 eine Hofstatt «bei unser Stadt Klingnau, in dem obern Teil derselben Stadt gelegen, eine Wohnung da ze machen mit allen büwen, so vor geistlichkeit

▲
Merian 1642: Ausschnittvergrösserung. Die erste bekannte Darstellung der Niederlassung des Johanniterordens in Klingnau. Das Chor der Kirche ist jedoch fälschlicherweise nach Westen gerichtet. Im rechten Winkel zur Kirche steht das Ordenshaus.

geziement». Mit dieser Schenkung erfüllten sie vermutlich einen Wunsch des inzwischen verstorbenen Vaters. Zusammen mit der Kirche St. Johann verbanden sie noch eine Komturei des Johanniter-Ritter-Ordens und bedachten das Haus mit reichlichen Geschenken und Stiftungen.

Exkurs: Der Johanniterorden. Die Ursprünge dieses Ordens liegen im Heiligen Land. Nach dem erfolgreichen ersten Kreuzzug im Jahre 1099 wurde in Jerusalem ein christliches Königreich gegründet. Dort entstanden im Laufe des 12. Jahrhunderts drei geistliche Ritterorden: der Orden der Tempelherren, der Orden der Johanniter und der Deutschritterorden. Die Rittervereinigungen setzten sich zur Aufgabe, die Pilger auf ihren Wallfahrten nach dem Heiligen Land zu schützen, Erkrankte zu pflegen und das Königreich gegen die Heiden zu verteidigen. Der Orden der Johanniter wuchs aus einem Spital hervor, das Johannes dem Täufer geweiht war. Alle Brüderschaften, die sich im Heiligen Land den Kranken widmeten, wurden später zu einem Orden zusam-

mengefasst. Papst Paschalis II. bestätigte 1113 den Orden und seine Verfassung. Um die Pilger schon auf ihrer Reise betreuen zu können, errichtete der Orden im Abendland zahlreiche Spitäler.

Zur Aufgabe der Krankenbetreuung gesellte sich bald der Kampf gegen den Islam hinzu, der von den dem Orden angehörenden Ritter zu führen war. Da diese Aufgabe immer mehr in den Vordergrund trat, wandelte Raymond du Puy aus der Dauphiné den Orden in der ersten Hälfte des 13. Jahrhunderts in einen Ritterorden um. Die Mitglieder verpflichteten sich zur mönchischen Lebensregel und zugleich zum Kampf gegen die Heiden. Es gab drei Klassen: Ritter, die von adeligem Geblüt sein mussten und die vor allem den Waffendienst übernahmen, Priester und dienende Brüder. Die Ordensangehörigen trugen einen schwarzen Mantel mit weissem achtspitzigem Kreuz (Malteserkreuz), die Ritter im Kriege dagegen einen roten Waffenrock mit durchgehendem weissem Kreuz.

Im Jahre 1187 eroberte der Sultan Saladin die Stadt Jerusalem und vertrieb die Christen. Der Orden verlegte seinen Sitz zuerst nach Margat, später nach Akkon, musste dann 1291 das Heilige Land verlassen und sich nach Zypern zurückziehen. Von da aus eroberten die Johanniter Rhodos (1308/09) und gründeten auf der Insel einen eigenen Staat. Mit diesem Sieg über die «Türken» erlangte der Johanniterorden grosses Ansehen in der ganzen Christenheit. Fürsten, Grafen und Herren unterstützten den Orden grosszügig und schickten ihre Söhne nach Rhodos, um dort gegen die Ungläubigen zu kämpfen. Der Ordensstaat wurde zur stärksten Seemacht im östlichen Mittelmeer. Aber nach wiederholten Anläufen gelang den Türken im Jahre 1522 die Eroberung der Insel, worauf Kaiser Karl V. den Johannitern im Jahre 1530 die Insel Malta als Lehen übergab. Von da an nannten sie sich Malteserritter. Hier errichteten sie zum Schutz gegen die immer noch angreifenden Türken die mächtige Festung La Valetta.

Da sich der Johanniterorden mit seinen Spitälern über das ganze Abendland verbreitete, bedurfte er einer entsprechenden Organisation. Das Abendland war in acht Provinzen, Nationen oder Zungen eingeteilt. An der Spitze der Provinzen standen Oberste Meister oder Hochmeister. Die Provinzen zerfielen in Priorate. Das Oberhaupt des ganzen Ordens war der Grossmeister, dem als Rat die Hochmeister beigegeben waren. In Deutschland verbreitete sich der Orden erst im Gefolge des zweiten Kreuzzuges Mitte des 12. Jahrhunderts. Die Kommenden der deutschen Schweiz gehörten zur deutschen Zunge, deren Grossprior oder Obermeister seit dem 16. Jahrhundert in Heitersheim im Breisgau seinen Sitz hatte.

Die Ordenshäuser (Kommenden) waren eher wie Burgen oder Wehranlagen gebaut. Einige glichen Schlössern. Die Johanniter kennzeichneten ihre Häuser mit roter Farbe.

Als Napoleon 1798 nach Ägypten segelte, nahm er den Johannitern die Insel Malta weg. Ein Teil der Ordensritter schloss sich ihm an, die anderen kehrten in die Heimat zurück. Die Selbständigkeit des Ordens ging unter. Der letzte Grossmeister dankte 1805 ab. Seit 1834 ist Rom Sitz des Ordens. 1879 stellte Papst Leo XIII. die Würde des Grossmeisters wieder her. Der «Souveräne Militärische Malteser-Ritterorden» verfügt heute noch über diplomatische Privilegien, obwohl seine Hoheitsgebiete nach 1798 von den Staaten eingezogen wurden. Die Genossenschaften des Ordens in den verschiedenen Ländern unterhalten Spitäler und haben sich in den Weltkriegen der Verwundeten angenommen. In Preussen *entwickelte sich nach der Reformation der evangelische Johanniterorden. Aus diesem Zweig entstand 1952 die «Johanniter-Unfallhilfe».*

Verfolgen wir kurz die Geschichte des Ordenshauses Klingnau, ehe wir die baugeschichtliche Betrachtung vornehmen. Dank der Förderung durch die Herren von Klingen wurde die Komturei in Klingnau bedeutender als die in Leuggern. Der Komtur von Klingnau-Leuggern verlegte seinen Sitz nach Klingnau. Bis 1400 vermehrte sich der Grundbesitz durch Kauf und Vergabungen. Die Vorsteher der deutschen Provinz wollten die ansehnliche Grundherrschaft nicht mehr an untergeordnete Komture verleihen, sondern sich selber vorbehalten und nur während ihrer Abwesenheit durch einen Schaffner verwalten lassen.

Von 1393 bis 1444 hatten berühmte Ordensritter ihren Sitz in Klingnau. So Graf Friedrich von Zollern (1393), Hesso von Schlegelholz, Hamman ze Rin und Graf Hugo von Montford (1412–1444). Die Johanniter genossen die Sympathie des Adels, nicht aber diejenige des Bischofs von Konstanz und der Bürgerschaft in Klingnau. Der mächtige Orden mit seinen Privilegien stand dem Bischof bei der Ausdehnung und Stärkung seiner Landeshoheit im Raume Klingnau im Wege. Es kam zu einem Kompetenzenstreit zwischen dem Bischof von Konstanz und dem damaligen Grossprior Hugo von Monfort. In der Folge wurde der Sitz der Doppelkomturei wieder nach Leuggern verlegt. (Über den Streit vergl. Teil 1, Kap. 3.) Das verlassene Ordenshaus verwaltete ein weltlicher Schaffner.

Die Bauten der Kommende

Die Hofstätte, welche die Herren von Klingen den «Spitalbrüdern St. Johannes von Leuggern» schenkten, lag zwischen dem oberen und dem äusseren Tor in der Unterstadt. Der Hof, etwas mehr als 70 Aren gross, war mit einer 90 cm dicken und 4,5 m hohen Mauer umschlossen, unterbrochen durch das Portal auf der Nordseite (ein paar Tuffsteinquader beim Johannitersteig sind noch vorhanden) und das Wassertürlein oder Brühltor im Westen. Weil dieses Törchen in die Stadt und gleichzeitig in den Hof der Johanniter führte, gab es Streit darüber, wer über das Öffnen und Schliessen bestimmen darf. Neben diesem Tor, vermutet H.J. Welti, habe ein Häuschen ge-

standen, in dem der «Schlüssler» wohnte. Im Hof wurde zuerst die Kirche erbaut, sie wird 1257 zum ersten Mal in einer Urkunde erwähnt. Die **Johanniterkirche** war von Anfang an geräumig. Der bauliche Zustand verschlechterte sich, nachdem die Komture ihren Sitz wieder nach Leuggern verlegt hatten. Der Komtur Franz von Sonnenberg (1648–1682) konnte den schlechten Zustand nicht länger dulden. Er liess die Kirche gründlich renovieren und gegen Westen hin sogar verlängern. Die Kirche ist seit dieser Zeit so gross wie manche Pfarrkirche: 25,20 m lang, 10,20 m breit und 9,6 m hoch. Der Dachstuhl wurde erneuert und auf der Vorderseite des Daches ein Holztürmchen mit zwei Glocken und einem Malteserkreuz darauf errichtet. Das Kreuz ist erhalten und befindet sich auf dem Türmchen der Friedhofskapelle.

Malteserkreuz des ehemaligen Dachreiters auf der Johanniterkirche. Das Kreuz befindet sich heute auf dem Turm der Friedhofkapelle.

```
Inschrift an der ehemaligen Johanniterkirche,
        über dem Portal.    1680.–
FRANCISCUS DE SONNENBERG
EQUESTRIS ORD   S: IOANNIS HIER.
SOLOMITANI       MAGNUS UNGARIÆ
PRIOR S. CÆSMA  A CON   SYLIS BELLICIS
ET COMMEN   DATOR       IN VILLINGEN
LEVG    GEREN           CLINGNAW
HOMEN v REINET          REYDEN
        ANNO  MDCLXXX.
```

B. Bilger: Abschrift der Inschrift über dem Eingang der Johanniterkirche.

Die Kirche erhielt damals auch neue Fenster und Türen. Eine Inschrift mit dem Namen des Restaurators der Kirche und der Jahrzahl 1680 zierte das Portal auf der Giebelseite. B. Bilger hielt die Inschrift fest. Sie ist leider aus unerklärlichen Gründen abgeschlagen worden.

> Übersetzung des Inschrift-Textes: Franz von Sonnenberg, Ordensritter des hl. Johannes von Jerusalem, Grossprior von Ungarn, kaiserlicher Hofkriegsrat und Commenthur in Villingen, Leuggern, Klingnau, Hohenrain und Reiden. 1680.

Beim Umbau 1945 und 1988/89 konnte man feststellen, dass nicht nur auf der Westseite, sondern auch auf der Ostseite hohe gotische Spitzbogenfenster vorhanden waren, was beweist, dass die Kirche ursprünglich rundum freistand.

Der Raum zwischen Stadtmauer und Kirche wurde im 17. Jahrhundert mit Schutt vom grossen Brand aufgefüllt. Über die Ausstattung der Kirche gibt es nur spärliche Hinweise: Die Wände waren bemalt. Der Hochaltar enthielt ein Gemälde, das die Enthauptung Johannes des Täufers darstellte. Bilger schreibt, nach Augenzeugen sei es ein Meisterwerk gewesen. Es muss auch Holzfiguren gegeben haben, die aber verschwunden sind.

Das rechtwinklig zur Kirche stehende **Ordenshaus** war im Jahre 1266 erbaut. Daneben gab es auch Ökonomiegebäude. Bei der Renovation des Ordenshauses am Ende des letzten Jahrhunderts kamen im aufgeschütteten Garten die Trümmer eines runden Torbogens zum Vorschein, den Bilger als Tor zu den Ställen identifizierte. Nachdem der Komtur seinen Sitz nach Leuggern verlegt hatte, zerfiel das Ritterhaus offensichtlich so sehr, dass es unbewohnbar wurde. Als «alte behausung von einem gemauerten stock mit etwas gespannenem einbau» wurde das Ritterhaus im Jahre 1687 aufgeführt. Der Komtur von Gymnich liess diese den Johannitern unwürdige Bauruine niederreissen und das neue, noch bestehende Ordenshaus aufbauen. Da eine Jahreszahl am Gebäude fehlt, weiss man nicht genau, wann das Haus erbaut worden ist, vermutlich zwischen 1716 und 1766. Über dem Portal in der Mitte der Hauptfassade prangt das Wappen des Erbauers Freiherr von Gymnich.

In den Kriegsjahren 1798/99 musste die Kommende das Johanniterhaus für Einquartierungen hergeben, obwohl sich der damalige Verwalter Schleuniger dagegen wehrte.

Am 27. August 1806 löste die Aargauer Regierung die Johanniterkommende Leuggern auf und beschloss bald darauf: «Die in Unserem Kanton gelegenen, von dem bereits aufgelösten Malteser-Grosspriorat von Deutschland abstammenden, Malteser-Commenderien Leuggern und Rheinfelden, sollen

Eingang zum Ordenshaus. Das Gebäude ist in der ersten Hälfte des 18. Jahrhunderts unter dem Komtur Freiherr von Gymnich errichtet worden. Über dem Eingang prangt das Wappen des Bauherrn.

Bauten und ihre Zeiten

mit allen dahin gehörigen Besitzungen und Dependenzen im Namen des Kts. Aargau in eigentümlichen Besitz genommen werden.» Der Kanton überliess der Stadt Klingnau das Johanniterhaus für 1550 Franken und die Johanniterkirche für 1600 Franken. Die Stadt baute die Kirche in ein Schul- und Gemeindehaus um. Die gotischen Fenster wurden zugemauert, das Dachtürmchen beseitigt, zwei Böden eingezogen und zur Stadt hin zwei Türen ausgebrochen. Als die Schulräume in die Propstei verlegt wurden,

verkaufte die Gemeinde die ehemalige Kirche im Jahre 1904 an die Firma Minet & Co. in der Hoffnung, neue Arbeitsplätze würden geschaffen. 1945 erwarb die Firma Villiger Söhne das Haus um 33 000 Franken und richtete eine Cigarrenfabrik ein. Bis 1983 produzierte man in den Räumen Zigarren. Im Sommer 1984 bewilligte die katholische Kirchgemeindeversammlung 375 000 Franken für den Kauf der «Stumpi», um darin das seit Jahren geplante Kirchgemeindezentrum zu errichten. Vom Spätsommer 1988 bis Frühsommer 1989 wurde das Gebäude unter Berücksichtigung der historischen Bausubstanz innen vollständig neu ausgebaut und am 20. August 1989 eingeweiht.

Die ehemalige Ordensniederlassung aus der Vogelschau. Die einstige Kirche mit dem um 1900 zum Kinderheim umgebauten Ordenshaus, das heute als Wohnhaus dient.
▼

160

Eine ebensolche wechselvolle Geschichte erlebte das Ritterhaus. Weil die Stadt für den Umbau der Kirche Geld benötigte, verkaufte sie das Haus im Jahre 1811. Nachdem das Haus mehrmals in andere Hände kam, erwarb es schliesslich Johann Nepomuk Schleuniger. Nach seinem Tod (1874) fiel es als Erbe an seine Nichte Thekla Lang-Schleuniger. Diese schenkte es einem «Comite, behufs einer Armenerziehungsanstalt», die nach einem grösseren Umbau im Jahre 1894 eröffnet wurde.

Ingenbohler Schwestern leiteten die Erziehungsanstalt, die ständig wuchs. Die alten Räume genügten bald nicht mehr. 1930 baute der Verein «Kinderheim St. Johann» oberhalb der Burghalde einen stattlichen Neubau, der später noch erweitert wurde. Das Johanniterhaus in der Unterstadt ging wieder in Privatbesitz über und dient heute als Wohnhaus.

Nachdem das «Kinderheim St. Johann» an die Burghalde verlegt worden war, wurde das Ordenshaus nach und nach zu einem Mehrfamilienhaus umgebaut. Für kurze Zeit war der Kindergarten hier untergebracht.

Kurzübersicht Johanniterkommende:

Im Jahre 1251 schenkten die Söhne Ulrichs von Klingen den Johanniterbrüdern in der Unterstadt eine Hofstatt, mit der Bedingung, da eine Niederlassung zu gründen. Die Kommende war nach 1266 erbaut. Dank der Förderung durch Walther von Klingen wurde das Klingnauer Haus reich. Der Komtur verlegte seinen Sitz nach Klingnau. Gegen Ende des 14. Jahrhunderts besass die Kommende Klingnau-Leuggern eine ansehnliche Grundherrschaft. Wegen einem Streit zwischen dem Stadtherrn, dem Bischof von Konstanz, und den Johannitern verliess der Komtur das Haus mit den übrigen Johannitern und zog wieder nach Leuggern. In Klingnau verblieb bis zur Säkularisierung ein weltlicher Schaffner zur Verwaltung der Güter. Nachdem der Staat Aargau die Kommende aufgehoben hatte, kaufte die Stadt Kirche und Johanniterhaus. Im Johanniterhaus wurde nach verschiedenen Handänderungen eine Armenerziehungsanstalt eingerichtet. 1930 zog das Kinderheim St. Johann in einen Neubau auf der Anhöhe östlich der Stadt. Die Johanniterkirche wurde durch die Stadt in ein Schul- und Gemeindehaus umgebaut. Ab 1904 diente das Haus als Filiale und Lager der Firma Minet & Co. 1945 entstand in den Räumen der ehemaligen Kirche eine Cigarrenfabrik. Seit 1984 gehört das Haus der katholischen Kirchgemeinde, die darin ein Pfarrzentrum errichtet hat.

Bauten und ihre Zeiten

Das Wilhelmiterkloster Sion

Dem aufmerksamen Betrachter fällt der grosse Gebäudekomplex zwischen Bahnlinie und Achenberg sofort ins Auge.

Eine Mauer mit Törchen und ein arg verlotterter Gebäudeteil im Westen, unschwer als ehemalige Kirche auszumachen (sie wird einem Mehrfamilienhaus weichen müssen), erinnern an das einstige Kloster Sion. Das ehemalige Konventgebäude im Osten ist zu einem Mehrfamilienhaus umgebaut worden. In den breiten Treppenhäusern mit ihren schönen hölzernen Geländern und in den grossen Kellergewölben, wo die Weinbaugenossenschaft den Klingnauer Wein reifen lässt, atmet noch klösterlicher Geist.

Von den übrigen Klostergebäuden sind Reste der alten Schule und der Gesindestuben am Fusse des Hügels erhalten, auch sie dienen seit über 150 Jahren als Wohnungen. Es sind die Überreste eines einst beliebten Klosters und Gymnasiums, das der Neuzeit geopfert und 1810 aufgehoben wurde, doch davon später. Wenden wir uns den Anfängen dieses auf Schweizer Boden einzigartigen Klösterchens zu.

Im Jahre 1269, kurz nach dem Verkauf des Städtchens Klingnau an den Bischof von Konstanz, schenkte Walther von Klingen den Wilhelmiten das Oratorium (eine Kapelle oder Gebetsstätte) zwischen der östlichen Stadt und dem Achenberg. Die kleine Kapelle trug damals schon den Namen Sion. In zwei Stiftungsbriefen wurde das zu gründende Kloster reichlich mit Gütern und Einkünften aus Gütern bedacht, um dessen Existenz zu sichern. Unter den Gütern befanden sich ein paar Weinberge in bevorzugter Lage. Im Laufe der Jahrhunderte folgten weitere Vergabungen von Bürgern.

Exkurs: Der Wilhelmiterorden. *Der Ordenspatron war Wilhelm von Malavalle. Er lebte in der ersten Hälfte des 12. Jahrhunderts und stammte aus Frankreich. Nach einer Pilgerfahrt ins Heilige Land beschloss der fromme Mann, das Leben als Einsiedler zu führen. Er zog sich in ein ödes Tal (Malavalle) nahe bei Siena zurück, wo er nach einem strengen Büsserleben im Jahre 1157 starb. Zwei seiner Schüler gründeten ihm zu Ehren eine Einsiedlergenossenschaft mit sehr strengen Regeln. Der «ordo eremitarium S. Wilhelmi» breitete sich rasch aus. Die ersten Wilhelmiterklöster blühten in der Toskana, seit 1245 lebten Wilhelmiten auch nördlich der Alpen. Im Jahre 1229 verfügte Papst Gregor IX. eine Milderung der strengen Regel, worauf viele Wilhelmiten nach der Benediktinerregel lebten. Im 15. Jahrhundert zählte man 54 Wilhelmiterklöster, die in die drei Provinzen Toscana, Deutschland und Italien aufgeteilt waren. Die Klöster wurden meist in abgelegenen Gegenden errichtet. In ihnen lebten kaum mehr als 5 bis 10 Mönche. Sie widmeten sich dem Gebet, der religiösen Verinnerlichung, der Krankenpflege und der Beherbergung von Reisenden und Obdachlosen. Das Ordenskleid bestand aus einer Kutte und einem Mantel aus ungefärbter weisser Wolle. Die Konventualen, teils Priester, teils Laienbrüder, unterstanden einem selbstgewählten Prior, der die gleichen Vollmachten wie ein Abt besass. Das Kloster selbst unterstand der strengen Aufsicht eines Provinzpriors und eines Visitators, meist der Prior eines anderen Wilhelmiterklosters. Visitator des Klosters Sion war der Prior von Oberried bei Freiburg i.B. Trotz verschiedener Reformen vom 15. bis zum 19. Jahrhundert war der Niedergang des Ordens nicht aufzuhalten. Viele Klöster verschwanden oder wurden mit grossen Orden vereinigt. Der Wilhelmiterorden erlosch 1879.*

Das rasch aufblühende Kloster Sion erfreute sich bei den adeligen Herren, bei den Bürgern und Bauern grosser Beliebtheit, denn viele wünschten beim Kloster begraben zu werden. Dafür stifteten sie mindestens ein Jahrzeit, und oft leisteten sie noch andere Spenden. Das ist in den Totenbüchern des Klosters festgehalten.

Das Kloster «Sion», wie es sich seit der Mitte des 19. Jahrhunderts präsentiert.
▼

Das Kloster Sion erlebte eine wechselvolle Geschichte. Kurzen Blütezeiten folgten immer wieder Rückschläge. Grosse Probleme gab es wiederholt wegen der schlechten Verwaltung und Bewirtschaftung der Güter. Die nach religiöser Verinnerlichung strebenden Mönche sorgten sich kaum oder nur ungenügend um die weltlichen Belange des Klosters. Kümmerten sich die Mönche hingegen um ihren Besitz, nahmen sie es oft mit der klösterlichen Regel nicht so genau. Zweihundert Jahre nach der Gründung war das Kloster in einer derart miserablen Lage, dass der Bischof von Konstanz einschreiten und dem «merglichen und verderplichen abgang des gotzhus Syon, by unserem Schloss Clignaw gelegen» Einhalt gebot. Man setzte dem Kloster einen weltlichen Schaffner für die Verwaltung der Güter vor und übertrug der Stadt Kontroll- und Strafbefugnis. Dann wieder gelangte das Wilhelmiterklösterchen in gewissen Zeitabschnitten dank tüchtigen Priores zu Ansehen und Selbständigkeit. Der berühmteste war der aus Waldshut stammende Prior Ulrich Dämpfli. Er übernahm sein Amt im Jahre 1467. In kurzer Zeit brachte er die zerrütteten Finanzen wieder in Ordnung und festigte die Wirtschaft des Klosters. Er steckte sehr viel eigenes Geld ins Kloster. Dämpfli war kein weltabgewandter Eremit, sondern ein streitbarer Kämpfer, auch soll er Kinder gehabt haben. Nach ihm geriet das Kloster wieder in eine Krise wegen der Glaubensspaltung. Der damalige Prior

Der ehemalige Klosterkeller, wo immer noch Klingnauer Wein gepflegt wird.
▼

trat zum neuen Glauben über. Sein Nachfolger, Hans Nöttlin, bewahrte das Kloster vor dem Untergang und kämpfte für den alten Glauben. Er besass so grossen Einfluss, dass die Klingnauer Bürgerschaft dem alten Glauben treu blieb. Als Nöttlin zum Dank für seine Verdienste als Abt des Klosters Wettingen berufen wurde, wollte er Sion mit Wettingen vereinigen. Die Klingnauer Wilhelmiten wehrten sich erfolgreich dagegen und blieben selbständig. Die Eidgenossenschaft entzog an der Tagsatzung von 1586 dem Bischof von Konstanz die Schirm- und Schutzherrschaft über das Kloster Sion und versagte ihm und dem Prior von Oberriet (Visitator) jede Einmischung in die Verwaltung des Klosters. In Gerichtsangelegenheiten war nun der Landvogt in Baden zuständig. Im 17. Jahrhundert erlebte das Kloster unter dem aus Döttingen stammenden Prior Johann Jakob Keller eine letzte Blütezeit. Er brachte die Finanzen wieder in Ordnung. Ihm verdanken wir auch die vielbesuchte Wallfahrtskapelle auf dem Achenberg. Der Grundstein wurde 1660 gelegt. Als Vorbild für den zweiteiligen Raum diente die Wallfahrtskirche von Loreto in Italien. Im 18. Jahrhundert kam zum Zerfall der klösterlichen Disziplin eine Schuldenwirtschaft. Das Wilhelmiterpriorat Sion war als selbständige Niederlassung nicht mehr denkbar. Im Jahre 1725 wurde Sion zusammen mit zwei anderen kaum mehr lebensfähigen Sitzen (Oberriet und Mengen) dem Kloster St. Blasien «incorporiert» (einverleibt). Der Prior blieb im Amt, die Wilhelmiten lebten fortan als Benediktiner. Zur Verbesserung der Finanzen schlug der Abt von St. Blasien vor, im Kloster Sion Studenten aufzunehmen. Es wurde bald eine sechsklassige Schule nach der Art eines Progymnasiums von sechs vorzüglich gebildeten Benediktinerpatres geführt. Im Aargauer Klostersturm 1806 wurde auch das Kloster Sion aufgehoben. Besonders hart traf es die Stadt Klingnau, weil der Kanton im Jahre 1810 auch die Schule schliessen liess, obwohl sich der Stadtrat energisch für die Beibehaltung des Gymnasiums eingesetzt hatte. Bei der Säkularisierung des Klostergutes kam es zum Streit zwischen der Aargauer Regierung und dem Grossherzog von Baden (vgl. Exkurs im Kap. Schloss). Schliesslich kaufte der Staat das Priorat Sion. Er veräusserte die Güter und verpachtete das Klosterareal an verschiedene Fabrikanten. Im Jahre 1837 verkaufte der Kanton das gesamte Areal an einen Bandfabrikanten.

Zur Baugeschichte

Über die frühe Baugeschichte des Klosters existieren nur spärliche schriftliche Quellen. Bauuntersuchungen der Jahre 1985/86 der kantonalen Denkmalpflege sind zurzeit noch nicht ausgewertet. In der ehemaligen Kirche fand man Malereien. Laut einem Aktenstück, das bei der Vereinigung mit dem Kloster St. Blasien angefertigt worden war, sollen sich gleich nach der Gründung zwei Wilhelmiter, ein Priester und ein Laie, in Klingnau niedergelassen haben. Vermutlich diente ihnen die bestehende Kapelle als Gotteshaus. In den folgenden Jahren wurde ein Konventgebäude errichtet, denn schon 1270 ist von dem «huse ze Syone» die Rede. Auch der Bau einer Kirche nahm man zügig an die Hand. Ein Altar zu Ehren des heiligen Michael wurde gestiftet und 1317 all jenen, die einen Beitrag an das Chorgestühl leisteten, ein Ablass erteilt. Mehr weiss man über die frühe bauliche Ausgestaltung des Klosters nicht. 1360 brannte das Gotteshaus ab. Sion stand in grosser Gunst beim damaligen Bischof Heinrich III. Dank seiner Unterstützung waren die Schäden des Brandes in kurzer Zeit wieder behoben. Zu Beginn des 15. Jahrhunderts besass das Kloster einen Kreuzgang, vermutlich aus Holz. Unter Prior Ulrich Dämpfli erhielt das Kloster einen steinernen Kreuzgang. «Darzue usser dem selben guot der vordrigen gebuwen in dem selben gotzhus Syon ainen stainnen cruitzgang mit gehouwen venstern mit sampt andren gebuiwen, das inn alles costet ob zweyhundert guldin.» Bis in die Mitte des 17. Jahrhunderts dürfte das Kloster Sion so ausgesehen haben wie auf dem Stich nach Daniel Meissner.

Unter Prior Johann Jakob Keller nach 1654 wurden anstelle des Dachreiters auf der Westseite ein Glockenturm errichtet und die Konventgebäude vergrössert. Aus dem 18. Jahrhundert erfährt man mehr über die Klosteranlage dank eines Plans, der bei der Übernahme des Konvents durch St. Blasien angefertigt worden ist.

Schon 1725 unterzog man das Langhaus der Kirche, im folgenden Jahr den Turm und das Chor einer Aussenrenovation. Wie aus dem Plan ersichtlich ist, existiert der grosse an das Chor angebaute Konventbau noch nicht. Er wurde offensichtlich in der zweiten Hälfte des 17. Jahrhunderts erstellt. Leider sind von den meisten Gebäuden auf dem Plan keine Spuren mehr vorhanden, ausgenommen die eingangs erwähnten.

Die Klosteranlage sah vom Städtchen her gesehen um 1800 etwa so aus wie auf nebenstehender Zeichnung. Nach der Säkularisierung wurde nacheinander eine Baumwollspinnerei, dann eine Seidenweberei eingerichtet. Die Gebäude, für die man keine Zweckbestimmung hatte, liess man zerfallen und beseitigte sie schliesslich. Sehr gelitten hat der Konventbau zur Zeit des Alliierten-Spitals. Die Kirche wurde nach und nach ausgeräumt und zu einer Scheune umfunktioniert. Die Zweckentfremdung

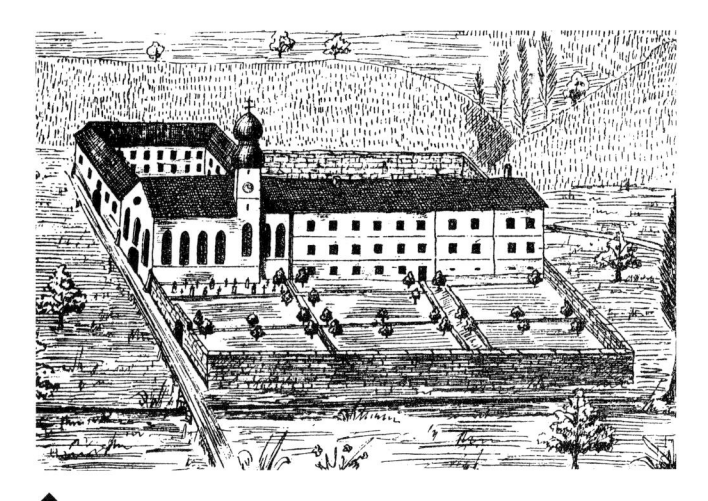

▲
Kloster Sion zur Zeit der Aufhebung um 1800. Federzeichnung B. Bilger. Der grosse Westtrakt, der heute als Mehrfamilienhaus dient, wurde nach 1733 errichtet. Darin untergebracht war die sechsklassige Knabenschule.

Radierung aus Daniel Meissners Schatzkästlein 1642 mit dem Kloster Sion im Vordergrund rechts. Vom 16. Jahrhundert bis zur Übernahme des Klosters durch St. Blasien in der Mitte des 18. Jahrhunderts präsentierte sich die Klosteranlage so wie auf dieser Darstellung.
▼

der Klosterkirche empfanden die Klingnauer als Unrecht. Alte Klingnauer erzählten, dass es in der «Jone» lange gespukt habe. So soll man an gewissen kirchlichen Festtagen leise Gesänge vernommen haben.

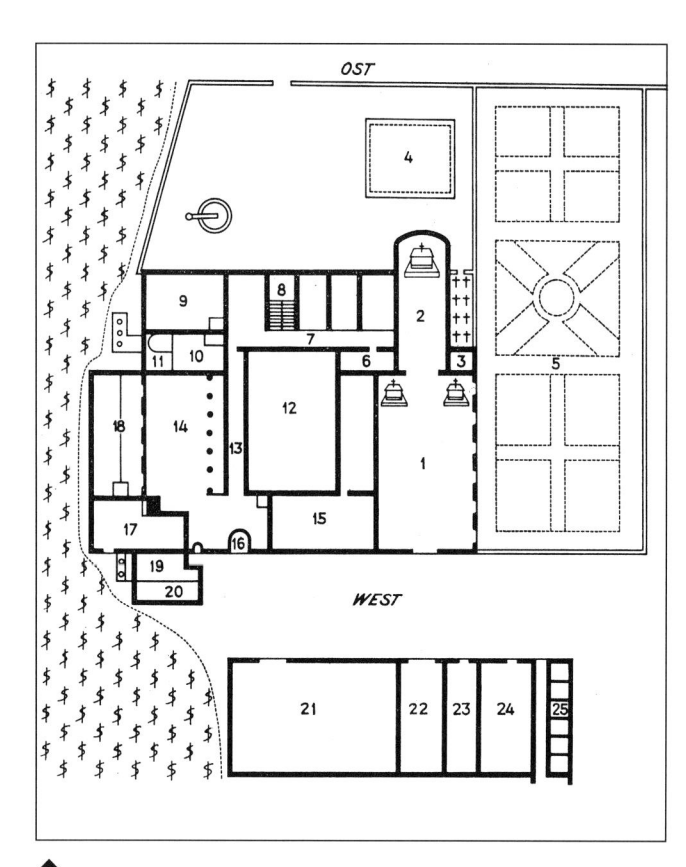

Quellen und Literatur:

- O. Mittler: Geschichte der Stadt Klingnau, Aarau 1967
- B. Bilger: Das St.-Johann-Ordens-Ritter-Haus Klingnau, Klingnau 1895
- B. Bilger: Das Alliierten-Spital und der Kaiserliche Gottesacker in Klingnau, Klingnau 1901
- Joh. Huber: Die Kollaturpfarreien und Gotteshäuser des Stifts Zurzach, Klingnau 1868
- Joh. Huber: Die Urkunden des Stiftes Zurzach, Aarau 1873
- P. Kläui: Vom Orden der Johanniter, in: Das Johanniterhaus Bubikon, Kunstführer, Bubikon 1965
- F. E. Welti: Rechtsquellen des Kantons Aargau, Band 3, Aarau 1905
- Fertigungsprotokolle 1806 bis 1890, Stadtarchiv Klingnau

▲

«Das alte Kloster Sion, wie es anno 1733 im Stand gewesen.» Der Plan wurde vom Kloster St. Blasien bei der Übernahme angefertigt.

1. Die Kirchen.
2. Der Chohr.
3. Der Thurn.
4. Der Gottesackher, der ietzige.
5. Der Garten.
6. Sacristeÿ, oben drauf die Cellen.
7. Gang.
8. Stiegen und platz vor dem refectorio.
9. Refectorium, oben drauf das Priorat.
10. Küchel, oben drauf dz rauchkammerle und bibliothek.
11. Küchelstüble.
12. Holzhaus, Crüzlöfle, künftiger Gottsacker.
13. Gang zur porten.
14. Der Keller, oben drauf gastzimmer.
15. Der neue Keller, oben (drauf) der gang auf die Orgel.
16. Aussere porten, drauf knächt-kammer.
17. Gsindstuben, vnden ein Gewölbe und winthergarten.
18. 2 schuhlstuben, vnden der gewölbte keller.
19. Knächten-kammer, vnden ein gschirrkammer.
20. Wäschhaus.
21. Trotten.
22. Schÿren.
23. Khue-stall.
24. Ross-
25. Schwin-

Kurzübersicht Wilhelmiterkloster Sion:

Walther von Klingen stiftete 1269 zusammen mit seiner Gattin das Wilhelmiterkloster Sion. Wenige Jahre nach der Gründung standen die Kapelle und das Ordenshaus. Der Eremiterorden erfreute sich grosser Beliebtheit und kam in kurzer Zeit zu grossem Grundbesitz. Die Geschichte der Klingnauer Wilhelmiten war wechselvoll. Die Verwaltung der Güter und die Einhaltung der Klosterregeln geben immer wieder zu Beschwerden Anlass. Unter dem Prior Jakob Dämpfli (1467–1522) erlebt das Klösterchen eine Blüte. Unter ihm wurde die Klosteranlage erweitert. Im 17. Jahrhundert verhalf Prior Johann Jakob Keller (1654–1677) dem Kloster noch einmal zu einem kurzen Aufschwung. Unter ihm erhielt die Kirche einen Turm. Nach ihm verlor das Kloster Sion seine Selbständigkeit. Im Jahre 1725 schliesslich wurde es mit dem Kloster St. Blasien vereint. Ein vorzüglich geführtes Gymnasium für Bürgersöhne wurde eingerichtet und die Bauten renoviert und erweitert. Nach der Säkularisation verkaufte der Staat Aargau das Klosterareal an Private. Die Schule wurde 1810 geschlossen.

4. Kapitel

Das steinerne Amtshaus des Klosters St. Blasien

Wenn ein Wanderer im letzten Jahrhundert vom Surbtal ins untere Aaretal einbog, bot sich ihm eine schöne Flusslandschaft dar, an deren Rändern kleine Siedlungen lagen. Auffallend weit ins Tal breitet sich das Städtchen Klingnau aus. Von diesem Ort fiel ihm zuerst das mächtige, südwestlich der Stadt stehende Gebäude ins Auge: die sanktblasianische Propstei. Auf Bildern aus dem letzten Jahrhundert ist der Amtssitz des Propstes von St. Blasien sehr genau wiedergegeben.

Die Propstei dominierte im unteren Aaretal und manifestierte die einstige Grösse des Klosters St. Blasien. Das noch bestehende Prachtgebäude ist das letzte und grösste von den drei an der gleichen Stelle gebauten Propsteien. Im Jahre 1250, kurz nach der Gründung der Stadt Klingnau, verlegte der Propst den Amtssitz von Döttingen nach Klingnau in die Unterstadt.

Exkurs: Sanktblasianische Güter links des Rheins. Die Abtei St. Blasien besass seit dem 12. Jahrhundert einen riesigen Streubesitz auf nordschweizerischem Boden. Verwaltet wurde der Güterbesitz durch zwei Ämter, das eine in Stampfenbach bei

Die Federzeichnung (1794) von J.H. Meyer, hier ein Ausschnitt, zeigt, wie das Propsteigebäude im unteren Aaretal dominierte. Die Propstei wurde vom berühmten Baumeister Caspar Bagnato zwischen 1746 und 1753 erbaut.
▼

Zürich, das andere in Klingnau. Die Besitztümer in den Kantonen Aargau, Solothurn, Luzern und Unterwalden gehörten zum Amt Klingnau. Die Schaffnerei und das Amtshaus Kaiserstuhl unterstanden der Propstei Klingnau. Der grösste Teil der Güter, die zum Amt Klingnau gehörten, lag im Unterlauf der Aare, Limmat und Surb. Die adeligen Geschlechter von Tiefenstein, von Tegerfelden und von Klingen hatten viel zu diesem grossen Besitz beigesteuert. Das Amt zählte 14 Meierhöfe und einige Fronhöfe. Der wichtigste Fronhof lag in Döttingen. Zum Amt Klingnau gehörte auch das Niedergericht in einer Reihe von Orten mit einer Bussenkompetenz von 10 Pfund.

Über das erste Haus ist wenig bis gar nichts bekannt. Man weiss nur, dass es im Jahre 1518 einem Brand zum Opfer fiel. 13 Männer fanden bei diesem Unglück den Tod. Vermutlich handelte es sich um einen Riegelbau. Den 1543 aufgestellten Neubau erkennt man auf dem Stich von Merian. Ein typischer Renaissance-Bau mit einem angebauten Treppenturm. Weil das Propsteigebäude den Ansprüchen nicht mehr genügte, wurde es Mitte des 18. Jahrhunderts abgebrochen und durch einen von Baumeister Johann Caspar Bagnato geschaffenen Barockbau ersetzt. Es ist ein viergeschossiger, symmetrisch angelegter Bau mit betontem Mittelteil (Mittelrisalit) und angedeuteten Seitenflügeln (Seitenrisaliten). Ein prunkvoll gestaltetes Hauptportal, allerdings nicht ganz fertig behauen, und ein Wappen im spitzgiebeligen Mittelteil sind die «üppigsten» Verzierungen im barocken Stil. Der alle Hausdächer des Städtchens überragende Bau ist in seiner Art schlicht. Auch im Innern nimmt sich das, was nach den vielen Umbauten im 19. und 20. Jahrhundert noch an ursprünglicher Bausubstanz vorhanden ist, für einen Barockbau sehr bescheiden aus. Erhalten geblieben sind das schmiedeeiserne Treppengeländer und Stuckdecken in den mittleren Zimmern im 3. und 4. Geschoss. Beeindruckend sind das grosszügige Treppenhaus und die grossen gewölbten Kellerräume. Die Zurückhaltung beim Bau der Propstei war Absicht. Der Abt von St. Blasien wollte keinen barocken Prunkbau errichten. Im Bauakkord vom 14. Januar 1746 übernahm der «bestberüemte bawmeister Casparus Bagnato» die Ausführung der Propstei. Lange Verhandlungen gingen voraus, bis dem Abt das vorgelegte Projekt genehm war. Der Baumeister verpflichtete sich im Bauvertrag, Fundamentierung und Hochbau solide auszuführen, dauerhafte Gewölbe herzustellen, die Gänge mit behauenen Platten zu belegen, die Kamine zu erstellen, die Mauern beidseitig zu verputzen, die Dächer einzudecken und für die Kanalisation besorgt zu sein. Das alte Gebäude musste er abbrechen, es sei denn, er hätte die Mauern im Neubau verwerten können. Beim Innenausbau zwang man Bagnato zu grösster Sparsamkeit. Es steht unter Punkt 8 des Akkords: «alle zimmer glatt und mit gsimbsen und hohlkellen zuo verbutzen, ausser deren aber die 6 principalzimmer sambt der capellen und denen vorhäuseren (Vorräume) mit einigen leichten ornamentis von stuccatorarbeithen ververthigen zuo lassen.»

Die Bauzeit dauerte sieben Jahre und wurde 1753 abgeschlossen. Bagnato war während der Bauzeit selten anwesend. Er übertrug die Leitung dem Maurerpolier Johannes Amtmann und dem Zimmerpolier Reinle von Klingnau. Bei den Bauarbeiten lief nicht alles rund, denn Bagnato schickte 1748 einen neuen Maurerpolier, Ferdinand Weitzenerler, weil

Auf dem Stich von Merian erkennt man das Propsteigebäude, das 1543 errichtet wurde und bis zum Bau der heutigen Propstei bestanden hat. Auffallend ist der Treppenturm.
▼

sich der alte als unfähig erwies. Es wurden 3800 Fuhren Mauersteine aus den Steinbrüchen zu Döttingen und Würenlingen herangekarrt. Die Kalkbrennerei der Kommende Leuggern lieferte 170 000 Backsteine für die Gewölbe, Bögen und Kamine. Bauholz, Sand und deren Fuhrlöhne, dazu Schreiner-, Schlosser-, Hafner-, Glaser- und Steinhauerarbeiten wurden vom Hofmeisteramt in St. Blasien bestritten. Die Kosten wurden 1746 auf 22 808.4 Gulden veranschlagt, davon fielen an den Baumeister Bagnato 7500 Gulden. Eine Gesamtabrechnung ist nicht vorhanden. Es ist aber aufgrund der vielen kleinen Rechnungen anzunehmen, dass der Kostenvoranschlag überschritten wurde. Zum Amtssitz gehörte das Areal, welches mit einer «zehnschühigen Mauer» umgeben war. Diese noch erhaltene Mauer wurde in den ersten Jahren des 18. Jahrhunderts errichtet, nachdem im Jahr 1713 ein Landabtausch mit der Kommende Leuggern erfolgt war. Auch die mächtige Propsteischeune wurde kurz nach 1706 an der Stelle zweier niedergebrannter Häuser erbaut. Die «Circumferenz» (Flächeninhalt) und die Scheune mit Stall diente der Versorgung des Propstes, der zurückgezogen in der Propstei ein ruhiges Leben führte. Das Areal war eine Welt für sich, die nur selten von Klingnauer Bürgern betreten wurde.

Stellen wir uns vor, wie sich der Propsteihof einem Klingnauer Bürger des 18. Jahrhunderts präsentierte. Von der Unterstadtgasse herkommend öffnet er einen Flügel des grossen schmiedeeisernen Tores und betritt den Hof. Ein Baumgarten spendet Schatten auf die sauber angelegten Wege und auf den schönen Brunnen gegenüber dem Hauptportal. Er staunt über die vielen Einrichtungen, die in diesem Areal vorhanden sind. Im ebenerdigen Stall der Propsteischeune stehen gesunde Kühe und Pferde. Im Küferhaus werden Bücki ausgebessert. Aus dem Waschhaus dampft es. Vor dem Backhäuschen wird gerade ein Klafter Brennholz abgeladen. Im Krautgarten sind schon die ersten Beete umgegraben. In den Scheiben des Treibhäuschens daneben spiegelt sich die Sonne. Rund um das «Hühnerhäusle» gackern fette Hühner. Im schattigen Lusthäuschen sitzt der Propst beim Brevieren, daneben plätschert ein Springbrunnen. Da gerade Weinlese ist, wird Saum für Saum durch das Hauptportal in den riesigen Keller gefahren, wo grosse und kleine Fässer bereitstehen, um den jungen Wein aufzunehmen.

Dieses Bild vom Propsteiareal bekommt man, wenn man die Kaufverträge der Jahre 1807 bis 1815 liest. Damit ist das Schicksal der Propstei schon angetönt. Die neue Propstei diente dann nicht einmal mehr ein halbes Jahrhundert lang ihrer Zweckbestimmung. In der Helvetik wies man den Propst mit der fadenscheinigen Begründung aus, er habe Wertsachen und Urkunden über den Rhein geflüchtet. Im Jahre 1807 wurde die Abtei St. Blasien aufgehoben, und die Güter des Klosters wurden säkularisiert (Vergleiche: «Säkularisierung» im Kapitel über das Schloss). Gleich nach der Aufhebung des Klosters war der Altstadtschreiber Schleiniger als «grossherzoglich badischer Propsteiverwalter allda» beauftragt das «Mobiliarvermögen,... vielerlei Vorräthe von Früchten und Wein usw., desgleichen mehreres Rind- und anderes Vieh an den Meistbietenden gegen baare Bezahlung» öffentlich zu versteigern. Die Versteigerung dauerte sieben Tage. Am ersten Tag kam die Fahrhabe (Chaise, mehrere Wagen, Pferde- und Bauerngeschirr) unter den Hammer; am zweiten Tag Spiegel, Sessel, Kanapee, Kommoden, Tische und andere Holzwaren; am dritten Tag unter anderem Kupferstiche, Zinn und Küchengeschirr aller Art; am vierten Tag Tisch-, Bett- und anderes Weisszeug, Vorhänge und sonstiger Hausrat. An den drei übrigen Tagen wurden Vieh, Vorräte und vor allem Weine der Jahre 1802, 1804, 1805 und 1806 samt grossen, «durchgängig mit Eisen gebundenen Weinfässern» versteigert. Das Propsteiareal fiel auf Umwegen 1812 an den neuen Kanton Aargau. Dieser verkaufte es 1813 an die Klingnauer Herren Fidel Lorenz (Wirt zum «Rebstock») und Franz Josef Pfister für 8000 Gulden.

In den Jahren nach der Aufhebung des Klosters litt das Gebäude, weil man keine rechte Verwendung dafür fand. Während des Durchmarsches der Alliierten in den Jahren 1813/14 richtete die österreichische Heeresleitung in der Propstei, gegen den Protest der Bürger, ein Spital ein. Wegen der Nähe zur Stadt befürchtete man Ansteckungsgefahr. Aber auch vor einem möglichen Brandausbruch hatte man Angst, denn man wusste von anderen Orten, dass die Soldaten beim Heizen unvorsichtig vorgingen. Die Öfen und Kamine in der Propstei waren nicht mehr feuersicher. Nach dem Abzug der Truppen und der Übergabe des Gebäudes muss das Innere und der Hof in schlimmem Zustand gewesen

▲
Die Propstei diente im 19. Jahrhundert als Industriegebäude. Von 1864 bis 1901 war darin eine Filiale der Schuhfabrik Bally untergebracht. Der Stich vermittelt einen Eindruck von der einstigen Parkanlage im Propsteihof. Der Brunnen steht noch gegenüber dem Hauptportal. Er wurde später an die nördliche Umfassungsmauer versetzt.

sein. Die Besitzer Lorenz und Pfister stellten jedenfalls Rechnung für Reparaturen in und am Gebäude sowie für die Wiederherstellung des Gartens. Ihre Forderungen wurden jedoch nicht vollumfänglich erfüllt, so dass sie der Regierung den Prozess machten, jedoch ohne Erfolg. Aus Ärger und Verbitterung verkauften sie die Propstei für 9000 Gulden Johann Jakob Neukomm, Wirt in Unter-Hallau.

Das weitere Schicksal des Gebäudes ist schnell erzählt. Der neue Besitzer richtete im Flügel gegen die Stadt Wohnungen ein und vermietete die übrigen Räume an kleine Betriebe. Das Gebäude war jedoch schlecht genutzt. Nach 1830 gelangte die Propstei an Johann Hottinger von Bubikon, der 1864 einen Teil der Propstei der Schuhfabrik Bally in Schönenwerd für die Einrichtung einer Filiale überliess. 1875 kaufte die Schuhfabrik das ganze Gebäude. In jenen Jahren wurde das Innere der Propstei sehr stark verändert. Am wenigsten betroffen war der Mittelteil mit dem Treppenhaus. Auf dem zweiten, dritten und vierten Geschoss wurden die Räume gegen die Aare hin in grosse «Fabriksäle» verwandelt. Die tragenden Mauern ersetzte man durch gusseiserne Säulen, die heute noch vorhanden sind. Die Propstei blieb bis zum Jahr 1901 eine Filiale der Schuhfabrik. Nach der Liquidation übernahm die Stadt für 60 000 Franken die Propstei, die sich für Schule und Gemeindeverwaltung gut eignete. Für kurze Zeit vermietete die Stadt einen der grossen Säle an die Korsettfabrik Zuberbühler in Zurzach. Bis heute dient die Propstei als Schul- und Gemeindehaus. In den Jahren von 1903 bis 1981 sind mehrere grössere und kleinere Umbauten erfolgt, Anpassungen an die veränderten Ansprüche von Schule und Verwaltung.

Die Propsteischeune diente bis in die 50er Jahre ihrem ursprünglichen Zweck als Landwirtschaftsgebäude, war jedoch in einem trostlosen Zustand. Mit Unterstützung der Denkmalpflege wurde der drohende Abbruch abgewendet. Der Architekt Carl Frölich brachte Altes und Neues unter einen Hut und gestaltete eine ansprechende Aussenfront. Der Bau erhielt reichlich Schmuck. Im Sitzungszimmer ist eine Wand mit dem Stadt- und den Bürgerwappen nach dem Entwurf von H.J. Welti verziert. An der Ostseite schuf der Maler Otto Kählin ein Wandbild mit dem Minnesänger Berchtold Steinmar im Kreise seiner trinkfreudigen Gefährten.

Die Erhaltung der Propstei und des Propsteihofes, der als Schulhof dient, ist ein grosses und teures Anliegen der Einwohnergemeinde, die im Sommer 1988 einen Kredit von 1 650 000 Franken für die Sanierung des Dachs und für eine historische Aussenrenovation bewilligte.

Das schmiedeiserne Treppengeländer in der Propstei, wo sich heute Räume für Schule und Gemeindeverwaltung befinden. An der Wand: «Gemixte Zeiten», Figurenbild der Klasse 3a, (1987), hergestellt mit der Zeichnungslehrerin Sigyn v.d. Osten.
▼

▲
Blick in den Propsteihof. Links das mächtige Propsteigebäude aus dem 18. Jahrhundert. Im Hintergrund die Propsteischeune, die 1959 für Schulzwecke umgebaut wurde.

Quellen und Literatur:

- O. Mittler: Geschichte der Stadt Klingnau, Aarau, 1967
- B. Bilger: Das Alliierten-Spital, Klingnau 1901
- Kunstführer durch die Schweiz, Band 1, Bern 1971
- Dossier «Propsteineubau» Nr. 2967, Staatsarchiv Aarau
- «Schweizer-Bote», Nr. 40, Aarau, 2.10.1807

Kurzübersicht Kapitel 4:

Das ehemalige Propsteigebäude in der Unterstadt wurde in den Jahren 1746 bis 1753 von Giovanni Gaspare Bagnato erbaut. Das schlossartige, aber schlichte Gebäude wurde anstelle eines Vorgängerhauses errichtet. Die Propstei war Verwaltungssitz des Klosters St. Blasien, das im Aargau beträchtliche Ländereien besass. Nach der Säkularisierung beherbergte die Propstei frühe Fabrikbetriebe. In der zweiten Hälfte des 19. Jahrhunderts war darin eine Schuhfabrik. 1901 ging das Gebäude an die Gemeinde, die darin Gemeindeverwaltung und Schulräume einrichtete.

Die ehemalige Propsteischeune, ein grosser Mauerbau, wurde 1959 für Schulzwecke umgebaut.

Kapitel 5

Das Land um die Stadt

In den vorherigen Kapiteln war die Rede von den Gebäuden in der heutigen Kernzone. In diesem Kapitel werfen wir einen Blick auf das Land rund um die Kleinstadt. Bis ins 20. Jahrhundert blieb die Landschaft im grossen und ganzen unverändert. Nur ganz wenige Bauten, deren Standorte, heute kaum noch ausgemacht werden können, befanden sich ausserhalb der städtischen Siedlung: an der Aare eine Mühle der Johanniterkommende, das Schützenhäuschen zwischen Unterstadt und Aare und eine Sägerei am Ende des Dorfs. Ein markantes Bauwerk war bis zum Jahre 1418 die zweiteilige Brücke über die Aare unterhalb des Dorfes. Ein Hochwasser riss die beiden Brücken weg. Vermutlich hatte das Hochwasser die Ufer stark verändert, so dass sie nicht wieder errichtet wurden. Den Quellen nach blieben aber noch viele Jahre die Pfähle im Wasser, ein gefährliches Hindernis für die «Stüdeler». Es kam deretwegen zu tödlichen Unfällen. Für den Weg nach Leuggern richtete man ungefähr an der gleichen Stelle eine Fähre ein. Sie bestand bis ins 19. Jahrhundert; denn nach der Säkularisierung des Klosters Sion wurden noch Steine von den abgebrochenen Klostergebäuden zum Ausbessern der Ufer bei der Fähre verwendet. Kurz darauf verlegte

Flugaufnahme aus dem Jahre 1921. Der alte Baubestand des Städtchens mit Dorf und Weier. Die Hänge am Achenberg sind noch unverbaut. Im Vordergrund Kleindöttingen und Döttingen.
▼

Kartenvergleich: links Siegfried-Atlas 1877, rechts Landeskarte der Schweiz 1982. Die Schrumpfung der Rebbergfläche und die wachsende Verbauung sind gut sichtbar. Massstab 1:25'000.

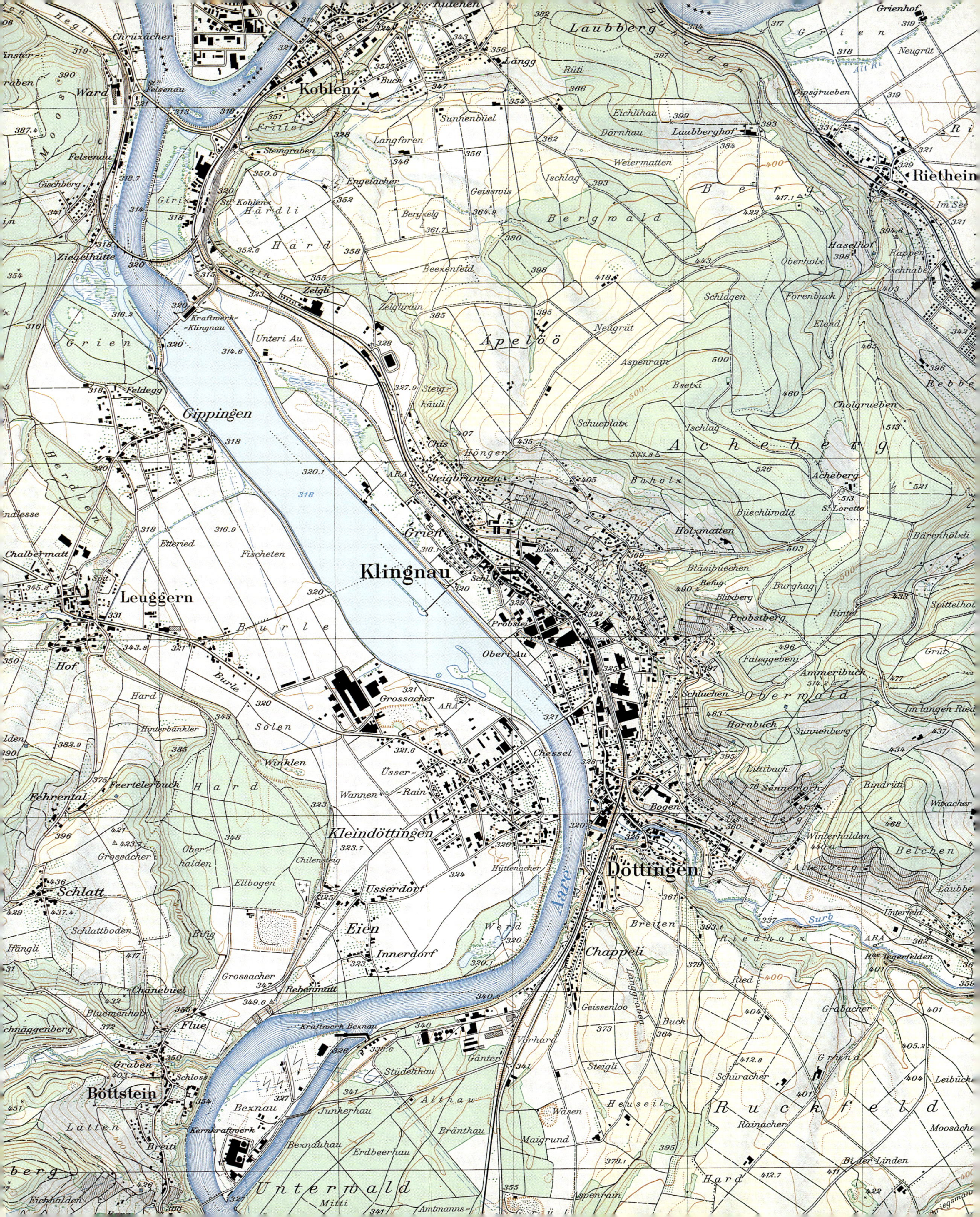
Koblenz
Klingnau
Döttingen
Leuggern
Gippingen
Kleindöttingen
Böttstein
Riethein
Laubberg
Laubberghof
Bergwald
Acheberg
Äpelöö
Steigbrunnen
Probstberg
Oberwald
Ruckfeld
Unterwald
Kraftwerk Klingnau
Kraftwerk Beznau
Kernkraftwerk
Beznau
Chappeli
Usserdorf
Innerdorf
Eien
Schlatt
Fehrental
Ward
Felsenau
Ziegelhütte
Aare
Surb
Belchen
Chessel
Grossacher
Burle
Solen
Winklen
Hard
Flue
Etzwil
Sunnenberg
Hornbuch
Grien
Feldegg
Zelgli
Engelacher
Sunhenbüel
Neugrüt
Schladen
Oberholz
Cholgrueben
Holzmatten
Buechliwald
Bogen
Winterhalden
Breiten
Geissenloo
Steigli
Heuseil
Junkerhau
Bexnauhau
Erdbeerhau
Bränthau
Althau

man die Fähre flussaufwärts nach Döttingen. Wie sah die Landschaft von der Stadtgründung bis 1900 aus? Die frühesten Flugaufnahmen zeigen noch die «unberührte» Umgebung der Stadt.

Der Gemeindebann, im Laufe des 14. und 15. Jahrhunderts durch feierliche Grenzbegehung, den «Untergang», abgegrenzt, entsprach im wesentlichen dem heutigen Gemeindegebiet. Er schloss Wälder, Weiden, Ackerflächen und Rebberge ein. Teile des Waldes waren Allmende. Jeder Bürger durfte den Wald nutzen, sei es durch Holzen oder für den Weidgang. Im Klingnauer Wald auf dem Signal wurden Steine für den Bau der Häuser und der Stadtmauer abgebaut. Die Gruben sind noch immer zu erkennen. Im Mittelalter galt die Waldrodung als verdienstvolle Tat zur Gewinnung von offenem Land für Ackerbau und Weide. Der Schutz und die Pflege des Waldes wurden erst in der Neuzeit nach und nach durchgesetzt. Die grössten Acker- und Weidegebiete der Bürger befanden sich in der Machnau, im Zelgli und im Härdli. An den Hängen des Achenbergs bis zum Waldrand hinauf und weit ins Kies hinab wurden Reben angepflanzt. Da der Weinbau während Jahrhunderten die wichtigste Einnahmequelle war, besass Klingnau ein sehr grosses Rebgebiet. Auf der Siegfriedkarte ist das Rebgebiet des 19. Jahrhunderts festgehalten. Im Vergleich dazu nimmt sich die heutige Rebfläche bescheiden aus. Leider sind keine Zahlen über die Erträge vorhanden. Wahrscheinlich waren die Ernten nicht viel grösser als heute und grossen Schwankungen unterworfen. An den Hängen, die sich nicht für Ackerbau oder Weidland eigneten, war der Rebbau die beste Lösung. Dazwischen lag gelegentlich ein Baumgarten. Wegen des geltenden Erbrechts wurden die landwirtschaftlich genutzten Flächen zerstückelt. Um die Jahrhundertwende zum 20. Jahrhundert gab es viele kleine und kleinste Parzellen. Die Bewirtschaftung des Streubesitzes war mühsam und wenig gewinnbringend. Die Rebberge bestanden aus unzähligen «Rebbergvierlig» von ungefähr 5 Aren.

Die Güterregulierung – Rettung der Landwirtschaft

Im 19. Jahrhundert verdienten sich die meisten Klingnauer den Lebensunterhalt durch Heimarbeit oder Arbeit in der aufkommenden Industrie. Daneben betrieben sie noch ein bisschen Landwirtschaft mit einer Kuh oder Ziegen und bebauten ein Stück Rebland. Die Bürger hielten sich das Vieh im Parterre des Stadthauses. Nach und nach verschwanden die Kleinbauernbetriebe. Wer von der Landwirtschaft leben wollte, musste aus dem Städtchen ausziehen und seine Güter zusammenlegen und erschliessen, damit das Bauern wirtschaftlich wurde. Eine Verbesserung der Zufahrten und Güterzusammenlegung drängten sich auf. In den Jahren 1919 bis 1921 erfolgte eine erste Güterregulierung und in den Jahren 1944 bis 1959 eine zweite. Im Protokollbuch der «Ausführenden Kommission» für die erste Güterregulierung notierte der damalige Gemeindeschreiber Urban Häfeli: «Schon vor mehr als 50 Jahren hat die landwirtschafttreibende Bevölkerung der Gemeinde Klingnau das Bedürfnis nach besseren Verkehrsverhältnissen für das im sogenannten «Hard» und im Koblenzerfeld gelegene Grundeigentum der Privaten und der (Orts-)Gemeinde Klingnaus empfunden.»

Ursprünglich dachte man an eine blosse Verbesserung der Hardstrasse. Es stellte sich dann heraus, dass die Subventionen von Bund und Kanton reichlicher fliessen würden, wenn gleichzeitig eine Güterregulierung durchgeführt würde. Der Gemeinderat lud deshalb am 31. Oktober 1915 alle Grundeigentümer im genannten Gebiet zu einer Versammlung ein. 56 Anwesende von 90 Eingeladenen beschlossen, die Güterzusammenlegung in Angriff zu nehmen und bestellten eine «Ausführende Kommission». Präsident wurde Alfred Bürli. Die wichtigste Aufgabe der Kommission bestand in den ersten Jahren darin, auch unter den Kleinbauern Verständnis für das Vorhaben zu wecken. Das war keine leichte Aufgabe, denn die vielen Klein- und Kleinstbauern wollten keine grösseren Anbauflächen, die sie weder zu erwerben noch zu bebauen in der Lage gewesen wären. Zudem hingen die Familien an ihren «Landblätzen».

Im Jahre 1919 legte die Kommission an einer Einwohner- und Grundbesitzerversammlung das Projekt für die Güterregulierung vor. Kantonsgeometer Grossweiler hielt einen Vortrag zum Thema «Vorteile und Notwendigkeit einer Güterregulierung für die Landwirtschaft». Er legte darin die Grundbuchvermessung in der Gemeinde Klingnau vor. Danach besass die Gemeinde ungefähr 410 ha

▲
Bauernhöfe im Äpelöö. Im 20. Jahrhundert wurden die Bauern auf die Hochflächen des Tafeljura verdrängt. Im Vordergrund der Hof von Leo Häfeli, seit 1967; im Hintergrund der Rütihof von Konrad Erne, seit 1952.

landwirtschaftlich genutzte Fläche, aufgeteilt in 3500 Parzellen, die 346 Grundbesitzern gehörten. Die Versammlung beschloss, in den Gebieten Eichefeld–Neufeld–Schwerz, Ober und Untere Rüttenen–Äpelöö, Buchen–Holzmatten–Nägele–Loch–Obermatte–Schmucker sowie beidseitig der Achenbergstrasse: Sommer–Trottengebiet–Bächler zu vermessen und zusammenzulegen. Die gleiche Versammlung wählte eine neue Ausführungskommission. Präsident wurde Gottlieb Haller.

Noch im gleichen Jahr nahm die Kommission die Landschatzung und Klassenbildung vor. Die Grundstücke wurden aufgrund der lokalen und klimatischen Verhältnisse, der Bodenart, der Wasserverhältnisse, der wirtschaftlichen Lage und anderem mehr bewertet und in 12 Klassen eingeteilt. Mit 70 Rappen pro Quadratmeter am höchsten klassiert wurden das Sommergebiet, die Schürmatte, der Steigbrunnen und die sogenannten Hausplätze. Die niedrigste Klassierung mit 3 bis 4 Rappen pro Quadratmeter betraf die Gebiete Wüste, Loch, Holzboden und die Kiesgrube in der Steig.

Bis 1922 erfolgte gleichzeitig der Bau von Erschliessungsstrassen. Damals baute man die Flüe- und die Steigstrasse. Viele Wege wurden aus finanziellen Gründen nur als Weidewege ausgemarcht. Diese an Regentagen schlecht zu befahrenden Wege mussten in der zweiten Güterregulierung zu Strassen ausgebaut werden.

Die Rebgebiete erfasste man damals noch nicht oder nur am Rande. Die erste Güterzusammenlegung wurde im Jahre 1923 abgeschlossen. Die erste Güterkorrektur brachte mit sich, dass sich nun ein paar Landwirte ausserhalb des Städtchens niederliessen. Neben dem «Mühlihof», der schon im 19. Jahrhundert bestanden hat, erstanden nun «auf dem Berg» die Höfe von «Schnider Häfeli», heute Heiniger, von Häfeli in der Holzmatte; im Tal die Höfe von «Altammann Häfeli» in der Flüe (1923) und von «Förster Bürli» am Sionerweg. In der Au gegen

Koblenz unter der Bahnlinie befanden sich fünf Bauernhöfe, die bis auf die Höfe von «Gfeller» und «Häfeli» (Reitstall) verschwunden sind.

Die zweite Güterzusammenlegung begann im Jahre 1943 und dauerte bis 1959. Wiederum waren es die Landwirte, die den Anstoss zur Regulierung gaben. Am 22. März 1943 wurde eine Bodenverbesserungsgenossenschaft gegründet, die die Güter in den Gebieten Propstberg, Flüe, Höllenmund, Obere Au, Mühle, Kloster, Schwende, Burghalde, Steigbrunnen, Kies, Grien, Auhof und Zelgli zusammenlegen, erschliessen und wenn nötig entwässern wollte. Es wurde ein Vorstand gebildet, den zuerst Karl Häfeli-Fehr präsidierte, dann Vizeammann Hans Grossholz. Aktuar war Walter Häfeli-Gambon.

Im Verlaufe der zweiten Güterregulierung erkannte man, dass es dringend notwendig wurde, geschlossene Rebgebiete zu schaffen. In der Folge entstanden die drei Rebberggenossenschaften Schwendi, Flüe und Propstberg. Die Rebbergbesitzer verpflichteten sich, freiwillig Reben zu pflanzen und ein Bauverbot eintragen zu lassen. Die Rebberggenossenschaft Flüe hob das Bauverbot bald wieder auf. Dem Rebberg Schwendi wäre es beinahe gleich ergangen. Im Jahre 1963 fand eine Versammlung statt, an der die Rebbergbesitzer beschlossen, das Bauverbot aufzuheben. Da die Einladung für die Versammlung nicht öffentlich und mit Bekanntgabe der Traktanden erfolgt war, erhob Josef Pfister, Gemeindekassier, Einspruch. Der Beschluss wurde aufgeschoben. Ein halbes Jahr später, noch ehe die Versammlung wiederholt werden konnte, trat der Zonenplan in Kraft, der Schwendi als Rebbergzone ausschied. Der Rebberg Schwendi konnte sozusagen in letzter Minute gerettet werden.

Die letzte Kuh im Städtchen

Schon die erste Güterregulierung bewog den einen oder anderen «Rucksäcklipuur» zum Aufgeben. Während der zweiten Güterregulierung kam es noch viel häufiger vor, dass die Kleinbauern ihren Nebenbetrieb aufgaben. Einige verkauften die Grundstücke der Bodenverbesserungsgenossenschaft. Dennoch hielten noch ein paar Familien bis in die 60er Jahre hinein Kühe im Städtchen. Die letzten Kühe, die zur Haustüre ein- und ausgingen, hielten sich Ida Fehr im Amtshaus, Marie Wagner an der Sonnengasse und noch bis 1968 August Höchli neben dem Pfarrhaus. Die immer grössere Nachfrage nach Bauland verdrängte die Bauern auf die Hochfläche und in die Au. Schon in den 30er Jahren baute Rudolf Häfeli den «Tannenhof» (heute im Besitz einer Zementfabrik), ihm folgte Otto Erne mit dem Rütihof (1952). Er baute ein Wohnhaus neben der bestehenden Scheune. 1967 siedelte Leo Häfeli im Eichfeld und einige Jahre später Hans Grossen in der Au. Im Jahr 1989 zählt Klingnau noch sieben grössere Bauernbetriebe.

Wohnbauaktionen

Die Veränderung der nahen Umgebung der Stadt setzte erst in unserem Jahrhundert ein, zuerst nur zaghaft, von den 50er Jahren an beinahe stürmisch. Die erste einschneidende Veränderung erfolgte mit der Korrektur des Aarelaufs, die 1904 abgeschlossen war (vergl. Kraftwerkbau). Kleinere Veränderungen entstanden durch den Bau der Erschliessungsstrassen in den Rebbergen und den zusammengelegten Gütern. Ein paar alte Wege sind noch erhalten wie der Winzersteig.

Dazu gehört auch die Korrektur des Achenbergbachs, der ursprünglich durch das Propsteiareal und unter dem Propsteigebäude hindurchfloss. Der Bach wurde in den Binnenkanal geleitet und vom Trottensteig weg zugedeckt.

Am stärksten veränderte die Landschaft der Bau der Einfamilienhäuser. Angefangen hat es im «Sommer» und in der «Flüe». Dort entstanden zwischen 1925 und 1935 die ersten Einfamilienhäuser.

Grössere Überbauungen brachten die Wohnbauaktionen nach dem Zweiten Weltkrieg. Ein Ereignis, das man erwähnen muss. Weil die Wohnungsnot nach dem Krieg besonders gross war, nahm Walter Häfeli-Gambon junge Familienväter, die Wohnungen suchten, zum Bauen aber nicht genügend Kapital besassen, zusammen und schlug ihnen eine Wohnbauaktion vor. Die Bauherren sollten möglichst viele Eigenleistungen erbringen, und Walter Häfeli bemühte sich um Subventionen. Die ersten Häuser baute man 1947 im Grie. Es handelte sich um die Doppelhäuser zwischen Stauseestrasse und Aarestrasse.

Die jungen Bauherren huben die Fundamentgruben aus, mauerten den Keller mit vorfabrizierten Betonsteinen, montierten die sogenannten Hurdisdecken, richteten den Dachstuhl auf, übernahmen die Spengler- und Dachdeckerarbeiten, Malerarbeiten sowie die Umgebungsarbeiten. Der Baumeister mauerte nur noch die Aussen- und Innenmauern. Die ersten Häuser wurden bis auf 10 000 Franken hinunter subventioniert. Die Anlagekosten beliefen sich auf 18 000 bis 19 000 Franken. Allerdings besassen die Häuser weder Badezimmer noch Zentralheizung; das war damals «Luxus» und wurde nicht subventioniert. In einer zweiten Wohnbauaktion 1953 wurden in der gleichen Weise die Häuser im Kies und am Fischerweg errichtet. Diese Bauten unterstützte die Gemeinde mit 1000 Franken. Jetzt

Einer der noch erhaltenen «Stichwege», die früher vom Städtchen direkt in die Rebberge hinaufführten. Wegen der Güterregulierung sind die meisten Weglein verschwunden.
▼

▲
Sommer und Flüe in den 30er Jahren.

Im Grie. Die Doppelwohnhäuser der ersten Wohnbauaktion 1947. Damals wurden Badzimmer und Zentralheizung noch als Luxus betrachtet und nicht subventioniert.
▼

Am Blitzberg. Die Siedlung entstand in den 50er Jahren. Es war eine der letzten Wohnbauaktionen.

durften Badezimmer und Zentralheizung vorhanden sein. Die letzte Siedlung dieser Art entstand am Blitzberg wenige Jahre danach.

Solange keine Zonenordnung vorhanden war, wurde «wild» gebaut. Gewerbe- und Industriebauten entstanden neben Wohnhäusern. Mit der Zonenordnung im Jahre 1964 bekam die Gemeinde die «Bauerei» einigermassen in den Griff. Eine Besonderheit im Wohnungsbau der Gemeinde Klingnau stellt die Terrassensiedlung an der Burghalde dar. Die Architekten Scherrer und Schenkel bauten hier eine der ersten Siedlungen dieser Art in unserem Land. Die Treppenhäuser wurden in den Fachzeitungen beschrieben und dienten als Vorlage für zahlreiche Siedlungen in der Schweiz und im Ausland.

▲
Terrassensiedlung an der Burghalde. Die Häuser links gehören zu den ersten Siedlungen dieser Art in der Schweiz. Mustergültiges verdichtetes Bauen.

Obermatten. Hier entstand in den 80er Jahren eine Siedlung mit Einfamilienhäuschen.
▼

▲
Siedlung Obermatten von Westen. Modernes und energiesparendes Bauen, an dem sich die Geister scheiden.

Quellen und Literatur:

- O. Mittler: Geschichte der Stadt Klingnau, Aarau 1967
- E. Wullschleger: Forstliche Erlasse der Obrigkeit in den «Gemeinen Herrschaften im Aargau», Eidg. Anstalt für das forstl. Versuchswesen, Bericht Nr. 150, Birmensdorf 1976
- E. Wullschleger: Die Entwicklung und Gliederung der Eigentums- und Nutzungsrechte am Wald, Eidg. Anstalt für das forstl. Versuchswesen, Bericht Nr. 183, Birmensdorf 1978
- Protokollbuch der Ausführungskommission zur Güterregulierung, Los I, im Stadtarchiv
- Protokollbuch des Vorstandes der Bodenverbesserungsgenossenschaft, Los II, im Stadtarchiv
- Diverse Unterlagen der Rebberggenossenschaften Flüe, Schwendi und Propstberg, im Stadtarchiv
- Josef Pfister, alt Gemeindekassier
- Walter Häfeli-Gambon
- Leo Häfeli, Eichfeld

Kurzübersicht Kapitel 5:

Die Landschaft um die Stadt blieb bis ins 20. Jahrhundert nahezu unverändert. Erst die Aarekorrektion und die Güterregulierung brachten einschneidende Veränderungen für das Land um die Stadt. Die Kleinbauern verschwanden aus dem Städtchen. Während der zweiten Güterregulierung wurden geschlossene Rebgebiete ausgespart. Der Bau von Einfamilienhäuschen setzte in den 20er Jahren ein. Bis die Zonenordnung in Kraft trat, wurde «wild» gebaut. Wohnbauaktionen nach dem Zweiten Weltkrieg ermöglichten auch weniger Bemittelten den Bau eines Eigenheimes. So entstanden die Siedlungen im Grie, im Kies und am Blitzberg. Eine Neuheit war der Bau der Terrassensiedlung, die als Vorbild für ähnliche Siedlungen im In- und Ausland diente.

Kirche und Menschen

Franz Rüegg

Die Pfarrei Sankt Katharina

Zur Zeit der Stadtgründung gehörte das Gebiet von Klingnau zur Pfarrei Zurzach. Zu ihr gehörten auch noch Rietheim, Böbikon, Baldingen, Mellikon, Tegerfelden, Endingen, Koblenz, Döttingen und Würenlingen. Zur Erleichterung der Seelsorge entstanden sehr früh in verschiedenen Dörfern Kapellen, so in Döttingen und Koblenz. Das ganze Gebiet gehörte kirchlich zum Bistum Konstanz; die Aare bildete die Grenze zwischen den alten Bistümern Konstanz und Basel.

In Zurzach gab es schon in römischer Zeit eine Christengemeinde. Wohl schon in alamannischer Zeit bestand die Pfarrkirche, sicher aber ums Jahr 800, als am Grabe der heiligen Verena ein Doppelklösterchen für Mönche und Nonnen entstand. Dieses befand sich 881 im Besitze von Kaiser Karl III. und gelangte als dessen Geschenk mitsamt dem Flecken Zurzach an das Kloster Reichenau im Untersee. Um 1100 wurde das Klösterchen in ein Chorherrenstift mit neun Kanonikatspfründen und der Propstei umgewandelt. Im 10. Jahrhundert erlebte Zurzach als Wallfahrtsort eine eigentliche Blüte. Zum Grabe der heiligen Verena, dem Stammesheiligtum der Alamannen, pilgerten Herzöge und Könige. Pfarrkirche von Zurzach war die neben der Klosterkirche stehende, der heiligen Jungfrau Maria geweihte Kirche; die Klosterkirche diente vor allem den gottesdienstlichen Bedürfnissen der Konventualen und der Wallfahrt. Weil die Abtei Reichenau zur Zeit des Interregnums durch Krieg und Brand schwer gelitten hatte, sah sie sich gezwungen, den Hof Zurzach mit dem Patronat der Pfarrkirchen Klingnau und Zurzach 1265 dem Bischof von Konstanz zu verkaufen.

Pergamenturkunde, 1265. Pfarrarchiv Klingnau.
Diese Urkunde ist eines der ältesten in Klingnau erhaltenen Schriftstücke. Walter von Klingen gibt dem Kloster St. Blasien die Erlaubnis, an der Aare eine Mühle zu bauen. Die Bewilligung ist an eine kirchen- und kunstgeschichtlich interessante Bedingung gebunden. Das Kloster soll gewissenhaft Modelleisen bereithalten für die Herstellung von Hostien. Es soll den benachbarten Kirchen, die um Gottes willen darum bitten, Hostien verteilen. Von den Hostien sollen die einen das Bild des Lammes Gottes tragen, andere dasjenige des kreuztragenden, gegeisselten oder gekreuzigten Christus.

Die Entstehung der Pfarrei in Klingnau ist mit dem Gründergeschlecht der Stadt verbunden. Walther von Klingen vergabte 1256 der «kilchen ze Clingnow» Zinsen von urbarisiertem Land. Es war ein erster Beitrag zur materiellen Ausstattung der Kirche. Damals entstanden sehr viele Kirchen auf private Initiative: Private schenkten Grundstücke, vergabten Zinsen, errichteten Messstiftungen, liessen Abgaben zukommen.

Diese materiellen Voraussetzungen – eine Pfründe – sollten den Bau und Unterhalt eines Gotteshauses und die Anstellung eines Priesters ermöglichen. Nach einer Urkunde des Bischofs von Konstanz existierte die Pfarrkirche schon 1262. Sie erhielt als Patronin die heilige Katharina von Alexandrien; diese war auch die Namenspatronin einer der Töchter Walthers von Klingen.

Über das Abhängigkeitsverhältnis Klingnaus zur Mutterkirche Zurzach ist wenig bekannt. Eigentliche Inhaberin der Patronatsrechte war bis 1265 die Abtei Reichenau. Sicher ist, dass das Stift Zurzach schon vor 1265 einen ständigen Pfarrverweser nach Klingnau entsandte. Der Friedhof der Pfarrkirche wird erstmals in einer Urkunde von 1280 erwähnt.

Im Jahre 1360 umfasste die Pfarrei Klingnau das Banngebiet der Stadt, die Kapelle von Koblenz und die Gotteshäuser in Döttingen und Würenlingen. In diesem Jahre wurde die Pfarrkirche Klingnau durch Bischof Heinrich III. von Konstanz dem Chorherrenstift Zurzach einverleibt. Damit ging die Kirche Klingnau mit allen Gütern und Erträgnissen in den vollen Besitz des Chorherrenstiftes über. Der Bischof erhöhte gleichzeitig die Zahl der Chorherren von neun auf zehn; die Einkünfte der Kirche Klingnau hatten dem Unterhalt der neugeschaffenen zehnten Chorherrenpfründe zu dienen. Dafür besoldete das Stift den Pfarrer von Klingnau, es hatte auch Pfarrhaus und Chor der Kirche zu bauen und zu unterhalten. Der Pfarrer von Klingnau wurde durch den Bischof aller Verpflichtungen gegenüber dem Landkapitel Regensberg enthoben; der Pfarrer amtete fortan eigentlich nur noch als Vikar.

Im Vergleich zu andern Städten blieb in Klingnau die Zahl von Kaplaneipfründen, die die Anstellung weiterer Priester ermöglicht hätten, sehr bescheiden. Vermutlich zogen die klösterlichen Niederlassungen Sion, Johanniter, St. Blasien und wohl auch das Armenspital mit der Marienkapelle einen grossen Teil der frommen Stiftungen an sich. Die älteste Kaplanei war die des Frühmessers am Altar des heiligen Blasius. Der Altar stammte vermutlich aus der Zeit der Herren von Klingen und wurde wohl von der sanktblasianischen Propstei gestiftet. Anscheinend war der Blasiusaltar mit dem Kreuzaltar verbunden und hatte mit diesem seinen Platz mitten unter dem Chorbogen. Ein Frühmesser wird urkundlich erstmals 1362 erwähnt.

Als 1390 Hans und Anastasia von Bodmann die Stadt kauften, stifteten sich gleich darauf am Marienaltar, dem Altar «unserer lieben Frauen», eine ewige

Kruzifix, aus der Pfarrkirche St. Katharina, um 1350, im Historischen Museum Basel.
▼

Messe, was üblicherweise den Grundstock bei der Schaffung einer Kaplaneipfründe bildete. Die Besetzung mit einem Kaplan erfolgte erst im 15. Jahrhundert. Ein Altar zu Ehren des heiligen Nikolaus bestand schon vor 1395. Sicher vor 1447 konnte für diese Pfründe ein Kaplan bestellt werden. Der Altar zu Ehren der heiligen Sebastian und Antonius bestand in der Pfarrkirche «an der lingken absiten» schon im 15. Jahrhundert. An ihm stiftete der Klingnauer Bürger Hermann Süterlin 1517 die vierte Kaplanei zu Ehren der Jungfrau Maria und insbesondere der Altarheiligen Sebastian und Antonius.

Während der Reformationszeit erlitten die Einkünfte der Geistlichen schwerste Einbussen. Pfarrer Heinrich Schulmeister und noch mehr seine Nachfolger bemühten sich beim Stifte Zurzach mehrmals um die Aufbesserung ihres Einkommens, das ungenügend geworden war. Schlimmer noch war es um die Kaplaneipfründen bestellt, deren Einkünfte so gering geworden waren, dass man keinen Kaplan mehr anstellen konnte. Um 1570 wurden deshalb die Kaplaneipfründen zusammengelegt: St. Nikolaus mit der Pfründe des Frühmessers und St. Sebastian mit dieser des Liebfrauenaltares. Damals scheint auch die «vacierende Stückamtskaplanei» geschaffen worden zu sein, eine Art Reservepfründe, die nie mit einem Geistlichen besetzt wurde, also vakant blieb. Ihre Einkünfte bezog vor allem der Frühmesser, der deshalb auch Stückamtskaplan genannt wurde. Daneben hatte diese Pfründe als Zuschusskasse für den Schulmeister und andere Ausgaben zu dienen. Nach der Zusammenlegung der Kaplaneipfründen wurden zwei der Pfrundhäuser als Wohnung von Kaplänen überflüssig und deshalb anderen Zwecken zugeführt. Im 19. Jahrhundert wurde die Zahl der Kapläne auf einen reduziert.

Nach kirchlichem Recht und Herkommen hatte das Chorherrenstift Zurzach das Recht, die Pfarr- und Kaplaneipfründen zu verleihen. Dabei besassen Vogt und Rat ein Mitspracherecht. Die beidseitigen Kompetenzen und der Pflichtenkreis von Pfarrer und den Kaplänen wurden 1461 in einer von Stift, Vogt und Rat erlassenen Priesterordnung festgelegt. Da-

Der auferstandene Christus, aus der Pfarrkirche St. Katharina, 15. Jahrhundert, im Historischen Museum Basel. ▶

nach hatte der Pfarrer in weltlichen Streitfragen gegen Drittpersonen vor Vogt und Rat zu klagen und Recht zu nehmen. In allen Sachen, die sein geistliches Amt betrafen, oder in Ansprüchen, die er gegen die Stadt zu stellen hatte, war das Stiftskapitel für die Wahl des Rechtsganges zuständig. Der Pfarrer war verpflichtet, die Kirche «getruwlich und ordendlich» zu versehen. Er musste seine Obliegenheiten persönlich erfüllen und konnte sich nicht vertreten lassen. Die Kapläne waren zum Gehorsam gegenüber dem Pfarrer, zur Aushilfe bei Taufen, der Sakramentenspendung und anderen Sachen verpflichtet. Die Priesterordnung schrieb auch vor, wann der Pfarrer und die Kapläne die Messe zu lesen hatten. Gewisse Pflichten der Kapläne waren auch in den Stiftungsurkunden der Kaplaneipfründen festgelegt. So musste der Kaplan der Sebastianspfründe unter anderem dem Pfarrer wie die anderen Kapläne mit Singen und Beten bei den gottesdienstlichen Handlungen behilflich sein und an bestimmten Tagen in der Kirche einstündige Predigten halten.

Die Priesterordnung wurde bis 1831 wiederholt erneuert. Vogt und Rat wahrten sich das Mitspracherecht bei der Pfarrwahl bis ins 19. Jahrhundert. Bei der vagen Abgrenzung der Kompetenzen zwischen den Stadtbehörden und dem Verenastift waren Differenzen bei der Pfarrwahl eigentlich vorprogrammiert, und gelegentlich musste der Bischof vermittelnd einschreiten.

Ein Blick in das kirchliche Leben des Mittelalters

Das kirchliche Leben war intensiv und wohl auch recht farbig. Die Klingnauer konnten Gottesdienste in ihrer Pfarrkirche, bei den weltgewandten Johannitern, bei den zurückgezogenen Wilhelmiten und auch in der Marienkapelle des Armenspitals besuchen. Die zahlreichen Feiertage im Kirchenjahr wurden feierlich begangen. Oft weilten hohe kirchliche Würdenträger in der Stadt, was auch entsprechende kirchliche Feiern mit sich brachte. Der Bischof wurde nicht nur als Stadtherr mit grossem Pomp empfangen, sondern auch als kirchlicher Oberhirte. Die Pfarrkirche und die Klosterkirche Sion erlebten etwa Gottesdienste, wie sie sonst nur im stattlichen Dome von Konstanz zu sehen waren.

So weihte Bischof Heinrich am 12. Januar 1382 im Kloster Sion während der Messe unter feierlicher Assistenz der Äbte von Ottobeuren, St. Blasien und Rheinau den Abt Friedrich von Hirsdorf, den neuen Vorsteher des Benediktinerklosters Kempten in Bayern.

Der Eifer für die Ausstattung der Gotteshäuser war sehr gross. Das beweisen u.a. die wertvollen Ausmalungen der Pfarrkirche, wie sie bei den archäologischen Untersuchungen von 1968 zutage traten. Darin stand wohl die Sioner Kirche in nichts nach, wo man 1985 Reste von sehr guten Malereien vom 15. bis 17. Jahrhundert entdeckte.

Nicht minder gross war der Eifer, durch Wallfahrten, Bittgänge, Bruderschaften, Reliquienverehrung, Gewinnen von Ablässen am Leben der Kirche teilzunehmen. So trat 1639 die Rosenkranzbruderschaft ins Leben; die diesbezügliche «Ordnung der allerseligsten Jungfrauen Mariä Bruderschaft zu Klingnau» wurde von Pfarrer, Vogt und Rat entworfen und von der ganzen Gemeinde angenommen. 1754 begnadigte Papst Benedikt XIV. mit besonderen Ablässen die in der Pfarrkirche eingeführte Skapulierbruderschaft. Auch die Handwerkervereinigungen konstituierten sich als Bruderschaften. So feierte seit 1684 die Fischergesellschaft alljährlich am Feste des Apostels Matthias für ihre verstorbenen Mitglieder ein Bruderschaftsamt. Die Fährleute hielten ihr Bruderschaftsamt am Sankt-Nikolaus-Tag. Für die Schützen war es eine Ehrensache, das Sebastiansamt in der Pfarrkirche zu besuchen; dabei stellten sie jeweils die Statue ihres Patrons auf den Marienaltar. Die Gesellschaft der «Ledigen Knaben» beging ihre Jahrzeitmesse am Sankt-Thomas-Tag. Sogar die Herrengesellschaft auf dem Rathaus, wo sich Vogt, Räte, Geistlichkeit, Schulmeister und auch vornehme Gäste und befreundete Nachbarn gesellig trafen, hatte ihre Schutzpatronin, die heilige Agatha. Am Sankt-Agatha-Tag feierte die «Bruderschaft auf dem Rathaus» ihre Jahrzeitmesse.

Eine ganz besondere Bedeutung für Klingnau hatte die Verenaprozession in Zurzach am Osterdienstag. Von altersher hielten die kirchgenössigen Gemeinden Klingnau, Würenlingen und Koblenz ihren Bittgang nach Zurzach am Osterdienstag. Dort wurde ihren Kreuz- und Fahnenträgern, den Kaplänen, dem Schulmeister und den Schülern von Propst und Kapitel neben einer Morgensuppe noch ein Trunk verabreicht. Vogt, Räte und der Stadtknecht

Fortsetzung auf Seite 190

▲ Die heilige Verena. Figur aus Lindenholz, 149 cm hoch, Ende des 15. Jahrhunderts, aus Klingnau, im Schweizerischen Landesmuseum in Zürich.

▲ Die heilige Katharina von Alexandrien. Figur aus Lindenholz, 150 cm hoch, Ende des 15. Jahrhunderts, aus Klingnau, im Schweizerischen Landesmuseum in Zürich.

Die heilige Verena

Verena kam mit der thebäischen Legion unter dem Obersten Mauritius nach Mailand. Als sie hörte, die Legion habe in Agaunum (St.-Maurice) den Märtyrertod erlitten, zog sie selber dorthin, um sich der Ereignisse zu vergewissern. Sie gelangte nach Solothurn (Verena-Schlucht) und lebte auch eine Zeitlang auf einer Rheininsel bei Koblenz. In Zurzach fand sie eine christliche Gemeinde mit einem Priester und beschloss, dort zu bleiben. Sie nahm sich in christlicher Demut und Nächstenliebe der Armen und Kranken an. Nach der Überlieferung starb sie 344.

Im Wappen des Stiftes Zurzach finden sich Kamm und Krüglein.

Fest am 1. September.

Dargestellt als Jungfrau oder Matrone, auch als Klosterfrau, mit Brot, Fisch, Schlüssel, Krug und Kamm.

Die heilige Katharina

Katharina, eine gelehrte Königstochter aus Zypern, bewies dem Kaiser Maxentius an einer Opferfeier in Alexandrien, dass seine Götter Abgötter geworden seien. Sie widerlegte 50 Philosophen und überzeugte alle, sodass sie sich zu Christus bekannten. Da das Rad zerbrach, auf dem sie gerädert werden sollte, wurde sie mit dem Schwerte enthauptet. Ihren Leichnam trugen Engel auf den Berg Sinai; am Fusse des Berges entstand im 6. Jahrhundert das berühmte Katharinenkloster. Die Verehrung der heiligen Katharina breitete sich rasch aus und kann im Westen schon im 8. Jahrhundert nachgewiesen werden. Katharina wurde in den Kreis der Vierzehn Nothelfer aufgenommen.

Fest am 25. November.

Dargestellt in der Kleidung einer Königstochter mit Krone, Kreuz, Palme, Buch, Schwert, Rad.

von Klingnau dagegen nahmen nach der Verenaprozession auf Rechnung des Stifts eine Mahlzeit ein. Im Jahre 1590 wurde diese Erfrischung verweigert und dagegen eine Entschädigung ausbezahlt. Die Klingnauer rächten sich, um ihr «vermeintlich historisches Recht» geltend zu machen, indem sie sich im «Rebstock» gütlich taten und dem Stifte die Rechnung präsentierten, die das Stift nicht bezahlen wollte. Die Klingnauer führten Klage beim Bischof. Der vom Bischof verlangte Bericht des Stiftskapitels besagte, dass sich zu den Wallfahrern unverschämte, zechgierige Personen gesellt hätten, dass unter den Schülern auch solche gewesen seien, die das ganze Jahr nie in die Schule kämen, sodass sich die Kosten gemehrt hätten; zudem sei eine Zecherei entstanden, dass Gottesdienst und Verenaprozession gestört worden seien. Der bischöfliche Entscheid überliess es dann dem Stifte, als freiwillige Leistung Suppe oder Mahlzeit auszurichten oder einen Geldbetrag zu bezahlen. Das Stift bezahlte dann bis 1853 jährlich Fr. 7.20 alter Währung. Die Reklamation des Gemeinderates vom 19. April 1854 wies das Stift zurück mit dem Hinweis auf die veränderten Verhältnisse, und zudem habe Klingnau seit 1830 die sogenannte Schank- oder Opferkerze, die Opfergabe an die Verenakirche, nicht mehr gebracht. Der Volksmund nannte diese Opfergabe «Schandkerze», die Klingnau für den versuchten Abfall zur Zeit der Reformation der Verenakirche alljährlich am Osterdienstag hätte entrichten müssen. Bei der Verenaprozession selber wurden die Reliquien der Heiligen unter grösster Beteiligung und Feierlichkeit von der Stiftskirche aus zur Verena- und Mauritiuskapelle auf dem Kirchlibuck getragen und hernach wieder in die Stiftskirche zurückgeleitet. An der Prozession nahmen hohe geistliche Würdenträger und viele Städte teil. Es hatte sich eine bestimmte Prozessionsordnung herausgebildet. Nach den Trägern der Reliquien, der hohen Geistlichkeit und dem Stiftskapitel kamen Vogt und Räte von Klingnau. Unter dem Volke hatten wiederum die Klingnauer den Vortritt. In einem schon 1422 darüber ausgebrochenen Streit wurde entschieden, dass man die Klingnauer beim Vortritt belassen wolle, obwohl nicht in Erfahrung zu bringen sei, wie sie das Vorrecht erhalten hätten. Die Osterdienstagprozession verschwand mit der Aufhebung des Verenastiftes.

Ähnliche Leistungen, wie die Verpflegung der Klingnauer durch das Stift, hatte der Pfarrer in Klingnau zu erbringen. Der Pfarrer musste den Kaplänen, dem Vogte, den Räten, dem Schulmeister, dem Sigristen und Stadtknecht 130 mal während des Jahres splendide Mahlzeiten verabfolgen. Zudem musste er während der Fasnacht jung und alt mit «Küchlin und Ofleten», und zwar in der Kirche, bedienen. Überdies musste er auf den heiligen Ostertag der ganzen Gemeinde ein sogenanntes «Ghäck» verabreichen, zu dem über 30 Pfund Rindfleisch und 100 Eier erforderlich waren. Dies alles ging im Grunde genommen auf Kosten des Stiftes Zurzach. Die acht alten Orte, bei denen das Stift klagte, wagten 1555 nicht, diese Bräuche einzustellen. Die Zahl der Mahlzeiten wurde aber reduziert, das «Ghäck» abgeschafft; Küchlein sollten nur noch den Schülern, die in Klingnau zur Schule gingen, verabreicht werden, «also das dieselben nach der Väsper miteinander zu des Pfarrherren Hus kommen und er inen dann das Küchli geben solle».

Seit urvordenklichen Zeiten hatten die kirchgenössigen Gemeinden Döttingen, Würenlingen und Koblenz dem Pfarrer in Klingnau alljährlich ein gewisses Quantum Holz geliefert. In der Annahme, diese Leistung beruhe lediglich auf blosser Güte und keineswegs auf einem rechtlichen Vertrage, wurde die Holzlieferung von den genannten Gemeinden verweigert. Auf die Klage des Stiftes entschieden 1573 die acht alten Orte, die drei Gemeinden seien schuldig und pflichtig, «einem jeden Pfarrherren von Klingnau sollich Holz wie von alterhar zu geben und gen Clingnow zu füeren». Der Pfarrer wurde aber verpflichtet, den Fuhrleuten Essen und Trinken zu geben. Zudem musste er, wenn Kinder zur Taufe gebracht wurden, «dem Kind und Wyberen, Winters, Regens und zu anderer Zyth in dem Pfarrhus und Stuben Underschlouf geben, doch nit Essen und Trinken».

Johannes der Täufer. (Links oben)
Johannes der Evangelist. (Rechts oben)
Die beiden spätgotischen Statuen waren im barocken Hochaltar von 1703 eingefügt. Heute im Chor der Stadtkirche.

Die heilige Katharina von Alexandrien. (Links unten)
Eine der schönsten barocken Skulpturen des Aargaus, 1. Hälfte des 18. Jahrhunderts. Stadtkirche.

Der heilige Sebastian. (Rechts unten)
Der unter Kaiser Diokletian von Bogenschützen gemarterte Sebastian ist der Patron der Schützen.

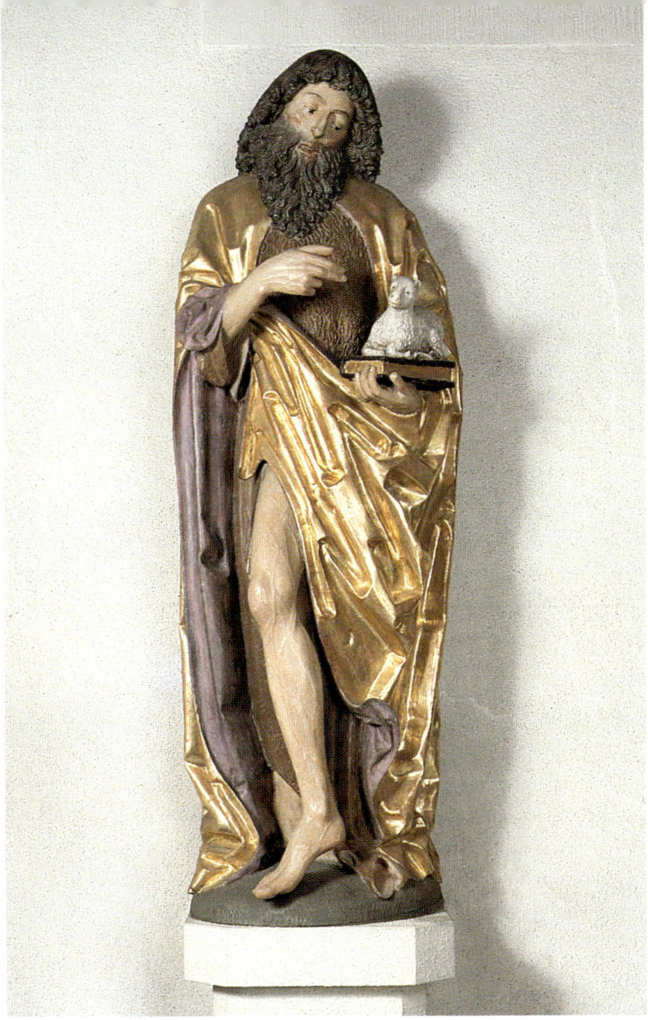
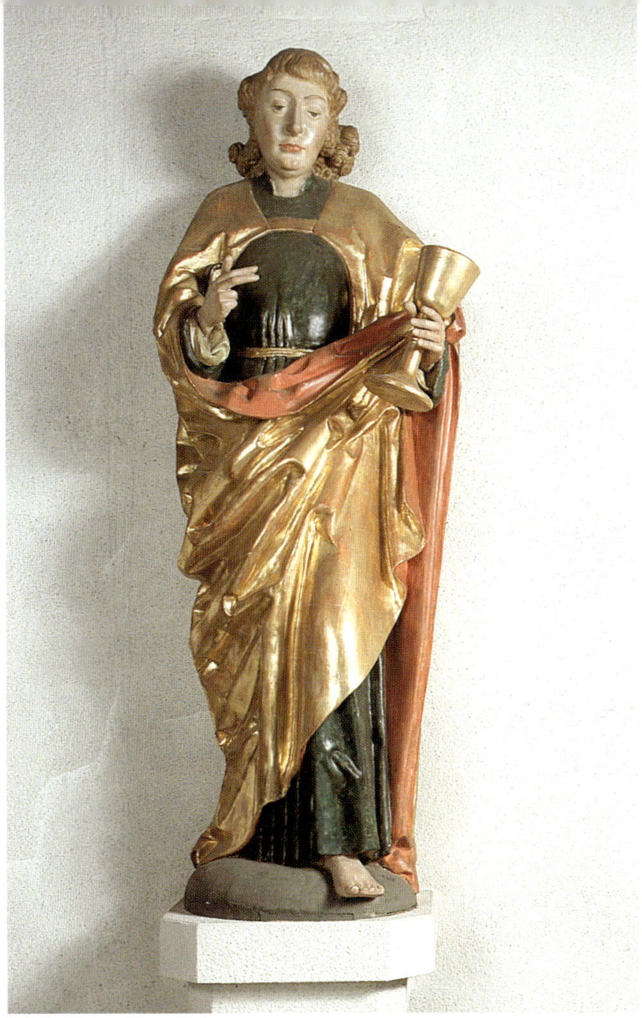
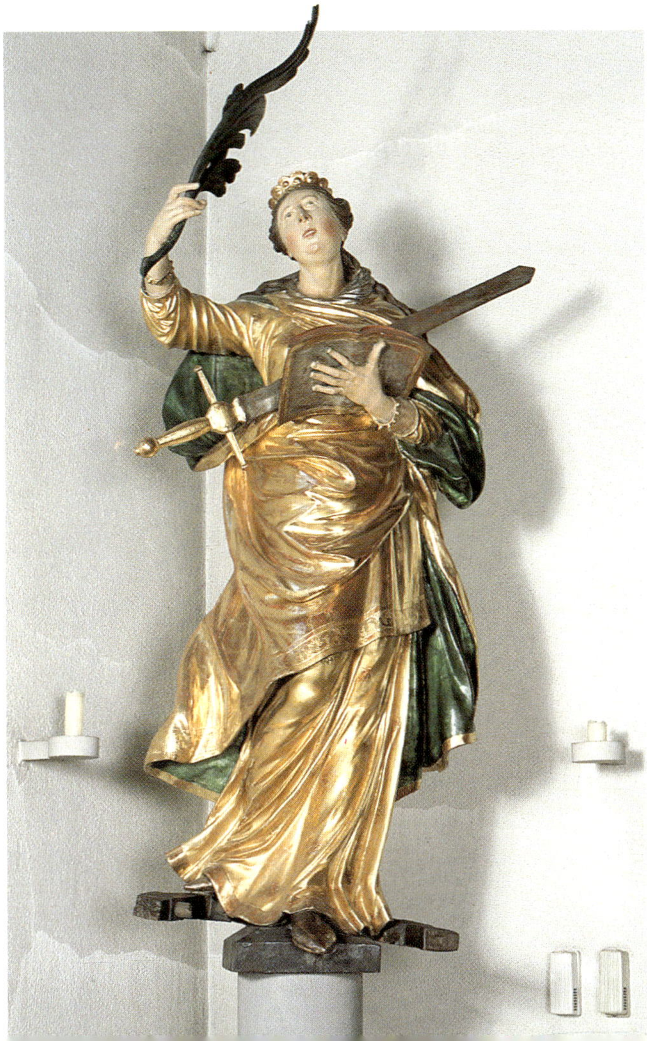
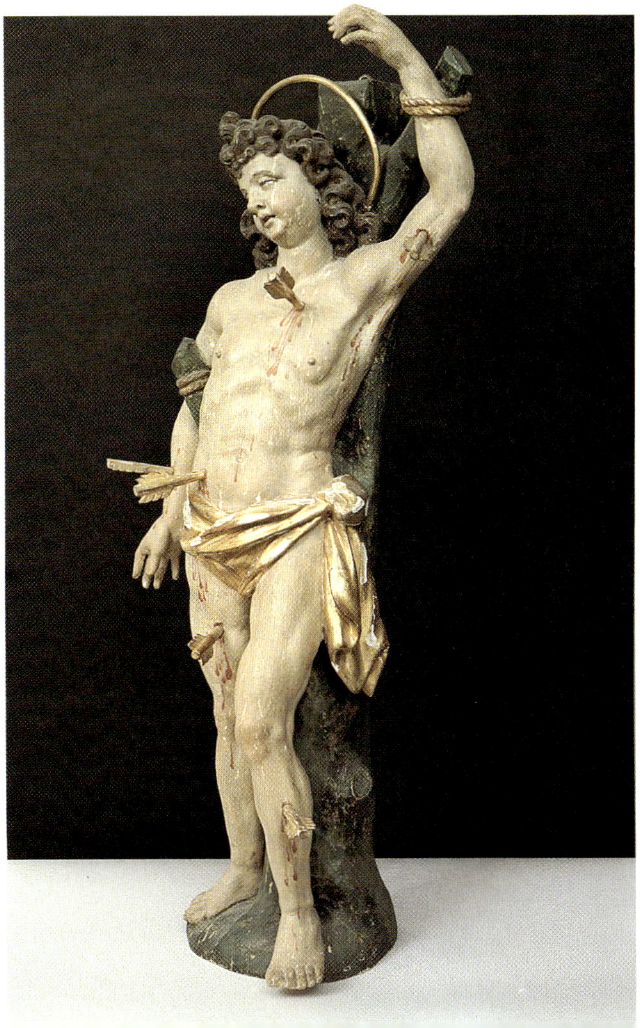

Palmesel aus Klingnau im Historischen Museum in Basel. Vollplastische Gruppe, ausgebesserte alte Fassung, Höhe 137 cm, erstes Drittel des 16. Jahrhunderts.

Der Palmesel

Fünf Tage vor seinem Leiden zog Jesus auf einem jungen Esel in Jerusalem ein. Das Volk jubelte ihm zu und grüsste ihn mit Palmzweigen. Schon früh ahmten die Christen in Jerusalem diesen Einzug möglichst getreu nach. Dieser Brauch breitete sich auf die ganze Christenheit aus. Bei der Prozession wurde als Symbol Christi ein Evangelienbuch oder ein Kreuz mitgetragen, oft wurde auch eine Figur Christi auf einem hölzernen Esel mitgeführt.

In Klingnau führte die Prozession am Palmsonntag durchs Städtchen auf die Eselsmatte ausserhalb des unteren Tores. Dabei wurde diese ehemals auf Rädern montierte Gruppe an Kordeln mitgezogen. Am 29. März 1797 beschlossen Pfarrer, Vogt und Räte, den Palmesel zu beseitigen und die Prozession nur noch um die Kirche abzuhalten; zur Zeit der grossen Umwälzungen musste eine solche Kundgebung einer geistigeren Auffassung weichen.

Fastentuch

Während der Fastenzeit verhüllte man seit dem frühen Mittelalter den Altar mit einem grossen Tuch, das dann mit den Worten der Leidensgeschichte «der Vorhang des Tempels riss mitten entzwei» (Lk 23,45) entfernt wurde. Mit der Zeit wurden die Tücher kleiner gemacht und mit Symbolen und Szenen aus der Leidensgeschichte geschmückt.

Auf dem Klingnauer Fastentuch steht die Jahreszahl 1622. Über dem Allianzwappen des Stifterehepaares sind auch die Namen angegeben: Hanns Baur, Barbara Burckhartin. Hans Baur (Bur, Pur), aus einem alten Klingnauer Geschlecht, war Ratsherr und «Rebstock»-Wirt. Seine Frau Barbara war die Tochter des früheren «Rebstock»-Wirtes Paul Burkart und brachte ihrem Ehemann das Gasthaus zu.

Die lateinische Inschrift lautet: «Dies habe ich verdient, empfange du die Frucht des Heiles». Der Satz ist Ausdruck damaliger Sühne-Theologie: Christus hat durch sein Leiden das Heil erworben, das sich die Gläubigen aneignen können und sollen. Die Darstellung Jesu an der Geisselsäule ist sehr häufig. Selten ist jedoch, dass Maria und Johannes dabei sind, die meist unter dem Kreuze stehend dargestellt werden. Maria und Johannes sind nicht als Einzelpersonen verstanden, sondern als Vertreter der Menschheit.

Fastentuch (Hungertuch) aus der Pfarrkirche Klingnau im Historischen Museum Basel. Öl auf Leinwand, 270 × 220 cm.

Kirche und Menschen

ren Kapellengeschosse mit der Kirchenpatronin und Maria mit dem Kinde.

Die Monstranz entstand in einer Basler Werkstatt. Die beiden Buchstaben «SN» auf der Monstranz sind die Initialen des Goldschmiedes Simon Nachbur. An die Monstranz stiftete der 1513 verstorbene Cantor des Stiftes Zurzach, Hans Ulrich von Baldegg, 4 Mark und 2 Lot Silber.

Pietà

Diese plastische Gruppe stellt Maria und Johannes dar, die nach der Kreuzabnahme um den toten Christus trauern (pietà, ital. = Mitleid). Pfarrer Johann Beat Häfeli stiftete 1687 aus eigenen Mitteln das Altärchen des Mitleidens. Es fand in der Pfarrkirche zwischen Kanzel und Marienaltar Aufstellung. Dabei wurde dieses hervorragende Werk der Spätgotik dem Altar eingefügt. Der Altar des Mitleidens ging 1900 ein; die Figurengruppe fand dann einen angemessenen Platz auf der Epistelseite, nachdem man dort den Nikolausaltar abgebrochen hatte.

Monstranz, 1508. Pfarrkirche St. Katharina. Silber, teilweise vergoldet, Höhe 84,5 cm.

Pietà. Pfarrkirche St. Katharina, frühes 16. Jahrhundert.

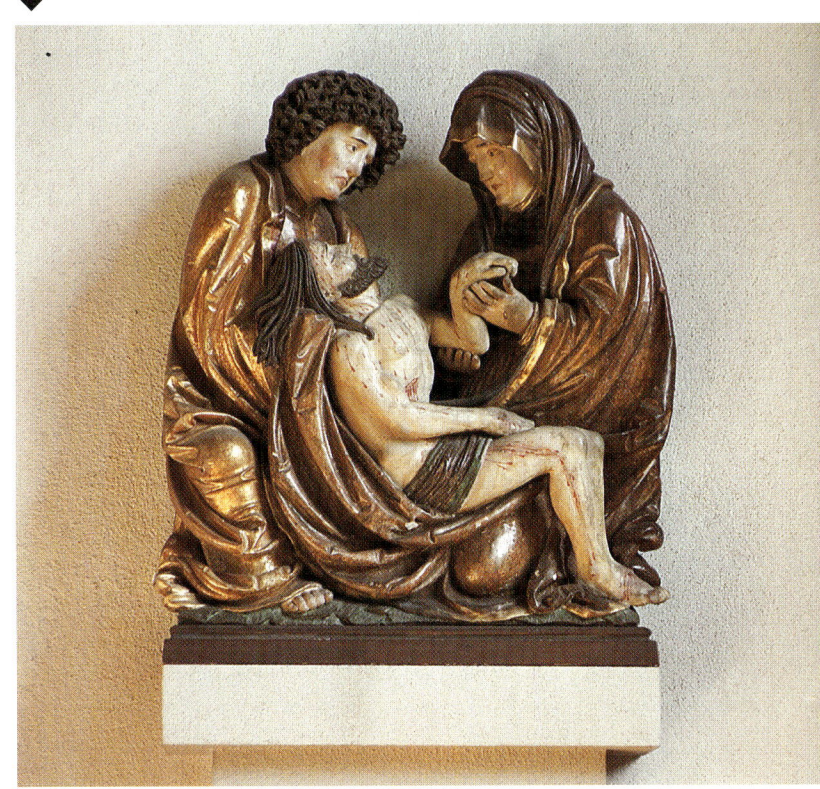

Monstranz

Dieser Typus der «Drei-Streben-Monstranz» war seit dem frühen 15. Jahrhundert am Oberrhein sehr beliebt. Die auffallend schlanke, feingliedrige Monstranz ist ein bedeutendes Werk der Goldschmiedekunst. Der bildnerische Schmuck verteilt sich auf freistehenden Säulchen um das Schaugefäss mit den beiden Johannes und Verena und auf die zwei obe-

Kirche und Menschen

Die Neuzeit bricht an – Staat kontra Kirche

Die Französische Revolution löste die Bindungen der Kirche an den absolutistischen Staat. Im jungen Kanton Aargau – seit 1803 – herrschte aber ein straffes Staatskirchentum.

Dies zeigte sich bei den Klösteraufhebungen, bei der Regelung der Bistumsfrage, in der Zensur, in den Freischarenzügen und im Kulturkampfe. Der Anstoss zur Säkularisation der geistlichen Stifte in Klingnau kam erst nach der Helvetik und von aussen her. Die deutschen Fürsten, die nach dem Frieden von Lunéville das linke Rheinufer an Napoleon abtreten mussten, entschädigten sich vor allem durch die Liquidation der geistlichen Fürstentümer. Diesen Massnahmen fielen der ganze Besitz des Bischofs von Konstanz, die Abtei St. Blasien und die Güter der Ritterorden zum Opfer. Die aargauische Regierung folgte dem Beispiel der deutschen Fürsten und liquidierte in Klingnau das Johanniterhaus, das bischöfliche Schloss, die Propstei von St. Blasien und das Kloster Sion. Dies bedeutete für Klingnau einen schweren Verlust, nicht nur weil im Kloster Sion eine vorzügliche Schule verschwand. Im Jahre 1828 unterzeichnete der Kanton Aargau den Bistumsvertrag über den Beitritt zum neu umschriebenen Bistum Basel (1930 wurde Klingnau dem Dekanat Zurzach zugeteilt). 1864 ging das Pfarrwahlrecht an die Kirchgemeinde über, und zwei Jahre später wurden die Rechte und Pflichten des Stiftes Zurzach an der Kirche Klingnau abgelöst. Das Verenastift selber wurde 1876 durch grossrätlichen Beschluss aufgehoben. Damit waren jahrhundertelange Bindungen an das Bistum Konstanz und an das Verenastift abgebrochen.

Erst die Kantonsverfassung von 1885 brachte im Aargau die Verständigung von Kirche und Staat, aus dem jahrzehntelangen Gegeneinander wurde schrittweise ein Miteinander. 1886 begann sich die aargauische Landeskirche selbständig zu organisieren; am 10. Februar desselben Jahres fand die erste Synodesitzung statt. In Klingnau feierten am Sonntag, den 6. August 1899, 4000 bis 5000 Personen den ersten aargauischen Katholikentag, verbunden mit einer Erinnerungsfeier an Johann Nepomuk Schleuniger (†1874). Der Tag war eine religiöse und auch politische Demonstration eines kirchentreuen aargauischen Katholizismus.

Bronzemedaille Johann Nepomuk Schleuniger.
Diese Erinnerungsmedaille wurde geprägt aus Anlass der Schleuniger-Feier verbunden mit dem ersten aargauischen Katholikentag in Klingnau vom Sonntag, 6. August 1899. Sie konnte bei Buchdrucker Bürli bezogen werden.

Die Pfarrei hat sich auch äusserlich stark verändert. Schon 1779 war Würenlingen selbständig geworden. Döttingen baute 1839 anstelle der Johanneskapelle eine eigene Kirche, und durch grossrätliches Dekret von 1848 entstand eine eigene Pfarrei. Nachdem sich 1927 auch Koblenz verselbständigt hat, fällt heute der Umfang der Stadtpfarrei mit dem Gebiet der politischen Gemeinde Klingnau zusammen.

Aus der stürmischen Zeit des 19. Jahrhunderts sind zwei Klingnauer besonders zu erwähnen: Johann Nepomuk Schleuniger und Abt Leopold Höchli. Abt Leopold Höchli (1791–1864) war der letzte Abt des 1841 aufgehobenen Zisterzienserklosters Wettingen. Er errichtete für seinen Konvent in Mehrerau bei Bregenz eine neue Niederlassung. Johann Nepomuk Schleuniger (1810–1874) setzte sich rastlos für die Freiheit der Kirche und der Konfessionen gegen die Allmacht des Staates ein. Er gründete 1856 «Die Botschaft» (siehe auch Kapitel «Geschichte»). An Schleuniger erinnert auch das Schulheim «St. Johann». Frau Thekla Lang-Schleuniger erbte von ihrem Onkel den Johanniterhof. Sie bot das Haus den Schwestern vom Hl. Kreuz in Ingenbohl an unter der Bedingung, dass darin ein Erziehungsheim eingerichtet werde. Die «Armen-Erziehungsanstalt St. Johann» wurde 1894 offiziell eröffnet. 1916 wurden darin 100 Kinder betreut. 1930 konnte ein Neubau über der Stadt bezogen werden. Die Ingenbohler Schwestern gehörten bis 1975 zum

Bilde des Städtchens; damals mussten sie wegen Schwesternmangels die Leitung des Hauses aufgeben. Heute ist die ehemalige «Anstalt» eine Sonderschule für POS-Kinder.

Schon fast vergessene Bräuche

Im kirchlichen Leben hatten trotz den stürmischen Zeiten des 19. Jahrhunderts verschiedene religiöse Bräuche Bestand bis über die Mitte unseres Jahrhunderts. Zu diesen gehören die alljährlich gehaltenen Bittgänge. Als in Klingnau im 16. und 17. Jahrhundert die Pest wütete, gelobte man feierliche Bittgänge zum Kloster Sion, nach Döttingen, Koblenz und Würenlingen. Bei diesen Bittgängen galt immer dieselbe Prozessionsordnung: Fahnen- und Kreuzträger an der Spitze, gefolgt von den Schülern in einer Zweierreihe. Zwischen den Reihen gingen Lehrer, die ein wachsames Auge auf die Schuljugend hatten. Die Schüler nahmen gerne am Bittgang teil, es war dazu schulfrei! Den Reihen der Schüler folgte die Doppelreihe der Frauen und Männer. Den Schluss bildete der Priester mit zwei Messdienern. Die Teilnehmer beteten während der Prozession Litaneien oder den Rosenkranz.

Den Bittgang nach Würenlingen hielt man am Tage des heiligen Markus, dem 25. April. Abmarsch war um 6 Uhr morgens. Der Weg führte durch die Gemeinde Döttingen auf der Landstrasse Richtung Siggenthal. Im Chäppeli verliess man die Landstrasse und folgte den Feldwegen Richtung Würenlingen. Nach gut anderthalbstündigem Marsch geleiteten die Glocken der Kirche Würenlingen den Zug ins Gotteshaus zu einer Messfeier. Während der anschliessenden stündigen Pause stärkten sich die Erwachsenen in den Gaststätten, während sich die Schuljugend für ein paar Batzen eine kleine Süssigkeit beim Dorfbäcker erstand. Vom Kirchturme mahnte dann die Glocke zur Besammlung und zum Rückmarsch. Gegen Mittag nahmen die heimatlichen Glocken die Pilger-Wanderer wieder in Empfang.

In der Bittwoche, der Woche von Christi Himmelfahrt, war am Montag Bittgang nach Koblenz, am Dienstag nach Döttingen, am Mittwoch auf den Achenberg. Am Feste Christi Himmelfahrt selber zog die «Flurprozession» durch die Wiesen, Äcker und Rebberge der eigenen Gemeinde, um den Segen Gottes auf die «Früchte der Erde» zu erflehen. Döttingen, Würenlingen und Koblenz hielten Gegenrecht und besuchten bei ihren Bittgängen die Kirche Klingnau. Am Pestilenzfeiertag, dem Samstag nach dem Weissen Sonntag, hielt man gemeinsam Prozession zur Friedhofkapelle.

Besonders festlich feierte Klingnau Fronleichnam. Um fünf Uhr früh weckte die Stadtmusik die Bevölkerung. Unzählige Hände waren nötig, um die Stadt zu schmücken. Die Anwohner beflaggten die Häuser, schmückten die Fenster mit Heiligenbildern, Kruzifixen, Blumen. Die beiden Stadtbrunnen verwandelten sich in riesige Blumensträusse. Man errichtete vier Segensaltäre: vor dem Pfarrhause, vor der Bäckerei Vogler beim Amtshause, im Höfli bei der Druckerei Bürli und vor der Bäckerei Eggspühler.

Vortragskreuz Pfarrkirche St. Katharina. Silber, Medaillons und Korpus vergoldet; um 1700.

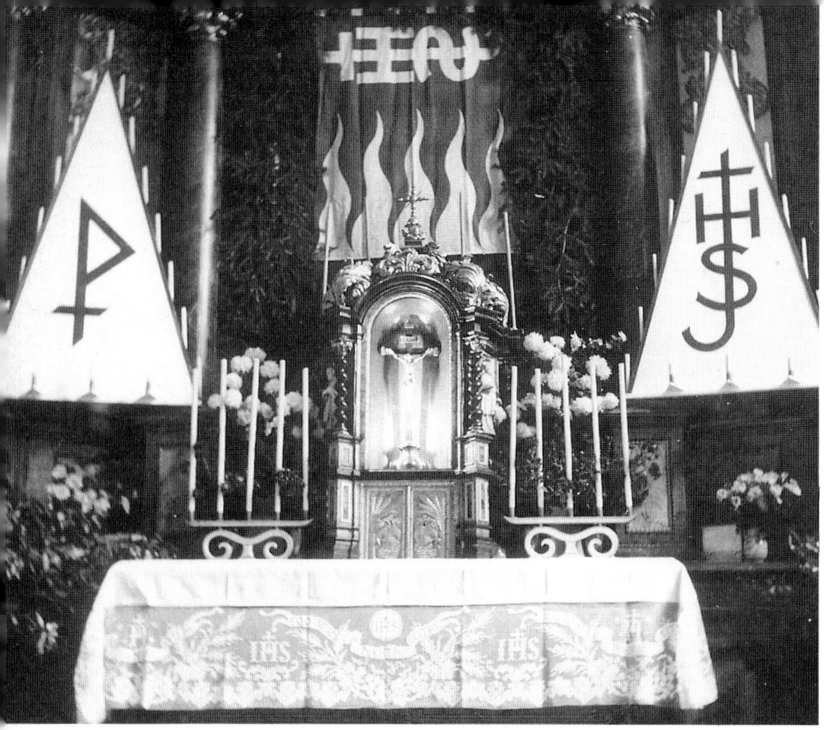

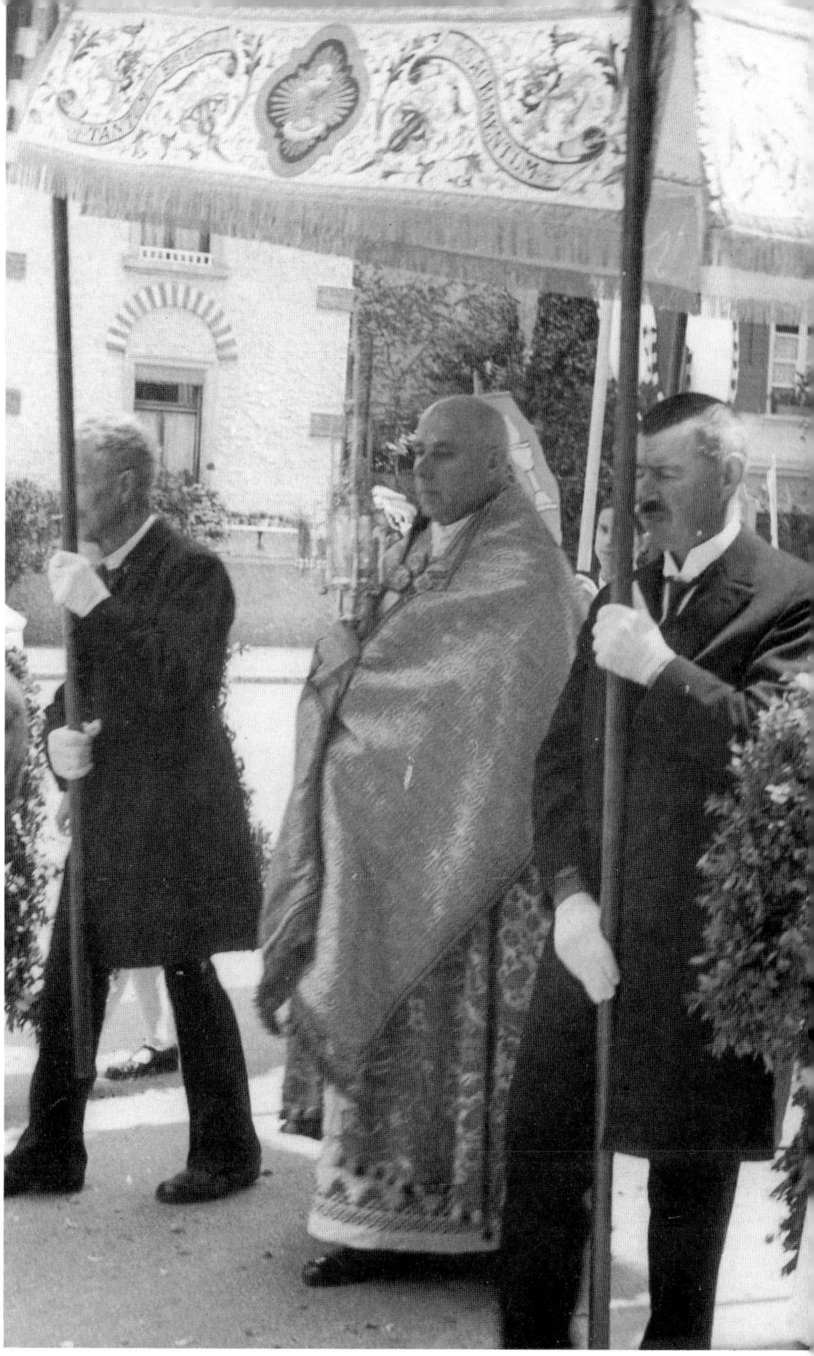

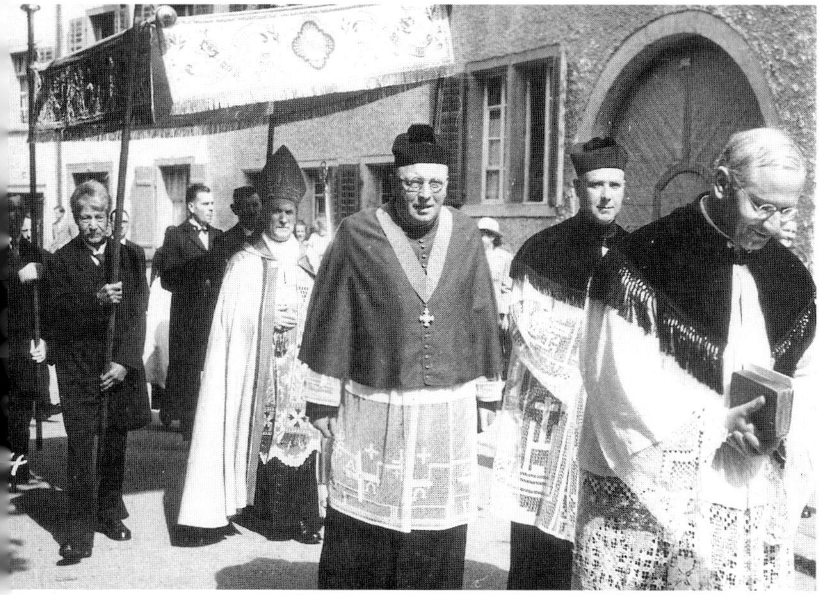

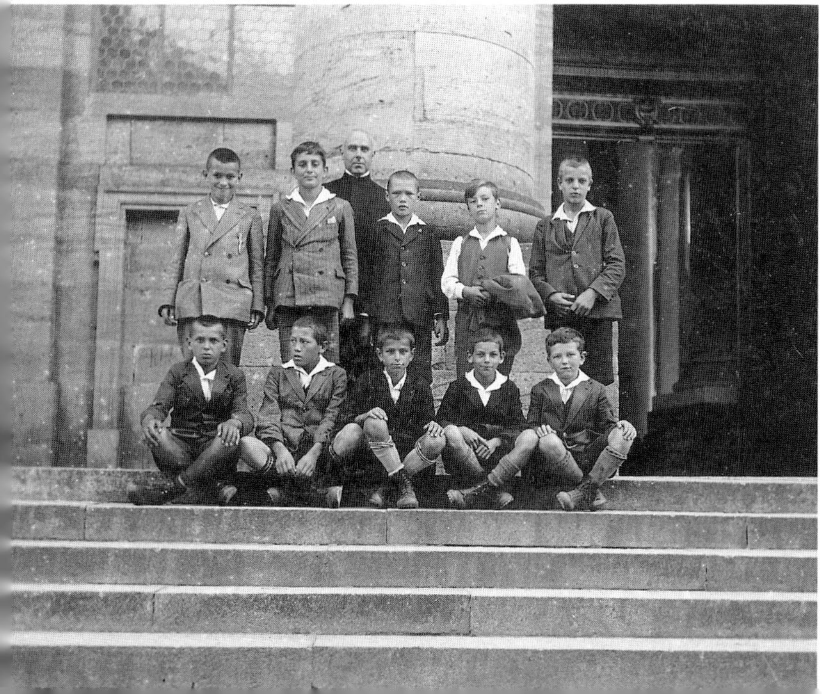

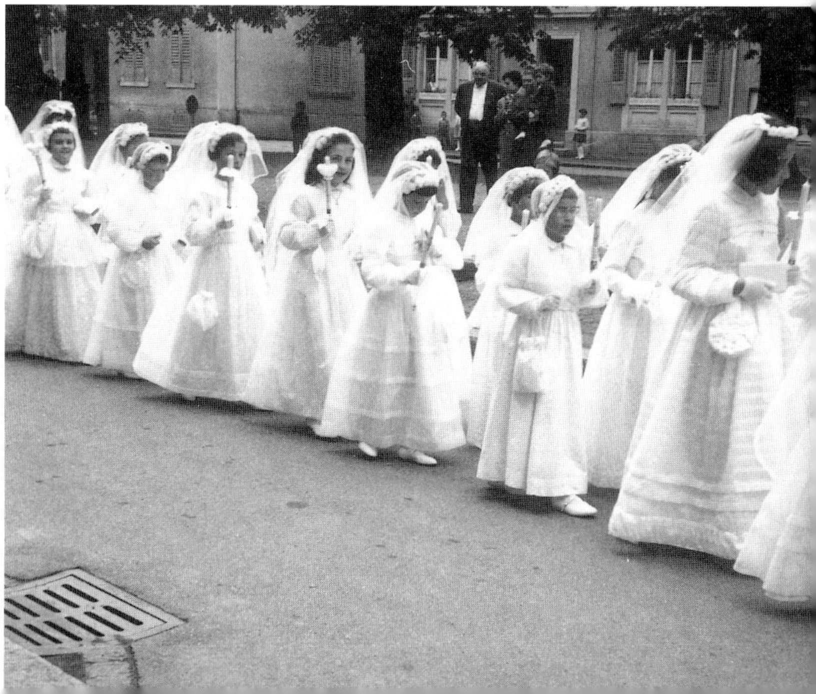

◀ **Linke Seite:**
Hochaltar der Pfarrkirche am Christ-Königs-Fest 1949, geschmückt mit den Emblemen von Jungwacht und Jungmannschaft.

Der Klingnauer «Himmel» beim Firmbesuch des Bischofs, 1947.

Ministrantenausflug nach St. Blasien, 1930. Einen Weg machte man zu Fuss.

Fronleichnamsprozession, Pfarrer Josef Küng.

Weisse Mädchen in der Stadt, 1960.

▶ **Rechte Seite:**
Pfarrkirche bei der Firmung 1947, geschmückt von der Marianischen Kongregation.

Weisser Sonntag, 1965. Pfarrer Willi Kern.

Den Prozessionsweg bezeichneten Blumenteppiche. Nach dem feierlichen Hochamte in der Pfarrkirche formierte sich die Prozession: Der Kirchenfahne und dem Vortragskreuz folgten in der äusseren Reihe Knaben, Mädchen, Jünglinge, Männer, Jungfrauen und Frauen, in der inneren Reihe weissgekleidete Kinder mit Blumen, die Banner aller Vereine mit den Fahnenwachen, Stadtmusik, Kirchenchor, Banner der Jungfrauenkongregation, Kommunikanten mit Blumen, Ministranten, Geistlichkeit mit dem Allerheiligsten und die Behörden. Der Pfarrer schritt mit dem Allerheiligsten in der gotischen Turmmonstranz unter einem Baldachin, dem «Himmel», der von Laternenträgerrn flankiert wurde. Unter den Klängen der Stadtmusik begab sich die Prozession zu den vier Segensaltären. Dort machte man Halt, sang, betete. Der Priester gab jeweils den Segen mit dem Allerheiligsten. Den Abschluss fand die Fronleichnamsprozession wiederum in der Kirche. Am Fronleichnamstag, dem 16. Juni 1808, trat die Klingnauer Stadtmusik erstmals öffentlich auf.

Mit grosser Pietät geleitete Klingnau seine Toten zur letzten Ruhe. Wer immer sich frei machen konnte, begleitete den Verstorbenen auf seinem letzten Gange durchs Städtchen. Auch wenn jemand auswärts verstarb, wurde der Leichnam in der Regel ins Wohnhaus gebracht. Unmittelbar vor der Beerdigung wurde der Sarg vor dem Trauerhause aufgestellt. Dort versammelten sich die Angehörigen, Freunde, Bekannten, Frauen und Männer und besprengten unter Gebet den Sarg mit geweihtem Wasser. Die vier Sargträger, gewöhnlich Nachbarn, hoben den Sarg auf den pferdebespannten Leichenwagen. Dann bildete sich der Trauerzug. An der Spitze ging die Kerzenträgerin, eine Verwandte oder eine Nachbarin. Vor dem Leichenwagen, der von den Sargträgern begleitet wurde, trug ein Knabe das Grabkreuz. Dem Wagen schlossen sich die Angehörigen an, dann folgten die Männer, schliesslich die Frauen. Wenn der Trauerzug vom «Dorf» oder vom «Steigbrunnen» her kam, hielt er vor der Kirche, wo der Priester, gefolgt von zwei Chorbuben und dem Träger des Vortragskreuzes, den Leichnam einsegnete. Danach setzte der Trauerzug mit dem Priester den Weg zum Friedhofe fort. Wenn aber der Trauerzug vom «Weier» oder «Sommer» kam, fand die Einsegnung beim «Nepomuk» statt. Auf dem Friedhof wurde der Sarg nach den kirchlichen Gebeten und Segnungen durch die vier Sargträger mittels zweier Seile ins Grab gesenkt. Anschliessend hielt man in der Pfarrkirche das Requiem (die Totenmesse). Dieser Bestattungsritus musste in den 60er Jahren dem Verkehr weichen.

Bis heute lebt ein Brauch weiter, der offensichtlich von der Gesellschaft der Ledigen Knaben überkommen ist. Die Gesellschaft bekam vom Pfarrer je vier Mass Wein zu Neujahr, Dreikönigen und zur Fasnacht. Nach dem Gottesdienst vom Fasnachtsdienstag verteilte die Gesellschaft Wähenstücke an die Kinder. Als «Rechtsnachfolgerin» verteilt heute die Stadtmusik den Kindern immer noch nach dem Morgengottesdienst vom Fasnachtsdienstag Zuckerweggli; beim Pfarrer zieht sie heute noch den Wein ein.

Die Vereine in der Pfarrei

Schon vor der Jahrhundertwende und dann besonders in der ersten Hälfte unseres Jahrhunderts wurden verschiedene Vereinigungen und Vereine ganz wichtige Stützen des Pfarreilebens. Es waren zum Teil mehr geistige Vereinigungen, z.T. straff organisierte Vereine, in der Regel auch einem Verbande angehörig. Der Pfarrer leitete als Präsident viele dieser Vereine oder er begleitete sie mindestens als deren Präses; gelegentlich war das auch der Kaplan.

In Klingnau entstand am 1. Mai 1873 der Katholische Gesellenverein. Sein Ziel war es, im Sinne von Adolf Kolping aus den jungen Gesellen tüchtige Christen, Berufsleute und Familienväter zu formen. Der Verein wollte eine Familie von Gleichgesinnten sein und durch ein umfassendes Bildungsprogramm Charaktere schaffen. Der Gesellenverein besass eine eigene Bibliothek und hielt für fahrende Gesellen im «Elefanten» zwei Zimmer zur Verfügung. Die Mitgliedschaft dauerte vom 18. Altersjahr bis zur Verheiratung oder bis zum 35. Altersjahr.

Aus den ehemaligen Mitgliedern des Gesellenvereins rekrutierte der Katholische Männerverein seine Mitglieder. Der Männerverein ging nach kurzer Zeit im Katholischen Volksverein auf. Der Volksverein wollte alles fördern, was zur Vertiefung und Verbreitung des katholischen Glaubens beiträgt und eine gesunde Volksbildung ermöglicht.

Pfarrblatt für die kath. Pfarrei Klingnau

Laufenburg; Freitag, den 27. Oktober   Erscheint wöchentlich   Jahrg. 1944   Nr. 44

Gottesdienstordnung

Sonntag, den 29. Oktober
Christ-Königs-Fest

Von 5¼ Uhr an Beichtgelegenheit. Austeilung der hl. Kommunion von ½6 Uhr an nach jeder ½ Stunde. Gemeinschaftskommunion der Kathol. Jungmannschaft und der Jungfrauenkongregation. **Fremder Beichtvater.**

- 7 Uhr: Frühgottesdienst mit Predigt. Lieder: 91, 17, 18, 126, 124.
- 9 „ Amt und Predigt. Opfer.
- ½2 „ Friedensandacht und Segen.
- 7 „ Christ-Königs-Feier der Jungmannschaft mit Ansprache und Segen.

Werktagsgottesdienst

Samstag, den 28. Oktober: 7¼ Uhr: Dreißigster für Maria Sophie Häseli geb. Hägeli.
10 Uhr: Trauungsgottesdienst.

Montag: ½7 Uhr: Austeilung der hl. Kommunion. — 7¼ Uhr: Gest. Jahrzeit für Wwe. Maria Anna Heer geb. Häseli und Anverwandte, 1 hl. Messe. — Hl. Messe im Erziehungsheim St. Johann.

Dienstag: Vigil des Festes Allerheiligen. **Gebotener Fast- und Abstinenztag.** ½7 Uhr: Austeilung der hl. Kommunion. — 7¼ Uhr: Gest. Jahrzeit für hochw. Herrn Gottfried Wenge, Domdekan, u. nächste Anverwandte, 1 hl. Messe. Hl. Messe im Erziehungsheim St. Johann.

Mittwoch, den 1. November
Fest Allerheiligen
Gebotener Feiertag.

Von ½6 Uhr an Beichtgelegenheit. Austeilung der hl. Kommunion von 6 Uhr an nach jeder ½ Stunde.

- 7 Uhr: Frühgottesdienst mit Predigt. Lieder: 94, 2, 24, 112, 139.
- 9 „ Amt und Predigt. Opfer für die Bedürfnisse der Diözese.
- ½2 „ Feierliche Vesper, Vesper für die Verstorbenen, Libera und Gräberbesuch.
- 6 „ Andacht für die armen Seelen und Segen.

Donnerstag, den 2. November: Allerseelen

Von ½6 Uhr an Beichtgelegenheit. Austeilung der hl. Kommunion von 6 Uhr an nach jeder ½ Stunde.
6, ½7 und 7 Uhr: Hl. Messen.
8 Uhr: Seelamt, Libera und Gräberbesuch.
Abends 6 Uhr: Rosenkranz.

Freitag: Herz Jesu-Freitag. Von ½6 Uhr an Beichtgelegenheit. Austeilung der hl. Kommunion um 6 Uhr und vor jeder hl. Messe. — ½7 Uhr: Hl. Messe. — 7¼ Uhr: Gemeinschaftsmesse, Aussetzung des Allerheiligsten, Litanei, Weihegebet und Segen.

Samstag: ½7 Uhr: Austeilung der hl. Kommunion. — 7¼ Uhr: Gest. Jahrzeit für Karl Wagner, Ehefrau Ida geb. Häseli und Kinder, 2 hl. Messen.

Pfarramtliche Mitteilungen

Beichtgelegenheit: Samstag von 3—8 Uhr. Unterbruch um 4 und ½7 Uhr. Am Vorabend von Allerheiligen von 4—8 Uhr. Unterbruch um ½7 Uhr.

Anbetungsstunden am Christ-Königsfest. Samstag 6 Uhr ist Aussetzung des Allerheiligsten und Beginn der Betstunden, die bis Sonntag morgens 7 Uhr dauern. Die Pfarrangehörigen werden ersucht, die nächtlichen Anbetungsstunden zu besuchen. 10—11 Uhr ist Anbetungsstunde der Jungmannschaft.

Opfer: Das Opfer des letzten Sonntags hat Fr. 83.10 ergeben. Vergelt's Gott!

Ablaß für die armen Seelen. Von Allerheiligen mittags bis Allerseelen nachts kann ein vollkommener Ablaß gewonnen werden soost man nach der Meinung des Hl. Vaters 6 Vater unser, 6 Ave Maria und 6 Ehre sei dem Vater... betet. Dieser Ablaß kann nur für die armen Seelen gewonnen werden.

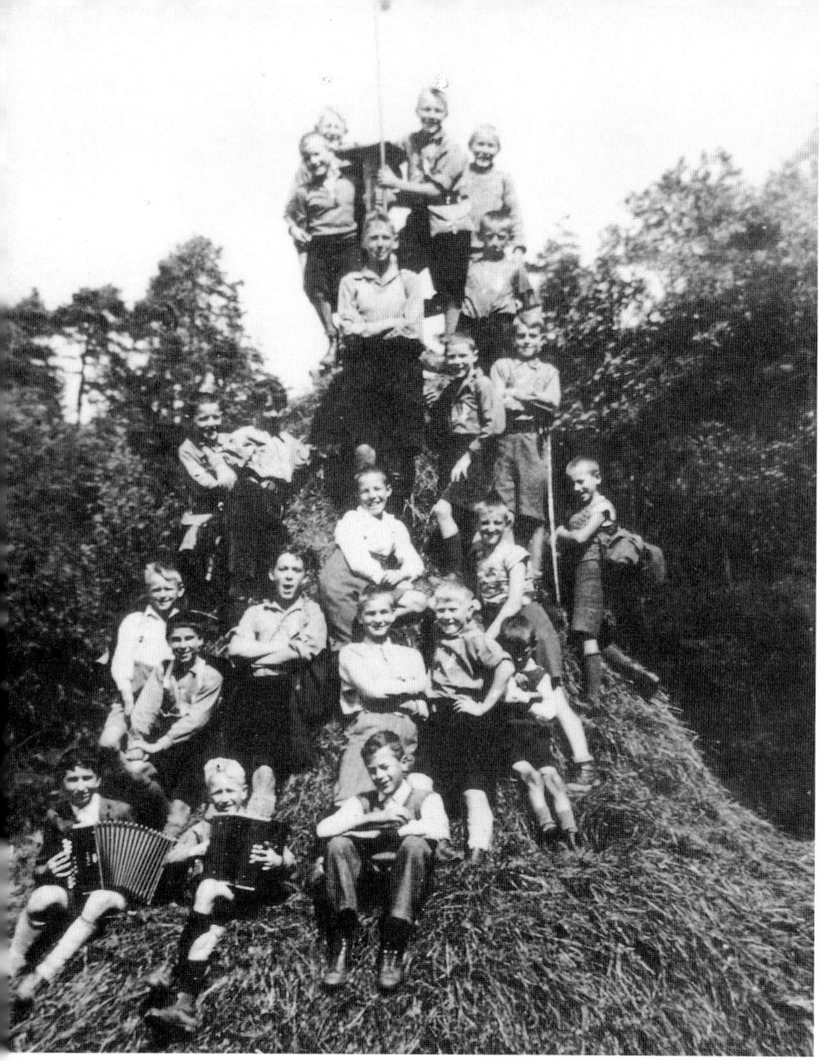
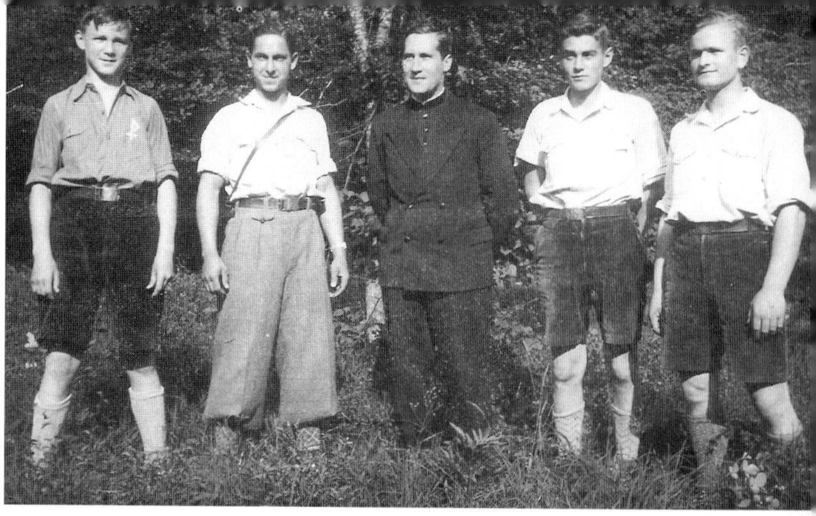
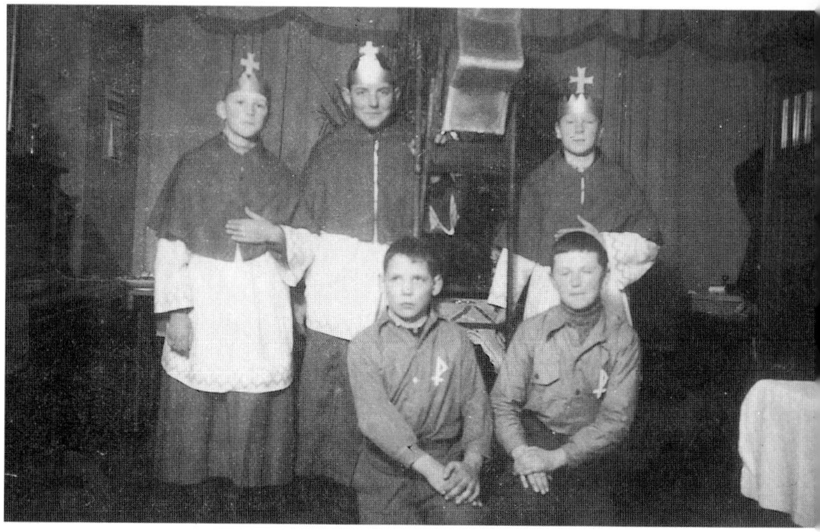
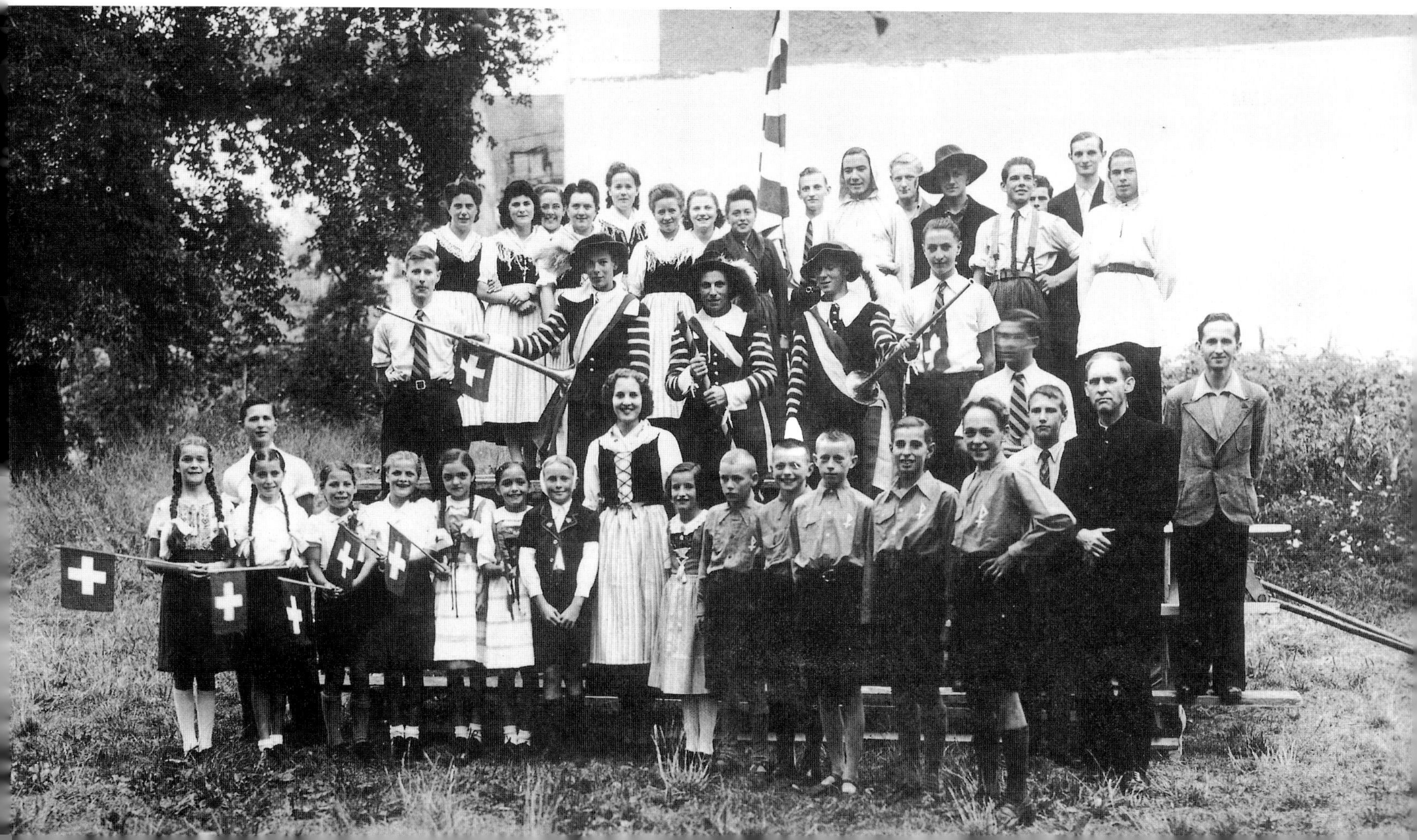

◀ Linke Seite:

Jungwächter-Pyramide 1936.

Jungwachtleitung 1943.

Die Jungwächter als Sternsinger 1941; die Sternsinger tragen Ministrantenkleider.

Heimatspiel von Jungmannschaft, Marianischer Kongregation, Blauring und Jungwacht am 1. August 1945 auf dem Kirchenplatz aufgeführt; Aufnahme bei der Propstei.

▶ Rechte Seite:

Die Fahne der Jungwacht.

Jungwächter 1936 in der neuen Kluft.

Blauring-Mädchen in der Kluft, 60er Jahre.

Aus der Tätigkeit des Vereins entstanden soziale Werke, wie am 4. Mai 1902 die Landwirtschaftliche Genossenschaft (VOLG, aufgelöst 1979) und am 3. März 1918 die Darlehenskasse System Raiffeisen (heute Raiffeisenbank).

In den ersten Jahrzehnten unseres Jahrhunderts entstanden die Marianische (Jungfrauen-)Kongregation (1911), die Jungmannschaft, der Katholische Frauen- und Mütterverein (1927), die Jungwacht (1935), der Blauring (1936), das Gebetsapostolat, der Katholische Arbeiter- und Angestelltenverein, der Krankenpflegeverein (1933, heute Hauspflegeverein).

Aus den Jugendvereinen bildeten sich in den 70er Jahren «offene» Jugendgruppen, wie etwa das 16er-Team, Wellington, Alfa.

Ein besonderer kirchlicher «Verein» ist noch zu erwähnen, der Cäcilienverein oder Kirchenchor. Jahrhundertelang besorgten die Lehrer in Klingnau auch die Stelle eines Chordirektors und Organisten in der Pfarrkirche. Es gab Kirchensänger und Orchester. Die Erneuerung der Kirchenmusik in Klingnau wurde von Chordirektor Franz Xaver Wengi durchgeführt. Er bemühte sich erfolgreich, in der Kirche nicht mehr Theatermusik zu machen, sondern Gregorianischen Choral zu singen und die liturgischen Texte mit Orgelbegleitung lateinisch vorzutragen. Mit seinem geistlichen Bruder, Pfarrer in Unterendingen, gründete er durch den Zusammenschluss der Kirchensänger je einen Cäcilienverein in Klingnau und Endingen, denen bald in Döttingen, Lengnau und Würenlingen weitere folgten. Die beiden Brüder waren 1874 massgeblich an der Gründung des «Kreis-Cäcilienvereins im Bezirk Zurzach» beteiligt. Am 12. September 1875 fand in Klingnau das erste Kreis-Cäciliengesangsfest statt, das den Zweck hatte, den echten Kirchengesang zu fördern.

Diese kirchlichen Vereine haben in den vergangenen Jahrzehnten Vorzügliches für die religiöse Bildung, im sozialen Bereich, in der Jugendarbeit und Erwachsenenbildung geleistet. Sie haben einen grossen Teil der Kultur und Geselligkeit in unserem Städtchen getragen durch die Pflege von Gesang und Musik, durch Theateraufführungen, Festspiele, Vorträge, das Sternsingen, die Verbreitung des guten Buches (SVB, Schweiz. Volksbuchgemeinde), durch die Bemühungen um eine Freizeitwerkstätte, durch die Pflege der Sankt-Nikolaus-Tradition. Zu den «alten» Vereinen ist auch Neues hinzugekommen.

1973 entstand unter Pfarrer Willi Kern der Mittagsklub, der Klub der fröhlichen Geniesser, wie sie sich auch nennen. AHV-Berechtigte und Alleinstehende treffen sich, ungeachtet der Konfession, regelmässig alle vierzehn Tage zu gutem Essen und fröhlichem Beisammensein. 1988 bildete sich eine Gemeinschaft ehemaliger Jungwachtleiter, um den Kontakt untereinander und mit der Jungwachtschar zu pflegen.

Seit Vereine und verschiedene Gruppierungen in der Pfarrei eine Rolle spielen, ist die Frage von geeigneten Versammlungslokalen aktuell. Man behalf sich anfänglich selber, indem in Wirtschaften oder im Schulhause Räume belegt und auch selber ausgestattet wurden. Das Pfarrsäli unten im Pfarrhaus/Kaplanei genügte nicht lange. Die im Schloss gemieteten Räume waren mehr als nur eine Notlösung. Seit Beginn der siebziger Jahre machte man Pläne für ein eigenes Pfarreizentrum. Die Kirchgemeinde konnte schliesslich mit Beschluss der Kirchgemeindeversammlung vom 19. Juni 1984 die ehemalige Johanniterkirche erwerben; diese hatte zuletzt im Besitze der Firma Villiger AG, Pfeffikon, als Stumpenfabrik gedient. Der Ausbau zu einem Pfarreizentrum ist jetzt, da diese Zeilen entstehen, im Gange, und am 20. August dieses Jubiläumsjahres kann es eingeweiht werden. Damit steht der Pfarrei ein Gebäude zur Verfügung, das die Raumbedürfnisse neuzeitlicher Seelsorge und Pfarreiarbeit zu decken vermag. Es ist sicher auch geeignet, ein Treffpunkt für die Pfarrei und für das ganze Städtchen zu werden.

Verstärktes Engagement der Laien

Das Zweite Vatikanische Konzil (1962–65) hat die Mitverantwortung jedes einzelnen Getauften an der Kirche hervorgehoben. Das Mittragen jedes einzelnen Gläubigen ist für die Pfarrei lebenswichtig. So haben Frauen und Männer die Aufgabe übernommen, Religionsunterricht zu erteilen oder die Kinder zur Eucharistie hinzuführen. Einen Teil des Mittragens will der Pfarreirat verwirklichen, der seine Arbeit am 24. Juni 1969 aufgenommen hat. Dieses Gremium von Laien ist gewillt, der Ortskirche zu dienen, Pfarrer und Seelsorger zu beraten, die Zusammenarbeit zwischen den Priestern und den haupt- und nebenamtlich im kirchlichen Dienst Tätigen zu fördern. Die Kirchgemeinde hat durch die Annahme des Statuts am 24. September 1972 dem Pfarreirat einen festen Rahmen gegeben.

Weil in den letzten Jahren der Priestermangel sich bemerkbar machte, hat Klingnau 1982 statt eines geistlichen Kaplans erstmals einen Laientheologen als hauptamtlichen Mitarbeiter in der Seelsorge angestellt. Um den Seelsorger von Verwaltungsarbeit zu entlasten, ist 1986 ein Teilzeitsekretariat geschaffen worden.

Als 1986 die Pfarrstelle Klingnau vakant wurde, meldete sich auf die Ausschreibung kein Geistlicher zur Übernahme der Stadtpfarrei – eine Folge des zunehmenden Priestermangels und generell des Mangels an kirchlichen Mitarbeitern. In Zusammenarbeit mit dem Kantonaldekan wurde die Seelsorgeregion «Rechtes Unteres Aaretal» geschaffen. Zu ihr gehören die Pfarreien Döttingen, Klingnau und Koblenz. Die regionale Lösung ermöglicht es, einerseits den Pfarreien eine möglichst grosse Selbständigkeit zu belassen und andrerseits die Priester und Seelsorger untereinander zu «teilen». Dabei tragen die einzelnen gewählten oder ernannten Gemeindeleiter die Hauptverantwortung für die Seelsorge an ihrem Orte, eingebunden in das Seelsorgerteam und seine Gesamtverantwortung für die Seelsorgeregion. Nach Kirchenrecht muss der Leiter des Teams Priester sein. Grundlage der Seelsorgearbeit ist ein Seelsorgekonzept, dessen Ausarbeitung von den Pfarreien mitgetragen und von der Kirchenpflegerversammlung der drei Kirchgemeinden genehmigt wurde. Verfahrensfragen und Finanzen werden durch die Vereinbarung geregelt, die unter den drei Kirchgemeinden Döttingen, Klingnau und Koblenz abgeschlossen wurde und seit 1. Januar 1989 in Kraft ist.

▲
Von der Johannitergasse her.

Die «Stumpi», ehemalige Kirche der Johanniter, das künftige Pfarreizentrum.

Die Seite Katharinengasse.
▼

Kirche und Menschen

Die Reliquie des heiligen Bruder Klaus in der Pfarrkirche Klingnau

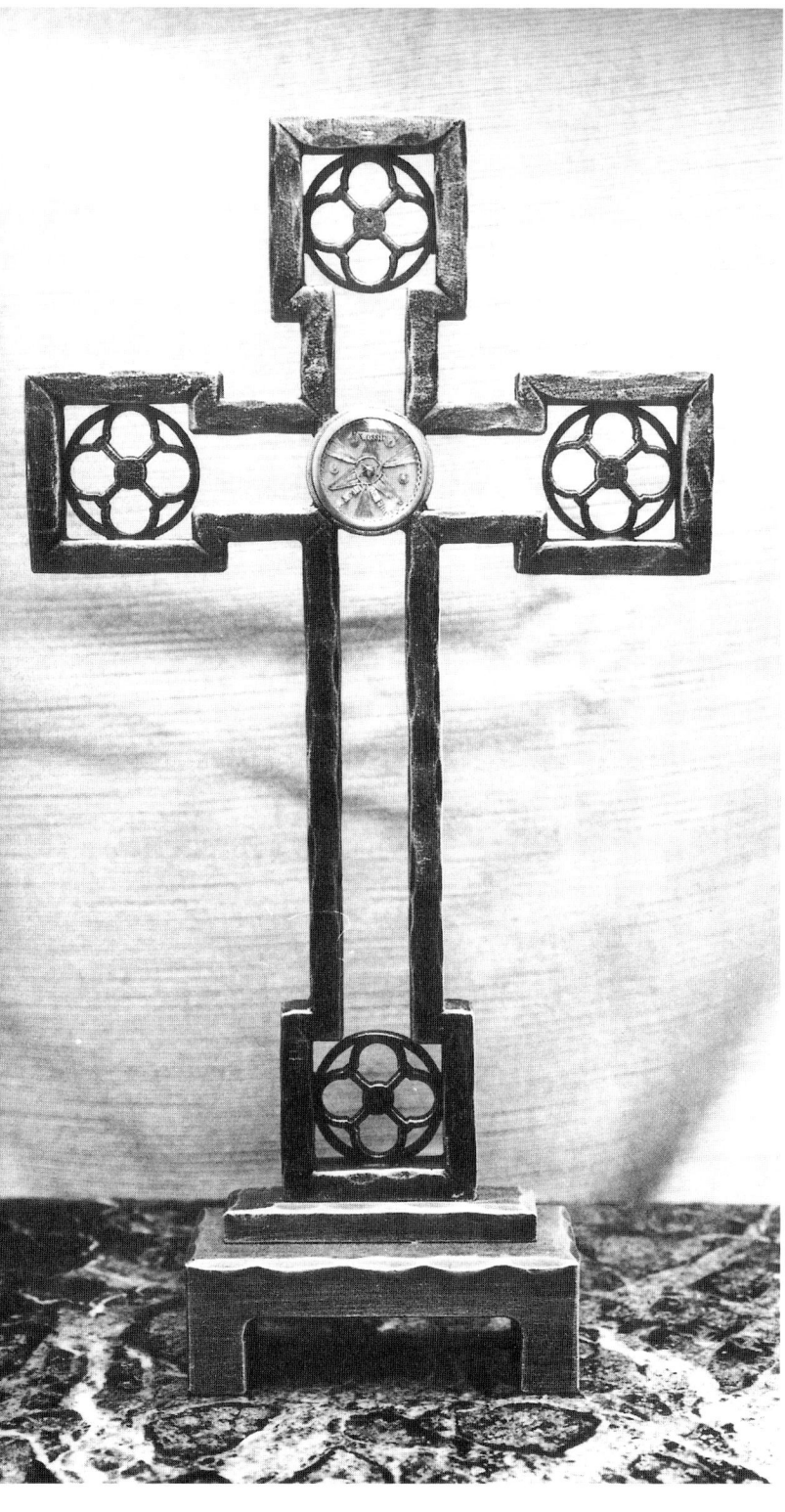

Die Pfarrkirche Klingnau besitzt seit 1985 eine Reliquie des heiligen Bruder Klaus. Die vergoldete Kapsel mit der Reliquie ist in ein schmiedeisernes Kreuz eingefügt. Das Reliquienkreuz ruft immer wieder die Erinnerung wach an die gefahrvolle Zeit des Zweiten Weltkrieges und an die Aktivdienstzeit des Grenzregimentes 50.

An Pfingsten 1940 war die zweite Mobilmachung ausgelöst worden. Auch die Wehrmänner des Gz Rgt 50 wussten um den Ernst der Lage. Der Stellungsbezug hatte diesmal nichts Spielerisches einer Manöverübung an sich. Franz Wengi war Telefonsoldat im Regiment und musste noch in der Nacht eine Telefonleitung von Würenlingen nach Schneisingen legen. Mehr noch als dieser nächtliche Stress beeindruckte ihn der Besuch einer Maiandacht in Würenlingen, in der der Pfarrer zu einer Wallfahrt nach Sachseln aufrief. Wengi, der ebenfalls von der Notwendigkeit, beim Landesvater Bruder Klaus Zuflucht zu suchen, überzeugt war, fasste den Entschluss, eine Soldatenwallfahrt zu organisieren. Er sammelte Gleichgesinnte, überzeugte die militärischen Vorgesetzten und auch den Feldprediger des Regiments, Pfarrer Joseph Küng von Klingnau. Zusammen mit ihnen traf er die Vorbereitungen zur Soldatenwallfahrt ans Grab von Bruder Klaus in Sachseln. In der «Botschaft» vom 3. August 1940 wurden Offiziere, Unteroffiziere und Soldaten des Gz Rgt 50 aufgerufen, «Gott zu danken, der durch die Fürbitte des seligen Bruder Klaus unsere liebe Heimat bis zur Stunde vor der Geissel des Krieges bewahrt hat, und den Seligen vom Ranft zu bitten, er möge auch weiterhin die segnende Hand über unser teures Vaterland halten».

Die Teilnehmer der Wallfahrt vom 15. August 1940, am Feste Mariä Aufnahme in den Himmel, mussten Frühaufsteher sein. Um 3.50 Uhr fuhr das Postauto ab in Tegerfelden, um 4.37 Uhr in Döttingen der Zug.

Nach der Ankunft in Sachseln besammeln sich die Pilger in Uniform und ziehen um acht Uhr unter Glockengeläute und Orgelgebraus in die Kirche ein, an der Spitze eine grössere Gruppe Offiziere, dann

◀ **Schmiedeisernes Kreuz mit der Reliquie des heiligen Bruder Klaus.**

Vergoldete Kapsel mit Reliquie des heiligen Nikolaus von Flüe.

Der Initiant der aussergewöhnlichen Wallfahrt des Gz Rgt 50 und der beiden Dankwallfahrten erhielt vom Wallfahrtsort als Anerkennung durch Pfarrer Alphons Reichlin die vergoldete Kapsel mit der Reliquie. Nach eigenen Entwürfen liess Franz Wengi bei einem Kunstschmied das Kreuz anfertigen, das heute die Kapsel umschliesst. Er fand es richtig, Kreuz und Reliquie der Kirche seiner Vaterstadt in Obhut zu geben.

Gedenkstein auf dem Flüeli.

ein halbes Dutzend Tambouren, schliesslich die Angehörigen der drei Bataillone. Eine Gruppe Wehrmänner trägt eine Weihekerze zum Altar von Bruder Klaus. Feldprediger Küng hält den Militärgottesdienst. Danach marschieren die Soldaten nach Flüeli-Ranft, wo Bruder-Klausen-Kaplan Durrer mit ihnen eine Bitt- und Dankandacht feiert. Weit den Berghang hinauf sitzen die Wehrmänner, zu ihren Füssen die Klause des Heiligen, und lauschen der «Bergpredigt». Die Mittagsverpflegung im Hotel Nünalphorn geht reibungslos und militärisch pünktlich vor sich. Die freie Mittagszeit verbringen die Pilger in froher Kameradschaft. Um drei Uhr nachmittags ist in der Pfarrkirche Sachseln für die gut 450 Teilnehmer der Wallfahrt Schlussgottesdienst, gehalten von Feldprediger J.K. Scheuber.

Diese Soldatenwallfahrt von 1940 war die erste ihrer Art in der Neuzeit. 10 Jahre nach Kriegsende, 1955, und 20 Jahre nach der ersten Wallfahrt, im Jahre 1960, wurde von den gleichen Initianten zu Dankwallfahrten aufgerufen, die zahlreich besucht wurden. Bei der Wallfahrt von 1960 wurde auf dem Flüeli ein Gedenkstein zur Erinnerung an die Pilgerfahrt des Gz Rgt 50 von 1940 enthüllt. Das Fundament des Gedenksteins enthält eine Kassette mit den Namen jener Wehrmänner, die 1940 in bedrängter Zeit zu Bruder Klaus wallfahrteten.

Kirche und Menschen

Von der Reformation in Klingnau

Mit den geistlichen Dingen stand es vor der Reformation in Klingnau wohl nicht besser und nicht schlimmer als an anderen Orten. Mangel an sittlicher Haltung ist auch hier in den klösterlichen Gemeinschaften wie bei den Geistlichen vereinzelt festzustellen. Ursache der Reformation waren nicht allein und in erster Linie Verirrungen des Klerus; oft wurde das Handeln bestimmt durch die Hoffnung, sich von den Abgaben an kirchliche und andere Herren befreien zu können. Wie sich eine Gemeinde zur Glaubensneuerung stellte, entschied oft der Pfarrer. Die Kirchgenossen folgten, solange sie in ihrem Entschluss frei und nicht durch obrigkeitliche Entscheide gezwungen waren, seiner Autorität in Glaubenssachen, sofern er seinen Pflichten als Seelsorger recht nachkam.

Dies scheint in Klingnau der Fall gewesen zu sein, wo der Pfarrer Heinrich Meringer, genannt Schulmeister, 1520 sein Amt antrat. Zudem war seit 1520 bischöflicher Vogt in Klingnau Hans Grebel aus Zürich, ein Gegner der Reformation. Er verstand es, während zwei Jahrzehnten geschickt seinen Einfluss bei Rat und Bürgerschaft geltend zu machen. So fand die neue Lehre in Klingnau nur vereinzelt Anhang, während sie in andern Orten der Grafschaft bereitwillig Aufnahme fand, wie in Zurzach, wo sich das Chorherrenstift wegen Vernachlässigung der Seelsorge und über mannigfachen Streitigkeiten um Fragen des Markt- und Messebetriebes mit der Gemeinde überworfen hatte. Tegerfelden, kirchlich von Zurzach abhängig, wandte sich ungefragt an Zürich und bat um Zuteilung eines reformierten Pfarrers, den es auch erhielt und der sogar von Zürich besoldet wurde. Kaiserstuhl und Klingnau hingegen waren mit ihren Priestern zufrieden und begehrten keinen reformierten Prediger. Einige Verbreitung fand in Klingnau die Wiedertäuferei. Die Bewegung hatte von Süddeutschland her – der Pfarrer von Waldshut, Balthasar Hubmaier, war der eigentliche Organisator der Bewegung geworden – auf Klingnau und weitere eidgenössische Gebiete übergegriffen.

Die Entscheidung für oder gegen die neue Lehre kam in Klingnau mit dem ersten Kappeler Landfrieden: In den Gemeinen Herrschaften konnte jede Kirchgemeinde über die Beibehaltung der alten oder Einführung der neuen Lehre abstimmen; die Minderheit hatte sich dabei dem Mehrheitsbeschluss zu fügen.

Durch Anhänger Zürichs sollte nun in Klingnau eine Abstimmung über den Glauben veranlasst werden. Drei Bürger, Uli Bürli, Hans Güfi und Itelhans Stierli, verlangten vom Vogte Grebel die Ansetzung einer Gemeindeversammlung. Diese fand am 5. Dezember 1529 statt. Geladen waren auch die Gemeinden Würenlingen, Döttingen und Koblenz. Nach der Frühmesse erläuterte Pfarrer Heinrich Schulmeister in seiner Predigt die Lehren der Reformatoren. Er riet zur Bewahrung des alten Glaubens, wenigstens für so lange «bis eine Einigkeit gemacht würde von ganzer oder gemeiner Christenheit». Sodann verlas der Schulmeister Rüedlinger den Landfrieden, worauf der Stadtknecht Jakob Schmid die Umfrage eröffnete. Vogt Grebel erklärte, solange die Gelehrten und die acht regierenden Orte im Glauben nicht einig seien, mögen die Bürger des ihrem Herrn, dem Bischof von Konstanz, geschworenen Treueides eingedenk sein und dessen Mahnung und Warnung befolgen; sein Rat sei, nichts abzutun und umzustossen. Er empfahl, der Pfarrer solle das Alte und Neue Testament mitsamt den Propheten verkünden und was die Heilige Schrift im Grunde beinhalte, doch vorbehalten, dass es mit allen Dingen, wie es bisher in der christlichen Kirche Brauch gewesen, und bei dem alten Glauben bleiben solle. Die von Würenlingen, Döttingen und Koblenz äusserten sich in ähnlichem Sinne. Der «zwinglisch» Jörg Steigmeier forderte nochmals, es müsse das Alte und das Neue Testament mitsamt den Propheten gepredigt werden, «und was das umbstiesse, das söllt umgestossen sin, und was es ufrichte, söllt ufgericht sin und blyben». Pfarrer Schulmeister erklärte, er wolle predigen nach Auslegung der alten christlichen Lehrer und nach Ordnung der christlichen Kirche, «wie ihr dan an der Kanzel von mir gehört habend, und wie ich vorher auch gethan habe». Bei der Abstimmung, die nicht ohne Widerspruch erfolgte, mussten diejenigen, die dem Rate des Jörg Steigmeier beipflichteten, sich mit ihm ins Chor begeben. Ihrer dreissig gingen dorthin, über zweihundert blieben im Schiff der Kirche zurück. Der Entscheid war damit eindeutig zugunsten des alten Glaubens ausgefallen.

In Döttingen ersuchten 1530 acht Neugläubige Zürich um Bewilligung eines Prädikanten, da sie bisher schon einen Kaplan auf eigene Kosten gehalten hätten. Sie beschuldigten Vogt und Rat von Klingnau der Umtriebe gegen die Reformierten. Zürich schickte eine scharfe Warnung an Klingnau, die Anstellung eines Predigers nicht zu hindern. Der Landvogt in Baden erinnerte die Döttinger an den für alle Pfarrgenossen verbindlichen Beschluss vom Dezember, die Anstellung eines Prädikanten sei gegen den Landfrieden. Vogt und Rat riefen den Schutz der zu Luzern versammelten Tagsatzung an. Zu einem Umschlag der konfessionellen Haltung der Döttinger und zur Wegweisung des Predigers Uli, dem man ohnehin vorwarf, er sei früher Wiedertäufer gewesen, scheint es erst nach dem Zweiten Kappeler Krieg gekommen zu sein. Der Zweite Kappeler Landfrieden brachte den Reformierten empfindliche Rückschläge. Wohl durften die Gemeinden in den Gemeinen Herrschaften beim neuen Glauben bleiben, wie Zurzach und Tegerfelden. Aber sie hatten nun die Möglichkeit, zum alten Glauben zurückzukehren. Daran durften auch Einzelpersonen nicht gehindert werden. Die Bildung katholischer Minderheiten war gestattet, nicht aber solche reformierten Bekenntnisses. In Klingnau gab es 1534 zwölf Reformierte. Vogt und Rat in Verbindung mit dem Landvogte wollten die Neugläubigen zum Besuch des katholischen Gottesdienstes in der Pfarrkirche oder zur Auswanderung zwingen. Zürich und Bern wehrten sich für die Betroffenen. Jahrzehntelang gab es in Klingnau eine kleine Gruppe von Reformierten, die von den zeitweise amtenden Landvögten ihrer Konfession nach Kräften geschützt und unterstützt wurden; auch im Ausgang des 16. Jahrhunderts wurden die Reformierten nicht radikal entfernt. 1611 wurde gegen zwei reformierte Familien der Ausweisungsbeschluss wiederholt. Der Anteil an Evangelischen in Klingnau blieb für die folgenden Jahrhunderte äusserst gering. Daran änderte auch der Friede nach dem Zweiten Villmerger Krieg nichts, der für die Gemeinen Herrschaften die Gleichberechtigung beider Konfessionen brachte.

Die reformierte Kirchgemeinde

Die konfessionelle Zusammensetzung der Bevölkerung im katholischen Klingnau änderte sich erst um 1900. Die Bundesverfassung von 1848 sicherte allen Schweizern christlicher Konfession Niederlassungsfreiheit zu. Die Industrialisierung im unteren Aaretal brachte eine grosse Zahl Zuwanderer, vor allem aus reformierten Kantonen.

Anfänglich besuchten die reformierten Christen den Gottesdienst in Tegerfelden, wo auch die Kinder den kirchlichen Unterricht erhielten. Schliesslich gestaltete Pfarrer Glinz von Tegerfelden einmal im Monat einen Gottesdienst in Klingnau; sein Nachfolger, Pfarrer Raschle, setzte diese Aushilfe im Döttinger Schulhaus fort.

1912 war die Zahl der Reformierten auf 45 Familien angewachsen, und auf Anregung von Pfarrer Schüepp in Tegerfelden wurde eine reformierte Kirchgenossenschaft gegründet – monatlicher Beitrag pro Familie: 30 Rappen. Schon 1932 zählte die Kirchgenossenschaft etwas mehr als 400 Seelen. Man erwarb für 1850 Franken einen Kirchenbauplatz am damals unverbauten Hang hinter dem Bahnhof auf Klingnauer Boden an der Grenze zu Döttingen. Am 29. September 1935 konnte das eigene Gotteshaus eingeweiht werden. Von jetzt an wurde darin jeden Sonntag Gottesdienst gehalten; auch die Kinder genossen hier den Unterricht, allerdings weiterhin betreut durch den Pfarrer von Tegerfelden. Erst als die Bauschuld der Kirche weitgehend abgetragen war, konnte ein eigenes Pfarramt verwirklicht werden: Am 4. September 1949 wurde Markus Sager als erster Pfarrer eingesetzt. Er wohnte anfänglich in einer gemieteten Fünfzimmerwohnung im Weier, bis Ende 1953 das neue Pfarrhaus neben der Kirche bezogen werden konnte.

Einen wichtigen Schritt bedeutete die Umwandlung der Kirchgenossenschaft in eine Kirchgemeinde. Der entsprechende Grossratsbeschluss trat auf den 1. Januar 1958 in Kraft. Die Kirchgemeinde umfasst die Angehörigen reformierter Konfession in den Einwohnergemeinden Döttingen und Klingnau, in den Ortsteilen Eien und Kleindöttingen der Gemeinde Böttstein sowie im Weiler Burlen in der Gemeinde Leuggern. Die Grösse der Kirchgemeinde erforderte 1965 die Schaffung einer Gemeindehelferstelle. Eine gewisse Entlastung brachte 1969 die Anstellung eines eigenen Pfarrers in der reformierten Kirchgemeinde Koblenz, die seit 1950 von Klingnau aus betreut worden war. Der Wunsch, einerseits den Aktivitäten der Kirchgemeinde mehr Raum zu geben, andrerseits für die Verwaltung ein vom Pfarrhaus losgelöstes Büro zur Verfügung zu haben, führte zur Schaffung eines Kirchgemeindehauses, das 1971 bezogen werden konnte. Die Kirche erfuhr auf ihr 50jähriges Bestehen eine gründliche Sanierung und auch Anpassung an die neuzeitlichen Bedürfnisse; am 29. September 1985 konnte das Gotteshaus im neuen Gewande wieder seiner Bestimmung übergeben werden.

Die reformierte Kirche 1935/1962/1985.

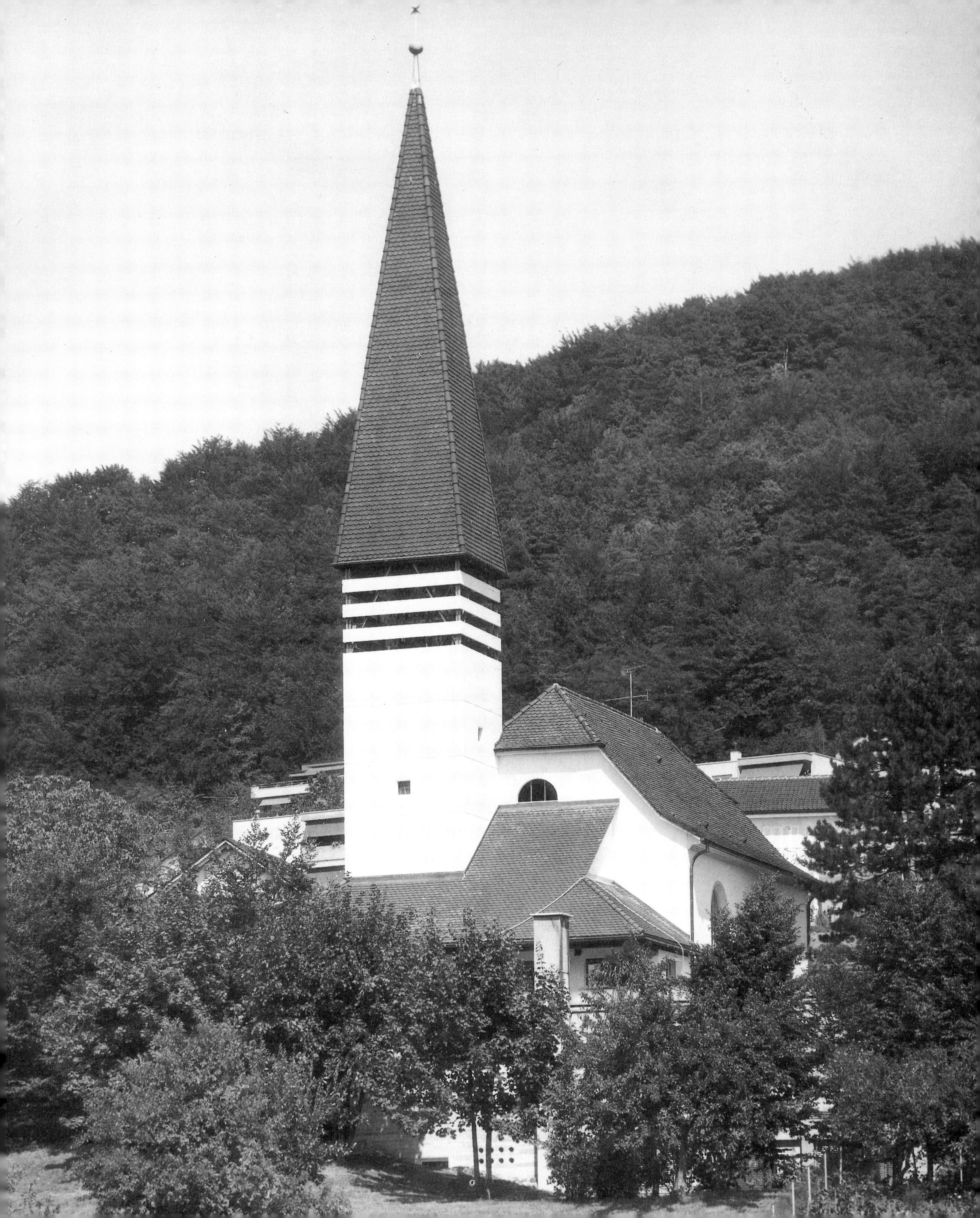

Zur Baugeschichte der Pfarrkirche St. Katharina

Anhand der spärlichen urkundlichen Nachrichten ist es nicht möglich, die bauliche Entwicklung der Stadtkirche genau zu verfolgen. Erst die im Jahre 1968 unter der Leitung von Prof. Dr. H.R. Sennhauser durchgeführten archäologischen Grabungen und Untersuchungen beantworteten manche offene Frage. Vor allem konnte nachgewiesen werden, dass vor der Stadtgründung auf diesem Hügel kein Gotteshaus stand. Die markante Lage des Gotteshauses mitten auf dem beidseits von Häuserzeilen gerandeten Plateau des Stadthügels ist bezeichnend für die zentrale Stellung der Kirche im Leben des mittelalterlichen Menschen; sie ist auch nicht anders zu verstehen, als dass die Kirche von Anfang an hier geplant und mit der Stadt errichtet wurde. Das Gotteshaus in der Stadtmitte hat den Wechsel der Jahrhunderte miterlebt und dabei selber mancherlei Veränderungen erfahren.

Der erste Bau an dieser Stelle – um 1260 – erwies sich als eine grossdimensionierte Kirche mit mächtigem Turm. Unter Mauern und Boden der ersten Kirche lag überall der gewachsene, von Menschenhand nicht berührte Boden: Kies, zum Teil lehmige Schichten. Dass die Baufläche nicht ganz eben, der Baugrund vielleicht auch nicht ganz einheitlich war, geht daraus hervor, dass die Nordmauer der ersten Kirche um 40 bis 70 cm tiefer fundiert wurde als die Südmauer. Die erste Kirche besass ein im Grundriss quadratisches Chor und ein Langhaus mit nach Osten leicht konvergierenden Längsmauern, das ungefähr die Breiten-Längenproportion 1:2 aufwies, ein Verhältnis, das bei hochmittelalterlichen Bauten häufig anzutreffen ist. Die Mauerstärke betrug 1 m. Das Schiff dürfte gegen 8 m hoch, im Lichten etwa 8,60 m breit und 18,80 m lang gewesen sein. Turmuntergeschoss und Chor wurden als Einheit geplant und errichtet. Die Südmauer des Turmes begrenzte das Chor nach Norden, und seine Südwestecke bildete die Nordschulter des Kirchenschiffes. Das Chor öffnete sich gegen das Schiff mit einem Triumphbogen, dessen Fundamente gegen 1 m einsprangen. Der Boden des Chores lag etwa 60 cm höher (3 Stufen) als der des Schiffes. In der ganzen Breite des Schiffes war vor dem Chorbogen ein Raumteil abgegrenzt. Das Turmerdgeschoss war ursprünglich nur vom Chor her zugänglich; es diente als Sakristei, über deren Decke das Läutergeschoss lag. Die Läuterbuben stiegen aus dem um die Kirche gelegenen Friedhof über eine Holztreppe und eine Türe in der Westwand des Turmes ins erste Obergeschoss. Durch ein heute vermauertes Fenster in der chorseitigen Turmwand konnten sie Priester und Altar sehen und wussten, wann sie zur Wandlung zu läuten hatten.

Wohl in der ersten Hälfte des 15. Jahrhunderts wurden die oberen **Turmgeschosse** erneuert. Die Bauzeit muss vor der Errichtung des spätgotischen Chores liegen, weil der Estrich des Chores zum Teil Wasserschläge des Turmes verdeckt. Sennhauser nimmt an, dass der Turm den Käsbissen-Abschluss in dieser Zeit bekommen hat, während Mittler meint, der Turm könnte von der Glockenstube an aus Holz bestanden haben; deshalb habe er beim Brand von 1586 Feuer gefangen und sei ausgebrannt; bei der nachherigen Wiederherstellung sei dann das Satteldach aufgesetzt worden.

Aus der **Bauzeit um 1480** stammt das prächtige spätgotische Chor, zu dem auch das Sakramentshäuschen aus dem Jahre 1483 in der nördlichen Chorinnenwand gehört. Entweder gleichzeitig mit dem neuen Chore oder schon etwas früher verlängerte man das Kirchenschiff nach Westen. Mit der Verlängerung wurde das Schiff aufgehöht. Im Langhaus lag ein Holzboden auf querliegenden Lagerhölzern; im neu angebauten Westteil des Schiffes wurde der Taufstein aufgestellt.

Die Bauzeit um 1480 ist auch in den Urkunden gut belegt. 1472 und 1474 erteilte der Bischof der Stadt sogenannte Bettelbriefe zugunsten eines Kirchenbaues; 1491 erfolgte die Weihe des Gotteshauses und eines neuen Altares. 1497/98 leisteten Baden und Bern Beiträge an die Kirche.

Um 1538 wurde das Langhaus um etwa 2 m nach Norden verbreitert und mit der Aussenwand des Turmes auf die gleiche Linie gebracht. Dabei verschob sich der Dachfirst gegenüber jenem des Chores um 1,6 m nach Norden. Der Taufstein wurde vor die Seitenaltäre der Nordseite versetzt. Seitentüren entstanden, neue Spitzbogenfenster wurden in die Wände des Langhauses eingebrochen. Das westlichste Spitzbogenfenster ist in den beiden Wänden

Südwand des Kirchenschiffes, innen, nach Beseitigung des Verputzes. Unteres Mauerwerk aus der Zeit des ersten Kirchenbaues. Romanisches Rundbogenfenster mit Rankenmalerei auf der Putz-Leibung. Drei Steinlagen oberhalb des Fensterscheitels sind abwechslungsweise helle und dunkle Flecken in der Wand zu erkennen: Hier sassen die Balken der romanischen Decke. Oberes Mauerwerk: gotische Aufhöhung. Gewände der Seitentüre deutlich sichtbar später ins romanische Mauerwerk eingesetzt. Südwand 1968 abgebrochen.

Romanische Chormauerfundamente um 1260. Der Mauerwinkel in der Bildmitte gehört zum romanischen Altar. Altar und Chor-Ostmauer sind durch barocke Gräber teilweise zerstört.

Nordmauer der ersten Kirche nach Westen. Bei der Verbreiterung der Kirche nach Norden war sie abgebrochen worden; ihr Fundament hat sich unter dem Fussboden der jüngeren Kirche erhalten. Das runde Loch vor dem Ausbruch rührt von einem Taufstein her: Sickergrube zur Aufnahme des Taufwassers. Links Bodenrest und Stufenfundament, dahinter weisse Kalkbahnen im schotterigen, gewachsenen Boden: Balkenauflager für Kirchenbänke.

Kreisrundes Fundament des gotischen Taufsteines, Durchmesser 2,20 m. Das Zentrum war locker mit Kieseln aufgefüllt, damit das Taufwasser versickern konnte.

▲
Sakramentshäuschen in der nördlichen Chorwand der Pfarrkirche, datiert 1483, ein Meisterwerk hochrheinischer Steinmetzkunst. Um das Sakramentshäuschen bei der Renovation von 1968 freigelegte Malerei, wohl Ende 16. Jahrhundert.

– wohl durch eine Empore – horizontal unterteilt. Nachträglich wurden die spitzbogigen Fensterteile über der Empore durch Ochsenaugen, die Fenster im Langhaus durch Rundbogenfenster ersetzt.

Im gesamten Pfarrsprengel wurde 1538 eine Kirchenbausteuer erhoben, von jeder steuerpflichtigen Person 6 Schilling. Der Steuerrodel nennt in der Stadt und den Aussenquartieren 353 namentlich aufgeführte Personen, in Döttingen deren 130, in Würenlingen 106 und in Koblenz 51. Die Bewohner von Koblenz suchten sich der Abgabe zu entziehen, wurden aber durch einen unter dem Vorsitz von Vogt Hans Grebel gefällten Spruch zur Zahlung der Steuer gezwungen.

Der Reichtum an **Wandmalereien** war ganz ausserordentlich; in Chor und Schiff wurden bei den archäologischen Untersuchungen mindestens fünf verschiedene Malereischichten festgestellt, die von einer immer wieder erneuerten und veränderten, zum Teil sehr qualitätsvollen Ausmalung der Kirche zeugten.

- Älteste Reste zeigten sich an der Südwand. Abgesehen von der Rankenmalerei im romanischen Fenster waren es Spuren von Wandbildern, die erkennen liessen, dass die Wand mit einer Folge von einzelnen Bildern bemalt war.
- Jünger ist eine figürliche Malerei in den Gewänden der spätgotischen Spitzbogenfenster: hellfarbige Ranken und Brustbilder von Heiligen.
- Darüber lag eine Schicht von grossen Apostelfiguren, zu deren Häuptern zwei Tafeln in Graumalerei übereinander an einem Gebälk unter dem Deckenansatz hingen. Die eine Tafel mag den Namen des Apostels getragen haben, die andere enthielt Psalmverse. Fenster und Türgewände waren mit grauen Strichen umzogen.
- Die grossen Apostelfiguren wurden wieder übermalt. Heiligen- und Apostelfiguren wurden an den Wänden angebracht, über jeder eine gelbgerandete Schrifttafel mit dem Namen des Dargestellten. Die Schrifttafeln hingen an bogenförmigen Blattgirlanden.
- Die jüngste nennenswerte Ausmalung der Kirche zeigte Rollwerkornamente in Grautönen mit leuchtendem Rot und Gelb. Sie dürfte dem 17. oder frühen 18. Jahrhundert entstammen.

Eine Wappenreihe in der Pfarrkirche Klingnau

Rekonstruktion durch H.J. Welti, Leuggern

Bei der Renovation von Turm und Chor der Stadtkirche entdeckte man 1968 an der südlichen Turmmauer in etwa 6 m Höhe über einer Wappenreihe eine Inschrift in lateinischen Majuskeln. Inschrift und Wappenreihe konnten leider nicht konserviert werden. Die stark beschädigte, z.T. lückenhafte Inschrift liess sich aufgrund der etwas besser erhaltenen untersten Zeilen rekonstruieren:

…NOBILIVM ATQVE DOCTISSIMORVM …AC DOMINORVM…PRAEPOSITI DECANI CVSTODIS CANTORIS CETERORVMQVE VENERABILIS COLLEGII S. VERENAE ZVRZACHIENSIS…SVPRA SIGNATORVM ANNO LIBERTATIS CHRISTIANI…MDCXX…

Die Bauinschrift des Chorherrenstiftes Zurzach gibt an, dass an der Wappenreihe infolge Verzögerung zweimal während eines Jahres gearbeitet werden musste. Leider ist die am Schlusse der letzten Zeile vermerkte Jahresangabe unvollständig, weil die Einerziffern fehlen. Aus den rekonstruierten Wappenschildern und den Lebensdaten der Chorherren, die zu bestimmen waren, kann die Entstehung der Malerei in die Jahre 1625–1631 datiert werden.

Die Wappenfolge, über der in doppelzeiliger Schrift die Namen der Chorherren beigefügt sind, zeigt in der Mitte den etwas erhöht gestellten Schild des Chorherrenstiftes mit der heiligen Verena. Vom Betrachter aus gesehen, schliessen sich nach links sechs und nach rechts fünf Wappenschilder in Tartschenform an. Die Namen und Daten des Propstes und der zehn Chorherren sind: Dr. theol. Johann Theoderich Hermann von Rottweil, Stiftspropst seit dem 23.5.1625. Kaspar Huwyler von Zug, Dekan (Stiftspfarrer) seit 1624. Gotthard Schmid von Baar, Custos seit 1616. Magister Johannes Honegger von Bremgarten, Cantor seit 1625. Heinrich Heil von Altdorf, Senior, Chorherr seit 1592. Johann Rudolf Rych von Bremgarten, Chorherr seit 1601. Jakob Stadlin von Zug, Chorherr seit 1616. Magister Johann Heinrich Frey von Mellingen, Chorherr seit 1620. Johannes Muheim von Altdorf, Chorherr seit dem 2.5.1625. Bernhard von Wellenberg von Baden, Chorherr seit dem 27.5.1626. Michael Kränzlin von Zug, Chorherr seit 1625 (ohne genaues Datum).

Über den Maler fehlen direkte Hinweise. 1631 zahlte das Stift Zurzach «dem Moler zu Clingnow» für das Malen einer Tafel zur Verenalegende den Betrag von neun Gulden. Demnach gab es in Klingnau zu jener Zeit einen Künstler, der Tafelbilder zu malen verstand. Das konnte nur der Maler Hans Hügeli sein, dessen Nachkommen noch während zwei Generationen im nämlichen Berufe tätig waren. Meister Hans Hügeli war es auch, der 1627/28 das erweiterte Chorgestühl des Klosters Hermetschwil ausmalte und mit figürlichem und heraldischem Schmucke versah. Die Beziehungen des Malers zum Kloster Hermetschwil dürften vom Chorherrn Muheim, einem Neffen der Priorin Meliora Muheim vermittelt worden sein. Der Maler könnte im Kloster Hermetschwil auch die Anregung zum Klingnauer Bruderklausenbild erhalten haben. Das Kloster stand damals in engster Beziehung mit Bruder Klaus und seinem geistigen Nachlass.

Kirche und Menschen

• Über dieser jüngsten Malschicht lagen zwei Kalkputzschichten, von denen die jüngere einen grünen Anstrich aufwies.

Historisch interessant ist die Bauinschrift mit einer Wappenfolge der Chorherren des Stiftes Zurzach, die man 1968 an der südlichen Turmwand entdeckte. Als Inhaber der Pfarreirechte der Kirche Klingnau war dem Stift Zurzach die Baupflicht des Chores von Rechts wegen überbunden. H.J. Welti, Leuggern, konnte aufgrund der vorgefundenen Reste die Wappenreihe eindeutig rekonstruieren und deren Entstehung in die Zeit von 1625 bis 1631 datieren. Zweifellos stammt die Malerei von Hans Hügeli, der im Jahre 1608 das Bürgerrecht in Klingnau erwarb.

Eine besondere Kostbarkeit ist die Bruder-Klaus-Darstellung, die 1968 losgelöst und konserviert werden konnte. Sie ist vermutlich ebenfalls eine Arbeit von Hans Hügeli und gehört zu den älteren gemalten Bildern des Heiligen ausserhalb der Innerschweiz.

Das Kircheninnere wurde nicht nur verschiedentlich in der Ausmalung verändert. Es gab auch Veränderungen durch den Einbau oder die Zusammenlegung von Altären. Pfarrer Johann Beat Häfeli liess 1685 eine Empore einbauen, und auf desselben Pfarrers Kosten erstellte der Klingnauer Schreiner Matthäus Schliniger die Kanzel. Pfarrer Häfeli veranlasste auch die Schenkung der auf 1685 und 1686 datierten vier Wappenscheiben in den Chorfenstern, deren Spender der Bischof von Konstanz, der bischöfliche Obervogt, der Prior von Sion und der Propst in Zurzach waren. 1703 entstand auf Pfarrer Häfelis Initiative hin ein neuer Hochaltar im Barockstil. 1704 erhielt die Kirche barocken Stuck, 1789 das Chor anstelle der Holzdecke eine solche aus Gips.

Das Kirchenäussere ist ausser den erwähnten Bauetappen bei späteren Renovationen nicht wesentlich verändert worden. Die Gotisierung der Westfassade und der Anbau der Sakristei gehörten dem 19. und 20. Jahrhundert an.

Zum Bild der Pfarrkirche gehört auch der **Friedhof**. Jahrhundertelang wurden die Toten zu Klingnau um die Kirche herum bestattet. Zu diesem Friedhof gehörte ein Beinhaus; erst 1692 erhielt der Gottesacker eine Totenkapelle. Der Friedhof wurde 1813 vor die Stadt verlegt. Der neue Friedhof erhielt 1815 eine Kapelle, genannt Jesus, Maria und Joseph. Das

▲ Bruder-Klaus-Darstellung in der Pfarrkirche St. Katharina, frühes 17. Jahrhundert

▲
Kanzel, ehemals in der Pfarrkirche St. Katharina. 1685 vom Klingnauer Schreiner Matthäus Schliniger geschaffen. Heute als Leihgabe in der Pfarrkirche Frick.

▲
Hochaltar, geschaffen vom Kaiserstuhler Barockbildhauer Johann Friedrich Buol, 1703; ehemals in der Stadtkirche, heute als Leihgabe in der Pfarrkirche von Unteriberg.

alte Friedhofkreuz an der Westseite der Kirche wurde 1979 restauriert und auf dem erweiterten Friedhof neu aufgestellt.

Die Pfarrkirche erfuhr die wesentlichsten Veränderungen mit der **Renovation und dem Neubau von 1968/69**.

Im Jahre 1947 beschloss die Kirchgemeinde, einen Renovationsfonds zu eröffnen: Man war sich einig, dass der bauliche Zustand der Kirche eine baldige und gründliche Renovation erforderte. Über den Umfang der Renovation hegte man noch keine genauen Vorstellungen. Zwei im Jahre 1950 eingeholte Renovationsprojekte wurden nicht weiter verfolgt. Bereits zeichneten sich die Umrisse der eingesetzten liturgischen Erneuerungen ab, für deren Verwirklichung der alte, ausgesprochene Längsbau sich schlecht eignete. Auch erwies sich der Kirchenraum als zu klein.

1961 wurde eine Baukommission bestellt, die 1966 durch die Gesamtkirchenpflege erweitert wurde. Präsident der Baukommission war Pfr. A. Gilli, ab 1964 Josef Pfister. Um Vorprojekte zu erhalten, bekamen drei ausgewiesene Kirchenarchitekten Studienaufträge: P. Deucher und A. Moser, beide Baden, sowie H. Brütsch, Zug. Jeder teilnehmende Architekt war verpflichtet, je ein Vorprojekt «Ganzer Neubau» und «Neubau mit Erhaltung des Chores und eventuell des Turmes» zu verfassen.

Dem Abbruch des Langhauses stimmten alle Fachleute zu. Baukommission und Ortsplaner erachteten es als selbstverständlich, dass die Pfarrkirche ihren Platz mitten im Städtchen behielt. Im Januar 1963 wurden die Vorprojekte durch die Jury beurteilt. Zu ihr gehörten die Architekten Dr. J. Dahinden, Zürich, Fritz Metzger, Zürich, und Pfarrer A. Gilli; die Denkmalpflege war mit beratender Stimme durch Dr. P. Felder vertreten. Aufgrund des Expertenberichtes wurde beschlossen, das Projekt H. Brütsch weiter bearbeiten zu lassen, das den Neubau des Kirchenschiffes und Renovation von Chor und Turm vorsah. Im Juli 1964 befand die Jury über das weiterentwickelte Modell von H. Brütsch. In diesem Gremium wirkte nun Pfarrer W. Kern anstelle von Pfarrer Gilli. Der Bericht der Jury erwähnte unter anderem folgendes: «Der Architekt verstand es, die alten, erhaltungswürdigen Bauteile nicht nur zu erhalten, sondern als wesentlichen Bestandteil in die moderne Funktion einer liturgisch einwandfreien Gesamtkonzeption einzubeziehen. Die Experten sind der Auffassung, dass es sich hier in seiner Art um einen bemerkenswerten und teilweise sogar beispielhaften Beitrag zum Kapitel 'lebendige Denkmalpflege' handelt.»

Im September 1964 wurden die Pfarreiangehörigen durch Dr. Dahinden eingehend über alle abgelieferten Projekte orientiert; Modelle, Pläne und der Jurybericht waren zur freien Besichtigung ausgestellt. Im März 1965 bewilligte die Kirchgemeindeversammlung den Projektierungskredit, und am 3. Juli 1967 wurde der Beschluss gefasst, das Projekt

Friedhofkreuz.
Sein ursprünglicher Standort beim Friedhof um die Stadtkirche.
▼

Seit 1979 auf dem erweiterten Friedhof im Gäntert.
▼

▲ Turm und Chormauer nach Abbruch des Kirchenschiffes.   ▲ Turmrenovation.

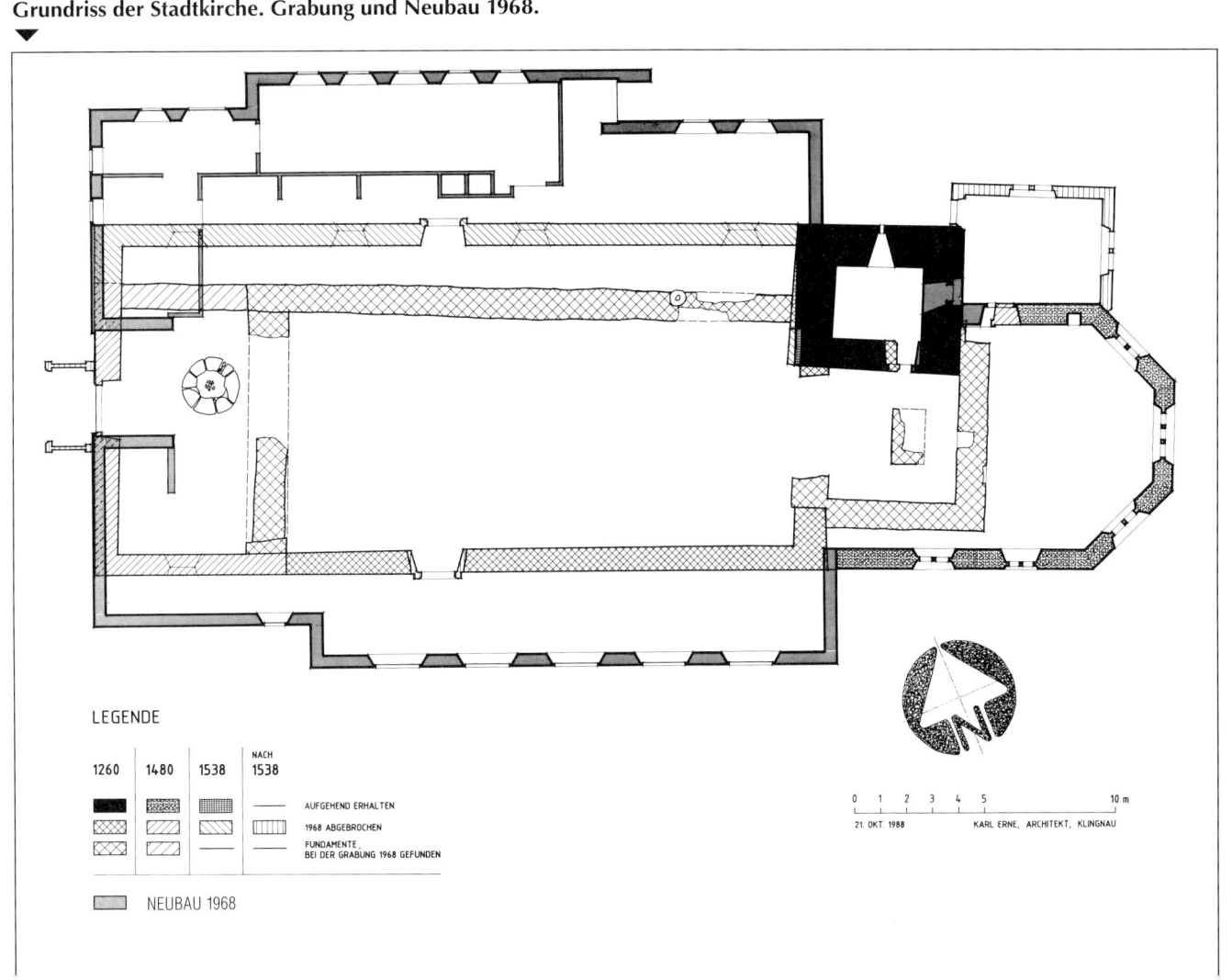

Grundriss der Stadtkirche. Grabung und Neubau 1968.
▼

LEGENDE

| 1260 | 1480 | 1538 | NACH 1538 |

AUFGEHEND ERHALTEN
1968 ABGEBROCHEN
FUNDAMENTE, BEI DER GRABUNG 1968 GEFUNDEN

NEUBAU 1968

21. OKT. 1988   KARL ERNE, ARCHITEKT, KLINGNAU

Die Pfarrkirche St. Katharina, Innenansichten   Blick gegen das Chor.   1962   1969

Blick gegen die Empore.   1962   1969

Die Pfarrkirche St. Katharina. Aussenansichten. 1963 1972

▲
1945   1969
▼

von Hanns A. Brütsch mit einem Kostenvoranschlag von Fr. 1 900 000.– auszuführen. Die kantonale und die eidgenössische Denkmalpflege sicherten Subventionsbeiträge zu. Der Kirchenbaufonds hatte zu Baubeginn den hohen Bestand von Fr. 1 200 000.– erreicht.

Im Februar 1968 verwandelte sich die Kirche in eine lärmige Baustelle. Nach Abschluss der archäologischen Untersuchungen wurde das Langhaus abgebrochen, und es blieben nur noch der Turm und die Chormauern stehen.

Der Anblick der «Überreste» schien manchen Klingnauer verwirrt zu haben: Hatte man Pläne und Modelle zu wenig studiert; war man zu wenig auf die Erläuterungen der Baukommission, der Fachleute und der Denkmalpflege eingegangen; hatten die Presseberichte recht, nach denen der Turm baufällig und abbruchreif, die Chormauern faul und morsch waren; oder hatte man alles einfach zu wenig überlegt? Jedenfalls wurde am 29. April 1968 der Kirchenpflege mit 155 Unterschriften das Begehren eingereicht, eine ausserordentliche Kirchgemeindeversammlung müsse nochmals zu dem geplanten Bau Stellung nehmen und die Bauarbeiten sollten bis zu einer Entscheidung eingestellt werden. Diese ausserordentliche Kirchgemeindeversammlung fand am 13. Mai 1968 statt. Von den 435 Stimmberechtigten fanden sich 220 ein. Neben Architekt Brütsch und Ingenieur Funk waren Vertreter der kantonalen Denkmalpflege und der Eidgenössischen Kommission für Kunst- und Denkmalpflege anwesend. Die Initianten der Versammlung meinten, Turm und Chor müssten ebenfalls abgerissen werden, damit die Sakristei in der Kirche nach vorne verlegt werden könne; der Turm sei in der gegenwärtigen Form an einer anderen Stelle wieder aufzubauen. Die Frage des Kirchenbaues wurde mit der Frage nach der Umfahrung des Städtchens verknüpft, und auch die Denkmalpflege kam unter Beschuss. Nachdem Baukommission, Architekt und Denkmalpflege (ein weiteres Mal) ihre Überlegungen und Vorstellungen erläutert hatten, erwartete man von der Opposition einen Wiedererwägungsantrag, nach dem zuhanden der nächsten Kirchgemeindeversammlung ein Antrag hätte formuliert werden können. Der Wiedererwägungsantrag wurde nicht gestellt, und der Streit um den Klingnauer Kirchturm fand nicht statt.

Somit gingen die Bauarbeiten weiter. Am 23. Juni 1968 segnete Domherr Schmid den Grundstein, und am 25. November wurden die Glocken nach der Segnung durch Dekan Josef Meyer in die Glockenstube hinaufgezogen. Im Dezember 1968 stand das Kirchenschiff im Rohbau fertig, und der prächtig restaurierte Turm mit der neuen Uhr und dem neuen Geläute dominierte wieder weit übers Städtchen hinaus. Auch die weiteren Arbeiten schritten zügig voran, und am 21. September 1969 weihte Bischof Anton Hänggi das Gotteshaus im Herzen des Städtchens.

Mit der Kirchweihe waren allerdings noch nicht alle Probleme um die Renovation gelöst. Die Kirche war 1963 durch den Regierungsrat unter kantonalen Denkmalschutz gestellt und 1967 mit zahlreichen Auflagen teilweise daraus entlassen worden. Unter anderem hatte der Regierungsrat festgelegt, dass der Muttergottesaltar in die Loretokapelle auf dem Achenberg versetzt werden müsse; der barocke Hochaltar von 1703 und das gotische Chorgestühl (um 1480 entstanden) sollten restauriert und an ihrem ursprünglichen Platze wieder aufgestellt werden. Die Kanzel und das epistelseitige Retabel (Altaraufbau) sollten sorgfältig aufgehoben werden. Nachdem das gotische Chor in alter Pracht entstanden war, empfand man in Klingnau das Wiederaufstellen des barocken Hochaltares und des Chorgestühles als störend in einem neukonzipierten Kirchenraum; mit der liturgischen Erneuerung nach dem II. Vatikanischen Konzil – Feier der Liturgie zum Volk gewandt – hatte der Hochaltar seine funktionale Bedeutung verloren; entgegen der Meinung der Fachleute befürchtete man, durch das Wiederaufstellen von Hochaltar und Chorgestühl bekäme die Kirche musealen Charakter. Man versuchte, vom Regierungsrat zu erreichen, die beiden Objekte nicht wieder aufstellen zu müssen. Klingnau schlug vor, sie in einem zu schaffenden Museum (gedacht war an die ehemalige Kirche des Klosters Sion) aufzustellen. Der Regierungsrat beharrte aber auf seinem Entscheide. Trotzdem beschloss die Kirchgemeindeversammlung vom 23. Oktober 1970, Hochaltar und Chorgestühl nicht mehr in der Pfarrkirche aufzustellen; die Kirchgemeinde verzichtete damit auf die Subventionen an den grossen denkmalpflegerischen Aufwand bei der Kirchenrenovation.

Die an sich wertvollen kirchlichen Ausstattungsstücke zu magazinieren erschien auf die Dauer wenig sinnvoll, ein entsprechendes Museum zu verwirklichen, war offensichtlich etwas utopisch. So suchte und fand man in Zusammenarbeit mit der Denkmalpflege geeignete Aufstellungsorte.

Der Marienaltar wurde wie vorgesehen gründlich restauriert und 1970 in der Achenbergkapelle aufgestellt. Das Retabel des epistelseitigen Altares wurde der Kirchgemeinde Seedorf unentgeltlich überlassen; dort fand es mit Ergänzungen geeignete Verwendung im Chor der Pfarrkirche St. Ulrich und St. Verena. Für Altar und Kanzel fand man eine besondere Lösung: sie wurden als Leihgabe auswärts vergeben unter der Auflage, dass die betreffenden Orte die Gegenstände zu restaurieren und, wenn sie nicht mehr gebraucht würden, der Kirchgemeinde Klingnau zurückzugeben haben. So fand die Kanzel ihren Platz in der Pfarrkirche St. Peter und Paul in Frick, der barocke Hochaltar in der Pfarrkirche St. Josef in Unteriberg (Schwyz). Allerdings hatte Klingnau die im Altar eingefügten gotischen Figuren von Johannes dem Täufer und Johannes Evangelist behalten, in der ursprünglichen Fassung restauriert und im Chor aufgestellt. Das gotische Chorgestühl ist immer noch eingelagert.

Die Neugestaltung der Pfarrkirche St. Katharina fand ihren Abschluss mit den farbenfrohen Fenstern im Kirchenschiff, (1970), dem Keramikrelief an der westlichen Stirnwand aussen (1971), beide gestaltet von Ferdinand Gehr. Mit der Weihe und Kollaudation der neuen Orgel, gebaut von der Firma M. Mathis, Näfels, konnte am 12. Dezember 1971 auch die Innenausstattung abgeschlossen werden.

Glasmalereien in der Stadtkirche

Für den neuen Teil der Stadtkirche hat Ferdinand Gehr 1970 die Farbfenster geschaffen, die von der Glasmalerei Engeler, Andwil SG, ausgeführt worden sind.

In einem Brief vom 23. Mai 1973 erläutert der Künstler die Themata in den farbigen Fenstern wie folgt:

«Die fünf grossen Fenster auf der rechten Seite übernehmen die Hauptwirkung im Kirchenraum. Ihre innere Gliederung besteht aus zwei Teilen: Aus einem rechteckigen roten Fleck in der Mitte und aus mehrfarbigen Ornamenten auf weissem Grund. In den roten Flecken sind in Weiss und Schwarz symbolische Zeichen eingegliedert. Man könnte diese Zweiteilung vergleichen mit dem gesungenen Lied und der Begleitung durch die Orgel.

Die Darstellungen in den fünf roten Mittelflächen beziehen sich alle auf das Mysterium Christi:

Im **ersten Feld** auf die Geburt aus der Jungfrau Maria, **im zweiten**, das man 'das Herz der Welt' benennen könnte, das Ausströmen der göttlichen Liebe in die Menschenwelt, **im dritten**, die mystische Gegenwart Christi in den Gestalten von Brot und Wein in der Eucharistie, **im vierten**, Christus im Zeichen von Kreuz und Tod, die verfinsterte Sonne, **im fünften**, Auferstehung aus dem Grab in die Verklärung».

Kirche und Menschen

Die Klingnauer Glocken

In der Stadt: Pfarrkirche St. Katharina

Der verheerende Brand von 1586 erfasste auch das Gebälk des Kirchturmes, «und die glogen seind alle verschmoltzen». 1587 goss Peter VI. Füssli von Zürich vier neue Glocken für Klingnau. Eine dieser Glocken musste 1645 ersetzt oder umgegossen werden. Bei der Turmrenovation von 1968 wurde der Glockenstuhl neu aus Metall gefertigt; von den bisherigen Glocken konnte nur die grösste beibehalten werden, die anderen waren schadhaft. Zu dieser goss Emil Eschmann in Rickenbach bei Wil am 14. August 1968 vier neue Glocken. Das neue Geläute wurde am 25. November 1968 gesegnet und in die Glockenstube gezogen.

1. Glocke: Ton d', 2051 kg
Auf dem Mantel Jahreszahl 1587, Bild der heiligen Katharina von Alexandrien und die Initialen HKS (Hans Künzi, Stadtschreiber).
Inschrift: LAVDO DEUM VERVM   PLEBEM VOCO   CONGREGO CLERVM   DEFUNCTOS PLORO   TEMPESTATES FVGO   FESTA DECORO
(Ich lobe den wahren Gott, rufe das Volk, versammle die Geistlichkeit, beweine die Toten, verjage die Unwetter, schmücke die Feste).
2. Glocke: Dreifaltigkeit, Ton f', 1050 kg
Inschrift: Ehre sei dem Vater und dem Sohne und dem Heiligen Geiste!
3. Glocke: Heilige Maria, Ton a', 527 kg
Inschrift: Von jetzt an preisen die Geschlechter mich selig! Lk 1,48
4. Glocke: Heilige Katharina, Ton c'', 310 kg
Inschrift: Heilige Katharina, Patronin unserer Pfarrei, bitte für uns!
5. Glocke: Bischofsglocke, Ton d'', 212 kg
Inschrift: Dass sie alle eins seien! Joh 17,11
Im Jahr der Bischofsweihe 1968 + Anton Hänggi

Grosse Glocke von 1587.
▼

Fratzen an den Bügeln der grossen Glocke.
▼

In der reformierten Kirche

Vom markanten Turm der reformierten Kirche rufen vier Glocken, gegossen von der Firma Rüetschi, Aarau.

1. Glocke: Ton fis', 900 kg, 1961
Inschrift: Lobe den Herrn, meine Seele, und alles, was in mir ist, seinen heiligen Namen! (Psalm 103,1)
2. Glocke: Ton a', 520 kg, 1961
Inschrift: Siehe, ich mache alles neu. (Offb 21,5)
3. Glocke: Ton h', 380 kg, 1935
Inschrift: Denn ihr alle seid Gottes Kinder durch den Glauben an Jesus Christus. (Gal 3,26)
4. Glocke: Ton d'', 220 kg, 1935
Inschrift: Einer trage des anderen Last, so werdet ihr das Gesetz Christi erfüllen. (Gal 6,2)

Friedhofkapelle im Gäntert

Die Gottesackerkapelle besitzt zwei Glöcklein.
Das **erste** trägt die Inschrift:
> Gott gegnad uns. Amen. Anno Domini 1567.

Das **zweite** trägt die lateinische Inschrift:
> Crux Christi sit nobis ad utriusque vitae salutem (Das Kreuz Christi sei uns zum Heil im diesseitigen und im jenseitigen Leben).
> 1797 Ja. Phi. B. B. in Zug (Jakob Philipp Brandenberg)

Loreto-Kapelle Achenberg

Das Kapellenglöcklein trägt die Inschrift:
> Hans Ulrich Rodt goss mich in Basel 1661.
> Gott allein die Ehr.

Die Orgel in der Stadtkirche

Die Orgel versieht in der Kirche ihren Dienst seit dem 12. Dezember 1971. Sie ist ein Werk der Orgelbaufirma Mathis, Näfels. Die Disposition stammt von Josef Bucher, Zürich. Den Prospekt und das Gehäuse hat Andreas Heinzle in Zusammenarbeit mit dem Architekten Hanns A. Brütsch gestaltet.

Die technischen Daten:
26 klingende Register
Schleifwindladen mit mechanischer Spieltraktur und elektrischer Registratur
3 freie Kombinationen
3 Normalkoppeln: SW – HW, HW – PW, SW – PW
Einzelabsteller für Zungen
Einführungstritte für Zungen und Mixturen
Freistehender Spieltisch

Disposition

Hauptwerk C – g'''

Quintade	16'	Koppelflöte	4'
Prinzipal	8'	Oktave	2'
Gambe	8'	Sesquialter 2f.	2²/₃' + 1³/₅'
Hohlflöte	8'	Mixtur 3- bis 4fach	2'
Oktave	4'	Zinke	8'

Pedalwerk C–f'

Prinzipal	16'	Choralbass	4'
Subbass	16'	Mixtur 3fach	2²/₃'
Oktavbass	8'	Posaune	16'
Rohrgedackt	8'		

Schwellwerk als Brustwerk C–g'''

Holzgedackt	8'	Flöte	2'
Suavial	8'	Scharf 4fach	1¹/₃'
Prinzipal	4'	Dulzian	16'
Gemshorn	4'	Schalmei	8'
Nasat	2²/₃'	Tremulant	

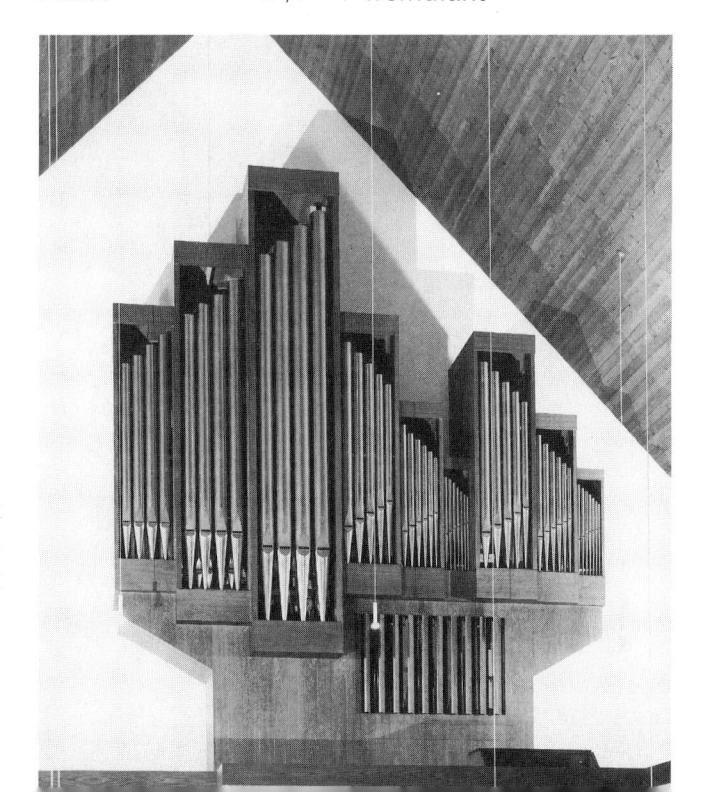

Von der Loreto-Kapelle auf dem Achenberg

Als im Jahre 1269 Walther von Klingen dem Wilhelmiten-Orden das Gebiet des nachherigen Klösterchens Sion schenkte, war nebst mehreren anderen Gütern und Grundstücken auch der «Machenberg», wie der Achenberg damals genannt wurde, in der Schenkung inbegriffen. Schon 30 Jahre später verkaufte der Prior von Sion den Hof dem Kloster St. Blasien. Der bischöfliche Obervogt zu Klingnau befreite 1331 das Gut gegen ein bestimmtes Entgelt von allen weiteren Leistungen und Beschwerden, die ausser der Verpflichtung gegen St. Blasien noch darauf lasteten. Als Lehensleute des Klosters wirtschafteten auf dem Achenberg im Laufe der Zeit verschiedene Bauern, die als Achenmeyer bezeichnet wurden. Im Jahre 1605 bestand der Hof aus einem gemauerten Wohnhaus mit Scheune, Weintrotte, Kraut- und Baumgarten, ferner aus 14 Tauen Matten und 16 Jucharten Acker- und Rebland, zu welchen der Lehenbauer noch weitere Landstücke auf den angrenzenden Dorfgebieten pachtete. Im Jahre 1657 ging der Hof auf dem Achenberg durch Tausch gegen ein Wohnhaus innerhalb der Stadtmauern von Klingnau wieder an den Prior von Sion über. Den Mönchen und vor allem dem damaligen Prior Johann Jakob Keller mag der Gedanke nahegelegen haben, dass ein Wallfahrtsort auf dem Achenberg das religiöse Leben zu heben vermöge und das Klösterchen dadurch besser der Mildtätigkeit der frommen Pilger anempfohlen werden könne. Denn schon früher soll ein Kirchlein auf dem Achenberg

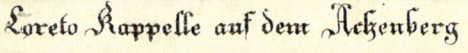

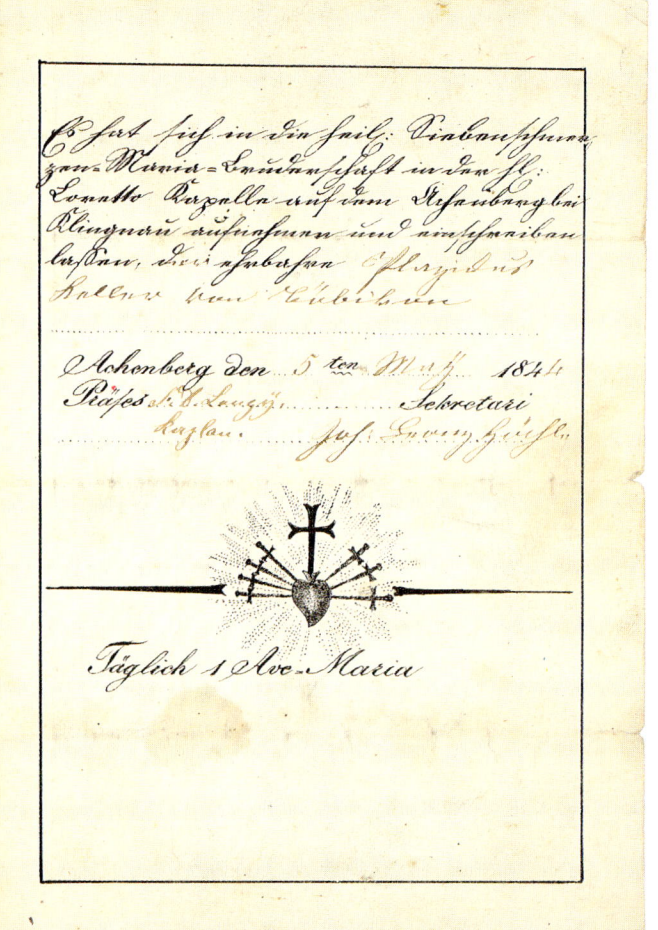

Loreto-Kapelle auf dem Achenberg. Siebenschmerzen-Mariä-Bruderschaft. Aufnahmezettel von 1844.

Loreto-Kapelle auf dem Achenberg.
Innenansicht 1988.
Marienaltar aus der Pfarrkirche.
Fresken an den Wänden 17. Jahrhundert.

Loreto-Kapelle auf dem Achenberg.
Ansicht von Osten mit dem Sigristenhaus.
Ölgemälde von Hans Buchstätter, 1937, im Besitz von Josef Höchli.

EX VOTO 1798. Öl auf Leinwand. 31 x 38 cm.
Pfarrarchiv Klingnau.
Aus welchem Anlasse dieses Zeichen der Dankbarkeit für erlangte Gebetserhörung geschaffen wurde, ist nicht bekannt. In der Loreto-Kapelle auf dem Achenberg gab es eine grosse Zahl solcher und ähnlicher Bilder und Tafeln. Wohl im Zusammenhange mit Kapellenrestaurationen sind sie alle spurlos verschwunden.

viele Besucher angezogen haben. Jedenfalls wurde durch das Kloster Sion der Bau einer neuen Kapelle in Angriff genommen. Als Vorbild für den Bau diente die berühmte Wallfahrtskirche von Loreto in Italien. Nach der Legende war das Geburts- und Wohnhaus der Gottesmutter in Nazareth, als die Türken 1291 Nazareth bedrohten, auf wunderbare Weise von Engeln nach Dalmatien und schliesslich nach Loreto (etwa 20 km südlich von Ancona) gebracht worden.

Altar der Achenbergkapelle um 1930. Schwarze Madonna und Kind mit weissen Umhängen und Kronen, Bilder von Deschwanden.
▼

Die zwölfte der vierzehn Kreuzwegstationen an der Achenbergstrasse: «Jesus stirbt am Kreuze» ▶
Kreuzwegstationen, geschaffen von Beat Gasser, Lungern.

Das aus zwei Räumen bestehende Wohnhaus wurde mit einer Basilika umbaut; Loreto zählte bald zu den grössten Wallfahrtsorten in Europa. Mit der Zeit entstanden an vielen Orten Kapellen nach der Art von Loreto, so auch auf dem Achenberg und etwas früher in Leibstadt. Der Grundstein zur Achenbergkapelle wurde am 17. Juli 1660 gelegt; am 12. Oktober 1662 weihte der damalige Weihbischof von Konstanz das neue Gotteshaus. Getreu dem Muster war ein Hauptbau mit Türmchen, die «Casa Santa», mit einem kleinen abgesetzten Vorbau errichtet worden; die «Casa Santa» war im Innern durch eine Abschrankung in zwei Räume geteilt, das «Wohnzimmer» und dahinter die «Küche». Bald nach dem Bau entstand die vom Papst Clemens IX. bestätigte Bruderschaft der sieben Schmerzen der Gottesmutter Maria auf dem Achenberg. Die Namen der Mitglieder dieser Bruderschaft wurden seit 1669 gewissenhaft aufgezeichnet. Dieses Verzeichnis zeigt das verhältnismässig grosse Einzugsgebiet, aus dem die Mitglieder kamen. Vor allem waren dabei die Angehörigen des Klosters Sion, Geistliche aus den verschiedensten Orten, besonders aus dem Stifte Zurzach. Leute aus der näheren und weiteren Umgebung, vom Fricktal bis hinauf nach Kaiserstuhl, vom Schwarzwald und Baderbiet finden sich in grosser Zahl vor. Im Jahre 1670 wurden durch bischöfliche Verfügung Kapelle und Bruderschaft der Leitung und Pflege des Priors von Sion unterstellt.

Wegen wirtschaftlicher Schwierigkeiten wurde das Kloster Sion 1724 dem Kloster St. Blasien einverleibt. Dadurch erhielt Sion und auch die Wallfahrt auf den Achenberg neuen Impuls. Als die Abtei St. Blasien aufgehoben wurde, nahm der Kanton Aargau 1810 das Haus Sion mit dem Achenberg zu seinen Handen. Der Achenberghof wurde 1816 versteigert. Die Kapelle wurde 1817 von der aargauischen Regierung der Gemeinde Klingnau überlassen mit der Auflage, diese in baulichem Zustande zu erhalten, den darin gestifteten Jahrzeiten Genüge zu tun und die zwei üblichen Bruderschaftsfeste zu begehen. Mit Erlass vom 1. Oktober 1813 hatte das bischöfliche Generalvikariat in Konstanz verfügt, dass die Kirche Sion und die Kapelle auf dem Achenberg in die Pfarrei Klingnau gehören sollen.

Mater Dolorosa

Seit dem 15. Jahrhundert entstanden Darstellungen der schmerzensreichen Gottesmutter mit den sieben Schwertern in der Brust. Die Schwerter weisen auf die sieben Schmerzen Mariens hin: Weissagung Simeons, Flucht nach Ägypten, der verlorene zwölfjährige Jesus, Kreuzweg, Kreuzigung, Kreuzabnahme, Grablegung.

Das Andachtsbild steht wohl im Zusammenhang mit der Bruderschaft der sieben Schmerzen der Gottesmutter Maria auf dem Achenberg. Im Mitgliederverzeichnis der Bruderschaft von 1669 bis 1769 findet sich 1734 die Eintragung: «Ihro hochwürden P. Ignatius Gump, des Gottshaus S. Blasi Prior, hat das Bruderschaftsbild der Schmerzhaften Muther, so ober dem altar auf dem gatter stehet, neu fassen lassen».

Mater Dolorosa (Schmerzensmutter). Spätbarocke Plastik, 17. Jahrhundert, Loreto-Kapelle auf dem Achenberg.

Sigristenhaus Achenberg.

Nötige Renovationsarbeiten wurden 1860 an Zimmermeister Xaver Vogel in Klingnau zur Ausführung übergeben: das Eindecken des Türmchens mit Eisenblech, das Erstellen eines Gipsgewölbes und eines neuen Dachstuhles auf dem Hauptgebäude, die Ausbesserung und Fassung des ganzen Mauerwerkes, überhaupt die Instandstellung des ganzen Baues. Den Neubau eines Altares besorgte 1864 der Stuckarbeiter Jos. M. Bürli von Klingnau. Paul von Deschwanden malte dazu Bilder, die Verkündigung Mariae darstellend.

Südlich der Kapelle stand auch ein Sigristenhaus, das vor rund 50 Jahren abgebrochen wurde, weil es baufällig geworden war.

1964–1966 wurde die Kapelle einer Gesamtrenovation unterzogen. Dabei wurde die Zweiteilung im Innern des Hauptraumes aufgegeben. Der Altar von 1864, der dem Zeitgeschmacke nicht mehr entsprach, wurde entfernt. Dafür stellte man 1970 den Marienaltar aus der Stadtkirche in den stimmungsvollen Raum.

Seit Jahrhunderten zieht die Loreto-Kapelle vor allem an den Marienfesten Beter an. Oft fanden sie sich zu Tausenden ein, wie etwa am Feste Mariae Heimsuchung (2. Juli). Manche steigen von Klingnau her die steile Achenbergstrasse hinauf und betrachten dabei an den Kreuzwegstationen, die Beat Gasser von Lungern geschaffen hat, das Leiden Christi. Regelmässig feiern die Pfarreien der Umgebung Gottesdienste in der Loreto-Kapelle. Manches Brautpaar gibt sich hier das Ja-Wort fürs Leben. Die reformierten Kirchgemeinden um den Achenberg halten regelmässig ihr Achenbergtreffen. Der Rastplatz bei der Kapelle und das Gasthaus laden die Wanderer ein, auszuruhen, sich zu stärken und gesellig beieinander zu sein.

Quellen und Literatur:

- Mittler, Otto: Geschichte der Stadt Klingnau. Aarau, 2. Auflage 1967. Bei Mittler sind alle wichtigen früheren Darstellungen und Quellen angegeben.
- Erbe und Auftrag, Festgabe zum Aarg. Katholikentag im Jubiläumsjahr 1953. Buchdruckerei AG, Baden 1953.
- 100 Jahre Römisch-Katholische Landeskirche des Kantons Aargau. Baden-Verlag, Baden 1986.
- Festschrift zur Einweihung der Sankt-Katharina-Kirche Klingnau. 21. September 1969.
- Müller, Hansulrich: 50 Jahre Reformierte Kirchgenossenschaft Döttingen-Klingnau 1912–1962.
- Reformierte Kirchgemeinde Döttingen-Klingnau-Kleindöttingen. Festschrift zum 50jährigen Bestehen der reformierten Kirche und deren Renovation im Jahre 1985.
- Sennhauser, H.R.: Zum Abschluss von Ausgrabung und Untersuchung in der Stadtkirche Klingnau. In: «Die Botschaft», 113. Jg., 3.4.1968.
- Archiv der Katholischen Kirchgemeinde Klingnau.

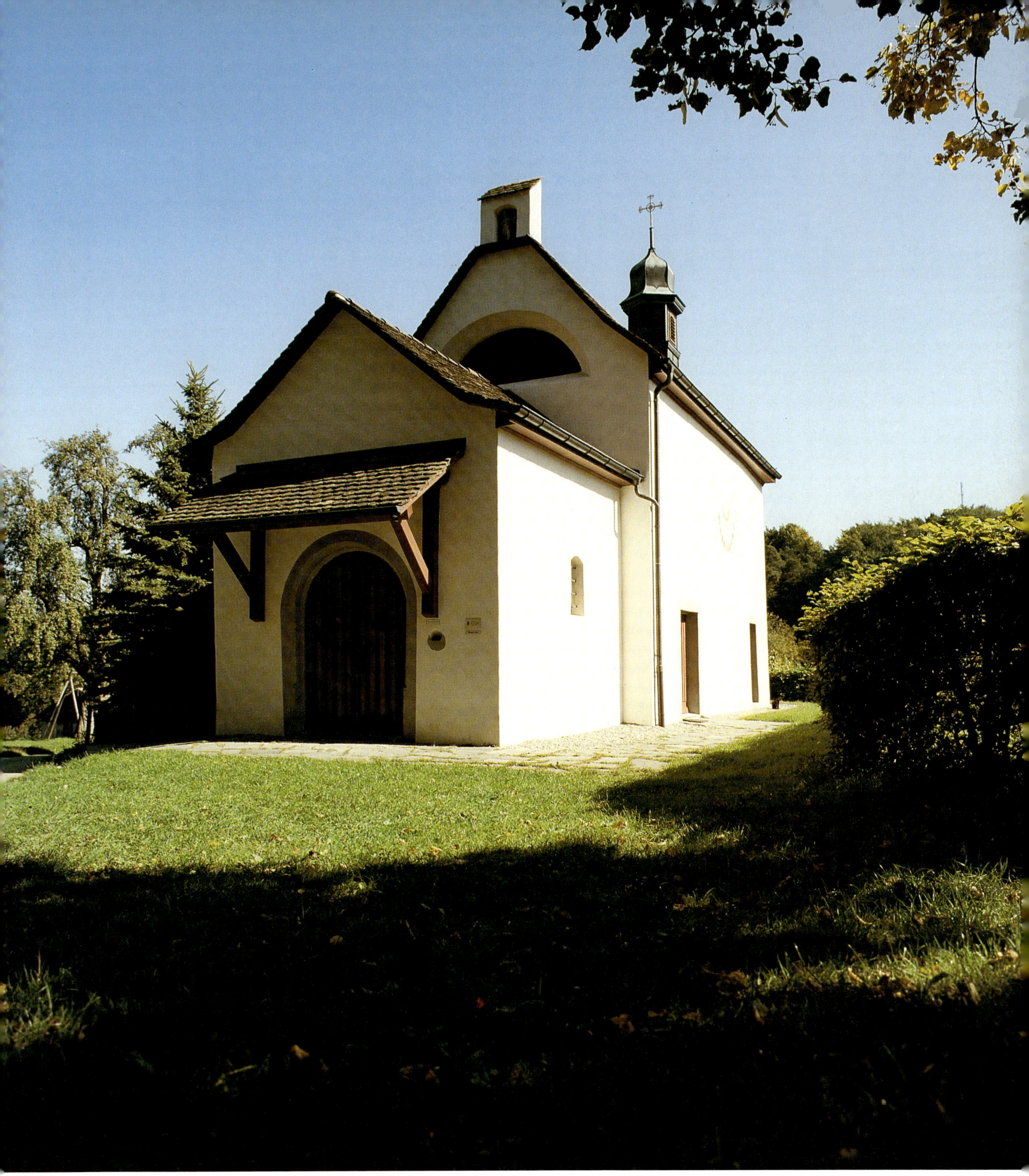

Von «Schuollmeystern» und Schulhäusern

Marlis Maggioni-Erzer und Beat Erzer

Die Geschichte der Klingnauer Schule bis zur Kantonsgründung

In Klingnau wurde bereits in der zweiten Hälfte des 13. Jahrhunderts eine Schule eingerichtet. Das genaue Datum ist leider nicht überliefert. Die erste urkundliche Erwähnung datiert von 1278, wo der bereits 1271 erwähnte Jacob der schriber als «rector puerorum» bezeichnet wird. Damals hat die Schule also bereits bestanden. Es wird vermutet, dass sie schon unter der Herrschaft von Walther von Klingen eingerichtet wurde.

Die lateinische Bezeichnung des Schulmeisters weist darauf hin, dass die damalige Schule eine Lateinschule war. Latein war auch die Unterrichtssprache. Diese Schule hatte die Kinder, und zwar nur die Buben, auf Aufgaben vorzubereiten, in denen sie des Lesens und des Schreibens kundig zu sein hatten, um Verträge aushandeln, aufsetzen und besiegeln zu können. Dies waren zur damaligen Zeit Magistraten, Schreiber, Kaufleute und Handwerker.

Für die übrigen Kinder war die einzige Bildungsmöglichkeit der Religionsunterricht, den der Pfarrer erteilte. Dabei hatten die Kinder soweit lesen zu lernen, dass sie die Gesangs- und Gebetsbücher benutzen konnten.

Welchen Stoff die Lateinschüler zu lernen hatten, ist nicht genau überliefert. Bekannt ist, dass sie sich vor allem mit den lateinischen Klassikern beschäftigten. Dazu mussten Vokabeln und Grammatik gebüffelt werden. Ob und wann das Rechnen an der Lateinschule eingeführt wurde, ist nicht bekannt. Der Schulbesuch soll sehr streng gewesen sein. Die Kinder gingen täglich während sieben bis neun Stunden zur Schule und hatten sich auch ausserhalb der Schule lateinisch zu unterhalten.

Das Schulgeld, das die Schüler zu bezahlen hatten, war ein Teil des Lohnes des Schulmeisters. Der restliche Teil seines Gehaltes musste von der Kirche bezahlt werden.

Die Namen der Schulmeister sind nur lückenhaft überliefert. Aus denjenigen, die urkundlich erwähnt werden, kann geschlossen werden, dass viele Stadtschreiber zugleich auch das Amt des Schulmeisters ausübten. Auch waren etliche der Schulmeister verheiratete Kleriker, die dieses Amt neben ihrer Tätigkeit in der Kirche ausübten.

Bereits im 16. Jahrhundert besass die Schule ein eigenes Haus. Es war das unterste Gebäude an der Sonnengasse, also das am nächsten beim Schloss liegende. Im Verzeichnis der abgebrannten Häuser beim Brand von 1586 ist unter anderem aufgeführt:

«Der Schuoll der dachstuoll.» Auch der Schulmeister war betroffen: «Das Schuollmeysters haus ist gahr verbrunen.»

Die Qualität der Klingnauer Lateinschule mag damals den Schulen an anderen Orten ebenbürtig gewesen sein, haben doch eine stattliche Zahl von Klingnauern an in- und ausländischen Universitäten studiert. So studierte um 1324 ein Dominus Waltherus de Chlinging an der Universität Bologna. An der Universität Basel war 1494 Johannes Senn de Clingnow und in Erfurt war 1507 Joannes Schifferling de Clingnauw eingeschrieben. Andere Klingnauer studierten im Mittelalter in Heidelberg und in Freiburg im Breisgau.

Die Schule im Kloster Sion hatte im 18. Jahrhundert einen guten Ruf in der Grafschaft Baden.

Versuch eines Lehrplans
für
aargauische Gemeindeschulen,
gestützt auf das Schulgesetz vom 21. März und 8. April 1835, und auf die Vollziehungsverordnung vom 5. Herbstmonat 1836.

Zweite verbesserte Ausgabe.

Motto. Das ist eben das Eigene des Elementarunterrichts, und darin liegt das Hauptmittel seiner Vereinfachung, daß hier die verschiedenen Aeste und Zweige des Wissens in wechselseitiger Einwirkung auf einander stets bleiben, und der Unterricht von einem Zweig des Wissens und Könnens unaufhörlich in den andern hinüberspielt.   Denzel.

Vorbemerkung.

Von der Nothwendigkeit eines geordneten Lehrplans ist gewiß jeder denkende Schulmann überzeugt. Gegenwärtiger Lehrplan bringt den Lehrstoff und die verschiedenen Lehrstufen zur Sprache. Die Methode kann hier nicht durch Beispiele veranschaulicht werden; dies ist Aufgabe der Lehrer-Konferenzen.

Was den Lehrstoff betrifft, so müssen wir diejenigen Lehrgegenstände aufnehmen, welche für die Gemeindeschulen gesetzlich bestimmt sind, nämlich:

1) Religion, 2) Lesen, 3) Schönschreiben, 4) Sprachunterricht, 5) Rechnen, 6) Zeichnen (Formenlehre), 7) Gesang, 8) Geographie, 9) Geschichte, 10) Naturkunde.

Bei den Lehrstufen lassen sich die Forderungen und Leistungen nicht für jedes Jahr genau abgränzen; dies hängt von zu vielen Umständen ab. Es kann nur im Allgemeinen ein annäherndes Ziel bezeichnet werden. Vielleicht ist es möglich, in dem ersten Schuljahr bei dem einen Lehrgegen-

Nach dem Übergang des Klosters Sion an St. Blasien im Jahre 1725 wurde eine Schule eingerichtet, die bald einen guten Ruf in der Grafschaft Baden hatte. Diese Schule bot nun auch einigen Knaben aus ärmsten Verhältnissen die Möglichkeit, sich die notwendige Bildung zu erwerben, um später einen geistlichen Beruf ausüben zu können. Der Musikunterricht an der Klosterschule bildete die Grundlage einer Entwicklung, die später zum Entstehen von Stadtmusik und Kirchenchor führte.

Für die breiten Bevölkerungsschichten und vor allem für die Mädchen gab es also keine oder nur sehr eingeschränkte Möglichkeiten, fundiertes Wissen, eine gute Bildung zu erwerben. Die Mehrzahl der Leute blieb ungebildet.

Das aargauische Schulwesen

Die Verbesserung der Volksbildung war ein wichtiges Anliegen des neuen Kantons. Das Bemühen um ein gutes, für alle Bevölkerungsschichten zugängliches Schulwesen trug auch dazu bei, dass der Aargau die Bezeichnung Kulturkanton erhielt.

Das erste Schulgesetz im Kanton Aargau wurde am 6. Mai 1805, also schon kurz nach der Kantonsgründung, erlassen. Damit wurde die obligatorische Schulpflicht für Knaben und Mädchen eingeführt. Sie begann mit dem siebten Altersjahr und dauerte, bis der Schüler «lesen, schreiben und womöglich rechnen» konnte. Ein wichtiger Bestandteil des damaligen Schulbetriebs war auch der Religionsunterricht. Es wurde damals weder eine feste Zahl von Schuljahren noch eine obere Altersgrenze festgelegt.

Im Schulgesetz von 1835 wurde die Struktur der Schulen, so wie sie noch heute im grossen und ganzen besteht, festgelegt. Die Unterteilung in Gemeindeschule, Fortbildungsschule, die heute Sekundarschule heisst, und Bezirksschule hat nun seit mehr als 150 Jahren Bestand. Die achtjährige Schulpflicht wurde dann 1865 eingeführt. Sie wurde aufgeteilt in

◀ **Kurz nach der Kantonsgründung erliess der Aargau ein Schulgesetz, das zu den fortschrittlichsten der Eidgenossenschaft gehörte.**

fünf Jahre Primarschule, drei Jahre Ober-, Sekundar- oder Bezirksschule. Das vierte Bezirksschuljahr war freiwillig.

Die Einführung der allgemeinen Schulpflicht traf auf erheblichen Widerstand. Zum einen kostete die Schule Geld, Schulhäuser mussten gebaut und unterhalten werden, und die Lehrer waren zu besolden. Andererseits waren Kinder für Fabrik- und Bauernbetriebe billige und dringend benötigte Arbeitskräfte.

Gespart wurde aber auch bei den Klassengrössen. Ein Lehrer durfte nach dem Schulgesetz von 1835 bis 100 Schüler unterrichten, 1865 wurde diese Obergrenze auf 80 Schüler gesenkt. Diese Zahl wurde aber an vielen Orten nicht eingehalten, das heisst sie wurde überschritten. Heute darf die Zahl von 28 Schülern pro Klasse in der Primarschule und von 25 Schülern pro Klasse in der Oberstufe nicht überschritten werden.

Die Besoldung der Lehrer war im 19. Jahrhundert Sache der Gemeinden. Die grossen Städte konnten Löhne bezahlen, die erheblich über dem vom Kanton vorgeschriebenen Minimum lagen. Entsprechend waren die guten Lehrer denn auch in den Städten zu finden. Auf dem Lande sah es dagegen bedenklich aus. Das Gehalt entsprach demjenigen eines ungelernten Fabrikarbeiters, so dass nur schlecht ausgebildete Schulmeister zu finden waren. Die Gründung des Lehrerseminars im Jahre 1835, das zuerst in Lenzburg, dann ab 1846 im ehemaligen Kloster in Wettingen untergebracht war, sowie die Eröffnung des Lehrerinnenseminars 1873 in Aarau führten allmählich zu einer Verbesserung der Ausbildung. Um ihren Lohn aufzubessern, gingen viele Dorfschulmeister Nebenverdiensten nach. Da diese Tätigkeiten einen grossen Teil ihrer Zeit beanspruchten, vernachlässigten viele Lehrer den Schulbetrieb beträchtlich. Diese unerfreuliche Situation besserte erst, als 1919 der Kanton die Lehrerbesoldung übernahm.

Die Gestaltung des Unterrichts wurde massgebend von den Ideen Heinrich Pestalozzis geprägt. Allerdings dauerte es Jahrzehnte, bis sich seine Ideen, zumindest ansatzweise, auch in der hintersten Schulstube bemerkbar machten.

Um die Bildung der «männlichen Jugend», die nach Beendigung der Schulpflicht weder eine Mittelschule besuchte noch einen Beruf erlernen konnte, zu verbessern, wurde 1894 die Bürgerschule eingeführt. Später wurde sie in Fortbildungsschule umbenannt – nicht zu verwechseln mit der Vorgängerin der heutigen Sekundarschule – und auch für Mädchen obligatorisch. Die Knaben wurden hauptsächlich in Geschäftskunde unterrichtet; bei den Mädchen standen Handarbeit und Hauswirtschaft im Vordergrund. Mit der Annahme des neuen Schulgesetzes 1981 wurde die Fortbildungsschule aufgehoben.

Seit Beginn dieses Jahrhunderts wurde das aargauische Bildungswesen in kleinen Schritten den durch die gesellschaftliche Entwicklung veränderten Bedürfnissen angepasst und verfeinert. Die Struktur der Volksschule blieb im grossen und ganzen unverändert.

Im Frühjahr 1959 trat eine wichtige Änderung in der Schule in Kraft. Die Notenskala wurde geändert, die 6 war nun die beste, die 1 die schlechteste Note.

Erst 1972 wurde das fakultative neunte Schuljahr für alle Schulstufen eingeführt, das die Bezirksschule schon seit ihrem Bestehen anbot. 1987 folgte dann das Obligatorium für neun Schuljahre. Die Kinder des Jahrgangs 1972 waren somit als erste neun Jahre schulpflichtig.

Die Einführung des Spätsommerschulbeginns auf den August 1989 führte 1988/89 zu einem Langschuljahr, das den Schülern neben mehr Schule auch zu mehr Ferien verhalf und von den Lehrern zur Weiterbildung benutzt wurde.

Die Gemeindeschule

Mit der Einführung der allgemeinen Schulpflicht im neuen Kanton Aargau musste die Gemeinde Klingnau zu Beginn des 19. Jahrhunderts Schulraum für rund 170 Kinder bereitstellen. 1808 kaufte sie das Johanniterhaus – den Alt-St. Johann – als Schulhaus. Dieses Gebäude war aber für zwei Schulzimmer und Wohnungen für die beiden Lehrer zu klein. Es war damals üblich, dass der Lehrer auch im Schulhaus wohnte. Um mehr Platz für die Schule zu schaffen, kaufte die Gemeinde dann bereits 1810 die Johanniterkirche für 1600 Franken und baute sie in ein Schul- und Rathaus um. Die Kosten für Kauf und Umbau wurden durch den Verkauf des alten Schulhauses an der Sonnengasse und des Johanniterhauses gedeckt.

Die Aufsicht über die Schule war anfänglich der Pfarrei übertragen, ging dann aber bald an die konfessionell unabhängige Schulpflege über. Die Mitwirkung der Kirche dauerte in Klingnau bis zur Mitte der siebziger Jahre unseres Jahrhunderts. Bis zur Mitte der fünfziger Jahre war immer der katholische

Diese Gebäude beherbergten in den ersten 150 Jahren die Klingnauer Gemeindeschulen.
Links: Johanniterkirche und Johanniterhaus (Alt-St. Johann).
Rechts: Propstei.
▼

Waisenanstalt (altes Schulhaus) — Klingnau — Neues Schulhaus (einstige Propstei)

▲
Die Klingnauer Lehrer des Schuljahres 1935/36 im Lehrerzimmer. Von links nach rechts: Max Ursprung, Josef Laube, Friedrich Rischgasser, August Kalt, Walter Rohr, Blanka Abbt, Gertrud Keller.

Stadtpfarrer Präsident der Schulpflege. Mit der Gründung der reformierten Pfarrei wurde auch der reformierte Pfarrer in die Schulpflege gewählt.

Die Handarbeitsschule, die mit dem neuen Schulgesetz von 1835 eingeführt wurde, benötigte ein zusätzliches Schulzimmer. Die ansteigende Schülerzahl führte 1858 zur Schaffung einer weiteren Lehrerstelle. Dazu musste die Lehrerwohnung im Schulhaus in eine Schulstube umgebaut werden. Klingnau besass nun drei Abteilungen: Unter-, Mittel- und Oberstufe. Die 1869 gegründete Fortbildungsschule, die Vorgängerin der heutigen Sekundarschule, verdrängte die Mittelstufenabteilung, da deren Schulzimmer benötigt wurde. Die Mittelstufenschüler bewirkten eine beträchtliche Überfüllung der beiden verbleibenden Abteilungen. Verschärft wurde die Platznot noch, als aus der neu eröffneten Erziehungsanstalt St. Johann gegen Ende des Jahrhunderts weitere 20 Kinder in die Unterstufe kamen. Der Schulmeister musste somit 97 Kinder in einer Klasse unterrichten.

Der Kanton verlangte Abhilfe. Platzmangel und die schlechte Finanzlage der Gemeinde liessen aber rund 50 Jahre lang auf eine Änderung der misslichen Situation warten.

Erst als die Propstei gekauft werden konnte und zwei Stockwerke für die Schule ausgebaut wurden, konnte im Mai 1903 das neue Schulhaus mit genügend Platz eingeweiht werden. 1920 wurde schliesslich die rund 50 Jahre zuvor aufgehobene dritte Lehrerstelle an der Gemeindeschule wieder geschaffen. Neun Jahre später folgte dann die vierte Stelle.

Mit der besseren Ausbildung der Lehrer am Lehrerseminar nahm auch die Autorität der Schulmeister zu. Nicht nur die Schüler, auch die Eltern hatten grossen Respekt vor den Lehrern. Nicht alle Schulmeister konnten mit dieser Machtfülle umgehen. Unter dem Missbrauch hatten meistens die schwächeren Schüler zu leiden. Auch Kinder aus armen Familien wurden von einigen Schulmeistern schlecht behandelt. So benutzten Lehrkräfte den Teppichklopfer, neben Kreide und Schwamm, als wichtigstes Hilfsmittel im Schulzimmer. Damit wurde manchmal so hart zugeschlagen – auch an den Kopf –, dass die Kinder sichtbare Spuren der Gewaltanwendung nach Hause trugen. Es kam aber auch vor, dass ein Kind zur Strafe auf ein Holzscheit

Das Propsteischulhaus in den zwanziger Jahren. Mädchen und Knaben wetteiferten um den schönsten Schulgarten vor der Propstei.

knien musste. Andere Lehrer benützten den Bambusstecken, um Tatzen zu verteilen. Es ging aber auch anders. Gute Lehrer konnten mit ihrer natürlichen Autorität und einem interessanten Schulunterricht ihre grossen Klassen fesseln, ohne dass die Kinder vor dem Lehrer zittern mussten.

Von den Schulkindern wurden den Lehrern auch entsprechende Spitznamen verpasst. So gab es beispielsweise einen Tatzenkönig, der für sein freigiebiges Verteilen von Tatzen bekannt war. Ein anderer wurde Globi genannt, da er immer ein Béret trug.

Die Lehrer hatten aber neben der Schule noch weitere Verpflichtungen in der Gemeinde. So wurde erwartet, dass der Organistendienst in der Kirche und die Leitung der Chöre von einem Schulmeister übernommen wurde.

Während des Zweiten Weltkrieges war der Schulbetrieb erheblich beeinträchtigt. Einerseits waren in der Propstei Truppen untergebracht, andererseits weilten die Lehrer häufig im Militärdienst. Die Aushilfslehrer wechselten oft. Der Schulbetrieb konnte nur noch mit grossen Schwierigkeiten einigermassen aufrechterhalten werden.

Im «Soldatengarten» beim Pontoniermagazin pflanzten die Knaben Gemüse an, das sie der Soldatenküche verkauften. Mit dem Erlös wurde auch einmal ein Heimattag durchgeführt – Schulreisen fanden in der Kriegszeit keine statt. Die Reise ging zu Fuss über Leuggern–Hettenschwil–Wil–Mettau nach Etzgen, wo ein Zobig mit Wurst, Brot und Tee bereitstand. Von einer Anhöhe durften die Schüler einen Blick ins kriegsführende Deutschland werfen. Der Heimweg führte zuerst mit dem Zug nach Koblenz und dann zu Fuss zurück nach Klingnau. Am nächsten Tag begann die Schule eine Stunde später, damit die Kinder nach dem anstrengenden Tag länger schlafen konnten.

Die Mädchen waren in der Handarbeitsschule ebenfalls für die Armee tätig. Sie nähten Hemden und strickten Socken, Pulswärmer und Sturmmützen für die Wehrmänner.

Es gab aber auch einen Schulgarten. Dieser befand sich direkt vor dem Propsteischulhaus. Auf der Seite gegen das Städtli lag der Bubengarten, auf der Aareseite war der Meitligarten. Hier lernten die

Schüler unter Anleitung eines Lehrers die Grundlagen des Gärtnerns. Das angebaute Gemüse stand dann auch der 1941 neu erbauten Schulküche der Kochschule zur Verfügung.

Im Frühjahr 1945 wurde der Vorstoss der Alliierten im grenznahen deutschen Gebiet mit Fliegerangriffen unterstützt. Während dieser Zeit durften sich die Schüler nicht auf dem Pausenplatz aufhalten. Es bestand die Gefahr, dass die Kinder von herunterfallenden Geschossteilen der Schweizer Fliegerabwehr getroffen würden, die bei Grenzverletzungen auf ausländische Flugzeuge abgefeuert wurden.

Viele Kinder litten in den Kriegsjahren an Mangelernährung, da die Lebensmittel rationiert und nur mit Lebensmittelmarken erhältlich waren. Dies war natürlich guten Schulleistungen abträglich.

Nach dem Krieg führte die wirtschaftliche Entwicklung zu einer Zunahme der Schülerzahl. Dies und der Platzbedarf für die neue Bezirksschule bedingten einen Neubau für die Primarschule. Nach langen Diskussionen, in denen auch darüber gestritten wurde, ob das neue Schulhaus ein- oder zweistöckig sein solle, beschloss die Gemeindeversammlung, zwei einstöckige Pavillons und eine Turnhalle im Propsteihof für rund 1,25 Millionen Franken zu bauen.

1957 konnten die neuen Schulhäuser zusammen mit dem Umbau der Propstei für die Oberstufe feierlich eingeweiht werden.

Somit standen auch für den Turnunterricht geeignete Räumlichkeiten zur Verfügung. Zuvor fand die Turnstunde im Turnkeller der Propstei, bei schönem Wetter im Freien, im Schulzimmer oder halt gar nicht statt.

Die nächste bauliche Erweiterung der Gemeindeschule erfolgte 1972, als ein Teil der Primarschule

Nach mehrmaligem Umzug befindet sich die Handarbeitsschule heute wieder in der Propstei.
▼

und die Handarbeitsschule in ein weiteres neues Schulhaus, das Schulhaus '72, umziehen konnten. Die beiden Schulhauseinweihungen von 1957 und 1972 wurden jeweils mit einem grossen Jugendfest gefeiert.

Die Oberschule wurde 1972 aus der Propstei in einen Pavillon umquartiert und konnte dann 1975 zusammen mit der Sekundarschule ins Schulhaus '72 umziehen.

Doch Mitte der siebziger Jahre herrschte bereits wieder Platzmangel. Die Zahl der Abteilungen stieg auf zehn an.

Von 1975 bis 1981 waren gar drei Klassen im ehemaligen Kinderheim St. Johann untergebracht. Die weiter gestiegene Schülerzahl und der freiwillige Kochunterricht für Knaben führten 1978 zum Umbau des Gemeindesaales in der Propstei zur zweiten Schulküche.

Die Platznot der Gemeindeschule besserte sich erst, als die Bezirksschule ihr neues Schulhaus Schützenmatte beziehen konnte. Danach konnte die Handarbeitsschule wieder in die Propstei zurück verlegt werden.

Die Oberschule erfuhr 1981 eine Namensänderung. Sie wird seither Realschule genannt.

Zwischen den Realschulen in Döttingen und Klingnau findet seit langem ein Schüleraustausch statt. Damit wird erreicht, dass eine für den Schulbetrieb zweckmässige Verteilung der Schüler möglich ist. So werden heute die erste und zweite Realschulklasse in Klingnau und die dritte und vierte in Döttingen unterrichtet.

Um die schwachen Schüler besser fördern zu können, wurde 1960 die Hilfsschule eröffnet. In einer Hilfsschulklasse wird nur eine kleine Zahl von Kindern unterrichtet. Der Lehrer kann so besser auf die individuellen Bedürfnisse des einzelnen Schülers eingehen. 1984 wurde die Bezeichnung in Kleinklasse geändert, und zwei Jahre später eröffnete Klingnau eine zweite Abteilung. Die Kleinklasse ist heute in der Propstei, in den ehemaligen Räumlichkeiten der Sekundarschule, untergebracht.

Auf das Schuljahr 1988 wurde in Klingnau ein weiterer Schultyp eingerichtet, die Einschulungsklasse. In ihr werden Kinder, die noch nicht in allen Teilen schulreif sind, unterrichtet. Dabei wird der Stoff der ersten Klasse auf zwei Jahre verteilt. Danach wechseln die Schüler in die normale zweite Klasse.

Knaben und Mädchen können heute gemeinsam die Kochschule besuchen.

Neben dem Unterricht an der Primarschule werden Schüler, die Sprachfehler aufweisen, im Logopädie-Unterricht speziell betreut. Für Kinder, die an Schreibschwäche leiden, steht der Legasthenie-Unterricht zur Verfügung.

Diese Beispiele zeigen, dass sich die Gemeindeschule häufig den sich ändernden Bedürfnissen unserer Gesellschaft anpassen muss. Der Leistungsdruck, der von aussen auf Bezirks-, Sekundar- und Realschule wirkt, hat auch Auswirkungen auf die Primarschule. Die Anforderungen an die Kinder steigen auch hier.

Um einen Ausgleich zu den kopflastigen Fächern zu schaffen, werden die Kinder auch in handwerklichen und musischen Fächern ausgebildet. So führen beispielsweise Schülerinnen aller Schulstufen an einer Modeschau ihre Eigenkreationen aus dem Handarbeitsunterricht dem Publikum vor. In der Knabenhandarbeit lernen die Buben, mit dem Werkstoff Holz umzugehen. Sie stellen dabei nützliche Gegenstände her. Für Mädchen obligatorisch und für Knaben freiwillig ist die Kochschule. Der Hauswirtschaftsunterricht, wie die Kochschule offiziell heisst, soll das Wissen vermitteln, wie ein Haushalt geführt wird. Der Instrumentalunterricht wird an der Musikschule erteilt.

Um den Kindern die Zusammenhänge in der Natur anschaulich zu vermitteln, wurde in einer Ecke des Propsteihofes ein Biotop angelegt. Damit ist nun die Möglichkeit gegeben, den im Schulzimmer theoretisch erarbeiteten Stoff im Freien praktisch zu erleben.

Die Schulen von Klingnau waren stets in markanten Gebäuden untergebracht. ① Propstei, ② Johanniterhaus (Alt-St. Johann), ③ Johanniterkirche, ④ Kinderheim St. Johann, ⑤ Kloster Sion (Aufnahme aus der zweiten Hälfte der dreissiger Jahre).

Die alte Propsteischeune wurde 1959 umgebaut und wird seither St.-Blasier-Haus genannt. Die Schule nutzt dieses Gebäude für den Musikunterricht.

Das Biotop liegt hinter den Primarschulhäusern (Pavillons).

▲
Die Mittelstufenschüler mit Lehrer Fischer vor der alten Propsteischeune (um 1920).

Die Unterstufenschüler mit Lehrer Meyer vor dem Propsteischulhaus.
▼

Die Sekundarschule

Bereits 1869 wurde die Vorgängerin der heutigen Sekundarschule, die Fortbildungsschule, in Klingnau ins Leben gerufen. Die Fortbildungsschule Klingnau war die erste ihrer Art im Bezirk Zurzach. Als erster Fortbildungsschullehrer wurde Niklaus Stäubli gewählt. Er hatte alle drei Klassen zu betreuen.

Die Fortbildungsschule stellte die einzige Möglichkeit dar, eine weiterführende Schule zu besuchen, ohne den weiten Weg nach Zurzach oder Leuggern in die Bezirksschule unter die Füsse nehmen zu müssen. Dies galt vor allem für Familien, die sich die Kosten für die auswärtige Verpflegung ihrer Kinder nicht leisten konnten.

Die Fortbildungsschulen im Aargau hatten nach ihrer Einführung 1865 Mühe, ihren Platz zwischen der Oberschule und der Bezirksschule zu finden. Der Entwicklungsprozess dauerte rund 50 Jahre und fand dann auch nach aussen seinen Abschluss, indem 1933 der Name in Sekundarschule geändert wurde. Damit hatte sie sich im aargauischen Schulwesen fest etabliert.

Zum Sechzig-Jahr-Jubiläum durfte 1929 die Fortbildungsschule Klingnau als Geschenk von der Gemeinde ein Epidiaskop im Werte von damals beträchtlichen 600 Franken anschaffen. Damit können Dias und gedruckte Vorlagen, beispielsweise eine Buchseite, projiziert werden.

Schulreisen wurden früher nicht so regelmässig durchgeführt wie heute. Sie waren ein um so grösseres Erlebnis für Schüler und Schulmeister. Der Lehrer berichtet in der Schulchronik: «Am 17. und 18. August 1932 wurde die schon längst geplante Tessinerfahrt zu verbilligten Taxen (aus Anlass des fünfzigjährigen Jubiläums der Gotthardbahn) ausgeführt. 132 Schüler der oberen Klassen und 42

Der Stundenplan der Fortbildungsschule (der Vorgängerin der heutigen Sekundarschule) vom Winter 1905/06.
▼

Erwachsene führte der 6.30-Uhr-Zug nach Zürich–Zug–Göschenen–Bellinzona–Lugano, wo wir 12.33 Uhr wohlbehalten bei herrlichem Wetter ankamen. Nach dem Mittagessen aus dem Rucksack marschierten wir nach Gandria, von wo uns ein Extraschiff für eine Rundfahrt auf dem herrlichen See abholte. Eine Fahrt auf den Monte San Salvatore schloss den Abend. Nach guter Verpflegung und guter Unterkunft im Hotel Villiger fuhren wir 6.06 Uhr nach Locarno, stiegen auf Madonna del Sasso, entzückt durch die Herrlichkeit der Kirche und der schönen Aussicht. Nach dem Mittagessen aus dem Rucksack fuhren wir um 11.16 Uhr nach Göschenen zurück und unternahmen einen wunderbar gelungenen Marsch durch Schöllenen, Urnerloch nach Andermatt. Nach einem guten, warmen Zobig in Göschenen fuhren wir 16.49 Uhr ab und kamen 22.00 Uhr mit Extrazug wieder daheim an. Mir fiel ein grosser, schwerer Stein vom Herzen, als ich die 174 Personen, alle wohlbehalten, ohne den kleinsten Unfall, nach zwei herrlichen Tagen wieder glücklich daheim wusste.»

Der Schülerzuwachs der Sekundarschule, der auch durch die fehlende Bezirksschule bedingt war, führte 1934 zur Einführung der zweiten Abteilung und damit zur Einstellung eines zweiten Sekundarlehrers.

Während des Zweiten Weltkrieges fielen durch die Einquartierung von Truppen und durch die Militärdienstabwesenheiten der Lehrer viele Stunden aus. Auch führten Grippeepidemien und Maul- und Klauenseuchen zu Zwangsferien. Im Januar 1943 wurden gar Heizungsferien verordnet, um Brennstoff zu sparen. Im Frühling 1948 fielen einige Schultage aus, weil sich auch die Sekundarschüler an der Maikäfersammlung beteiligen mussten. Diese Schädlingsbekämpfungsmethode wurde damals vielerorts in den Maikäfer-Flugjahren angewandt.

Während des Umbaus der Propstei für die Bezirksschule musste die Sekundarschule oft die Unterrichtsräume wechseln. Eine Abteilung verbrachte gar einige Monate im Saal des Gasthauses Elephanten.

Nach der Eröffnung der Bezirksschule musste Klingnau 1959 eine ihrer beiden Abteilungen an Döttingen abtreten, wo 1952 eine Sekundarschule gegründet wurde. Somit wurde in Klingnau eine Abteilung und in Döttingen zwei Abteilungen geführt.

Von 1960 bis 1976 besuchten nun von beiden Gemeinden jeweils zwei Jahrgänge die Sekundarschule in Döttingen und ein Jahrgang diejenige in Klingnau. Die Schülerzahlen stiegen von Jahr zu Jahr.

In den frühen Morgenstunden mussten die Maikäfer von den Bäumen geschüttelt und in Milchkannen eingesammelt werden. Die Schüler wurden von den beiden Lehrern Kalt und Hilfiker beaufsichtigt. Die Aufnahme stammt aus der zweiten Hälfte der zwanziger Jahre.
▼

Sekundarlehrer Laube mit seinen Schülern (Schuljahr 1935/36) im Propsteischulhaus.

Um die Raumnot in der Propstei zu mindern, wurde 1971 mit dem Bau des neuen Schulhauses begonnen. 1975, als drei Abteilungen der Primarschule ins ehemalige Kinderheim St. Johann umziehen konnten, wurden Real- und Sekundarschule in dieses neue Schulhaus, das Schulhaus '72, verlegt.

Im Frühling 1973 konnte auch wieder die zweite Abteilung eröffnet werden. Die weiter steigenden Schülerzahlen in Döttingen und in Klingnau führten bereits 1976 zur dritten Abteilung in Klingnau. Seither können die Sekundarschüler von der ersten bis zur dritten Klasse wieder in ihrer Gemeinde unterrichtet werden. Nach der Einführung der freiwilligen vierten Sekundarschulklasse wurde eine solche Klasse auch in Klingnau 1982 zum erstenmal unterrichtet. Seit dem Frühling 1988 besuchen die Klingnauer die vierte Sekundarschulklasse in Döttingen.

Neben den früheren Maikäfersammlungen sind die Sekundarschüler auch heute noch für verschiedene Sammlungen unterwegs. So verkaufen sie beispielsweise jedes Jahr Pro-Juventute- und Pro-Patria-Marken sowie 1.-August-Abzeichen.

Selbstverständlich war die Sekundarschule auch bei allen Jugendfesten mit Darbietungen vertreten. Ebenso sind bei Fasnachtsumzügen oft ganze Schulklassen als Gruppensujets vertreten.

Die Sekundarschule konnte ihre Bedeutung innerhalb der Klingnauer Schulen wieder festigen, nachdem sie in den Jahren nach der Gründung der Bezirksschule stark an Bedeutung einbüsste. Dies war vor allem auf eine mangelhafte Unterstützung durch die Gemeindebehörden zurückzuführen. In der Zwischenzeit hat aber die Sekundarschule im Klingnauer Schulwesen wieder den Platz eingenommen, der ihr gebührt.

Im Schulhaus '72 sind heute Real- und Sekundarschule untergebracht.

▲
**Jugendfest 1954:
Primarschule – Der Rattenfänger von Hameln.**

**Sekundarschule –
mit den beiden Sekundarlehrern Laube und Weiss.**
▼

Die Bezirksschule

Der Besuch der Bezirksschule war für die Klingnauer Schüler jahrzehntelang eine beschwerliche Sache. Sie mussten über den Achenberg nach Zurzach oder über die Aare nach Leuggern. Die Bezirksschule in Zurzach wurde 1835, diejenige in Leuggern 1864 eröffnet. Velos für Kinder kamen erst in diesem Jahrhundert langsam in Mode. Somit bedeutete der Schulweg einen langen Fussmarsch.

Ein Marsch im Winter bei Dunkelheit durch den Schnee über den Achenberg nach Zurzach war sicherlich nicht jedermanns Sache. Später fuhren die Kinder mit dem Velo nach Leuggern. Die schmale Döttinger Aarebrücke wurde schon beim damaligen Verkehr für die Schüler als gefährlich eingestuft. Solche Schwierigkeiten hielten viele Eltern davon ab, ihre Kinder in die Bezirksschule zu schicken.

Zusammen mit den Gemeinderäten von Döttingen und Koblenz unternahm der Gemeinderat Klingnau 1947 einen Vorstoss beim aargauischen Regierungsrat zur Verbesserung dieser Situation. Die drei Gemeinden beantragten, dass in Klingnau eine neue Bezirksschule eingerichtet würde. Starke Opposition gegen diesen Vorschlag kam aus Leuggern. Dort befürchteten die Behörden einen starken Schülerrückgang, der die eigene Bezirksschule gefährden würde. Der Regierungsrat stellte das Gesuch 1948 jedoch zurück, da ihm die wirtschaftliche Entwicklung im unteren Aaretal zu unsicher war und er abwarten wollte, ob die Industrie weitere neue Arbeitsplätze schaffen würde.

Vier Jahre später wurden die drei Gemeinden vom Kanton zur erneuten Eingabe des Gesuches für die künftige Bezirksschule aufgefordert. Die Gemeinderäte unternahmen zusammen mit den hiesigen Grossräten grosse Anstrengungen, um diesmal das Ziel einer eigenen Bezirksschule zu erreichen. Als wichtigste Gründe für die neue Schule wurden angeführt: Mehr Mädchen würden die Bezirksschule besuchen, weil der lange Weg nach Leuggern wegfallen würde, ein Teil der Sekundarschüler würde an die Bezirksschule wechseln, und schliesslich habe die gute wirtschaftliche Entwicklung zu einem Bevölkerungswachstum geführt, das immer noch andauere. Auch wurde ins Felde geführt, dass die westliche Hälfte des Bezirks mit 8400 Einwohnern nur über eine Bezirksschule (in Leuggern), die östliche Hälfte mit 7200 Einwohnern bereits über drei Bezirksschulen (in Zurzach, Endingen und Kaiserstuhl) verfüge. Der Widerstand der Leuggemer blieb aber bestehen, da sie immer noch um den Bestand ihrer Bezirksschule fürchteten.

Am 19. März 1954 war es dann, allen Widrigkeiten zum Trotz, soweit, der Regierungsrat bewilligte die Bezirksschule Klingnau mit drei Hauptlehrerstellen. Den Bedenken aus Leuggern wurde insofern Rechnung getragen, als die Kleindöttinger nur die Bezirksschule in Leuggern besuchen durften und die Klingnauer Bezirksschule einen Hauptlehrer aus Leuggern zu übernehmen hatte. Die Einschränkung für Kleindöttingen wurde vom Kanton einige Jahre später wieder aufgehoben.

Für die neue Schule mussten nun auch Räumlichkeiten bereitgestellt werden. Am 3. November 1955 beschloss die Gemeindeversammlung, die Propstei umzubauen und dort die Oberstufe, also Bezirks-, Sekundar- und Oberschule, unterzubringen. Zwei neue Pavillons im Propsteiareal sollten die Primarschule aufnehmen. Zusätzlich sollte ebenfalls eine Turnhalle gebaut werden. Die Neubauten und der Umbau der Propstei kosteten die Gemeinde insgesamt rund zwei Millionen Franken.

Als erste Hauptlehrer der neuen Schule wurden Bruno Müller, Dr. Erich Bugmann und Paul Kuhn gewählt. Erster Rektor wurde Bruno Müller.

Nach einem langen Weg war es am 6. Mai 1957 soweit: An der Klingnauer Bezirksschule fand der erste Schultag statt.

Die Schulzimmer für die 1957 eröffnete Bezirksschule wurden im obersten Stock des Propsteischulhauses eingerichtet.

Nach der Eröffnung der Bezirksschule konnten sich die Klingnauer allerdings nur kurz über eine gedeihliche Entwicklung freuen. Der weit über die Gemeindegrenzen hinaus Aufsehen erregende «Schulstreit» trübte das Bild erheblich. Konflikte zwischen der Schulpflege und dem Rektor sowie später auch zwischen dem Rektor und den beiden anderen Hauptlehrern führten zu erheblichen Spannungen, die 1960 in der Kündigung der beiden jungen Hauptlehrer ihren Höhepunkt fanden.

In der Folge wechselten die Hauptlehrer mehrfach, was auf kein gutes Klima innerhalb der Lehrerschaft schliessen lässt. 1966 verliess auch der letzte der ursprünglichen Hauptlehrer die Schule.

In den sechziger Jahren herrschte allgemein ein grosser Mangel an Bezirkslehrern. Die Situation entspannte sich erst gegen Ende des Jahrzehnts. Damit begann dann auch in Klingnau eine Konsolidierung.

Von der «Aufklärungsversammlung» von Gemeinderat und Schulpflege über den Klingnauer Schulstreit berichtete der «Tages-Anzeiger» am Freitag, den 10. November 1961.
▼

Mohrenwäsche in Klingnau
Oeffentliche Auseinandersetzungen über einen schweren Schulkonflikt

⊖ *Aarau, 9. November.*

In Klingnau im untern Aaretal fand am Mittwochabend eine in ihrer Art wohl einmalige öffentliche Versammlung statt, gewissermaßen eine »*Gerichtsverhandlung*« *gegen die Lehrerschaft der Klingnauer Bezirksschule*. In der überfüllten Turnhalle hatten sich zuvorderst der Gemeinderat und die Schulpflege von Klingnau postiert, und ein Behördemitglied nach dem andern stand auf und erhob Anklage gegen die Bezirkslehrer. Anstatt daß man die Konflikte hinter den vier Wänden von Kommissionszimmern erledigte, wurden sie hier in aller Oeffentlichkeit dargelegt.

Daß Späne fliegen würden, konnte man schon der Einladung in der Presse entnehmen. Gemeinderat und Schulpflege stellten dort fest, wenn Unstimmigkeiten zwischen Lehrerschaft und der Schulpflege vorgekommen seien, so hätten sie die Ursache in der Mißachtung behördlicher Weisungen durch die Bezirkslehrer. Die von *Gemeindeammann Schleuninger* präsidierte »Gerichtsverhandlung« war lediglich der Höhe- und Schlußpunkt jahrelanger, erbitterter Fehden zwischen Bezirkslehrern unter sich und zwischen dieser Lehrerschaft und Gemeinderat bzw. Schulpflege. Gegen die Lehrerschaft wurden, um das Maß vollzumachen, außerdem noch gravierende Anschuldigungen von seiten der Eltern erhoben.

Es hält für einen Außenstehenden schwer, bei dieser Flut von gegenseitigen Beschuldigungen einen klaren Ueberblick zu erhalten. Erfreulich war immerhin, daß zumindest an dieser öffentlichen Mohrenwäsche beide Parteien zugaben, daß man selbst nicht ohne Fehl gewesen sei. Die Tatsache, daß es sich in Klingnau um einen außergewöhnlich tiefen Graben zwischen einem Lehrerkollegium und der Behörde handelt, geht wohl am deutlichsten aus dem Bekenntnis von Gemeindeammann Schleuninger hervor, der Worte gebrauchte, wie sie wohl noch kaum ein Gemeindeammann in der Schweiz äußerte: Ich schäme mich zutiefst, als Gemeindeammann einer Gemeinde vorzustehen, in der solche Dinge passieren.

Nach der ersten Welle von Anklagen, die zweieinhalb Stunden dauerte, erhielten schließlich auch einige der angegriffenen Lehrer das Wort. Nach ihren Aussagen muß an der Klingnauer Bezirksschule eine *heillose Intrigenwirtschaft* geherrscht haben, wobei sich gewisse Lehrer mit Raffinesse und Ausdauer gegenseitig das Leben sauer gemacht haben. Der Unterricht sei zeitweise blockiert gewesen, und während sich die Lehrer gegenseitig anbrüllten, standen die Klassen in den Korridoren herum. Schüler hätten daheim über die mangelhafte Unterrichtserteilung erzählt und seien darauf vom Lehrer mit dem Hinauswurf bedroht worden. Gegen einen bestimmten Schüler sei unter ungenügenden Voraussetzungen ein Ausschlußverfahren in Gang gesetzt worden. Indiskretionen über vertraulich interne Schulfragen seien an der Tagesordnung gewesen. Das wird indessen, laut Gemeindeammann Schleuninger, nur einige Punkte aus dem monströsen Sündenregister, dessen Verlesung nach Andeutung des erwähnten Magistraten nahezu die ganze Nacht beansprucht hätte. Die Behörde ihrerseits verfügte *Absetzungen und Kündigungen im Lehrerkollegium*. Die Lehrer reagierten mit Beschwerden und Demarchen. Alles mit dem Erfolg, daß heute ein Scherbenhaufen ohnegleichen vorliegt.

Die Lehrer wehrten sich mit Vehemenz vor dem Volksgericht. Einer von ihnen, dem gekündigt worden war, weil er das Rektorat nicht übernehmen wollte, schilderte, wie eine Lehrerdelegation von einem Schulpfleger mit schlimmsten Beschimpfungen bedacht wurde.

Der größte Teil der Bevölkerung hofft nun, daß der Appell der beiden Klingnauer Geistlichen, des katholischen und des protestantischen, in Erfüllung gehe, und daß man einen dicken Strich unter die Vergangenheit ziehen und sich wieder Erziehungsaufgaben bewußt werde.

▲
1980 zügelte die Bezirksschule in das neue Schulhaus Schützenmatte. Auf dem Dach der Dreifachturnhalle steht die Klingnauer Freiheitsstatue – das Resultat einer Konzentrationswoche.

Die weitere Entwicklung verlief danach in geradezu ruhigen und geordneten Bahnen. Die Klingnauer konnten sich nun an ihrer Bezirksschule freuen.

Seit 1969 wird am Ende der vierten Klasse der Bezirksschule eine Abschlussprüfung durchgeführt. Ein Notendurchschnitt von wenigstens 4,5 berechtigt zum Übertritt an eine aargauische Mittelschule.

Turbulenzen im Zusammenhang mit der Bezirksschule ereigneten sich glücklicherweise nicht mehr in der Schule selbst, sondern im lokalpolitischen Umfeld. Der Ruf der Bezirksschule Klingnau festigte sich in einem positiven Sinne durch die guten Leistungen von Schülern und Lehrern. Dies und die rasante wirtschaftliche Entwicklung und das damit verbundene Bevölkerungswachstum führten dazu, dass 1972 das erste Mal die erste Klasse doppelt geführt werden musste.

Damit wurde klar, dass die Räumlichkeiten in der Propstei für einen ordentlichen Schulbetrieb auf die Dauer nicht genügen würden, auch wenn zusätzlich die Räumlichkeiten, die durch den Umzug von Sekundar- und Realschule ins neue Schulhaus frei wurden, belegt werden konnten. Ein Neubau drängte sich auf.

Der grösste Teil der Schüler stammte ungefähr je zur Hälfte aus Döttingen und aus Klingnau, die weiteren aus den anderen umliegenden Gemeinden. Daher wurde die Idee einer Kreisbezirksschule geboren, als deren Träger die beiden Gemeinden Döttingen und Klingnau vorgesehen waren.

Dieses gemeinsame Vorhaben scheiterte aber am lieben Geld. Uneinigkeit über die Aufteilung der

Deutschstunde mit Lehrer Widmer in der Bezirksschule im Schulhaus Schützenmatte.

Baukosten für das neue Schulhaus brachte das Vorhaben zum Scheitern.

An der Gemeindeversammlung vom 28. September 1978 wurde beschlossen, dass Klingnau das neue Oberstufenzentrum Schützenmatte mit Dreifach-Turnhalle selber realisieren werde.

Nach den Sommerferien am 11. August 1980 konnte das neue Gebäude bezogen werden.

Der Unterricht konnte nun in neuen, zweckmässigen Räumlichkeiten erteilt werden. Die frei werdenden Schulzimmer in der Propstei wurden umgebaut und stehen heute für Handarbeit, Zeichnen und Werken und Gestalten zur Verfügung.

Die Kosten für den Neubau des Schulhauses Schützenmatte und den Umbau der Propstei betrugen rund neun Millionen Franken. Der Kanton übernahm davon ungefähr eine Million Franken durch Subventionen.

Der Schulsporttag und die Einweihung der Schlangenbrücke, der Verbindung zwischen Schützenmatte und Propstei-Areal, am 29. August 1981 bildeten den Höhepunkt der Einweihungsfeierlichkeiten der neuen Schulanlagen.

Neben dem eigentlichen Schulbetrieb sind an der Bezirksschule vielfältige Aktivitäten im Gange. So beschäftigen sich die Schüler im Rahmen einer Konzentrationswoche sehr intensiv mit einem bestimmten Thema. Sie lernen dabei, sich selbständig in einen Problemkreis einzuarbeiten und die Informationen in einem Team zu verarbeiten. Auch die musische Ausbildung kommt nicht zu kurz. In Schülertheatern werden Stücke aufgeführt, die die Schulklassen gemeinsam mit den Deutschlehrern erarbeiten. Neben den Turnstunden und dem freiwilligen Sportunterricht können die Bezler, zusammen mit den anderen Oberstufenschülern, jeden Winter an einem Sportlager teilnehmen und dort intensiv Wintersport treiben.

Mit der Bezirksschule kann Klingnau nun alle Schultypen anbieten. Nach anfänglichen Startschwierigkeiten hat sich die Bezirksschule Klingnau sehr positiv entwickelt und ein Niveau erreicht, das den Vergleich mit anderen Bezirksschulen durchaus nicht scheuen muss.

Von der Erziehungsanstalt St. Johann zum Schulheim St. Johann

Das Wohnhaus von Johann Nepomuk Schleuniger, das Johanniterhaus, auch Alt-St. Johann genannt, ging als Erbe an seine Nichte Thekla Lang-Schleuniger.

1893 schenkte sie das Haus dem Schwesterninstitut vom Heiligen Kreuz in Ingenbohl mit der Auflage, darin ein Erziehungsheim für notleidende Kinder, meist Halb- oder Vollwaisen, einzurichten.

Um den Umbau und die notwendigen Reparaturen am Haus zu finanzieren, wurde der St. Johann-Verein gegründet.

Am 7. Mai 1894 wurde die Anstalt St. Johann offiziell eröffnet. Nach einem Jahr wurden bereits 25 Zöglinge, wie sie damals genannt wurden, gezählt.

Die Zahl stieg dann bis zur Mitte der vierziger Jahre unseres Jahrhunderts gegen 100 an. Auf diesem Stand, mit einigen Schwankungen nach unten, blieb die Anzahl der betreuten Kinder bis zum Ende der sechziger Jahre.

Um die Kinder im eigenen Haus zu unterrichten, wurde bereits 1905 eine eigene Hausschule eingerichtet. Die Kinder konnten die Primarschule nun im St. Johann absolvieren, weiterführende Schulen mussten danach in den Schulen der Gemeinde besucht werden.

In den zwanziger Jahren genügte der bauliche Zustand des St. Johann nicht mehr. Das Kloster Ingenbohl verlangte einen Neubau. Als Standorte standen auch das Schloss Böttstein und die Villa Zuberbühler, das heutige Schloss Bad Zurzach, zur Diskussion. Die Klingnauer wehrten sich aber gegen den Wegzug der Anstalt St. Johann. Der Anstalts-Verein konnte sich dann 1928 den Bauplatz auf der

Im Johanniterhaus – dem Alt-St. Johann – wurde 1894 die Erziehungsanstalt St. Johann eröffnet.

Terrasse oberhalb der Burghalde sichern. Im Verlauf des folgenden Jahres konnte dort mit dem Neubau des Kinderheimes begonnen werden. Am 27. Juli 1930 wurde das Erziehungsheim Neu-St. Johann feierlich eingeweiht.

Die weiter gestiegene Zahl der betreuten Kinder bedingte Anfang der fünfziger Jahre einen weiteren Ausbau. Der Erweiterungsbau östlich des Hauptgebäudes war 1953 bezugsbereit.

Im gleichen Jahr wurde auch die Schule auf drei Abteilungen erweitert, Unter-, Mittel- und Oberstufe.

1968/69 wurde als letztes Bauvorhaben der Ära Ingenbohl die Turnhalle errichtet.

Diese Bauvorhaben, wie auch der Betrieb des Kinderheimes, wurden durch Beiträge des Staates und durch Spenden von Gemeinden, Privatpersonen und Firmen finanziert.

Die Nachwuchssorgen des Klosters Ingenbohl führten Ende 1975 zum Wegzug der Schwestern. Die Weiterführung unter weltlicher Leitung misslang. Die Schliessung des Kinderheimes war nicht mehr abzuwenden. In Klingnau ging ein Zeitabschnitt zu Ende, in dem das Leben im Städtchen auf vielfältige Weise durch die Kinder und die Schwestern des Kinderheimes mitgeprägt wurde.

Der Verein St. Johann musste nun eine neue Bestimmung für die Anlagen suchen. Als Übergangslösung wurden die Schulzimmer und die Turnhalle der Gemeinde Klingnau, die zuwenig Schulräumlichkeiten hatte, zur Verfügung gestellt. Vom Frühling 1975 bis zum Frühling 1981 waren drei Klassen der Primarschule im Kinderheim zu Gast.

Im Herbst 1975 zog auch die Heilpädagogische Sonderschule (HPS) Döttingen im Kinderheim St. Johann ein. An der HPS werden geistig behinderte Kinder aus dem ganzen Bezirk unterrichtet und auf das für sie schwierige Leben in unserer Leistungsgesellschaft vorbereitet.

Der markante Neubau des Erziehungsheims St. Johann oberhalb der Burghalde.
▼

▲
Die Kinder des Kinderheims St. Johann wurden von Schwestern aus Ingenbohl betreut.

Im Schulheim St. Johann sind heute die Heilpädagogische Sonderschule Döttingen und die Sonderschule für POS-Kinder untergebracht.
▼

253

Mit Beginn des Schuljahres 1982 konnte eine Sonderschule für POS-Kinder eröffnet werden. (POS heisst psycho-organisches Syndrom. Die betroffenen, normalbegabten Kinder leiden unter Konzentrationsschwäche, sie sind leicht ablenkbar und nicht stark belastbar. Deshalb sind sie im normalen Schulbetrieb überfordert und benötigen eine besondere Betreuung.) Diese Schule wird von über 50 Schülern besucht, wovon ungefähr ein Drittel der Kinder unter der Woche im Internat im St. Johann wohnt.

Ein neuer Zeitabschnitt für das alte Kinderheim begann. Um die neue Schule zweckmässig führen zu können, waren wiederum grosse bauliche Veränderungen innerhalb der Gebäude nötig.

Für den St. Johann konnte somit wieder eine für unser Gemeinwesen wichtige Aufgabe gefunden werden. Seinen Ausdruck fand dieser neue Zweck auch in der Umbenennung des Kinderheimes in «Schulheim St. Johann».

Das Schwimmbad

Vor der Aare-Korrektion nutzten die Klingnauer die Seitenarme der Aare und stillstehende Gewässer in den Auen als Badegelegenheiten. Schwimmen ist also eine Sportart, die in Klingnau schon lange betrieben wird.

Mit der Korrektion der Aare und später mit dem Bau des Kraftwerkes verschwanden die beliebten Badeplätze.

Der Wunsch nach einer eigenen Badeanstalt, wie solche Einrichtungen genannt wurden, blieb lange Zeit nur ein Wunsch. Als nach dem Bau der Halbbrücke feststand, dass das Kraftwerk nicht dort, sondern weiter flussabwärts gebaut werden sollte, wurde ihr eine notdürftige Zweckbestimmung gege-

Vor dem Bau des Freiluft- und Hallenbades diente die Aare als Badegelegenheit.

Der Badeplatz am Ende der Halbbrücke – die erste «Badeanstalt» der Klingnauer (um 1940).

Die ersten Klingnauer «Gvätterlischüeler» besuchten den Kindergarten im Alt-St. Johann.

Der Kindergarten

ben, indem am Ende der Brücke ein provisorischer Badeplatz angelegt wurde.

Nach mehrmaligen Anläufen, langen Untersuchungen und Diskussionen wurde schliesslich an der Winter-Gemeindeversammlung 1967 dem Bau eines Schwimmbades im Grie zugestimmt.

Die gesamte Anlage umfasst eine grosse, mit prächtigen, schattenspendenden Silberpappeln bestückte Liege- und Spielwiese, ein 50-Meter-Schwimmbecken, eine Sprunganlage, ein Nichtschwimmerbecken, ein Planschbecken für die Kleinen, das Lernschwimmbecken in der Halle sowie zwei Saunen.

Am 21. Juni 1969 wurde das neue «Freiluft- und Hallenbad Klingnau» im Rahmen einer Eröffnungsfeier den Klingnauer Badebegeisterten übergeben. Seither erfreut sich im Sommer das Freiluftbad mit der grosszügigen Liegewiese und im Winter die Sauna grosser Beliebtheit. Das Freibad wird seit 1986 mit Fernwärme geheizt, um den Badebetrieb auch bei ungünstiger Witterung zu ermöglichen.

«Kleinkinderschule Klingnau – Eröffnung. Montag, den 23. Mai, vormittags ½ 9 Uhr in der alten Anstalt St. Johann. Das Schulgeld beträgt 50 Rp. pro Woche für Kinder unserer Gemeinde und 75 Rp. für Auswärtige. Die Kommission.»

Dieses Inserat erschien am Pfingstsamstag im Jahre 1932 in der «Botschaft». Damit wurde der Kindergarten, damals eben die Kleinkinderschule, in Klingnau von privater Seite ins Leben gerufen. Von seiner Gründung bis zum Wegzug der Ingenbohler Schwestern aus Klingnau betreute immer eine Schwester die Kindergärtler.

1947 wurde das Lokal im Alt-St. Johann gekündigt. Die Kleinkinderschule, im Volksmund als Gvätterlischuel bekannt, wurde provisorisch in den Gemeindesaal in der Propstei verlegt. Das Provisorium dauerte bis zum Frühling 1949. In dieser Zeit wurden verschiedene Varianten zum Bau eines neuen Kindergartens geprüft. Da ein Neubau zu teuer gewesen wäre, einigte man sich schliesslich darauf, eine Militärbaracke zu erwerben und diese den Bedürfnissen des Kindergartens entsprechend umzubauen.

Nach dem Krieg zügelte der Kindergarten in eine umgebaute Militärbaracke im Propsteihof.

Der alte Kindergarten steht heute hinter der Propstei und wird von Vereinen genutzt.

Als Standort wurde vom Gemeinderat das Grie vorgeschlagen. Die Gemeindeversammlung entschied sich aber für die östliche Ecke des Propsteihofes.

Dank der Erhöhung der Gemeindebeiträge an den Kindergarten konnte 1955 das Schulgeld abgeschafft werden. Mit der Übernahme aller Kosten durch die Gemeinde wurde dann auch die Führung des Kindergartens an die Gemeinde übertragen.

Über Jahre hinweg hatte die Schwester 50 und mehr Kinder zu betreuen. Das Bevölkerungswachstum in Klingnau bedingte also auch eine Vergrösserung des Kindergartens. Unter dem Stichwort Dezentralisierung wurde der Gäntert als Standort gewählt. Bei einem weiteren Wachstum der Gemeinde war damals ein weiterer Kindergarten im Gebiet Dorf / Grie vorgesehen.

Seit 1965 besuchen die Kindergärtler den Doppel-Kindergarten im Gäntert.

▲

Der «Chindsgi» im Gäntert.

▼

Im neuen Doppel-Kindergarten, der 1965 eröffnet wurde, unterrichtete in der zweiten Abteilung erstmals in Klingnau eine weltliche Kindergärtnerin.

Auf den Beginn des Schuljahres 1989/90 wird eine dritte Kindergartenabteilung eingerichtet. Sie wird allerdings in den Schulanlagen der Propstei untergebracht.

Der Kindergarten hat immer aktiv am Leben in der Gemeinde teilgenommen. Die Ingenbohler Schwestern veranstalteten unter anderem in der Weihnachtszeit Krippenspiele. Auch waren die Kindergärtler gerngesehene Teilnehmer an den Jugendfesten. Tradition hat bereits auch die Teilnahme am Umzug der Klingnauer Kinder-Fasnacht, wo die Kindergärtler alljährlich durch phantasievolle Sujets begeistern.

Von den Kadetten zum freiwilligen Sportunterricht

Mit der Bezirksschule wurde in Klingnau auch ein Kadettenkorps gegründet, dem alle Buben der Bezirksschule angehörten. Den Zweck des Kadettenwesens beschrieb der Eidgenössische Kadettenverband in seinen Statuten wie folgt: Es soll der «staatsbürgerlichen Jugenderziehung und der Vorbereitung auf den vaterländischen Wehrdienst» dienen.

Obwohl auch die Klingnauer Kadetten mit Uniform und Gewehr ausgerüstet waren, lag der Schwerpunkt weniger beim militärischen Exerzieren als bei sportlichen Übungen. Neben der Schiessausbildung standen Geländedienst (Umgang mit Karte und Kompass), Orientierungsläufe und Geländespiele auf dem Programm. Auch Leichtathletik und Ballspiele waren beliebt.

Die gesellschaftliche Entwicklung in den sechziger Jahren führte erst zur Abschaffung des Kadettengewehrs und etwas später der Uniform. Auf Ende des Schuljahres 1973/74 wurde schliesslich das Klingnauer Kadettenkorps aufgehoben.

Neu wurde der freiwillige Sportunterricht geschaffen, der auch den anderen Oberstufenschülern und vor allem auch den Mädchen offensteht.

Die im Rahmen von Jugend + Sport angebotenen Sportarten erfreuen sich grosser Beliebtheit. Die Schüler können sich heute in folgenden Sportarten üben: Handball, Volleyball, Tischtennis, Tanz und Gymnastik, Judo und Rettungsschwimmen.

Dieses vielfältige Programm deckt ein wichtiges Bedürfnis, nämlich dasjenige nach sportlicher Betätigung, unserer Schuljugend ab.

Die Kadetten beim Üben des Daumensprungs.
▼

▲
Gruppenspiele am Sporttag.

«De schnellscht Chlingnauer» – Finallauf der Mädchen am Sporttag.
▼

259

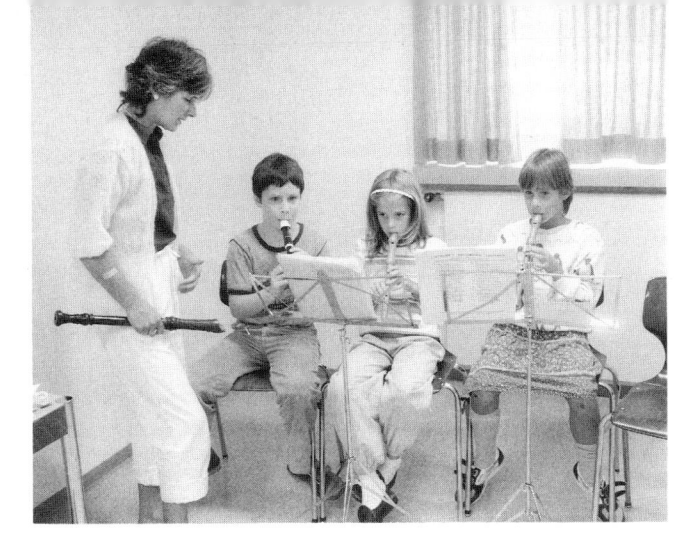

Die Musikschule

Der Schule wird oft und gerne vorgeworfen, sie sei zu kopflastig, die musische Erziehung werde vernachlässigt. Diesem «Missstand» wurde in Klingnau im Frühling 1975 abgeholfen. Die Musikschule Klingnau wurde zum Beginn des neuen Schuljahres mit 110 Schülern eröffnet. Vier Jahre später schloss sich auch Koblenz unserer Musikschule an.

Kinder aller Schulstufen können nun am gewünschten Musikunterricht teilnehmen. Gelehrt werden folgende Instrumente: Blockflöte, Querflöte, Klavier, Gitarre, Trommel, Klarinette, Saxophon und Blechblasinstrumente.

Ihre Leistungen präsentieren die Musikschüler jährlich im Rahmen verschiedener Vortragsübungen, welche immer grossen Anklang finden.

Viele Mitglieder der Klingnauer Jugendmusik sind Schüler oder Ehemalige der Musikschule.

Der hauswirtschaftliche Jahreskurs

Seit 1978 können in Klingnau Mädchen den hauswirtschaftlichen Jahreskurs besuchen. Anfänglich wurde er als freiwilliges neuntes oder zehntes Schuljahr angeboten. Heute ist er als neuntes obligatorisches Schuljahr anerkannt.

Das Schwergewicht des Unterrichts liegt in den Bereichen Handarbeit und Hauswirtschaft. Ebenfalls werden die allgemeinbildenden Fächer unterrichtet.

Dieser Kurs wird auch von Schülerinnen aus umliegenden Gemeinden besucht und ist eine gute Vorbereitung auf Berufe in der Lebensmittelbranche, in der Textilbranche, für Pflegeberufe, für Gartenberufe und für Berufe im Gastgewerbe.

Das heutige Schulangebot in Klingnau

Folgende Schultypen werden heute in Klingnau angeboten:
  Kindergarten
  Einschulungsklasse
  Primarschule
  Realschule
  Sekundarschule
  Bezirksschule
  Kleinklasse
  Musikschule
  Hauswirtschaftlicher Jahreskurs
  Doposcuola

Daneben können folgende Dienstleistungen benützt werden:
  schulpsychologischer Dienst
  Logopädie
  Legasthenie
  schulärztlicher und schulzahnärztlicher Dienst

Weiter sind folgende Schulen in Klingnau angesiedelt:
  Heilpädagogische Sonderschule Döttingen
  Sonderschule für POS-Kinder
Beide Schulen sind im Schulheim St. Johann untergebracht.

Quellen und Literatur:
- Stadtarchiv Klingnau
- Otto Mittler, Geschichte der Stadt Klingnau, Aarau, 1967 (2. Auflage)
- Clara Müller, Geschichte des aargauischen Schulwesens vor der Glaubenstrennung, Aarau, 1917
- «Die Botschaft», Döttingen
- «eusi schuel», Zeitschrift der Schulen Klingnau, Klingnau
- Schulchroniken
- August Kalt, 75 Jahre Kinderheim St. Johann Klingnau, Jubiläumsschrift 1893 – 1968, Klingnau, 1968
- Kinderheim/Schulheim St. Johann, Jahresberichte, Klingnau
- Adolf Siegrist, 100 Jahre aargauische Sekundarschule 1865 –1965
- Max Byland, Heinz Hafner, Theo Elsasser, 150 Jahre Aargauer Volksschule 1835 –1985, Aarau, 1985
- Hanspeter Gschwend, Renate Fischer, Das aargauische Schulwesen in der Vergangenheit, Aarau, 1976
- Nold Halder, Geschichte des Kantons Aargau, Band 1, Aarau, 1953
- Heinrich Staehelin, Geschichte des Kantons Aargau, Band 2, Baden, 1978
- Informationen über das aargauische Schulwesen, Aarau, 1981 (3. Auflage)

Wo gingen die Klingnauer zur Schule?

Vor der Kantonsgründung:
bis 1808: im Schulhaus an der Sonnengasse oder in der Klosterschule Sion

In den Kindergarten:
1932 – 1947: im Johanniterhaus, dem Alt-St. Johann
1947 – 1949: im Gemeindesaal in der Propstei
1949 – 1965: in der umgebauten Militärbaracke im Propsteihof
seit 1965: im Doppel-Kindergarten im Gäntert (zwei Abteilungen)
seit 1989: in den Schulanlagen der Propstei (die dritte Abteilung)

In die Primarschule:
1808 – 1810: im Johanniterhaus, dem Alt-St. Johann
1810 – 1908: in der Johanniterkirche
1908 – 1957: in der Propstei
seit 1957: in den Pavillons im Propsteihof (Zusätzlich waren von 1972 bis 1975 im Schulhaus '72 und von 1975 bis 1981 im ehemaligen Kinderheim St. Johann Primarschulklassen untergebracht.)

In die Realschule:
1808 – 1810: im Johanniterhaus, dem Alt-St. Johann
1810 – 1908: in der Johanniterkirche
1908 – 1972: in der Propstei
1972 – 1975: in den Pavillons im Propsteihof
seit 1975: im Schulhaus '72 (Durch ein Abkommen mit Döttingen besuchten und besuchen bestimmte Jahrgänge dort die Realschule.)

In die Sekundarschule:
1869 – 1908: in der Johanniterkirche
1908 – 1975: in der Propstei
seit 1975: im Schulhaus '72 (Durch ein Abkommen mit Döttingen besuchten und besuchen bestimmte Jahrgänge dort die Sekundarschule.)

In die Bezirksschule:
vor 1957: nach Leuggern oder nach Zurzach
1957 – 1980: in der Propstei
seit 1980: im Schulhaus Schützenmatte

Langjährige Lehrkräfte in Klingnau

Die folgenden Lehrer und Lehrerinnen haben in diesem Jahrhundert mehr als 25 Jahre an den Klingnauer Schulen unterrichtet.

An der Primarschule:
Blanka Abbt 1921 – 1950
August Kalt 1926 – 1965
Max Ursprung 1929 – 1969
Walter Rohr 1931 – 1960

An der Realschule:
Alfons Meier 1949 – 1984

An der Sekundarschule:
Josef Laube 1913 – 1959
Hans Weiss 1952 – 1989

An der Bezirksschule:
Franz Rüegg seit 1964

An der Handarbeitsschule:
Martha Schleuniger 1943 – 1978

An der Hauswirtschaftsschule:
Maria Kaufmann 1959 – 1985

Es begann mit Seidenraupen – die wirtschaftliche Entwicklung

Louis Dreyer

Hungersnot vor 170 Jahren: Der russische Zar schickt Hilfe

Jedermann weiss und spürt auch am eigenen Leibe, dass unser Land und unsere Region florieren. Hungersnöte, Armut und Krankheiten sind weitgehend verbannt. Von Not keine Spur. So ist es, gemessen am langen Lauf der Klingnauer Geschichte, beileibe nicht immer gewesen. Denn im 19. Jahrhundert – das ist für einen Sechzigjährigen die Zeit, in der seine Urgrosseltern zur Welt kamen – herrschen Not und Hunger in der Schweiz und auch in unserer Gegend. Alle paar Jahre tritt die ungebändigte Aare über die Ufer, überschwemmt das ganze untere Aaretal und vernichtet die Ernten. Es herrschen in unserem Land Verhältnisse, wie wir sie 1989 in Ländern der Dritten Welt antreffen: Tausende von Kindern zwischen 9 und 12 Jahren arbeiten täglich 14 Stunden in Fabriken und kennen keine Schule. Landstreicher und Bettler werden gebrandmarkt und aus den Städten vertrieben, wohin sie das Elend der ländlichen Gegenden geführt hat. Im Jahre 1816 – dreizehn Jahre nach dem Beitritt des Aargaus zur Eidgenossenschaft – setzt ein besonders regnerischer Sommer das ganze Land der Hungersnot aus. Die süddeutschen Staaten, die selbst mit Schwierigkeiten zu kämpfen haben, verbieten jede Getreideausfuhr in die Schweiz, wo die mageren Reserven, schlecht gelagert und ungenügend vor Nagern geschützt, kaum für zwei Monate ausreichen. Folge: die Preise steigen stürmisch an. Weil es kein Getreide gibt, wird das Brot fast unerschwinglich. Selbst der Verdienst eines Beamten oder eines Schullehrers genügt kaum für die Deckung des alltäglichen Bedarfs. Ein Spinnereiarbeiter kann für einen Taglohn 350 Gramm (!) Brot kaufen. Die Sterblichkeit infolge Krankheit steigt jäh an. Die Unterernährung von Mensch und Vieh führt zu Krankheit, Seuchen und Verelendung. Zar Alexander I., unserem Land durch die Freundschaft mit seinem früheren Erzieher, dem Waadtländer La Harpe, verbunden, schickt hunderttausend Silberrubel zur Linderung des Elends der Schweizer.

Vor 1850 ist im unteren Aaretal nur Kleingewerbe, auch Heimarbeit, anzutreffen. Der drohenden Arbeitslosigkeit sucht man auch in unserer Gegend durch Auswanderung, hauptsächlich nach Nordamerika, zu entgehen.

Dass Klingnau und seine Nachbargemeinden nur langsam und erst nach mehreren erfolglosen Versuchen aus der wirtschaftlichen Notlage herauskommen, ist durch die politische Geschichte bedingt. Denn vor 1798 hat nur gerade im Berner Aargau die staatlich geförderte Textilindustrie Fuss fassen können – die Grafschaft Baden ist bislang von dieser Entwicklung nicht berührt worden. Weder Zürich noch Bern haben nämlich ein Interesse daran, ihre Industrie durch neue Zweige in dieser Region zu konkurrenzieren. Was also Baden und Zurzach bleibt, sind die Landwirtschaft und die allfälligen Überschussprodukte, die in die Herrschaftsgebiete Zürich und Bern gnädigerweise ausgeführt werden dürfen. Der Wein steht in der speziellen Gunst der gnädigen Herren. Darum wachsen besonders die Rebberge, aber wenig bis gar nicht – selbst nach der Kantonsgründung um 1803 – die industriellen Ansiedlungen. Denn der Kanton tut nichts dazu. Die private Initiative bestimmt den Lauf der Geschichte, besonders in Aarau, Zofingen und Wohlen.

Die Wasserkraft als Motor der Entwicklung

Bedeutungsvoll ist die Einführung der mechanischen Zwirnerei- und Webstühle, die vornehmlich an Reuss und Limmat die Kraft der schnellaufenden Flüsse nutzen. In unserer Gegend ist der Lauf des Gewässers schon eher unregelmässig. Deshalb wird dieses Energiepotential erst zu einem späteren Zeitpunkt aktuell, als es nämlich gelingt, die innewohnende Energie mit Niederdruckwerken, zuerst in der Beznau, dann in Klingnau, in elektrischen Strom umzuwandeln.

Der Hauptstoss der Industrialisierung wird denn auch durch die Möglichkeit der industriellen Verwendung elektrischer Energie ausgelöst. Der Bau von Kraftwerken löst viele wirtschaftliche Impulse aus und erleichtert den Unternehmern den Entscheid zur Ansiedlung ihrer Betriebe. So vollzieht sich der Umschwung des Agrarkantons Aargau zum

Ein neues Kapitel in der industriellen Entwicklung wurde mit dem Bau der Flusskraftwerke eingeläutet. 1931 im Städtchen beim Restaurant Warteck aufgenommen: Dampflokomotiven auf dem Weg zur Baustelle des Klingnauer Kraftwerkes, wo sie für den Materialtransport eingesetzt wurden.

Industriekanton genau genommen schon vor dem Ersten Weltkrieg. Denn über die Hälfte der Berufstätigen arbeitet bereits in Industrie und Handwerk. Wie elektrische Energie zum Ausbau beiträgt, zeigt die installierte Kraft pro Fabrikarbeiter: 1888 steht pro Arbeiter etwa eine halbe Pferdestärke zur Verfügung, 1954 hat sich dieser Wert mehr als verachtfacht.

Dass der elektrische Strom gleichsam als Antrieb der Industrialisierung gelten kann, zeigt das Beispiel BBC in Baden, welche an der wirtschaftlichen Entfaltung des Kantons wesentlichen Anteil hat. Weil die Stadt Baden das geplante Kraftwerk Kappelerhof nur an denjenigen Lieferanten vergibt, der seine Fabrik dafür in Baden errichtet, erhalten der Engländer Brown und der Deutsche Boveri den Auftrag. 1891 nimmt die neu gegründete Firma Brown, Boveri & Cie. den Betrieb mit rund 70 Mitarbeitern auf. Es ist eine stürmische Zeit. Zehn Jahre später beschäftigt BBC bereits 1300 Arbeiter und 235 Angestellte! Wie viele Klingnauer sich darunter befinden, ist nicht auszumachen. Aber es dürften ein paar Dutzend Familienväter oder Lehrlinge sein, die hier ihr Auskommen finden. Nach dem Zweiten Weltkrieg weist BBC eine 15 000köpfige Belegschaft aus und ist damit der grösste private Arbeitgeber in der Schweiz.

Seidenraupen im Klostergarten

Noch 1844 vermerkt ein Chronist über Klingnau, dass sich seine Bewohner ungeachtet der vorteilhaften Lage an der Aare lieber der Landwirtschaft und dem Weinbau als Handel und Gewerbe widmen. Aber bereits einige Jahre früher, um 1838, gibt ein gewisser Franz Müller aus Tegerfelden den Startschuss zur industriellen Entwicklung der Stadt. Er kauft auf einer staatlich angeordneten Versteigerung einen Teil des ehemaligen Klosters Sion, pflanzt Maulbeerbäume im grossen Stil und hofft mit einer Seidenraupenzucht gross ins Seidengeschäft einsteigen zu können. Dieser Versuch misslingt zwar, weil die Maulbeerbäume bei uns nicht gedeihen können, aber die Seidenindustrie wird doch für einige Jahrzehnte in Klingnau heimisch.

Welche Aktivitäten in dieser Zeit in Klingnau entfaltet werden, zeigt eine Aufstellung des Klingnauer Gemeinderates aus dem Jahre 1857:
- Zwei Webereien der Firma Oehler & Cie AG mit ca. 90 Mitarbeitern
- Eine Strohflechterei der Firma Debrunner aus Lenzburg
- Eine Furnierfabrik
- Eine Bretterhandlung
- 9 Schuster
- 2 Hutmacher
- 8 Schreiner
- 4 Wagner
- 1 Kinderwagenfabrikant
- 1 Stukkateur
- 1 Kupfer- und 1 Goldschmied
- 2 Ärzte mit Apotheken

Die wirtschaftliche Entwicklung Klingnaus in den letzten 150 Jahren findet einen deutlichen Niederschlag in der Statistik der Wohnbevölkerung. 1850 beträgt die Einwohnerzahl 1300. Gemäss Statistik ist Klingnau damit für einige Jahre die bevölke-

rungsmässig grösste Gemeinde des ganzen Bezirks. Nach 1850 tritt zunächst ein Rückgang ein. Grund: Abwanderung in die grösseren Städte und Industriezentren. 1900 wird mit 1134 Einwohnern der Tiefpunkt erreicht. Nachher beginnt die Industrie sich auf das Land hinaus zu verlagern. Die Eisenbahn erlaubt der Bevölkerung, in abgelegenen Gegenden wohnen zu bleiben und sich per Pendelverkehr zur Arbeit in die Badener Fabriken zu begeben. Anderseits hängt die rasche Zunahme der Wohnbevölkerung doch in erster Linie mit der Industrialisierung im unteren Aaretal zusammen. 1950 zählt Klingnau 1778 Einwohner, und 27 Jahre später hat sich diese Zahl auf 2604 erhöht.

Den entscheidenden Auftrieb erfährt die industrielle Entwicklung erst durch den Bau der Eisenbahnlinie Turgi–Waldshut (deren Geschichte in einem separaten Kapitel festgehalten ist). Die Transportfrage für Güter aller Art ist damit gelöst.

Bereits fünf Jahre nach Inbetriebnahme der Eisenbahnlinie erwirbt die Schuhfabrik Bally in Schönenwerd einen Teil der Propstei, und wiederum zwei Jahre später, also 1866, stehen dreissig Arbeiter im Dienst dieses Unternehmens. 1875 kauft Bally auch den Rest der Liegenschaft. Diese Filiale bleibt bis zur Liquidation 1901 bestehen und hat so vier Jahrzehnte lang nicht unwesentlichen Verdienst geboten.

Dass das Schloss eine wechselvolle Geschichte verzeichnet, deren Verlauf auch für die wirtschaftliche Entwicklung erwähnenswert ist, wird im Kapitel über die Bauten festgehalten. Zunächst entstehen in den sechziger und siebziger Jahren des vorigen Jahrhunderts Kinderwagen, ab 1888 geflochtene Körbe und ab 1892 Rohrmöbel der Firma Minet & Cie.

Arbeiter der Schloss-Korberei um 1899. Man beachte die zum Teil kunstvollen Strukturen.
▼

Furniere und Zigarrenkistchen – die Holzindustrie nimmt ihren Anfang

Damit ist gleichsam auch das wichtigste Stichwort gegeben: Die Holzindustrie, welche aus dem jüngeren Schicksal unserer Gemeinde und Region nicht wegzudenken ist. Schon 1857 verlassen Furniere, aus exotischen Hölzern hergestellt, die vom Gemeinderat erwähnte Fabrik, welche am Kanal neben der Mühle in der Unterstadt betrieben wird. Besitzer und Betreiber ist Franz Xaver Schleuniger, der nebenbei auch noch Landvermessungen als Geometer vornimmt und bei Schlichtungen als Friedensrichter amtet. Ein findiger und initiativer Geist, dem grosser Anteil für die Ansiedlung der Holzindustrie im unteren Aaretal zukommt. Im Verlauf seiner Tätigkeit konstruiert er nämlich auch Werkzeugmaschinen und Sägen, deren Qualität bald einen sehr guten Ruf besitzt.

In seiner Fabrik entsteht dann auch bald mit den Zigarrenkistchen das Produkt, das sogar über hundert Jahre später noch für Beschäftigung sorgt. Dass es aber dazu kommt, ist eigentlich eher zufällig. Schleuniger trifft im Militär mit einem Gautschi zusammen, der in Reinach Kopfzigarren herstellt. Die Verpackung: Holzkistchen aus Deutschland. Als

---

Zweimal Weiher und seine Holzindustrie in den dreissiger Jahren. – Unten ein Blick gegen Döttingen mit Sperrholzfabrik Keller & Co. AG, Möbelfabrik Tütsch-Zimmermann, Firma Hess und Bahnhof. – Rechts eine Aufnahme gegen Südwesten/Kleindöttingen mit Blick auf Keller & Co. AG, den unbebauten Brüel, die Gebäude der Firma Oberle & Hauss und das noch unbewachsene linke Aareufer bei Kleindöttingen.

1870 im Deutsch-Französischen Krieg die Lieferungen aus Deutschland ausbleiben, kommen Schleuniger und damit Klingnau ins Geschäft. Gautschi ermuntert Schleuniger zur Kistchenfabrikation, der nicht lange zögert, seinen Betrieb ausbaut, ins Unterdorf verlegt und bald einmal in der Lage ist, den Kistchenbedarf der Wynentaler Zigarrenfabrik zu decken. Damit ist der Grundstein zur Ansiedlung der Holzindustrie gelegt. Hölzer aus der ganzen Schweiz und besonders aus exotischen Ländern finden bald einmal den (Schienen-)Weg nach Klingnau, prägen das Bild des unteren Aaretales und seiner Bewohner, welche dieses Material zum fertigen Produkt verarbeiten und gleichsam veredelt wiederum in alle Herren Länder verschicken: Rohrmöbel, Holzmöbel aus gebogenem Buchenholz, diversen anderen Hölzern und anderen Materialien, Furniere, Sperrholz, Spanplatten und letztlich – quasi als logische Konsequenz – auch die berühmten Ledermöbel.

1895 gibt es in der Schweiz insgesamt 13 Kistenfabriken mit 160 Beschäftigten, im Aargau zwei Betriebe mit 24 Mitarbeitern. Einer davon ist die vom Sohne Schleunigers gegen Ende des Jahrhunderts errichtete Kistenfabrik. Um 1900 geht Schleunigers Betrieb ein und wird 1902 von Albert Stoll aus Waldshut übernommen. Die Fabrik liegt zwar beim Bahnhof auf Döttinger Boden, der Geschäftssitz ist aber in Klingnau.

Die darauf einsetzende Entwicklung zeugt von einer grossen Dynamik:
- Um die Jahrhundertwende entschliesst sich der langjährige kaufmännische Leiter Schleunigers, der 1860 geborene Jakob Keller-Höchli, die Kistchenfabrikation in einem eigenen Betrieb fortzusetzen. Unterstützt von seiner Familie und zwei

Schwagern eröffnet er im Weiher seine «Fabrik» – eine 12 m lange, denkbar einfach ausgerüstete Werkstatt. In den folgenden Jahrzehnten entsteht daraus eines der bedeutendsten Unternehmen der schweizerischen Holzindustrie: die Firma Keller & Co., aus der 1945 wiederum die Novopan AG hervorgeht.

- 1912 scheidet aus der Firma Stoll der Buchhalter Oberle aus, der vor 1902 schon im Waldshuter Geschäft tätig gewesen war, und mit ihm der Betriebsleiter Karl Hauss. Beide eröffnen 1913 zwischen Bahnhof und Aare in Döttingen eine Möbelfabrik, die sich bald eines guten Rufes erfreut.
- Stolls Betrieb geht 1919 an die Firma Tütsch-Zimmermann über und wird ab 1939 als Stuhl- und Tischfabrik von der Familie Tütsch bis 1985 weitergeführt. Weitere Firmengründungen in Klingnau und den Nachbargemeinden durch austretende Kaderleute folgen sich Schlag auf Schlag: Bugmann & Schifferle in Döttingen, Mutter in Kleindöttingen, Hess in Döttingen. In Klingnau gründet 1954 Engelbert Vögeli, bis dahin Prokurist in der Firma Tütsch, die Stuhl- und Tischfabrik Klingnau AG. Das sind nur einige der Namen.
- Die Folge ist eine in der Schweiz einzigartige Konzentration namhafter Produzenten von Tischen und Stühlen, Büromöbeln, Polstermöbeln, Spanplatten, Sperrhölzern, Furnieren und anderem mehr. Ihren vorläufigen Schlusspunkt erfährt diese Entwicklung 1965 mit der Gründung der Aktiengesellschaft deSede in Klingnau, der im Laufe ihrer wechselvollen Geschichte weltweite Anerkennung für das Design und die Herstellung hochklassiger Ledermöbel zuteil wird.

Die volkswirtschaftliche Bedeutung dieser Branche ist für unseren Kanton beachtlich. Gemäss Volkszählung von 1980 arbeiten rund 7,3 Prozent der in der Industrie und Gewerbe Beschäftigten in der Holz- und Möbelindustrie. Für den Bezirk Zurzach und besonders unsere Gegend ist diese Bedeutung ungleich höher. Hier findet sogar fast jeder Dritte sein Auskommen in dieser Branche – volkswirtschaftlich und kritisch gesehen eine fast bedenkliche Einseitigkeit.

Holzindustrie um 1925. Blick in die Sägerei- und Zuschneideräume der Firma Tütsch-Zimmermann.

Geschäftsdrucksachen als (sprechende) Zeugen der industriellen Entwicklung:

Rechnung vom August 1851 der Furnierfabrik Schleuniger, des ersten industriellen Betriebes in Klingnau.

Postkarten aus dem Jahre 1907 (Stoll) und 1913 (Minet).

So sah sich die Keller & Co. AG in den zwanziger und vierziger Jahren.

Albert Stoll Klingnau (Schweiz)
aldshut (Baden)
Fabriken für Möbel aus gebogenem Holze.

Tit.

Betreibungsamt

Basel.

Minet & Cie
KLINGNAU (Suisse)
Marque déposée

Tit.
Società Anonima "Polus"
Chiasso.

FOURNIRFABRIKATION von F.X. SCHLEUNIGER
KLINGNAU.
Kant. Aargau, Suisse.

rikation von Kleinkisten - Sperrholzplatten & Stuhlsitzen
Keller & Co. A.G. Klingnau Schweiz
den 28. Februar 1940.
Telephon No. 5.11.77
ausser Geschäftszeit No. 5.12.66
Telegramme: Kellerco - Klingnau
Postcheck VI 169
Bankkonto: Schweiz. Bankgesellschaft Aarau

258a
WE

KELLER

Bestätigung.

Die unterzeichnete Firma, als Arbeitgeberin von
Wengi Alfred bestätigt, dass derselbe bei ihr im
Jahre 1939 angestellt war vom:
1. Januar bis und mit 28. August
und vom
22. Dezember bis und mit 31. Dezember.
Er erhielt einen Stundenlohn von Fr. 1.15, für 14 Tage
Fr. 110.40. Vom 29. August bis und mit 21. Dezember
war der Obengenannte im Aktivdienst.

Klingnau, den 28. Februar 1940.
KELLER & Cº A.G.
Im Auftrag:

FABRIK-MARKE K&Cº GESETZL. GESCHÜTZT
CEDERN · AFRIKA · MAHAGONI (GABOON)
CEDERN-IMITATION · ERLEN
TANNEN · PAPPELN · BUCHEN · LINDEN · etc.
FERTIGE KISTCHEN FÜR CHOCOLADE-FABRIKEN
mit Scharnieren & Hacken etc.
SCHWARZ- & BUNTFARBENDRUCK AUCH MEHRFARBIG
Vorteilhafte maschinelle Einrichtungen
Neueste Trocken-Anlage
TELEPHON 13
Telegramme: KELLERCO

Kleinkisten-Fabrik · Messerschneide- & Dampfsägewerk
KELLER & Cº · KLINGNAU
(SCHWEIZ)
POSTCHECK & GIRO-CONTO AARAU Nº 169 · VI
BANK-CONTO: AARGAUISCHE CREDITANSTALT

den 9. Dezember 1929.

JF/CK.

Tit. Gemeindesteuer - Kommission,

Klingnau.

Sie erhalten anbei die Steuerdeklaration der Herren Thadäus &
Oskar Höchli. Die Deklaration über den Geschäftsanteil ist Ihnen vor
einigen Tagen zugegangen. Die private Erwerbs- & Vermögenslage soll
sich seit der letzten Taxation nicht verändert haben, so dass die bisherigen Ansätze in Frage kommen.

Hochachtungsvoll:
ppa. KELLER & Co.

Die Stumpi-Episode

Das «Johanniter», zwischen Propsteianlage und Stadt eingeklemmt, war und ist für viele Klingnauer bis heute die «Stumpi». Dieser Ruf dürfte auch die ersten Jahre des nun entstandenen katholischen Pfarreizentrums überdauern. Woher kommt er eigentlich?

Blenden wir zurück:

Bis fast ans Ende des Zweiten Weltkrieges dient das ehemalige Gotteshaus des Johanniterordens als Lagerhaus der Firma Minet. Kurz vor Kriegsende erwerben Vater Villiger und der Bruder des 1989 neu gewählten Bundesrates für 35 000 Franken das Gebäude und eröffnen darin im März 1945 eine Zigarrenfabrik. Das kommt nicht von ungefähr, denn nur einen Katzensprung über den Rhein, in Tiengen, betreiben Villiger Söhne schon seit 1910 eine ähnliche Fabrik.

Wir schreiben 1945, der Krieg ist vorbei, Deutschland zerschlagen. Jede Erwerbsmöglichkeit ist den Bewohnern ennet des Rheins willkommen.

Anfangs werden täglich rund zwanzig gelernte Zigarrenmacherinnen von Tiengen nach Klingnau gefahren, um die neuen Arbeiter und Arbeiterinnen in der «Stumpi» anzulernen. Die Frauen reisen Sommer und Winter auf der Brücke eines Lastwagens mit Holzvergaser, auf zwei harten Holzbänken sitzend. Eine Blache schützt sie vor Regen und Kälte.

Das Hauptgeschäft in Pfeffikon beliefert die Klingnauer Filiale täglich mit Rohtabak. Daraus entstehen von Hand gedrehte Wickel – rohe Zigarren – mit Deckblatt. Pro Woche verlassen rund 900 000 «Rio 6» die Hallen. Die Belegschaft ist auf eine beachtliche Zahl angewachsen, zählt sie doch Ende der vierziger Jahre zwanzig Wickel-, fünfzig Zigarren- und acht Deckblattmacher. Nach 1950 beginnt die maschinelle Fertigung. Pfeffikon liefert nun fertige Wickel ab Maschine, die in Klingnau von flinken Händen nur noch das Deckblatt erhalten. Ende 1983 schliesslich erlischt die Stumpenglut. Die Fertigung wird aufgegeben, das Gebäude an die katholische Kirchgemeinde verkauft. Allerdings bleibt ein feiner Hauch von Tabak zurück, sind selbst heute immer noch einige wenige Heimarbeiterinnen damit beschäftigt, die Wickel behutsam mit einem intakten Deckblatt so zu versehen, dass der Stumpen auch «zieht»…

Blick auf das Propsteigelände im Jahre 1966. Wo heute das Oberstufenschulhaus steht, beherrschten damals die ausgedehnten Holzlager der Novopan AG das Bild.

Der Boom der sechziger Jahre

Eine Milderung der nicht ganz ungefährlichen Abhängigkeit von der bislang dominierenden Holzindustrie und eine nachhaltige Bereicherung der Firmen- und Branchenvielfalt ist ab etwa 1960 zu beobachten. Während in den früheren Jahrzehnten Firmengründungen nur sporadisch erfolgen, sehen die Jahre zwischen 1960 und 1988 einen Höhenflug unternehmerischer Risikofreudigkeit. Nicht weniger als 20 Firmen mit 1988 über 400 Arbeitsplätzen werden in dieser Zeit gegründet oder lassen sich in Klingnau nieder. Neben den «Grossen» wie deSede AG und Kaufmann AG entsteht eine ganze Anzahl kleinerer Firmen des Gewerbes, der holz- und metallverarbeitenden Branche. Dass der Bau von neuen Kraftwerken in der engeren Umgebung seine Auswirkungen auch auf Klingnau hat, liegt auf der Hand: 1965 erfolgt der Spatenstich auf der Beznau-Insel zum Bau der Kernkraftwerke Beznau I und II. Knapp zehn Jahre später ertönt der Startschuss zu den Bauarbeiten des KKW Leibstadt.

Aber auch High Tech und Engineering halten Einzug. In der Canonica AG entstehen Geräte und Anlagen für die Industrieautomation. Die 3S technik AG fertigt unter anderem elektronische Einrichtungen für Kommandozentralen. Und mit den Aspekten des industriellen Umweltschutzes beschäftigen sich die W. Frei AG, welche Kläranlagenausrüstungen herstellt, sowie die Bioriko AG, aus deren Kompostierungsanlagen im Zelgli umweltfreundlicher Düngestoff den Weg in die ganze Schweiz und ins Ausland findet.

Schliesslich wird 1980 der Sitz der Aarewerke Klingnau AG endlich von Brugg nach Klingnau verlegt, wo dieses Kraftwerk seit 1935 betrieben wird. Die Entstehung dieses Werkes ist in einem separaten Kapitel festgehalten.

Hilfe über die Grenzen hinweg

Gleich nach dem Zweiten Weltkrieg herrscht auch in den grenznahen Gebieten ennet des Rheins grosse Not. Deutschland liegt nach dem verlorenen Krieg am Boden. Die jahrelang verschlossenen Grenztore öffnen sich 1945 bald einmal; denn Grenzgänger aus Waldshut und Umgebung suchen dringend Arbeit bei den schweizerischen Nachbarn, vor allem in den Fabriken im unteren Aaretal. Anderseits setzt bald organisierte Hilfe aus Bevölkerung und Industrie ein. Um die ärgste Lebensmittelknappheit zu mildern, führen auch die Klingnauer Betriebe Suppenaktionen durch. So lassen während der ersten Nachkriegsmonate Keller & Co. und auch die Stumpenfabrik Villiger täglich einige hundert Liter Suppe im Hotel Vogel kochen und nach Waldshut-Tiengen liefern.

Quellen und Literatur:

- Jahresschrift der Historischen Vereinigung des Bezirks Zurzach, 1984
- Der Aargau (Aargauer Ansichten), 1983
- Wirtschaftsbuch Schweiz, Rudolf H. Strahm, 1987/88
- Wohlstand aus dem Nichts, Das Abenteuer der Schweizer Wirtschaft, Paul Keller und Roger Nordmann, 1973
- Geschichte der Stadt Klingnau, zweite, erweiterte Auflage, Otto Mittler, 1967

Kurzübersicht:

Vor 1850 betreiben die Klingnauer Landwirtschaft und Weinbau. Der Lebensstandard ist tief. Armut, Tagelöhnerei und eine eher dürftige Ernährung prägen den Alltag. Erste industrielle Fertigungsbetriebe entstehen um 1840: Die Gewinnung von Rohseide, zwei Webereien, eine Strohflechterei und eine Furnierfabrik geben Arbeit und Verdienst. Der entscheidende Impuls zur Ansiedlung von Industriebetrieben wird erst durch den Bahnbau um 1859 ausgelöst: Schuhe, Furniere, Rohrmöbel und Kinderwagen und bald auch die berühmten Zigarrenkistchen verlassen Klingnauer Fabriken. Ab der Jahrhundertwende bis in die achtziger Jahre hinein entsteht in unserer Region die Holz- und Möbelindustrie in einer für die Schweiz einmaligen Konzentration. Der Kraftwerkbau und die Anwendung des elektrischen Stromes erzeugen zwischen 1890 und 1940 noch einmal gewaltige Schubkräfte. Aus dem Boom der sechziger Jahre heraus werden bis 1989 nicht weniger als 20 mittlere und kleinere Unternehmen in Klingnau gegründet oder lassen sich hier nieder.

Chronologie und Übersicht der Klingnauer Unternehmen in Industrie und Gewerbe

(Stand: Ende 1988)

In Klingnau ansässig bzw. gegründet	Name	Aktienkapital in Fr.	Anzahl Mitarbeiter davon Lehrlinge	Beschreibung der Aktivitäten
1900	Keller & Co. AG	500 000	150/3	Produktion von Kleinkisten, Vermipan-Brandschutzplatten, Sperrholzplatten und Kellpax-Türen, furnierte Span- und Täferplatten
1900	G. Schleuniger, Malergeschäft	–	3/0	Malerarbeiten, ind. Spritz-, Putz- und Tapeziererarbeiten
1924	Hans Schleuniger, Landesprodukte	–	2/0	Handel mit Landesprodukten
1927	Hans Roth AG, Sanitäre Anlagen	–	9/1	Ausführung von sanitären Installationen, Wasserversorgungen
1928	Häfeli-Brügger AG, Transporte und Lager	200 000	21/0	Muldentransporte, Überlandtransporte, Lager, Umschlag, Entsorgung
1930	Andreas Häfeli AG, Hoch- und Tiefbau	10 000	30–35/1	Wohn-, Geschäfts- und Industriebauten, Umbauten, Kanalisationen und allgemeine Betonbauten im Tiefbau
1937	Autogarage Weber	–	1–2/0	Handel mit Neuwagen und Occasionen, Autoreparaturwerkstätte, Tankstelle, Peugeot-Vertretung
1938	Deppeler AG, Spenglerei und Bedachungen	100 000	12/2	Ausführung von Spenglerarbeiten, Flach- und Steilbedachungen, äussere Verkleidungen, Fassadenbau, Blitzschutzanlagen
1938	Righetti AG, Bauunternehmung	150 000	28/1	Hoch- und Tiefbauarbeiten
1948	Gebr. Burri AG, Holzbeizerei VSHB	100 000	2–3/0	Beiz- und Polierwerkstatt, Renovation von Möbeln
1954	Stuhl- und Tischfabrik Klingnau AG	300 000	24/1	Fabrikation von Stühlen, Tischen usw. für den Objektbereich
1958	Keller-Schibli AG	75 000	4/2	Schreinerei/Küchen, Möbel/Innenausbau
1960	Ernst Keller AG	50 000	14/0	Fensterfabrik, Schreinerarbeiten
1961	Walter Suter, Traktoren und Landmaschinen	Einzelfirma	2/2	Handel und Werkstattbetrieb mit Traktoren, Landmaschinen, Kommunalmaschinen und Kleingeräten
1964	INTUS Teppiche Bodenbeläge Karl Erne	Einzelfirma	1/0	Bodenbeläge, Parkettarbeiten, Orientteppiche
1964	Paul Keller & Söhne AG, Metallwaren und Reklamen	150 000	8/0	Lichtreklamen, Beschriftungen, Metallbuchstaben, Metallwaren, Metalldecken, Beleuchtungen

1965	**De Sede AG**	3 000 000	170/9	Produktion von exklusiven Ledermöbeln
1966	**Canonica AG Automation**	–	12/1	Industrie-Automation, Automatisierungstechnik, Lötautomaten, Handlinggeräte, Bauteile für die Automation
1971	**Schweisswerk + Montagen**	–	2/0	Schweissarbeiten aller Art, Montagearbeiten und -rohrbau, Schlosserei und Metallbearbeitung
1974	**Ruedi Schleuniger Mechanische Werkstätte**	–	1/0	Fabrikation von Stahlrohrmöbeln, Bauschlosser- und Kunstschmiedearbeiten
1975	**W. Frei AG, Kläranlagen-Ausrüstungen**	50 000	15/0	Herstellung und Montage von mechanischen Ausrüstungen für Kläranlagen, Heizungs- und Rohrleitungsbau, Schlosserarbeiten; Tätigkeit in ganz Europa
1977	**Bioriko AG, Kompostierungsanlagen**	–	7/0	Kompostieren von Rindenabfällen, Garten- und Küchenabfällen, Industrieabfällen aus der Lebensmittelindustrie. Herstellung von Komposten, Substraten und Mulchmaterial
1977	**Fritz Märki AG, Bauunternehmung**	70 000	10–15/0	Hochbau: Neubauten, Umbauten, Renovationen, Generalbau
1980 (seit 1927 Brugg)	**Aarewerke Klingnau AG**	16 800 000	27/0	Betreibung des hydraulischen Kraftwerks Klingnau, Gesamtleistung 37 000 kW, mittlere Jahreserzeugung 230 Mio kWh
1984	**Turocal AG, Heizungsanlagen**	–	6/0	Heizung, Lüftung, Fernwärme, Alternativenergie
1985	**Kaufmann AG, Malerei, Gipserei, Isolationen**	400 000	85/7	Malergeschäft, Gipsergeschäft, Fassadenisolationen, Betonsanierungen usw.
1985	**Isotherm-Handels AG**	20 000	5/0	Verkauf von Isolationsmaterial «Engros»
1986	**Kreuz-Garage Klötzli**	–	4/1	Service, Reparaturen aller Marken, Verkauf und Handel mit Automobilen, off. Toyota-Vertretung
1987	**3S technik ag**	100 000	9/0	Herstellung von Überwachungs- und Blindschaltbildern, Einrichtung von Kommandozentralen für Feuerwehr, Polizei, Militär, Industrie, Banken usw.
1987	**Hydrotech-Vermietungs AG**	200 000	12/0	Vermietung von Wasserhöchstdruckanlagen bis 2500 bar inkl. Personal in der ganzen Schweiz
1988	**Kaufmann-Immobilien AG**	200 000	1/0	Immobilien: Kauf, Verkauf, Vermietung

Diese Tabelle erhebt keinen Anspruch auf Vollständigkeit. Die Angaben wurden uns von den erwähnten Unternehmen mitgeteilt.

Klingnauer Unternehmen – Personen, Schicksale, Geschichten

Dass die Geschichte der Wirtschaft massgeblich von der Tatkraft, Phantasie und Risikobereitschaft einzelner Persönlichkeiten bestimmt wird und dass, gerade im lokalen Bereich, damit die Schicksale vieler Menschen nachhaltig beeinflusst werden, liegt auf der Hand. Klingnau hat vor rund 150 Jahren den Start zur Industrialisierung erlebt. Auf Hochs folgten Tiefs, Blütezeiten wurden von Rückschlägen abgelöst. Wer die Geschichte näher studiert, wird feststellen, dass es in Klingnau durch alle Jahrzehnte hindurch nicht grosse, anonyme Konzerne waren, die den Lauf der Wirtschaft, die Zahl der Arbeitsplätze, den Grad der Wohlfahrt bestimmten. Diese Rolle spielten immer wieder einzelne aus dem Gewerbe herausgewachsene Männer, Unternehmertypen mit dem Drang, etwas zu «bewegen», ein Risiko mit Unbekannten in Kauf zu nehmen.

Wir wagen an dieser Stelle den Versuch, die Geschichte von vier sehr verschiedenen Firmen in aller Kürze zu beleuchten. Unterschiedlich nicht nur in Tradition und Grösse, sondern auch in den Aktivitäten. Gemeinsam aber sind in jedem Fall die Wurzeln – sie sind bei allen in Klingnau zu suchen...

Chistli-Keller – vom Furnier zur Panzerplatte

«Chistli vom Keller» sind mit Klingnau ebenso untrennbar verbunden wie etwa der Bischofshut im Stadtwappen. Schon um 1870 verlassen diese Edelverpackungen für Zigarren aller Art die Fabrik Franz Xaver Schleunigers. Als dieser Betrieb im Jahre 1900 unter den Hammer kommt, beschliesst dessen kaufmännischer Leiter namens Jakob Keller-Höchli, den Betrieb auf vorerst bescheidener Basis weiterzuführen; damit ist die Grundlage für die spätere Keller & Co. gelegt. Eine 12 Meter lange Werkstatt im Weiher, ausgerüstet mit einigen einfachen Maschinen, wird zunächst im familiären Rahmen betrieben. Täglich verlassen dreitausend Bestandteile, sog. Kistchenformate, die Fabrikation. Hauptabnehmer sind die Zigarrenfabriken im See- und Wynental und auch im Tessin. Bis zum Ersten Weltkrieg zählt das Unternehmen bereits dreissig Arbeiter. Der Krieg und die Jahre danach stellen das Unternehmen auf eine harte Probe. Die Veränderung der Rauchergewohnheiten durch die aufkommende Zigarette, die grassierende Inflation und die Marktveränderungen machen ein Umdenken nötig: Neue Produkte sollen der Firma neuen Schwung geben.

Der Moment des Sperrholzes ist damit gekommen. Zusammen mit seinem Schwiegersohn Jean Frick-Keller baut Keller zwischen 1923 und 1925 die Fabrikation dieses in der Schweiz neuen Baustoffes auf, nachdem schon vorher Betriebe in Deutschland, Polen und Finnland die ersten wichtigen Impulse gaben. Manches Hindernis stellt sich dem Erfolg in den Weg, und die Banken machen erst mit, als die Aussichten günstig scheinen. Ab 1924 wird industriell gefertigt, und aus der ehemals bescheidenen Kistchenwerkstatt hat sich ein beachtlicher Betrieb entwickelt.

Bis zum Zweiten Weltkrieg verläuft die Entwicklung befriedigend und selbst in den berüchtigten dreissiger Jahren erstaunlich krisenfest. Weitere Ausbauten erfolgen 1933, 1937 und 1940. Der Pioniergeist, der die beiden Unternehmer immer wieder beseelt hat, hält an. Kurz vor dem Krieg beginnt die Herstellung von Panzerholz. Das neue Produkt wird in Eisenbahnwaggons und Panzertüren für Metzgereien, Gefrierräume, Ladeneingänge und Fabriken eingebaut. Ja, selbst die Morane-Jagdflugzeuge, welche in Lizenz in der Schweiz gebaut werden, sowie die schweizerische Eigenentwicklung C-36 bestehen aus vielen Panzerholz-Elementen. Der Weltkrieg vermag zwar die Nachfrage nicht zu dämpfen, aber die Holzlieferungen aus dem Ausland bleiben fast aus und bringen das Unternehmen in eine arge Zwickmühle. Die Schwierigkeiten nehmen erst ein Ende, als die Waffen endlich schweigen. Vermerkt die Statistik im Jahre 1900 ganze vier Mitarbeiter, sind es 1920 deren 36. Diese Zahl vergrössert sich bis 1930 auf 73, und wiederum zwanzig Jahre später, 1950, sind es rund 200 Beschäftigte.

Der bereits erwähnte Pioniergeist führt noch während des Krieges zu neuen Aufgaben. Bereits mit dem Sperrholz gelingt es, einen einigermassen stabi-

▲
Die «alte Fabrik» der Keller & Co. um 1920.

Blick in die Kistchenfabrikation um 1949.
▼

len Holzbauteil zu konstruieren, der gegenüber dem Massivholz entscheidende Vorteile aufweist: Durch die Verleimung der kreuzweise übereinandergelegten Holzblätter gibt es kein Schwinden, Quellen oder Reissen mehr. Doch das absolut stabile, spannungsfreie Holzprodukt wird erst mit der Erfindung der *Novopan-Holzspanplatte* durch den Schweizer Ingenieur Fahrni Realität. Fahrni findet bald einmal bei Keller & Co. Verständnis und Unterstützung. Zwischen 1942 und 1945 wird der Probebetrieb vorbereitet. Erste Versuche, von Hand einige Prototypen zu fertigen, erfolgen 1942: Auf Maschinen, die eigentlich der Sperrholzfabrikation dienen, werden die ersten Hölzer zerspant. Anschliessend wird die Masse zu einem Holzbrei angerührt, aus einer Giesskanne mit Leim übergossen und in einer Form zu einer Platte gepresst. 1944 läuft der maschinelle Probebetrieb auf der Presse 3 an. Vormittags entstehen hier Sperrholzplatten, nachmittags bis um zehn Uhr abends läuft die Spanplattenproduktion; «läuft» ist wohl etwas zuviel gesagt. Pro Tag entstehen nämlich nur ganze 16 Platten im Format 260 x 150 Zentimeter. Aber 1947 ist es dann soweit – die erste Spanplattenfabrik der Welt nimmt die Produktion auf. Im Weiher geht das «Werk I» in Betrieb.

Das aus vorwiegend einheimischen Holzarten hergestellte Produkt erfreut sich bei Schreinern und Möbelfabrikanten bald grosser Beliebtheit. Die Novopan AG wird gegründet. Bereits 1955 entsteht das zweite Werk, gefolgt 1963 von der dritten Ausbaustufe. — Ebenfalls in den fünfziger Jahren entsteht die Kunststoffplatte, welche ab 1955 in der Kellco-Fabrik hergestellt wird.

Die Firma expandiert: 1962 wird die beim «Sion» einst von Minet AG errichtete Sperrholzfabrik Klingnau AG gekauft. Im gleichen Jahr erfolgt die Gründung einer Tochtergesellschaft in Schifferstadt bei Speyer in der Pfalz (Deutschland); dieses

Drei Unternehmer-Generationen, die Geschichte machten (von links nach rechts):

Jakob Keller-Höchli, der eigentliche Begründer der Keller & Co. AG. Geboren 1860 in Klingnau, machte er sich um die Jahrhundertwende selbständig und baute aus der anfänglich kleinen Werkstatt ein blühendes Unternehmen auf. Er starb am 21. Mai 1941.

Sein Schwiegersohn **Jean Frick-Keller** trat 1920, nach dem überraschenden Tode des Sohnes von Jakob Keller, in die Firma ein, übernahm bald einmal die Geschäftsleitung und blieb bis 1976 aktiv. Er wurde am 7. Dezember 1889 geboren und starb am 7. September 1976.

Dessen Sohn **Jean Frick**, geboren am 25. Januar 1920, trat am 2. September 1939, wenige Tage vor Kriegsbeginn, ein und schied 1977/78 aus der Firma aus.

Unternehmen fertigt mit Aluminium verstärkte Türen und Fassaden. Das stürmische Wachstum ist für die Entwicklung der Gemeinde einerseits erfreulich; denn mehrere hundert Arbeitsplätze bringen Prosperität und Steuereinnahmen. Auch bekundet die Firmenleitung mit Jean Frick senior und Jean Frick junior grosses Interesse für die kulturellen Belange ihrer Heimatgemeinde. Viele ortsansässige Vereine

Solche Gebirge aus Holzstämmen der Sperrholzfabrik Keller & Co. AG prägten besonders in den vierziger und fünfziger Jahren das Bild im Weiher, als kriegsbedingt hauptsächlich einheimisches Holz aus dem Emmental verarbeitet wurde.

Geschäftsleitung der Keller & Co. AG mit Angestellten und Abteilungsmeistern im Jubiläumsjahr 1950. Vorne die damaligen Firmenleiter Jean Frick-Keller sen. (sitzend, 2. von links) mit seinem Sohn Jean (sitzend, 4. von links), welche insbesondere die Spanplattenfabrikation ab Mitte der vierziger Jahre auf- und ausbauten.

Fast dreissig Jahre liegen zwischen Anbeginn und Höhepunkt der Novopangeschichte. Was 1942 mit ersten Handversuchen begann, nahm 1947 mit der Inbetriebnahme des «Werkes I» im Weiher seinen bedeutenden industriellen Anfang; das war die erste Spanplattenfabrik der Welt. Nach weiteren Ausbauetappen wurde 1971/72 mit dem Bau des «Werkes IV» in Kleindöttingen ein vorläufiger Schlusspunkt gesetzt. Diese Anlage galt damals als die weltweit modernste Novopanfabrikation und kostete inklusive Land, Bau und Maschinen 96 Millionen Franken.

und Institutionen profitieren von diesem freigebig geprägten Engagement.

Anderseits hat die Bevölkerung insbesondere in den umliegenden Quartieren grosse Lärmimmissionen zu ertragen, die sie aber verständnisvoll akzeptiert. Nach jahrzehntelangem einträchtigem Zusammenleben kommt es Ende der sechziger Jahre zur ernsthaften Belastungsprobe. Die Firma erweitert ihre Aktivitäten rasch und möchte das ganze Gebiet zwischen Hauptstrasse, Weiher und Stausee zum geschlossenen Industriequartier umfunktionieren. Als das Unternehmen die Gemeindestrasse Brüel, die mitten durch das Fabrikareal führt, erwerben will, wehren sich die Brüelbewohner. Sie fürchten die drohende Isolierung und steigen gegen diese Pläne vehement auf die Barrikaden. An der Herbstgemeinde 1968 folgt der Souverän mit grosser Mehrheit diesen Argumenten und verweigert den Expansionsabsichten seine Gefolgschaft. Die Firmenleitung beschliesst daraufhin kurzentschlossen die Aussiedlung ins gegenüberliegende Feld auf Kleindöttinger Boden, wo 1970 zunächst die Kellco-Kunststoffplatten produziert werden. Ab 1973 sollen schliesslich in einem riesigen Neubau die Novopanplatten entstehen. Verschiedene Bau- und Produktionsprobleme führen zu langen Verzögerungen. Gleichzeitig nimmt die Nachfrage wegen der inzwischen eingetretenen wirtschaftlichen Rezession rapid ab. Diese Ereignisse gehen letztlich an die Substanz des Unternehmens. In einer von der Hauptbank des Unternehmens getragenen Sanierungsaktion wird 1977 das Aktienkapital von drei auf zehn Millionen Franken aufgestockt, die Führungsstruktur massiv verändert. In der Folge geht die Firma an die Hiag-Gruppe über.

Von der einst blühenden Firmengruppe mit Sitz in Klingnau ist heute nur die Keller & Co. AG an ihrem ursprünglichen Sitz verblieben. Rund 150 Mitarbeiter fertigen eine ganze Palette von Produkten, die heute auf dem Bau, im Innenausbau und in der Möbelbranche einer regen Nachfrage beggnen. Ja — und auch die Zigarrenkistchen haben ihren prominenten Platz behalten ...

Canonica Automation – High Tech von Kindesbeinen an

Die Technik hat Hans Canonica schon immer fasziniert. Schon als Schulbub bastelt er ständig mit elektrischem Zeug herum, legt im und um das Elternhaus herum beim Schloss alle möglichen Leitungen – wenn es sein muss auch über die Strasse. Bei «Kaka», so nennen ihn seine Kollegen, läuft immer etwas. Entsprechend viel Betrieb herrscht bei ihm am freien Mittwochnachmittag; ständig hat er eine Schar Kollegen um sich – und diese experimentieren eifrig mit. Kaum der Schule und Berufsausbildung entronnen, gründet Hans Canonica 1966 ein Unternehmen, das fortan seine Aktivitäten in einem Gebiet entwickelt, das noch in den Kinderschuhen steckt: Automatisierung.

Zunächst entwickelt er die ersten Geräte für die Zuführung von Kleinteilen, wie sie in der Uhrenindustrie gang und gäbe sind. Die mechanische Uhr ist (noch) das Paradepferd der schweizerischen Uhrenindustrie. Das Geschäft kommt bald auf Touren. Rasch setzt sich aber der Bedarf nach ähnlichen Geräten auch in anderen Zweigen durch. Präzisere, grössere Handhabungsautomaten sind gefragt. Elektrogeräte- und Automobilhersteller in vielen Ländern stossen neu zum Abnehmerkreis. Canonica geniesst bald einen guten Ruf als innovationsfreudiger Hersteller.

Hans Canonica vor seinem 1980 bezogenen Neubau im Brüel.

Ein nächster Entwicklungsschritt führt Mitte der siebziger Jahre in die Löttechnik. Canonica-Automaten übernehmen in der Folge viele bis dahin noch von Hand ausgeführte Lötprozesse in der Elektro- und Apparateindustrie. Folgerichtig werden die Aktivitäten ausgedehnt – es entstehen nicht mehr nur einzelne Maschinen, sondern komplexe Systeme. Zunächst am Fischerweg in einer Baracke untergebracht, wechselt das Unternehmen im Jahre 1980 sein Domizil in einen Neubau im Brüel. Heute beschäftigt das Unternehmen 12 Mitarbeiter.

Computergesteuerte Lötautomaten von Canonica in einem Frankfurter Unternehmen, wo ABS-Bremssysteme für Ford-Automobile hergestellt werden.

deSede – vom Tornister zum weltbekannten Sitzleder

Als Geburtsdatum der deSede AG gilt zwar 1965. Doch im weitesten Sinne beginnt diese Geschichte eigentlich schon in den zwanziger Jahren. Beim Bahnübergang im Weiher betreibt Emil Lüthy eine Sattlerei und kommt damit einigermassen über die Runden – mit Arbeiten, die halt einfach so anfallen, besonders aber mit Militäraufträgen. Viele Felltornister – von den Soldaten «Aff» genannt – und auch Brotsäcke verlassen die kleine Werkstatt. Jahre nach dem Zweiten Weltkrieg erweitert Lüthy Sortiment und Geschäftsräumlichkeiten. Vorhänge und Bodenbeläge werden nun im anstossenden, winkelförmigen Neubau angeboten und verarbeitet.

Mit dem Eintritt des Sohnes Ernst erfährt der Geschäftsverlauf eine dynamische Phase. Ständig voller Ideen und auf der Suche nach unkonventionellen Materialien und Verarbeitungsmethoden, verbindet sich der Unternehmer und gelernte Sattler Lüthy mit dem Kaufmann Felder zu einem in der Folge äusserst erfolgreichen Duo. Die beiden bringen es fertig, das damals in der Möbelbranche eher selten verwendete Material Leder in verschiedensten Ausführungen und auch Farbgebungen zu wahren Kunstwerken zu formen. Die Fachwelt ist verblüfft; viele Erfolge an internationalen Messen stellen sich ein.

Erfolge bringen Umsatz, bedingen den schnellen Ausbau des Unternehmens. 1965 erfolgt die Gründung der deSede AG. Einige Jahre später wird ein Neubau, hart an der Bahnlinie nach Koblenz, bezogen. Die Firma wandelt sich schnell vom Gewerbebetrieb zur industriell tätigen Unternehmung. «deSede of Switzerland» – unter diesem Siegel gelingt es, zum weltweit exklusiven Möbeldesigner zu avancieren. deSede wird zum Inbegriff einer weltweit gepflegten Sitzkultur auf hohem Niveau. Möbel aus dieser Klingnauer Firma sind fortan nicht nur Gebrauchsgegenstände, sondern Elemente der Innenarchitektur. Sie stehen in der Lobby von Banken, Regierungsgebäuden und Nobelhotels auf allen Kontinenten, zieren die Paläste der in den sechziger und siebziger Jahren aufstrebenden Ölscheichs oder laden zum Sitzen ein bei vielen Prominenten unserer Zeit, ob sie nun Paul Newman, Hans-Joachim Kulenkampff, Luciano Pavarotti oder Friedrich Dürrenmatt heissen. Nichts scheint dieser Firma nicht zu gelingen.

Anfang der achtziger Jahre aber reissen die Verbindungen zwischen den Pionieren, es kommt zur Trennung und zum finanziellen Eklat. Der Weiterbestand der Firma mit mehreren hundert Arbeitsplät-

Das Stammhaus der deSede AG im neuen Industriequartier Zelgli.
▼

zen scheint gefährdet. Nach langen Monaten der Unsicherheit und Verhandlungen scheidet auch der Gründer Lüthy aus. Das Unternehmen wird 1984 durch die PCW-Gruppe übernommen. Durch tiefgreifende Massnahmen an Haupt und Gliedern sowie in der Sortimentspolitik wird in der Folge versucht, das Schiff wieder auf den richtigen Kurs zu bringen.

Heute beschäftigt deSede im Klingnauer Stammhaus rund 170 Mitarbeiter. Ungefähr 70 Prozent der Produktion gehen in 40 Länder. Neuerdings werden nicht nur feinstes Leder, sondern auch wertvollste Stoffe zu exklusiven Sitzmöbeln verarbeitet. Noch immer ist das Klingnauer Unternehmen ein Markt- und Trendleader. «Und jedes Stück», so die Firma über sich selbst, «ist ein Original.»

**Design – Zauberwort und Erklärung zugleich für den Erfolg der deSede-Produkte. Die handwerkliche Fabrikation fasziniert junge Designer aus vielen Ländern, mit denen deSede den Kontakt seit dem Gründungsjahr pflegt. Einige Entwürfe aus den seither entstandenen Kollektionen zählen bereits zu den Exponaten bekannter Museen.
deSede-Produkte, die schon heute als Möbelklassiker gelten; von oben links: DS 57, DS 140, DS 142.**

Es begann mit Seidenraupen – die wirtschaftliche Entwicklung

Häfeli-Brügger – von der Kiesgrube zum Abfallverwerter

Ganz genau genommen, beginnt die Geschichte von Häfeli-Brügger mit der Gründung einer Fuhrhalterei im Jahre 1929. Ernst Häfeli senior hat den Mut, im Jahr des grossen New Yorker Börsenkrachs auf eigenen Beinen zu stehen. Bald beginnt er im Höngerrai in der bereits bestehenden Grube Kies abzubauen, der für den einsetzenden Strassenbau und zur Herstellung von Beton verwendet wird. Schon zwei Jahre später erweitert Häfeli seine Aktivitäten mit dem Bau der ersten Einfamilienhäuser.

Bis zum Krieg geht alles gut. Dann aber, zwischen 1939 und 1945, kommen magere Jahre. Ernst Häfeli hält sich recht und schlecht über Wasser: einige Jahre als Bauamtsführer, als Gemeindeweibel und mit kleineren Nebenbeschäftigungen. Gleich nach dem Ende des Krieges 1945 nimmt er die früheren Tätigkeiten wieder auf. Arbeit fällt an in Form von Vermarchungen – für die geplante Umfahrungsstrasse (!) Döttingen–Klingnau, des Stausees und im Rahmen der Arbeiten für die Güterregulierung Klingnau, wo es gilt, Marchsteine zu versetzen und Strassen zu bauen.

Mitte der fünfziger Jahre entsteht im unteren Zelgli der Grundstein für den heutigen Betrieb: Eine

Kurt und Ruedi Häfeli (rechts) leiten heute das Unternehmen Häfeli-Brügger AG mit der Tochtergesellschaft Bioriko AG.

Garage mit Werkstatt wird gebaut und anschliessend das Wohnhaus mit Büro. Strassenbau, Aushübe und Abbrucharbeiten sowie Kieslieferungen und Transporte prägen die folgenden Jahre. (In diesem Zusammenhang haben sich mir gewisse Erinnerungen eingeprägt. Ich hatte damals Zeitungen auszutragen und kam dreimal wöchentlich an der Kiesgrube vorbei. Mehr als einmal hing Häfeli junior wie eine Schwalbe hoch oben in der Kieswand, um mit einer langen Eisenstange Sprenglöcher zu bohren oder

Lastwagen der Firma Häfeli-Brügger im Jahre 1953 und 1988.

lockere Stücke zum Absturz zu bringen. Das waren noch Zeiten…)

In den sechziger Jahren erhält die bisherige Einzelfirma die Rechtsform einer Familien-Aktiengesellschaft und heisst fortan Häfeli-Brügger AG, Kieswerk und Transporte, Traxarbeiten.

Zu Beginn der siebziger Jahre – als noch kein Mensch das spätere Modewort kennt – keimt die Idee der Kompostierung. Schon seit vielen Jahren durch Transporte mit der hiesigen Spanplattenindustrie verbunden, werden erste Versuche mit Baumrinden und Holzabfällen unternommen – aus heutiger Sicht eine europäische Pionierleistung. Was 1973 als Kleinversuch beginnt, nimmt vier Jahre später industrielle Ausmasse an. Die Bioriko AG Kompostierungsanlage wird, als Tochter der Häfeli-Brügger AG, gegründet. In Zusammenarbeit mit Spezialisten gelingt es, den vorwiegend aus der einheimischen Spanplattenproduktion stammenden Abfall in einen hochwertigen Kompost umzuwandeln und einer sinnvollen Wiederverwertung zuzuführen. Bald einmal geniesst der Rindenkompost bei Hobby- und Landschaftsgärtnern einen hervorragenden Ruf als biologisches, umweltfreundliches Naturprodukt.

Quasi als logische Fortsetzung übernimmt die Firma ab 1989 die regionale Grünabfuhr, mit der organische Abfälle aus Haushalt und Industrie einer sinnvollen Wiederverwertung zugeführt werden.

Im Jahre 1985 erfährt das Transport- und Lagergeschäft mit dem Bau eines grossen Terminals eine wesentliche Verstärkung. Heute beschäftigt das Unternehmen gegen dreissig Mitarbeiter.

Häfeli-Brügger – Fakten und Zahlen

HÄFELI-BRÜGGER AG
Umschlag und Lager: ca. 20000 Paletten pro Jahr
Umschlag: ca. 25 000 Tonnen diverse Güter im Grenzverkehr
Entsorgung: ca. 30 000 Kubikmeter Baustellen- und Industrieabfälle
Kilometerleistung: ca. 1 Million Kilometer pro Jahr
BIORIKO AG
Entsorgung und Kompostierung
ca. 45 000 Kubikmeter Rindenabfälle
ca. 10 000 Kubikmeter Garten- und Küchenabfälle
ca. 5000 Kubikmeter Abfälle aus der Lebensmittelindustrie
ca. 6000 Kubikmeter Schwemmgut aus Flusskraftwerken

Quellen und Literatur:
● Unterlagen und Auskünfte dieser Firmen

Firmengebäude im Jahre 1978.
▼

Die Eisenbahn kommt, die Armut geht

Als am 16. August 1859 – also vor 130 Jahren – «endlich» die Bahnlinie Turgi–Waldshut eröffnet wird, bricht auch für unsere Gegend und Klingnau ein neues Zeitalter an. Zwar verkehren täglich nur gerade drei Zugspaare in jeder Richtung, und die Fahrt mit dem schnaufenden Dampfross geht gemächlich im 30-Kilometer-Tempo dahin. Aber das untere Aaretal hat mit dieser Linie die Fortsetzung an die Spanisch-Brötli-Bahn zwischen Zürich und Baden/Brugg und somit den Anschluss «an die weite Welt» gewonnen. Es ist zudem die erste internationale Strecke zwischen der Schweiz und Deutschland. Das karge Taglöhnerdasein, die weit verbreitete Armut haben damit auf mittlere Sicht ausgespielt; denn die Ansiedlung von Gewerbe, Handwerk und Industrie folgt der Eisenbahn fast auf dem Fusse.

Was mag wohl die Initianten dazu bewogen haben, den internationalen Anschluss ausgerechnet durch das untere Aaretal, einer doch sehr ärmlichen Gegend, zu suchen? Denn ein Blick in die damaligen Verhältnisse des unteren Aaretales zeigt, dass das Leben der Klingnauer und ihrer Nachbarn nicht gerade ein Schleck gewesen sein muss. Beschaulich, ja; aber auch hart und von Entbehrungen geprägt! Das einzige Fabrikgebäude der ganzen Talschaft weit und breit, eine Spinnerei, stand in Turgi. Die übrigen Dörfer hatten sich seit dem Mittelalter wenig verändert: Alte, niedere Bauernhäuser, daneben kleine, armselige Hütten der Taglöhner, deren einzige Habe eine Kuh oder eine Ziege sind. Sie wie auch die Kleinhandwerker sind hauptsächlich für die Bauern tätig. Knapper Wohnraum, grosse Familien, kleines Einkommen und entsprechend karges Essen prägen den Alltag. Was also, um des Himmels willen, führte den eisernen Schienenstrang zu unseren Vorfahren?

Knopf der Eisenbahneruniform der Nord-Ost-Bahn im vorigen Jahrhundert. Solche Lokomotiven verkehrten auch zwischen Turgi und Waldshut.
▼

Vor 150 Jahren: Der moderne Bundesstaat setzt Zeichen

Zu Beginn des 19. Jahrhunderts steht die Schweiz unter der Fuchtel einer sie von allen Seiten bedrängenden Not. Die Situation ist katastrophal, der Hunger bedroht jedermann im Kampf um das nackte Überleben. Zu Hungersnöten, Seuchen, allgegenwärtiger Armut kommen die ausländischen Besetzungen durch die Franzosen, Österreicher und Russen hinzu, unter denen auch Klingnau und das ganze untere Aaretal zu leiden haben. Ihre Armeen bekriegen sich auf unserem Boden, und die Heeresintendanturen machen sich die Sache leicht: Sie rauben und plündern – auch in Klingnau. Andere Gegenden trifft es schmerzlicher. Von Oktober 1789 bis Oktober 1798 – also neun Jahre lang – hat die kleine Gemeinde Urseren im Kanton Uri nicht weniger als 800 000 Soldaten zu verpflegen, dieweil das Kriegsfeuer die Felder verheert und das wenige noch vorhandene Vieh dezimiert. Der gewalttätige Geist der Französischen Revolution erschüttert das ganze politische System der Schweiz, krempelt die Herrschaftsstrukturen um und beeinträchtigt das Wirtschaftsleben durch unüberwindliche Hindernisse: Zwang, Drohung, Protektionismus durch geschlossene Zünfte, Binnengrenzen, Zollschranken. Ein Frachtführer, der von Basel nach Klingnau oder Zurzach unterwegs ist, tut besser daran, über deutsches Gebiet zu reisen, um Abgabeleistungen wie

Maut und Akzissen zu vermeiden, die ihn und seine Ware auf Schweizer Boden belasten. Zwischen 1815 und 1824 werden allein in der Schweiz siebzig neue Zollbarrieren errichtet, deren Gesamtzahl an die 400 erreicht. Die Folge waren wiederum Hunger und Armut. Ein Teufelskreis. Die einsetzende Industrialisierung mit dem Aufbau des Eisenbahnnetzes zerstört zwar vielerorts die ländliche Idylle, aber sie trägt wesentlich zur Überwindung von chronischer Armut, Unterernährung und hoffnungsloser Verschuldung bei. Die Verfassung von 1848 tut ein übriges dazu, beseitigt die Zollschranken im Innern und vereinheitlicht diese nach aussen. Der moderne Bundesstaat erhält das Post- und Münzregal, vereinheitlicht Masse und Gewichte, erlässt die für die wirtschaftliche Entwicklung massgeblichen Gesetze wie im Eisenbahnwesen, über Arbeiterschutz, menschliche und tierische Seuchen, Erfindungspatente.

Ambitionen und Initiativen

Um 1835 herum befinden sich Europa, unser Land und auch der Aargau im Eisenbahnfieber. Seit mehreren Jahren schon verkehren auf unseren Seen mit Dampfmaschinen angetriebene Schiffe. Und die Zeitungen berichten fast täglich über den Bau von Eisenbahnstrecken in den Vereinigten Staaten und England. Als dann Deutschland und Frankreich an den Bau von ersten Strecken gehen, gedeihen auch in den damals schon eher nüchternen Eidgenossen kühne Pläne.

Als eine der ersten Gesellschaften unseres Landes stellt die Basel-Zürcher-Eisenbahngesellschaft im Juni 1839 den Plan für eine Linie Zürich–Basel vor, die in unserer Gegend bei «Eyen» die Aare überschreiten und an deren linkem Ufer bis an den Rhein verlaufen soll. In den darauf folgenden Jahren entsteht ein politischer Hickhack zwischen den beteiligten Kantonen einerseits und verschiedenen Interessengruppen anderseits. Auch die politischen Interessen des Grossherzogtums Baden kommen ins Spiel. Wie über 130 Jahre später an überregionalen Projekten mehrfach erlebt, verhindert schon jetzt das kleinkarierte Denken der Zürcher, Basler und Aargauer eine rasche Lösung; denn jeder befürchtet, die Vorteile für den anderen seien grösser als die eigenen. Um 1840 fallen in Europa die durch börsentechnische Manipulationen hochgejubelten Bahnwerte in den Keller und lösen eine allgemeine Finanzkrise aus. Hinzu kommt die Angst vor einem grossen Krieg in Europa und im Vorderen Orient. Die Basel-Zürcher-Eisenbahngesellschaft bringt die nötigen Gelder nicht zusammen, gerät ins Trudeln und wird am 5. Dezember 1841 im Badener Rathaus liquidiert. Für 3600 Franken geht der ganze Nachlass an einen Mann, der nach einer Pause von zwei Jahren das Projekt entscheidend vorwärts bringt: Martin Escher-Hess, genannt der «Dampf-Escher».

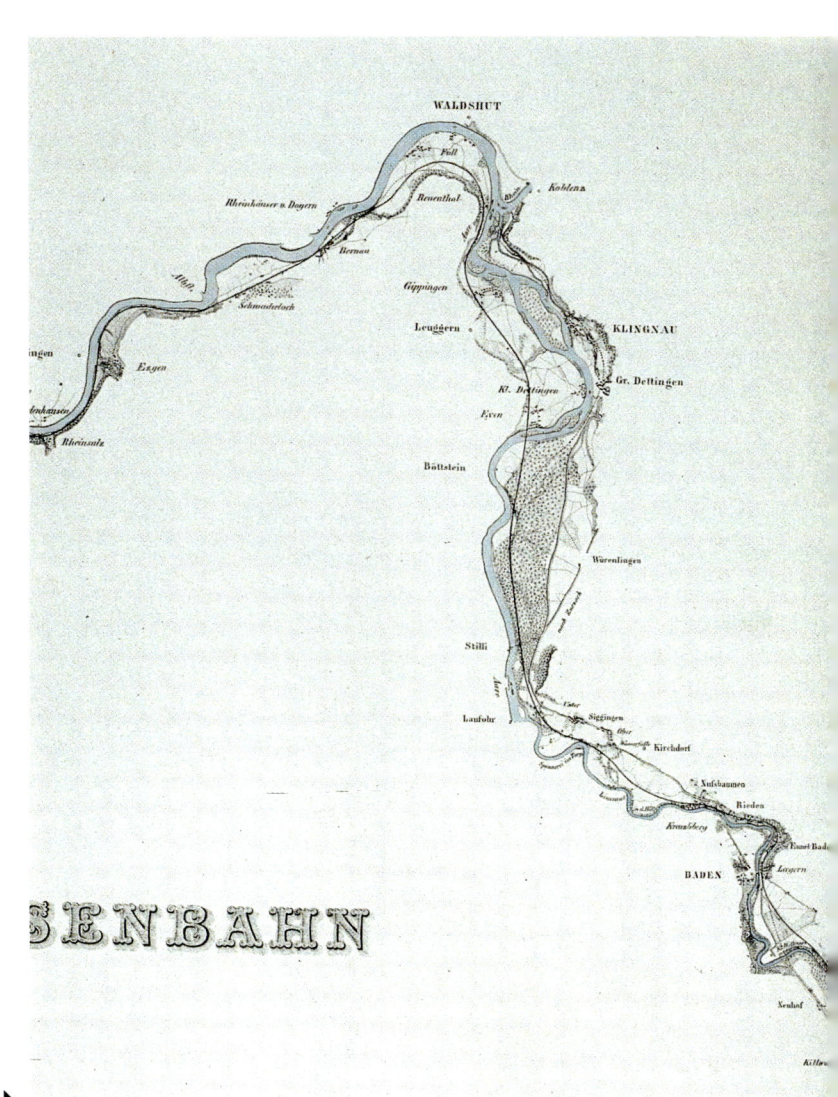

Streckenführung der Basel-Zürcher-Eisenbahngesellschaft um 1840. ▶

Zu den lokalen Exponenten, die sich unermüdlich hinter die Idee stellen, gehört der Koblenzer Gemeindeammann Kalt. Er versucht um 1843, den Badener und Zürcher Stadträten die Linienführung entlang den Flüssen Limmat, Aare und Rhein zu verkaufen. Dieser Einsatz ist nötig; denn neuerdings wird auch eine Streckenführung über oder durch den Bözberg diskutiert.

Schon damals gibt es «Glaubenskriege» in Sachprojekten, Leute mit Weitblick und andere ohne diesen. Während Exponenten wie der Koblenzer Gemeindeammann sich für das Projekt einsetzen, reissen erboste Bauern in Siggingen, Klingnau und Döttingen die Signalstangen der Vermesser aus und wünschen die Eisenbahn zum Teufel.

Mit dem Engagement des «Dampf-Escher» schliesslich gewinnen die treibenden Kräfte Oberhand. Die inzwischen auf die Bühne getretene Nord-Ost-Bahn erhält 1845 die Konzession samt Auftrag zum Bau. Die Linie wird doppelspurig als Hauptverbindung zum Grossherzogtum Baden bzw. Deutschland geplant. Grossherzog Friedrich von Baden hat mit seinen Badischen Staatsbahnen nämlich bereits um 1846 die Verbindung Mannheim–Waldshut vollendet, und ein Anschluss an den südlichen Nachbarn wäre ihm gerade recht. Man muss dazu wissen, dass zu dieser Zeit noch keine Einheitsgesellschaften wie etwa später die SBB existieren, weder in der Schweiz noch in Deutschland. Die Kantone, die Herzogtümer bauen ihre eigenen Bahnnetze. In Basel residieren die Centralbahnen, in Zürich die Nord-Ost-Bahn. In Basel – und hier liegt der Hund begraben – gibt es zwei Bahnhöfe: den Badischen in Klein-Basel sowie – am Standort des späteren SBB-Bahnhofes – die Endstation der Elsässischen Bahnen und etwas später, direkt daneben, das Gebäude der Centralbahn. Der Verkehr zwischen dem Badischen und den beiden anderen Bahnhöfen wird per Fuhrwerk (!) abgewickelt. Eine Verbindung per Schiene gibt es nämlich noch nicht. Über die Finanzierung dieses Stückes werden sich die Stadtväter von Basel und Grossherzog Friedrich von Baden nicht einig. Friedrich ist sehr am Weg zum Bodensee interessiert. Warum nicht via Waldshut, Baden, Zürich und Romanshorn? Man wird handelseinig. Der Bau der Linie Turgi–Waldshut mit dem nun begradigten Verlauf dem rechten Aareufer entlang wird an die Hand genommen. Man schreibt das Jahr 1858.

Der Bau im Schnellzugtempo und ein Streit um die Station

Die Deutschen bauen das Stück vom Bahnhof Waldshut bis an das südliche Rheinufer, also inklusive Brücke, in deren Kosten man sich teilt. Der Strang auf Schweizer Seite wird von der Nord-Ost-Bahn hergestellt. Die Bauarbeiten bieten keine besonderen Probleme. Der Tunnel zwischen Koblenz und Rheinbrücke wird nach zwei Monaten durchstochen. Als bauliche Attraktion und als Novum gilt schon bald die Gitterwerkbrücke über den Rhein. Noch Jahrzehnte nach dem Bau ist sie Gegenstand manch einer Studienreise von Ingenieurstudenten und Hochschulen. Bemerkenswert ist das horrende Bautempo, das vorgelegt wird. Die Konkurrenz durch andere Bahnprojekte ist gross, und anderseits locken die Gewinnaussichten dank der lukrativen Konzession und des zu erwartenden grösseren Verkehrsaufkommens auf dieser ersten internationalen Verkehrsverbindung.

Allerdings scheint eine Unmenge von Verhandlungen mit Gemeinden und Landbesitzern den Fortgang der Arbeiten zu hemmen: Die Führung des Trassees, Landkäufe und Landenteignungsverfahren, der Bau von Weg- und Strassenübergängen und nicht zuletzt lokalpolitische Zänke geben viel zu reden. (Noch heute legen im Staatsarchiv die gesammelten Korrespondenzen, Eingaben, Beschwerden, Protokolle und Beschlüsse beredtes Zeugnis ab von den zahlreichen Vorstössen und Eingaben der betroffenen Gemeinden und Landeigentümer.)

Berühmt sind zwei Begebenheiten, welche Klingnau damals beschäftigten: Einmal jene Befürchtungen, das Armenhaus im Weiher werde durch das Dröhnen des vorbeifahrenden Zuges gefährdet und zerstört; erst eine Expertise vermochte die Gemüter zu beruhigen...

Die zweite Episode – aus heutiger Sicht schon beinahe eine Schildbürgergeschichte – dreht sich um den Standort der Bahnstation. Ursprünglich als Station Klingnau näher an der Stadt geplant, stösst dies den Döttinger Nachbarn samt den Gemeinden im Kirchspiel sowie Tegerfelden sauer auf. Sie verlangen eine Verlegung der Haltestelle nach Süden und erhalten Sukkurs vom Baudepartement, welches dann auch noch die Bezeichnung «Döttingen» gutheisst. Der Streit erfährt eine fast salomonisch an-

Der Bahnhof Döttingen-Klingnau um 1900.

mutende Schlichtung: Standort südlicher, also näher bei Döttingen, Aufschrift auf der Südseite «Döttingen-Klingnau», auf der Nordseite «Klingnau-Döttingen». Selbst vier Monate nach Inbetriebnahme, im Dezember 1859, scheint das die Döttinger immer noch gewaltig zu wurmen. Der Gemeinderat kommt in einer Beschwerde an den Regierungsrat auf seine ursprüngliche Eingabe zurück, findet aber bei der inzwischen ungehalten gewordenen Kantonsregierung kein Verständnis mehr.

Nach rund anderthalb Jahren Bauzeit ist die Verzögerung so gross, dass nur mit Sonntagsarbeit der Termin eingehalten werden kann. Die Bräuche zwischen Unternehmern und Arbeitern sind offenbar hart, sieht sich doch der «Katholische Kirchen-Rath» am 31. März 1859 zu einem geharnischten Schreiben an den «Tit. Regierungs-Rath» genötigt. Es ist bereits die zweite Reklamation in dieser Sache. «Es beschweren sich nämlich die an der Eisenbahnlinie Turgi–Waldshut gelegenen Pfarrämter wiederum darüber, dass die Bauunternehmer den Zahltag gewöhnlich auf Sonntag nachmittag festsetzen und dadurch die christenlehrpflichtigen Arbeiter am Besuch der Christenlehre hindern.» Die Nord-Ost-Bahn-Direktion solle tunlichst ihre Bauunternehmer «wiederholt und ernstlich dazu anhalten, die Bezahlung der Arbeiter künftighin nicht mehr auf Sonntag nachmittag während der Christenlehrzeit vorzunehmen». – Wie man sieht, sind Terminengpässe und die Tricks zu ihrer Behebung nicht eine Erfindung der Neuzeit…

Dank diesem Parforce-Einsatz kann die Linie am Dienstag, 16. August 1859, eingeweiht werden. Dieser Anlass wird dann auch gebührend gefeiert. Der Zürcher Hauptbahnhof sowie sämtliche Stationen entlang der Strecke bis Waldshut sind festlich mit Girlanden geschmückt. Nach Ansprachen in Zürich setzt sich die mit Blumen dekorierte Spanisch-Brötli-Bahn in Bewegung. Im Festzug sitzen zwei Bundesräte, die Regierungsvertreter von fünf Kantonen, die Spitzen der Bahngesellschaft sowie eine grosse Anzahl honorabler Ehrengäste. Nicht zu vergessen die Klingnauer Stadtmusik. Auf jeder Station wird angehalten, und die Lobesreden und das Anstossen mit manch edlem Tropfen wollen kein Ende mehr nehmen. Der Mann des Tages ist unbestritten Alfred Escher, der damalige Präsident der Nord-Ost-Bahn-Gesellschaft. Dass es während des ganzen Tages in Strömen regnet, tut der Hochstimmung keinen Abbruch. Ein neuer Meilenstein in der Geschichte der Eisenbahn ist gesetzt.

Es begann mit Seidenraupen – die wirtschaftliche Entwicklung

Die Illusion der Doppelspur

Als wichtige internationale Eisenbahnverbindung doppelspurig geplant und vorerst einspurig realisiert, geraten diese hochfliegenden Pläne bald einmal in einen Sackbahnhof. Die Basler Bahnhöfe werden nämlich kurze Zeit später doch miteinander verbunden, die Hauenstein- und die Bözberglinie gebaut, der Gotthard durchstossen. 1898 wird die Verstaatlichung der Bahnen in einer Volksabstimmung beschlossen. Damit gelten verkehrspolitisch andere Prioritäten. Vom Ausbau zur Doppelspur redet bald niemand mehr. Turgi–Waldshut sinkt – aus nationaler Sicht – ab zur Nebenbahn. Sogar die Elektrifizierung lässt lange bis ins Kriegsjahr 1941 auf sich warten.

Allerdings verhilft der Bau dieser Linie unserer Region und namentlich Klingnau zu wertvollen wirtschaftlichen Impulsen. Die Ansiedlung der Holzindustrie wird ermöglicht, der Bau der Zementfabrik in Siggenthal und nicht zu vergessen auch jener der Kraftwerke – all dies ist letztlich der Möglichkeit zuzuschreiben, nebst Personen besonders Güter und Produkte wie Hölzer, Baustoffe und daraus gefertigte Produkte rationell per Schiene zu transportieren.

Darüber hinaus profitieren Klingnau und das ganze untere Aaretal nach dem Zweiten Weltkrieg erheblich von der Bahn: Der grosse Aufschwung mit der massiven Zunahme der Arbeitsplätze hauptsächlich in der Agglomeration Baden erfährt seine Basis in den fünfziger und sechziger Jahren. Hunderte von Grenzgängern aus Waldshut und Umgebung – anfänglich sehr viele Frauen, deren Männer im

1968 in Koblenz. Die letzte Dampflokomotive der SBB auf ihrer Abschiedsfahrt.

Kriege gefallen sind –, aber auch viele Pendler und Schüler aus unserer Gegend fahren täglich per Bahn in die Wirtschaftszentren Baden und Zürich, bringen so Geld und wiederum Verdienst auch in unsere Region.

Und die Aussichten? Der Siegeszug des Autos scheint kaum mehr aufhaltbar. Entsprechend gross und gravierend sind die Verkehrsprobleme. Eine täglich verstopfte Stadt, Lärm, Abgase und besonders die Erschütterungen des grenznahen Überschwerverkehrs zwingen zum Handeln. Gravierend sind auch die Eingriffe ins Ortsbild durch Strassenbauten: Dutzende von Millionen Franken müssen für eine Umfahrung aufgewendet werden, die diesen Namen doch eigentlich gar nicht mehr verdient!? Der Zug folgt unterdessen täglich unbeirrt seiner eisernen Spur. Die umweltfreundlichen Kapazitäten für Personen und Güter wurden massiv ausgebaut: Verkehrten 1859 noch sechs Züge täglich, sind es 1989 immerhin deren beachtliche 85! Die Züge sind zwar

Feier anlässlich der Elektrifizierung im Kriegsjahr 1941.

▲
Zukunft von Bahn und Strasse in Klingnau begegnen sich: Bauarbeiten für die neue Hauptstrasse am Nägeliweg im Weiher, Triebkopf der künftigen S-Bahn auf Probefahrt. Mai 1989.

morgens und abends von Pendlern mit Arbeitsplatz in Baden oder Zürich gut gefüllt, bleiben tagsüber trotz Taktfahrplan aber untergenutzt. Erfährt dieser Trend eine Umkehr? Vielleicht. Wenn man der Störungen im Strassenverkehr müde ist, wenn die Bahn das Auto zwischen Klingnau und Baden-Zürich (endlich) überholt, wenn die S-Bahn dann einmal bessere Anschlüsse verheisst. Vielleicht.

Quellen und Literatur:
- Staatsarchiv Aarau; verschiedene Akten und Protokolle.
- Die Schweizerische Nordbahn – ein Beitrag zur Vorgeschichte der Nordostbahn; Dr. Friedrich Wrubel, 1897.
- Eisenbahnpolitik im Aargau; Dissertation von Boris Schneider, 1959.
- Geschichte der Stadt Klingnau; zweite erweiterte Auflage, Otto Mittler, 1967.
- Badener Tagblatt; verschiedene Berichte, August 1959.
- Klingnauer Chronik 1984.
- Verkehrshaus der Schweiz, Luzern.

Kurzübersicht:

In der Eisenbahnbegeisterung vor 1850 werden die Pläne für die erste internationale Eisenbahnverbindung geboren, die zwischen Turgi und Waldshut eine Brücke zwischen der Schweiz und dem badischen Grossherzogtum schlagen soll. 1859 findet die Einweihung der doppelspurig geplanten Linie statt. Anfänglich fahren drei Zugspaare pro Tag. Der Bahnbau bringt für die bisher ärmliche Randregion den entscheidenden Anstoss für die Ansiedlung von Industriebetrieben. Als um 1900 mit der Gründung der Schweizerischen Bundesbahnen andere verkehrspolitische Prioritäten gesetzt werden, verliert diese Linie an Bedeutung. Die Doppelspur wird zwar nicht gebaut, aber heute verkehren immerhin 85 Züge täglich. Die verbesserten Verbindungen erlauben es auch heute, hier zu wohnen und auswärts zu arbeiten.

Das Problem Strassenverkehr

Im Oktober 1987 begannen mit dem Spatenstich die Arbeiten für die neue Hauptstrasse J 5, allgemein als «Umfahrungsstrasse» seit mehreren Jahrzehnten im Gespräch! Mit dem Neubau soll der grösste Teil des Durchgangsverkehrs aus den Zentren von Döttingen und Klingnau entfernt werden. Durch bauliche Massnahmen wird erreicht, dass die Lärmbelastung den neusten Lärmschutzverordnungen des Bundes entspricht.

Mit dem Neubau werden gleichzeitig auch sieben Niveau-Übergänge der SBB beseitigt. Die 3,8 Kilometer lange Ausbaustrecke beginnt südlich von Döttingen, umfährt hangseitig das Industriegebiet von Döttingen, schliesst auf der Gemeindegrenze Döttingen-Klingnau wieder an die SBB-Linie an und erreicht im Zelgli, nördlich von Klingnau, die heutige Strasse.

Mit zahlreichen Kunstbauten werden die Verbindungen zwischen getrennten Ortsteilen herge-

Städtchen um 1940 und heute: Die Idylle von einst weicht dem Moloch Verkehr von heute. Die neue Hauptstrasse sowie ein Parkierungskonzept könnten hier etwas Entlastung bringen.

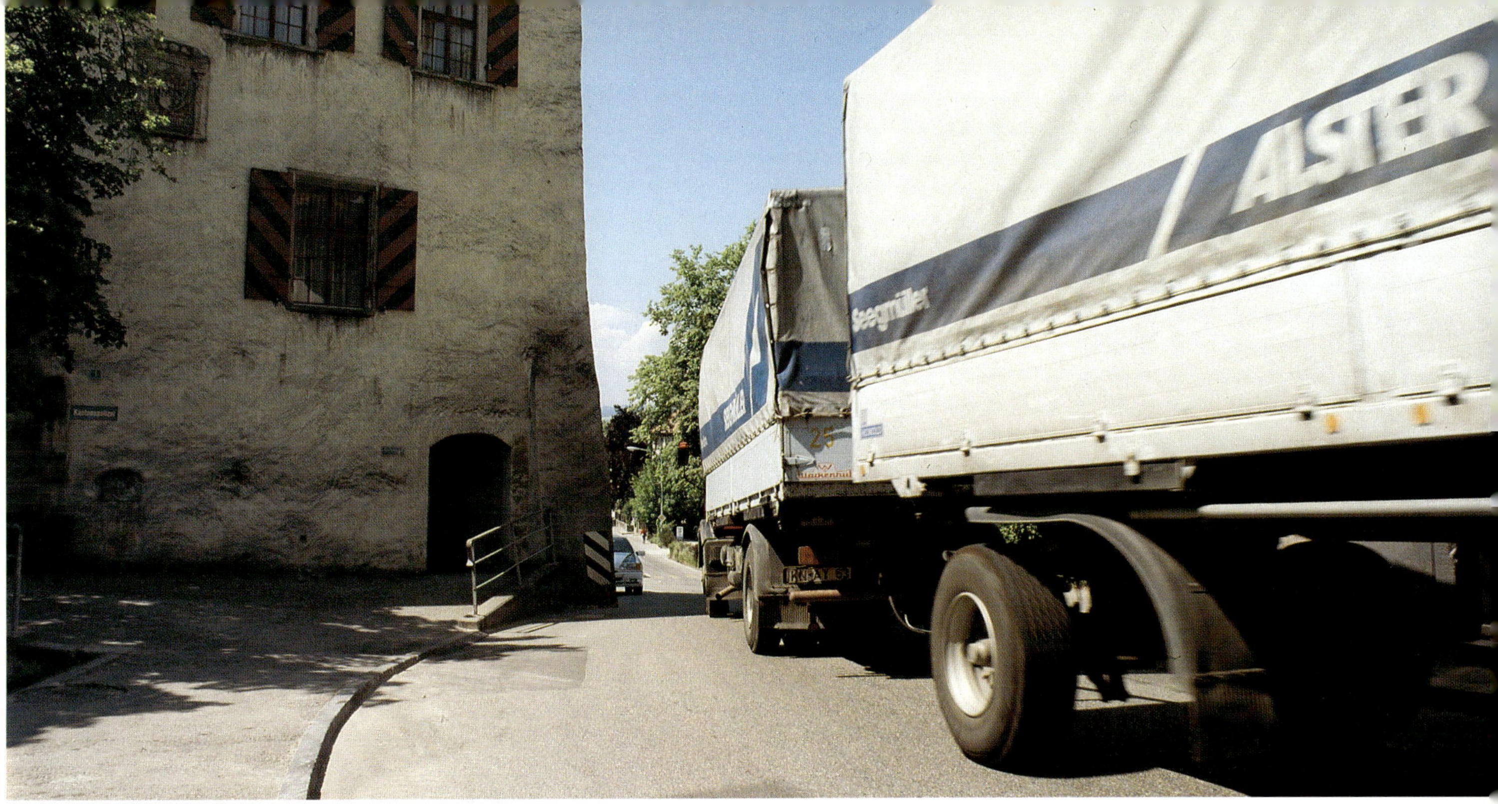
ALSTER
Seegmüller

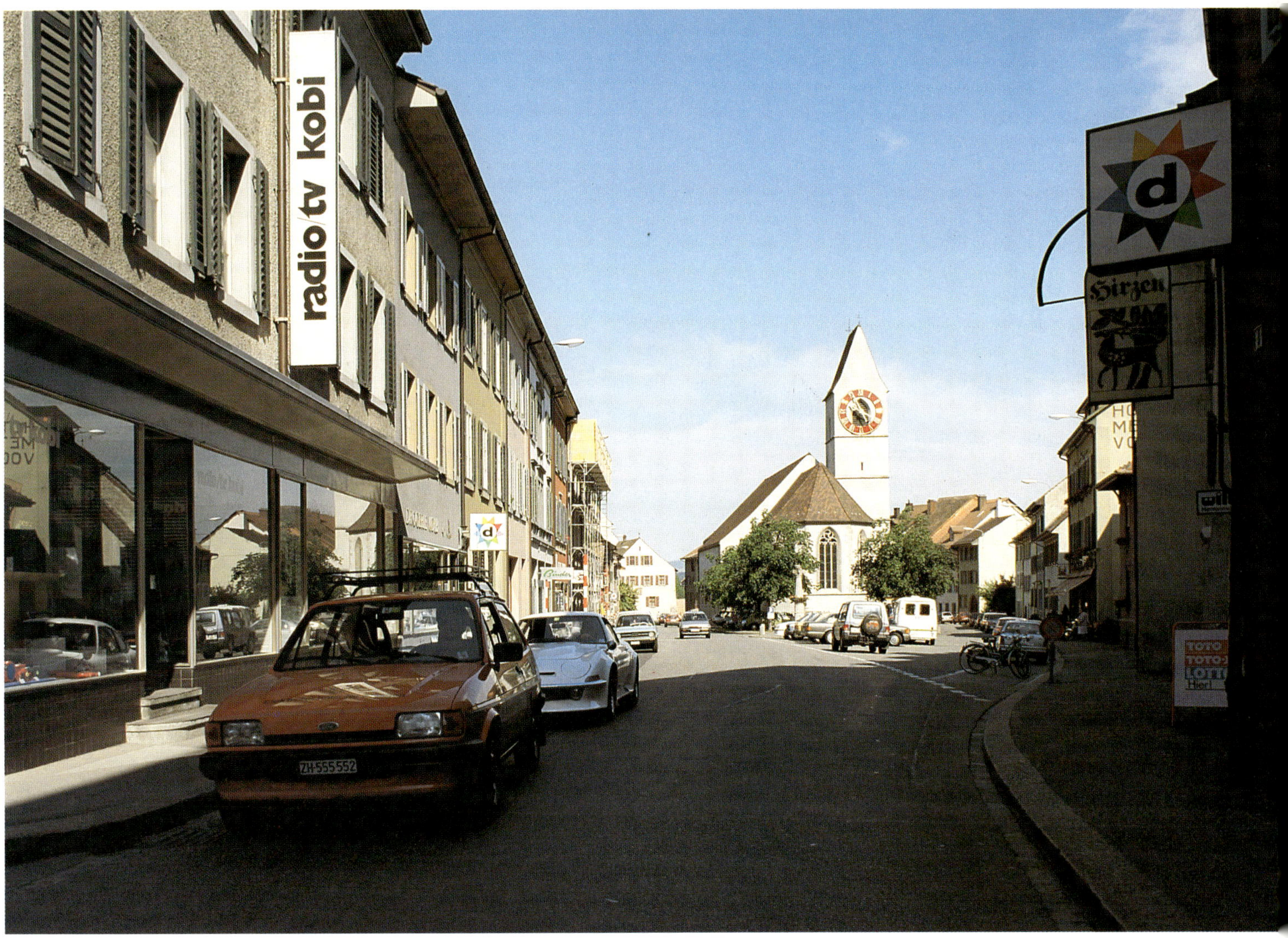
radio/tv kobi
Hirzen
ZH 555 552

Es begann mit Seidenraupen – die wirtschaftliche Entwicklung

stellt – insgesamt sind 7 Unter- oder Überführungen für Fussgänger sowie deren 4 für Motorfahrzeuge geplant und im Bau. Zu den aufwendigsten Kunstbauten gehört der Klingnauer Anschluss Nord unter der SBB und J5. Total werden ca. 120 000 Kubikmeter Kies benötigt. Ebensoviel Material muss in die Deponie geführt werden. Für Randsteine, Leitungen und für Kunstbauten sind rund 40 000 Kubikmeter Beton erforderlich. Die Baukosten betragen ca. 90 Millionen Franken (Preisbasis 1986). Daran leistet der Bund 72 Prozent. Die verbleibenden Kosten werden zwischen Kanton und beteiligten Gemeinden aufgeteilt. Klingnau hat mit Aufwendungen von rund 6 Millionen Franken zu rechnen.

Die neue Hauptstrasse J 5: Übersicht der Kunstbauten und Anlagen

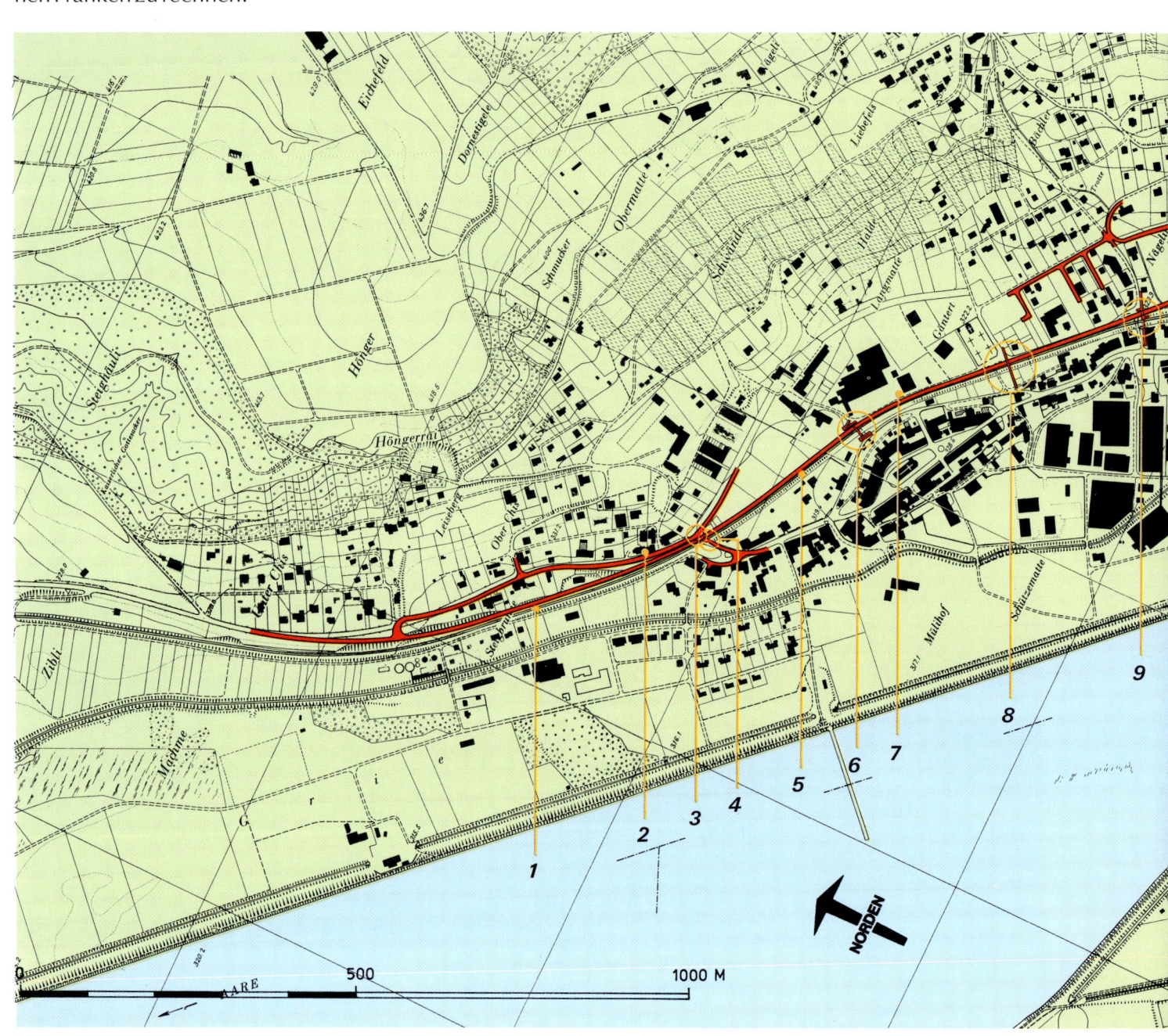

Klingnau

1. B-771: Stützmauer längs SBB
2. B-7712: Nordzufahrt/Stützmauer bergseitig
3. B-817: Nordzufahrt J5 über K113
4. B-213: Nordzufahrt/SBB-Brücke über K113
5. B-7708: Stützmauer längs SBB
6. B-816: Personenunterführung Sionerweg
7. B-7707: Stützmauer bergseitig
8. B-815: Passerelle Friedhof
9. B-7710: Personenunterführung Flüestrasse
10. B-7706: SBB-Brücke über Nägeliweg
11. B-811: Strassenbrücke J5 über Nägeliweg

Döttingen

12. B-7705: Personenunterführung Bahnhof
13. B-810: Personenunterführung Hirschweg
14. B-809: Personenunterführung Nusshaldensteig
15. B-234: Strassenbrücke K 284 über SBB
16. B-807: Strassenbrücke K 284 über J5
17. B-207: SBB-Brücke über K 113
18. B-805: Strassenbrücke J5 über K 113
19. B-803: Eindeckung Mülibach
20. B-7703: Stützmauer zwischen Strasse und Bahn
21. B-802: Surbbrücke
22. B-7702: bergseitige Stützmauer
23. B-801: Personenunterführung Risi
24. B-7701: bergseitige Stützmauer

Belastungsplan
Gde. Klingnau – Döttingen
DTV in Fz/Tag

Wie nötig diese Strassenbauten sind, belegen Verkehrsmessungen aus dem Jahre 1986. Der Belastungsplan von Döttingen-Klingnau zeigt, dass das meistbefahrene Strassenstück der beiden Gemeinden jenes zwischen «Ochsen» und Monti-Kreuzung ist: Über 16 000 Fahrzeuge passieren hier täglich. Auf der Achse Klingnau-Koblenz wurden an einem Werktag durchschnittlich rund 8100 Fahrzeuge gezählt, davon 7,7 Prozent Lastwagen. Die Spitzen wurden am Freitag mit über 8800 Fahrzeugen, bzw. werktags zwischen 17 und 19 Uhr erreicht (siehe Grafiken auf der gegenüberliegenden Seite). Gezählt wurde beim Bahnübergang im Dorf (Bild unten).

TAGESGANGLINIE

MESSORT-NR.: 0642   KLINGNAU NIVEAUUEBERGANG K113

KOMMENTAR : GERAETE NR.106

ZAEHLUNG AM   : Di 06.05.86
SUMME DER SPUREN : 1+2

ZEIT	FAHRBAHN-ZUSTAND	GESAMT-SUMME	<5,5m	>5,5m	ANZAHL FAHRZEUGE PRO INTERVALL
01:00		48	48	0	
02:00		23	23	0	
03:00		13	13	0	
04:00		11	11	0	
05:00		34	33	1	
06:00		93	84	9	
07:00		681	642	39	
08:00		507	443	64	
09:00		383	316	67	
10:00		392	331	61	
11:00		408	339	69	
12:00		517	438	79	
13:00		444	404	40	
14:00		489	438	51	
15:00		496	427	69	
16:00		550	469	81	
17:00		669	617	52	
18:00		910	861	49	
19:00		576	547	29	
20:00		403	384	19	
21:00		276	264	12	
22:00		174	172	2	
23:00		138	136	2	
00:00		96	92	4	
TOTAL		8331	7532	799	🚛 = 30 FAHRZEUGE LAENGER ALS 5,5m 🚗 = 20 FAHRZEUGE KÜRZER ALS 5,5m

MONATSGANGLINIE

MESSORT-NR.: 0642   KLINGNAU NIVEAUUEBERGANG K113

KOMMENTAR : GERAETE NR.106

ZAEHLUNG AB   : Fr 02.05.86
SUMME DER SPUREN : 1+2

DATUM	FAHRBAHN-ZUSTAND	GESAMT-SUMME	<5,5m	>5,5m	ANZAHL FAHRZEUGE PRO INTERVALL
Fr 02.05		9645	8943	702	
Sa 03.05		8806	8610	196	
So 04.05		6569	6458	111	
Mo 05.05		7869	7147	722	
Di 06.05		8331	7532	799	
Mi 07.05		8510	7718	792	
Do 08.05		6192	6092	100	
TOTAL		55922	52500	3422	🚛 = 300 FAHRZEUGE LAENGER ALS 5,5m 🚗 = 200 FAHRZEUGE KUERZER ALS 5,5m

▲ Bauarbeiten für den Nordanschluss (oben) und beim Nägeliweg im Weiher. ▼

Hier wird dereinst die neue Hauptstrasse durchführen. ▶
Alle Bilder entstanden im Mai/Juni 1989.

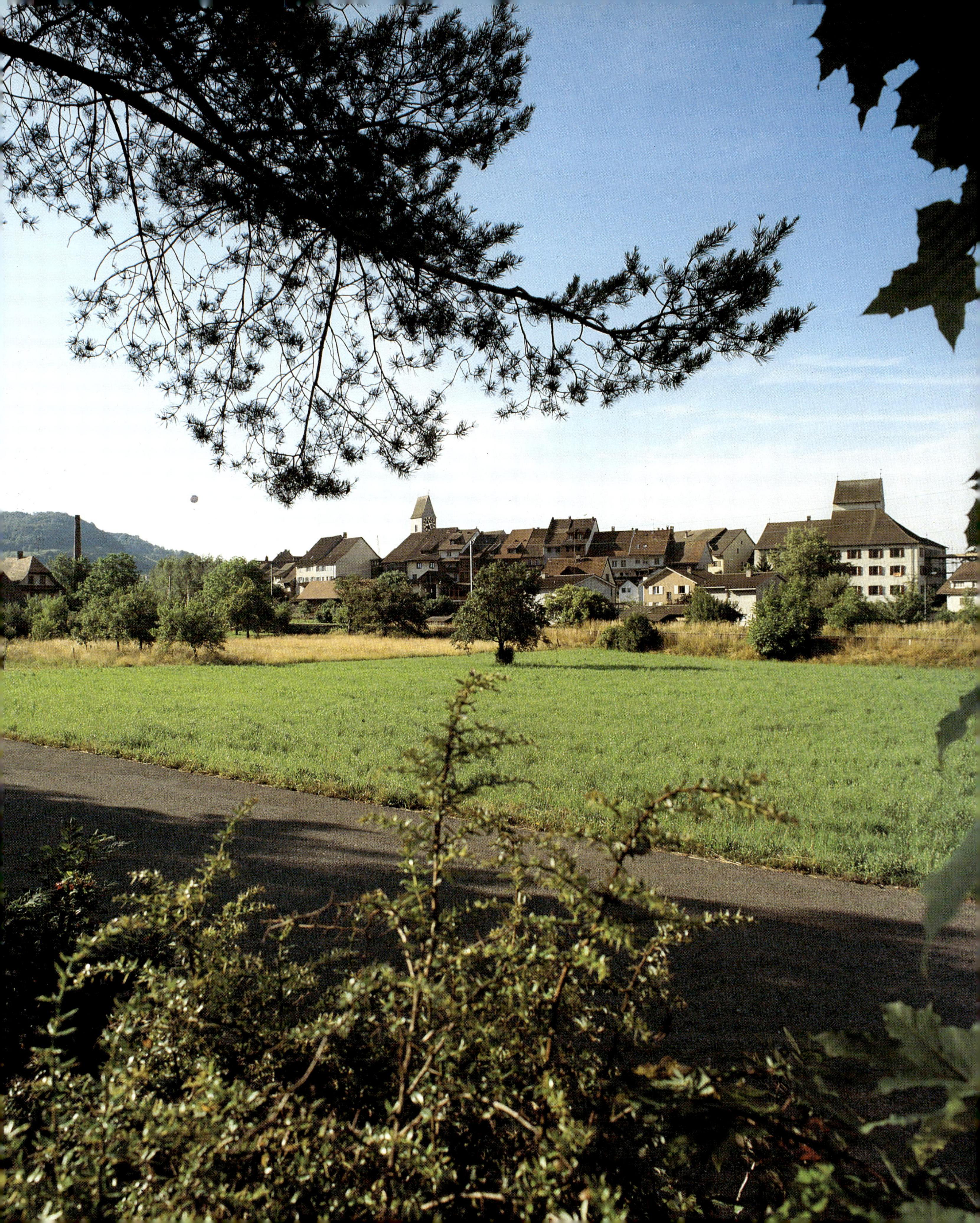

Der «Klingnauer» – Wein und Gesang und die Geschichte

Reben und Weinberge haben das Landschaftsbild vieler Aargauer Täler eindrücklich geprägt. Auch Klingnau und das untere Aaretal sowie der untere Teil des Surbtales bis nach Endingen wären ohne die prächtigen Rebberge wohl kaum vorstellbar. Klingnau ist geschichtlich nicht nur in bezug auf Minnesang, sondern wohl auch ebenso in bezug auf den Wein belastet. Walter von Klingen traf sich gerne mit den anderen ritterlichen Sängern Bertholf Steinmar, Heinrich von Tettingen (Döttingen) und vielen anderen auf dem Stadtschloss. Dass an manchen Tagen wohl erst ein tüchtiger Schluck Rebensaft die Kehlen der wackeren Rittersleute zu lösen vermochte, ist offensichtlich. Die Rebe und der Wein als eigentliche Begleiter durch die Klingnauer Geschichte. Begeben wir uns gleichsam in den Rebberg und hören, was er zu erzählen hat…

Lange ein wichtiger Erwerbszweig

Schon im 13. und 14. Jahrhundert ist der «Klingnauer» bekannt und wird offensichtlich so reichlich produziert, dass er sogar auswärts in grossen Mengen verkauft wird. Nicht immer werden die besten Lagen abgesetzt. Zürich zum Beispiel greift zum drastischen Mittel des Einfuhrstopps – weil die Qualität so miserabel ist. Ein Jäger von Höngg, so die Geschichte, wird mit 10 Pfund Haller bestraft, weil er «Klingnauer» in die Stadt einführt.

Für Klingnau und seine Bürger ist der Weinbau jahrhundertelang ein wichtiger Erwerbszweig. Die Mönche im Kloster Sion und namentlich das Kloster St. Blasien gelten als besonders aufmerksame Förderer des Weinbaus. Sie besitzen selbst eine grosse Rebgrundfläche. Auch die Mitte des 19. Jahrhunderts einsetzende Industrialisierung vermag den Weinbau nicht zu verdrängen; denn obwohl die Rebe harte körperliche Arbeit während vieler Wochen des Jahres abverlangt, bleibt der Wein ein wichtiger Nebenerwerb für viele Arbeiter. So bewahrt Klingnau bis zur Jahrhundertwende die Eigenart eines Weinstädtchens, wie einige davon heute noch immer im Elsass einladen. Um 1780 verzeichnet Klingnau 321 Jucharten Reben (ca. 115 Hektaren), und in der Mitte des 19. Jahrhunderts bestehen acht Trotten, hegen und pflegen 281 Rebbesitzer rund 160 Jucharten Reben. Bis nahe an das 18. Jahrhundert bildet der ganze Südhang vom Chis im Norden bis zum Propstberg im Süden einen zusammenhängenden Rebberg.

Bis in die dreissiger Jahre hinein sind die Weinbauern selber für den Verkauf ihres Produktes besorgt. Jeweils im Herbst beginnt in den Trotten ein emsiges Treiben. Die heitere Seite des Weinbauernlebens bricht an: Die Trotte «gieret» und verheisst einen guten Jahrgang – und einige Freinächte (ein Brauch, der noch heute gepflegt wird). Bücki für Bücki gelangt der Saft so von der Presse direkt in die Keller der Klingnauer Wirtschaften; aber auch auswärtige Käufer sichern sich einen Teil der Ernte. Nicht immer sind die Beziehungen ungetrübt zwischen Weinbauern und Wirten, die es mit der Bezahlung manchmal nicht besonders eilig haben. Manch einer zahlt erst nach vielen Anläufen, und dann auch nur ratenweise…

Böse Zeiten und neuer Schwung in alte Reihen

Zu Anfang unseres Jahrhunderts verbreitet ein kleines Tier grossen Schrecken. Die aus Amerika eingeschleppte Reblaus fällt über die Reben her, zerstört über weite Strecken deren Wurzelwerk und damit die Kulturen und bringt die Rebbauern an den Rand der Verzweiflung. Der Klingnauer Weinberg bietet ein trostloses Bild. Grosse Teile liegen brach.

Der tödlichste Feind der Rebe, die aus Amerika eingeschleppte Reblaus Phylloxera vastarix, machte zu Beginn unseres Jahrhunderts auch den Klingnauer Weinbauern schwer zu schaffen.

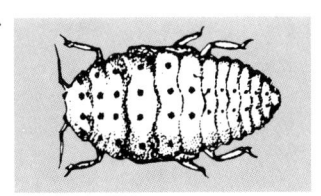

Der Wiederaufbau gelingt nur mit einer widerstandsfähigen Jungrebe, der die Reblaus nichts anhaben kann. Dieses Unterfangen verlangt viele Mittel und grossen Mut der Beteiligten. Bund und Kantone sind zwar zu Subventionen bereit, aber die Hauptlast liegt bei den Rebbauern. Was nun? Der Schulterschluss ist nötig. Vier Jahre nach dem Ersten Weltkrieg wird die Weinbaugenossenschaft gegründet.

Am 5. November 1922 trifft sich eine Schar Rebleute im Hotel Vogel zu einer Interessentenversammlung, um sich über die Vorteile einer Weinbaugenossenschaft zu informieren. Nach dem Anlass erklären 29 Anwesende spontan ihren Beitritt, und am 22. November 1922 wird der Grundstein zur Selbsthilfeorganisation gelegt. Ziel der Genossenschaft ist der Wiederaufbau des Rebberges, die Aufzucht von Rebsetzlingen, die Beschaffung des gegen die Reblaus widerstandsfähigen Unterlagenholzes und der nötigen Edelreiser. Im Frühling 1923 pflanzen die Mitglieder auf 4 Aren rund 9000 Setzlinge. Die auf amerikanischem Rebholz aufgepfropften

◀ **1988: Arbeiten im Rebberg.**

Der Klingnauer Rebberg in seinen verschiedenen Stadien. Auf einer Ansichtskarte von 1908 (oben), 1944 vor und 1950 nach der Güterregulierung (Mitte und unten).

Edelreiser werden zum Antreiben in die Dampfkesselräume der Holzfirmen Minet und Keller gebracht. Mit Elan wird versucht, den grossen Schaden zu beheben. 1927, bereits nach fünf Jahren, wachsen auf zwei Hektaren über 20 000 veredelte Reben.

Es scheint gut zu gehen. Doch kaum ist die Krise überwunden, klaffen Lücken in den Genossenschafterreihen. Die wenige Jahre zuvor so beschworene Solidarität gerät ins Wanken, wird doch der Zweck von einigen Mitgliedern angezweifelt, ja sogar die Auflösung der Genossenschaft verlangt. Dazu kommt es glücklicherweise nicht. 1936 übernimmt mit Otto Höchli-von Wyl ein neuer, initiativer Präsident das Ruder. Er und seine Vorstandsmitglieder führen den 14 Jahre vorher eingeschlagenen Kurs zielstrebig weiter, beginnen die Genossenschafter zu schulen, fördern mit allen Kräften die Qualität mit der Einführung der Weinlesekontrolle. Zunächst heftig bekämpft, setzt sich dieses Instrument der Gütekontrolle aber bald durch: Massgebend für die Bewertung des Zuckergehaltes der Trauben und die Höhe des Weingeldes sind seither die Öchslegrade.

Der Rebbau gewinnt an Konturen

Höchli und sein Vorstand initiieren auch die Rebbergregulierung, die erst Jahre später, 1951, abgeschlossen sein wird. Diese Massnahme ist ein wichtiger Markstein in der Geschichte des Klingnauer Weinbaues: Die auf der ganzen Hanglage zerstreuten Parzellen werden in einem Rebkataster zusammengefasst. Erst damit ist die Voraussetzung geschaffen, die den Fortbestand des Rebberges gesichert erscheinen lässt. Die Bewirtschaftung und der Unterhalt der Pflanzen kann nun stark rationalisiert werden. Eine zentrale Spritzanlage sowie eine elektrische Seilwinde für den Pflug erleichtern die mühselige Arbeit an den teilweise steilen Hängen.

Der «Klingnauer» wird salonfähig

Als die Stadt 1939 ihren 700. Geburtstag feiert, hat die Genossenschaft bereits ein Jahr früher vorgesorgt, zwei Fässer gekauft und rechtzeitig einen Festwein lanciert. Der Tropfen verkauft sich so gut,

Szenen aus dem Klingnauer Weinbau der dreissiger und vierziger Jahre:

- ▲ 1932 mit Lehrer Ursprung im charmanten Winzerinnen-Kreis
- ◤ 1931 vor der Trotte
- ▶ 1946 mit Klingnauer Weinbauern auf Exkursion in Hemishofen.
- ◣ 1933 mit jugendlichen Helfern im Weinberg
- ▲ 1946 mit Winzerinnen im Sonntagsstaat
- ▼ 1940 mit Otto Höchli-von Wyl, dem initiativen Präsidenten der Weinbaugenossenschaft

dass die Genossenschaft in den folgenden Jahren mehr und mehr Wein selbst einkellert. Bald einmal ist der Keller von Maler Schleuniger an der Sonnengasse zu klein, und die Genossenschaft bezieht die gut erhaltenen Gewölbe im ehemaligen Kloster Sion, wo die roten und weissen «Klingnauer» auch heute noch die fachkundige Pflege erfahren. Jährlich nun wächst die Menge der von den Genossenschaftern angekauften Trauben, und der Genossenschaftswein entwickelt sich zu einem guten und gefragten Tropfen.

Das Geschäft blüht, der Eintrag ins Handelsregister 1947 zeigt an, dass die Genossenschaft nun auch als Verkäuferin auftritt. Die Sorgen scheinen definitiv behoben. Aber kurz nach dem Zweiten Weltkrieg verderben reihum grosse Ernten und zusätzlich die Öffnung der Grenzen für Billigimporte aus dem Südtirol die frohe Stimmung. Rund dreissig Jahre nach dem Reblaus-Desaster kommt es zur zweiten grossen Krise: 1951 bleiben der Wein in den Fässern liegen und die Genossenschafter darauf sitzen. Ein neuer Anlauf wird nötig. Man erinnert sich der einheimischen Werte, der Absatz beginnt wieder anzuziehen. Das Ansehen des Landweines und des «Klingnauers» erfahren eine wesentliche Steigerung. Zu erwähnen sind in diesem Zusammenhang die über die Kantonsgrenzen hinaus beachteten Kulturen der Würenlinger Rebschule Anton Meier am Schwendi-Hang hinter dem Kloster Sion. Der gleichnamige Tropfen zählt zu den gesuchten Aargauer Spitzenweinen. So tragen der «Klingnauer» und «Kloster Sion» mit dazu bei, die Existenz der Rebe und des prächtigen Rebberges über der Stadt in die kommenden Jahrzehnte hinein zu erhalten.

1988 zählt die Weinbaugenossenschaft noch 19 Weinbauern und 2 Selbsteinkellerer. Es bleibt zu hoffen, dass sie die Geduld und Liebe ihrer Vorfahren im Umgang mit der Rebe geerbt haben und dafür sorgen, dass ein Stück Klingnau nicht leichtfertig verschenkt wird...

Der «Klingnauer» gehört entsprechend der Sprache der heute gültigen Weingeographie zu den Ostschweizer Weinen. Beim weissen und roten «Klingnauer» handelt es sich um feine, frische, sehr gut gepflegte Landweine. Der Rotwein wird aus Blauburgundertrauben (Clevner), der Weisse aus Riesling x Sylvaner-Trauben gewonnen. Eine Jahresproduktion beträgt rund 70 000 Liter. Die Anteile belaufen sich auf ca. 75% Rotwein und 25% Weisswein.

Gemüt und Geselligkeit bilden seit je den wichtigen Ausgleich zum harten Tagewerk des Weinbauern. Am Trottenfest 1956, das im Keller des Klosters Sion der Weinbaugenossenschaft stattfand, muss es hoch zu- und hergegangen sein, wie Figura beweist...
▼

Klingnauer Weinbauern am Döttinger Winzerfest 1978.
▼

Gruss aus Klingnau - Restaurant Warteck

◀▲ «Warteck» und «Elephanten» um die Jahrhundertwende.

Von der Herberge zum Gasthaus – die Wirtschaften

Schon im 13. Jahrhundert gibt es durstige, hungrige und müde Passanten, die verpflegt und untergebracht werden wollen. Dafür gab es Herbergen und Pinten in ländlichen Gegenden, aber auch in den vielen kleinen Städtchen. Die Herbergen, später Tavernen oder Gasthäuser genannt, wo der Reisende auch nächtigen kann, sind – wie etwa Mühlen, Schmieden und Badstuben – sogenannte ehehafte Betriebe und auf eine gewisse Anzahl von Häusern beschränkt. Das Tavernenrecht, von welchem eine jährliche Taxe erhoben wird, verleiht der Gerichts- oder auch der Landesherr. Während in den Trinkstuben oder Pinten nur kalte Speisen, meist Käse und Brot, abgegeben werden dürfen, besitzen Gaststätten das Recht, warme Speisen abzugeben.

In Klingnau bestehen Ende des 15. Jahrhunderts nachweisbar die beiden Gasthäuser Zum Elephanten und Zum Rebstock, beide an der Schattengasse gelegen, wo sie sich noch heute befinden, jedoch nicht mehr die gleiche Funktion erfüllen. Das Gasthaus Zum Engel wird erst gegen Ende des 17. Jahrhunderts in den Chroniken erwähnt. Das Hotel Vogel entsteht 1885 in einer Lücke der östlichen Stadtzeile: Franz Xaver und seine Frau Maria Frederika Vogel gründen einen Gasthofbetrieb samt Metzgerei, der eine wechselvolle Geschichte erlebt, aber stets von Vogel-Nachkommen geführt wird. Die «Warteck», der «Rosengarten», das «Scharfe Eck» und auch die «Sommerau» sind zwar neueren Datums, aber um so weniger aus der Klingnauer Wirtschaftenszene wegzudenken.

Quellen und Literatur:

- B. Müller, Reben und Wein im Aargau, 1977
- O. Mittler, Geschichte der Stadt Klingnau, 1967
- Klingnauer Chronik, 1983

Kurzübersicht:

Der «Klingnauer» ist fast so alt wie die Stadt selbst – Aufzeichnungen zeugen davon. Lange Zeit wichtig als Erwerb und auch Nahrungsmittel, beschäftigt der Wein noch um 1780 über 281 Rebbesitzer und acht Trotten. Zu Beginn des 20. Jahrhunderts setzt die Reblaus der Blüte ein rasches und fast gründliches Ende. Nur mit grossen, durch die Solidarität der Weinbauern getragenen Anstrengungen gelingt bis in die vierziger Jahre der Wiederaufbau. Als eigentliche Frucht der Krise entsteht die Weinbaugenossenschaft, wird 1950 die Rebbergregulierung an die Hand genommen und heute ein gepflegter Landwein produziert, dessen Ansehen bis weit über die Kantonsgrenzen hinaus reicht.

Vom Stadtbrunnen zum Wasserhahn – der Fortschritt kommt ins Haus

In Übereinstimmung mit der Industrialisierung findet ab 1850 der technische Fortschritt im öffentlichen und privaten Bereich zunehmend Eingang. Als unerhörtes Ereignis wird die elektrische Beleuchtung empfunden, die sich zunächst in den Städten durchsetzt, allmählich aber auch in den Landgemeinden die Gas- und Petrollampen verdrängt. Selbst in den Jahren vor dem Ersten Weltkrieg war die elektrische Beleuchtung noch lange nicht überall eingeführt. 1879 erfindet Edison die elektrische Glühlampe, und es dauert immerhin dreizehn Jahre, bis die neue Beleuchtungsart im Aargau Einzug hält. Brugg und Baden machen den Anfang. Am Samstagabend, 12. November 1892, wird Brugg als erstes aargauisches Städtchen von elektrischen Kerzen beleuchtet. Zehn Jahre später hat auch Klingnau den Anschluss gefunden. Die Einführung dieser neuen Lichtquelle bedeutet das Aus für einen jahrhundertealten Beruf: Durch die Verdrängung der Gas- und Petrollampen nimmt die Sicherheit auf den nächtlichen Strassen zu, und man kann auf den patrouillierenden Nachtwächter verzichten.

Quasi im Verein mit der elektrischen Glühlampe, die einen stürmischen Siegeszug antritt, kommt auch das Frischwasser ins Haus. Zwischen 1880 und 1910 bauen die meisten aargauischen Gemeinden ihre Wasserversorgung auf und verändern damit drastisch die Lebensgewohnheiten der Bürger. Der gemütliche Schwatz am Dorf- und Stadtbrunnen oder in den Waschhäusern bleibt nunmehr aus, und der soziale Kontakt in den öffentlichen Badehäusern wird in die Privatwohnung zurückgedrängt. Der Nutzen aber für die allgemeine Gesundheit ist unübersehbar. Die Angst vor Seuchen und Krankheiten erfährt eine vorher nie gekannte Reduktion. In Klingnau führen die ersten Wasserleitungen kurz nach der Jahrhundertwende ins Haus.

◀ **Telegrafenmarke mit Klingnauer Stempel um 1900.**

Aber bereits vor 1871 klingelt in Klingnau der Telegraf, der erst gut zwanzig Jahre später vom Telefon abgelöst wird. Erste Abonnenten sind übrigens die Buchdruckerei Bürli «Botschaft», das Gemeindeammannamt, die Korbwarenfabrik Minet & Co, die Speisewirtschaft und Metzgerei Vogel sowie der Arzt Dr. J. Zimmermann. Dieses Kommunikationsmittel nimmt zunächst nur zögernd seinen Platz in den Klingnauer Häusern ein. Im Jahre 1903, so weit reichen die statistischen Unterlagen zurück, zählte man im Netz Klingnau, zu dem auch viele Nachbargemeinden gehören, gerade eben 16 Abonnenten. Die Zentrale befindet sich im späteren Haus Schuh-Binder und wird von einer Frau Fischer bedient. Bei sommerlichen Temperaturen hören die Passanten im Städtchen den ganzen Telefonverkehr mit, sofern sie unter dem geöffneten Fenster verweilen... In den darauffolgenden Jahren ist eine jährliche Vermehrung von lediglich 1 bis 2 Teilnehmern zu notieren. Damals genügten noch Freileitungen, deren Stangen die Landstrassen säumten. 1914 wurden die ersten Kabel in den Boden verlegt, aber bis ins Jahr 1930 gab es in Klingnau und Umgebung mehr oberirdi-

Statistik Telefonabonnenten Netz Klingnau
(mit Döttingen, Kleindöttingen, Leuggern, Koblenz, Böttstein usw.)

Jahr	Anzahl	Jahr	Anzahl
1903	16	1960	871
1920	50	1962	981
1930	148	1963	1137
1941	225	1970	2000
1950	401	1988	4705

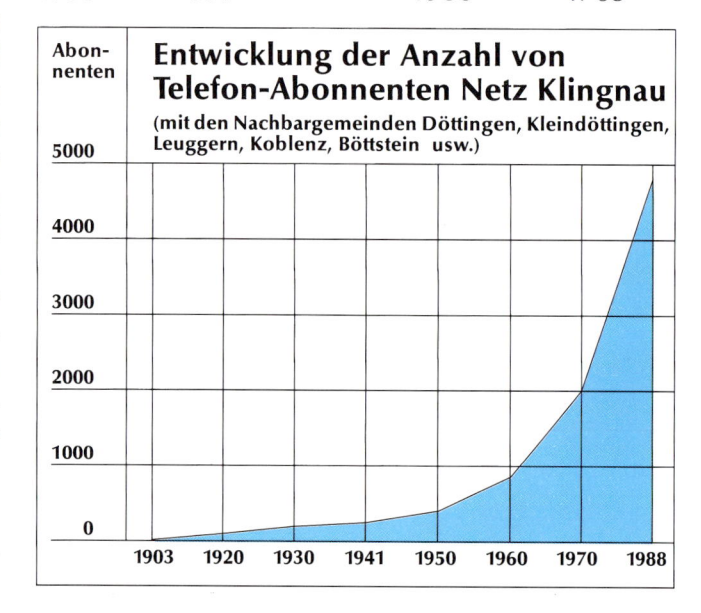

◀ Telefonverzeichnis von 1903 des damaligen Netzes Klingnau.

```
                KLINGNAU.
                 DIENSTZEIT
              der Zentralstation Klingnau
                   { Werktage: 7—12 v., 2—6, 8—8½ n.
1. April—15. Okt.: { Sonn- u. kant. Feiertage: 7—9 v., 1—3, 7½—8½ n.
                   { Werktage: 8—12 v., 2—6, 8—8½ n.
16. Okt.—31. März: { Sonn- u. kant. Feiertage: 8—10 v., 1—3, 7½—8½ n.

      I. Gemeindestationen (mit Telegraphendienst).
Döttingen.   Postbureau
Leibstadt.   Postbureau
Leuggern.    Hess, F., zur Sonne.

              II. Abonnenten.
Böttstein (siehe auch Netz Brugg Seite 42)
    Gemeindesprechstation, Hauser, R.
Döttingen.  Gemeindestation (siehe oben)
    Lang, Urban, Gasthof zum Bahnhof
    Mechanische Werkstätte
    Schifferle, Gasthof zum Ochsen
Eien.  Gemeindesprechstation (Wirtschaft Häfliger)
Klingnau.  Bürli, F., Buchdruckerei „Botschaft"
    Gemeindeammannamt
    Minet & Co., Korbwarenfabrik
    Vogel, Franz, Metzgerei und Speisewirtschaft
    Zimmermann, J., Dr. med.
Leibstadt.  Erne, J., Baumeister
    Gemeindestation (siehe oben)
Leuggern.  Gemeindestation (siehe oben)
    Hauser, Otto, Metzgerei und Wirtschaft zum Sternen
    Krankenanstalt
    Nusser, K., Brauerei
```

sche als unterirdische Drähte. Mit dem Beginn einer stärkeren Bautätigkeit in den fünfziger Jahren nahm dann die Entwicklung sprunghaft zu.

Einen ungleich stürmischeren Aufschwung verzeichnen Radio und Fernsehen, das zwischen 1950 und 1970 die Stuben im Sturm nimmt; mit der ab 1981 laufenden Verkabelung via Gemeinschaftsantennenanlage vermag dieses Medium noch einmal zuzulegen, kommt doch die weite Welt nicht mehr bloss mit den drei schweizerischen und allenfalls zwei deutschen Programmen ins Haus. Jetzt sind es 16 oder noch mehr Programme aus dem ganzen Europa.

Letzte, hart umstrittene Errungenschaft in diesem Bunde ist die Fernwärme aus dem Kernkraftwerk Beznau. Deren Einführung wird 1983 zunächst in einer Gemeindeversammlung beschlossen, daraufhin bekämpft und trägt schliesslich an einer denkwürdigen Volksabstimmung den Sieg davon.

Die öffentlich-technischen Einrichtungen in Klingnau – so kamen wir zu den Errungenschaften des täglichen Lebens

	Wasser im Haus	Elektrisches Licht Strassen	Elektrisches Licht daheim	Stromversorgung	Telegraf	Telefon privat	Telefon öffentlich	Abwasser Kanalisation	Abwasser Anschl. Kläranl.	Staubfreie Hauptstrasse
Aarau	1860	1895	1893	1893	1852	1887	1889	1884	1960	1906
Baden	1896	1892	1896	1892	1852	1885	1888	1890	1969	1920
Zurzach	1880	–	–	–	1867	1895	1911	–	1977	1931
Klingnau	1908	1903	1903	1902	1871	1895	1913	1930	1960	1935

Interessant an dieser kleinen Zusammenstellung sind die jeweiligen Zeitunterschiede zwischen den grösseren Ortschaften und Klingnau. Während Klingnau für die Einführung der Stromversorgung und der elektrischen Beleuchtung nur gerade zehn Jahre länger benötigte als etwa Aarau, kam in Klingnau das Frischwasser erst rund 40 Jahre später per Leitung ins Haus als in der Kantonshauptstadt. Auch Zurzach baute seine Wasserversorgung immerhin noch 20 Jahre früher auf.

Dass gerade Randgebiete bei der Einführung neuer Einrichtungen etwas kürzer zu treten haben, belegt die Darstellung über die Einführung staubfreier Beläge auf den Hauptstrassen: Während die Aarauer Bürger bereits kurz nach der Jahrhundertwende keine schmutzigen Kleider mehr nach einem

Spaziergang davontrugen, hatten die Zurzacher immerhin 25 lange Jahre auf die Teerung zu warten. Und den Klingnauern wurde erst kurz vor dem Zweiten Weltkrieg das Schlucken des Strassenstaubes erspart.

Als ausgesprochen reife Leistung im Vergleich mit den grossen Nachbarn kann Klingnau dafür das Tempo bei der Reinigung der Abwässer für sich verbuchen. Zwar gelangte die Kanalisation erst in den dreissiger Jahren in den Boden, aber bereits 1960, also nur 30 Jahre später, wurden die Abwässer gereinigt – und das erst noch in einer gemeinschaftlich mit den Döttinger Nachbarn errichteten Kläranlage… Der Bezirkshauptort schaffte diesen Anlauf erst 1977, und die Badener und Aarauer benötigten immerhin über 70 Jahre vom Bau der Kanalisation bis zum Anschluss an die Kläranlage!

◀ **Ländliche Strassenidylle von einst. Links Schlittelpartie im Weiher, unten Ochsengespann beim Sion.**
▼

Vom Wasser bis zur Fernwärme – die technischen Gemeindebetriebe

Klingnau betreibt neben dem ordentlichen Gemeindehaushalt eine Anzahl technischer Betriebe, die gemäss kantonaler Finanzverordnung selbsttragend sein müssen und nach kaufmännischen Grundsätzen zu führen sind. Alt Gemeindeverwalter Josef Pfister ist ein profunder Kenner dieser Einrichtungen, hat er doch viele Jahrzehnte lang die Entwicklung miterlebt und mitgetragen. Nachstehend seine Aufzeichnungen:

Wasserversorgung

Aus einem Schreiben des Aarg. Versicherungsamtes vom Jahre 1905 an die Gemeinde Klingnau geht hervor, dass es damals – mit der im Jahre 1887 gebauten Wasserversorgung nicht mehr zum besten bestellt ist. Aus verschiedenen Quellen im Gebiete Nägeli und Holzmatte am Südhang des Achenberges wird das Wasser in ein Reservoir von 75 Kubikmeter Inhalt geleitet. Wie überall in den Kalksteingebieten versiegen aber diese Quellen bei anhaltend trockener Witterung fast ganz, so dass oft nur morgens und abends der Bevölkerung Trinkwasser zur Verfügung steht, für die Löschreserve ist überhaupt kein Wasser mehr vorhanden. Dieser Zustand könnte bei einem Brandausbruch im Städtchen mit der geschlossenen Bauweise verheerende Folgen haben. Auch die beiden Industriebetriebe «Kisten- und Korbwarenfabrik» und «Kistenfabrik Keller & Co» mit zusammen 100 Arbeitnehmern drängen auf eine baldige Sanierung der prekären Verhältnisse. Als erste Massnahme wird im «Weier» eine Verbindung mit dem Leitungsnetz der Gemeinde Döttingen hergestellt, die über ausreichend Grundwasser verfügt,

Die bereits 1960 von Klingnau und Döttingen gemeinsam errichtete Kläranlage ist aus heutiger Sicht als Pioniertat einzustufen. Eine Erweiterung mit dem Ziel, Abwässer in noch grösseren Mengen und noch gründlicher als bisher zu reinigen, drängt sich heute aber auf.
▼

um wenigstens in Notfällen von dort Wasser beziehen zu können. Eine angestrebte gemeinsame Nutzung der Grundwasserfassung der Gemeinde Döttingen kommt aber nicht zustande, weshalb ein Ingenieurbüro den Auftrag erhält, Projekte für eine eigene Wasserversorgung auszuarbeiten. Im Jahre 1908 erfolgt dann der Bau einer neuen Anlage, bestehend aus der Grundwasserfassung im «Grie» in der Nähe der Aare mit zugehörendem Pumpwerk, dem Reservoir von 300 Kubikmeter Fassungsvermögen und der Netzerweiterung. Die Gebiete Kloster Sion und Steigbrunnen waren bisher an der Versorgung nicht angeschlossen. Die ganze von der Ortsbürgergemeinde getragene Anlage kommt auf 87 000 Franken zu stehen – eine enorme Schuldenlast!

Die neue Wasserversorgung vermag die Gemeinde jahrzehntelang mit einwandfreiem Trinkwasser zu versorgen. Erst mit dem Kraftwerkbau 1930/35 und der damit verbundenen Stauung der Aare entstehen ernsthafte Schwierigkeiten, indem eine unerwünschte Infiltration von Aarewasser in das Grundwasser festgestellt wird, was zu einer erheblichen Qualitätseinbusse des Trinkwassers führt. Im Interesse der Gesundheit der Bevölkerung muss dringend nach anderen Grundwasservorkommen gesucht werden. So erfolgt im Jahre 1940 der Auftrag an den Geologen Dr. Hug, Zürich, nach anderen geeigneten Standorten für die Wasserentnahme zu forschen. Die Annahme des Geologen, dass sich nördlich von Klingnau, im Gebiete Zelgli–Oberer Auhof, ein der Aare fremdes, einem alten Rheinbett angehörendes Grundwasser mit normalem chemischen Charakter befindet, bestätigt sich anlässlich der Versuchsbohrungen. Es handelt sich um einen Grundwasserstrom des Rheintales, der, von Nordosten des Dorfes Koblenz kommend, im rechten Winkel zum Aaretal fliesst. Die weiteren Untersuchungen ergeben eine genügend grosse Mächtigkeit des Grundwasserträgers, die eine Entnahme bis 2500 Minutenliter erlaubt, ohne dass eine Beeinflussung durch das chemisch ungünstige Aaretal-Grundwasser zu befürchten ist. Gestützt auf diese guten Ergebnisse entschliesst sich die Gemeinde im Jahre 1941 für den Bau einer total neuen Wasserversorgungsanlage. Die Baukosten belaufen sich für das Pumpenhaus, ausgerüstet mit zwei Pumpen von je 1100 Minutenliter Schöpfleistung, auf 139 000 Franken, für die Rohrleitungen auf 339 700 Franken und für das neue zweikammerige Reservoir von 1200 Kubikmeter Inhalt auf 170 000 Franken. Daran beteiligen sich mit Kostenbeiträgen das Aargauische Versicherungsamt und die Aarewerke AG (Verlegung Grundwasserfassung). Das Reservoir kann erst 1946 fertig erstellt werden, weil die Lieferung von Eisen und Zement vom damaligen Eidgenössischen Kriegs-, Industrie- und Arbeitsamt erst nach dem Krieg freigegeben wird. – Aus damaliger Sicht mag die ganze Anlage von vielen als überdimensioniert beurteilt worden sein, heute aber dürfen wir anerkennen, dass das Werk der Nachfrage einer ungeahnten wirtschaftlichen Entwicklung durchaus gerecht wurde und heute noch voll leistungsfähig ist.

Die Verrechnung des Wasserverbrauches erfolgt bei den Haushaltungen nach Anzahl der Hahnen. Erst 1973 werden bei allen Abonnenten Wasseruhren montiert, so dass der ganze Wasserverbrauch aufgrund der bezogenen Menge zur Verrechnung gelangt. Wie in anderen Gemeinden bestätigt sich daraufhin die Beobachtung, dass mit dem Einbau von Zählern der Wasserkonsum spürbar zurückgeht, oder anders ausgedrückt, dass mit dem kostbaren Nass vernünftiger umgegangen wird, wenn es an das eigene Portemonnaie geht.

Ein weiterer Schritt folgt im Jahre 1975 mit dem Anschluss an das neue Hochreservoir der Gemeinde Döttingen, wodurch auch unsere höher gelegenen Wohnquartiere am Blitzberg und am Achenberghang bessere Druckverhältnisse erhalten. Selbst die zwei Landwirtschaftsbetriebe im Eichfeld und Rütte können auf diese Weise versorgt werden. Die von Klingnau entrichtete Einkaufssumme an das Hochreservoir beträgt 479 000 Franken, während die Hochzonenleitung als Verbindung zum eigenen Reservoir weitere 700 000 Franken erfordert. Von der Gemeinde Döttingen wird aus Kostengründen im Normalfall nur soviel Wasser bezogen, als für die genannten Quartiere nötig ist, so dass die eigene Versorgungsanlage weiterhin voll im Betriebe steht.

Der durchschnittliche Wasserverbrauch in den letzten Jahren zeigt folgendes Bild:

Industrielle Betriebe	50 000 Kubikmeter
Haushalte und übrige	240 000 Kubikmeter

Dies entspricht einem täglichen Wasserverbrauch von 794 000 Litern oder 314 Litern pro Tag und pro Einwohner.

Elektrizitätsversorgung (EVK)

Seit dem Aufbau einer Stromversorgung in Klingnau nach 1900 fungiert das Aargauische Elektrizitätswerk als Stromlieferant. 1939 läuft dieser Vertrag aus. Dies bedeutet für die Gemeinde die Gelegenheit, das Verteilnetz vom AEW zurückzukaufen und das Werk in eigener Regie weiterzuführen. An der Gemeindeversammlung vom 29. März 1939 erhält der Gemeinderat die Kompetenz, den Vertrag zu kündigen und über die Höhe der Rückkaufsumme mit dem AEW zu verhandeln. Wegen Ausbruchs des Zweiten Weltkrieges verzögern sich diese Besprechungen, so dass man sich erst 1948 auf eine Summe von 300 000 Franken einigen kann. An der Gemeindeversammlung vom 15. Juli 1948 werden in einer regen Diskussion die Vor- und Nachteile nochmals aufgerollt. Die Gegner befürchten, dass mit der Übernahme eine Erhöhung der Strompreise zu erwarten sei und bezweifeln, dass die Gemeinde das Unternehmen optimal und gewinnbringend führen könne. Die Versammlung aber stimmt mit 192 Ja gegen 94 Nein dem Rückkauf deutlich zu.

Bald nach der Übernahme beginnt in der Gemeinde eine rege Wohnbautätigkeit, auch sind neue Industriezweige wie zum Beispiel die Novopan im Entstehen, was bereits 1954 grössere Netzerweiterungen erfordert. Die Tonfrequenzsteuerung, mit welcher die Tarifzeiten und die Sperrung gewisser Verbrauchergruppen während der grössten Netzbelastungen geregelt werden können, wird 1958 eingeführt. Wie aus nachstehender Tabelle hervorgeht, weisen die nachfolgenden Jahre eine sprunghafte Entwicklung des Stromverbrauchs auf.

Jahr	Stromankauf Franken	Stromverkauf Franken	Bruttogewinn Franken
1955	165 856	227 102	61 246
1960	308 870	415 125	106 255
1965	629 908	825 791	195 883
1970	1 069 123	1 299 826	230 703
1975	1 032 927	1 334 653	301 726
1980	1 594 438	1 987 655	393 217
1985	1 351 952	1 820 786	468 834
1987	1 516 629	2 056 276	539 647

Wie die nächste Übersicht aufzeigt, betrug der Industrieanteil in den Jahren 1965/1970 etwa drei Viertel des Gesamtverbrauchs. Ab 1985 aber nimmt dieser Anteil deutlich ab, was in erster Linie auf die Verlegung der Novopan-Plattenproduktion nach Kleindöttingen zurückzuführen ist. Dank der Industrie verzeichnet die EVK die höchsten Netzbelastungen zu den Tageszeiten. Dies macht es in den sechziger und siebziger Jahren möglich, alle etwa hundert Gesuche für elektrische Speicherheizungen zu bewilligen. Durch den Rückgang des Stromverbrauchs der Industrie treten nun die höchsten Netzbelastungen zu den Nachtzeiten auf, so dass keine weiteren Speicherheizungen mehr genehmigt werden können.

Verbrauch kWh

Jahr	Industrie	Gewerbe, Haushalt u.a.	Total kWh
1965	10 226 000	4 389 000	14 615 000
1970	14 129 000	4 903 000	19 032 000
1975	7 346 000	5 562 000	12 908 000
1980	9 842 000	8 674 000	18 516 000
1985	3 835 000	10 247 000	14 082 000
1987	3 776 000	10 988 000	14 764 000

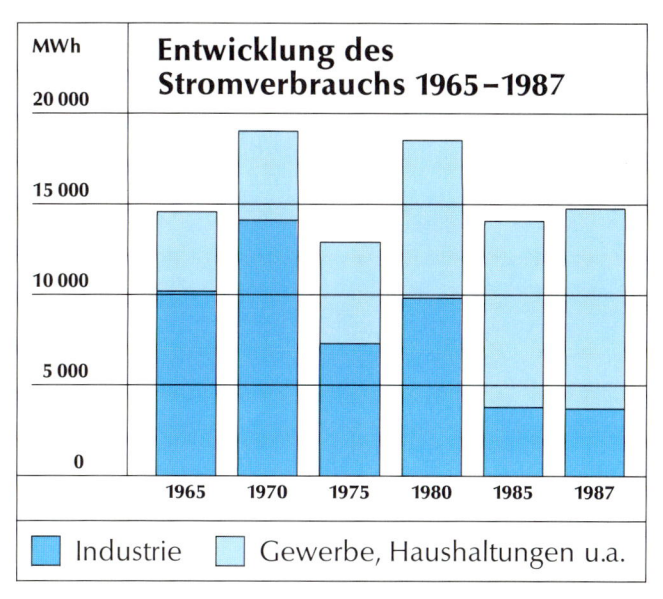

Entwicklung des Stromverbrauchs 1965–1987

In finanzieller Hinsicht steht die Elektrizitätsversorgung auf sehr gesunden Füssen. Seit 1968 ist das Werk schuldenfrei. Es konnten seither alle Investitionen für den Ausbau und die Modernisierung des Netzes aus eigenen Mitteln bestritten werden. Überdies war es möglich, für den weiteren Ausbau, insbesondere im Zusammenhang mit der Umfahrungsstrasse, Reserven von über 2 Millionen Franken zu schaffen. Das Gemeindewerk verfügt heute über ein gut ausgebautes Verteilnetz mit insgesamt 14 eigenen Trafostationen. Man darf mit Zufriedenheit feststellen, dass der damalige Rückkauf ein kluger Entscheid war. Die Einwohnerkasse hat direkt und indirekt von der guten Finanzlage der EVK grossen Nutzen gezogen. Auch die Abonnenten bekommen die Vorteile zu spüren, indem auf den AEW-Tarifansätzen Rabatte gewährt werden. Sicher ist auch der wirtschaftliche Faktor nicht ohne Bedeutung. Ein grosser Teil der Investitionen kommt nämlich unserem einheimischen Gewerbe zugute, das bei Bedarf in der Lage ist, die technischen Arbeiten kompetent auszuführen. Dies ermöglicht auch, die eigenen Personalkosten niedrig zu halten. Die EVK ist Mitglied des Aargauischen Stromkonsumentenverbandes, der die 135 angeschlossenen Gemeinden und Genossenschaften im Kanton Aargau fachlich berät und deren Interessen gegenüber dem energieliefernden Werk (AEW) wahrnimmt.

Fernwärmeversorgung

Unter dem Begriff Refuna (Regionales Fernwärmenetz unteres Aaretal) haben die Gemeinden Böttstein, Döttingen, Endingen, Klingnau, Rüfenach, Stilli und Würenlingen mit verschiedenen Instituten aus Bund, Kanton und Privatwirtschaft ein Planungskonsortium gebildet. Die Absicht war, die Fernwärmeversorgung in diesen Gemeinden durch optimale Ausnutzung von fossilen und nuklearen Brennstoffen rasch zu verwirklichen, beträchtliche Mengen von importiertem Öl zu ersetzen und so einen wichtigen Beitrag an den Umweltschutz zu leisten.

Am 4. Dezember 1981 stimmt die Gemeindeversammlung dem Beitritt zum Konsortium zu und bewilligt gleichzeitig einen Kredit von 40 000 Franken als Anteil an die Projektierung des Grobnetzes für eine Versorgung mit Fernwärme ab Kernkraftwerk Beznau. Ausserdem wird an der gleichen Versammlung ein Kredit von 200 000 Franken für die Projektierung der gemeindeeigenen Leitungen und Hausanschlüsse genehmigt. Einen nächsten Schritt wagt die Gemeindeversammlung vom 24. Juni 1983

Erinnerungen an die «Refuna-Schlacht» von 1983. Seit dem berühmten Schulstreit hat wohl kaum ein Thema so viel Staub aufgewirbelt, wie das Pro und Contra um die Einführung der Fernwärme.

Refuna Geldfalle: Nein!

...menetze die Landschaft?

...chen sei. Letztere seien langsam und organisch gewachsen. Die Fernwärmeleitungen müssten...

sich weist die Architekten... Verdacht...

Niemand darf bei dieser wichtigen Abstimmung zu Hause bleiben, wenn die Refuna-Herren mobilisieren alles, um uns gesetzlich für den Refuna-Anschluss zu zwingen, und wir zahlen, zahlen, zahlen... immer nur zahlen müssen!

Darum Refuna-Zwängerei Nein!

...mbürger gegen Refuna-Zwang

Klingnau und Endingen stimmen für REFUNA

Obwohl die beiden Gemeinden in ihren Gemeindeversammlungen grundsätzlich bereits Ja zu Refuna gesagt und auch die Beteiligung am Aktienkapital... Gemeinschaftswerkes ...mit erfreu... haben, m... Abstimm...

hörte man das Wort «Anschlusszwang», obwohl ein solcher nicht vorgesehen ist und die Wirtschaftlichkeit auch ohne denselben garantiert ist. Allerdings muss gesagt sein, dass das Werk besonders dann günstig arbeitet...

Allzu viel spricht gegen das teure Refuna-Projekt.

Zustimmung zu allen Gemeinde-Vorlagen in Klingnau
Riesengrosse Mehrheit für Fernwärme-Ortsnetz

Klingnau (Lü) – Keine geringe Ueberraschung bescherte der Klingnauer Souverän gestern abend den Behörden: Ohne ein Diskussionsvotum stimmte eine überra...ende Mehrheit allen Geschäften zu, darunter dem Budget 1984 und einem Baukredit von 6,2 Millionen Franken für das Fernwärme-Ortsnetz.

Nach dem relativ knappen Ent...

...terte Budget 1984 g... über die Bühne. Die...

Heizungsfreiheit Ja
Refuna-Zwängerei Nein

für REFUNA!

Darum ist die Behauptung, Atomenergie sei die sauberste Energie, mit der man das Waldsterben bekämpf... eine gewissenlose Verharmlosung ...funa-Spekulation ersten Ranges», ohne ...enschaftliche Seriösität.

Tagblatt Montag, 24. Oktober 1983

...pp für Refuna

...an den Verdacht der Brunnenvergiftung ...on der Hand weisen, wenn man die oft ...n den Haaren herbeigezogenen Argumente gegen Refuna, wie sie auf einer ...menge vor... ...las. Die ...chten Alter...

Daher jetzt erst recht **Nein** zum REFUNA-ZWANG!
Gebrannte Mieter

«Refuna»: Nein

Refuna am Fernsehen

Refuna am Montagabend am Fernseh..., Hauptbeitrag des wissenschaftlich... Magazins «Menschen – Technik – ...» Nachdem man auch ...und tendenziöse Sen... ...Fernwärmever... ...tal oder zu...

Grossbezüger das kostenintensive Werk erst wirtschaftlich machen, ist dennoch wichtig. Er trägt das Werk mit, wenn nicht wirtschaftlich, so doch politisch. Peter S... in ...TV: «Wir...

Die Refuna bringt für die Hausbesitzer, Mieter, Naturschützer und Tierfreunde nur Vorteile. Wir Klingnauer dürfen unsere Chancen nicht verschaukeln. Darum alle zur Urne mit einem kräftigen Ja für die Refuna.

...Mieter ...unbedingt an die Urne!

...e **REFUNA**-Gemeinden brauchen den An...lusszwang nicht. Auch ohne Anschluss...ang ist die Wirtschaftlichkeit von **REFUNA** ...währleistet.

Sollen wir Mieter die Dummen sein?

Interview mit dem Klingnauer Stadtammann Walter Schödler
«Ich bin überzeugt, dass Refuna eine gute Sache ist»

Klingnau (Kel) – Nachdem an den Sommergemeindeversammlungen positive Beschlüsse für den Beitritt zur Refuna-Aktiengesellschaft zustande gekommen waren, regte sich die Opposition. In den Gemein...

...endum zustande, weshalb...
...r das Fernwärme... ...stimmt wird.

...t aus

...P auf 121 Prozent ...gab zur Diskussion ...vision der Dienst...

Ist Refuna-Atomwärme eine ...ösung gegen das Waldsterben?

...gung wirtschaftlich, das heisst selbsttragend, betrieben wird. Dass die Gemeinden, sofern sie Mitsprache beanspruchen wollen, eine ...ogarantie leisten, ...heint mir ri... ...rdings will ich im ..., dass ich das...

Wie die bestehende Energiequelle auf der Beznau-Insel für Refuna ersetzt oder allenfalls weiterverwendet werden könn..te, wurde an Orientierungsversamm... ...gen ber... ...dargelegt. Da...
Wenn

mit dem Beitritt zu der neu gegründeten Refuna AG, verbunden mit der Verpflichtung, sich am Aktienkapital mit 580 000 Franken zu beteiligen. Die Refuna AG baut und betreibt das Hauptverteilnetz mit den Pumpstationen. Sie übernimmt von der NOK die Wärme und verkauft diese zu kostendeckenden Preisen an die Gemeinden mit selbständigem Ortsnetz.

Gegen diesen Gemeindeversammlungsbeschluss wird nun das Referendum ergriffen. An der Urnenabstimmung vom 23. Oktober 1983 bestätigen die Stimmbürger aber den Beschluss der Gemeindeversammlung – nach einem äusserst heftig geführten Wenn und Aber. In der Zwischenzeit wird die Planung des Ortsnetzes unter Berücksichtigung der Eigenwirtschaftlichkeit der einzelnen Bauetappen vorangetrieben, so dass die Bauausführung der Gemeindeversammlung vom 25. November 1983 unterbreitet werden kann. Diese stimmt dem beantragten Kredit von 5 923 000 Franken mit grossem Mehr zu. Im weiteren genehmigt die Versammlung die Tarife für die Anschlussgebühren und den Wärmebezugspreis. Der letztere beträgt 5 Rp./kWh Nutzwärme und soll während der ersten 6 Jahre unverändert bleiben. Bis 1988 sind in Klingnau total 882 Hausanschlüsse erstellt, und 165 Liegenschaften beziehen die Fernwärme. Der weitere Ausbau richtet sich nach den Bedürfnissen und der Eigenwirtschaftlichkeit.

Die beteiligten Gemeinden haben mit der raschen Verwirklichung der Idee der regionalen Fernheizungsanlage im unteren Aaretal grossen Mut und Einsatzwillen bekundet und einen beispielhaften Beitrag an den Umweltschutz geleistet.

Gemeinschaftsantennenanlage

Um den Bewohnern des unteren Aaretales einen besseren Fernseh- und Radioempfang zu bieten, fassen im Jahre 1981 die Gemeinden Döttingen, Böttstein und Klingnau den Bau einer gemeinsamen Antennenanlage ins Auge. Ziel ist, unter diesen Gemeinden einen Zweckverband zu gründen, der die Signale von der Empfangsstation Rotberg gegen Entgelt bezieht und durch Erhebung von Anschluss- und Benutzungsgebühren den Bau und Betrieb der Anlage in den Gemeinden bestreitet. Die Gemeindeversammlung von Döttingen lehnt den Beitritt zu einem solchen Verband jedoch ab und spricht sich gegen einen Betrieb durch die Gemeinde aus. Böttstein und Klingnau verzichten deshalb auf die Gründung eines Zweckverbandes und beschliessen, dass jede der beiden Gemeinden die Anlage selbst baue und betreibe. An der Gemeindeversammlung vom 26. Juni 1981 wird das entsprechende Reglement genehmigt und am 4. Dezember 1981 ein Verpflichtungskredit von 980 000 Franken ausgesprochen. Die durch die Firma Wiedmann-Dettwiler AG erstellte Anlage kann im Jahre 1984 in Betrieb genommen werden. Die Kabelleitungen wurden zu allen Wohnliegenschaften geführt. Bis 1988 zählt die Gemeinschaftsantennenanlage Klingnau 680 Abonnenten, denen 17 Fernseh- und 21 UKW-Radioprogramme zur Verfügung stehen.

Quellen und Literatur:

- Willi Gautschi, Geschichte des Kantons Aargau 1885–1953
- Schriftliche und mündliche Auskünfte von Josef Pfister, alt Gemeindeverwalter
- PTT-Kreistelefondirekton Zürich

Kurzübersicht:

Im Gleichschritt mit der Industrialisierung kommt der technische Fortschritt auch in die gute Stube. Kurz nach der Jahrhundertwende werden die ersten Häuser an den elektrischen Strom und die Wasserversorgung angeschlossen. Im gleichen Zeitraum zählt Klingnau eine knappe Handvoll Telefonabonnenten. Geteerte Hauptstrassen gibt es kurz vor dem Zweiten Weltkrieg. Ebenfalls in diesen Jahren wird die Kanalisation verlegt, aber gereinigte Abwässer verlassen erst ab 1960 aus einer zusammen mit den Döttinger Nachbarn gebauten Kläranlage unsere Gemarchungen. 1948 wird die gemeindeeigene Elektrizitätsversorgung gegründet. Die fünfziger Jahre setzen mit dem Siegeszug von Radio und Fernsehen neue Horizonte, welche mit der Verkabelung 1981 eine zusätzliche Erweiterung erfahren. Letzter Meilenstein: die Einführung der nuklearen Fernwärme und der Beitritt zur Regionalen Fernwärmeversorgung unteres Aaretal Refuna ab 1983.

Zurück in die «gute alte Zeit»?

Der Kampf ums tägliche Dasein beschränkt sich heute – um es salopp auszudrücken – weitgehend auf Überwindung von Wohlstandserscheinungen und die Folgen des teilweise übermässigen Konsums. Der Kampf gegen Standortnachteile und Unwirtlichkeit der Umwelt ist für uns kaum noch zu spüren. Ein verregneter Sommer etwa bedeutet für die meisten von uns nur noch Ferienverdruss. Aber noch 1816 führte der kalte und regnerische Sommer zur letzten grossen Hungersnot, die Zehntausende von Opfern forderte. Viele von uns wünschen sich manchmal die Abkehr vom vermeintlichen Stress des Wirtschaftslebens, einen Abbau der industriellen Tätigkeit, die Rückkehr in die vermeintliche Idylle des Landlebens im vorigen Jahrhundert. Wie sah es damals wirklich aus? Dazu einige Fakten:

Verdienst vor 170 Jahren

Zu Beginn des 19. Jahrhunderts (1810/20) verdiente monatlich:

	Fr.
ein Krankenpfleger	7.50
ein Spinnereiarbeiter	12.—
ein Handlanger in der Stadt	24.—
ein Schneider	15.—
ein Landarbeiter	30.—
ein Lehrer	40.—
ein Pfarrer	70.—
ein Postmeister	90.—
ein Universitätsprofessor	120.—
Spitzengehälter (hohe Beamte)	160.—

Preise um 1810/20:

	Fr.
1 Liter Milch	0.10
1 Kilo Brot	0.35
1 Kilo Butter	1.50
1 Kilo Käse	1.40
1 Kilo Rindfleisch	0.60
100 Kilo Kartoffeln	4.10
1 Kilo Zucker	3.60
1 Kilo Kaffee	4.80
1 Kilo Honig	2.—
1 Paar Schuhe	5.—
1 Männeranzug (Stoff und Anfertigung)	50.—
Mietpreis einer Stadtwohnung pro Zimmer	3.—

Der Wochenverdienst eines Landarbeiters reichte gerade aus für etwas Kartoffeln und Milchprodukte, den Hauptteil verschlangen die Miete und Kleidung. 1880 hatte ein neugeborener Knabe eine Lebenserwartung von 43, heute eine solche von rund 70 Jahren. Ein vor 100 Jahren geborenes Mädchen überlebte nach der Statistik 46 Sommer nicht, die Frauensterblichkeit war durch Mangelernährung, Schwerarbeit, viele und schwierige Geburten relativ hoch. Heute übersteigt die Lebenserwartung der Frau 75 Jahre. Diese Fortschritte verdanken wir der Nahrungsmittel-, der chemischen und pharmazeutischen Industrie. Aber auch die zahlreichen Sozialleistungen haben ihren Anteil daran, und diese wiederum wurden nur dank der breiten industriellen Entwicklung Tatsache. Das ist – nebst den heute besonders aktuellen Aspekten des Umwelt- und Landschaftsschutzes – auch ein wissenswertes Faktum.

Seite aus einem Büchlein «Das häusliche Glück» aus dem Jahre 1883.
▼

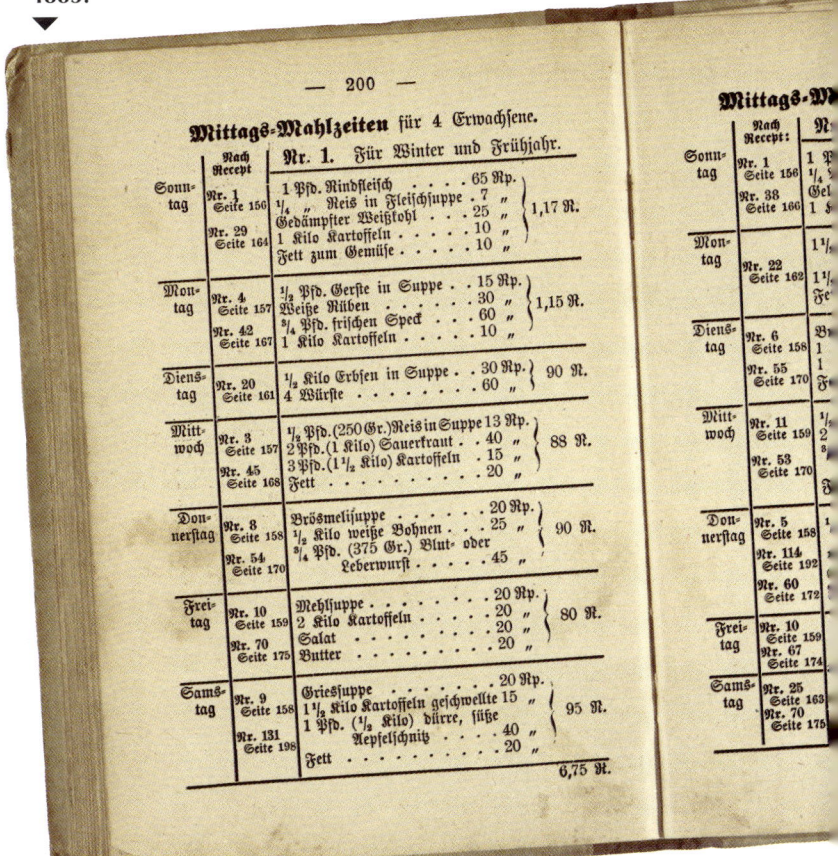

Bräuche, Sitten und Vereine

Walter Schödler, Margrit und Alex Höchli, Hermann Märki

«Geneigt und gutwillig nach dem Ziel zu schiessen»

Von Büchsen und Pfeilen

Die urkundlichen Erwähnungen der Klingnauer Schützen gehen zurück bis ins Jahr 1410, wonach ihnen von ihrer Stadtobrigkeit, dem Bischof von Konstanz, «Büchsen und Pfeile» geschenkt wurden. Entweder haben die ersten Klingnauer Schützen neben der Büchse auch die Armbrust als Waffe benutzt, oder aber die Pfeile ebenfalls mit der Büchse verschossen, was damals auch vorkam.

In einem Brief der Tagsatzung zu Baden, anno 1504, wurde festgesetzt, dass der Ansatz (Grien) an der Aare beim Schützenplatz ein ewiges Lehen um ein Pfund Haller sei.

Ebenfalls bei der Tagsatzung zu Baden wurde im Jahre 1577 eine Abordnung aus Klingnau vorstellig: «Die hübsche junge Mannschaft ihrer Stadt sei fast geneigt und gutwillig, nach dem Ziel zu schiessen, erbitte sich aber ein höheres Schiessgeld von der Tagsatzung als das bisherige, das einen Gulden betrug.»

Mit der Entstehung der mittelalterlichen Städte traten in unserer Gegend also auch die ersten Schützenvereinigungen in Erscheinung. Diese Vereinigungen bildeten allerdings nicht Vereine im Sinne des heutigen Vereinsrechtes, sondern waren eher mit den Zünften, Bruderschaften und Gilden vergleichbar. Sie hatten ihre Begründung im Schutzauftrag und der Wehrbereitschaft der Städte und wurden von den damaligen Stadtobrigkeiten auch dementsprechend gefördert und unterstützt. Aus offensichtlich praktischen Gründen wurde den Schützen eine, wenn auch engumschriebene Eigenständigkeit zugebilligt.

In Klingnau bestanden zu dieser Zeit – mehr als in anderen Städten – wirtschaftliche, politische und kulturelle Bindungen zu auswärtigen Institutionen. Dies schlug sich auch auf die Schützengesellschaft nieder. Als Beispiel dient uns eine der Verwaltungskammer Baden erteilte Auskunft:

Die Schützengesellschaft bestehet dermalen in 30 Personen und ihre Ordnung und Statuta sind anno 1621 hoheitlich bestätigt worden. Vermögen besitzet diese Gesellschaft kein anderes, als ein Schützenhaus, welches die Schützengesellschaft in ihren Kosten erbauen hat und in brauchbarlichen Ehren erhalten muss.

Dieser Gesellschaft aber ist jährlich zum Verschiessen gegeben worden:
1. *Von der Hoheit (Eidgenossenschaft)*   *12 fl = Gulden*
2. *Vom Bischof zu Constanz*   *4 fl 7Btz 20 Hlr*
3. *Von der Stadt allhier*   *2 fl*
4. *Vom Pfarrherr allda*   *1 fl*
5. *Vom Kloster Sion*   *2 Viertel Kernen.*

Die Vielfalt von Abhängigkeiten liess ein heimatstolzes Bürgerbewusstsein kaum aufkommen; und so war das Schützenwesen auch damals wohl weniger Ausdruck eines selbstbewussten Wehrwillens, sondern eher eine Notwendigkeit, vor der man sich nicht drückte, und vor allem eine willkommene Gelegenheit zu geselligem Beisammensein.

Der Wehrbereitschaft und Geselligkeit diente auch das erste, auf der Klingnauer Schützenmatte erbaute Schützenhaus. Das Gebäude hatte, um diesen zwei Zwecken zu entsprechen, zwei Geschosse.

Im unteren, fast zu ebener Erde gelegenen Raum konnten gegen Süden die schweren Läden entfernt werden, so dass mannsgrosse Öffnungen entstanden. Hier wurde mit streng drillmässig eingeübten Bewegungen geladen, gezielt und nach den aufgestellten Scheiben geschossen. Mit der Armbrust schoss man auf eine Distanz von rund 100 Metern, mit der Büchse auf 200 Meter. Die Scheiben bestanden aus Holz, waren zwei Zwerchfinger (etwa 4,5 cm) dick und massen im Geviert viereinhalb Werkschuh (124 cm).

Vom Schützenhaus zu den Scheiben lief über eingeschlagene Pfähle ein Draht, der im Zeigerstand eine Glocke betätigte. Damit wurde dem Zeiger mitgeteilt, dass ein Schütze «zum Schuss fertig» war und der Schuss also bald «losgebrannt» wurde. Auf das Glockenzeichen hin suchte der Zeiger hinter einer mächtigen Steinplatte Deckung und kam mit seinen Helfern erst nach dem Schuss wieder zum Vorschein. Neben dem Schützenhaus befanden sich der Exerzierplatz für die Schützen und eine Anlage zum Steinstossen.

«Ulrich von Klingen mit Gefolge». Eine Klingnauer Gruppe am Eidgenössischen Schützenfest 1924 in Aarau.

Der obere Raum des Schützenhauses diente dem zweiten Zwecke, der Geselligkeit. Auch hier konnten die Läden gegen Süden geöffnet werden, so dass der Blick auf die Scheiben frei war. Ein scharfes Auge konnte die groben Einschläge unschwer feststellen. Hier, in der Schützenstube brachte der Schützenwirt, meistens der Schützenmeister selbst, die Uerte, d. h. Tranksame und Speisen, hier wartete man, bis man zum Schiessen gerufen wurde, was bei der Umständlichkeit des Ladevorganges oft lange dauerte, hier trank man, freute sich über ein gutes Resultat oder spülte den Ärger über einen Fehlschuss die Kehle hinunter.

Generationen lang diente das Schützenhaus auf der Klingnauer Schützenmatte. Von Pulverrauch und Schwefel haftete im Gebälk ein eigener Geruch. Fast jeden Sonntag öffneten sich um die Mittagsstunde die knarrenden Läden. – Beim Morgengrauen des 15. August 1864 gellte das Feuerhorn durch das Städtchen: Das Schützenhaus brannte lichterloh, von verbrecherischer Hand angezündet. Die gerichtliche Untersuchung, den Brandstifter ausfindig zu machen, verlief ergebnislos.

Ordnung muss sein

Schon früh wurden Schützenordnungen geschaffen. Vom Verbot des Fluchens im Schützenhaus, den Vorschriften zur Unfallverhütung und den Bestimmungen über die in der Schützenstube erlaubten Lustbarkeiten bis hin zu den gestrengen Anweisungen über das Verhalten vor dem Feinde enthielten sie alles über das Leben der Gesellschaft und die Rechte und Pflichten der Schützen.

Die Klingnauer Schützen trafen sich des öftern zu ihren Versammlungen, «den Botten». Obligatorisch und bei Busse geboten waren jährlich deren drei.

Das erste Bott fand am 20. Januar, dem Tag des heiligen Sebastian, statt. Es begann mit dem Sebastiansamt in der Stadtkirche; der Besuch war Ehrensache. Der Pfarrer las für die Schützen eine Messe. Nach dem Amt versammelten sich die Schützen zum 1. Bott, das mit einem «Zibele-Dünne»-Essen abgeschlossen wurde und oftmals bis in die Nachtstunden dauerte.

Am zweiten Bott Ende April oder Anfang Mai wurden die Schiesstage festgelegt, und das dritte Bott im Herbst schliesslich war ganz und gar dem Chilbischiessen gewidmet.

Neuaufnahmen in die Klingnauer Schützengesellschaft hatten ein besonderes Ritual. Dem Neu-Aufzunehmenden wurde das Schützenschwert über die Schulter gelegt. Dabei hatte er nachzusprechen:

«Das Schützenleben ist ein
schönes Leben,
Das Schützenleben hat uns
Gott gegeben.»

Von 1730 an wurden die Klingnauer Schützen immer mehr zu einer Gesellschaft der «besseren» Leute, in der die Ober- und Untervögte der geistlichen Körperschaften, die Schlossherren der Umgebung, Stadthauptmann, Stadtfähnrich, Pfarrherren, Kapläne der Pfründen, Räte und die wohlhabendsten Bürger ihren Drang nach Geselligkeit befriedigten. Es kam vor, dass man zu wenig standesgemässen Bewerbern die Aufnahme verweigerte. Erst die Demokratisierung des 19. Jahrhunderts brachte wieder einen frischeren Zug in die allzu «fein» gewordene Gesellschaft.

Der Pistolenstand Oberes Zelgli wird eingeweiht (1989).

Man schiesst nicht mehr allein

Ende des 19. Jahrhunderts ergriff die Schützengesellschaft Zurzach die Initiative, um einen Bezirks-Schützenverband zu gründen. Auf eine entsprechende Einladung antworteten die Klingnauer zuerst negativ – und traten dann doch bei. Zehn Jahre später zogen sie eine schon erfolgte Anmeldung an ein Ehr- und Freischiessen in Zurzach wieder zurück mit der Begründung, die Klingnauer Turner seien in Zurzach schlecht behandelt worden. Am 3. April 1892 wurde gegen einen Franken Eintrittsgeld und sämtliches Scheibenmaterial ein in Klingnau bestehender Grütli-Schiessverein in die Schützengesellschaft aufgenommen. Nach der Jahrhundertwende hatte in Klingnau auch bereits ein Pontonier-Schiessverein bestanden. Er löste sich auf, als einige gute Schützen aus der Schützengesellschaft austraten und den Schützenbund gründeten. 1921 entstand unter dem Namen «Schiess-Sektion des Pontonierfahrvereins» ein weiterer Schützenverein, so dass während längerer Zeit drei Vereine die Klingnauer Schiessanlagen benützten und im allgemeinen auch miteinander auskamen. Heute haben sich die Klingnauer Schiessvereine wieder auf zwei reduziert. Der Schützenbund wurde vor kurzem aufgelöst. Trotzdem schiesst man weniger allein denn je. Die Klingnauer Schützen müssen seit 1980 «Gastrecht» in der Zurzacher Schiessanlage Grütt geniessen, nachdem die Industrie den Platz der letzten Klingnauer Schiessanlage beanspruchte.

Aber ebenso wie sich die seinerzeitigen Schützen durch den Brand ihres Schützenhauses von 1864 nicht unterkriegen liessen, haben auch die heutigen Schützen ob des Fehlens einer Anlage in den eigenen Gemarkungen die Flinten nicht ins Korn geworfen. Unter dem Partronat ihrer Ehrenmitglieder wurde eine Pistolensektion ins Leben gerufen und der Schützengesellschaft angegliedert. Mit grossem Einsatz wurde in Fronarbeit auf dem Areal des Kugelfanges der ehemaligen Schiessanlage ein 25-m-Pistolenstand erschaffen und im August 1988 in Betrieb genommen.

Schützenhaus Klingnau im Zelgli – letzter Schiesstag am 27. Dezember 1980.

Eine Tradition

Höhepunkt des Schützenjahres war seit jeher das Endschiessen. Es wurde stets zur Kirchweihe durchgeführt, am Anfang am letzten Sonntag im August, später am Chilbimontag, Ende Oktober.

Das Endschiessen

…in der Überlieferung (gemäss einer Aufzeichnung von Bruno Müller in der Jubiläumsschrift der Schützengesellschaft Klingnau von 1960):

Am letzten August-Sonntag des Jahres 1698 musste der Jungbürger Heini Hägeli in der Klingnauer Kirche alle Mühe aufwenden, um der gottesdienstlichen Handlung zu folgen. Gepredigt hatte ein vornehmer Domherr aus Konstanz, der seit Wochen im Schlosse weilte; zugehört hatte der Bursche nur mit halbem Ohr. Auf dem Marienaltar stand nämlich die Sebastiansstatue, Eigentum der Klingnauer Schützen, die jeweils dort aufgestellt wurde, wenn eine Übung befohlen war. Heini wusste, dass der heilige Sebastian – nicht nur in Klingnau – der Schutzpatron der Schützen war, und einen Schutzpatron hatten sie bei der Gefährlichkeit ihres Handwerks weiss Gott nötig. Er wusste auch, dass früher links vom Chorbogen sogar ein Sebastiansaltar gestanden hatte, sichtbarer Ausdruck der durch einen Kaplan betreuten Sebastianspfründe. – Unser Heini war also in Gedanken schon jetzt beim nachmittäglichen Schiessen. Schon zweimal hatte er sich trotz seiner erst achtzehn Jahre in die ersten Ränge gestellt, und heute wollte er sich besonders zusammennehmen. Den kirchlichen Behörden gefielen zwar diese sehr häufigen sonntäglichen Schiessübungen nicht; das hatte er schon herausgespürt.

Nach dem Gottesdienst bekam Heini vom Schützenmeister den Auftrag, den Prior von Sion, den Herrn Ludwig Denzler, zum Schützenmahle untertänigst einzuladen. Trotz der Armut seines Klösterleins spendete der geistliche Herr zu jedem Schiessen eine Ehrengabe. Kaum war der junge Schütze von dem freundlichen alten Herrn entlassen worden, eilte er auf dem kürzesten Weg durch das Finstergässchen, das der Stadtmauer entlang führte, unter dem Schlosse durch und zum Nordtor hinaus zum elterlichen Hause, das in der Vorstadt lag.

Heinis Vater war ein guter Schütze, mit der Armbrust und mit der Büchse. Gut stand ihm die Schützenmontur in den Klingnauer Stadtfarben. Hose und Wams hatte er sich vor zwei Jahren als erste Ehrengabe beim Kilbischiessen herausgeschossen; stolz trug er sie seither bei jedem Schützenanlasse. Nach dem Mittagessen begab er sich mit Heini und zwei jüngeren Söhnen nach dem Schlosse, wo sich die Schützen um den Schützenmeister Rudolf Wyss sammelten.

Dieser war wie immer aufgeregt, oblag ihm doch die Pflicht, beim Obervogt, es war der Freiherr Joh. Franz Heinrich Zweyer von Evebach, um das nötige Pulver zu bitten, das nur im Schlosse aufbewahrt werden durfte, nicht nur wegen der Feuersgefahr, sondern weil die Obrigkeiten sich hüteten, so gefährliche Dinge den Untertanen zur Aufbewahrung zu überlassen. Wie leicht hätten sie doch der Versuchung unterliegen können, das Pulver zum Wildern oder zum Revolutionieren zu verwenden!

Als zwölf Glockenschläge vom nahen Kirchturm verklungen waren, inspizierte der Schützenmeister genau das Tenue seiner Mannen, ob Bandelier und Degen dabei waren, ob das Pulverfläschchen am Gürtel und die Lunte in der Länge einer Elle vorhanden waren. Das alles war durch die Schützenordnung vorgeschrieben. Erst nachher betätigte er den Klopfer am Schlosstore, erhielt mit zwei Helfern Einlass und kam mit dem Pulver und einem verschnürten Paket zurück. Nun wusste jeder, dass heute wieder eine obrigkeitliche Ehrengabe, bestehend aus Wams und Hose in den Stadtfarben, zu gewinnen war. Der Obervogt selber erschien unter dem Torbogen, zeigte sich sehr aufgeräumt und versicherte, er werde am Abend selber in der Schützenstube anwesend sein, um den Sieger auszuzeichnen.

Trommler, Pfeifer, Fähnrich, Schützenmeister, Zeiger und ihre Helfer voran, marschierten die Schützen in ihren farbenprächtigen Monturen nach der Schützenmatte, auf der sich das Schützenhaus befand, nicht etwa auf dem kürzesten Wege durch das Katzentörli neben dem Schloss, sondern durch die Stadt, das Obertor und das Brühltor. 40 Schützen trugen die Klingnauer Schützenuniform.

Vor dem Schützenhaus stellten sich die Männer auf, der Schützenmeister gab Anweisungen, verteilte die Aufgaben, verkündete, dass heute jeder drei Schüsse verschiessen könne, und mahnte zur Eile;

denn es war obrigkeitliche Vorschrift, dass immer vor ein Uhr der erste Schuss fallen musste. Die einen öffneten in den beiden Stockwerken die Läden; Heini half seinem Vater, den Draht durch die Schlaufen an den Pfählen zu ziehen, die in gerader Reihe bis zu dem 200 Meter entfernten Scheibenstand standen. Der Draht durfte sich nirgends verklemmen. Der Zeiger stellte mit einem Helfer die Scheiben auf, eine oder selten zwei, und legte Hammer und Pfropfen bereit, die Schusslöcher in der Scheibe zu schliessen. Einer wog jedem sein Schiesspulver für drei Schüsse zu; ein anderer prüfte die Bleikugeln, die jeder vorher zu Hause hatte auf Vorrat giessen müssen; wieder ein anderer unterhielt abseits vom Pulver brennende Lunten.

Von vier Büchsen, die zum Schusse vorbereitet worden waren, versagten besonders bei feuchtem Wetter in der Regel deren drei. So achtete der Schützenmeister darauf, dass er als ersten Schützen einen Mann kommandierte, von dem er wusste, dass er seine Waffe in Ordnung hielt. Diesmal war es Heinis Vater, der Feer (Fährmann) Heinrich Hägeli.

Die Freude über diese Auszeichnung verbergend, trat der Mann an, stellte seine Büchse vor sich auf den Boden, hielt sie mit der linken Hand und schüttete mit der andern einen Drittel des ihm zugeteilten Pulvers von vorn in das Rohr. Dann schob er Papier, Stoffetzen oder dergleichen als Füllmaterial nach und drückte alles mit dem Ladestock fest. Jeder Schütze wusste, wie stark er das Pulver zusammenpressen musste; das war von Waffe zu Waffe verschieden. Aus einem umgehängten Lederbeutel suchte nun der Schütze Hägeli eine Bleikugel hervor, prüfte sie mit Kennerauge und liess sie in das Rohr gleiten. Am besten war es, wenn sie unter leichtem Druck mit dem Ladestock hinein glitt; dann war man sicher, dass sie vor der Schussabgabe nicht nach vorn rollte, wenn die Waffe in waagrechte Lage kam. Nun folgte der schwierigste Teil: Auf einen Wink hin brachte man ein Stücklein brennenden Zunder, das Hägeli an dem dafür bestimmten Halter seiner Büchse aufsteckte. Einige Zentimeter darunter schüttete er sorgfältig auf die Zündpfanne neben dem Zündloch ein wenig Pulver. Nun waren die Vorbereitungen, die etwa zehn Minuten in Anspruch genommen hatten, vollendet. Der Schütze trat zum Glockenzug und zog kräftig daran, damit der Zeiger in seiner Deckung blieb. Dann stellte er sich hin, den einen Fuss etwas vorgestellt, brachte die Büchse in Anschlag und zielte. Mit dem Zeigefinger zog er einen Bügel zurück, wodurch sich die glimmende Lunte in die Mitte der Zündpfanne senkte. Im nächsten Augenblick hätte das Pulver durch das Zündloch brennen und die Ladung im Rohr entzünden sollen. Wohl ringelte sich ein Räuchlein durch die Luft; aber die Explosion trat nicht ein. Ruhig entspannte Hägeli den Hahn, der Halter mit dem Zunder stieg wieder in die Höhe: die Zündung hatte versagt. Wie gerne hätte es Heini seinem Vater gegönnt, wenn der Schuss schon beim ersten Zielen losgegangen wäre.

Aber was ein rechter Schütze ist, lässt sich nicht so leicht aus der Fassung bringen. Ohne Hast legte er nochmals Pulver auf die Pfanne, indem er darauf achtete, dass besonders feines in das Zündloch gelangte, steckte einen neuen Zunder auf, zielte nochmals, das Räuchlein stieg auf, und gleich darauf erzitterte das Gebäude wie von einem Donnerschlag; beissender Pulverrauch erfüllte den Raum. Als er sich verzog, sah man den Zeiger schon vor der Scheibe hantieren, und bald wusste Heini, dass sein Vater einen Treffer «erzielt hatte»; die Kugel hatte die Scheibe richtig durchschlagen.

Während Vater Hägeli mit zufriedenem Gesicht seine Büchse von Pulverrückständen reinigte und sich nachher in den oberen Stock begab und man die Hammerschläge durch die klare Sommerluft hörte, mit denen ein Gehilfe des Zeigers das in der Scheibe klaffende Loch mit einem Holzpfropfen verschloss, traf der zweite Schütze seine umfangreichen Vorbereitungen, und noch bevor die Turmuhr vom Städtlein her ein Uhr schlug, dröhnte der zweite Schuss, was den Schützenmeister mit Freude erfüllte. Er übergab die Aufsicht im unteren Stock einem Gehilfen und begab sich in den oberen, die Schützenstube. Sie und was darin vorging, lagen ihm nämlich nicht weniger am Herzen; denn immer war der Schützenmeister auch Schützenwirt, was ihm mehr eintrug als Ehre! Im Schützenstand ging das Schiessen weiter.

Als Heinrich Hägeli am späten Nachmittag seinen dritten Schuss losgefeuert hatte, vollführte der Zeiger einen Kopfstand. So zeigte er an – alter Schützenbrauch wollte es so – dass der Nagel auf den Kopf getroffen war, der Nagel nämlich, der mitten in der Scheibe stak. Ein ebenso alter Brauch bestimmte, dass der Schütze dem Zeiger dafür ein Trinkgeld gab. –

Unfälle ereigneten sich an dem Tage nicht, die doch sonst nicht selten waren. Abgebrannte Brauen oder Barthaare nahm man in Kauf, sogar noch versengte Gesichtshaut. Durch geplatzte Rohre aber hatten im Jahr vorher zwei Schützen schwere Verletzungen erlitten. Einer hatte sein Augenlicht ganz eingebüsst. Versicherungen waren noch unbekannt. Um die Gefahr für die Umstehenden zu verringern, schoss der Schütze zwischen zwei Bretterwänden.

Meistens wurde stehend geschossen, manchmal mit unterstellter Gabel, was das Zielen gewaltig erleichterte. Anzulehnen war untersagt. Streng war in allen Schützenhäusern das Fluchen verboten. Bei der Unzulänglichkeit der Waffen war allzu menschlich, ein mehrmaliges Versagen mit einem kräftigen Fluche zu quittieren. Zweifel am richtigen Zeigen durften nur der Schützenmeister oder sein diensttuender Helfer anbringen. Während der Untersuchung hängte der Zeiger seine Zeigerkelle an die Scheibe. Solange sie dort hing, war es verboten, die brennende Lunte zu nähern oder den Hahn zu spannen. Wenn eine Kugel die Scheibe traf, aber nicht durchschlug, so war das ein Gellschuss und ungültig. Flammenschüsse nannte man jene, bei denen zwar die Flammen aus der Büchse schossen, aber nicht die Kugel. Schiessen war weitgehend eine Glückssache. Für das Versagen der Büchse wurde immer der Schütze beschuldigt; man wollte ihn so zwingen, seine Waffe so gut als möglich zu pflegen.

Das Bussenregister der damaligen Zeit enthält zum Beispiel folgende Bestimmungen: Fluchen und Schelten 10 Schilling. Stören des Zielenden durch Ansprechen usw. 10 Schilling. Schiessen mit einem andern als dem eigenen Gewehr 5 Schilling. Anlehnen bei der Schussabgabe 5 Schilling. Schiessen ohne zu läuten 10 Schilling. Weglegen der geladenen Waffe 1 Pfund usw. Die Bussen waren auf den «Tisch des Herrn» zu entrichten, das heisst, sie mussten dem Schützenmeister sofort bezahlt werden. Eine besonders schwere Strafe war das Verbot, das Schützenhaus zu betreten. Sie konnte vom Rate auch gegenüber Nichtschützen verhängt werden, die dann die einzige Gelegenheit zu geselligem Beisammensein meiden mussten.

Noch bevor Heini seinen dritten und letzten Schuss losfeuern konnte, trat der Obervogt vom Schloss Klingnau in das Schützenhaus, begleitet vom Komtur des Johanniterhauses Leuggern und dem Schlossherrn von Böttstein. Sie schauten dem jungen Hägeli eine Weile zu, verzogen sich aber noch vor dem Schuss und seinem unangenehmen Rauch in die Schützenstube, wo sie mit Verbeugungen begrüsst wurden. Auch Heini durfte sich nachher bis zum Sonnenuntergang dort mit seinen Altersgenossen belustigen und der Uerte zusprechen.

Zum besten Schützen des Tages wurde der Fährmann Heinrich Hägeli erklärt. Da er aber schon im Besitze der stadtherrschaftlichen Ehrengabe von Wams und Hose war, so musste er sich mit dem zweiten Preise begnügen. Das stand so niedergelegt in der Schützenordnung. Die erste, einen ansehnlichen Wert darstellende Gabe erhielt der Nächstbeste, der noch nicht damit ausgerüstet war. Die Absicht dieser Verordnung ist leicht erkennbar: Der Stadtherr erhielt so eine ansehnliche, wohl uniformierte Truppe und spornte gleichzeitig den Ehrgeiz seiner Untertanen an.

Tiefe Nacht hatte sich über das Städtchen und die breite, schöne Flusslandschaft gesenkt, als sich die adeligen Herren hoch zu Ross und weinselig vom Rate und dem Schützenmeister verabschiedeten. Ein Stallknecht ritt voraus. Aber auch ohne ihn hätten die Gäule der Herren den nächtlichen Heimweg gefunden, hatten sie ihn unter ähnlichen Umständen doch schon oft zurückgelegt. Zu gleicher Zeit träumte in der Vorstadt ein Jungschütze von zukünftigen Schützenehren.

Es bleibt nachzutragen, dass bei der alten Schützengesellschaft am Endschiessen nie ein Ball stattfand. Man hielt am Abend lediglich eine Mahlzeit unter sich und eingeladenen Ehrengästen ab. Als Ehrengäste galten Leute, denen die Schützen dank ihrer amtlichen Stellungen die Ehre erweisen wollten oder wer eine Ehrengabe gespendet hatte. Als Ehrengaben kannte man nebst Geld: Schürlatztuch (roter Barchent), Nestel, Nas- und Halstücher, zinnene Teller, Hosen in der Stadtfarbe. Die Weingaben waren bestimmt zum Ehrentrank mit den Gästen, das Schiessgeld der Obrigkeit zur Beschaffung von Pulver und Blei.

Im Jahre 1830 wollte man bei einer Statutenrevision eine Erhöhung der Mitgliederzahl mit folgender Massnahme erreichen:

Am Endschiessen soll zukünftig ein Ball stattfinden, bei dem auch «das ewig Weibliche» das Tanzbein schwingen könne, was ja bekanntlich die grösste Freude des schönen Geschlechts sei.

Am Endschiessen der Schützengesellschaft im Jahre 1894.

1903 statuierte man an einem Bott, dass es bei Busse verboten sei, die bessere Ehehälfte am Chilbimontagabend zu Hause zu lassen. Ein Schütze verlangte hierauf, man solle den Chilbimontag auf einen anderen Wochentag verlegen, da die «Seine» am Montag meistens nicht guter Laune sei. Wohl nicht aus Rücksicht auf launische Ehefrauen, sondern weil immer weniger Schützen den Montag freihalten konnten, wurde in den letzten Jahren das Endschiessen auf den Samstag vor dem Chilbi-Sonntag verlegt.

Der Chilbimontag…

…wie ihn Robert Zimmermann in den Jahren nach dem 2. Weltkrieg selber erlebt hat:

Früh am Morgen marschierte die Schützenmusik durch Weiher, Stadt und Dorf und blies Tagwache. Die Schützenmusik setzte sich vorwiegend aus Mitgliedern der Schützengesellschaft zusammen, die gleichzeitig auch der Stadtmusik angehörten.

Nach der Tagwache überbrachte der Zeigerchef den Ehefrauen der Schützen, die sich im Laufe des verflossenen Jahres verheiratet hatten, die Einladung zum Chilbibankett. Die neugebackenen Ehemänner hiessen «Guggichmänner».

Im Laufe des Vormittags war Gelegenheit, die Schützen- und Ehrengaben im Hotel Vogel abzuliefern.

Ebenfalls am Vormittag traf man sich zum Leberli-Essen in der Warteck (später in der Sommerau). Während des Leberli-Essens wurde abgerechnet. Die Schützen hatten ausstehende Bottgelder und allfällige Bussen zu bezahlen. Gebüsst wurde, wer ein Bott unentschuldigt versäumt, wer das Obligatorische oder das Feldschiessen nicht geschossen hatte. Während des Jahres galt es, den Reisekassenstich zu schiessen (der Erlös wurde zur Finanzierung der Besuche von kantonalen oder eidgenössischen Schützenfesten verwendet). Hatte ein Schütze kein Resultat im Reisekassenstich eingetragen, musste er das Doppelgeld nachzahlen.

Vor dem Ausmarsch ab Warteck oder Sommerau versammelten sich die Schützen zum Appell durch den Schützenmeister. Den Ausmarsch Richtung Schiessplatz führte die Schützenmusik an. Dem Fähnrich folgten der Zeigerchef in der roten Zeigerbluse und -mütze mit geschulterter Zeigerkelle, dann der Präsident mit dem geschulterten Vorderladerstutzer aus dem Jahre 1844. Während des Ausmarsches feuerten die Schützen blinde Patronen ab

Appell zum Chilbischiessen vor der Sommerau.

und ein Schwarm Buben versuchte, die ausgeworfenen Hülsen zu erhaschen.

Das Chilbischiessen bestand und besteht heute noch mehr oder weniger unverändert aus folgenden Stichen:

Glücksstich 6 Schüsse auf 5er-Scheibe.
Unbeschränkte Nachdoppel.
Auszeichnung: 1. Rang Lorbeerkranz.
Auszahlung der Nachdoppelgelder in der Rangfolge.

Ehrengabenstich 10 Schüsse auf die 10er-Scheibe.
Auszeichnung: 1. Rang Lorbeerkranz und Wahl der ersten Schützengabe.
Weiterer Gabenbezug in der Rangfolge.

Sebastiansstich 2 Schüsse auf 100er-Scheibe.
Auszeichnung: 1. Rang Sebastiansbecher.
Bezug der restlichen Gaben an die nächstfolgenden Schützen.

Die traditionelle Verpflegung auf dem Schiessplatz bestand aus Schützenschüblig, Brot und Sauser.

Nach dem Schiessen begaben sich die Schützen ins Restaurant zur Ecke. Bis zum Einmarsch wurde die Zeit mit einem Jass ausgefüllt. War die Gesellschaft vollzählig, reihten sich die Schützen vor dem Restaurant ein. Die Sieger im Glücks- und Ehrengabenstich wurden mit einem Kranz geschmückt und die «Ecken»-Wirtin steckte jedem Schützen eine Dahlie ins Knopfloch. Der Einmarsch führte durch das Dorf ins Städtchen. Vor dem Hotel Vogel war Halt. Der Schützenmeister liess die Gesellschaft auf zwei Glieder antreten. Dann kommandierte er: «Schützengesellschaft Klingnau, Achtung steht! Fahnenmarsch vorwärts marsch!» Zu den Klängen des Fahnenmarsches marschierte der Fähnrich, flankiert von den beiden Kranzschützen, um die strammstehenden Kameraden herum und anschliessend ins Hotel Vogel ein.

Das Rechnungsbüro wertete die Resultate aus; andere trafen sich zum Jass oder begaben sich nach Hause, um vor dem Abendbankett noch etwas zu ruhen.

Der Abend begann mit dem Fackelzug in der Reihenfolge Schützenmusik – Fähnrich – Kranzschützen mit Begleiterinnen als Fahnenwache – Schützen mit Frauen oder Freundinnen. Kein Schütze durfte ohne Begleitung erscheinen, wollte er nicht mit 5 Franken gebüsst werden. Der Zug führte durch das Städtchen, um den unteren Brunnen zum Pfarrhaus, wo der Pfarrer wartete (der Pfarrer war immer Ehrengast, wie der Zeigerchef auch), und weiter ins Hotel Vogel.

Als Chilbimenu wurde immer eine Bernerplatte serviert. Der Präsident hielt jeweils eine Ansprache, der Schützenmeister besorgte das Rangverlesen, assistiert vom Kassier für die Auszahlungen. Die Guggichmänner füllten die Schützenflasche, die anschliessend im Kreis herumgereicht wurde. Die Schützenflasche fasste mehrere Liter.

Die Schützenmusik sorgte für musikalische Einlagen und für einige Tanzmelodien (dafür war sie gastfrei). Die Schützenfrauen spielten kleine Schwänke oder Couplets. Zeitweise bestand auch ein Schützenchor. Einzelauftritte und Gesellschaftsspiele gehörten ebenfalls zum Chilbiabend. An der ersten Chilbi nach dem Zweiten Weltkrieg war das Programm so ausgedehnt, dass nicht alle Beiträge vorgeführt werden konnten. In meiner ersten Schützenzeit war der «Vogel»-Saal so angefüllt, dass etliche Teilnehmer auf der Galerie Platz nehmen mussten.

Heute werden die wesentlichen Elemente der Chilbi noch gepflegt, nur das bunte und gesellige Drum und Dran wird leider nicht mehr geübt.

Detail des Schützenstutzers von 1844: verzierter Abzughahn, Waffenschmied François Siber, Lausanne.
▼

Unter dem Schellenbaum

Kirchenmusik und Militärspiel

«Jeder Klingnauer ist geborener Musiker», schrieb im Jahre 1770 der Propst in Zurzach. Die Klosterschule zu Sion brachte der Stadt Klingnau und der Umgebung grosse Vorteile. In dieser höheren Lehranstalt wurde auch die kirchliche Musik als Bildungsmittel angesehen und kultiviert. Dass bis weit in die zweite Hälfte des 19. Jahrhunderts hinein in Klingnau die profane wie die Kirchenmusik rühmlichst gepflegt wurde, ist ohne Zweifel der Klosterschule zu verdanken. Dem letzten Prior darf nachgerühmt werden, dass er eigentlich die Grundlage für die im 19. Jahrhundert so hervorgetretene Musikfreudigkeit schuf und damit auch die besondere musikalische Veranlagung der Klingnauer Bürgerschaft förderte.

Viele militärische Truppenbewegungen zogen zwar das benachbarte Waldshut um 1800 arg in Mitleidenschaft, weckten aber andererseits mit ihren Musikkapellen das Interesse der Bürger an der militärischen Musik. Bald hatte der Waldshuter Stadtrat für einen Musiklehrer für Blasinstrumente gesorgt. Damals waren in Klingnau die Blasinstrumente noch wenig bekannt.

Der Harmonie entgegen

Ein junger Klingnauer Bürger, Joseph Xaver Heer, der wohl bei jenem letzten Prior seinen ersten musikalischen Unterricht erhalten hatte, nutzte nun die Gelegenheit, in Waldshut Klarinettenunterricht zu nehmen. Bald folgten ihm andere Jünglinge, die Waldhorn oder Trompete lernen wollten. Durch unruhige Zeiten (Obrigkeitenwechsel, Invasion fremder Heere) hatten die Klingnauer gelernt, auf vieles in kultureller Hinsicht zu verzichten. In der neuen Ordnung (Mediationsakte) konnte man nun eher wieder an festliche Empfänge, Umzüge und Amtshandlungen mit grosser Aufmachung denken. Die jungen Klingnauer kamen ihrem Ziel immer näher, eine Harmoniemusik zu gründen. Aus ad hoc gebildetem Spiel wurde der Verein «Harmoniemusik». Gründer und erster Kapellmeister war Joseph Heer, unter dessen Leitung sich dieser Musikverein weiterbildete und vervollkommnete. Aufzeichnungen bestätigen das erste Auftreten als Verein auf das Fronleichnamsfest am 16. Juni 1808. Wird eine Vorbereitungszeit von zwei Jahren einberechnet, darf die Gründung auf das Jahr 1806 datiert werden. Heer zählte damals 19 Jahre.

Blechmusik unterbricht die Harmoniemusik

Militärische Feldmusiken waren gegründet worden, und ein kantonaler Musikinstruktor hielt von Zeit zu Zeit zweitägige Übungen ab. Nach etwa 1830 wurden die komplizierten Blech- und Holzinstrumente verbessert: Ventilblechinstrumente waren erfunden. Der Kanton führte sogenannte Jägermusiken ein, die mit neuen Biston- und Ventilinstrumenten versehen instruiert wurden. Begeistert von diesen Blechinstrumenten bildeten zehn bis zwölf junge Klingnauer eine Blechmusikgesellschaft, die die alte Harmoniemusik verdrängte. Durch ihre moderne Neuheit, die schönen Instrumente und eine bis dahin nie gehörte melodische Blechgeläufigkeit fand sie allgemein Gefallen. (Den Gründer der Harmoniemusik konnte sie nicht begeistern.) Anlässlich der Einweihung der Pfarrkirche Döttingen spielten 9 Mann für Essen mit Brot à 8 Batzen und 12 Mass Wein, wofür die Döttinger Fr. 15.20 zu bezahlen hatten. Sämtliche Blechmusiker von Klingnau begleiteten die kantonale Schützenfahne 1844 nach Basel und hatten dort unter der Direktion des kantonalen Instruktors während drei Tagen bei den Banketten zu spielen.

Der alte Schellenbaum. Postkarte zum Kantonalen Musiktag Klingnau 1932.
▼

Einen neuen Impuls erhielt das gesamte Musikleben des Aarestädtchens durch die musikalische Tätigkeit des Chordirektors Franz Xaver Fidel Wengi. Auch mit dem Bau der neuen Orgel 1857 entwickelte sich wieder ein anderes und frischeres musikalisches Leben. Die jungen Leute wollten wieder singen und spielen lernen. Wengi brauchte seine freien Stunden ganz für den Musikunterricht. Er nahm sich auch der Blechmusik an und dirigierte sie bei Aufführungen. Diese neue Musikfreudigkeit brachte die Klingnauer auch in freundschaftliche Beziehungen zu Musikgesellschaft und Männerchor Waldshut. Mehrmals gaben sie sich gegenseitige Besuche und musikalische Unterhaltungen.

Zurück zur Harmoniemusik

Die Begeisterung für die ausschliessliche Blechinstrumentation der Musik hatte sich kaum 10 Jahre zu halten vermocht, und die Mitglieder einigten sich, wieder eine vollständige Harmoniemusik, wie sie einst gegründet worden war, einzuführen. Piccolo, Klarinetten, Flöten, Fagott usw. kamen wieder zu Ehren. Als Festmusik an der ersten Pfarrinstallation in Döttingen trat die Musikgesellschaft Klingnau am 1. Dezember 1850 zum ersten Mal öffentlich auf. Als Festmusik wurde sie ausserdem zu mehreren auswärts stattfindenden Festen berufen. Auch bei den übrigen kirchlichen Festen wie Firmung usw. fehlte sie nie, ebenso bei anderen Anlässen, wo es galt, eine Feier zu erhöhen oder Persönlichkeiten und wichtige Versammlungen zu ehren. Als im August 1859 die Bahn Turgi–Waldshut eröffnet wurde, begleitete die Klingnauer Musik, «Feldmusik» genannt, beide Züge. Unter Wengis Leitung waren es vor allem festliche Anlässe, die besucht wurden.

Musikalische und ledige Knaben

Schüler aus Klingnau, die die Bezirksschule Zurzach besuchten, gründeten in den 60er Jahren unter Leitung ihres Kameraden Joseph Gottwald Bürli in Zurzach eine Kadettenmusik. Diese ehemaligen Kadetten und andere der Schule entwachsene Knaben nahm er zu einer Knabenmusik zusammen und instruierte sie in uneigennütziger Weise. Dem ersten öffentlichen Auftreten war Erfolg beschieden, und der junge Verein produzierte sich bei den verschiedensten Anlässen und Festen.

Die Knabenmusik, zum Unterschied von der Feldmusik später «Musikverein» genannt, liess sich 1874 in die «Gesellschaft der ledigen Knaben» aufnehmen. Es waren somit Rechte und Pflichten der Knabengesellschaft an den Musikverein übergegangen, die, zum Teil wenigstens, noch heute der Stadtmusik Klingnau ihr eigenes Gepräge geben. Somit blieben die Fasnachtsbräuche der Gesellschaft der ledigen Knaben erhalten (siehe «Räbehegel»).

Gemeinsam wird weiter musiziert

Beide Vereine, Feldmusik und Musikverein, beteiligten sich in den folgenden Jahren getrennt an verschiedenen Anlässen in Klingnau oder in der näheren Umgebung. Im Jahre 1875 lebte man (laut «Botschaft») in einem unaufhörlichen Festtaumel. «Klingnau ist eine wahre Musikstadt, wo man ob engherzigen Rücksichten, hochtrabendem Dünkel und widerhaariger Politik die Pflege des Idealen nicht vergisst.» Während die Feldmusik sich mehr in den Dienst kirchlicher Feiern stellte, wie Fronleichnam, Cäciliengesangsfest usw., wurde der Musikverein öfters als Festmusik bei weltlichen Festen beigezogen.

Chordirektor Wengis Haus war 1875 dem Städtlibrand zum Opfer gefallen, so dass er wenige Jahre später mit seiner Familie nach Zürich zog. Seine leitende Persönlichkeit fehlte dann der Feldmusik. Auf der anderen Seite folgten die jungen Leute dem aufstrebenden Musikverein. Die wenigen jüngeren Mitglieder der Feldmusik schlossen sich dem Musikverein an. Ihr Schellenbaum wurde zum Zeichen ununterbrochener musikalischer Tradition. 1881 nahmen die Musikanten gemeinsam am Bezirksgesangsfest in Leibstadt teil.

Die Bläser waren unterdessen ziemlich älter geworden, und die ursprüngliche Benennung war ganz dem Namen «Musikverein» gewichen. Das Archiv des Vereins wurde Opfer des Brandes 1883. Verhandlungsprotokoll, Stiftungs- und Schenkungsbriefe von Gemeinde und Privaten gingen verloren. Es wurde kein neues Protokoll begonnen. Gottwald Bürli wurde Organist und Musiklehrer am Seminar Wettingen. Dirigent und Vorstand in einer Person wurde Gemeindeschreiber Albert Vogel. Für die jährliche Subvention der Gemeinde von 100 Franken kaufte er nötig gewordene neue Instrumente, bezahlte die Auslagen für Reparaturen und das Petrol für die Beleuchtung des Übungslokals. Beiträge von den Mitgliedern wurden keine gefordert. Als «Vater» der Gesellschaft legte er selber oft das Fehlende hinzu. Mit seinem Verein reiste er auch zweimal nach Luzern und auf die Rigi und anlässlich der 500-Jahr-Feier der Schlacht bei Sempach im Jahre 1886 nach Zug, Luzern und Sempach. Unter die vielen Konzerte, Unterhaltungen, Feste und Feiern der folgenden erfolgreichen Jahre fallen auch die besondere Feier zum 600jährigen Bestehen der Eidgenossenschaft und der Besuch der schweizerischen Landesausstellung 1894 in Zürich. (Auf der Bahnhoftreppe erklang der 1891 erlernte Gottfried-Keller-Marsch.)

Jetzt bestimmt der Vorstand

1901 begann mit dem Tode des vielverdienten Dirigenten Albert Vogel ein neuer Abschnitt im Leben des Musikvereins. Der Sohn des Verstorbenen wünschte, dass der Verein im Geiste seines Vaters fortbestehen möge und verlangte, dass aus der Mitte der «Musikgesellschaft», wie sich die Versammlung nennt, ein Vorstand bestellt werde, der die Vereinsgeschäfte zu besorgen habe. In geheimer Abstimmung erkor jene Versammlung den ersten Vorstand. 1907 mussten neue Statuten ausgearbeitet werden, weil man die alten nicht mehr finden konnte.

Die Tätigkeit der Gesellschaft erstreckte sich auch jetzt noch grösstenteils auf Vereins- und Ortsanlässe. Am Neujahrs- und Dreikönigstag (ab 1912 am Silvester) zog die Musik durchs Städtchen; am Fronleichnamstag machte sie ihren üblichen Ausflug, oft auch am Chilbisonntag, während sie am 1. August und am Silvester sich produzierte. Dazu kamen einige Unterhaltungskonzerte in Gartenwirtschaften, die Begleitung der Schützengesellschaft an ihrem ersten Schiesstage nebst der Tätigkeit in den Fasnachtstagen. Musikfeste wurden keine besucht. Man war ja auch keinem Verband verpflichtet.

1910 fand der Präsident dann doch, es wäre an der Zeit, sich endlich einmal mit anderen Vereinen im Wettkampfe zu messen. Die «Regina-Ouverture» von Rossini wurde vorbereitet. Das Protokoll bringt nach dem Feste den lakonischen Vermerk: «Es beschliesst der Verein, den am Kantonalen Musikfest erhaltenen Eichenkranz dem Organisationskomitee in Oftringen wieder zuzustellen.» Hatte doch das Wettstück freudigen Applaus geerntet, und auch der Dirigent hatte sich sehr befriedigt gezeigt!

Von jetzt an spielt die Stadtmusik

Am 7. April 1914 beschloss der Verein, mit der Einführung neuer Instrumente neu den historisch gerechtfertigten Namen «Stadtmusik» zu tragen. Den eher stillen Jahren des Ersten Weltkrieges folgten 1919 zwei ausverkaufte Aufführungen der «Wilderer». Der Grippe wegen musste die dritte abgesagt werden. In den nächsten Jahren konzentrierte sich die Stadtmusik auf die jährlich wiederkehrenden Auftritte.

Man spielt nicht mehr allein

Im Jahre 1923 hatte der Verein den Beitritt zum Kantonalverband beschlossen. Die Zahl der Mitglieder war angestiegen, im Jahre 1925 auf 40.

Zu den üblichen Engagements gesellten sich auch die Einsätze an verschiedenen Musikfesten. Auch ihr erstes Eidgenössisches Musikfest in Bern beanspruchte die Stadtmusik sehr. Ihre Mühe wurde belohnt mit einem Lorbeerkranz mit Silberfransen. Immer wieder brachten Platzkonzerte und Beteiligung an Anlässen anderer Vereine Abwechslung in das Jahresprogramm.

1936 stand ganz im Zeichen des 130-Jahr-Jubiläums: Die tollen Fasnachtstage mit der Stadtmusik wurden in einer Illustrierten festgehalten, ein gemeinsamen Konzert mit der Zurzacher Musikgesellschaft vereinigte die beiden Vereine in Zurzach, in Baden fand der kantonale Musiktag statt, und am 5. Juli konnte bei herrlichem Sommerwetter das Jubiläum erfolgreich gefeiert werden. Eine Jubiläumsschrift von H. J. Welti hielt die wichtigsten Stationen der Geschichte der Stadtmusik fest.

1939 rief die Mobilmachung einen Teil der Vereinsmitglieder an die Grenzen. Als das Städtchen Klingnau am Stephanstag seine 700-Jahr-Feier

Die Stadtmusik in ihrem Jubiläumsjahr 1956.

durchführte, erhielten fast sämtliche Mitglieder Urlaub für diesen Anlass.

Neue Verpflichtungen brachte der Beschluss von 1940, in Zukunft alle 80- und 90jährigen mit einem Ständchen zu ehren. 1945 gab die Stadtmusik ein Ständchen, als die Friedensglocken läuteten. Und schon spielten die Musikanten wieder nach gewohntem, abwechslungsreichem Programm. Auch die Reiselust schlich sich mehr und mehr ein und trug dazu bei, dass die Geselligkeit nicht zu kurz kam.

Ein äusserst seltenes Jubiläum durfte die Stadtmusik 1954 feiern: 50 Jahre hatte Karl Häfeli die Musik dirigiert. Die Stadtmusik würdigte seine grossen Verdienste und stiftete ihm eine Ehrengabe. 1956 wurde schon wieder jubiliert. Der Verein feierte seinen 150. Geburtstag mit vielen Höhepunkten. Das Jahr begann mit der Aufstellung eines kleinen Trommlerkorps von 4 Tambouren. Dann wurde die Jubiläumsschrift von 1936 ergänzt. Die erste Vereinsfahne in den Gemeindefarben wurde eingeweiht. Und die Uraufführung des von Stephan Jäggi (für 460 Franken) komponierten Jubiläumsmarsches «150 Jahre Stadtmusik Klingnau» erntete ganz besonderen Beifall.

Eine neue Epoche im Vereinsleben begann 1962. Zum erstenmal war der Verein gezwungen, ausserhalb der Gemeinde einen Dirigenten zu suchen. Die ausserordentliche GV löste heftige Diskussionen aus, die jedoch die Tatsache auch nicht ändern konnten.

An ihrem 175. Geburtstag lud die Stadtmusik nach 1932 und 1953 wieder zum kantonalen Musiktag ein. Rund 20 Vereine waren der Einladung gefolgt, und sämtlichen Besuchern wurde ein viertägiges, reich befrachtetes Festprogramm angeboten.

Seit 1987 begegnet man der Stadtmusik in neuer, historischer Uniform. Diese wurde feierlich eingeweiht unter einer erfrischend rassig spielenden Stadtmusik.

Wenn Jugendliche musizieren

Nicht junge Leute mit Eigeninitiative wie die Gründer der Harmonie- und der Knabenmusik, sondern Stadtmusikanten mit Sorge um den Nachwuchs beschlossen die Gründung der «Jugendmusik Klingnau». 1974 wurde diese Untersektion der Stadtmusik aus der Taufe gehoben. Noch im selben Jahr entschied der Vorstand, der Vereinigung Aargauischer Jugendspiele beizutreten. Anfänglich eher zaghaft, steigerten die Jungmusikanten die Anzahl ihrer Auf-

Bräuche, Sitten und Vereine

tritte und vertraten 1977 gar die Stadtmusik, welche sich eine einjährige Klausur auferlegt hatte. Zur Feier ihres 10-Jahr-Jubiläums führte die Jugendmusik 1984 den Kantonalen Jugendmusiktag durch. Bunt präsentiert sich heute nicht nur die Repertoire-Palette, auch das Einzugsgebiet hat sich im Laufe der Zeit ausgedehnt.

Der Schellenbaum

Wenige Jahre nachdem Franz Wengi die Leitung der Feldmusik übernommen hatte, kam diese zu ihrem Vereinszeichen, dem Schellenbaum oder Halbmond. Des Chordirektors Vater war Kupferschmied und soll ihn geschaffen haben nach dem Vorbild derartiger Instrumente in deutschen Regimentskapellen. War der Schellenbaum dort ein Rasselgerät, scheint er in Klingnau seit jeher ein blosses Zierstück zu sein. Etwas grösser als das Original wurde der neue Halbmond, nachdem durch ein Missgeschick des damaligen Trägers, anlässlich eines feuchtfröhlichen Ausfluges nach Brugg, der frühere Halbmond in die Brüche gegangen war.

Der neue Schellenbaum 1988.

Symbolisches Bindeglied wurde der Schellenbaum damals, als die Feldmusik sich dem Musikverein angeschlossen hatte.

1914 wurde er zur Neuinstrumentierung und zur «Geburt» der Stadtmusik renoviert.

Eine erneute Renovation drängte sich auf zur Neuuniformierung im Jahre 1987. Nun begleitet und ziert der Schellenbaum die Stadtmusik in neuem Glanze.

Die Jugendmusik Klingnau im Jahre 1988.

Wo man singt, da lass dich nieder

«Erster Anlass zur Gründung eines neuen Männerchors war das Bezirksgesangsfest in Döttingen vom Jahre 1862. Durch die Aufführung jener würdigen Gesänge und durch das lebhafte, rege Festleben, das sich in jenen Tagen entwickelte, wurden die erhabenen Gefühle für das schöne Vereinsleben geweckt und viele singlustige, für das Edle und Schöne entflammte Jünglinge fanden sich bald zusammen, um einen neuen Grundstein zu unserem Männerchor zu legen.»

Mit diesem Bericht werden die Protokolle des Männerchors Klingnau eingeleitet. Zwar hatten schon früher lockere Vereinigungen sangesfreudiger Männer bestanden, hatten sich aber immer wieder aufgelöst, bis das oben zitierte Döttinger Gesangsfest den nötigen Impuls vermittelte, um auch in Klingnau einen Männerchor zu gründen.

Glücklicherweise sind die Protokolle des Vereins, die von 1869 an geführt werden, lückenlos erhalten. Wir sind daher über die Geschichte des Vereins, über seine Höhepunkte und Krisen gut informiert. 1869 wurden erstmals Statuten aufgestellt. «Hebung und Bildung des Volksgesangs und brüderliche, würdige Unterhaltung» waren erstrangige Aufgaben. Als erster Präsident waltete Gottwald Bürli, Lehrer von Klignau, und die musikalische Leitung hatte Franz Xaver Fidel Wengi.

Kraftvoll und erfolgreich trat der Männerchor sogleich nach aussen in Erscheinung. Einen ersten Höhepunkt bildete das im Jahr 1869 in Klingnau durchgeführte Bezirksgesangsfest, zu dem 430 Sänger und Sängerinnen begrüsst werden konnten. Die Durchführung dieses gelungenen Festes scheint die Kräfte allerdings ziemlich erschöpft zu haben. Denn erst drei Jahre später, 1872, erscheint eine kurze Notiz über die Lage des Vereins, und erst ab 1879 werden die Aufzeichnungen wieder regelmässig geführt. Ganz eingeschlafen war das Vereinsleben in dieser stillen Zeit aber doch nicht, denn gelegentliches Mitwirken an Gesangsfesten der Umgebung hat stattgefunden.

1875 wurde wiederum ein Bezirksgesangsfest in Klingnau organisiert. Das ganze Städtchen war geschmückt, und die überall angebrachten Inschriften sind sorgfältig überliefert. Obzwar künstlerisch ein Erfolg, war doch der finanzielle Ertrag bescheiden, und man kam gerade eben ohne Verluste davon.

In den folgenden Jahren zeigte sich der Männerchor in einer stabilen Verfassung. Der Bestand an Aktiv-Mitgliedern bewegte sich zwischen 30 und 50, und regelmässig wurden Sängerfeste besucht und schöne Erfolge mit nach Hause gebracht. Alles scheint in schönster Ordnung, als plötzlich im Jahre 1898 die Aufzeichnungen abreissen und erst nach neun Jahren wieder aufgenommen werden. Es waren politische Zerwürfnisse, die 1899 zu einer Spaltung geführt hatten. 28 Sänger hatten einen eigenen Verein, den «Sängerbund», gegründet. Während eines Jahrzehnts lebten die beiden Chöre nebeneinander her, am Anfang im Zerwürfnis miteinander, aber mit der Zeit vom Wunsche nach einer Wiedervereinigung angetrieben. Am 28. Januar 1907 war es dann soweit: es erfolgte die Gründung des Männerchors «Harmonie».

Beflügelt vom neuen Gemeinschaftsgeist, folgt eine Zeit, die durch häufige Teilnahme an Gesangsfesten und durch viele gesellschaftliche Anlässe ausgezeichnet ist. Stille herrscht allerdings während des Ersten Weltkriegs; erst 1920 werden Not und Entbehrung als überwunden bezeichnet.

Ab dieser Zeit entfaltet sich das Vereinsleben in voller Kraft. Regelmässig und oft mehrmals in einem Jahr werden Feste und Unterhaltungsabende veranstaltet, die auch finanziell sehr einträglich sind und ausgedehnte Reisen ermöglichen, unter anderem nach Venedig und an die Riviera. 1931 wird Walter Rohr, Lehrer in Klingnau, Dirigent des Männerchors und bleibt es bis 1957. Unter seiner Leitung und wesentlich durch seine Tatkraft hält der Chor einen bis dahin nicht erreichten Stand. Herausragende Leistungen stellen die drei Operettenaufführungen in den Jahren 1950 («Winzerliesel»), 1952 («Barbara fällt vom Himmel») und 1957 («Wiedersehen mit Liselotte») dar. Seinen 100. Geburtstag begeht der Chor wieder im Rahmen eines Bezirksgesangsfestes. Dirigent ist in dieser Zeit und bis 1975 Alfons Meier, Lehrer in Klingnau. Ab dann verflacht die Erfolgskurve unseres Männerchors. Nachwuchssorgen und die Schwierigkeit, über längere Zeit einen Dirigenten fest an sich zu binden, wirken sich aus. – Eine eigentliche Herausforderung stellte das 125-Jahr-Jubiläum im Jahr 1987 dar. Der Männerchor bestand diese Aufgabe mit viel Schwung.

Operette in Klingnau (1952): «Barbara fällt vom Himmel».   Szenenfoto   Bericht in der «Botschaft»

Operette in Klingnau: Barbara fällt vom Himmel — — und nimmt alle Zuschauer-Herzen im Sturm. Wer — und sei er auch der allerverwöhnteste Theaterfreund — geht nicht hochbefriedigt nach Hause, wenn er diesem herrlichen Spiel und Gesang der Klingnauer Mimen zugeschaut und -gehört hat? Welche Begeisterung auf der Bühne und sich übertragend auf alle Zuschauer! Beifall am laufenden Band auf offener Szene! Und wahrhaftig verdienter Beifall! Das ist wirklich allerbestes Laientheater und die Klingnauer dürfen stolz sein auf ihre Leistung! Man bedenke: Diese kleine Bühne — und sehe sich an, was die alles darauf fertig bringen! Und nicht zu vergessen, die wirklich über allem Durchschnitt stehende Bühnenausstattung des letzten Bildes, das sieht wirklich gut aus! Es hat keinen Wert, einzelne Personen hervorzuheben, es sind Laien, keine Berufsschauspieler, aber sie können wirklich viel: Herrlich singen und gut spielen und man versteht was sie singen — nicht so selbstverständlich! Und welch nette zu Herzen gehende Melodien, einfach, aber sie klingen noch stundenlang nach im Herzen! Und darum: Geht alle hin, verpaßt das auf keinen Fall, Ihr werdet, wie ich auch, diesem Theatervölklein dankbar sein für ihre sicher enorm viele Arbeit während Monaten, denn **so kann es nur klappen, wenn gearbeitet wird!**   J. H.

Mit Schiff, Ruder und Stachel

Von den Fehren und Ausladern…

Der Umgang mit Schiff, Ruder und Stachel hat im unteren Aaretal seit jeher Tradition. Die Lage am Fluss, seinerzeit Hauptverkehrsader vom Rhein ins Innere unseres Landes, gab vielen Klingnauern die Möglichkeit, ihren Lebensunterhalt zu verdienen.

So deckte früher der Stand Aargau beispielsweise seinen Salzbedarf mit grossen Lieferungen aus Bayern und Tirol. Das Salz kam über den Bodensee, und die Fähren von Eglisau führten es vom Rheinfall bis an den Laufen von Koblenz. Die Schiffergesellschaft der Stüdler von Koblenz lenkte die Fracht dann durch die gefährlichen Stellen des kleinen Laufens. Wenn in Koblenz 1000 bis 2000 Zentner beisammen waren, übernahmen die Fehren von Klingnau die Spedition nach Brugg. Zwei eigens gebaute, aufgejochte Weidlinge wurden zusammengekoppelt, mit Laden überbrückt und darauf 7 tannene Gebinde mit Salz gerollt. Jedes Fass wog 7 Zentner, die Ladung also 49 Zentner. Diese Fracht wurde von drei Mann in 8 Stunden nach Brugg geführt. Ein- und Ausladen nahm 4 Stunden in Anspruch. Die Speditionskosten beliefen sich per Fass auf einen halben Gulden. Für 11 Pfund Mehrgewicht per Fass wurde ein halber Batzen vergütet.

Eine andere Verdienstmöglichkeit war die Tätigkeit als «Auslader». Diese, für den Güterumschlag in Klingnau tätigen Bürger wurden vom Rate bestimmt. Sie waren sowohl für das Ausladen der Schiffe wie auch für den Transport der Waren zu Land und zu Wasser nach Zurzach besorgt. Die Tarife und Verordnungen über dieses Gewerbe wurden von den eidgenössischen Orten erlassen, die in der Grafschaft Baden regierten.

…zu den Pontonieren

Hier also, bei den Fehren und Ausladern, ist auch der Ursprung der Pontoniere zu finden. Als die Eidgenössische Armee im 19. Jahrhundert wasserkundige Schiffbrückenbauer zu suchen begann, war es sozusagen selbstverständlich, dass von allem Anfang an auch Klingnauer dabei waren.

In origineller Weise berichtete Lehrer Josef Laube in der Festschrift zum 75jährigen Bestehen aus den Gründerjahren des Pontonierfahrvereins Klingnau.

«Es war im Frühjahr 1880, als sich sämtliche Pontoniere von Klingnau vereint mit den Schifferleuten zu einem Verein zusammentaten unter dem Namen Pontonierfahrverein Klingnau, um sich im regelrechten militärischen Fahren zu üben; 44 Männer erklärten sich beizutreten. Leider finden sich über Gründung und weitern Verlauf und Arbeit des Vereins keinerlei schriftliche Aufzeichnungen. Erst im Jahre 1894 fand man es nötig, ein Protokoll anzulegen, das aber sehr spärlich gehalten ist.

Mit dem Amt eines Protokollführers war auch das Kassieramt verbunden. Aus diesem Grunde ist es einigermassen begreiflich (wahrscheinlich ist der erste Aktuar ein Geldmensch gewesen!), dass wir in den ersten Jahren der schriftlichen Aufzeichnungen nur von einer Jahresrechnung lesen. Die Art der Rechnung ist ebenfalls sehr primitiv. Man begnügte sich einfach mit: Die Einnahmen betragen, die Ausgaben betragen, der Überschuss beträgt. Das ist alles, woher die Einnahmen, wohin die Ausgaben, über Belege kümmerte sich niemand. Wahrscheinlich hat man den Aktuar und Kassier in einer Person als unfehlbar betrachtet. Zur Illustration sei das erste Protokoll hier wörtlich niedergelegt:

Generalversammlung
des
Pontonierfahrvereins Klingnau
Sonntag, den 14. Januar 1894

Traktanden
1. Verteilung des Staatsbeitrages
2. Einzug von Auflagen und Bussengelder
3. Vorstandswahlen
4. Unvorhergesehenes

Anwesend waren 16 Mitglieder.
Der Vorstand wurde einstimmig bestätigt.

Die Einnahmen von 1894 betragen	Fr. 78.15
Die Ausgaben von 1894 betragen	Fr. 54.25
Kassaüberschuss auf nächstes Jahr	Fr. 23.90

Schon das Protokoll von 1895 weist bedeutende Besserungen auf. Man liest da von einer Verhandlung «ob man dem Verbande beitreten wolle oder nicht». Gemeint wird wohl der schweizerische Verband sein. Man schreibt: «Für den Zweck zum Verband hinzuzutreten wurde von 17 anwesenden Mitgliedern mit 12 Stimmen beschlossen, 3 Franken von jedem Mitglied vom Staatsbeitrag in der Kasse stehen zu lassen.»

Auch das Kassawesen erhielt in diesem Jahr eine Reorganisation. Einnahmen und Ausgaben sind aufs genaueste spezialisiert. In Anbetracht der Originalität und nicht zuletzt als Dokument der damaligen billigen Preise sollen diese Ausgabenposten folgen:

13. Jan.	*Für ein Fass Bier im Rebstock*	*Fr. 6.–*
13. Jan.	*Dem Vorstand für Gratifikation*	*Fr. 5.–*
13. Jan.	*Dem Vereinsweibel als Zulage*	*Fr. 1.–*
2. Febr.	*Für ein Protokollbuch nebst einem Bleistift*	*Fr. 2.80*
14. Febr.	*Für 1 Brief nach Aarau samt Postpapier und Cuvert*	*Fr. –.15*
20. Febr.	*Für 1 Brief nach Zürich*	*Fr. –.10*
21. Sept.	*Dem Tambour beim Ausmarsche nach Böttstein*	*Fr. –.50*
21. Sept.	*Für 1 Fass Bier im Rebstock in Klingnau*	*Fr. 5.70*
21. Sept.	*Für 1 Fass Bier im Engel in Klingnau*	*Fr. 7.50*
13. Okt.	*Für 1 Liter Schnaps*	*Fr. 1.50*
25. Nov.	*Dem Leuenberger für 2 Fass Bier*	*Fr. 10.20*

Es scheint, der Pontonierfahrverein habe zu jener Zeit nicht aus lauter Abstinenten bestanden. Aber doch scheint man schon etwas von einer Alkoholrevision geahnt zu haben: das Wort Schnaps wurde mehrmals durchgestrichen und mit Getränk überschrieben!»

Auf und Ab, nicht nur auf dem Wasser

Wie bei jedem Verein wechselten auch bei den Klingnauer Pontonieren Hoch und Tief miteinander ab.

Manchmal war es das liebe Geld, das böses Blut schaffte. So beschloss man am 14. Januar 1900:

«Aktuariat und Säckelmeisteramt sollen nicht mehr in der Hand eines einzelnen liegen, sondern von zweien, welches den Vorteil biete, dass Kassiergeschichten, wie sie jüngst zu Tage gefördert wurden, weniger zu befürchten seien.»

In unzähligen Protokollstellen wird der schlechte Besuch von Übungen und Versammlungen beklagt.

Schon 1899 verfügte man:
«Unentschuldigtes Versäumnis ist mit 50 Cts. zu büssen.»

So ernst scheint zwar die Sache nicht gewesen zu sein,
denn 1903:
«wurde ferner einstimmig beschlossen, dass die Bussen geschenkt werden und darauf ein kräftiges Bravo gerufen».

1926 tönte es wieder anders:
«…eine solche Schlappheit und Interesselosigkeit dürfen nicht mehr geduldet werden… ein schöner Vorsatz am Ende des Jahres ins neue hinein».

Doch der Vorsatz scheint nicht viel genützt zu haben, denn man schreibt
am 13. Oktober 1927:
«Von einem recht kläglichen Ende der Fahrsaison mit einer Versammlung an der nur 7 Mann erschienen waren, die als einzige Arbeit des Abends zwei Liter Sauser hinter die Binde gossen.»

Die Versammlung vom 26. Mai 1928 war dann wieder voll besucht:
«und es will sich der Verein auf seine Existenz und Pflicht besinnen.»

Doch die Hochstimmung dauerte nicht lange, 1931 wird vermerkt:
«Die Bussen, welche letztes Jahr beschlossen wurden, werden wieder abgeschafft, da doch keine Einzahlungen erfolgten.»

Dass eine Pontonierexistenz lange Zeit als reine Männersache betrachtet wurde, geht aus mancher Protokollnotiz hervor. Auch auf die rüden Trinksitten vergangener Tage fällt schon in der ersten vorhandenen Jahresrechnung (1895) ein treffendes Blitzlicht: Da ist gleich von fünf Fass Bier und einem Liter Schnaps die Rede, und

«Anlässlich der Pfingstfahrt 1931 schenkte uns der Stammwirt Häfeli Xaver 70 Liter Bier, und die Rechnung für den neuen Becherkasten wurde auch von ihm übernommen.»

Bei aller Härte des Sports war man auch der holden Weiblichkeit nicht abgeneigt: Am 18. September 1922 wurde vermerkt,

«wer anlässlich des Endfahrens vom Sonntag am Abend zum gemütlichen Teil ohne ein Weibchen erscheine, habe einen Liter zu zahlen».

1949 allerdings, bei der Talfahrt Luzern–Klingnau, wurden die Frauen wieder bewusst zu Hause gelassen. Protokollarische Begründung: Man habe keine Unterkunftsmöglichkeiten für sie. Als Ersatz wurde eine Talfahrt mit den Damen (von Klingnau nach Gippingen!) unternommen.

Natürlich sollte in einer Minnesängerstadt bei den Pontonieren auch der Gesang nicht fehlen. 1931 wurde der Vorschlag, eine eigene Gesangssektion zu gründen, erstmals vorgebracht. Doch niemand wollte sich als Leiter zur Verfügung stellen, und einem 1938 tatsächlich ins Leben gerufenen Pontonierchörlein ging offensichtlich nach wenigen Proben der Schnauf aus.

Nicht nur der Verein, sondern auch die Aare auf ihrem letzten Wegstück hat ihr Gesicht im Laufe der Jahre verändert. Den einschneidensten Wechsel brachte zweifellos der Bau des Kraftwerkes Klingnau.

Besorgt fragte man sich, ob der Verein diesen Wandel überlebe. «Jetzt ist es Zeit, wo jeder zeigen kann, dass er nicht nur Stammtisch-Pontonier ist, sondern ein wirklich nützliches Mitglied!» liest man im Jahresbericht 1934/1935. «Gebührend wurde deshalb das letzte Wasserfest auf der Insel der Aare gefeiert. Erst als die Güggel im nahen Dorf Tagwache schrien, nahmen die Pönteler Abschied vom Festplatz, von der lieben Aare, die nun bald den Lauf hemmen muss, um der modernen Technik zu dienen.»

Und an anderer Stelle liest man: «Am 7. April 1935 ist der Aufstau der Aare beendet, und damit verschwinden für immer die vielen uns lieb gewordenen Wasserläufe und Wirbel, der rassige Schwellstock und die Insel bei der Betonbrücke.»

Obwohl nun der Weg zum Übungsplatz länger und beschwerlicher geworden war – so liest man im Protokoll –, «sollte der Verein die Freude am edlen Sport nicht verlieren.»

Der Pontonierfahrverein Klingnau im Jahre 1921.
▼

Bräuche, Sitten und Vereine

Erfolgs- und Festwellen

Und tatsächlich: es ging weiter. Nicht zuletzt festigten immer wieder sportliche und gesellige Anlässe den inneren Zusammenhang.

Es würde hier zu weit führen, die vielen guten Resultate, die von den Klingnauer Pontonieren im Kampf gegen die Wellen erzielt wurden, aufzuzählen.

Stellvertretend seien zwei erwähnt:

1913, Eidgenössisches Wettfahren in Luzern: «Der Pontonierfahrverein Klingnau errang den ersten Lorbeer und eindrucksvolle Einzelsiege. Ein begeisterter Empfang durch die Bevölkerung war der Lohn, wie später noch so oft, wenn man nach gutem Wettkampf ins Städtchen zurückkehrte.»

1927, das «Eidgenössische» von Bern: «Der dritte Rang kam zwar einem schönen Erfolg gleich, doch war die Reise so sehr an den Geldsack des Einzelnen gegangen, dass am Ende der Saison an ein Endfahren nicht mehr zu denken war.»

Die Klingnauer Pontoniere ... angetreten zum Wettfahren am «Eidgenössischen» 1927 in Bern.
▼

Die Klingnauer Wasserfeste, die – unterbrochen durch die Zeit um den Zweiten Weltkrieg – bis zum Jahre 1962 in 5jährigem Turnus durchgeführt wurden, waren stets gerne genutzte Gelegenheiten zu geselligem Beisammensein und Beweis für die Verbundenheit der Klingnauer Pontoniere mit der Bevölkerung. Dasselbe gilt auch für die drei Jubiläumsfeste, mit denen das 50-, 75- und 100jährige Bestehen des Vereins gefeiert wurden.

Als Höhepunkt darf sicher das 28. Eidgenössische Pontonierwettfahren vom 1. bis 4. Juli 1982 in Klingnau bezeichnet werden.

Die Durchführung dieses Anlasses, an dem über 1200 Pontoniere aus der ganzen Schweiz teilnahmen, war für den relativ kleinen Pontonierfahrverein Klingnau eine gewaltige Aufgabe.

Die dreitägigen, spannenden Wettkämpfe im Sektions- und Einzelwettfahren mit Pontons und Weidlingen auf der Aare, im Schnüren und Schwimmen sowie im Bootfährenbau bildeten den Höhepunkt der Veranstaltung. Sie verliefen glücklicherweise ohne jeden Unfall und fanden in der gesamten Schweizer Presse, aber auch in Radio und Fernsehen, grosse Beachtung. Tausende von Zuschauern aus der näheren und weiteren Umgebung fanden dazu den Weg ins untere Aaretal, das sich ihnen im schönsten Sommerkleid zeigte.

Wasserfest 1947.

Zahlreiche Rahmenveranstaltungen ergänzten die Wettkampfarbeit der Pontoniere am und auf dem Wasser. Erwähnt seien der Zapfenstreich mit Sternmarsch der Musikkorps von Döttingen, Böttstein und Klingnau zur offiziellen Festeröffnung, der Empfang der Ehrengäste im Schloss Klingnau, wo sich Bundesrat Georges-André Chevallaz mit einer markanten Ansprache an die Pontoniere wandte, die traditionelle Veteranenfeier in der Festhalle, die grosse Wasser-Show mit Fahnencorso vor dem Rangverlesen sowie der Festumzug mit Majoretten-Defilee und Übergabe der Zentralfahne des Schweizerischen Pontonier-Fahrvereins in die organisierende Sektion Klingnau.

Den Riesenerfolg dieses Festes widerspiegelt auch die nachstehende Aufstellung:

Von links nach rechts: Bundesrat Georges-André Chevallaz, Stadtammann Walter Schödler, Regierungsrat Dr. Hans-Jörg Huber.

Einige «Festrekorde»:

Umsatz	15 100 Liter	Bier
	8 500 Liter	Mineralwasser
	2 230 Liter	Wein
	1 820 Liter	Kaffee
	126 Liter	Spirituosen
	3 800	Servelats
	3 650	Bratwürste
	1 300	Poulets
	600	Fleischkäse
	300	Steaks
Verluste	605	Bierhumpen
	330	Biergläser
	667	Weingläser
	384	Aschenbecher

Womit augenfällig wird, dass die Pontonier-Fahrvereine auch im Jahre 1982 nicht nur aus lauter Abstinenzlern bestanden.

Frisch – fromm – fröhlich – frei

«Schon seit längerer Zeit ist von einigen Bürgern hiesiger Gemeinde die Meinung geäussert worden, ob in einer Ortschaft wie Klingnau nicht auch ein Turnverein gegründet werden könnte. Es hat nun der Grütliverein dahier beschlossen, sich bestreben zu wollen, um die Gründung eines Turnvereins zu veranstalten und es ist auf erste Versammlung im Hotel Gärtner in Koblenz der Verein mit acht Turnern ins Leben gerufen worden. In dieser Versammlung wurde gleich der Vorstand konstituiert. Es wurden gewählt:

1. Präsident: Herr Alexander Höchli, Negt.
2. Vicepräsident: Herr Guggenbühl J., zugleich Vorturner

Die erste Seite des ersten Verhandlungsprotokollbuches, gezeichnet durch den Klingnauer Posthalter und Kunstmaler Josef Schleuniger.

3. Kassier: Herr Pfister Leo
4. Aktuar: Herr Bürli Traugott
5. Beisitzer: Herr Bär Friedrich»

So lautet die erste Notiz im Verhandlungsprotokollbuch des TV Klingnau, welches pikanterweise erst zwei Jahre nach der eigentlichen Vereinsgründung geführt werden konnte, da die finanziellen Verhältnisse der Turnerschaft eine rechtzeitige Anschaffung nicht erlaubten. Jener Grütliverein, aus dem der TV Klingnau hervorgegangen war, hatte seinerzeit den Ruf einer «scharfen politischen Partei», deren Ziel es zusätzlich war, der körperlichen Ertüchtigung junger Leute Sorge zu tragen. Dabei ist es ihm jedoch nicht gelungen, auch politische Gesinnung zu übertragen und Einfluss auf geistige Entwicklungen Jugendlicher zu nehmen. Politische und konfessionelle Neutralität blieben stets erstrebenswert, womit sich der TV Klingnau schon früh zu einer gewissen Eigenständigkeit verhelfen konnte, welche ihn auch in schwereren Zeiten hat bestehen lassen.

Bereits ein Jahr nach seiner Gründung organisierte der TV Klingnau das 1. Unteraargauische Turnfest. Dabei galt es vor allem, Werbung für das Turnen in der Region zu betreiben. So bezeichnete ein altes Klingnauer Weiblein die Riesenfelge des nachmaligen Turnfestsiegers am Reck als Teufelswerk und lief davon. Trotz dieser Vorstellung gelang es den Turnern, zu einem festen Bestandteil im Klingnauer Vereinsleben heranzuwachsen. Wöchentliche Turnstunden als Vorbereitung zur Teilnahme an Turnfesten sowie Einarbeitung und Durchführung beliebter Neujahrs-, Turner- und Theatervorstellungen bildeten die Hauptaktivitäten des jungen Vereins. Ebenfalls geschätzt wurde die Mithilfe der Turner an der Fasnacht und den 1.-August-Feiern im Städtchen. Obwohl auch die gemütlichen Stunden gepflegt wurden – 1905 wurde eine Gesangssektion gegründet, um Ausmärsche usw. mit fröhlichem Gesang zu begleiten, und ein Protokolleintrag berichtet über eine abendliche Verköstigung mit Freibier im Restaurant Rosengarten von 60 bis 70 Litern –, standen Ordnung und Disziplin immer wieder im Vordergrund: «Kappeler und Heer Xaver rügen sehr ernstlich das grüne Benehmen einzelner junger Mitglieder in den Übungsstunden. H.St. wird als neues Mitglied aufgenommen, wobei ihm noch einige Winke erteilt werden, wie man sich ungefähr als Mitglied einer menschlichen Gesellschaft zu betragen hat.»

Die Klingnauer Turner als «Pyramidenbauer» an einer 1.-August-Feier.

Bestand der TV Klingnau anfänglich nur aus einer Aktivsektion, begann sich in den 30er Jahren eine Aufsplitterung in verschiedene Abteilungen (Jugend-, Männer- und Damenriege) abzuzeichnen. Diese einzelnen Riegen selbst waren dann mancherlei Auf und Ab unterworfen, was zu häufigen Schliessungen und Wiedergründungen derselben führte. Mit grossem Aufwand wurde 1934 an einer vom Kantonalturnverein veranstalteten Werbewoche Propaganda gemacht:

«4 Böllerschüsse verkündeten die Eröffnung unserer Turnerwoche:
Samstag, den 21. April, abends 19.30 Uhr:
  Stafetten- und Einzelläufe im Städtchen.
Sonntag, den 22. April, vormittags 11 Uhr:
  Frühlingsturnen der Jugendriege auf dem Schulhausplatz. Nachm. 2 Uhr: Frühlingsturnen des Turnvereins (Kunst-, National- und Leichtathletik-Turnen), Wettkämpfe des turn. Vorunterrichts auf dem Schulhausplatz.
Montag, den 23. April, abends 6 Uhr:
  Öffentliche Turnstunde der Jugendriege auf dem Schulhausplatz
Dienstag, den 24. April, abends 8 Uhr:
  Korbball-Wettspiele mit Eien-Kleindöttingen auf dem Schulhausplatz
Mittwoch, den 25. April, abends 19.30 Uhr:
  Öffentliche Turnstunde des Turnvereins auf dem Schulhausplatz
Donnerstag, den 26. April, abends 19.30 Uhr:
  Öffentliche Schwingstunde des Kreisschwingverbandes Zurzach auf dem Schulhausplatz mit Ländlermusik
Freitag, den 27. April, abends 19.30 Uhr:
  Öffentliche Turnstunde des turnerischen Vorunterrichts auf dem Schulhausplatz
Samstag, den 28. April, abends 6 Uhr:
  Schulturnen auf dem Schulhausplatz. Mitwirkende etwa 120 Schüler und Schülerinnen unter Leitung von Hrn. Lehrer Laube
Sonntag, den 29. April, nachmittags 1 Uhr:
  Bezirks-Rundstafette, Start und Ziel im Städtchen. Abends 8 Uhr: Turner-Obig im Hotel Vogel mit reichhaltigem Programm und Referat von Freund Emil Schmid, Zurzach. Im Kürturnen produzierten sich die eingeladenen Kunstturner-Kameraden von Döttingen und Zurzach.

Zum Abschluss donnerten nachts etwa 11 Uhr wiederum vier Böllerschüsse und schreckten manchen aus dem schönsten Schlafe.»

Von den zahlreichen turnerischen Erfolgen der Vergangenheit besonders erwähnenswert ist jener Sieg an der Schweiz. Vereinsmeisterschaft Kat. C in Winterthur 1945. Zugleich stellte der TV Klingnau zu jener Zeit mit Ernst Lüthy, Hans Meinen, August Sutter und Walter Wyss vier Mitglieder der Leichtathletik-Nationalmannschaft. Doppel-Schweizermeister Wyss im Hochsprung und Lüthy im Speerwurf sind Zeugen jener Blütezeit der Leichtathletik im TV Klingnau. Auch eine Läufergruppe erzielte viele nationale Erfolge und machte somit gleichzeitig auf den Klingnauer Strassenlauf aufmerksam, welcher vom Turnverein 1932 erstmals durchgeführt wurde und nach seiner 11. Auflage im Jahre 1951 aus dem Veranstaltungskalender verschwand. Die letzten turnerischen Grosserfolge zu Beginn der 60er Jahre weichen, ähnlich wie in vielen dem ETV angeschlossenen Vereinen, einem vermehrten Spielbetrieb, wo im TV Klingnau nach dem Korbballspiel vor allem der Handballsport Einzug gehalten hat. Anfang der 70er Jahre setzen sich vor allem junge Kräfte für eine Förderung des Spielbetriebes ein, welcher 1989 einen vorläufigen Höhepunkt gefunden hat. So bescherte die 1. Handball-Mannschaft des TV Klingnau der jubilierenden Stadt ein Geburtstagsgeschenk ganz besonderer Art. Ihr gelang nämlich erstmals der Aufstieg in die Nationalliga B, der zweithöchsten Spielklasse unseres Landes.

Der TV Klingnau konnte 1988 sein 100jähriges Bestehen feiern. Er beging dieses Jubiläum mit zahlreichen Aktivitäten, verteilt auf das ganze Jahr:
Handballspiel TV Klingnau–ZSKA Moskau, Städtli-Jass, Turnerabend, Städtli-Olympiade, Festwochenende mit Aarg. Kant. Nationalturnertag, Klingnauer Waldlauf, Schlossfest.

All diese Veranstaltungen haben aufzuzeigen vermocht, dass der TV Klingnau mit über 200 Mitgliedern aus dem vielfältigen Leben der Stadt Klingnau nicht mehr wegzudenken ist.

Internationales Handballspiel 1988 in der Sporthalle Schützenmatte, Klingnau: TV Klingnau – ZSKA Moskau. (Klingnau im gestreiften Dress.)
▼

Der jubilierende TV Klingnau 1988. ▶

Bräuche, Sitten und Vereine

Klingnauer Fasnachtsbräuche

Fasnacht früher

Immer wieder waren in Klingnau Holzmasken geschnitzt und Kupfermasken geschaffen worden. Eine solche aus Kupfer, Hegel genannt, befindet sich seit 1896 im Schweizerischen Landesmuseum in Zürich. Ein «Räbehegel aus Klingnau» mit Holzmaske wurde 1941 ins Volkskundemuseum in Basel aufgenommen. Auch im Jubiläumsjahr erhalten die Räbehegel neue Holzmasken und Gewänder.

Die Gesellschaft der ledigen Knaben hatte Fastnachtsbräuche ins Leben gerufen, die 1874 an den Musikverein weitergegeben wurden. Diese Knabengesellschaft hatte ihre eigenen Satzungen. Immer derjenige «Knabe», der im Laufe des vergangenen Jahres eine Bekanntschaft angeknüpft hatte, musste (oder durfte) am Schmutzigen Donnerstag das «Lächerli» anziehen und irgendein Freiwilliger das «Brieggerli». Am Nachmittag eröffneten die beiden Narren die Fastnacht, indem sie die Schuljugend aus ihren Schulzimmern klöpften. Zur Strafe oder eher aus Freude bewarfen die Schüler die beiden Narren mit Runkeln, Räben, Kabisstorzen u.a.m. Nur wenn die Narren rannten, durften sie beworfen werden. Jeder trug eine Geissel auf sich, und wenn sich ein Schüler erlaubte, sie zu bewerfen, wenn sie stille standen, hatten sie das Recht, von der Geissel Gebrauch zu machen. Dieses lustige Treiben dauerte, bis die Betzeitglocke läutete.

Am Fastnachtssonntag organisierten die ledigen Knaben mit der Musikgesellschaft jeweils einen Umzug, an dem «Lächerli» und «Brieggerli» sowie die gesamte Schuljugend teilnahmen. Im Stammlokal der Knaben wurde abends dann getrunken und getanzt.

Haupttag war aber der Fastnachtsdienstag. Wenn am Morgen die Betzeitglocke ertönte, zogen Trommler und Pfeifer durch das Städtchen und verkündeten Tagwache. Ein Stück vor ihnen her schritt der Narr mit kräftigem Peitschenknallen. Die Gesellschaft sammelte sich zum Besuch einer Messe in der

Hegel, Kupfermaske 1896 (Landesmuseum).
Hegel, Blechmaske 1989.

▲
Lächerli, Holzmaske bis 1988.
Lächerli, Holzmaske 1989.
▼

▲
Brieggerli, Holzmaske bis 1988.
Brieggerli, Holzmaske 1989.
▼

Die Räbehegel eröffnen den Fasnachtsumzug.

Loretokapelle auf dem Achenberg, die dem Kloster Sion gehörte. Als dieses nicht mehr existierte und die Friedhofkapelle erbaut war, fand der Gottesdienst dort statt. Trommler und Pfeifer ministrierten, und der Fähnrich musste die Lauretanische Litanei vorbeten. Dem Narren war der Besuch der Messe verboten. Er versammelte unterdessen die Schuljugend beim Brunnen und instruierte sie, was sie nachmittags auf seine Fragen zu antworten hatte. Auf der Stube nahm dann wieder die ganze Gesellschaft das Frühstück ein. Die Stubenmutter hatte Kaffee und Dünnen bereitet. Zwei derselben wurden in Stücke geschnitten und auf dem Brunnen an die Kinder ausgeteilt. (Im Jahre 1874 ging man über zur Verteilung von Weggli; nach der Messe standen die Kinder um die Kirche, und jedes erhielt ein Weggli.) Um 11 Uhr gab's dann für die Knaben ein Bankett, das in ihrer Stube serviert wurde. Am Nachmittag beim Umzug der Musikgesellschaft waren dann wiederum die beiden Narren anwesend. Diese liefen immer 10 Meter vor der Musik her. Nachdem der Umzug dreimal die Runde um den Brunnen, oberhalb und unterhalb der Kirche gemacht hatte, bestieg «Lächerli» den Brunnen und hielt Knabengericht. Gewöhnlich kamen zuerst die alten Jungfern und Junggesellen an die Reihe.

Am Abend war ein fröhliches Treiben und Tanzen in allen Lokalen.

An der alten Fastnacht, dem Küechlisonntag, rechnete man mit den Wirtsleuten ab, was an der Herrenfastnacht und bei anderen Gelegenheiten nicht bezahlt worden war.

Fasnacht heute

Hat sich die Stadtmusik seit jeher für die Erhaltung der Räbehegel-Tradition eingesetzt, waren es der Männerchor, der Turnverein, die Stadtmusik oder der Dramatische Verein, die sich in der Organisation der Bälle oder Theater ablösten. Bis 1953 wurden verschiedentlich Komitees für die Durchführung der Umzüge eingesetzt. In den 70er Jahren liess die Fasnachtsgesellschaft die Umzugstradition wieder aufleben. Heute ist es der Verein «Chlingnauer Fasnacht-Storze», der sich für das Gelingen der Fasnacht einsetzt und Umzüge und Bälle organisiert.

Strassenfasnacht

Die Räbehegel eröffnen die Fasnacht am Nachmittag des Schmutzigen Donnerstags. Laut hallen ihre Peitschen durch die Schulhäuser. «Wänd ihr au a d'Fasnacht?» laden sie ein. Und mit lautem «Jaa»

▲
Gross und klein am Fasnachtsumzug.

Der verdiente Lohn für die Jugend: «Wienerli und Brot».
▼

Bräuche, Sitten und Vereine

stürmen die Schulkinder klassenweise ins Städtli. Das traditionelle Treiben mit Storzen stadtauf – stadtab beginnt. Sind alle müde, ziehen die Räbehegel mit den Kindern von Geschäft zu Geschäft, um durch ohrenbetäubendes Schreien Schleckereien zu erbetteln. Auf dem Stadtbrunnen stehend schwingen die Räbehegel dann Wurstzipfel an ihren Peitschen über die ausgestreckte Händeschar der Kinder. Glücklich, wer die Wurst schnappen kann! Beim Eindunkeln geht der erste Fasnachtstag zu Ende.

Freitag und Samstag ziehen sich die Klingnauer Fasnächtler zurück und bereiten sich auf den Sonntag vor. Um 14.14 Uhr beginnt der Kinderumzug, der von den Räbehegeln, gefolgt von der Stadtmusik, angeführt wird. Das Lächerli trägt die Puppe. Der Umzug setzt sich zum grossen Teil aus Schulklassen, Vereinsgruppen und Guggenmusiken zusammen. Gemeinsam ziehen die Gruppen vom Dorf durchs

Städtliwirbel.
▼

Städtli zum Weier, und getrennt finden sie auf Schleichwegen zurück ins Zentrum, wo sie sich zum Städtliwirbel rund um die Kirche treffen. Die Jugend wird für ihre Arbeit belohnt mit Wienerli und Brot, während sich die anderen an Ständen von Einheimischen mit Bouillon, Würsten oder Guetsli stärken können. Und schliesslich bietet sich in allen Wirtschaften Gelegenheit zum gemütlichen, fasnächtlichen Beisammensein bis spät in die Nacht. Der Dienstag ist der grosse Tag der Stadtmusik. Zur Tagwache zieht sie musizierend unter Peitschenknall vom Weier durchs Städtli ins Dorf. Ihre Frühstückswähen essen die Musikanten dann im «Rebstock», wo sie sich nach der Messe und dem Brötliverteilen wieder aufwärmen. Dann geht's ins Schulheim St. Johann, wo die restlichen Brötchen den wartenden Kindern verteilt werden. Oft wird auf dem Wege zum Bankett zu einem Aperitif eingeladen. Anwesend beim Bankett sind dann die Aktiv- und die Ehrenmitglieder und der Pfarrer, der Wein spendiert. Um 14.14 Uhr wiederholt sich der Umzug vom Fasnachtssonntag. Auch am Dienstag trifft man sich nach dem Umzug in den «Beizen». Wohl mancher verlässt diese früher als am Sonntag, weil er sich den Schlussball nicht entgehen lassen will.

Bälle

Für die Kinder organisieren die Storzen am Sonntag und am Dienstag jeweils nach dem Umzug einen Kinderball im «Vogel»-Saal. Lustig und fröhlich sollen die Kinder bei Spiel und Tanz sich amüsieren. Den Abschluss bildet die Polonaise, die sie wieder ins Städtli zurück führt.

Am Schmutzigen Donnerstag erwartet der mottogerecht dekorierte «Vogel»-Saal seine Fasnächtler. Mit einem speziellen – dem Motto angepassten – Apero begrüssen die Storzen ihre ersten Gäste. Das tolle Treiben wird ergänzt durch Schnitzelbankgruppen und Guggenmusiken, die auf ihrer Runde durch die Städtlibeizen auch im «Vogel»-Saal Halt machen. Der Fasnachtsmontagsball steht im Zeichen der Maskenprämierung. Einzel- und Gruppenmasken werden prämiert.

Zur Uslumpete trifft man sich am Fasnachtsdienstag. Bis in den frühen Morgen nehmen die Fasnächtler Abschied von den verrückten Tagen und freuen sich auf die nächste Fasnacht.

Bretter, die die Welt bedeuten

Theater im Saal

Ein halbes Jahrhundert – von 1897 bis 1946 – sorgte der Dramatische Verein in Klingnau stets für regelmässige Theateraufführungen. Der Zeit angepasst wurden ernste oder heitere Stücke gewählt.

Anpassen musste sich der Verein auch in der Zeit der Mobilmachung. 1914 führten die Kriege zur Lahmlegung der dramatischen Tätigkeit. Ende 1916 lagen die Verhältnisse des Vereins wieder günstiger, und die Tradition konnte wieder aufgenommen werden. Ostern 1917 wurde schon gespielt. Allgemein galt es, an Ostern, Silvester, Neujahr oder Fasnacht eine Aufführung anzubieten. Diese Vorstellungen waren sehr beliebt und wurden öfters wiederholt.

In seinem Vereinslokal im «Rebstock» besass der Verein eine ansehnliche Anzahl von Szenerien, Perücken und Bärten, die er – nicht immer diskus-

Inserat in der «Botschaft» zur Neujahrsvorstellung 1901.

▼

Theater in Klingnau
im Saale zum „Rebstock".
am Neujahrstag den 1. Januar 1901.
Das Vater unser!
oder
Die Kraft des Gebetes!
Lebensbild in 3 Abteilungen und einem Vorspiel
von E. Carl.
☛ Vorher: **Doktor Robin.** ☚
Lustspiel in 1 Akt von W. Friedrig.
Zwei complete neue **Scenerien** – hergestellt von Dekorationsmaler: Herr F. Hösli in Trübbach.
Cassaeröffnung: 7 Uhr 30 Min. **Anfang:** 8 Uhr abends.
Preise der Plätze: Reserv. Platz **Fr. 1. 20.** 1. Platz **Fr. 1. —** 2. Platz **60 Cts.**
Billete für reserv. Plätze können bei Hrn. **Fricker z. Rebstock** bezogen werden.
Zu recht zahlreichem Besuche ladet ergebenst ein
Der Dramat. Verein Klingnau.
Nach der Vorstellung ☛ **Tanz.** ☚

**Theater in Klingnau
im Hotel Vogel
Neue Bühne
's Nullerl**

Regie: C. HÖCHLI.

Spieltage:
1. Januar 1921 Abends 8 Uhr
2. „ „ Nachm. 3 „
9. „ „ Abends 8 „
16. „ „ „ 8 „

Preise der Plätze:
Tribüne Nr. 1 bis 100 Fr. 2.50
Saal Nr. 1 bis 250 Fr. 2.--
Stehplätze Fr. 1.--

Es sind alle Sitzplätze numeriert.
Vorverkauf im Hotel Vogel, Telephon 10.
Es ladet höflich ein

der Dramatische Verein Klingnau.

Tanz

▲
Inserat in der «Botschaft» zur Eröffnungsvorstellung im «Vogel»-Saal 1921.

---

sionslos – auch an den Männerchor, den Turnverein, die Stadtmusik oder an den Jünglingsverein vermietete, wenn diese eine Aufführung übernehmen wollten.

Aus dem Protokollbuch des Dramatischen Vereins.
▼

Im Zusammenhang mit dem Bau des Saales im Hotel Vogel wurde 1920 beschlossen, die alten Szenerien zu verkaufen und von einem Zürcher Maler solche in den Massen der neuen Bühne schaffen zu lassen. Dessen Honorar von 4500 Franken brachte den Verein, der nie auf Rosen gebettet war, vorübergehend in arge finanzielle Bedrängnis.

Und trotzdem wurde in jener Zeit beschlossen, den monatlichen Beitrag in die Reisekasse auf 50 Rappen zu erhöhen. Denn seit einer legendären Pfingstfahrt nach dem Gotthard 1909 hiessen die Ausflugsziele längst nicht mehr «Achenberg», «Leuggern» oder «Döttingen».

Wer im DVK mitwirken wollte, hatte sich strengen Statuten unterzuordnen. Jede versäumte Probe oder Versammlung und jeder verpasste Ausflug wurden mit Busse bestraft. Ebenso musste ein Austritt gut begründet sein, wenn er nicht finanzielle Folgen haben sollte. Oder auch jene, die im Jahre 1910 ihre Rolle nicht mehr spielen wollten, als eine «Frauenzimmer-Rolle» mit einer Nicht-Klingnauerin besetzt wurde, mussten auf verschiedene Paragraphen verwiesen werden, als sie fanden, es sei «ja beschämend, wenn man nicht mehr mit Klingnauern spielen könne».

Dass Theater nicht auf unbedeutenden Brettern gespielt wird, zeigt auch die Tatsache, dass immer wieder von Konflikten geschrieben wird, dass «interne Aussprachen unter Vereinsmitgliedern» nötig waren. Zur Auflockerung des Zusammenseins wurde schon 1910 vorgeschlagen, ein «gemeinsames Theaterbeisammensein nach den Vorstellungen» einzuführen. Der Vorschlag jedoch, sämtliche Mitglieder sollten in den Genuss eines Nachtessens kommen, fand keinen grossen Gefallen:

— Nach verschiedenen weiteren Auseinandersetzungen wurde, bis auf drei Stimmen, der Antrag des Präsidenten gutgeheissen und somit kein Nachtessen verabfolgt, mit Ausnahme für die Damen, was von jeher üblich und schicklich war.

Bräuche, Sitten und Vereine

Theater der Juma Klingnau

Wieder verstanden es die Idealisten der katholischen Jungmannschaft Klingnau, am vergangenen Samstagabend ein Theaterstück aufzuführen, das sich sehen lassen darf. Obwohl das Lustspiel „Der kerngesunde Kranke" an eine Laienbühne außerordentliche Ansprüche stellt, wurden die Schwierigkeiten nicht zuletzt durch die personengemäße Rollenverteilung des Regisseurs, Herrn Buchwieser, Klingnau, weitgehend behoben. Die Spieler verließen für drei Stunden ihre sonstige Stellung auf der Weltbühne, versetzten sich in ihre Rollen, und sie lebten sie auch wirklich. Der verdiente Applaus für die sehr gute schauspielerische Leistung blieb nicht aus. Ich glaube, da muß auch der kritischste Zuschauer sagen: Bravo! Ein Bravo auch dafür, daß die Spieler keine Arbeit gescheut haben. Nur durch den vollen Einsatz eines jeden konnte das Theater gelingen.

Uebrigens, da kommt mir noch eine alte chinesische Weisheit in den Sinn: „Eine Freude vertreibt hundert Sorgen!" Besuchen Sie das Lustspiel, lachen Sie wieder einmal richtig. Sie werden den Besuch nicht bereuen... und am Sprichwort ist schon etwas Wahres! he

Bericht in der «Botschaft» über die Aufführungen der Juma Klingnau.

Theater in der Halle

Noch wirkten die Eindrücke der Männerchor-Operetten des letzten Jahrzehnts nach, als die katholische Jungmannschaft daranging, im Bereich des Theaters das 7. Jahrzehnt zu prägen. «Ein Mann steht durch» hiess es zweimal im Saal des Hotels Vogel. Ihren Reinerlös liessen die jungen Leute damals einem kirchlichen Zweck zugute kommen. 1964 wagten sie dann den Schritt in die siebenjährige Turnhalle mit einem Spiel aus dem Glauben, «Wie auch wir vergeben» von Paul Kamer. Die Turnhalle erlebte damals noch eine eigentliche Theaterbestuhlung, die keiner Festwirtschaft gerecht werden musste. Im Jahre 1967 erhielt die Jugendgruppe wieder eine ausgezeichnete Kritik (siehe oben).

Mit dem vierten Stück wechselte die Jungmannschaft vom Lustspiel zur Kriminalkomödie und setzte damit einen fulminanten Schlusspunkt unter ihre Theaterkarriere.

Theater und anderes mehr

Bedingt durch das wachsende Aufkommen der Medien und Verkehrsmittel verlagerten und vermehrten sich die kulturellen Angebote.

Zur Belebung des kulturellen Lebens in Klingnau wurde 1971 vom Gemeinderat eine Kommission eingesetzt, die der einheimischen Wohnbevölkerung und auch der Umgebung kulturelle Anlässe, Kunst im weitesten Sinne, anbieten sollte.

Nach kurzer Zeit zeigten sich die drei Gebiete des Angebots der Kulturkommission: Konzerte, Ausstellungen und Theater/Kabarett.

Neben den eigenen 10 bis 12 Anlässen im Jahr unterstützte die Kuko bei besonderen Begebenheiten auch einheimische Vereine und Veranstalter. Ebenfalls erstellte sie den Veranstaltungskalender, um das vielschichtige Vereinsleben in der Gemeinde zu koordinieren.

Eine breite Palette bildete das musikalische Angebot der Kommission. Vielfalt prägte die klassische Seite. Die Konzerte mit dem einheimischen Dirigenten Alfons Meier mit seinem Familienensemble oder mit seinem Hochrheinischen Kammerorchester waren stets ausserordentlich gut besuchte

Das Familien-Ensemble Alfons Meier, Klingnau.

▲

Ausstellung «Stroh» im Rittersaal. Kuko (Kulturkommission) 1988.

Höhepunkte. Die Eignung des Schlosshofes für sommerliche Serenaden wurde entdeckt. Und auch die prächtige Orgel der Stadtkirche bot sich mit ihren reichen Möglichkeiten für Konzerte an, die jedesmal zufriedene Hörer fanden. Dass auch Chormusik gerne gehört wird, zeigte der grosse Publikumsaufmarsch am letztjährigen Adventskonzert der «Aargauer Lerche der Engadiner Kantorei».

Musikkultur aus dem In- und Ausland präsentierte die Kuko an ihren Volksmusikdarbietungen.

Zur Tradition geworden ist der Grossanlass der Kuko, das Dixie-Fäscht. Aus allen Teilen der Schweiz kamen auch letztes Jahr die Jazz-Freunde, um den Abend der Superlative zu erleben.

Aus allen Richtungen präsentierten sich die Ausstellungen der gestaltenden Künstler. Maler, Bildhauer und Glaskünstler waren gern gesehene Gäste der Kuko. Die jüngste Eintragung im sehenswerten Gästebuch der Kuko stammt von der Kleindöttingerin Margrit Beck, deren Werke schon in vielen Klingnauer Räumen ihre Betrachter ansprechen.

Grosser Erfolg war dem Bildhauer-Symposium beschieden. Viele Interessierte und Begeisterte, auch Schulklassen, benützten die Gelegenheit, den Kunstschaffenden bei ihrer Arbeit zuschauen zu können. Wie schon öfters anlässlich einer Ausstellung kam die Gemeinde auch diesmal in den Genuss einer Erinnerung an das eindrückliche Schaffen. Die Werke von Elisabeth Stalder (Walther von Klingen) und Marcel Leuba (Geknöpft) sind heute im St.-Blasier-Haus respektive in der Propstei zu sehen.

Die meistbesuchte Ausstellung war diejenige zum Jahr der Denkmalpflege (1975) mit Fotos über unser Städtchen und mit historischen Gegenständen.

Guten Anklang fanden immer die kabarettistischen Aufführungen. Schon viele bekannte Kabarettisten und Liedermacher fanden den Weg nach Klingnau, wie auch Osy Zimmermann, der seinem begeisterten Publikum einen «liederlichen Abend» bescherte.

Jam-Session am Dixie-Fäscht 1987.

«Der Knoten» von Marcel Leuba.

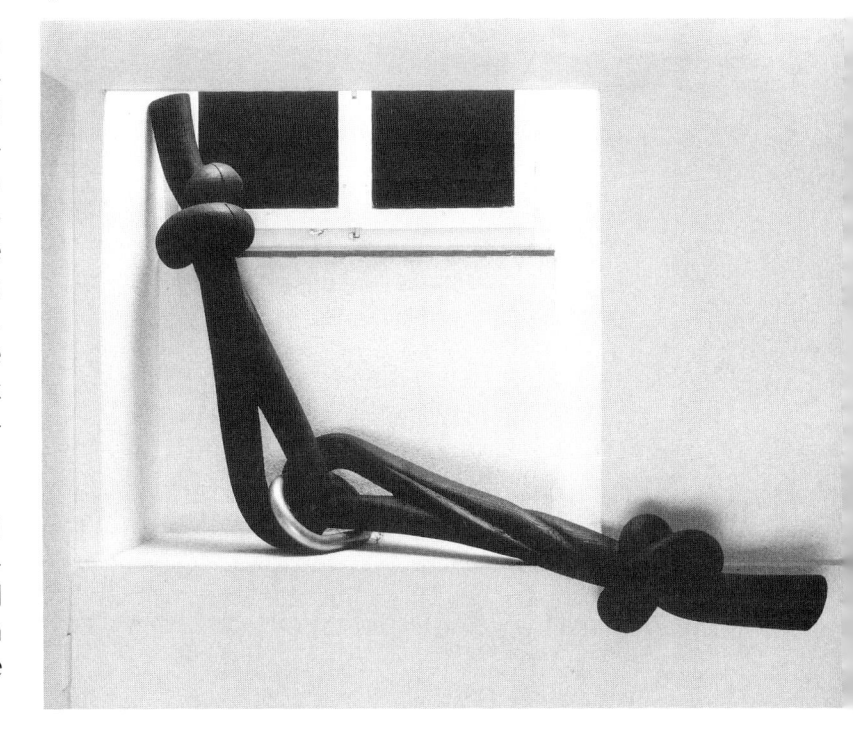

Dank den Beziehungen zur Stadt St. Blasien gastierten regelmässig die dortigen Kammerschauspiele in Klingnau. Daneben wurden aber auch bald – nicht zuletzt aus Kostengründen – gute Laiengruppen eingeladen, wie etwa das Lehrertheater Möhlin oder die «Badener Maske». Mit Märchen-Aufführungen oder Puppentheatern für die Kinder konnte man kaum fehlgehen. Weit schwieriger war es, den Geschmack des erwachsenen Publikums zu treffen. Wenn vielleicht wenig bekannte Schauspieler – sie mochten noch so gut sein – gar ein modernes Stück wagten, dann war das Risiko eines schlechten Besuches gross.

Die Kuko wird sich auch weiterhin zum Ziel setzen, die guten Möglichkeiten für kulturelle Anlässe in Klingnau zu nutzen. Mit ihrem vielseitigen und abwechslungsreichen Programm will sie weiterhin alle Einwohner ansprechen und ermuntern, die Künstler aus nächster Nähe zu erleben.

Bräuche, Sitten und Vereine

Theater im Keller

Theaterblut begann sich in Klingnau wieder zu regen. Nachdem die Kuko verschiedene Theatergruppen engagiert und die Klingnauer Lehrerschaft das Theaterspielen entdeckt hatte, juckte es ein gutes Dutzend Einheimische unter der Haut.

Der Initiative der Kuko ist es zu verdanken, dass sich diese Begeisterten Ende 1979 fanden. Die erste Zeit widmeten die Theaterleute dem Gedankenaustausch und der Suche nach Ideen. Schon bald wurden auch die Probearbeiten für das erste Stück «Sie sind ein Mörder, Ernst B.», eine Kriminalkomödie von Arthur Watkyn, im Propsteikeller aufgenommen.

«Der Auftakt ist gelungen» titelten die Zeitungen nach der Premiere vom 15. September 1980. «Sie sind ein Mörder, Ernst B.» wurde insgesamt dreimal aufgeführt und erfreute die Zuschauer gleichermassen wie die Spieler. Dieser Erfolg hatte zur Folge, dass die Kulturkommission ihr Kind als standsicher genug erachtete und in die Selbständigkeit entliess.

Die in der Zwischenzeit auf 15 Personen angewachsene Gruppe schloss sich am 15. November 1980 zu einem statutarisch verankerten Verein zusammen, der Theatergruppe Klingnau.

Als im Jahre 1983 der Propsteikeller renoviert wurde, liessen es sich die Mitglieder nicht nehmen, zusammen mit anderen Vereinen kräftig Hand anzulegen. Die mit viel Schweiss und Arbeit entstandene Atmosphäre in den alten Kellergewölben war neben der hohen Qualität der Aufführungen und der stets heimeligen Theaterbeiz dafür verantwortlich, dass

Theatergruppe: «En bessere Herr», 1987.
▼

Theatergruppe: «Die Kleinstädter», 1988.

immer mehr Publikum aus Klingnau und aus der näheren und weiteren Umgebung den Weg in den Propsteikeller fand.

Mit «Rabeneck» von Hans Gmür und dem Lehrstück «Biedermann und die Brandstifter» von Max Frisch wandte man sich 1984 und 1986 erstmals Schweizer Autoren zu.

Eine turbulente Suche nach einem neuen Regisseur führte im Frühling 1987 schliesslich zu einem Berufsregisseur. Seiner profihaften Auffassung, die keine Halbheiten zuliess, und dem Einsatz aller Beteiligten war es zu verdanken, dass ein gewaltiger Ansturm auf die Plätze entstand und erstmals eine Zusatzaufführung gegeben werden musste.

Dass auch Laienregisseure durchaus in der Lage sind, hervorragende Arbeit zu leisten, bewiesen Nick Stöckli in den Anfangsjahren der Theatergruppe und Peter Widmer mit dem Lustspiel «Die Kleinstädter» von August von Kotzebue. Die Arbeit dieser beiden Klingnauer Lehrer gewinnt noch zusätzlich an Wert, wenn man in Rechnung stellt, dass beide die Originalvorlagen selber bearbeiteten und in eine für Laien spielbare Form brachten.

Die Bevölkerung mit anspruchsvollem, aber dennoch unterhaltendem Theater zu begeistern, war eines der Ziele der Theatergruppe. Mit der inzwischen auf rund eintausend angewachsenen Zuschauerzahl wurde dies in der Zwischenzeit auch klar erreicht.

Bräuche, Sitten und Vereine

Vereint in Vereinen durch das 20. Jahrhundert

Wie in anderen Kleinstädten waren auch in Klingnau die Vereine seit jeher die Träger des «gesellschaftlichen Lebens». Seit der Jahrhundertwende schlägt sich dies, unterbrochen durch die beiden Weltkriege, in einer äusserst regen Vereinstätigkeit nieder:

Sangesfreudige Kehlen, weibliche und männliche, fanden sich in weltlichen und kirchlichen Chören zusammen. In verschiedenen Vereinen widerspiegelt sich die starke Naturverbundenheit unserer ländlich-städtischen Bevölkerung und ihre gute Beziehung zur Tier- und Pflanzenwelt. Soziales Engagement, Fürsorge und Dienst am Mitmenschen sind Gründe, aus denen weitere, mehrheitlich von Frauen getragene Organisationen entstanden.

Daneben hielt aber auch der Sport im unteren Aaretal in vermehrtem Masse Einzug. Eine besondere Attraktion auf sportlichem Gebiet war im Jahre 1928 die Eröffnung der

Rennbahn Klingnau

Unter den Gründern des 1924 entstandenen Veloclubs Eintracht gab es offensichtlich ganz «angefressene» Radsportler. In harter Fronarbeit bauten sie am Ufer des alten Aarelaufes eine regelrechte Radrennbahn, mit einer Piste und überhöhten Kurven aus gewalztem Kies und Sand. Auf dieser Bahn wurden vor nunmehr 60 Jahren vor einem begeisterten Publikum verschiedene Radrennveranstaltungen abgehalten. Als besonderes «Spektakel» galten dabei die Steherrennen «Hinter grossen Motoren», den damaligen Harley-Davidson-Töffs.

Da sich in Klingnau keine Rundstrecke für die damals beliebten Kriterien anbot, organisierte der Velo- und Motoclub Eintracht im Jahre 1949 ein Strassenrennen, die erste Stausee-Rundfahrt. Seit jener ersten Durchführung hat sich das Klingnauer Rennen einen ausgezeichneten Namen geschaffen und zählt heute zu den führenden Handicaprennen

Inserat in der «Botschaft».

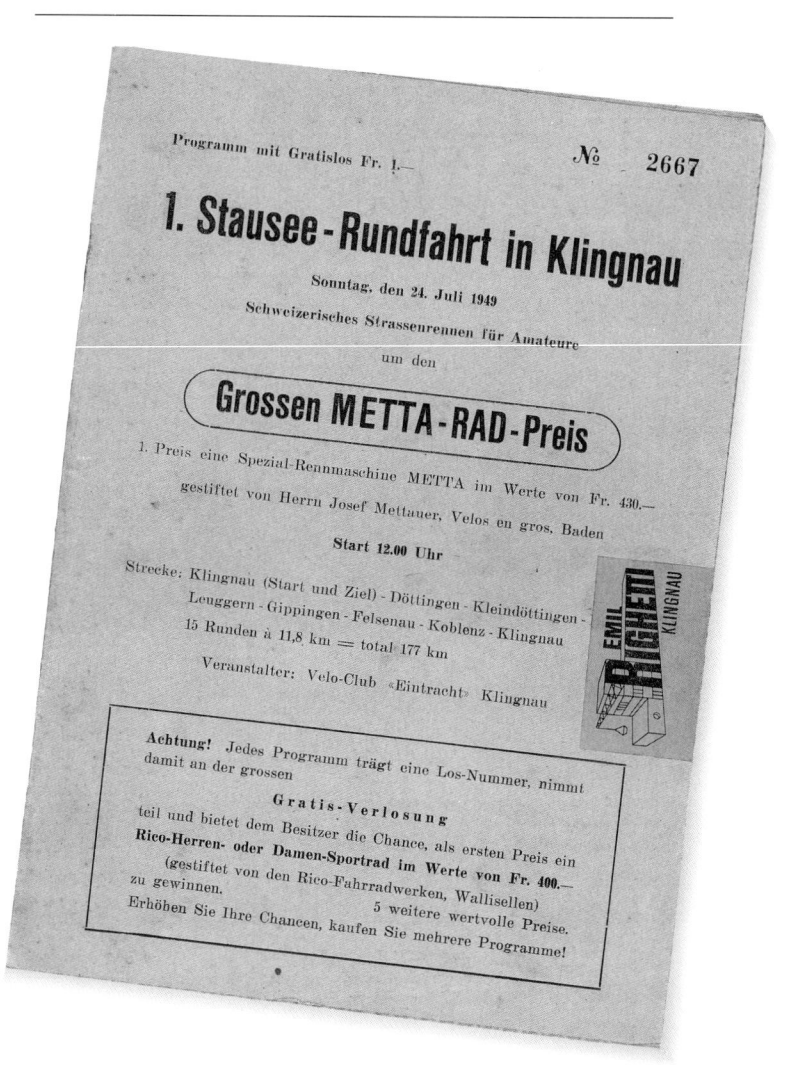

Bräuche, Sitten und Vereine

Schweizerische Strassenmeisterschaft der Amateure 1958. Von links nach rechts: Fritz Gallati 2. Rang, Erwin Jaisli 1. Rang, Hans Schleuniger 3. Rang.

Zur gleichen Zeit, in der sich die Radsportfreunde mit der erstmaligen Durchführung der Stausee-Rundfahrt beschäftigten, kümmerten sich andere Sportbegeisterte ebenso intensiv um «die wichtigste Nebensache der Welt»,

um das runde Leder

Es war also auch im Jahre 1949, als rund 30 Idealisten zur Tat schritten und den Fussballclub Klingnau aus der Taufe hoben. Der Aargauer Fussball, die wie Pilze aus dem Boden schiessenden Neugründungen beweisen es, erlebte damals eine stürmische Entwicklung. Der FC Klingnau wurde als 35. Club in den heute mehr als 80 Mitglieder zählenden Aargauischen Fussball-Verband aufgenommen.

Schon damals – wie auch heute noch – spielten die Mannschaften des FC Klingnau auf einem vom Kantonalen Wasserbauamt gepachteten Areal im Grie. 1957 wurde der bis dahin ziemlich kleine Platz vergrössert und 1968 schliesslich mit einer Flutlichtanlage versehen. Vor 10 Jahren konnte mit Unterstützung der Gemeinde und wiederum Fronarbeit der Clubmitglieder am oberen Ende des Schwimmbadparkplatzes ein Garderobengebäude erstellt werden. Die Distanz bis zum Fussballplatz wird von Heim- und Gastmannschaften als ideale, ungefähr 500 Meter lange Einlauf- und Aufwärmstrecke «geschätzt».

Im Gegensatz zu dieser Einlaufstrecke, die keine grossen Höhendifferenzen aufweist, ist auf sportlichem Gebiet des FC Klingnau ein stetes Auf und Ab feststellbar. In den 40 abgelaufenen Saisons spielte die 1. Mannschaft deren 22 in der 3. Liga und 18 in der 4. Liga, wo sie auch heute anzutreffen ist. Ein allfälliger Tribünenbau für Europacup-Spiele scheint also vorderhand nicht ins Auge gefasst werden zu müssen.

Seit 1952 wird auch das Nachwuchswesen gefördert; die Zahl der Juniorenmannschaften schwankt zwischen zwei und vier. Im Jubiläumsjahr 1989 nimmt der FC Klingnau mit total sieben Mannschaften, das sind rund 100 aktive Fussballer, an der Meisterschaft teil.

Auch in Klingnau besteht also das weltweite Phänomen, dass etwas, das meistens mit Füssen getreten wird, die Massen zu begeistern vermag.

unseres Landes. Jedes Jahr im Frühling eröffnet die Stausee-Rundfahrt die Strassenrennsaison der Deutschschweiz. Im März des Klingnauer Jubiläumsjahres 1989 bietet ihre 39. Auflage rund 500 Sportlerinnen und Sportlern eine willkommene Startgelegenheit.

Einen gewaltigen sportlichen Aufschwung erlebte der Velo- und Motoclub Eintracht Ende der 50er und Anfang der 60er Jahre. Verantwortlich dafür war das wohl populärste Club-Mitglied aller Zeiten – Hans Schleuniger, der «Schlössli-Hans». Seine im In- und Ausland erkämpften Siege und Ehrenplätze stempelten ihn schon als Amateur zu einem Radrennfahrer der absoluten Spitzenklasse. Zweimal wurde er Gewinner des Jahresklassements der Schweiz, und mehrmals vertrat er unser Land an den Weltmeisterschaften. Seine Erfolge lösten im unteren Aaretal eine wahre Welle der Begeisterung für den Radrennsport aus. Jahrelang gehörten dem Velo- und Motoclub Eintracht 10 bis 15 aktive Rennfahrer an, die für ihren Verein Sonntag für Sonntag Rennen bestritten.

Fussballclub Klingnau 1950.

Die Junioren des FC Klingnau 1953.

Hoch zu Ross

Zur Gründungszeit von Klingnau glänzten Pferde mit ihren Rittern an festlichen Turnieren, heute glänzen Ross und Reiter an Spring- und Dressurkonkurrenzen. Seit 1969 gibt es sie statutarisch, die Reiter von Klingnau, im «Reitverein Klingnau und Umgebung». Wohl kaum ein Umzug führte seither durch unser Städtchen, der nicht mit Hufgetrappel und Pferdeschnauben eröffnet worden wäre.

In unmittelbarer Nähe des Schwimmbades hat der Reitverein auf einem von der Gemeinde gepachteten Grundstück in Eigenarbeit einen Springplatz gestaltet. Er gilt mit Recht als einer der schönsten Springgärten im weiten Umkreis. Seit dem erfolgreich verlaufenen ersten Freundschaftsspringen von 1979 wird darauf jeweils im Sommer eine beliebte Springkonkurrenz durchgeführt, die bereits als jährliche Tradition bezeichnet werden darf.

Eine erste handgefertigte Standarte repräsentierte den Verein bis 1979, anlässlich des 10-Jahr Jubiläums konnte die neue Standarte feierlich eingeweiht werden.

1981 trat der Reitverein Klingnau und Umgebung dem Ostschweizerischen Kavallerie- und Reitverband bei. Obwohl doch eher Zufall, liesse sich damit eine Verbindung mit der Stammgegend unseres Stadtgründers herstellen.

Standartenweihe 1979 im neuen Springgarten des Reitvereins Klingnau.

Die vorstehenden Aufzeichnungen unter dem Titel Bräuche, Sitten und Vereine erheben natürlich keinen Anspruch auf Vollständigkeit. Auch wollen sie weder als umfassende Klingnauer Vereinsgeschichte noch als «Wertung» der einzelnen Vereine verstanden sein. Die Absicht der Verfasser war einfach, mit einigen Beispielen das «gesellschaftliche» Leben und seine Bedeutung in unserer Gemeinde einst und jetzt aufzuzeigen.

Nach wie vor liegt die Pflege von Traditionen und das Erhalten von Brauchtum zu einem guten Teil in den Händen der Vereine. Wie viele Möglichkeiten in dieser Beziehung heute bei uns bestehen, zeigt die nachstehende Übersicht.

Die Klingnauer Vereine im Jubiläumsjahr 1989

Verein	Gründungsjahr	Mitgliederzahl bei der Gründung	1989
Schützengesellschaft Klingnau	1410	unbekannt	160
Stadtmusik Klingnau	1806	unbekannt	41
Männerchor «Harmonie», Klingnau	1862	40	26
Kath. Kirchenchor «Caecilia»	vor 1874	20	29
Pontonierfahrverein Klingnau	1880	44	60
Turnverein Klingnau	14.6.1888	8	197
Gemeinnütziger Frauenverein	1900	unbekannt	215
Schiesssektion des Pontonierfahrvereins Klingnau	15.4.1921	16	72
Velo- und Motoclub «Eintracht»	1924	14	53
Kath. Frauen- und Mütterverein	1927	unbekannt	183
Ornithologischer Verein Klingnau Abteilung Kaninchen und Geflügel	17.1.1932	22	54
Samariterverein Döttingen-Klingnau und Umgebung	14.6.1932	63	65
Aarg. Natur- und Vogelschutzverband, Sektion Klingnau-Döttingen	11.3.1934	44	50
Reformierter Kirchenchor Döttingen-Klingnau-Kleindöttingen	26.8.1935	33	18
Damenturnverein Klingnau	24.2.1939	16	117
Naturfreunde Schweiz Klingnau-Döttingen und Umgebung	20.6.1942	19	138
Angler- und Sportfischerverein	23.11.1946	32	98
Schachclub Döttingen-Klingnau und Umgebung	24.9.1947	11	42
Schweiz. Schäferhundeclub Ortsgruppe Klingnau	28.3.1949	7	65
Fussballclub Klingnau	25.5.1949	29	148

Verein	Gründungsjahr	Mitgliederzahl bei der Gründung	1989
Frauenchor Klingnau	24.9.1951	28	25
Reformierte Frauengruppe	1953	20	15
Vespa-Club Stausee Klingnau	1953	38	42
Kynologischer Verein Klingnau und Umgebung	10.7.1959	20	135
Verein für Pilzkunde Klingnau und Umgebung	1960	30	66
Tambourenverein Klingnau	11.10.1960	10	14
Landfrauenverein Klingnau	25.2.1967	25	42
Strick-Club	1968	20	10
Reitverein Klingnau und Umgebung	14.8.1969	25	52
Fasnachtsgesellschaft	1969/1970	20	17
Altersturngruppe Klingnau	1970	12	25
Jugendmusik Klingnau	1.5.1974	23	54
Karateclub Klingnau	1974	15	30
Centro Sociale Italiano (vormals ACLI)	1975/1981	150	120
Verein Feuerwehr Klingnau	13.4.1978	80	120
Theatergruppe Klingnau	15.11.1980	15	22
Turngruppe «Junge Garde» der Pro Senectute	1980	6	34
Chlingnauer Fasnacht-Storze	29.8.1984	49	über 100
Frauengruppe Klingnau	2.12.1985	8	12
Pistolensektion der Schützengesellschaft Klingnau	3.2.1987	8	23
Klingnau Zentrum	23.3.1988	46	53

Zu erwähnen sind dazu auch die kirchlichen Jugendorganisationen: Blauring, Jungwacht, Jugendgruppe ALFA, Jungschar und Jugi 75.

Alle diese Vereine und Institutionen leisten einen wesentlichen Beitrag zur «Kultur in unserem Städtchen». Sie bieten vielen die Möglichkeit zu sinnvoller Freizeitgestaltung und sind damit ein wichtiger Teil des Lebens in unserem liebenswerten Klingnau.

Quellen und Literatur:

- Schützengesellschaft Klingnau: Robert Zimmermann und Jubiläumsschrift 1960 von Bruno Müller
- Stadtmusik Klingnau: Jubiläumsschrift 1956 von Hermann J. Welti; Jubiläumsschrift 1981 Hans Deppeler
- Männerchor Klingnau: Wolfgang Zimmermann
- Pontonierfahrverein Klingnau: Jubiläumsschrift 1980 von Josef Rennhard
- Turnverein Klingnau
- Chlingnauer Fasnacht-Storze: Karl Schifferle und Jubiläumsschrift der Stadtmusik Klingnau 1956 von Hermann J. Welti
- Dramatischer Verein Klingnau
- Theatergruppe Klingnau: Angelo Zambelli
- Kulturkommission Klingnau: Roland Vignola und Hugo Schumacher
- Velo- und Motoclub Eintracht: Werner Eggspühler
- Fussballclub Klingnau: Oskar Deppeler
- Reitverein Klingnau: Franz Frei
- Klingnauer Vereine

Wie der Palmesel nach Klingnau kam und andere Phantastereien

Sagen und Erzählungen rund um Klingnau – auch ein kleines Stück Geschichte

Klingnau – woher das Städtchen seinen Namen hat

Schloss und Städtchen Klingnau samt Toren, Türmen und Kirchenglocken waren durch eine Feuersbrunst verzehrt worden. In der ersten Not behalf man sich für den Gottesdienst mit einer hölzernen Glocke. Da fuhr eben die heilige Verena auf der Aare am Städtchen vorbei; die frommen Leute wünschten ihren Besuch, wenigstens die Aufmerksamkeit der berühmten Frau wollten sie erregen, sie rissen an der Glocke aus Leibeskräften, allein sie war kein tönendes Erz und keine klingende Schelle, sie blieb hölzern. Voll frommen Verdrusses riefen die Bürger hinauf: «Kling au!» So kling doch auch! Indessen war die Heilige schon im raschen Strome vorübergefahren, und dem Marktflecken Zurzach ward nun die Ehre, sie im Dorfe Koblenz zu empfangen und nach Zurzach zu geleiten.

An diesem Witzchen vergnügte sich manche Nachbargemeinde, solange man den Ober- und Unter-Vogt damit ärgern konnte, der seinen Herrensitz im beneideten Städtchen aufgeschlagen hatte. Klingnau selber wusste dagegen seinen Namen aus einem gleichen Ereignis abzuleiten, nur viel würdiger. Es trug sich in dem nämlichen Jahre 1586 zu, in welchem Johannes Stumpf seine berühmte Schweizer-Chronik drucken liess, und wurde von einem emsigen Klingnauer in das leere Beiblatt dieses neuen Werkes damals sogleich eingeschrieben. Eine Feuersbrunst brach im Hochsommer auf dem Schloss aus und griff so schnell um sich, dass das ganze Städtchen samt der Pfarrkirche bis auf vier Häuser in Asche sank. Das Silber der geschmolzenen Glocken floss durch die Gasse. Von diesem kostbaren Metall konnte nur ein kleiner Teil wieder gesammelt und benützt werden, und daraus beschloss man die erste Glocke für die wiedererrichtete Kirche giessen zu lassen. Das dreifache Feuer, durch welches dies Metall nun gewandert war, verlieh der neuen Glocke einen so schönen Klang, dass man von ihr der wiederaufgebauten Stadt den klingenden Namen gegeben hat. Man läutet sie noch am Morgen. Auch eines jener vier verschont gebliebenen Häuser steht noch und heisst in ähnlichredender Beziehung Hellemund.

Die heilige Verena und das Verenabrünnlein

So lange die heilige Verena noch in Solothurn wohnte, konnte sie dort beim heidnischen Stadtvolk wenig Gutes ausrichten; man liess sie in ihrer Einsiedelei draussen im Jura hinter Fels und Wald an ihrer kalten Quelle sitzen und hörte nicht auf sie. Als sie aber einmal bei einer Hungersnot vierzig Säcke Mehl um ihre Klause stellen liess und Krapfen backte, war den Stadtkindern der Weg bald nicht mehr zu weit, sie kamen zahlreich gelaufen und wollten Wecken essen. Jedem schenkte sie einen und sagte ihm dabei den Glauben vor; das Mehl ging ihr nicht aus, und das Brot wuchs den Kindern unter den Zähnen, bald war die erste Kleinkinderschule fertig. Aber der neidische Teufel will überall seinen Stein darin haben. Ihm war es nicht recht, dass die Jungen anders werden sollten als ihre Alten; er riss also an der

Jurawand ein Felsenstück los und schleuderte es gegen die Zelle hinunter. Es blieb jedoch gerade oberhalb des Daches liegen; da ist der schwarze Steinblock heute noch zu sehen mit eben so vielen Löchern, als der eifersüchtige Teufel damals Krallen hineindrückte. Nun hatte die Heilige hier ihres Bleibens nicht mehr. Sie nahm sich einen Mühlstein, der an der Solothurner Aare zum Verladen lag, und schwamm auf diesem den Fluss ins Aargau hinunter. Als sie am Städtchen Klingnau vorüberkam, fingen drinnen alle Glocken an von selber zu läuten. Die Klingnauer aber hatten dazumal noch ihre Häuser so gebaut, dass deren Fenster alle ins Städtchen hinein, keine aber auf den Fluss herausschauten; man konnte also die Heilige nicht vorbeifahren sehen und noch weniger sich das Geläute erklären, zu dem nicht die besondere Erlaubnis eingeholt worden war. Sie sprangen zum Stadt-Sigrist und lasen ihm sogleich tüchtig den Kavelantes*), sie brachen die Turmtüren auf, um die bösen Buben abzustrafen, die hier mutmasslich eingestiegen waren; aber sie erstaunten nicht wenig, als sie die Glockenstränge von unsichtbarer Hand gezogen hinauf- und herabschwingen sahen. Jetzt merkte man ein Wunder, bald entdeckte man auch oben vom Turme aus die Heilige, die draussen im Strome eben an der weiten Landzunge der Insel Au herunterfuhr. Während man nun eine breite ratsherrliche Beratung eröffnete und eine Reihe von Vorschlägen brachte, unter welcherlei ausgesuchten Ehrenbezeugungen die Verena durch Deputationen begrüsst und ins Städtchen hereingeleitet werden sollte, war sie bereits weit entfernt in dem Giritz ausgestiegen, einer Aareniederung, die damals nur von giftigen Sumpftieren eingenommen war. Hier hob Verena drei Finger empor und steckte sie in den Sand des Uferlandes. Sogleich entsprang hier das Verenabrünnlein, dessen stets klares Wasser auch jetzt noch für heilkräftig gilt. Nachdem sie selber davon getrunken, liess sie den Kleinstädtern Klingnaus das Nachsehen und fuhr hinab bis zur Mündung der Aare in den Rhein. Hier liegt am linken Flussufer das arme Schifferdorf Koblenz. Die Bevölkerung, die ihre Blicke stets auf dem Strome hat, aus welchem sie ihre Nahrung zieht, war der Heiligen sogleich ansichtig geworden, fuhr ihr auf allen Weidlingen entgegen und bemühte sich, sie samt ihrem Mühlstein ans Land zu rudern. Dann gestanden sie ihr die üble Lage, in der man sich hier gerade befand. Hier hatten nämlich die Juden von ganz Deutschland auf der letzten Grenzscheide des Reiches ihren Begräbnisplatz angewiesen erhalten. Er lag auf einer Stromödung, welche die Judeninsel heisst und die alljährlich von der Judenschaft zu Lengnau und Endingen feierlich besucht werden musste. Allein, die Leichen waren so übel bestattet und nur so leicht im Flusssande verscharrt, dass die Luft davon verpestet worden war und eine Seuche ringsum in der Gegend wütete. Diese Krankheit wich alsbald beim Erscheinen Verenas. Nun beeiferte sich auch das benachbarte Chorherrenstift im Markte Zurzach, hier zu erscheinen, und führte die fromme Frau mit Kreuz und Fahnen in allen Ehren heim in eine mehr gebührende Wohnung.

Der Feuermann in der Machnau bei Klingnau

Unterhalb Klingnaus musste man gleich am Bildstöckli den Fussweg einschlagen, wenn man in die Machnau und dort über die Aare wollte. Vor zweihundert Jahren aber war die grosse Kiesbank noch nicht aufgeworfen, die den Strom nun in zwei Arme teilt, und man fuhr damals gleich von der Machnau aus hinüber ins Kirchspieler Feld. Deswegen hatten sich hier die zwei Fehren von Klingnau ein Häuschen hergebaut, um gegen Wetter und Nachtfrost geschützt zu sein. Und so sassen und plauderten sie einmal am Weihnachtsabend, als es zwischen sieben und acht Uhr dringlich ans Haus klopfte. Da sie öffneten, erschraken sie nicht wenig über einen ganz feurigen Mann, der augenblicklich über die Aare gesetzt zu werden verlangte. Doch sie wussten, dass man auch den bösen Geistern nichts abschlagen dürfe, weil es gerade Weihnachten sei, wo jene dem Ort ihrer früheren Verbrechen wieder zulaufen müssen; beide traten also in den Weidling und ruderten hinüber. Es ging auch so schnell, dass sie kaum nachdenken konnten, ob der Gast ihnen nicht Löcher ins Schiff brenne, und schon stand er jenseits draussen. Alle drei sind wir verloren, sagte er ihnen vom Ufer aus, wenn ihr nicht Schlag acht Uhr hier seid, um mich wieder hinüberzunehmen. Dann verschwand er im Leuggener Hardwald. Den Fehren war's

*) Keifen und kafeln, cavillari.
Kavelantis, ein derber Verweis.

schlimm zu Mute; doch was wollten sie machen? Punkt acht Uhr hielten sie also am jenseitigen Bord, und sogleich war er wieder in den Weidling hineingekommen, sie wussten nicht wie. Auf der Machnauer Seite dankte er und bot ihnen die Hand zum Abschied. Der nächststehende Fehre durfte sie ihm vor Angst nicht geben, sein Kamerad aber war gefasster und reichte ihm statt der Hand die Schwibele (den zweigriffigen Stiel) seiner Schalte hin. Der Feurige berührte sie, und im Augenblicke war sie bis zuunterst glühend. Schnell steckte man sie ins Wasser und löschte; indessen war der brennende Mann ausgestiegen und flackerte schon dem öden Giritz zu.

Die beiden Fehren von Klingnau haben zum Andenken an jene Weihnachten die Schalte aufbewahrt und ihren Kindern vererbt; und die ältesten Bürger des Städtchens behaupten heute noch, dass sie dieselbe gesehen und genau die Finger des Brünnlig in der Schwibele gezählt haben.

Wie der Palmesel nach Klingnau kam

Im Städtchen Bremgarten wurde ehemals am Palmsonntag ein hölzerner Esel auf einem Rollengestell in Prozession herumgezogen. Er war behangen und bemalt mit den Standeswappen der acht alten Orte (Kantone). Als aber das Städtchen der Reformation beitrat, warf es neben anderen Heiligenbildern auch diesen Palmesel in die Reuss. Der Strom trug ihn dem benachbarten Städtchen Mellingen zu. Hier waren die Bürger bereits konfessionell geteilt; die eine Partei fing daher das Tier, als es gegen die Brücke heranschwamm, auf und stellte es in die Kirche; die andere aber wehrte sich mit aller Macht dagegen. Der Metzger Halter, der zu den Neugläubigen gehörte, bemächtigte sich desselben, schnitt ihm den Hals ab und stürzte es wieder ins Wasser. Mit abgeschlagenem Kopf schwamm der Esel seinen Wasserweg weiter. Derselbe war ohne weiteren Anstoss mit der Reuss in die Aare gekommen und trieb nun bis zum Städtchen Klingnau. Hier war es der Familie Wengi beschieden, ihn zu entdecken und aus der Aare zu ziehen. In diesem vom Verkehr und Zeitgeist wenig behelligten Landstädtchen ist der Esel dann verblieben und bis auf unsere Jahrzehnte alljährlich in Prozession herumgeführt worden. Das Geschlecht der Wengi hatte dabei das Vorrecht, ihn aus der Kirche auf «die Eselswiese» vor die Stadt hinauszufahren und wurde dann dafür des Abends von der Propstei bewirtet. Dass letzteres geschichtlichen Grund hat, beweisen die Consuetudines Clingnovienses (handschriftlicher Auszug aus einer vom Jahr 1597 stammenden Sammlung der Rechtsame, welche die Klingnauer Zünfte in dortiger Propstei zu Sion haben). Die handschriftlichen Propstei-Dokumente, welche Propst Sebastian Ziegler im Jahr 1657 zusammengetragen, sagen tom. 1., pag. 253: «An dem Palmtag kombt der Statt- und Stubenknecht mit einer Schenkgelten (Bütte) in die Probstei und haischt sie voll Wein, wegen angedenckhenss dess Palmeselss, so hat sollen in die Ahra gestürzt werden ab adversariis und die eyffrige Geschlechter alhie ihn errettet. Begehren aber ein zimblichen trunckh.» Im Klingnauer Stadtrecht heisst es ferner: «Am Palmentag soll die Statt die weggen oder das brodt zum Trunckh, welchen die Esselführer zur Sionen und in der Probstey einziehen, geben. Alt herkommen.»

Der Choblezer im Äpelöö

Eine Viertelstunde unter Klingnau kommt man in der Richtung gegen Koblenz auf die Zürichstrasse, die in die Rütinen führt; von dort geht ein Weg in die Waldung, die das Äpelöö heisst. Das Äpelöö hat ehemals zum Städtchen Klingnau gehört; man liess aber der benachbarten Gemeinde Koblenz, die nur wenig Waldung besass, anfangs unentgeltlich, später kaufsweise ein Stück davon ab. Plötzlich hielten die Koblenzer einen Waldumgang und meinten, ihr Waldbann sei nicht nur zu klein, sondern die Klingnauer hätten mit ihnen die Marken zu beschauen und nach deren Ausweis gleichauf zu teilen. Allerdings liess nun Klingnau durch die Ältesten die Marken beschauen, aber man befand sie, wie die Urkunde darüber will, und sie blieben unverändert. Jetzt kam's zum Prozess, und die Schiedsmänner beider Parteien erschienen vor dem Landvogt zu Baden. Noch einmal musste der Wald vermessen und jede einzelne Marke bestimmt werden. Die Koblenzer wurden endlich abgewiesen. Auf dies hin pflanzte man den Klingnauern den Feind ins eigene Nest; man bestach einen angesehenen Klingnauer

Ratsherrn, und dieser liess die städtischen Marchen heimlich also verrücken, dass die Koblenzer bald das gewonnen hatten, was ihnen vorher im Rechtswege aberkannt worden war. Darunter gehörte auch derjenige Teil, den sie nachher in Mattland umgewandelt und Geisswiese genannt haben. Wer als Bube je die Kühe dorthin getrieben hat, der hat gegen Abend gewiss eine Geiss weiden sehen oder ist auf den Ratsherren gestossen, der seit seinem Tode dort die Grenzsteine reitet.

Einmal lagen zwei Jäger um Weihnachten herum im Äpelöö auf dem Anstand. Beiden kam ein dreibeiniger Hase so nahe, dass ihn jeder hätte mit dem Stocke erschlagen können. Beide fehlten ihn. Kaum war er jedoch vorüber, zitterte der Boden ringsum, und es pfiff, als ob man hundert prasselnde Kugeln gegen sie schösse. Die zwei wollten es für diesmal gelten lassen. Weil sie aber noch junge Leute waren, schämten sie sich ihrer Furchtsamkeit und begannen auf einem entfernteren Punkte die Jagd wieder. Das nämliche wiederholte sich hier, nur dass diesmal statt eines dreibeinigen Hasen ein anderes, kaum erkennbares Untier im allgemeinen Getöse an ihnen vorbeifegte. Nun gingen sie heim. Sie hatten den Forst schon hinter sich, da krachte es nochmals in den Bäumen, als ob alles durcheinander stürze, und eine abscheuliche Stimme schrie aus vollem Halse drein: «O je!» Durch die ganze Zürichgassstrasse und genau demjenigen Hag entlang, der bis gegen Klingnau reicht, scholl ihnen diese Stimme nach. Erst beim sogenannten Käpeli war's vorbei. Als sie es daheim erzählten, hiess es überall: Aha, der Choblezer!

Der Gigelispanner auf der Risi

Am Ende des Dorfes Döttingen kommt man zur Risi. Im steilsten Abhang geht's tief zur Aare hinab, die unten vorbeifliesst; auf der anderen Seite beginnt hinter einem schmalen Stück Bauland dichte Waldung. Einige Minuten weiter macht die Strasse eine grosse Krümmung, hüben von einem Abgrunde voll Wildnis und Steintrümmer, drüben von Waldung und neuen Schluchten begrenzt. Hier hat der berüchtigte Gigelispanner gehaust. Von seinem Hause auf der Risi droben ist er jeden Abend hierher gegangen, wenn er Kaufleute auf der Reise zur Zurzacher Messe vermutete. Hier sass er beharrlich an der Stelle, wo sein Fuhrwerk rasch ausweichen kann, ohne dass es Gefahr läuft, in die Tiefe zu stürzen, und wo kein Fussgänger so flink entsprang, dass ihm nicht der Lauerer da gleich wieder den Weg abgeschnitten hatte. Wie ein Bettelmann fing er dann ein Schlemperlied an zu geigen und wartete die Mildtätigkeit des Reisenden tückisch ab; kaum aber machte der die erste Bewegung, ihm ein Almosen darzureichen, so war er auch schon mit einem Messer durchstochen. Der Bösewicht raubte ihn aus und stürzte ihn dann entweder in den Abgrund, wo ihn die wilden Tiere frassen, oder schleifte ihn hinunter in die Tiefe des Waldes, wo für manchen schon lange eine Grube vorgearbeitet war. Heute noch stehen dort aus jener Zeit solcherlei Unheilskreuze. Als er eines Abends hier wieder mit der Geige sass, hörte er den unerwarteten Zuruf: Komm! – Ja! antwortete er sogleich. Zuruf und Antwort folgte noch zweimal auf gleiche Weise hintereinander, dann blieb's stille.

Etwas nachdenklich suchte jetzt der Räuber sein Haus. Doch am anderen Abend schon hatte ihn Neugier oder der Reiz der Gefahr wieder an die Stelle geführt, und noch dringlicher rief es ihm heute: So komm doch! Jetzt galt's; denn er wusste, dass es des Teufels Stimme war. Entschlossen rief er dagegen: Wohl, heute! nahm seine Geige vom Boden auf, ging fiedelnd auf die Risi und sprang von ihr hinab in die Aare.

Die Döttinger erzählen seither viel Neues von ihm. Noch sitze er am alten Mordplatze. Zu bestimmten Zeiten vernehme man da wehmütige langgezogene Geigentöne oder einen tieftrauernden Gesang; dann aber schliesse es mit einem frechen Abstrich und gleich darauf ziehe ein Sausen wild über Weg und Wald. Man geht und fährt da noch nicht ohne Behutsamkeit vorbei. Namentlich die Rosse scheuen, und es hat auf dieser Strecke noch jüngst von Amts wegen eine bessere Vorsorge getroffen werden müssen.

Ein anderer Gigelispanner haust um Klingnau auf den Kiesbänken der Aare und in der umliegenden Waldung. Er soll ein sehr rechtschaffener Mann gewesen sein. Weil er sich aber in der Aare beim Grien ertränkte, so liess man ihn dem Gesetze gemäss auf diesen Aar-Inseln verscharren. Nun necke er die Leute auf den Feldern. Wenn jetzt der Gigelispanner käme! sagten einst drei Holzfrevler zueinander, während sie nachts Eichen stöckten und sich den Schrecken vor dem Bannwart auszureden suchten. Kaum war das Wort heraus, so folgte die Strafe. Sie wurden von der Räude befallen und mussten die juckende Haut so lange reiben und kratzen, dass ihnen das Blut den Leib herunter rann.

Den Brünnlig durch Gebet verscheucht

Ein alter Fischer in Klingnau hat erzählt, wie es ihm selber einmal mit einem Brünnlig ergangen ist. Er und sein Gefährte waren um Weihnachten draussen auf der Aare und setzten Angeln. Es war das Wetter schön und wie gemacht dazu. Während sie so am Ufer hin beschäftigt sind, kommt ein feuriger Mann auf sie zugewankt. Der Kamerad sieht es und ruft im ersten Schrecken: Jesus, Maria! Lass den Weidling oben hinaus! Der andere wendet nun rasch die Kahnspitze, und der Strom reisst das Schiffchen zugleich weit hinunter. Aber auch der Brennende war durch jene Namen wie weggeprellt vom Ufer, und als sie ihm nachsahen, strich er schon dem wilden Giritzmoose zu, und reichliche Funken sprühten aus ihm.

Der Schwarze im Pfahl

wohnt zu Klingnau an jener verödeten Stelle, wo das alte Stammschloss der Herren von Klingnau gebaut gewesen ist. Da steht nämlich zwischen dem Kalkgerölle unterhalb der Felswand der Rebberge ein morscher Pfahl, der längst keinen Zweck mehr hat. Dennoch hütet man sich, ihn umzubrechen; sonst käme der Schwarze, der in ihn gebannt ist, wieder los und ins Städtchen herab.

Das Erdweibchen in der Hufenfluh

Die Hufenfluh liegt am rechten Ufer der Aare im Zurzacher Bezirk. Sie ist eine Felswand mit einer grossen und tiefen Höhle. Darinnen wohnen jetzt noch Erdmännchen und Erdweibchen, die ehemals all ihren Bedarf an Brot und Mehl in der Talmühle zu holen pflegten. Eben dahin hatte sich eine wunderbar kleine Dienstmagd verdungen gehabt, die auch ein solches Erdweibchen war. Sie begnügte sich in Speise und Trank mit allem, was die übrigen Hausgenossen ihr gaben, lebte mit dem Gesinde in bestem Frieden und war von einer ganz unermüdlichen Arbeitsamkeit. So wurde sie den Leuten immer lieber, und man hatte sie in allem viel zu notwendig, als dass es einem noch beigefallen wäre, sich ein Grausen an ihrer bedenklichen Abkunft zu nehmen. Einst, da sie eben eine gar grosse Bürde Gras auf dem Kopfe heimtrug, kam ein kleines Männchen von der Hufenfluh her ihr auf die Matten entgegen und sagte ihr ein Wörtchen ins Ohr; sogleich legte sie die Bürde ab, und ohne nur ein anderes Fürtuch umgetan zu haben, ging sie, wie sie war, mit ihm hinweg. Man glaubte in der Mühle ganz bestimmt an ihre baldige Rückkehr, aber niemand bekam sie mehr zu sehen.

Joggelis Geist auf dem Achenberg

Auf dem Achenberg hält sich ein Geist auf, dessen Bosheit sich in mancherlei Art offenbart. Wenn jemand in die Irre geht oder in einen Graben fällt, so hat der «Joggel» seine Hand im Spiel. Wegen seiner

Tracht heisst er auch der «Wälder». Er darf den ganzen Achenberg betreten, ja, sein Spukgebiet rückt noch ziemlich nahe ans Städtchen Klingnau heran, bis in den sogenannten Wicken; das ist die Stelle, wo das Rebland aufhört und die Wiesen beginnen. Gegen Zurzach zu bildet seine Grenze das rote Kreuz, jener Aussichtspunkt, bei dem der Achenberg steil gegen das Rheintal abfällt.

Gewöhnlich hält sich der Joggeli unter einer Birke auf, westlich vom Achenberghof. Dort sitzt er mit kurzen Hosen, einer weissen Zipfelmütze und einer weissen Schürze bekleidet. Sein Wams ist nach Art der Hotzenwälder zugeschnitten. So sah ihn vor vielen Jahren ein Knabe, der Besenreisig schneiden wollte, als er in jenes Birkendickicht kam. Der Junge hatte schon einen Baum erklettert, als der gefürchtete Geist mit einer Pfeife im Mund auftauchte, aus der wirbelnde Rauchwölklein dampften. Der Knabe sauste mit dem geschnittenen Besenreisig den Baum hinunter und eilte von der Angst getrieben nach Hause, und zwar so rasch, wie er es kaum für möglich hielt. So sehr war ihm der Schrecken in die Beine gefahren.

Aber viel nachteiliger äussert sich des Joggelis Macht, wenn er als irreführender oder «werfender» Geist auftritt. Eine alte Frau behauptete – obschon sie einen Korb am Arm getragen – von ihm wie ein Sturmwind aus der Nähe von Tegerfelden bis in die Holzmatten (gleich vorn am Achenberg gegen Klingnau zu) durch Dornen und Gestrüpp geschleppt worden zu sein.

Ein Knabe aus Klingnau, der eines Winters den Flecken Zurzach um vier Uhr abends verliess, wurde ebenfalls irregeführt. Da er zu Hause nicht erschien, gingen seine Angehörigen mit Laternen auf die Suche. Sie fanden ihn schlafend in der Nähe von Rietheim. Er lag am Rande einer steilen Anhöhe. Bei der geringsten Bewegung wäre der Knabe in die Tiefe gestürzt.

Oft ist es nicht einmal möglich, solch Irregeführte in der Nacht aufzusuchen. Plötzlich löschen die Laternen aus oder werden den Suchenden aus den Händen geschlagen und verschwinden. Am anderen Morgen findet man sie hoch oben in den Ästen eines Baumes aufgehängt.

Sehr gefährlich wird der Geist, wenn er die Leute in die lange Schlucht wirft, die Schmittenbachgraben heisst. Ein Krämer aus Klingnau, der sich nach dem Besuche der Zurzacher Messe über den Achenberg auf den Heimweg begab, wäre beinahe das Opfer von Joggelis Bösartigkeit geworden. Einigen Flüchen verdankte er jedoch die Befreiung aus seiner misslichen Lage.

Auch ein Holzhacker, der vor den Augen seiner Kameraden auf unerklärliche Weise verschwand, wurde im gleichen Graben aufgefunden, und zwar mit beträchtlichen Verletzungen.

Es wird auch erzählt, der Joggeli könne seine Gestalt nach Belieben vergrössern oder verkleinern. Holzdiebe und Rosstäuscher, die vom Zurzacher Viehmarkt herkommen, huckelt er bis zum Morgengrauen im Dornengestrüpp umher.

Einem Bauern, der grünes Holz frevelte, rief er warnend ein dreimaliges «Hopp!» aus der Höhe zu. Als der Mann aufschaute, sass der «Wälder» in den Ästen einer hohen Föhre, tabakrauchend, biss vor Zorn in die Pfeifenspitze und drohte mit der Faust herunter.

Aber auch recht lustig kann der Joggeli sein. Man hat ihn schon gesehen, wie er auf der Höhe des Bächliwaldes in den Bäumen sitzt oder in den Bläsibuchen, einer Baumgruppe am westlichen Berghang, und droben sich die Zeit mit Pfeifen und Singen vertreibt. – Man glaubt, der Joggeli sei der Geist eines früheren Achenbergbauern aus dem Schwarzwald. Er soll sich bei der erwähnten Birke erhängt haben.

Betendes Erdmännchen bei Klingnau

Ein Koblenzer Mädchen von vierzehn Jahren war von seinem Dorfe am Aargauer Rhein ins Städtchen Klingnau an der Aare geschickt worden, um dorten Brot einzukaufen. Der nächste Fusssteig dahin führt über den Buck im Hardwald an Abhängen vorbei, welche dorten Im Engel heissen. Dorten ist eine Felswand, das Äpelöö genannt, mit einer Höhle, worin Erdmännlein gewohnt haben. So gross der steinerne Tisch ist, der noch drinnen steht, ebenso gross sollen die wohlschmeckenden Dünnen (Wähen) gewesen sein, welche jene Männchen backten. Auf diesem Wege sah das Kind in jener Gegend, wo sich sonst ein Waldbruder aufgehalten hat, ein kleines Männchen mit schwarzem Mantel und roter Mütze aus einem Loche herausschlüpfen. Das Kind entsprang sogleich und, da es sich von weitem noch einmal umblickte, stand das Männchen mit gefalteten Händen da und flehte ihm nach: Pro me! Pro me!

Der Hünemauch

war ein berüchtigter Dieb von Klingnau. Zuletzt fing man ihn, türmte ihn in dem festen Teil des Zurzacher Rathauses ein, welchen man das Heichel (= Heinrich) und Gäuchelnhaus hiess. Dieser Name deutete an, dass man darin jeden pfiffigen Schelmen, der sich als Narr (Heichel) anstellt, gescheit machen könne. Als er sich hier nicht mehr befreien konnte, erhängte er sich. Man begrub ihn anfangs am gewöhnlichen Waldrain. Er kam aber von dort alle Nacht in den Ort herunter und erregte einen solchen Lärmen, dass niemand mehr schlafen konnte. Also grub man ihn da wieder aus und verscharrte ihn weiter am Berg droben, auch warf man einige Fuder Steine darauf, damit er ja nicht wieder auferstehe. Dieser Waldplatz heisst seitdem ebenfalls Hünemauch.

Der Dorfhund

Einmal am Ostervorabend waren zwei Burschen auf ihrem Heimgang nach Döttingen, als plötzlich der Dorfpudel zwischen ihnen lief, pechschwarz, in der Grösse eines Mastkalbes. Aber am Steg, der über den Bach führte, musste er sie verlassen. Seinen gewöhnlichen Standpunkt hat er beim Nussbaum, am unteren Ende des Dorfes gegen Klingnau hin.

Vom Achenberg

Hinter dem Flecken Zurzach erhebt sich der Achenberg. Er soll früher einmal Stoffelsberg geheissen haben. Die Bauern auf dem Stoffelsberg waren Zins- und Fronleute des Klosters Sion in Klingnau. Um auf Martini stets pünktlich den verlangten Zins abzuliefern, mussten sie sich zu Tode rackern. Auf ihre Bitten hin hatte der Prior schon einmal die Zinslast gemildert; aber trotz allem Schinden und Schaffen kostete es den Bauern die grösste Mühe, den Forderungen des Klosters nachzukommen. Sie erbaten abermals Herabsetzung des Zinses. Doch diesmal sprachen sie zu tauben Ohren. Da erhob ein Bauer wütend die Axt gegen den Prior: «Ich schlage dir ein Loch in den Schädel, dass der Mond durchscheint!» Wohl suchten die Klosterknechte abzuwehren; aber der Prior lag schon erschlagen am Boden. Aus Angst vor dem Wüterich flohen die Knechte und Mönche. Die Bauern drangen ins Kloster ein und schlugen alles kurz und klein. Schliesslich gelangten sie im Keller an eine eiserne Türe. Mit der Axt wurde sie aufgesprengt. Da standen die Plünderer vor einem Altar, hinter dem die an der Pest gestorbenen Mönche bestattet worden waren. Ein entsetzlicher Gestank trieb die Bauern hinaus. Wie wahnsinnig eilten sie den Berg hinauf. Aber beim «Rotkreuz» brachen sie zusammen und erlagen der Seuche. Von ihrem Jammer aber hat der Berg seinen Namen erhalten. – Auch sagt man, dass der Berg vor der Ermordung des Priors «Ackerberg» geheissen habe. Zur Strafe für jene Untat hätten Regengüsse all sein fruchtbares Erdreich den Berg hinuntergeschwemmt zum Weh und Ach der Bauern. Für die dortigen Grenzmatten und Waldgegend soll damals der heute noch geläufige Name «Elend» aufgekommen sein.

Der Schwarze in der Au

Die Jüppe heisst ein Weiler, eine Stund von Leuggern, von wo aus der Knecht noch in später Mitternacht über die Aare nach Klingnau hinüber geschickt wurde. Es regnete, stürmte und schneite, da er auf dem Rückweg in die Hohle Gasse kam. Der Wind liess ihn kaum den Regenschirm aufmachen, den er in Klingnau mitgenommen hatte. Während er sich damit plagte und über die Äcker an der Aare zu seinem Kahn hinunterlief, begegnete ihm in gleicher Richtung ein Mann von übermässig hoher Gestalt. Er fragte diesen, ob er ebenfalls mit an die Fähre käme, erhielt aber gar keine Antwort. Kaum getraute sich nun der Knecht den Regenschrim zuweilen so hoch zu halten, dass er zu dem Unbekannten hinüberblicken konnte. Dieser trug einen breiten Hut und schleppte einen gewaltigen Sack nach; in grossen Schritten ging er so mit ihm fort. Man hörte seine Füsse deutlicher, als dass man sie sah. So kam man zum Flusse; es war stockfinster. Nirgends konnte der Knecht an der ihm wohlbekannten Stelle seinen Kahn wiederfinden, in dem er erst vor kurzer Zeit übergesetzt hatte. Stundenlang lief er in Schilf und Gebüsch umher, und ebenso lange stolperte sein stummer Begleiter neben ihm einher. Dies erzürnte endlich den Knecht. Er vergass sich und brach in laute Flüche und Schwüre aus; jetzt half's. Augenblicklich war der Schwarze verschwunden und statt seiner sah der Knecht seinen Kahn. Er war schon über die Mitte der Aare hinaus, als Steine aus der Höhe auf ihn herabstürzten. Er wurde im Kahn mit Erde und Sand überdeckt. So schmiss der Grosse nach ihm und pfiff dabei durch die Finger.

Erst daheim unter der Dachtraufe hörte der Knecht ihn nicht mehr.

Das war der Schwarze in der Au, der von der Tracht seinen Namen hat, in welcher er herumwandelt. Das zerfallene Häuschen in der Au war seine Wohnung gewesen, da hütet er noch immer schlimmerworbene, verborgene Schätze.

Quellen:

- «Schweizer Sagen aus dem Aargau», Ernst Ludwig Rochholz, 1856 (Sauerländer Aarau)
- «Sagen und Bräuche aus einem alten Marktflecken», Eduard Attenhofer, 1961 (Müller, Lenzburg)
- Illustrationen: Erich Maggioni

Wie der Palmesel nach Klingnau kam und andere Phantastereien

Zahlen und Namen

Klingnau im Spiegel der Statistik
Willy Nöthiger

Entwicklung der Klingnauer Wohnbevölkerung nach Geschlecht, Nationalität und Konfession sowie bewohnte Häuser und Haushaltungen

Jahr	Bevölkerung				Konfession			Häuser	
	Total	Männlich	Weiblich	Ausländer	Römisch-Katholisch	Evang.-Reform.	Andere	Bewohnte Häuser	Haushaltungen
1850	1300								
1860	1208								
1870	1221								
1880	1137								
1890	1245								
1900	1134	568	566	118	1065	68	1	178	249
1910	1153	556	597	115	1091	60	2	201	261
1920	1287	634	653	91	1159	127	1	196	267
1930	1352	666	686	77	1160	192		205	295
1941	1573	794	779	68	1245	315	13	245	359
1950	1778	887	891	76	1332	434	12	313	432
1960	2192	1158	1034	256	1677	498	17	395	529
1970	2545	1319	1226	539	1905	607	33	497	732
1980	2433	1252	1181	403	1632	667	129	594	871
1981	2462	1247	1215	364	1664	682	116	598	890
1982	2476	1246	1230	378	1670	694	112	604	901
1983	2461	1236	1225	376	1645	702	114	622	910
1984	2514	1262	1252	403	1609	729	176	643	940
1985	2593	1292	1301	400	1662	732	199	645	965
1986	2606	1295	1311	388	1643	752	211	651	980
1987	2604	1299	1305	375	1684	746	174	658	995

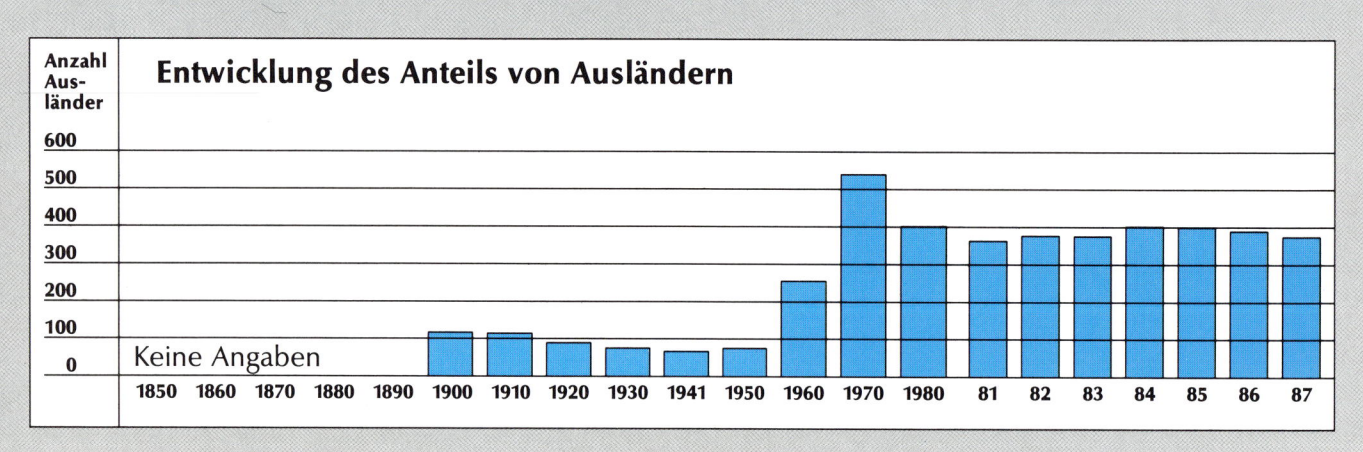

Entwicklung des Anteils von Ausländern

Entwicklung der Klingnauer Wohnbevölkerung nach Geschlecht
(inkl. Ausländer)

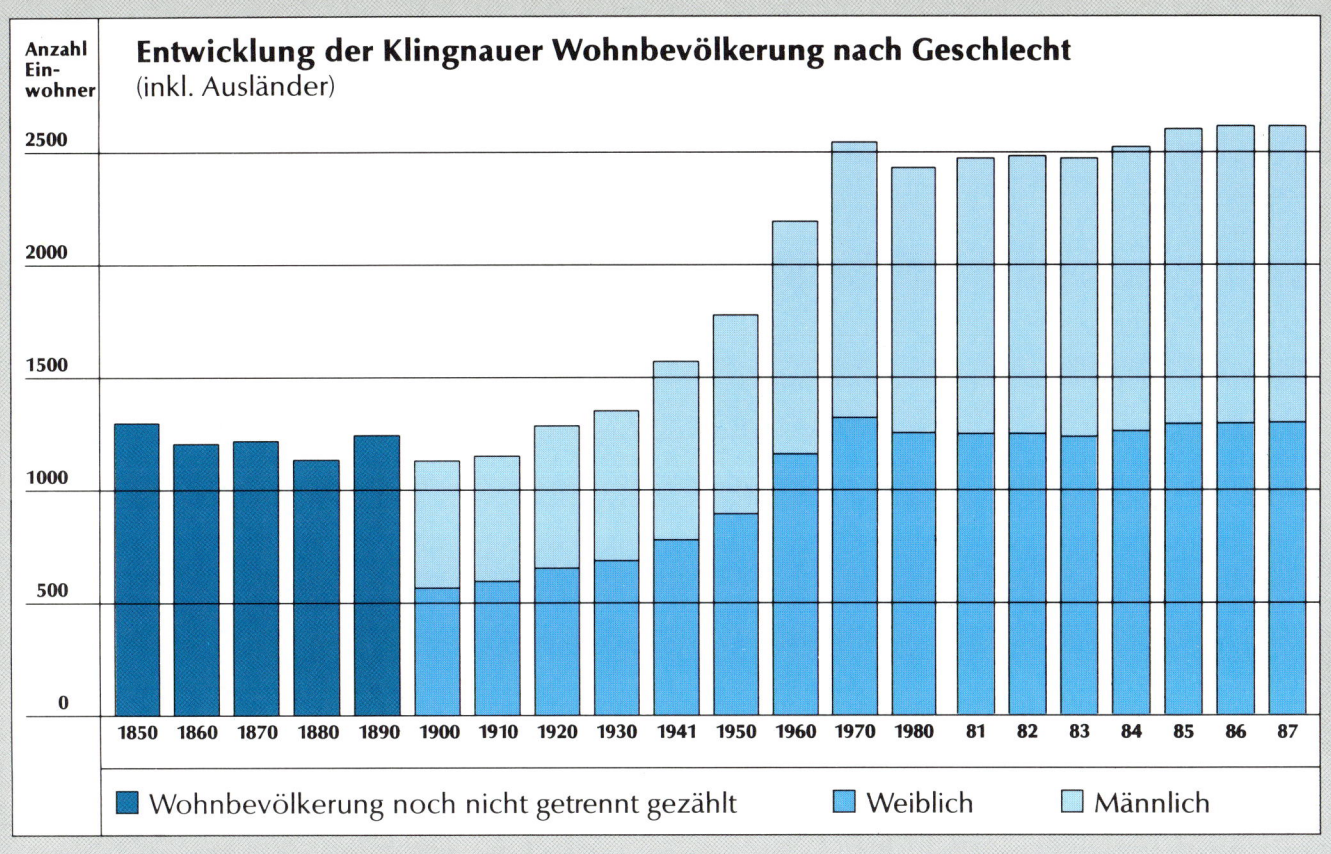

- Wohnbevölkerung noch nicht getrennt gezählt
- Weiblich
- Männlich

Aufteilung nach Konfessionen
(inkl. Ausländer)

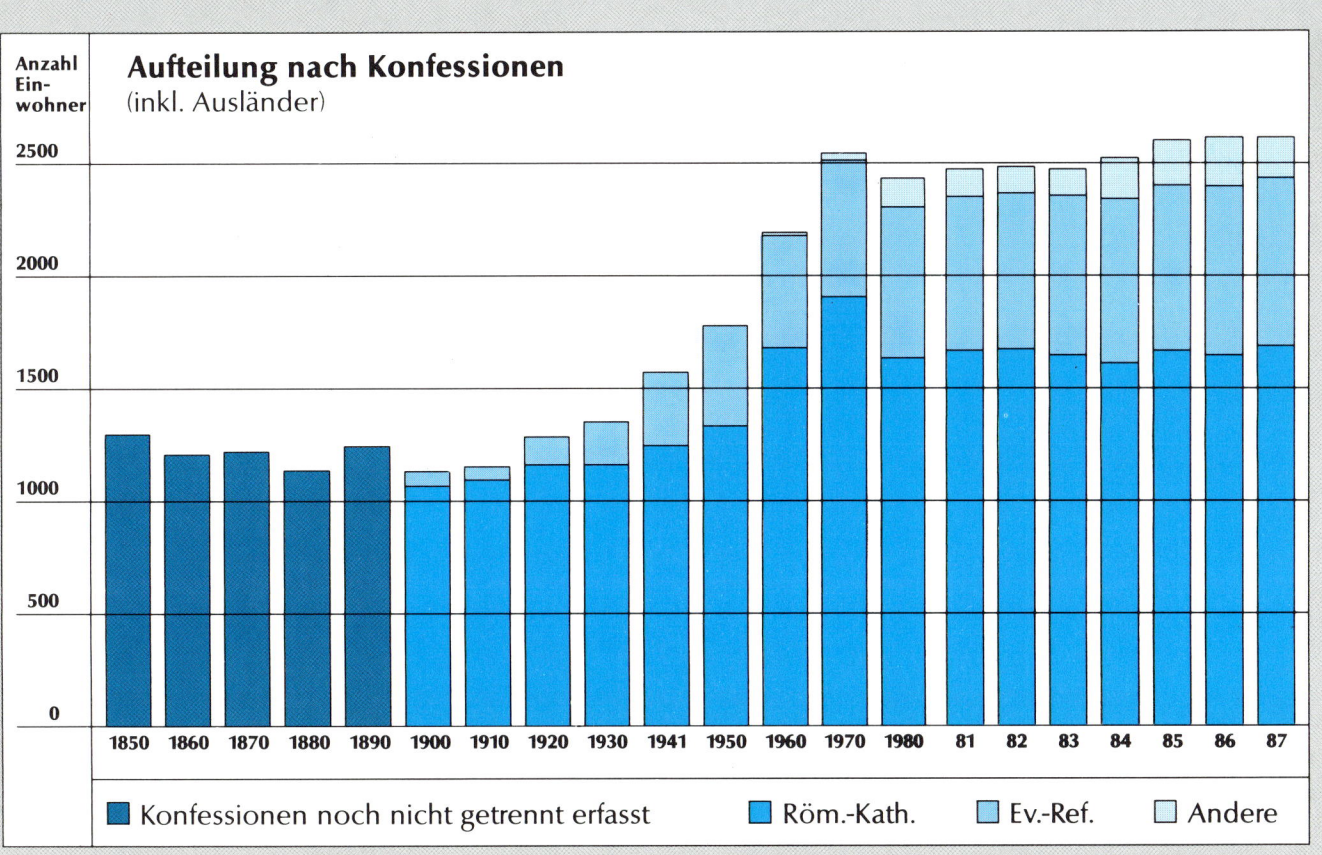

- Konfessionen noch nicht getrennt erfasst
- Röm.-Kath.
- Ev.-Ref.
- Andere

Übersicht der Steuereingänge 1959–1987

Jahr	Steuerfuss %	Ordentliche Steuern Fr.	Aktien-Gesellsch.- Steuern Fr.	Total Steuern Fr.
1959	165	294 939.–	101 494.–	396 433.–
1960	165	356 938.–	108 686.–	465 624.–
1961	150	382 778.–	112 139.–	494 917.–
1962	150	419 423.–	113 047.–	532 470.–
1963	150	510 311.–	125 710.–	636 021.–
1964	140	577 419.–	119 460.–	696 879.–
1965	140	622 973.–	135 302.–	758 275.–
1966	140	692 357.–	142 026.–	834 383.–
1967	140	775 530.–	133 318.–	908 848.–
1968	140	998 232.–	213 510.–	1 211 742.–
1969	140	1 009 614.–	199 118.–	1 208 732.–
1970	140	1 066 757.–	212 228.–	1 278 985.–
1971	140	1 302 986.–	290 543.–	1 593 529.–
1972	140	1 428 491.–	342 000.–	1 770 491.–
1973	140	1 767 011.–	232 633.–	1 959 643.–
1974	130	1 881 278.–	195 747.–	2 077 025.–
1975	130	2 228 807.–	372 794.–	2 601 601.–
1976	130	2 219 804.–	321 283.–	2 541 087.–
1977	130	2 315 901.–	446 882.–	2 762 783.–
1978	130	2 426 961.–	130 515.–	2 557 476.–
1979	130	2 436 302.–	655 322.–	3 091 634.–
1980	130	2 809 141.–	176 951.–	2 986 092.–
1981	125	3 323 265.–	205 834.–	3 529 099.–
1982	125	3 592 396.–	202 166.–	3 794 562.–
1983	125	2 834 424.–	289 907.–	3 124 331.–
1984	120	3 567 252.–	319 285.–	3 886 537.–
1985	120	3 257 377.–	180 541.–	3 437 918.–
1986	117	3 061 230.–	159 178.–	3 220 408.–
1987	117	3 049 802.–	186 590.–	3 236 392.–

Steuern

Die Graphik zeigt, dass in der Zeitspanne von 1959 bis 1987 der Ertrag der Gemeindesteuern von rund Fr. 400'000.– auf Fr. 3'236'000.– angestiegen ist. Dabei ist zu beachten, dass die Einwohnerzahlen diesen gewaltigen Sprung nach oben nur teilweise beeinflussten, haben wir doch in der gleichen Periode lediglich einen Zuwachs von 400 Einwohnern zu verzeichnen. Im Verhältnis zur Einwohnerzahl betrug der Gemeindesteuerbetrag pro Kopf der Bevölkerung:

| 1960 | Fr. 212.– | 1980 | Fr. 1218.– |
| 1970 | Fr. 502.– | 1987 | Fr. 1241.– |

Wie aus der Graphik weiter ersichtlich ist, bewegten sich die Aktiensteuern im Gegensatz zu den Steuern der natürlichen Personen in bescheidenem Rahmen, nur in den Jahren 1975 – 1980 konnte ein höheres Ertragsergebnis registriert werden.

Entwicklung der Steuereingänge 1959–1987

■ Aktien-Gesellschafts-Steuern   ☐ Total Steuern (Aktien-Gesellschaften und Private)

Entwicklung des Steuerfusses 1959–1987

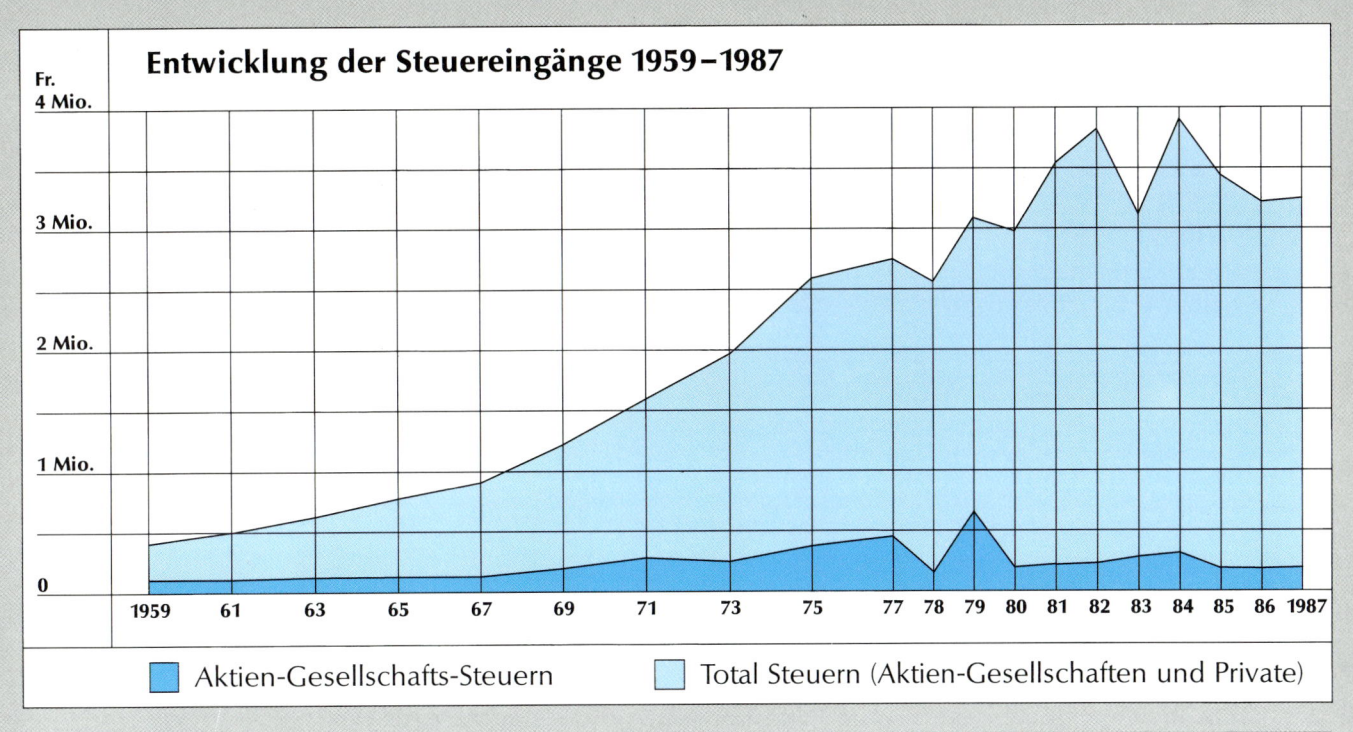

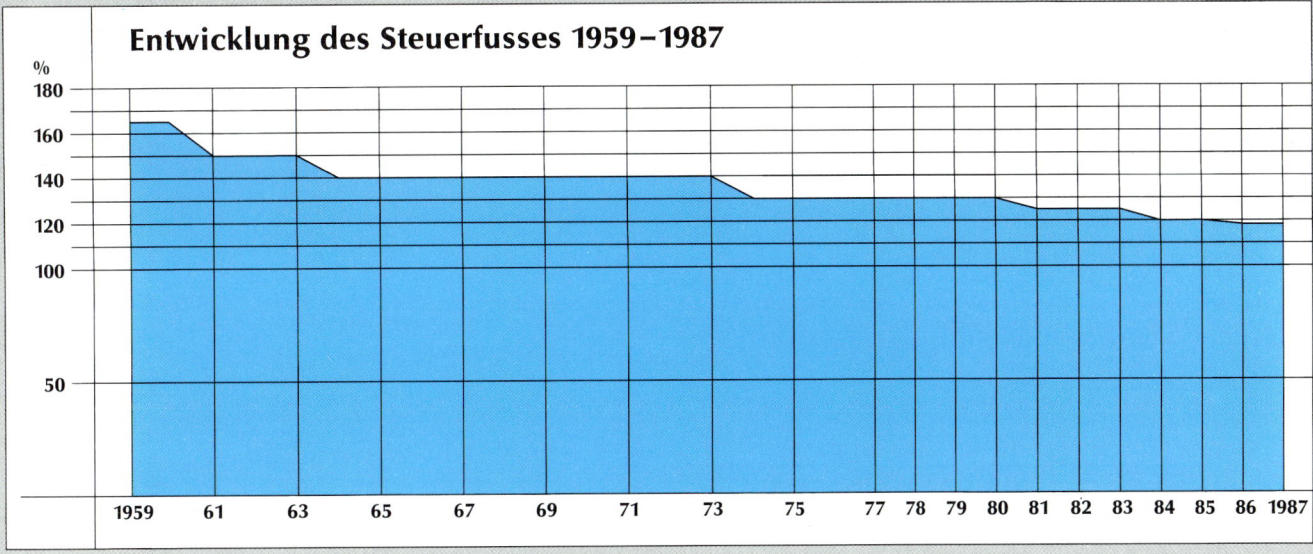

Gemeindefinanzen

Analog zu den Steuern haben sich auch die Zahlen des Gemeindehaushaltes sehr stark verändert. So ergaben sich pro Kopf der Bevölkerung folgende Netto-Aufwendungen:

1960	Fr. 195.–	1980	Fr. 1111.–
1970	Fr. 296.–	1987	Fr. 1211.–

Entwicklung der Schülerzahlen in Klingnau 1969–1988

Jahr	Primarschule		Sekundarschule		Bezirksschule		Übrige		Total		
	M	W	M	W	M	W	M	W	M	W	Gesamt
1969	143	114	21	17	45	44	8	10	217	185	402
1970	138	124	13	14	42	40	9	9	239	219	458
1971	143	120	13	14	42	40	19	9	260	214	461
1972	148	118	19	19	49	53	9	5	255	227	482
1973	168	129	18	22	56	56	6	5	279	243	522
1974	150	134	18	20	62	62	7	6	263	250	513
1975	157	139	24	22	–	–	6	5	187	166	353
1976	158	133	37	32	82	71	7	5	284	241	525
1977	137	118	29	38	78	73	7	4	251	233	484
1978	127	127	25	39	38	76	4	4	239	246	485
1979	121	130	36	36	82	76	5	5	244	247	491
1980	96	117	36	28	75	81	5	2	225	228	453
1981	99	115	38	31	85	77	5	5	227	228	455
1982	93	118	38	42	80	85	6	3	217	248	465
1983	94	107	38	40	75	82	9	2	216	231	447
1984	89	109	34	38	71	67	9	3	203	217	420
1985	88	196	32	35	64	67	14	6	198	204	402
1986	84	100	39	27	64	57	12	10	199	194	393
1987	86	86	36	27	62	58	5	11	189	182	371
1988	85	83	24	20	62	56	3	11	174	170	344

Stadtammänner von Klingnau seit 1803

1.	Fidel Lorenz **1803–1815**	13.	Otto Lorenz, Fürsprech **1868** bis VIII. **1870**
2.	Fidel Heer-Vogel **1816–1824** (abgesetzt)	14.	Fidel Häfeli **1870** bis VI. **1873**
3.	Joseph Anton Schleuniger **1826–1829**	15.	Carl Frey **1873** bis VII. **1893**
4.	Sebastian Wende III. **1829** bis II. **1832**	16.	Peter Schleuniger-Steigmeyer **1894–1907**
5.	Anton Steigmeier II. **1832** bis XI. **1834**	17.	Alfred Bürli I. **1908** bis III. **1909** und **1914–1918**
6.	Fidel Heer-Steigmeier I. **1835** bis II. **1840**	18.	Josef Eggspühler **1909** bis Ende **1913**
7.	Johannes Schleiniger **1840** bis I. **1847**	19.	Hermann Häfeli I. **1919** bis Ende **1941**
8.	Joseph Anton Häfelin VI. **1847** bis IX. **1856**	20.	Otto Höchli **1942** bis Ende **1957**
9.	Xaver Steigmeier **1857**	21.	Niklaus Schleuniger **1958–1969**
10.	Joseph Lorenz **1858**	22.	Hugo Schumacher Dr. **1970–1977**
11.	Joseph Anton Pfister **1858–1864**	23.	Walter Schödler **1978–1985**
12.	Michael Hoechle **1865–1867**	24.	Walter Nef **1986–**

Amt- und Stadtschreiber von Klingnau seit 1255
(Nach O. Mittler, Geschichte der Stadt Klingnau, mit Ergänzungen)

1.	Siveridus notarius de Clingin **1255**
2.	Jacob der schriber, rector puerorum **1271, 1278**
3.	Cunradus scriba **1283, 1294**
4.	Johannes Nägeli, Schulmeister, Stadtschreiber **1426**
5.	Hans Moser von Sarmenstorf **1433**
6.	Johannes Gebenstorf **1437**
7.	Johans Heinrich **1491** (Kb. Pfarrkirche 23)
8.	Matthias Furt **1496**
9.	Heinrich Meringer um **1500**
10.	Anton von Tegerfeld **1520**, später in Mellingen
11.	Matthias Nagel um **1525**
12.	Rüdlinger Schulmeister **1529**
13.	Hans Meringer, Schulmeister, **1538**
14.	Johann Waffenschmid um **1540–1565**
15.	Hans Künzi **1565–1589**
16.	Heinrich Steigmeier, Schulmeister **1578**, Stadtschreiber **1589–1593**
17.	Matthäus Schleiniger **1593–1622**
18.	Johann Georg Schleiniger **1622–1660**
19.	Franz Karl Schleiniger **1660–1685**
20.	Franz Heffelin **1685–1696**
21.	Karl Joseph Schleiniger **1696–1709**
22.	Roman Benedikt Laurenz Schleiniger **1710–1725**
23.	Johann Christoph Frey von Zurzach **1725–1734**
24.	Johann Nepomuk Schleiniger **1734–1773**
25.	Johann Paul Anton Schleiniger **1774–1798**
26.	Johann Baptist Roman Schleiniger, Sekretär der Munizipalität **1798**
27.	Ignaz Müller, Sekretär **1799**
28.	Franz Xaver Blasius Häfelin, Sekretär, **1799–1803**
29.	Johann Alois Steigmeier, Sekretär **1799**, Stadtschreiber **1803–1828**
30.	Joseph Xaver Heer **1828–1842**
31.	Johann Leonz Höchli **1843–1856**
32.	Anton Gotthard Bürli **1856–1876**
33.	Martin Albert Vogel **1876–1901**
34.	Karl Alexander Höchli **1902–1903**
35.	Urban Häfeli **1904–1955**
36.	Theophil Rauch **1955–1964**
37.	Walter Brunner **1964–1973**
38.	Willy Nöthiger **1973–**

Leutpriester, Plebane, Pfarrer an der kath. Pfarrkirche St. Katharina
(Nach O. Mittler, Geschichte der Stadt Klingnau, mit Ergänzungen)

1.	Wernher von Zurzach, Vizepleban **1265–1269**, Pleban **1273–1292**
2.	Heinrich der lüpriester (incuratus) **1297** (GLA Karlsruhe 11/551), **1306, 1318, 1324**
3.	Peter Grüninger, Kirchherr? (Grimm, Weisthümer I, 29) **1347**
4.	Johannes Appo von Konstanz, vor **1350?**
5.	Peter Teininger **1358–1361**, dann Chorherr in Zurzach
6.	Johannes von Schleitheim **1361–1370** ff
7.	Heinrich Soler von Engen **1394** ff
8.	Johannes von Bunchhofen, Württembergisches Oberamt Tettnang (Totenbuch Sion, Festschrift Welti, S. 192) **1400?**
9.	Nicolaus Rechburger um **1410–1420**
10.	Jodocus Ulmer von Radolfzell **(1445)** † **1464**
11.	Ulrich Isenburg **1466, 1483,** † **1486**
12.	Jörg Schmid **1471, 1488**
13.	Peter Gebhard **1489–1500**
14.	Johannes Surer **1500–1520** †
15.	Heinrich Meringer, genannt Schulmeister, **1520–1545**, dann Chorherr in Zurzach
16.	Magister Jacob Ney von Basel **1545, 1552**
17.	Michael Leügger, resigniert **1564**; **1576–1606** Kaplan in Kaiserstuhl
18.	Oswald Kälin von Zug **1564–1570**
19.	Huldrich Kremer von Uri **1571**
20.	Joachim Oswald **1578**
21.	Wolfgang Pyringer, Jesuit, **1582–1584**, vorher Pfarrer zu Kisslegg im Allgäu
22.	Johannes Welser **1584**
23.	Johannes Bass **1585**
24.	Bartholome Scholl **1588**, bis Ende 1600 Pfarrer von Leuggern
25.	Udalricus Wild **1593, 1594**
26.	Michael Rütti von Wil **1600**
27.	Magister Mauritius Adler von Zurzach **1601**, 1610 Stiftsdekan in Zurzach
28.	Johannes Gners?
29.	Johannes Hug von Appenzell **1607–1611**
30.	Michael Kränzlin von Menzingen **1611**, Chorherr in Zurzach 1612
31.	Balthasar Suter von Toggenburg **1612–1615** (zur Resignation veranlasst)
32.	Johannes Falger von Weissensteig **1616–1619**
33.	Magister Kaspar Schleininger von Klingnau **1619–1631**
34.	Jakob Langenegger von Baar, vorher Vikar in Baldingen, **1632–1635,** † **1638**
35.	Johannes Wagemann von Sursee, vorher in Baden **1635–1637**
36.	Johann Heinrich Honegger von Bremgarten **1637–1642**
37.	Johannes Schneider, Dr. theol. von Mellingen, **1642–1654**, vorher und nachher Pfarrer in Waldshut
38.	Johann Rudolf Schmid von Baar **1654–1662** dann Stiftsdekan in Zurzach
39.	Karl Franz Brandenberg von Zug **1662–1664**
40.	Kaspar Baldinger, Dr. theol. von Baden **1664–1678**, nachher Pfarrer in Baden
41.	Magister Johann Beat Haefeli von Klingnau **1678–1713**

42.	Johann Ender von Meersburg **1713–1731**
43.	Joseph Nikolaus Stapfer von Bremgarten **1731–1732 †**
44.	Franz Joseph Schaufelbühl von Zurzach **1733–1741 †**
45.	Franz Joseph Frei von Zurzach **1742–1745,** nachher in Waldshut
46.	Franz Anton Häfeli von Klingnau **1745–1768**
47.	Sebastian Heinrich von Schnorff von Baden **1768–1788,** nachher in Baden
48.	Peter Roman Schleiniger von Klingnau **1788–1799 †**
49.	Franz Xaver Schaufelbühl von Zurzach **1799–1814 †**
50.	Anton Frei von Würenlingen **1814–1835 †**
51.	Joseph Anton Knapp von Rheinfelden **1835–1844,** dann in Mumpf
52.	Leonz Keusch von Boswil **1845–1871 †**
53.	Joseph Rohner von Kaiserstuhl **1872–1906**
54.	Adolf Leopold Seiler von Fischbach AG **1906–1921,** dann in Dottikon Dekan und Ehrendomherr
55.	Joseph Küng von Geltwil, Dekan, **1922–1956 †**
56.	Anton Gilli von Eich LU **1957–1963 †**
57.	Willi Kern von Laufen BE, Dekan, **1963–1977,** nachher in Ettingen
58.	Max Baumgartner von Leibstadt, **1978–1980,** dann in Koblenz
59.	Erich Pickert von Winterthur, **1980–1986,** dann in Entlebuch
60.	Walter Blum-Hitz von Wilihof LU, Pfarreileiter **1987**

Pfarrer der reformierten Kirche	
1.	Markus Sager von Menziken **1949–1955**
2.	Hans Widmer von Zollikon ZH **1955–1962**
3.	Werner Scheuner von Oberbalm BE **1962–1971**
4.	Michael Kistner BRD **1971–1976**
5.	Ernst Niklaus von Zauggenried BE **1978–1988**

Vo s Beisüders bis s Totegräbers

Beinamen einst und heute

Niklaus Stöckli

Wer mit älteren Klingnauern spricht, merkt schnell, dass von Namen die Rede ist, die weder im Telefonbuch noch im Einwohnerregister zu finden sind. Fast alle ursprünglichen Klingnauer Familien bekamen irgend einmal einen mehr oder weniger schmeichelhaften Beinamen verpasst.

Einerseits sind früher solche Beinamen nötig gewesen, um all die Familien gleichen Namens auseinanderhalten zu können, andererseits waren sie als Spott und Hohn gedacht. So oder so, diese Beinamen sind Zeugen eines bestimmten früheren Kulturverhaltens und sollen deshalb nicht in Vergessenheit geraten. Wenn wir an dieser Stelle eine (unvollständige) Liste solcher Namen veröffentlichen, wollen wir damit niemandem zu nahe treten. Namen, die nur dem Spott dienten, lassen wir hier unerwähnt.

Sehr oft wurde der eigene oder eines Vorfahren **Beruf** zum Beinamen:
- s Chüefers (Fehr im Amtshaus)
- s Chernehändlers (Wagner)
- s Chämifägers (Häfeli)
- s Musers (Knecht im ehemaligen Bauernhaus auf dem heutigen Parkplatz des Rebstock-Dancings, Herr Knecht nahm die von den Buben gefangenen Mäuse entgegen)
- s Totegräbers (Wengi)
- s Rasierers (Frei, Coiffeur an der Schattengasse)
- s Bleikers (Schleuniger, von der Tätigkeit des Wäschebleichens abgeleitet?)
- de Hölzig Beck, de Schnäuzlibeck (Wengi, Warteck-Bäckerei)
- s Beisüders (Schleuniger, von der Tätigkeit des Knochensiedens zur Seifengewinnung?)
- s Glätteris (Schleuniger)
- s Lehrer-Laubis (Laube)
- s Schlosser-Wysse (Frick-Wyss, Schattengasse, Schlosserei)
- s Spenglers (Höchli, beim «Rebstock», Spenglerei)
- s Räschtemüllers (Stoffladen neben dem Restaurant Sommerau)
- s Schumachers (Tröndle, im Rank)
- de Ölbergmurer (Höchli, Goldgasse. Hersteller von Öl)
- de Bsetzerli (Wengi, abgeleitet von der Tätigkeit als Pflästerer)

Manchmal wurde der **Vorname** des Vaters oder der Mutter namengebend, wobei die Familie diesen Beinamen dann über Generationen hinweg behielt:
- s Lukasse (Häfeli, Hohlgasse)
- s Schösis (Schleuniger, abgeleitet von Josef)
- de Seppelotti (Otto Häfeli, Ortspolizist)
- s Luwie (Otto Höchli, Hobbymaler, abgeleitet von Louis)
- s Lorenze (Häfeli, Weierstrasse)
- s Aloise (Steigmeier, wohnten hinter der Bäckerei Gfeller)
- s Antonis (abgeleitet von Antonia Schleuniger, Weierstrasse)
- s Chrischtelis (Häfeli, Pferdestallungen, im Grie)
- s Gregörlis (Höchli, neben der Bäckerei Gfeller)

Auch der **Wohnort** konnte zu einem Namen führen:
- s Eggetönelis (Schleuniger, vom Restaurant Ecke)
- de Holzmattemichel (Häfeli, Holzmatte)

Bei anderen war es ein bestimmtes **Verhalten** oder **Aussehen**:
- s Hochsigheberlis (Familie Wengi, vom Brauch, bei einer Hochzeit eine Schnur über die Strasse zu spannen, um so etwas gespendet zu bekommen)
- s Notequätschers (Eggspühler, vom sparsamen Verhalten)
- de Schnäuzli-Knecht (hatte einen schönen hochgezwirbelten Schnauz)
- de Chli Bürli (Bürli, Druckerei)

Es gibt auch eine grosse Gruppe von Beinamen, deren **Ursprung nicht mehr klar** eruierbar ist:
- s Bächlis (Schleuniger, am Anfang der Flüestrasse)
- s Rafflis (Häfeli an der Weierstrasse)
- s Minikusse (Vogel, Schmiede beim Restaurant Rosengarten)
- s Nuezis (Schleuniger, Aarestrasse)
- s Häli-Hermanns (Schleuniger, wohnten gegenüber dem Schloss auf dem heutigen Polizei-Parkplatz)
- s Heschpelis (Knecht)
- s Schergelis (Wengi)
- s Melcheres (Wagner)
- s Bachofers (Frick, an der Dorfstrasse)
- s Noes (Höchli)
- s Pulepeters (Pfister)
- s Radels (Kalt)
- s Karibaldis (Eggspühler)

Nachweis der Fotos und Illustrationen

(Autoren/Quellen in alphabetischer Reihenfolge, Seitenangaben)

Aarewerke Klingnau AG
110, 112, 113, 114, 119, 120, 121, 124

Aargauisches Baudepartement
292/293, 294 oben, 295

Aargauische Denkmalpflege, Nefflen, 1976
215 links, 218, 219, 220 und 221 alle oben

Aargauische Kantonsbibliothek, Aarau
16 links oben, 17 (Originale: «Codex Manesse» in der Universitätsbibliothek Heidelberg), 63 (Disteli-Kalender), 234

Abt Paul, Kleindöttingen
101, 127

Ammon Peter, Luzern
218, 219, 220 und 221, alle unten

Bilger B., «Das St.-Johanniter-Orden-Ritter-Haus Klingnau»
157, 159 oben

Bilger B., «Das Alliierten-Spital»
166

Burgerbibliothek Bern
44

Canonica-co AG, Klingnau
279 unten

deSede AG, Klingnau
280, 281

«Die Botschaft», Döttingen
30, 61 links, 70, 72, 76, 85 unten, 335 unten, 345, 346

Dramatischer Verein Klingnau
346 oben

Dreyer Louis, Oberrohrdorf
288 oben

Eggspühler Werner, Klingnau
352 unten, 353

Eidg. Landestopographie, Bern
103, 175

FC Klingnau
354

Fehr Paul, Klingnau
306

Fischer Hansueli, Wislikofen
204, 205 oben

Frick Jean, Klingnau
276 Mitte und rechts, 278

Gantenbein Peter, Klingnau
1. und 4. Seite Schutzumschlag, 13, 14, 19, 23 alle, 27, 29, 32, 33, 38, 41, 46 oben, 54, 56, 58, 74/75, 97, 104, 115, 117, 122, 125 oben, 128/129, 134 unten, 135 oben, 136, 137, 138, 139, 140 unten, 143, 145, 146, 148, 150, 159 unten, 171, 172, 177, 179, 180 unten, 181, 182, 183, 185, 191, 193, 194, 212, 223, 227, 229, 231, 233, 234, 239, 240, 241 unten, 245 unten, 247, 249, 250, 253 unten, 254 grosses Bild, 256 unten, 257, 259, 260, 279 oben, 282 oben, 289, 291, 294, 296, 297, 298, 328, 340 unten, 341, 342, 343, 344, 348, 349 unten

Gemeinde Klingnau
27, 29, 35, 84, 85 oben, 87, 88, 91, 134 oben, 144, 149 (Stumpf-Chronik), 154 rechts, 241 oben, 243, 256 oben, 258, 264, 270, 290, 303 oben links, 307

Guyer Willi, Klingnau
208, 209, 225

Häfeli Ernst, Klingnau
316

Häfeli-Brügger Ruedi, Klingnau
282 unten, 283

Häfeli-Brügger Fam., Klingnau
161

Häfeli Georges, Klingnau
303 oben rechts

Historisches Museum, Basel
186, 187, 192

Höchli H.R., Lenzburg
300 Mitte und unten, 301 Mitte

Jungwacht-Chronik Klingnau
200, 201 oben und links unten

Kalt Josef, Gippingen
114

Kath. Kirchgemeinde Klingnau
196, 197, 199, 226, 228, 230, 242

Kaufmann Bernhard, Koblenz
106, 269 (Stoll, Minet, F. X. Schleuniger), 304

Kälin Franz, Einsiedeln
215 rechts

Keller & Co. AG, Klingnau
266, 275, 276 links, 277

Kolb Daniel, Klingnau
254 kleines Bild, 288

Kolb Stephan, Mellikon
349 oben

Kulturkommission Klingnau
147, 165 unten

Kunsthaus Zürich, Graphische Sammlung
96, 167

Maggioni-Erzer Marlis, Klingnau
246 oben

Männerchor Klingnau
330

Meier Alphons, Klingnau
347

Meissner Daniel, «Thesaurus Philoopoliticus», Frankfurt, 1624
165 oben

Merian Matthäus, «Topographia Helvetiae», Frankfurt, 1642
140 oben, 149, 156, 168

Mittler Otto, «Geschichte der Stadt Klingnau», Aarau, 1967
141

Musée d'art et d'histoire, Genf
34

Müller Rudolf, Klingnau
310/311

Oesterreichische Galerie, Wien
37

Pfister Josef, Klingnau
299, 301 oben und rechts unten, 302

Pontonierfahrverein Klingnau
333, 334, 335 oben

PTT-Kreistelefondirektion Zürich
305

Raggenbass E., Klingnau
328

Reitverein Klingnau
355

Reinhard, Sachseln
205 unten

Rethel Alfred
59

Rex-Verlag, Luzern
45

Sammlung des Benediktinerkollegiums Sarnen
61

Schifferle Karl, Klingnau
268

Schläfli Daniel, Kleindöttingen
8/9

Schleuniger-Bugmann Walter, Döttingen
216, 217 oben, 224

Schleuniger-Schindelholz Alex, Klingnau
236

Schleuniger-Steigmeier Albert, Klingnau
238, 245 oben, 246 unten, 265, 292, 301 links und unten, 306 oben

Schleuniger-Steimer Stephan, Klingnau
267

Schmidt-Glassner Helga, Stuttgart
21

Schulheim St. Johann, Klingnau
251, 252, 253 oben, 255

Schumacher Dr. Hugo, Klingnau
269 (Keller & Co. AG)

Schützengesellschaft Klingnau
321, 322

Schweizerisches Landesmuseum, Zürich
36, 189, 340 oben

Sennhauser Dr., Büro, Zurzach
211

Signer André, Würenlingen
313

Staatsarchiv Aarau
11, 78, 99, 102, 135, 174, 285

Staatsarchiv Basel-Stadt
43

Staatsarchiv des Kantons Zürich
98

Stadtmusik Klingnau
324

Stieger Elias, Kaiserstuhl
163

Swissair Photo AG Zürich
173, 307

Turnverein Klingnau
336, 337, 338, 339

Unbekannte Quellen
180 oben

Ursprung-Frick Max, Klingnau
237, 242 oben, 244

Veloclub Eintracht, Klingnau
352 oben

Verlag Westermann, Braunschweig
18

Verlag Sauerländer, Aarau
25, 42, 48, 64

Vogler Erwin, Klingnau
158, 160, 195, 203

Wengi Franz, Döttingen
327

Widmer-Lewis Joyce, Klingnau
300 oben

Widmer, Zürich
12

Zambelli Angelo, Klingnau
350, 351

Zentralbibliothek Zürich
46 unten, 47 beide, 49, 50, 51, 52, 131, 170

Zimmermann Paul, Klingnau
116, 123

Zimmermann Robert, Klingnau
152, 153, 154 links, 162, 317, 323